本书的出版得到“复旦大学哲学一流学科培优行动计划”资助

复旦佛学研究丛书

識體與識變

——玄奘唯识学的基本问题

（上册）

傅新毅 ◎ 著

Vijñāna and Vijñānapariṇāma

On the Fundamental Issues of Xuanzang's Vijñānavāda

中西書局

图书在版编目(CIP)数据

识体与识变：玄奘唯识学的基本问题／傅新毅著
．—上海：中西书局，2024(2026.1 重印)
(复旦佛学研究丛书)
ISBN 978-7-5475-2252-3

Ⅰ.①识… Ⅱ.①傅… Ⅲ.①玄奘(602-664)-唯识论-研究 Ⅳ.①B946.3

中国国家版本馆 CIP 数据核字(2024)第 083452 号

识体与识变——玄奘唯识学的基本问题

傅新毅 著

责任编辑 邓益明
装帧设计 黄 骏
责任印制 朱人杰
出版发行 上海世纪出版集团
中西書局(www.zxpress.com.cn)
地　　址 上海市闵行区号景路 159 弄 B 座(邮政编码：201101)
印　　刷 常熟市人民印刷有限公司
开　　本 787 毫米×1092 毫米 1/16
印　　张 66.5
字　　数 1 151 000
版　　次 2024 年 6 月第 1 版 2026 年 1 月第 2 次印刷
书　　号 ISBN 978-7-5475-2252-3/B·137
定　　价 438.00 元(全二册)

本书如有质量问题，请与承印厂联系。电话：0512-52601369

《复旦佛学研究丛书》序

佛教传入中国已有两千多年的历史，是中国历史上最重要的文化交流与文明互鉴的载体。经过中国化的佛教，是中华优秀传统文化的主干之一，她与本土儒道文化一起，共同铸就了中华民族共同体的活的灵魂，在传承文明、维护社会稳定、加强民族认同等方面有时甚至发挥着不可替代的作用。

作为一种现代意义上的学术研究，佛学研究与近代宗教学的兴起同步，时至今日，已成为横跨哲学、宗教学、史学、文学、语言学、文献学、社会学、艺术学等各学科领域的"显学"。百余年来，数代中国学人基于本土化的问题意识，以汉语文献的资源优势，在借鉴海外相关学术方法与学术成果的基础上，构建起了具有中国特色的佛学研究的基本框架。如何继往开来，进一步加强中国佛学研究的深广度和表现力，从而在坚持中国学术本位的同时，在国际学界发出中国学者的声音，则是时代交付给当代学人的重大课题。有鉴于此，我们准备分批出版《复旦佛学研究丛书》，以集中展示复旦大学佛学研究的最新成果，为新时代中国佛学研究的长足推进略尽绵薄之力。

复旦大学的佛学研究，有着悠久的学术传统与深厚的学术积淀。老校长陈望道先生 1931 年出版的《因明学》是我国首部白话文的佛教逻辑学专著。1964 年，按照国家的总体部署，与中国社会科学院世界宗教研究所的成立几乎同步，复旦大学开设了"佛教哲学史"的课程。1996 年，隶属于哲学系的佛学研究中心成立；2001 年，复旦大学宗教研究所成立；2008 年，复旦大学成立了有独立编制的宗教学系，隶属于哲学学院。佛学研究成为复旦大学宗教研究最具特色的方向之一，为我国培养了一大批佛学研究的中坚力量。

复旦佛学坚持以语言、文献为基础，以哲学为本位的学术定位，强调打通梵、巴、汉、藏的全体佛教的理念，认为只有基于对全体佛教的研究，才能更为完整、更为准确地把握佛教中国化的内涵和价值。我们不仅开设了从本科到博士研究生的系统全面的语言、文献和佛教哲学的课程，也积累了一些相关的学术成果。丛书的出版，为这些成果的集中展示提供了一个平台，诚挚地希望能得到海内外学界、教界及社会各界朋友的关心、支持和批评！

是为序。

傅新毅

2023 年 11 月 12 日于光华楼

内 容 简 介

本书充分利用梵巴汉藏各类佛教原典文献,并借鉴现当代海内外相关学术研究成果,在从印度佛教到中国佛教,兼及日韩佛教的宏阔背景下,具体而微地梳理了玄奘唯识学的基本问题意识与学理开展;通过唯识古今学的比较研究,确立了玄奘唯识学的理论定位与基本特色;在综合窥基和圆测等诸家不同学说的基础上,展现了玄奘唯识学的全体学理规模。以唯识学理为线索,本书进而分析了大乘佛教三系的异同所在。作为一项以哲学为底色的佛学研究,本书还就时间、认识等根本性的哲学问题探讨了佛教哲学与西方哲学对话的可能。本书是作者学习、研究佛教哲学三十年的一部总结性著作,体现了作者“文献史应当成为问题史”的研究旨趣。

Introduction

Based on a range of original Buddhist texts in Sanskrit, Pali, Chinese, and Tibetan, and drawing on secondary academic research from both Chinese and overseas scholars in related fields, this book outlines the fundamental issues and history of ideas in Xuanzang's Vijñānavāda (Consciousness-Only School) against the expansive backdrop of Buddhism from India to China, and also to Japan and Korea. Through comparative studies between Nirākāra-vijñānavāda philosophy and Sākāra-vijñānavāda philosophy, this book establishes the theoretical positioning and basic characteristics of Xuanzang's Vijñānavāda philosophy. Based on integrating different theories from Xuanzang's disciples, like Kuiji and Woncheuk, this book presents a comprehensive picture of Xuanzang's Vijñānavāda philosophy. Furthermore, using the Vijñānavāda philosophy as a thread, the book analyzes the differences and similarities among the three lineages of Mahāyāna Buddhism. As a study of Buddhism based on philosophy, this book also explores fundamental philosophical issues such as time and cognition, discussing the possibilities for dialogue between Buddhist philosophy and Western philosophy. This book represents a summary of the author's thirty years of learning and researching Buddhist philosophy, embodying the author's research intent that "the history of literature is to become the history of problems".

作者简介

傅新毅,1970年12月生,浙江桐乡人。哲学博士。现任复旦大学哲学学院教授,博士生导师,宗教学系主任,宗教研究所所长。兼任《中华大藏经(汉文部分)·续编》编委会编委、副主编,《觉群佛学译丛》执行主编,《佛教文化研究》副主编,《人大复印资料·宗教》、《法源》、《海潮音(中英文)》等编委,中国佛学院、闽南佛学院、浙江佛学院、峨眉山佛学院、广东佛学院岭东学院等博士、硕士研究生导师,雪窦山慈氏学研究中心执行主任。曾先后任南京大学中国思想家研究中心讲师、副教授,哲学系副教授、教授、博士生导师。主要研究领域为佛教哲学与佛教文献,特别是唯识学、阿毗达磨、因明学等的研究。著作有《玄奘评传》等两部,参著多种。在《哲学研究》、《世界宗教研究》等海内外学术期刊发表学术论文40余篇。主持国家社科基金项目、国家社科基金后期资助重点项目等研究项目多种。

यदुक्तम् । न हैव मया प्रतीत्यसमुत्पादः कृतो नाप्यन्यैरपि तूत्पादाद्वा तथागतानामनुत्पादाद्वा स्थितैवेयं धर्मता धर्मस्थितिधर्मधातुरिति ।

—योगाचारभूमिः

有玄奘法师者，法门之领袖也。幼怀贞敏，早悟三空之心；长契神情，先包四忍之行。松风水月，未足比其清华；仙露明珠，讵能方其朗润。故以智通无累，神测未形，超六尘而迥出，只千古而无对。凝心内境，悲正法之凌迟；栖虑玄门，慨深文之讹谬。思欲分条析理，广彼前闻；截伪续真，开兹后学。是以翘心净土，往游西域，乘危远迈，杖策孤征。积雪晨飞，途间失地；惊砂夕起，空外迷天。万里山川，拨烟霞而进影；百重寒暑，蹑霜雨而前踪。诚重劳轻，求深愿达。周游西宇，十有七年，穷历道邦，询求正教。双林、八水，味道飡风；鹿苑、鹫峰，瞻奇仰异。承至言于先圣，受真教于上贤，探赜妙门，精穷奥业。一乘、五律之道，驰骤于心田；八藏、三箧之文，波涛于口海。爰自所历之国，总将三藏要文，凡六百五十七部，译布中夏，宣扬胜业。引慈云于西极，注法雨于东垂。圣教缺而复全，苍生罪而还福。湿火宅之干焰，共拔迷涂；朗爱水之昏波，同臻彼岸。

——《大唐三藏圣教序》

目　录

下篇 识 变

图　示

Contents

Part 2 Seeds and Habituations

Part 3 Consciousness Transformation

Illustrations:

凡　例

一、本书所引汉语藏经文献，采用通行标注法：T=《大正新修大藏经》，X=《新纂卍续藏经》（《新纂大日本续藏经》），J=台湾新文丰版《嘉兴藏》；a=上栏，b=中栏，c=下栏。其他《中华大藏经》（中华书局版）、《宋藏遗珍》、《日本大藏经》、《大日本佛教全书》、《大藏经补编》（台湾华宇版）等均使用中文全称。

二、本书所引汉语藏经文献均重新标点。通假字、异体字等不作统一处理。人名等在必要时保留繁体字。其他校改符号如下：（ ）= 应删改之文，[ ] =拟补正之文。所校改之文，必要时亦保留繁体字。

三、本书所引藏语藏经文献，采用通行标注法：D=《德格版大藏经》，经号据东北帝国大学法文学部 1934 年编《西藏大藏经总目录》；a=正面，b=背面。

四、本书所引藏语藏经文献，如有现代学者梵语还原者，为避繁琐，直接引用现代学者所提供的对照文本。其梵语还原，不再用＊号标识。

五、本书所引梵语，统一采用 IAST 转写系统；所引藏语，统一采用 Wylie 转写系统。

六、本书所引各类文献的出版时间，统一为公元纪年。

七、本书中需要强调的文字，用下划线（__）表示。

引言：作为方法的汉传唯识学

“以中国为方法，以世界为目的”，日本学者沟口雄三（1932—2010）提出的这一重建中国学的基本纲领，在中国思想史界曾有过热烈的讨论。所谓“以中国为方法，以世界为目的”，就是要摆脱西方中心的一元价值观和中西对抗的历史叙事模式，将中国、欧洲都相对化为世界的构成要素之一，并通过对中国自身经验的发现来重建多元化的世界图景。

在汉传唯识学与佛教中国化问题的相关研究中，我们其实也可以发现，长期以来，存在着一种类似沟口批判的定位和思路：以佛教中国化为方法，以汉传唯识学为目的。也就是说，我们首先确立了佛教中国化的标准，作为既定的方法，以此来衡量、考察汉传唯识学是否达标。当然，从来就没有抽象的佛教中国化的普适标准，所谓标准无非就是按照对天台、华严特别是禅宗的印象得出的。显然，据此标准，汉传唯识学没有被中国化，而仅是印度佛教的地域性移植。于是我们看到了这样一种奇特的有关中印佛教的历史叙事：印度佛教史中论及瑜伽行派，其基本教义是八识、种子、四分、三性，中国佛教史中论及法相唯识宗，其基本教义还是八识、种子、四分、三性。

作为比较宗教学的创始人，马克斯·缪勒（F. M. Müller，1823—1900）的有些提法可能已经不合时宜了，而作为印度学和梵文研究的奠基者之一，他敏锐地意识到，宗教的分类与语言的分类是相同的，这在今天的宗教学研究中依然具有指导性的意义。事实上，当属于印欧语系的梵文或西域文的佛典被中文重新翻译、诠释之后，它们就已经在不同意义上被中国化了，无论天台、华严还是唯识，都是如此。因此参照沟口的说法，我们也可以有这样一种致思路向：以汉传唯识学为方法，以佛教中国化为目的。也就是说，以汉语为载体的汉传唯识学，有其不同于天台、华严、禅宗等的中国化方式，通过对汉传唯识学独特的中国化方式的考察，可以丰富乃至重构佛教中国化的多元图景。

1. 一种定位，两种态度

晚清民初，以古佚唐疏从日本的回流为契机，唯识学有了短暂的复兴。

唯识学以其精严的体系、缜密的逻辑，成为近代知识界回应西潮冲击、理解西方科学与哲学的最重要的思想资源。不过，认真推究起来，唯识学的文化身份实际上是暧昧不清的。一方面，面对西方"新学"，它是中华传统，不仅可以之"格义"西学，而且可以之救西学之弊。如唐大圆（1885—1941）就认为："佛教中之有学，且足以纠今世科学之误，匡西洋哲学之谬而特出者，则莫如唯识之当机。"①另一方面，相对于台、贤诸宗，它又是西乾之学，可以之救中国佛教之弊。早在1922年，欧阳竟无（1871—1943）在后来被整理为《唯识抉择谈》的讲演中就说，今时佛法有"五蔽"，如"中国人之思想非常儱侗，对于各种学问皆欠精密之观察；谈及佛法，更多疏漏。……自天台、贤首等宗兴盛而后，佛法之光愈晦"，而"欲祛上五蔽，非先入唯识、法相之门不可。唯识、法相，方便善巧，道理究竟"。②

在欧阳等人看来，唯识学乃是"西方佛菩萨所说之法"，具有圣言量意义上的合法性与确当性。而同样是将唯识学定位为西乾之学，胡适（1891—1962）、陈寅恪（1890—1969）等却作出了与之相反的评价。如胡适曾说："玄奘带回来的印度最新思想，乃是唯识的心理学与因明的论理学。这种心理学把心的官能和心的对象等分析作六百六十法，可算是烦琐的极致了。中国人的思想习惯吃不下这一帖药，中国的语言文字也不够表现这种牛毛尖上的分析。"③陈寅恪也说："是以佛教学说，能于吾国思想史上，发生重大久远之影响者，皆经国人吸收改造之过程。其忠实输入不改本来面目者，若玄奘唯识之学，虽震动一时之人心，而卒归于消沈歇绝。近虽有人焉，欲然其死灰，疑终不能复振。其故匪他，以性质与环境互相方圆凿枘，势不得不然也。"④

陈先生无非是借古讽今，有感而发而已，⑤本来也不是一个纯学术性的

① 唐大圆：《十五年来中国佛法流行之变相》，《海潮音》第16卷（1935年）第1号，页51。

② 欧阳渐：《唯识抉择谈》，《现代佛教学术丛刊（28）·唯识问题研究》（台北：大乘文化出版社，1978年），页10—11。近代以来，面对西学的冲击，国内有识之士对传统文化的含混性多有反思，如顾颉刚（1893—1980）曾说："黄远生谓国民富于混笼性，最为下劣。章太炎亦谓中国学说，病在汗漫。虽欲放言高论，犹必以无碍孔氏为宗。强相援引，妄为皮傅。愈调和者愈失其本真。"《顾颉刚读书笔记（卷十五）》（北京：中华书局，2011年），页101—102。

③ 胡适：《中国中古思想小史》，《胡适学术文集·中国哲学史》（北京：中华书局，1991年），页502。胡适在非正式场合更说："唯识的心理学是最烦琐的胡说。"《胡适中文书信集（5）》（台北："中研院"近代史研究所，2018年），页583。

④ 陈寅恪：《冯友兰中国哲学史下册审查报告》，《金明馆丛稿二编》（北京：三联书店，2001年），页283—284。

⑤ 陈先生接下来的这段文字似乎被时人有意无意地忽略了："窃疑中国自今日以后，即使能忠实输入北美或东欧之思想，其结局当亦等于玄奘唯识之学，在吾国思想史上，既不能居最高之地位，且亦终归于歇绝者。"《金明馆丛稿二编》，页284。

结论，不过，这些说法都代表了一种流传至今的态度，即玄奘所传来的印度唯识学不合中国国情。问题是，说玄奘唯识学难以为中土社会所接受是一个事实命题，而正如休谟（D. Hume，1711—1776）所指出的，由事实命题推导不出价值命题，我们恐怕并不能因此而作出否定性的价值评判。

无论哪种评判，肯定抑或否定，对汉传唯识学印度身份的确认是它们共同的出发点，然而，玄奘仅仅就是将印度的唯识学移植到了中国吗？颇有意味的是，后来欧阳竟无本人也遭遇到了类似的问题。二十世纪三十年代，法尊法师（1902—1980）将藏传"弥勒五论"之一的《辨法法性论》译为中文发表，遭到了欧阳的猛烈抨击，谓："新贵少年译弥勒《辨法法性论》，以实无而现为虚妄，以无义唯计为分别，此可谓弥勒学乎？"①由此二人往返辩难，亦难免有诸多意气之辞。这一论诤的实质，无非就是有相唯识与无相唯识之诤。所谓"以实无而现为虚妄，以无义唯计为分别"，并非法尊法师师心自用，实际上就是无相唯识学的基本看法。真谛（Paramārtha，499—569）旧译、梵藏本的安慧（Sthiramati，悉耻罗末底）《三十唯识释》（*Triṃśikāvijñaptibhāṣya*），也都是取同一立场。而欧阳强调虚妄分别为依他有，绝非遍计无，恰恰正是玄奘所传有相唯识学的标识性理论。欧阳既以奘译唯识为印度弥勒学正宗，所以才会指责说："两译并存，是为以一嗣尊二三其德。去奘留今，则一切奘译俱不必存。"②

与欧阳的想象可能正好相反，如果说无相唯识学还有梵藏本的佐证，玄奘所传有相唯识学的梵藏本支援就现存者而言其实并不充分。不仅作为法相唯识宗立宗依据的《成唯识论》是玄奘糅译的成果，其所宗主的护法（Dharmapāla，达磨波罗）之说为玄奘所独传，③即便是现存有梵藏本者，经比勘后也可以发现，玄奘的译本并不完全与之若合符节。最早发现这一问题的是吕澂（1896—1989），差不多就在欧阳与法尊论诤的同时，吕澂以陈（真谛）、奘、净（义净）、藏四译《观所缘缘论》互勘，并以净译护法《释》消文，得出了三条结论："一、奘师译文与其谓为忠实之直译，无宁谓为畅达之意译。二、奘师意译与其谓为信于原本，无宁谓为信于所学。三、奘译所宗

① 欧阳渐：《瑜伽法相辞典序》，氏著：《内学杂著》（江津：支那内学院蜀院，1944 年），该篇页 2。

② 欧阳渐：《瑜伽法相辞典序》，氏著：《内学杂著》，该篇页 2。关于这一问题，具体请参本书下篇第七章第二节。

③ 有趣的是，虽然玄奘曾在那烂陀寺向戒贤学习了五年，戒贤是护法的弟子，但据《掌中枢要》所述，护法的《唯识三十释》，乃是其最后之作，玄奘是得之于所谓"玄鉴居士"（《成唯识论疏抄》作"五戒贤者"，X50，p.130c）而非戒贤，可见护法的《唯识三十释》在印度是否有流传都是值得怀疑的。见《成唯识论掌中枢要》卷上本，T43，p.608a—b。

与其谓为护法之学，无宁谓为晚起变本之说。”①

吕先生的结论当然仅是就《观所缘缘论》而得出的，也并非完全没有可商榷处。比如，时下已颇为流行的梵藏汉对勘的语言学进路，自身也有它的边界。因为现存梵藏本的时代相对较晚，未必就是玄奘所据之本，且其数量有限，亦远不足以覆盖全部玄奘译籍。所以梵藏本只是提供了一个平行的参照系，而玄奘则为我们呈现了一个他所接受和理解的更为完整系统的印度佛教。当然，从诠释学的角度来看，这种接受和理解也就不可避免地带有中国化的原创特征。

2. 佛教中国化的第三条道路

按照冉云华（1923—2018）的分析，所谓佛教“中国化”，大致有两种策略。一是“重于实践性”的宗派如禅宗、净土宗等所惯于使用的“缩小还原模式”，即从印度佛教中抽取对自己有用的材料、概念或方法来总括一切，而弃置其原有的系统及其他无用的材料。如保唐禅系的无住（714—774）以印度典籍中一系列概念之一的“无念”来总括一切佛法，认为“无念即无相，有念即虚妄，无念出三界，有念在三界”②。二是“著重于教理的宗派”如天台宗、华严宗等所惯于使用的“综合融会模式”，即从印度佛教的各种不同的甚至相互排斥的经典中广泛吸纳可用的理论、概念或方法，融会贯通，重新组合，构架起一个全新的体系，而那些旧有的材料在这个新的体系中也获得了不同原初的定位和意涵。③ 如天台宗自谓“以《法华》为宗骨，以《智论》为指南，以《大经》为扶疏，以《大品》为观法，引诸经以增信，引诸论以助成”④，《佛祖统纪》也说“天台所谈三谛、三观，出乎《仁王》及《璎珞经》，三智、三德，本乎《涅槃》、《大品》。所用义旨，以《法华》为宗骨，以《智论》为指南”⑤。在印度佛教中原本分属不同部类的《法华》、《涅槃》（即《大经》）、《大品般若》及其注释书《大智度论》，甚至真伪存疑的《仁王》、《璎珞》等，于此皆已被各取所需而融贯为一了。此即“六经注我”式的所谓“说己心中所行法门”⑥。

在冉先生的考察中，他是将汉传唯识学排除在中国化之外的。事实上，汉传唯识学虽然没有采取禅宗、天台、华严等的中国化方式，但我们不妨可

① 吕澂：《论奘译观所缘释论之特征》，《吕澂佛学论著选集（第一卷）》（济南：齐鲁书社，1991 年），页 56—57。关于这一问题，具体请参本书下篇第八章第一节。

② 《历代法宝记》，T51，p.191b。

③ 参冉云华：《中国禅学研究论集》（台北：东初出版社，1990 年），页 124—125。

④ 《止观义例》卷上，T46，pp.452c－453a。

⑤ 《佛祖统纪》卷 6，T49，p.186b。

⑥ 《摩诃止观》卷一上，T46，p.1b。

将其视作佛教中国化的第三条道路，姑且称之为“内发创新模式”。所谓“内发”，是指其基本框架，甚至基本问题都来源于印度佛教；所谓“创新”，是指在印度佛教的基本框架下，汉传唯识学对那些印度佛教的基本问题作出了原创性的回应和新的开展。比如，对汉传唯识学而言，八识的安立、唯识的观念等，这些都来源于印度佛教，但八识的具体结构、成立唯识的体系开展等，实际上都带有中国化的原创特征，而非印度佛教的简单移植。附带一提的是，属于这一模式的还有三论宗。在缘起性空这一印度佛教的基本框架之下，比如吉藏（549—623）对二谛的解释，所谓“于教二谛”等，也都是在中国文化背景下的原创性开展。

正因为“内发”，所以汉传唯识学与印度佛教具有共通的问题意识，比如在一切唯识的基本语义下，如何来安立其他有情的存在？这是双方都需要面对的问题，也就是哲学上所谓的“交互主体性”（Intersubjectivity）问题。正因为“创新”，所以汉传唯识学有不同于印度佛教的致思路向，即就“交互主体性”问题来说，如果说法称（Dharmakīrti）在《成他相续论》（*Saṃtānāntarasiddhi*）中是通过可被观察到的他人的身体和语言行为来推知他人之心的存在，那么汉传唯识学则是通过对他人根身的认知来建构他人。①

需要指出的是，汉传唯识学中最能表明其“创新”特质的，乃是有相唯识的理论体系。有相唯识（Sākāra-vijñānavādin）发端于经量部（Sautrāntika）有关认识的带相理论。按照经量部的看法，我们并不能直接认知外部对象，所认知者仅是外部对象在心识上所引生的境相，由此而间接地认知了外部对象，所以被称为“有形象知识论”（Sākāra-jñānavāda）。陈那（Dignāga）在《观所缘缘论》中通过对“所缘缘”（ālambana-pratyaya）的重新界定，将经量部的这一带相理论导入唯识学中，从而引发了从无相唯识到有相唯识的范式性变革。② 有相唯识学虽然源于印度，但正是在汉传唯识学中，它才得到了全面系统的架构和具体而微的阐发，特别是有关相见同别种问题的探讨和三类境的区分，实际上标志着在有相唯识的框架内唯识学说的最终完成。③ 所以有人说“四分三类，唯识学半”，确切地说，这一说法仅适用于汉传唯识学。

基于上述对汉传唯识学的重新考量，我们可以由此开启一个极具潜力

---

① 法称《成他相续论》的核心思想可见之于该论的唯一一颂：“在自身（sva-deha）上观察到行动（kriyā）以心智（buddhi）为先导[的逻辑关系]之后，若在他人身上（anyatra，别处）也观察到了那些[行动]，那么便可认知[他人的]心智（dhī）。这原理同样适用于唯识派（citta-mātra）。”参见褚俊杰：《新发现的有关法称〈成他相续论〉的残卷》，《中国藏学》2012 年第 2 期，页 41。关于汉传唯识学对“交互主体性”问题的讨论，见本书上篇第三章第一节。

② 参本书下篇第八章第一节。

③ 参本书下篇第九章。

的学术空间。一方面,汉传唯识学与印度佛教具有共通的问题意识,因此它能为印度佛教的研究提供不可多得的文献资源和别开生面的致思路径,而并非只有现存梵藏文献所给出的一个答案。比如,对安慧《三十唯识释》的解读,日本学者在二十世纪六七十年代曾有过关于"识转变"(vijñāna-pariṇāma)是同时因果还是异时因果的争论,而争论双方似乎都没有注意到,汉传唯识学中就曾具体介绍过难陀(Nanda,欢喜)、胜军(Jayasena,阇耶犀那)等的异时因果说,并基于同时因果的立场对此作出了批评。① 这从根本上涉及自部派时代以来的有关时间意识与因果安立等问题,远非无关宏旨。另一方面,玄奘以一个中国人的身份在曲女城(今印度北方邦之根瑙杰)论辩大会上获胜,以此为起点,以玄奘的翻译,特别是《成唯识论》的糅译与弟子们的注疏为枢纽,以法相唯识宗的创立及其向新罗、日本的传播为标志,汉传唯识学以一种独特的中国化方式,完成了对印度唯识学的总结与超越,由此而重建了中国佛教的知性空间,最大可能地激活了中华民族乃至整个东亚社会的哲学想象力。虽然在历史上它被冷落、被遗忘,但不可否认,这也是佛教中国化的一个面相,与禅宗、天台、华严等共同构成了佛教中国化的多元图景。

3. 失语的汉传唯识学

一般认为,汉传唯识学在唐代数传而衰,②直到明末才有短暂复兴,而下一个复兴就要到清末民初了。明末唯识学之复兴,乃激于其时狂禅之流弊而起,如度门正诲(1545—1628)所谓"此方之机,气大心粗,精神莽荡,沉

① 参本书下篇第七章第四节。

② 宋元时期,唯识学仍在北方流行,元末甚至还传到了南方。如日本良遍(1194—1252)《应理大乘传通要录》卷下:"又闻唐国至于今时,南地虽希,北地甚盛。"《日本大藏经》第9卷(东京:日本大藏经编纂会,1915年),页77。大䜣(1284—1344)《蒲室集》卷12:"国朝以仁慈为政,笃尚佛教,又益信慈恩之学。先是其学盛于北方,而传江南者无几。至元廿五季(1288),诏江淮诸路立御讲三十六,求其宗之经明行修者分主之,使广训徒。"《大藏经补编(第24册)》(台北:华宇出版社,1984年),页321。在《房山石经》辽金刻经的题记中,我们也能发现其时有一些专讲唯识的法师,如立于辽大康十年(1084)的《宝星陀罗尼经》卷7、立于大安二年(1086)的《持世经》卷1、立于大安四年(1088)的《六度集经》卷6、立于大安五年(1089)的《不空羂索神变真言经》卷23、立于大安七年(1091)的《十住断结经》卷2等的题记中有提到"讲《百法论》沙门法明"、"讲《百法》、《唯识论》沙门法式"、"讲《百法论》沙门去息"、"讲《上生经》沙门可寿"等。《房山石经》(北京:华夏出版社,2000年)第9册页500,第10册页150、406、526,第11册页194。不过,除了其时所刊刻的唯识唐疏、辽代诠明所撰的几种唯识注疏(见存于敦煌遗书、《赵城金藏》及应县木塔所出)及下述《开蒙问答》外,现在并没有更多的文献留存。诠明,避辽景宗讳(辽景宗原名明记,后更名贤,见《契丹国志》卷6等),改名诠晓,住持燕京悯忠寺(今为北京法源寺),弘讲诸经,尤精唯识,辽圣宗赐号无碍大师,其注疏见于《义天录》者有17种75卷。参陈述补注:《辽史补注》(北京:中华书局,2018年),页3525。

埋五欲，我见欺人，不喜多闻而潜证，惟求了悟以快情”①。为挽救中国佛教江河日下之颓势，明末有识之士再倡义学研习之风。可惜的是，其时唯识唐疏早已在中国散佚，②明人研习唯识学与因明学的主要资源，是澄观（737—838）的《华严疏钞》、永明延寿（904—975）主持编纂的《宗镜录》及元人云峰的《唯识开蒙问答》。③

《华严疏钞》是澄观解说其所撰《华严经疏》的一部巨作，明代《永乐南藏》、《永乐北藏》均有收录，《南藏》本六十卷（千字文编号：“精一”至“丹四”），《北藏》本析为九十卷（千字文编号：“沙一”至“禹十”）。在《华严疏钞》中，澄观大量引用了窥基（632—682）《成唯识论述记》的内容，主要有两种方式：一是以“《唯识疏》”的名义直接引用；二是在对“《唯识》”即《成唯识论》的解释中，澄观摘引了《述记》的相关文字。

《宗镜录》向为禅门所重，历代藏经多有收录，但其成书比较复杂，内容上不无可议之处。据北宋慧洪（1071—1128）的《林间录》等所说，《宗镜录》系永明延寿在西湖净慈寺集贤首、慈恩、天台三宗之精法义者，互相论难，集体编纂而成。④ 到北宋元祐（1086—1094）年间，又经过法涌等人的校改。⑤传世的也就是这个经过法涌等校改的本子。事实上，蕅益智旭（1599—1655）也对这个校改本有所不满，他说：“未百年法涌诸公擅加增益，于是支离杂说，刺人眼目，致袁中郎辈反疑永明道眼未彻，亦可悲矣。”⑥就其中所

---

① 《八识规矩略说》，X55，p.415c。

② 现存唯识唐疏的国内传本，一是《赵城金藏》本。北宋天圣四年（1026）五月，宋仁宗曾敕令将“唐慈恩寺翻经法师窥基所著经论章疏四十三卷”编入藏经流通，见《景祐新修法宝录》卷17，《中华大藏经（第73册）》（北京：中华书局，1994年），p.579b。所以《赵城金藏》中还存有《成唯识论述记》（千字文编号“我”至“艺”）残本及《掌中枢要》（千字文编号“黍”）。二是山西曲沃县广福院发现的《了义灯钞科文》（存卷中）及《了义灯钞》（存卷四）等。这些都是金元时期的刻本。广福院所发现者，现藏山西图书馆。笔者曾想一睹真容，惜未果。从公布的图版看，所谓《了义灯钞》即《了义灯》。参赵冬生：《山西曲沃县广福院发现宋金（齐）佛经》，《文物》1994年第7期，页44—54。

③ 王肯堂《成唯识论证义自序》：“取大藏中大小乘经论及《华严疏钞》、《宗镜录》诸典正释《唯识》之文，以证《成论》之义。”（X50，p.829a）蕅益智旭《成唯识论观心法要》卷1：“赖有《开蒙问答》，梗概仅存；《大钞》、《宗镜》，援引可据。”（X51，p.297a）“《大钞》”，即《华严疏钞》。

④ 《林间录》卷下，X87，p.275b。

⑤ 见《宗镜录》卷首杨杰序，T48，p.415a－b。

⑥ 智旭：《较定宗镜录跋四则》，《灵峰蕅益大师宗论》卷七之二，J36，p.379a。袁中郎即袁宏道（1568—1610）。他曾每天读《宗镜录》数卷，并“逐句丹铅，稍汰其烦复，摄其精髓”，成《宗镜摄录》十二卷（袁中道《宗镜摄录序》，《明史·艺文志》）。不过，袁宏道认为，“永明见地未真”，因为“永明一向只道此事（指禅宗所谓的心性——笔者注）是可以明得的，故著《宗镜》一书，极力讲解，而岂知愈讲愈支，愈明愈晦乎”。见钱伯城笺校：《袁宏道集笺校》（上海：上海古籍出版社，2008年），页1708，页279；《明史》（北京：中华书局，1974年）卷98，页2454。

涉及的唯识义理来说，虽然《宗镜录》保存了唐末五代汉传唯识学理新开展的一些资料，但前后矛盾、颟顸粗率之处所在多有。

《唯识开蒙问答》仅有二卷，以主题化的方式介绍了一些唯识的基本学说。在明代，该书虽然没有被收入藏经，但一直有单刻本流通。如《卍续藏》所收录者，从其序文看，应是明末刻本；而国家图书馆则藏有该书的明初刻本。① 从书中的内容来看，作者还是能看到部分唐疏，如窥基的《述记》、《枢要》，不过，正如其书名所示，该书只是对唯识学基础性知识的介绍，略述梗概而已。

基于上述三种文献，明人的唯识学研究，除了从性相融通的角度所作的发挥外，②其基本框架大致还是能成立的。但一旦涉及具体的唯识学问题，由于没有更多的文献资源，他们除了抄录这三种书外，就既不能作出进一步的解释，更不可能有批评性的分析。

姑举一例来说明之。在论及《成唯识论》所说五果中的异熟果时，王肯堂（1549—1613）的《成唯识论证义》、智素的《成唯识论音响补遗》都说："此位稍长，至金刚心，顿通三乘无学。"此文全然不可索解，而其来源正是《宗镜录》。《宗镜录》的这段文字，抄录自《成唯识论述记》，而《述记》的原文是："此位稍长，至金刚心顿断，通二乘无学。"③其大意为，异熟的位次较长，直至金刚无间道才能顿断异熟果而在次刹那成就佛果，二乘无学果位犹名异熟。《宗镜录》的粗率抄录，难免有以盲导盲之嫌。所以欧阳竟无就曾指出："明末诸老，仗《宗镜录》研唯识，以故《相宗八要》诸多错谬。"④

附带一提的是，如果说明人的唯识学研究还能得其仿佛，由于《宗镜录》等书中保存下来的因明学资料更少，基于此而来的因明学研究就更难免摸象之讥了。⑤ 如将宗的后陈称为"宗体"，发端即错，整个体系实际上也就难

---

① 见中国古籍总目编纂委员会编：《中国古籍总目（子部 7）》（北京：中华书局等，2010 年），页 3332。

② 如智旭说："良由如来藏心不思议故，举体而为眼识之四分，复举体而为耳鼻等识之四分。"（《成唯识论观心法要》卷 1，X51，p.299c）这是将唯识学嫁接到《起信论》"不变随缘"的框架上了。这种性相融通的发挥其实也是发轫于《宗镜录》。

③ 分别见：《成唯识论证义》卷 8，X51，p.80c；《成唯识论音响补遗》卷 8，X51，p.692c；《宗镜录》卷 71，T48，p.814c；《成唯识论述记》第八本，T43，p.509b。

④ 欧阳渐：《杨仁山居士传》，氏著：《内学杂著》，该篇页 2。

⑤ 清末松岩在校刊窥基《因明大疏》的跋文中说："自明迄今五百余年，……虽其间诸大老各有解释，不无摸象之诮，未足为法。"见金陵刻经处本《因明入正理论疏》（南京：金陵刻经处，1896 年）书末。

以成立。[①] 所以总体上说，明末的唯识学复兴，主要还在于其思想史的意义，学理价值其实并不大。

与在中国的情形有所不同，法相宗在飞鸟、奈良时代传入日本，成为“奈良六宗”之一，至少其法脉一直延续至今。历史上，从道昭（629—700）到玄昉（？—746），日本法相宗先后有四传。其中前二传直接受学于玄奘及其弟子窥基，归国后以元兴寺为弘法中心，形成元兴寺传或称南寺传；后二传则受学于窥基的再传弟子濮阳智周（678—733），归国后以兴福寺为弘法中心，形成兴福寺传或称北寺传。总体上说，南寺传在学理上更多地保持了汉传唯识学的原意，而北寺传则更倾向于究理与开放，在汉传唯识学的基础上对一些论题作了更为详尽的分析与辨明。[②] 可以说，日本法相宗就是在中国未能得到充分开展的汉传唯识学的异地发展，虽不无琐细之病，基本上还是秉承了唐疏的家法。因此汉传唯识学不仅是指中国唯识学，也包括日本、新罗唯识学在内，它可以恰当地被称为东亚唯识学。

不过，就学说实质性的发展而言，在日本异地传播的汉传唯识学，最终也为明治维新中断了。颇有意味的是，如果说正是通过南条文雄（1849—1927）与杨文会（1837—1911）的交流，古佚唐疏得以回传国内，从而引发了

---

① 真界《因明入正理论解》：“能别即后陈，谓所立宗体也。”（X53，p.910a）不过，真界还对“能别”与“宗体”作了一定的区分，其大意为，如果后陈没有和前陈结合，它还是宗依，而一旦和前陈相结合，后陈就成了宗体。（X53，p.910a－b）其他学者更是不加任何区分地使用“后陈”、“能别”与“宗体”，由此我们会发现许多矛盾的说法，令初学者莫知所从。如明昱在谈到“相符极成”时说：“因明之法，立敌共诤，是为宗体。”而在谈到“能别不极成”时，他又说：“以因明之法，立敌共许，方成宗体（此处应为“能别”——笔者注）。”见《因明入正理论直疏》，X53，p.935b－c。

② 《三国佛法传通缘起》卷中：“第三十七代孝德天皇御宇白雉四年癸丑（653），道昭和尚越海往唐，遇玄奘三藏学法相宗。……第二传者，道昭入唐之后，经于六年，至第三十八代女帝齐明天皇御宇（皇极重祚）四年戊午（658），智通、智达两般法师，乘新罗船往大唐国，遇玄奘三藏学法相宗。……兼学法于慈恩大师。……第三传者，道昭入唐之后，经五十一年，至第四十二主文武天皇御宇大宝三年癸卯（703），新罗智凤、智鸾、智雄三师，俱奉敕命渡海入唐，谒扑扬大师学法相宗。……第四传者，道昭入唐之后，经六十四年，至第四十四代女帝元正天皇御宇灵龟二年丙辰（716），玄昉法师渡溟入唐，乃谒扑扬智周大师研法相宗。……玄昉法师在唐学法经二十年，第四十五代圣武天皇御宇天平七年乙亥（735）七月归朝。”《大日本佛教全书》第101卷（东京：佛书刊行会，1913年），页112—113。中国的史书如《宋史·日本国传》对此亦有记载，其所据为太平兴国八年（983）入宋的奝然（938—1016）所作的《王年代纪》：“次孝德天皇，白雉四年，律师道照求法至中国，从三藏僧玄奘受经、律、论，当此土唐永徽四年（653）也。次天丰财重日足姬天皇（即齐明天皇），令僧智通等入唐求大乘法相教，当显庆三年（658）。……次圣武天皇，宝（灵？）龟二年，遣僧正玄昉入朝，当开元四年（716）。”此处除了第三传没有提及外，其他基本一致。《宋史》（北京：中华书局，1985年）卷491，页14132—14133。关于这一问题，具体请参傅新毅：《日本法相宗南北二寺之诤》，《玄奘佛学研究》第19期（2013年）。

中国近代唯识学的复兴,那么,也正是南条文雄,开启了日本佛教研究“脱亚入欧”的先声。十九世纪末到二十世纪初,南条文雄、笠原研寿(1852—1883)、高楠顺次郎(1866—1945)等先后被派往英国牛津,从马克斯·缪勒学习梵文经典,从此日本的佛教研究开始了从汉语佛典到梵藏佛典的范式性变革。就唯识学的研究而言,特别是在1922年安慧《三十唯识释》的梵文写本被发现之后,汉传唯识学几乎已经无人问津了。至于法相宗,也仅是在兴福寺、药师寺等少数几个寺院维系其法脉而已。

汉传唯识学似乎始终没有逃脱自己的宿命,似乎始终无法在全体佛教的谱系中找到自己的定位,表明自己的身份。这也就是我们今天提出“作为方法的汉传唯识学”的用意所在。当我们惊叹玄奘“乘危远迈,杖策孤征”的惊人业绩及由此而来的中外交流的客观效应时,我们不能漠视的是,玄奘为佛教中国化所作出的独特的努力及其可能的意义,无论历史上这种努力是否成功,可能的意义有否充分实现。

附:本书各篇章概要

基于上述研究理念,本书的主要内容包括:其一,作为汉传唯识学的“源”,印度佛教中瑜伽行派的问题意识与学理脉动;其二,作为印度唯识学的“流”,汉传唯识学在全体唯识学乃至全体佛教哲学中的定位与价值,尤其是通过无相唯识与有相唯识的比较研究,来展现汉传唯识学的理论特色;其三,在综合窥基和圆测等诸家不同学说的基础上,来展示玄奘唯识学的全体学理规模;其四,空有之争的实质内涵及其对缘起的不同理解;其五,唯识学与作为汉传佛教主流的如来藏说的理论分歧及其学理交涉;其六,以汉传唯识学为主,包括与之相关的南北朝地论、摄论、成实等诸师说所建构的汉语佛教哲学对东亚佛教传统的意义。而作为一项以哲学为底色的佛学研究,本书聚焦在两个哲学问题上,一是时间,二是认识。

本书除《引言》、《结语》外,共分上、中、下三篇,每篇三章,共九章。

上篇《八识》,主要讨论从印度佛教到汉传唯识学的心识理论。

上篇第一章《识、阿赖耶与阿赖耶识》,是对“心、意、识”、“阿赖耶”、“阿赖耶识”这些唯识学中最基本的术语,作语义与教理上的简略溯源。

首先是“识”(vijñāna,巴 viññāṇa)。在早期圣典中,“识”有两个含义:一是在缘起说的认识论解释中,它被视作依根缘境的认识作用;二是在缘起说的胎生学解释中,它被视作与个体生命之所以可能相关的“有取识”(sopādānaṃ vijñānam)。无论哪种含义,“识”都是被收摄在缘起无我的基本语义之下,而并不是一个可以往来三世的不变主体。至于“意”(manas)

与“心”(citta),在原始佛典中,总体上则是与“识”不加区分地予以使用。在阿毗达磨中,对心、意、识三者的含义则作出了种种的分别,但认为在指称上它们并无不同,都不出眼等六识的范围。这一点在唯识学中从根本上得到了突破。至少按照梵本《本地分·意地》及《摄决择分》的解释,“心”、“意”、“识”可以分别对应于阿赖耶识、第七识与前六识,它们不仅具有不同的含义,而且具有不同的指称。佛教的心识论由此被进一步延拓到微细识的层面,而开展出隐显双重心识构造,形成了佛家特有的意识哲学。

其次是“阿赖耶”(ālaya)。ālaya 一词有两个含义,一是“住处、隐居处”,二是“执著、渴爱”。本书分析了原始佛典、部派时代 ālaya 一词的用例,指出它们都是在“执著、渴爱”的意义上被使用的。只是到唯识学中,其侧重点才被落实到了“住处、隐居处”的含义上,而被玄奘意译作“藏”。

最后是“阿赖耶识”(ālaya-vijñāna)。本书从原始佛教“缘起无我”的前设出发,分析了经由部派时代的“补特伽罗”(pudgala)说(有部、犊子部)、“相续心”思想(譬喻师、经量部、分别说系、大众部),直至唯识学中成立阿赖耶识的内在理路。本书认为,部派时代的“相续心”思想是基于如下的问题意识而揭出的:其一,在“命根”(jīvitendriya)被视为假法的前提下,相续心的执持是有情之为有情的依据;其二,在依心识安立业果的前提下,相续心的潜存是保持业力存续从而使业果之间的必然关联得以可能的载体。而正是在同样的问题意识下,唯识学中提出了理论更臻于精严细密的“阿陀那识”与“阿赖耶识”说。

第二章《阿陀那识与阿赖耶识》,梳理了唯识学的中心概念,由早期《解深密经》的“阿陀那识”(ādāna-vijñāna),发展为中期《摄大乘论》的“阿赖耶识”,进而在晚期《成唯识论》中对“阿赖耶识”予以重新定位的学理开展。

《解深密经·心意识相品》以“一切种子心识”(*sarva-bījakaṃ cittam)为引导,对“阿陀那识”、“阿赖耶识”、“心”等名相作出了分别的界定与统一的说明,其中心概念是“阿陀那识”。“阿陀那识”是从“执受”(upādāna)的语义而来的,其关注点在于,作为一个生命的统一体,心理与生理具有不可分的内在关联,此即所谓“根身执受”。此外,《解深密经》还提出了第二种执受,所谓“习气执受”。正是在这两种“执受”的意义上,一切种子心识被称作“阿陀那识”。《解深密经》虽然也提到了“阿赖耶识”,并就“藏”的含义来解释“阿赖耶”,但这仅是指阿赖耶识隐藏于它所依的根身之中,而并非摄藏种子之义,故从语义上看,它仅相当于阿陀那义之一分。

阿陀那识是诸转识生起的依止。不过,在《解深密经》中,依于阿陀那识生起的是六识而非七识,也就是说,在《解深密经》的时代,对于七、八二识的严格分判还尚未揭出，基于“执受”义成立的阿陀那识中可以兼摄有“我执”的含义。本书分析了阿毗达磨中“执受”一词的用法，对此给出了一个不同于宇井伯寿的解释。

《摄大乘论》宗依《阿毗达磨大乘经》，将“阿赖耶识”称作“所知依”（jñeya-āśraya），以之为枢纽，来成立有情的流转与还灭，由此“阿赖耶识”转而成为唯识学的中心概念。本书认为，在《摄大乘论》中，阿赖耶识侧重在作为诸法因性的种子识的内涵，与种子并无截然的差别，种子只是假法。而正是在与现行诸法的互为因果中，《摄大乘论》成立了阿赖耶识的“三相”，从而力图在缘起论的基本构架下，来对经验世界的成立作出积极的说明。关注重心由阿陀那识向阿赖耶识的游移绝非是无关宏旨的，它事实上表征了唯识学理发展中由生命论中心向认识论中心的范式转换。

既然阿赖耶识着眼的是诸法因性的种子识的内涵，其自身当然不可能具有我执的功能，而反过来倒成为我执的对象，我执的根据则被落实到了“染污意”（kliṣṭa-manas）上。如此，一个以作为种子识的阿赖耶识与作为现行识的前七转识互为缘起为基本构架的八识论体系基本完型。

《成唯识论》同样是以“阿赖耶识”为中心概念。不过，沿循《瑜伽论·摄决择分》的思路，《成唯识论》坚持“种识不一”的立场，认为阿赖耶识与前七识一样，是现行识，而与种子截然有别，种子也是世俗谛意义上的实法。由此《成唯识论》提出了阿赖耶识的“三藏”义，使阿赖耶识的“三相”现识化，从而形成为最终形态的阿赖耶识论。

第三章《玄奘所传八识说的构造》，详尽分析了玄奘唯识学的八识论体系。

首先是第八识的所缘与行相。第八识的所缘包括有执受（upātta）的种子、根身与无执受（anupātta）的器界。与安慧唯识学的最大差别在于，安慧认为，此执受中还包括“名”（nāman），即受、想、行、识等无色四蕴（arūpiṇaḥ skandhāḥ）。安慧的这一解释具有强烈的生命论意涵，而《成唯识论》更侧重从认识论的角度来理解“执受”，所以还是沿循传统的说法，将“执受”限定在对根身的执受这一生理性的含义上。否则，在《成唯识论》看来，就会落入其明确反对的“一能变”说。

对根身的执受涉及哲学上的“交互主体性”（Intersubjectivity）问题，即，我们对其他有情的认知是如何可能的。而无执受的器界则涉及哲学上的“世界共在”问题。本书在与康德哲学、胡塞尔现象学的比较中，分析了汉传唯识学对此问题的回应及其所遭遇到的理论困境。

“行相”（ākāra）是唯识学中的一个重要概念。本书追溯了“行相”概念在早期佛典及有部、经部、唯识中的不同用法，而认为“行相”具有三个含义。汉传唯识学将其重心落实在能缘见分上，强调其作为认识作用的意义，由此阿赖耶识与前七转识一样，也成立了能、所二分的认识论构架。

其次是第八识的相应(saṃprayukta)心所。这一部分探讨了两个问题，一是心所(caitasika 或 caitta)这一概念的成立，二是与第八识相应的五遍行(sarvatraga)心所的意义。发端于阿毗达磨的心与心所的俱时相应说，并不能从原始佛典中找到充足的依据，也为后来的譬喻师和经量部所反对。本书分析了各部派对这一问题的不同看法，以及由此而产生的体系性差异。汉传唯识学所说的与第八识相应的五遍行心所，是最为基础性的心所。本书也具体分析了这五个心所各自的功能和意义。由此，阿赖耶识作为现行识，也与前七转识一样，有了主、属相应的心识结构。

再次，关于末那识(mano-vijñāna)。本书从末那识的所依与所缘入手，着重梳理了唯识诸家对于“俱有依”(sahabhūr āśrayaḥ)的不同看法。由此本书进一步分析了与末那识相应的四烦恼心所，并对汉传唯识学中传说安慧认为“三位无染污意”的说法，从现存的安慧梵本、摄论师的见解等不同角度作出了解释。本书认为，安慧并没有断言出世道等三位无第七识，只是他在《三十释》中仅疏解了世亲《三十颂》原本的思想，未从“转识成智”的角度作出更多的发挥而已。

最后，关于前六识。本书从汉传唯识学的定位出发，从量论的角度考察了前五识与第六意识的哲学意涵，特别是五俱意识的成立在佛教哲学史上的意义。在汉传唯识学中，前五识与第六意识的判别依据是有无分别(vikalpa)，这与“寻”(vitarka)、“伺”(vicāra)这两种心所在阿毗达磨与唯识中的不同界说有关。由于汉传唯识学坚持认为，“寻”、“伺”只能存在于第六意识，所以他们对感性与知性作出了严格的哲学划界，而五俱意识则成为沟通感性与知性的中介。由此，本书进而探讨了汉传唯识学对假境与错觉的分析，并对如何在感性纯粹真实性的原则下来说明无分别的似现量，从舍勒(M. Scheler, 1874—1928)现象学的角度提供了一个可能的解决方案。

中篇《种习》，是讨论唯识学中的因果理论，即，唯识学者在传统的业感缘起外，另成立更为基础性的“分别自性”(svabhāva-vibhāgika)缘起的内在理路与学理架构。

第四章《种子说的缘起》，探讨了部派时代，经量部最终提出“种子说”的问题意识与学理开展。本书认为，这一学说的提出至少与当时的两个重大课题有关：一是业力的存续，二是烦恼的潜存。

原始佛教在缘起无我的基本框架下导入了印度传统的业报轮回说。在原始佛典中,业不仅仅是一种当下的行为,还能将其影响力延及于果。或者毋宁说,正是感果能力使某一行为成之为业。因此我们并不能以一种实体主义的方式,将业静态地固定在行为当下的时空点上,只有基于过程主义的立场,将业视之为本质上是力能性的而非质料性的存在,才能理解由业感果的"出离"(outside-of-itself)特征。

但在部派时代,由于其构造主义的时间观,即将时间切割到"刹那"(kṣaṇa),以"刹那"来说明时间的连续,业与果之间的必然的关联却成了部派学者不得不回应的根本问题。对此,有部提出了"三世实有"的基本论义,通过具有连续性的法体的"取果"(phala-pratigrahaṇa)与"与果"(phala-dāna)功能,在刹那生灭的缘起之流中建立起了业与果的关联。此外,有部还有"无表色"(avijñapti-rūpa)的概念,论者或谓,这一概念的提出,也是为了建立业果的关联。本书详尽考察了有部"无表色"的诸种功能,认为它与业果的关联无关。对《成实论》的"无作"(即"无表"之旧译)及中土成实师的解释,正量部的"不失法"(avipraṇāśa)等,本书也作出了详尽的分析。然后再回到真谛所传说的有部的"同随得",本书认为,这或者是正量部的观念,或者是受到正量部"不失法"观念影响的有部学说,并非正统的婆沙师义。

至于烦恼问题,涉及部派时代随眠(anuśaya,旧译为"使")是否为与心相应的心所的论诤。本书认为,这一问题其实与过未有无的时间论诤紧密相关。对于有部来说,在"三世实有"的基本论义下,他们是以实有的不相应行法"得"(prāpti)来说明有情的系缚和解脱,因此他们不需要有烦恼潜存的构想。而对持过未无体论者如分别说系与大众部来说,他们只能将过去的烦恼以潜势力的方式安立在现在的刹那,否则就无法解释,此烦恼既已落入无体的过去,又如何能将其影响力延及到有体的现在。而凡圣的分野,也由此才能得到说明。这种烦恼的潜势力即是与心不相应的随眠。

针对诸部派在业力的存续、业果的关联、烦恼的潜存等问题上的诸种理论分歧,经量部在"过未无体"的时间预设下,成立了种子熏习的学说,为此提供了一个统一性的解决方案。而在与有部的论辩中,它所暴露出来的理论困境,又促使后来的唯识大乘在周延性和精严性方面对此作出了进一步的修正与完善。本书将经量部种习学说的理论困境概括为四个问题:一、种子的假实问题;二、种现熏生的异时因果问题;三、种子引生异熟果与等流果的差异性问题;四、初念无漏的生起问题。

第五章《〈成唯识论〉的种子熏习理论》,探讨了以《成唯识论》为代表的成熟形态的种习学说。

本章首先介绍了《成唯识论》中有关种子(bīja)的界说及其分类。对所谓种子六义,本书特别分析了其中的"刹那灭"与"果俱有"。认为有为法必刹那灭,这并非是佛家的通说,而是承续自譬喻师的论义。至于"果俱有",则充分体现了《成唯识论》进一步实体主义化的"过未无体"的时间观念。

《成唯识论》将种子区分为名言种与业种。本书强调指出,在《成唯识论》的体系中,业种只是就善恶名言种的独特功用所安立的名称,并非在善恶名言种外别有其体,所以业种虽然并不具足"种子六义",但就其体无非善恶名言种来说,也还是种子。

通过对种子的分类,《成唯识论》最终较为周延地解释了生死无穷轮转的机理。而这具体涉及"顺现受业"(dṛṣṭa-dharma-vedanīyaṃ karma)的问题。按照《成唯识论》的解释,在时间分位上,业行招感第八真异熟至少是需要跨越前后两世的,顺现受业只能招感别报果。因此,比如《瑜伽论》说无间业能招感现果,其实是指其加行业所招感的别报果,而根本业则能招感下一生地狱的总报果,只是从其最初受果来说,才将无间业称之为顺现受业。

接下来是对"熏习"(vāsanā)的考察。本书指出,有部虽然也谈到了习气,但这是指与有漏劣慧相应的心、心所法,或者再加上其所依身,而并非是经部、唯识所说的与现行相对的潜势力,不具有种子的含义。只有经部、唯识所说的习气,才与现行(abhisaṃskāra)相对,是指通过现行的熏习作用而存留的潜势力,即种子。

在对"所熏四义"的考察中,本书特别探讨了"真如受熏"的问题。按照汉传唯识学对熏习的界说,能熏、所熏都是有为法,因此他们认为,《起信论》说真如与无明互熏,是真谛的翻译有误。认同《起信》框架的华严学者则依据《楞伽经》,明确区分了两种熏习,认为唯识说真如不能受熏,乃是据"可思议熏"为言;而《起信》说真如与无明互熏,则是指另一种"不可思议熏"。华严学者的这一解读,其实是以其判教理论为前提的。同时,本书还指出,所熏四义的设定,其目的无非就是要将能受熏者落实在不共小乘的第八异熟识上,从而使唯识学者的种习说能够最终超越经部师的既有框架。

而在对"能熏四义"的考察中,本书特别探讨了"相分熏"的问题。由于"能熏四义"的第二条"有胜用"排除了业感的异熟无记法直接作为能熏的可能,所以只有当它们为具有能熏作用的心、心所法所缘取,成为其相分时,依仗能缘心、心所法的缘取力,才能熏成自己的种子,包括影像相分种和本质相分种,此即所谓"相分熏"。如此,为了在"本新并建"的基本框架下来解决异熟无记种的熏习问题,唯识学者最终只是提供了一个极为繁琐的答案。

唯识学者通过种子与熏习的学说，成立了两种因果关系：同时因果与异时因果。本书认为，同时因果是基于“过未无体”的时间预设而提出的。从哲学上说，“过未无体”无非就是一种以在场之现在为中心的实体主义态度。之所以称其为实体主义，是因为它以在场的现在与不在场的过、未的二分为前提，而凸显了在场对于不在场的优先性与奠基性。而《成唯识论》进而以种子自类相生的异时因果来补充种现相生的同时因果，以之来说明时间的流转，其实在理论上并不成功。由此，本书从汉传唯识注疏中发现了难陀唯识古学的异时因果说，认为这更符合佛家缘起说的立场。这为下篇对“识转变”（vijñāna-pariṇāma）学说的考察作了理论铺垫。

第六章《本有与新熏》，探讨种子的来源问题。其重心在于无漏种子即种姓的本有与新熏，因此涉及了唯识与如来藏学说在学理上的根本分歧。

本书认为，在早期的《瑜伽论 · 本地分》中，唯识学者就是持种子本有的立场，其实质性意义在于无漏种子即种姓的本有，亦即有所谓“法尔种姓”（*dharmatā-gotra）。本书考察了部派时代对“种姓”（gotra）的理解，认为有部所谓的种姓具有根器的意义，所谓不般涅槃法者（a-parinirvāṇa-dharmaka）并不具有决定性的特征，这种决定性特征更有可能是来自于譬喻师或者部分经量部学者。事实上，有部提出种姓的差别，主要是考虑到禅修教学实践的需要，即，需要针对来学者的不同状况，而分别授予相应的禅法。瑜伽师的禅修教学方法基本就是从有部脱胎而来的，其最大的差别在于，在瑜伽师那里，除了要考察来学者的根器外，还要考察其种姓。这其实就是在认可有部所谓后天可转易的根器差别的前提下，进一步建立了一种更为基础性的先天不可转易的种姓差别。

《本地分 · 声闻地》所说的种姓就是指这种本有的法尔种姓。《菩萨地》虽然在“本性住种姓”（prakṛti-sthaṃ gotram）外，又提出了“习所成种姓”（samudānītaṃ gotram），但其所谓习种，还是侧重在性种受熏而有功能上的增长乃至成熟，而并非是指新种的熏成，亦即，不具有新熏的含义。

《菩萨地》对“本性住种姓”的界说，与如来藏系的经典《无上依经》对“如来界”（tathāgata-dhātu）的界说是完全一致的。由此，本书充分利用日本近年来公布的写本资源，具体分析了初唐佛性论诤的问题焦点，并得出结论：所有的本有说，无论是种姓本有说还是佛性本有说，其目的都是要为有情未来获得解脱的可能性予以先天潜能上的奠基，两者的区别仅在于，这种可能性是一还是多，是无为还是有为。而究其实质，它们都是将“缘起”（pratītya-samutpāda）的关系决定论转换成了“缘生法”（pratītya-samutpannā dharmāḥ）的实体决定论，具体地说，就是将“有因必有果”中“有……必有……”的决定性转换成了“因”对于“果”的决定性，这就不得不设定因性乃是果性具体而微的存在，果性本质上只是因性的显现，这种对因果关系的理解无疑是基础主义（Foundationalism）与实体主义的。

接下来，本书考察了种子新熏说。本书认为，新熏的看法源自《瑜伽论·摄决择分》的“真如所缘缘种子”（*tathatā-ālambana-pratyaya-bīja）。通过对汉传唯识文献的梳理，本书清理了有关这一概念的几种解读，并认为，无论是哪种解读，唯识学者都是将真如作为所缘缘而非亲因缘，而法宝一系却是将真如视作能亲生出世间法的亲因缘。从《摄决择分》的上下文来看，“真如所缘缘种子”既不是指真如能作为因缘亲生出世间法，也不同于种子本有论者的解读，而是指行者通过听闻正法，即以真如为疏所缘缘，而新熏成了能生起见道位初念无分别智的种子。也就是说，这是唯识学中种子新熏说的最初提出。

新熏说的经典表述是《摄大乘论》的“正闻熏习种子”（śruta-vāsanā-bīja）。本书认为，法界等流——正闻熏习，也是将有情置于与佛陀的关联之中来说明其解脱的可能。不过，与如来藏学说不同，这不是以某种一体化的方式认为，有情本来就具有佛陀的本性；而是说，两者之间存在着一种交互性的关联。由此，本书具体考察了这种交互性关联的可能，而特别强调了顺决择分（nirvedha-bhāgīya）即四善根的意义。概言之，顺决择分的所观基本决定了见道位的所证。对唯识大乘来说，见道位是现证能所二空的真如，所以行者在顺决择分需要修四寻思（catasraḥ paryeṣaṇāḥ）、四如实智（catvāri yathā-bhūta-parijñānāni）的加行，通过对名（nāman）、义（artha）、自性（svabhāva）、差别（viśeṣa）的观照，来逐步了知能所二空。由此《摄大乘论》回应了如何由多闻熏习生起出世心的问题，亦即无始流转的有情何以能趋于还灭的问题。

从佛教缘起论的立场来看，缘起认可的是关系的必然性，因中却不必有果，因此我们必须在一种动态的关系与过程中来理解解脱的可能，即，通过对经教的听闻与理解，依之而次第展开出确当而非盲目、切实而非蹈空的修证实践。在这一意义上，新熏论者的看法应该是更为符合佛陀缘起论之教说的。

最后，是为《成唯识论》所接受的“本新并建”说。本书具体考察了在“本新并建”的基本语义下，玄奘门下对性种与习种的不同定位，并进而指出，这与玄奘门下对《仁王经》、《菩萨璎珞本业经》的不同看法有关。本书将唯识学中的种姓称作“法尔种姓”，而将真伪存疑的《仁王》等经所提出的种姓称作“分位种姓”，具体考察了两者的不同，及其在圆测那里的学理交涉。本书进而认为,由本新并建的基本语义,必然会导出“五姓各别”的立场,这是奘传唯识学不同于汉地诸宗的理论特色。而通过对“理佛性”与“行佛性”的分疏,奘传唯识学者给出了这一理论的中国化诠释。本书结合《宝性论》,具体考察了“行佛性”在地论师及唯识学中的不同含义,认为在唯识学中,行佛性侧重在成佛动力因的意涵。具体说来,关于成佛的动力因,佛性论者是落实在理性上,因为作为理性的如来藏本身就具有舍染还净的力能。唯识学者则是将成佛的动力因落实在作为有为法的行性上,理性只是目的因。而这又可以有两种看法。种子本有论者与本新并建论者是以本有无漏种子为正因,闻熏等为缘因;种子新熏论者不承认有本有无漏种子,所以仅是以正闻熏习、如理作意等为动因。这正是导致佛性论者与唯识学者理论分歧的根本关节所在。

下篇《识变》,主要是梳理唯识观念的提出,及其在唯识古、今学中的不同定位,由此来说明汉传唯识学的理论特色。

第七章《识显现与识转变》主要是对以安慧为代表的唯识古学的考察。

本书认为,唯识思想的真正起源,不在传统的经典之中,而是导源于瑜伽师的修证实践。《本地分·声闻地》提到了“四种所缘境事(ālambana-vastu)”,并谓其出自由世尊传授于颉隶伐多的禅法。本书首先考察了颉隶伐多(Revata)其人,通过汉传与巴利佛典的比较研究,本书认为,此处颉隶伐多是指 Khadiravaniya Revata(佉陀罗林住离曰),而非 Kaṅkhā-revata(疑离曰)。至于其禅法,所谓“于相称缘安住其心”(anurūpa ālambane cittam upanibadhnāti),基本上就是对有部禅法的一种重新组织。“于相似缘安住其心”(pratirūpa ālambane cittam upanibadhnāti),即,在行者进入禅定后,是以影像(pratibimba)的方式来观照定境,则直接引导了唯识观念的产生。本书结合六朝时所译出的一批禅籍,以“不净观”为例,具体说明了“相似所缘”对唯识的意义。

这一所谓世尊传授于颉隶伐多的禅法,在《声闻地》中被组织成了“四种所缘境事”,其实质就是将禅修的内容和方法作出了明确的区分。而《解深密经·分别瑜伽品》则通过对“四种所缘境事”的重新改造,来组织大乘瑜伽师的修证体系,由此建立起了不共小乘的“瑜伽了义之教”,并进而提出了“识(vijñāna)所缘唯识所现”(vijñapti-mātra-prabhāvita)的认识论原则。

从理论上对唯识作出阐述的是所谓“弥勒论”。这里涉及两个基本概念的梳理,一是“显现”(pratibhāsa),二是“识”(vijñapti)。本书的考察从“弥勒论”的核心概念“虚妄分别”(abhūta-parikalpa)入手。由于心识是分别(parikalpa,玄奘通常译为“遍计”),也就是说,它具有创造、想象的能力,因此那些不存在的（abhūta）东西恰恰能被创造、想象出来，这就是“显现”（pratibhāsa）。

“显现”首先意味着有境相现前而“可见”、“可得”（upalabdhi）。但这些显现的境相并没有独立的自体，实际上是无（abhāva），因为是心识将自身显现为了境相，心识才是有（bhāva）。也就是说，并非如通常所认为的那样，心识是作为与客体相对的主体而生起，以之来认知客体；恰恰相反，由于心识的虚妄性质，才将那些原本无体的境相显现了出来，使它们可见、可得。心识不仅显现无体的境相，同时又将其计执为离识独存的实有的外境，凡显现的境相就已经是被计执的境相。易言之，境相总是作为客体，以一种对象化的方式被把握与认知。但当境相被分别计执为对象性的客体时，心识必然依照主客对立的模式，同时抽象出能认知它的主体。亦即，这种心识的分别作用又自反性地指向自身，使原本不可见的心识也作为与客体相对的主体显现。如此，心识在作为主体的意义上，同样成了可见、可得的境相的一部分，这也就是心识的自我对象化。用唯识学的话来说，虚妄分别必然是以能所二取的方式显现。而无论是所取还是能取，作为显现的境相，都具有“无体”与“可得”的两面性。

从对“显现”的讨论出发，本书进一步考察了“识”（vijñapti）的意涵。通过分析部分有梵（巴）本的佛教文献，本书指出，如果说，以 vijānāti、vijānanā 来界说 vijñāna 是着眼于识能认知的作用，那么，vijñapti 在这一点上与之并无不同；只不过，vijñapti 更为侧重在识境的关联中来说明识的作用，它表明，识之能知正是体现在境之被知中，否则，所谓识的能动的认识作用实际上也无从着落。本书还特别注意到，在《俱舍论》乃至安慧的《三十释》中，upalabdhi（取）就是对 vijñapti 的解释。对于有部来说，外部对象的实在性是认识得以发生的前提，因此《俱舍论》、《顺正理论》以 vijñapti、upalabdhi 来界说 vijñāna，是指心识（vijñāna）能获取外境，使之进入认识域。而对唯识古学来说，如前所述，情况正好相反，境相之所以可见、可得（upalabdhi），是因为心识将自身显现为了境相。而境相之显现可得，也就意味着心识认知、获取了境相，并且是以一种将其计执为外境的方式来予以认知。如此，upalabdhi 由“境之获取”而进一步被引申为“境之显现”，以之来界说 vijñapti，实际上也就是指认了心识显现境相以认知境相的作用。这就是 vijñapti 在唯识学中的独特语义，即，这是显现为境相的识，所谓“似尘识”（artha-pratibhāsā vijñaptiḥ）。不过，vijñapti 具有显现境相以认知境相的含义，从而与 vijñāna 有所区别，可能是从《摄大乘论》开始才逐渐固定下来。在此之前，比如在“弥勒论”中，两者并没有实质性的区别。

在对 vijñapti 作出语言学的分析后，本书又从义理和哲学上对其作了考察。通过具体分析《中边论 · 相品》的“四识(vijñāna)”、《中边论 · 真实品》的“六相(nimitta)”、《庄严经论》的“六光(ābhāsa)”和《摄论》的“十一识(vijñapti)”，本书将其概括为“所取显现(grāhya-pratibhāsa)”与“能取显现(grāhaka-pratibhāsa)”两种，而分别对应于“似尘识”(artha-pratibhāsā vijñaptiḥ)与“似识识”(vijñāna-pratibhāsā vijñaptiḥ)。如果说，“似尘识”是指认了世界的存在设定的机制，即心识显现世界并对象化世界的维度；那么，“似识识”正是指认了心识的存在设定的机制，即心识再现自身以对象化自身的维度。

概言之，至少从《摄论》的“十一识”开始，vijñapti 已具有了显现境相以认知境相的含义，或者毋宁说，它就是存在于境相的显现之中，因此指认的是原初被给予的境识一体。由此而言 vijñapti-mātra(唯识)，自然也就不会成为胜吕信静所说观念论意义上的“唯表象”。此即，这里并不存在表象与自在之物的两重世界，相反，世界只是作为显现的世界而被给予，在 vijñapti 所开显的场域之外，无物存在。另一方面，vijñapti 是由“虚妄分别所摄”(abhūta-parikalpa-saṃgṛhīta)，它对自身所显现的境相的认知都是分别性的，也就是说，凡所显现的境相，无论是 artha(义、尘)还是 vijñāna(识)，都已经是被计执的境相，因此这里同样也不存在唯识今学所说纯粹表象与观念构造物、即依他之内境与遍计之外境的两重世界。

接下来，本书切换到“三性”的角度来考察“唯识”。因为唯识古学其实是以“三性”作为考察识境关系的立足点，即以识为依他起性，以境为遍计所执性(旧译“分别性”)。而真谛则进一步提出，境无故识无，“此境识俱泯即是实性，实性即是阿摩罗识”。因此，三性、三无性的理论架构，是本书切入“唯识”义的又一取径。

本书首先依据《瑜伽论记》，区分出了“三性”的三种定位，本书主要考察的是前两种：“情事理门”与“尘识理门”。

第一种“情事理门”是从诸法的存在形态的角度对三性作出的定位，它是从《菩萨地 · 真实义品》所说的两种自性，即“假说自性”(prajñapti-vāda-svabhāva)与“离言自性”(nir-abhilāpya-svabhāva)发展而来的。这涉及瑜伽行派对空有关系的理解，其实质还是承续自有部“假必依实”的理路。我们甚至还可以从《中阿含 · 小空经》及与之相当的《中部 · 小空经(*Cūḷasuññata-sutta*)》中，找到这种对空性理解的圣典依据。本书通过对巴利《小空经》与《真实义品》梵本的比较，发现两者在文字上几乎是一致的。其大意为，“此”“由彼”故空，因此“彼”是无，而作为空之所余(梵

avaśiṣṭa，巴 avasiṭṭha）的“此”是有。所谓空之所余，意即空除了假说自性后的剩余物，它是“色等假说”即假说自性的“所依”（āśraya），也就是离言自性。

这种对空有关系的理解，与中观学是全然异质性的。中观学的见解，是“一切唯假（prajñapti-mātra）”，亦即，假名安立的一切诸法，并没有其所依托的离言自性。这里涉及空有之争的根本问题，一言以蔽之，此即，有无假说自性所依托的离言自性？或者用后来的三性来说，有无离言的依他起性？依他起性也就是缘起，因此，这一问题可以更明确地表述为：缘起本身就是假名安立的；还是它是假名安立的基础，其本身并非假名安立？对两家的这一分歧，本书作出了详尽的分析。

三性、三无性之所以能从“情事理门”的存在论定位开展出“尘识理门”的认识论定位，其关节点在于“空之所余”观念的演化。即，“空之所余”的定位由缘起之事（vastu）而转换成了显境之识（vijñapti），由此“唯事”（vastu-mātra）也就成了“唯识”（vijñapti-mātra）。如上所述，《真实义品》将《小空经》基于空观实践而提出的“空之所余”观念发展为了存在论意义上的说明，从而成立了瑜伽大乘的中道思想，即假说自性是空，而“空之所余”的离言自性是有。而在弥勒论如《中边论》中，所谓“空之所余”，即依他起性与圆成实性则被分别落实在了虚妄分别的心识与空性真如上，与之相对，被空遣的遍计所执性则是指作为境的能所二取，如此便成了识有境无的唯识学说。

由此，“弥勒论”提出了唯识意义上的中道（madhyamā pratipat）学说，就是对“有故”（satvāt）、“无故”（asatvāt）、“及有故”（satvāc ca）的如实认知。“有故”，即是有虚妄分别；“无故”，即是无能、所二取；“及有故”，则是指，在虚妄分别中，有空性作为其法性存在，在空性中，也有虚妄分别以法的形式（dharmirūpeṇa）存在。按照《中边论》的看法，这才是符合《般若经》所谓“一切法非空非有”的中道之说。

通过对印度唯识古学的考察，本书为理解真谛的学说提供了一个重要的参照系。对此，本书首先指出，“弥勒论”中有两种圆成实性的界定，一是遍计所执性的能、所二取的空性，二是“境无故识无”，除遣了依他起性后所证入的空性。这正分别对应于“弥勒论”中所说的有垢真如（samalā tathatā）与无垢真如（nirmalā tathatā）。真谛通过对“三性”与“三无性”的创造性解释，将“情事理门”的三性定位结合到“尘识理门”上来予以说明，并以分别性无相、依他性无生的真实性为旨归，而成立了“两种唯识”的学说。由此，本书具体考察了真谛学说中特有的概念“解性”与“阿摩罗识”，认为两者应为同一所指,即遣除了虚妄分别的心识后的无垢真如。“阿摩罗识”是如如智证的佛果当体,而“解性”是就佛陀与凡夫的交互关系来说,即,在凡夫一方是闻熏习,在佛陀一方是阿摩罗识,并由此而有等流的正法,凡夫以阿摩罗识等流的正法为所缘缘,通过闻熏习而生起一切圣道。所以这不是在生佛一体化的意义上,而是在生佛交互性的意义上,来说明圣道的生起。由此可见,佛果位的阿摩罗识并不能被置于有情因位来说,它不是“本觉”的如来藏。

本章的最后一部分,是对唯识古学“识转变”(vijñāna-pariṇāma)学说的考察。本书具体分析了安慧所造诸论中涉及“识转变”问题的主要文字,从而指出以下几点。其一,“识转变”不是“识显现”,识显现指涉的是识境关系,识(vijñapti)显现为境,识是有,境是无,识是依他起性,境是遍计所执性;识转变是就识(vijñāna)自身而言其转变,指涉的是从识到识、从有到有的缘起关系,即仅指涉依他起性。其二,识显现为境,两者是同时性的;而识转变在安慧那里则是异时因果。本书具体考察了安慧对“识转变”的界定,找到了这一界定的两个来源:一是“anyathātva”(变异性、差异性),这出自世亲的《俱舍论》和《庄严经论释》;二是“kāraṇakṣaṇanirodhasamakālaḥ kāraṇakṣaṇavilakṣaṇaḥ kāryasyātmalābhaḥ”(在因刹那灭的同时,与因刹那异相的果之生起),这与《杂集论》对“因果相续不断”(hetu-phala-prabandha-anupaccheda)的解释几乎一致。本书进而分析了玄奘《杂集论》、《成唯识论》的译语并指出,安慧对“识转变”的界定,具有明确的时间意涵。其三,本书充分利用汉传唯识学的资源,具体说来,就是汉传注疏中对于难陀、胜军异时因果说的介绍,从而认为,安慧“识转变”的异时因果,是指种现之间的因缘关系,而非等无间缘。本书并结合安慧所造诸论,对此作了具体的分析、论证。

最后,本书考察了真谛《显识论》中所谓“显识”的意涵,并回应了传说真谛持“一能变”说的问题。本书认为,真谛的“识转变”说,有其共性与特性。从共性的一面看,特别是考虑到它与世亲、安慧唯识学的亲缘性,“识转变”无疑具有种现缘起的意涵,因此仅仅将它定位为“本识显四境”,可能是过于简单化了。从特性的一面看,真谛诚然是想将“本识显四境”导入“识转变”之中,不过,其“一意识师”说的背景,必然使所谓显现为四境的本识具有虚妄分别之八识的统一体的意义,而并非如梅光羲、熊十力所谓,在八识互为分离的意义上,指认前七识无显现义。因此真谛“识转变”说的基本特征,就是上述共性与特性的统一,亦即,在“因果门”意义上作为诸法之因的阿赖耶识与在“影像门”意义上作为诸法之体的阿赖耶识的统一。只有在此意义上，我们才容或可说真谛是持“一能变”的立场。

第八章《识四分与识能变》主要是对以陈那、护法为代表的唯识今学的考察。其关注点在于两个问题，一是依他起性的内境即相分的成立，二是自证的成立。由此才能进而成立有相唯识的识能变说。

本书认为，唯识学中从无相到有相的范式性变革，乃是始自陈那的“知识论转向”的结果，其契机则在于陈那对经量部“带相说”的引入。而只有在与有部的比照中，经部的“带相说”才能得到更为清晰的阐明。有部提出“三世实有”的命题，除了以此来解决业果的关联外，还与其认识论的考量有关。有部认为，认识必有其所认知的外部对象，没有对象，认识就不可能发生，而既然我们可以认识到过去与未来的事物，因此它们必定是实有的。这类似于古希腊巴门尼德（Parmenides of Elea）所提出的“认识与存在的同一性原则”。

然而，现实中的确会发生所认知者在外部世界中并不存在的情形，比如见到旋火轮、第二月一类的错觉，比如在梦境中出现的龟毛兔角，而对佛家来说，我们通常所认知到的自我更是根本性的虚妄。对此，有部论师不厌其烦地分别作出了解释，认为所有这些情形都只是因为认识本身发生了错乱，绝不能由此证明所认知的外境是不存在的。譬喻师及由此发展而来的经部师，却从这些现象中得出了截然相反的结论，他们认为，既然诸如第二月、自我等并不存在，却能为心识所认知，这适足于证明存在着“无所缘识”（asad-ālambanaṃ vijñānam）。

“识可缘无”，当然并不是否认缘有之识的存在，只是认为，“有及非有，二种皆能为境生觉”。因此要从此发展为唯识无境的学说，关键之处还在于对此缘有之识的突破。诸部派中，唯有经部的“带相说”才提供了这种可能。本书充分利用仅有汉译本的《顺正理论》、《成实论》等文献，具体剖解了经量部“带相说”的理论架构，从而认为，“带相说”原本的问题意识，是要在过未无体的时间预设下，来说明分处两个刹那的根、境与识之间的异时因果是如何可能的。而既然这种异时因果涉及境与识，所以“带相说”也就有了认识论的意涵。此即，第二刹那的识上具有与第一刹那的境相似的行相，由此表明了两者的因果关系。

随后，本书具体考察了陈那的《观所缘缘论》。由于吕澂认为，玄奘的译本有较多意译的成分，所以本书结合藏、梵（由藏还原）、汉多个译本，来分析该论的理论特色。在陈那看来，“实体”（dravya）与“行相”（ākāra），分别对应于“缘”（pratyaya）与“所缘”（ālambana），是成为所缘缘的两个必要条件。其中，前者得之于有部，后者得之于经部。据此，陈那分别批评了经部与有部对所缘缘的理解。

对于玄奘的翻译，本书经过分析后认为，玄奘以“有体生心”来译解“所缘缘”之“缘”，正可以既与经部相区别，又与唯识古学相区别。虽然这是意译，但在内在精神上却是与陈那、护法一致的，或者毋宁说，这其实是更为精准地揭示出了有相唯识的要害所在。至于玄奘译文中所谓的“和合”与“和集”，本书结合《二十论》、安慧《三十释》等，认为“和合”是经部所认为的作为外境的非实有的极微的总体，“和集”是有部所认为的作为外境的实有的众多极微。

概言之，按照经部的“带相”说，第一刹那的外境是极微的和合，此无体的假法是第二刹那心识的所缘；第二刹那有境相出现在心识上，这被认为就是对外境的认知，故为能缘。陈那的基本看法，其实是认为第二刹那心识带境相而生起，并不需要有第一刹那外界的存在设定，所有的认识论问题，都可以还原到带有境相的心识上来予以说明，因此一切境相都是内在于心识。而既然外境不存在，此心识上所带的境相也就不再是能缘，它直接就是所缘。经部的“带相”说，由此而一变成了“唯识”说。

最后，本书探讨了汉传唯识学对亲所缘缘与疏所缘缘的分判，特别是玄奘所作出的“挟带”与“变带”的著名区分。本书指出，唯识后学对“挟带”与“变带”的区分有两类不同的看法：一是将“挟带”视作无分别智亲证真如的特例，而认为在通常情况下，“变带”的解释依然有效，如栖復等；二是从窥基到智周的解释，窥基认为“挟带”的解释具有普适性，可取代以往的“变带”解释，智周在此基础上作了适度的修正，又重新引入了“变带”，并将“挟带”、“变带”与亲、疏所缘缘统一了起来，而认为“挟带”者为亲所缘缘，“变带”者为疏所缘缘。与之相关，对于在近代内学院曾引起争论的真如能否作疏所缘缘的问题，本书也作出了回应。

“挟带”与“变带”的区分出自玄奘的《制恶见论》，所以本书也以附论的方式讨论了玄奘在《制恶见论》中所提出的著名的“唯识比量”。本书从玄奘在印度期间所修正的“胜军比量”出发，详尽分析了这两个量的作法，特别是其中“自许”的简别的用法，从而认为，按照因明作法的通则，“自许”是对整个因支的简别，使整个因支能满足因的第一相，以避免“他随一不成过”，由此该比量也就成了自比量。而玄奘创造性地开展出“自许”简别的第二种用法，它不是对整个因支予以简别以避免“他随一不成过”，而是简别因支中的某一部分以避免其他过失。比如，在“胜军比量”中是为了避免“自异分同全”的不定过，在“唯识比量”中是为了避免“有法差别相违过”。由于整个因支之能满足因的第一相依然为立敌双方所共许，所以该比量仍为共比量。

关于自证及与之相关的自身认识问题，本书认为，早在部派时代，对此问题就有过争论，这涉及心识能否在一刹那了知一切法的问题。对此，有部的看法是否定的。在他们看来，当我们比如一刹那以共相观观"一切法非我"时，此所谓"一切法"是"依多分说"，因为我们其实并不能同时认识到"自性"(svabhāva)、"相应"(saṃprayukta)与"俱有"(sahabhū)，"一切法"是将这些排除在外。"相应"即同聚心、心所法，这是针对法藏部说的。"俱有"是指定、道二戒及作为不相应行法的生等四相，这是针对化地部说的。而"自性"正是指心识自身，这是大众部的看法。也就是说，大众部认为，心识在认知对象的同时，还能自反性地认知自身；就如灯在照亮他者的同时，也照亮了自身。对此，有部学者从多个角度作出了批评，与古罗马时代的怀疑论者塞克斯都·恩披里克(Sextus Empiricus)颇有其类似之处。它实质上揭出了自身认识的问题所在，即，我们能否以认知外物的对象性的方式来认知自身。

接下来，本书讨论了《成实论》及中土成实师对这一问题的看法。本书经过分析后认为，虽然汉译本《成实论》文字较为艰涩，也没有平行文本可予对勘，但总体而言，《成实论》其实并不承认有反身性的自知。不过，这种语言乃至义理上的含混性，的确也为后人不同的解读提供了充分的空间，这突出表现在六朝时成实师对所谓"反照智"的争论中。本书根据慧均的《大乘四论玄义》、吉藏的《中观论疏》和灌顶的《大般涅槃经疏》中所保留的零星材料，就成实师对"反照智"的理解作了分析、归类。

所以本书认为，唯识的自证学说，导源于大众部，而直接出自后期经量部，至于我们现在能看到的有关自证的第一手文本，还是出自陈那。本书通过分析陈那的《集量论·现量品》，基本还是认同藏传的传统看法，认为在陈那那里，自证现量独立于意现量，且普遍存在于一切心、心所法中。

同样是在《集量论·现量品》中，陈那对能量(pramāṇa)、所量(prameya)、量果(pramāṇa-phala)之间的关系作出了说明，这被汉传唯识学视作陈那持"三分说"的依据。在此基础上，护法提出了"四分说"。本书认为，"四分说"的确立，本质上就是自身认识与对象认识同质化的结果，即，自身认识被认为亦需基于能、所二分的对象性架构，与对象认识的差别仅在于内向与外向的不同。这一看法，甚至早在灵泰那里就已经被质疑了。

那么，回到类似陈那的自证理论，能否妥善地解决自身认识的问题呢？恐怕也并不尽然。后来的中观学者，如月称、寂天、宗喀巴等，就对唯识学中的自证理论有过激烈的批驳。在他们看来，自证理论本质上还是"自性见"

的产物，因为它割裂了能缘与所缘、能量与所量之间互依互缘的动态关联。诚然，所缘、所量之境依于能缘、能量之心，但这并不意味着，后者可以独立于前者而存在，本身必定是自证、自明的；恰恰相反，也正是依于所缘、所量之境，才能成立能缘、能量之心。本书具体考察了陈那为证成自证而采用的"回忆论证"，及寂天对此的论破，从而认为，陈那的自证理论，恰恰是将唯识学引入了唯心主义与基础主义的框架之内，它与伯恩斯坦（Richard J. Bernstein，1932—2022）所批评的"笛卡尔式的焦虑"（Cartesian anxiety）异曲同工。

由此本书提出，我们可以回到唯识古学，来解决自身认识的问题。即，唯有如实地认知境相，才能如实地认知自身，因为被给予我们的总已是境相。如实地认知它意味着，于境相在场处，我们真切地领会到，其实只是不在场的心识在显现，而这也就是如实地认知了心识自身。即，心识绝非是可以对象性地把捉的主体，它永远不在场，却正运作于境相的在场之中。在禅宗大德那里，我们其实可以发现类似的体悟。

本章的最后，是讨论汉传唯识学的三能变说。与无相唯识不同的是，由于汉传唯识学认为，显现的境相并非就是遍计所执性的无体法，因此整个识变说包括因、果二变都需要予以重新定位。大略而言，这里因是指种子，果是指现行，因能变是指种子之因能转变而生起现行或种子之果，果能变则是指由因能变所生起的现行之果又能变现为相、见二分。至于现行熏种子是否也属于因、果二变，玄奘门下有不同的看法。

第九章《相见同别种与三类境》，是讨论汉传唯识学中独具特色的境相理论。

本书从"因缘变"与"分别变"的区分入手，详细梳理了有关相见同别种的论诤，并就三类境的分判原则，特别是有质独影境与带质境的分判依据，提出了自己的看法。

本书指出，相见同别种问题与三类境的提出，是为了在有相唯识的框架下来区分各类境相的假实。窥基一系是以影像相分与见分的同别种来区分境相的假实；圆测一系则认为，一切相分定从别种所生，至于境相的假实，是以影像相分熏成的种子能否生起本质相分来予以区分。既然圆测一系并不认同"独影唯从见"，因此"三类境颂"未必出自玄奘，而更有可能是窥基一系的看法。

"三类境"的分判，其关节点在于带质境。本书认为，按照唐疏的看法，带质境有自种子，即它能熏成自影像相分种，并由自影像相分种所生，而并非是自《宗镜录》以来所谓的"无别种生，一半与本质同种生，一半与能缘见分同种生”。至于它与有质独影境的区分，本书提出了一个可操作性的判据：带质境不仅能熏成自影像相分种，而且还能熏成本质种，而于后时生起本质；有质独影境则不能熏成自影像相分种，只是由见分带同熏种，当然更不能熏成本质种，而于后时生起本质。概言之，带质境能熏成质、相、见三种，有质独影境只能熏成一个见种。由此本书对自《宗镜录》以至近现代关于三类境的各种说法作出了系统的辨析。

本书的附录有三个：一是《玄奘传略》，本书充分利用各种传世文献与新出写本、金石文献，在简述玄奘求法、译经的行历的基础上，就某些学界论诤的问题，如玄奘的生年、首途的年代、《老子》与《起信》的翻译、窥基的名字及身世等问题，作出了详尽的考辨；二是《玄奘简谱》；三是《玄奘译经一览表》。

上　篇

八　识

汉传唯识学是护法唯识学的进一步开展。护法唯识学是印度唯识学发展的成熟形态，与主要以安慧等为代表的唯识古学不同，其着眼点落实在偏重主体意味的“识”(vijñāna)，一般被称为唯识今学。唯识学的标志性特征，首先就是明确地开展出意识的隐显双重构造，亦即在粗浅的眼、耳、鼻、舌、身、意六识之外，另成立一个作为六识之根据的微细的阿赖耶识(ālaya-vijñāna)。阿赖耶识无疑是唯识学尤其是唯识今学的核心概念。

第一章　识、阿赖耶与阿赖耶识

心、意、识，阿赖耶、阿赖耶识，这些都是唯识学中最基本的术语，这里我们先对它们作一个语义与教理上的简略溯源。

第一节　心、意、识

我们一般将原始佛教称作是“人本”的佛教，这一说法其实并不准确。事实上，原始佛教是以有情为中心的，包括但不限于人，在轮回的意义上，六道众生本来就是平等的。[①] 而有情区别于无情的基本标志之一，就是心识。[②] 所以早期圣典中经常说到“心”、“意”、“识”，有时单独使用，有时也

---

① 太虚法师（1890—1947）就曾评论印顺法师（1906—2005）《印度之佛教》一书说：“原著以《阿含》‘诸佛皆出人间，终不在天上成佛也’片言，有将佛法割离余有情界，孤取人间为本之趋向，则落人本之狭隘。但求现实人间乐者，将谓佛法不如儒道之切要——梁漱溟、熊子真、马一浮、冯友兰等；但求未来天上乐者，将谓佛法不如耶、回之简捷；而佛法恰须被弃于人间矣。”《太虚大师全书》（第25册）（台北：善导寺佛经流通处，1980年），页52。在对印顺法师《佛在人间》（署名“力严”）一文的评议中，太虚法师也说：“依无量世界一切众生为出发点，不但依此世人类为出发点，为佛法一殊胜点。弃此而局小之，易同人天小教。故佛出人间，以人间为重心可，局此人间而不存余众生界，则失佛法特质，不可不慎！”《太虚大师全书》（第31册），页1281。严格说来，佛陀是从兜率天下生，以人身，入第四禅而成佛。至于成佛何以唯在人间，其实后来经典中也有多种解释，除了比如成佛必须胎生，而天上只有化生之类，最重要的是，唯有人才能生起厌离心，才能有猛利的智慧，天上过于享乐，就不具备这两个条件。见《阿毗达磨大毗婆沙论》卷178，T27，p.893a－b。印顺法师说，“唯有苦乐参半的人间，知苦而能厌苦，有时间去考虑、参究，才是体悟真理与实现自由的道场”，这大致也是能成立的。氏著：《佛法概论》（台北：正闻出版社，2000年），页54。不过，所谓“体悟真理与实现自由”，不是以一种泛道德主义的方式视人间为圆满，而是以厌离心为引导的对人间乃至六道轮回的出离。

② 因此AI能超越人，但不是人，它只是对心识的模拟，而不具有心识本身。易言之，它是无情而不是有情，是依报而不是正报。只有有情才能造业轮回，也因此才能修行解脱，谈论AI能否成佛纯属无稽。

将三者连用,如说“此心、此意、此识”①。不过,早期圣典中似乎并没有对三者的含义作出明晰的界说,因此我们的溯源不妨就从这里开始。

1.1　早期圣典中的心、意、识

“识”,梵文为 vijñāna(巴利文为 viññāṇa),音译作“毗若南”或“毗阇那”,系由前缀 vi-(分析、分割)加动词词根√jñā(知)加表示作用的后缀 -ana 所成之名词,因而其本义是指通过分析对象而生起的认识作用。然而正如胜吕信静(1925—2012)所指出的,在梵语中,表示作用的词语的一般用法,常常可以用来兼指作用的主体与结果,因此除认识作用外,vijñāna 还含有认识主体与作为认识结果的认识内容的意思。② 不过,在早期佛典中,以 vijñāna 来意指认识内容的情况似乎并没有出现,而另外两种意思则都是存在的。

如所周知,佛陀所觉证并予以开示的乃是缘起法,十二缘起一般被认为是对缘起法的完备说明。部派佛教基于胎生学的立场,将其解释为三世两重因果的分位缘起,③这大约并非是缘起说的本义。水野弘元(1901—2006)强调指出,巴利《相应部》、《中部》等所收之《六六经》(*Chachakka-sutta*),乃是缘起说的更早形态。④ 所谓“六六”,是指从“六根”(cha ajjhattikāni āyatanāni,六内处)、“六境”(cha bāhirāni āyatanāni,六外处)而生“六识”(cha viññāṇakāyā),三者和合而生“六触”(cha phassakāyā),由此再开展为“六受”(cha vedanākāyā)乃至“六爱”(cha taṇhākāyā)的心理状态。从“六根”到“六爱”共有六种,故称“六六”。⑤ 事实上,汉译《杂阿含经》之 304 经,即是《六六法经》(*Ṣaṭṣaṭka*),也有与巴利《六六经》大致相当的经文:“有六六法(ṣaṭṣaṭko dharma-paryāyaḥ)。何等为六六法?谓六内入处、六外入处、六识身、六触身、六受身、六爱身。”⑥这种对缘起说的认识论解释,是把“识”界定为依根缘境的认识作用,生死烦恼缘此而起。由此可见,

---

① 《杂阿含经》卷 2,T2,p.8a。

② 见高崎直道等著,李世杰译:《唯识思想》(台北:华宇出版社,1985 年),页 125。

③ 按说一切有部通说,十二缘起有“刹那”(kṣaṇika)、“连缚”(sāṃbandhika)、“分位”(āvasthika)、“远续”(prākarṣika)四种解释,有部认同的是三世两重因果分位缘起的解释。参《阿毗达磨大毗婆沙论》卷 23,T27,p.117c;《阿毗达磨俱舍论》卷 9,T29,p.48c。

④ 参水野弘元:《原始佛教的心》、《心识论与唯识说的发展》等文,载氏著,释惠敏译:《佛教教理研究》(台北:法鼓文化事业股份公司,2000 年)。

⑤ *Majjhima-nikāya Vol.III*(London:Pali Text Society,1899),p.280。

⑥ 《杂阿含经》卷 13,T2,pp.86c－87a。此处梵文据梵本《俱舍》所引,见 P. Pradhan:*Abhidharmakośabhāṣya of Vasubandhu*(Patna:K. P. Jayaswal Research Institute,1967),p.143。

从认识作用来定位 vijñāna 应该是原始佛法之本义。

这种对 vijñāna 的定位是与原始佛法的反实体主义、反基础主义相一致的。缘起说的意义就在于，悬置一切非自明性的在缘起之外或之上的实体设定，而直面缘起性的现象之流，来追问人生苦难的根源与解决。因此当生闻（Jāṇussoṇi）婆罗门问佛陀“云何名一切”时，佛陀回答说：“一切者，谓十二入处（Sabbaṃ vuccati dvādasāyatanāni）①。眼色、耳声、鼻香、舌味、身触、意法，是名一切。若复说言，此非一切，沙门瞿昙所说一切我今舍，别立余一切者，彼但有言说，问已不知，增其疑惑。所以者何？非其境界故。”②十二处也就是六识得以生起的所依六根与所缘六境，前者被称为“内六处”，后者被称为“外六处”。所谓“处”，梵文为 āyatana（阿耶怛那），意为“进入的场所或事物”，六境进入六根，认识才得以发生，因此《俱舍论》中将其训释为“心、心所法生长门（āya-dvāra）义，是处义”③。此十二处即是我们可能认识的“一切”存有，超出根境之相关性存在之外的任何实体性设定如神我之类，都逾越了时空经验的范围，因而“非其境界”。从与该经相当的南传《相应部·一切品（*Sabba-vagga*）》来看，“非其境界”的巴利文是 avisaya（梵 aviṣaya），④有不可及的、不可能的、不适当的事物的意思。也就是说，它们只是无根玄思的产物，而无助于实际人生问题的解决。所谓 vijñāna，亦只能从根境的相关性存在中来加以说明，即它是依根缘境的认识作用，而绝非一独立自足的主体如神我之类。

不过，将 vijñāna 视为主体在原始佛典中亦并非毫无根据，这主要出现在对十二缘起的胎生学解释中。如《长阿含经·大缘方便经》在谈到十二缘起中的“识缘名色”（viññāṇa-paccayā nāma-rūpaṃ）、“名色缘识”（nāmarūpa-paccayā viññāṇaṃ）时，就明确地将“识”解说为入胎之识，且有所谓入胎、住胎、出胎三位之划分。《中阿含经·大因经》亦有类似的提法。⑤ 这一诠释向度的开出根本上与业报的时间性问题有关。业报既可以“现世受”，也可以“后世受”，⑥亦即可以跨越三世地来予以说明，因而有必要考虑到世与世

---

① 此处巴利文据《小部·大义释》。*Niddesa I, Mahāniddesa Vol.I&II*（London：Pali Text Society, 1916/1917），p.430。梵本《俱舍》引作“sarvam astīti brāhmaṇa yāvad eva dvādaśāyatanāni”。玄奘译：“梵志当知，一切有者，唯十二处。”P. Pradhan：*Abhidharmakośabhāṣya of Vasubandhu*, p.301；《阿毗达磨俱舍论》卷 20，T29，p.106a。

② 《杂阿含经》卷 13，T2，p.91a－b。

③ 《阿毗达磨俱舍论》卷 1，T29，p.5a；P. Pradhan：*Abhidharmakośabhāṣya of Vasubandhu*, p.13。

④ *Saṃyutta-nikāya Part IV*（London：Pali Text Society，1894），p.15。

⑤ 参《长阿含经》卷 10，T1，p.61b；《中阿含经》卷 24，T1，p.579c；*Dīgha-nikāya Vol.II*（London：Pali Text Society，1903），p.63。

⑥ 《中阿含经》卷 3，T1，p.437b。

之间关联的可能。这里的 vijñāna 就不再是依根缘境生起认识作用的六识，而是与个体生命之所以可能相关的"有取识"（sopādānaṃ vijñānam）。它于最初托胎之时，摄取父精母血的混合物"羯罗蓝色"（kalala-rūpa）而形成最初的胚胎，然后也由于它的执取，才使得作为名色和合的有情自体逐渐增长，甚而直至生命结束，此识的执取亦不能暂离，否则就与死尸无别。当然另一方面，设若没有名色作为依托之处，此识也不能成为现实的生命个体。正是在这一意义上，十二缘起中"识"与"名色"二支的互缘就转而成为有情自体得以可能的基本条件，佛陀曾多处说，这二支的互缘就有如三芦"展转相依，而得竖立"①。

由此可见，部派时代将十二缘起解释为三世两重因果的分位缘起，于"名色"、"六入"支还有"胎内五位"②的说法，也不能说没有圣典的依据。问题在于，这种对 vijñāna 的带有主体色彩的解说，在常人看来，难免与外道的神我论纠缠不清，这种误解似乎在原始佛法时代即已存在。如在《中阿含经·嗏帝经》中，嗏帝（Sāti）比丘就认为佛陀的教说是"此识往生不更异"，"谓彼作善恶业而受报"。参照与之相当的《中部·大爱尽经（*Mahātaṇhāsaṅkhaya-sutta*）》，这是说，识在流转（sandhāvati）、轮回（saṃsarati）中能保持自身的不变（anañña，非异）。《成实论》则引作："生死往来，常是一识。"后来中土格义佛教中所说的"识神"大致也是这一意思，所谓"死者形坏体化，而神不灭，随行善恶，祸福自追"。但这一说法，当即就遭到了佛陀的呵斥，因为佛陀只说"识因缘故起，识有缘则生，无缘则灭"③。这无非是说，即便是具有主体意义的 vijñāna，也必须从仗因托缘的角度来予以理解，它是缘起的亦即现象意义上的主体，而并不能被视为一个可以往来三世的不变主体。

总之，在早期圣典中，无论是将 vijñāna 解说为认识作用，还是具有某种主体的意味，都是被收摄在缘起无我的基本语义之下。事实上，按照较为传统的巴利佛教的说法，我们虽然可以大致地区分出识的"作者"与"作用"，然而离开了具体的"作用"，一个抽象的第一义的"作者"是不存在的。也就

---

① 《杂阿含经》卷 12，T2，p.81b。

② "胎内五位"为"羯剌蓝"（kalala，即羯罗蓝）、"頞部昙"（arbuda）、"闭尸"（peśī）、"键南"（ghana）、"钵罗奢佉"（praśākhā），具体请参《阿毗达磨俱舍论》卷 9，T29，pp.47c－48a。按照有部阿毗达磨的说法，"名色"与"六入"二支的分界在于母胎内之胎儿是否圆满成就六根，成就六根在五位中最后的"钵罗奢佉"位，故尚未成就六根的"名色"支有"羯剌蓝"、"頞部昙"、"闭尸"、"键南"、"钵罗奢佉"五位，而成就六根的"六入"支即"钵罗奢佉"一位。参《阿毗达磨大毗婆沙论》卷 23，T27，p.119a。

③ 《中阿含经》卷 54，T1，pp.766c－767a；*Majjhima-nikāya Vol.I*（London：Pali Text Society，1948），p.256；《成实论》卷 2，T32，p.248a；《太子瑞应本起经》卷上，T3，p.475a。"嗏帝"，《成实论》译作"莎提"。

是说，所谓“作者”，绝非是为我们常识性地所接受的笛卡尔（R. Descartes，1596—1650）式的寓居于躯体中的心灵实体、那种赖尔（G. Ryle，1900—1976）所谓的“机器中的幽灵”，而只能以某种类似于行为主义的方式将其理解为各种精神“作用”的和合。

在早期圣典中与 vijñāna 往往被同义使用的另两个词是 manas 与 citta。前者即“意”，音译为“末那”；后者即“心”，音译为“质多”。manas 源自动词词根√man（思量），citta 本来源自动词词根√cit（考虑），①因此从词源学的角度来看，两者与 vijñāna 没有太大差别。不过在具体使用中，它们相对而言主体意味则更强。比如 manas，该词在《梨俱吠陀》（*Ṛgveda*）中就已出现，它往往被作为业报轮回的主体，而与 ātman（我）、prāṇa（生命、呼吸）、jīva（命我）等混合使用。manas 相对于眼、耳、鼻、舌、身五识，被称为 prathama-manas（第一末那），在轮回转世中，它是结生识，以它为依止，方能产生眼等五识。② 然而在原始佛典中，总体上则是对三者不加区分地予以使用，所以经常说“此心、此意、此识”，“vuccati cittam iti pi mano iti pi viññāṇam iti pi”（被称作心，也［被称作］意，也［被称作］识）。③ 特别是将心、意、识解说为常一不变之主体的倾向，更是佛法所要竭力避免的，所以《杂阿含经》中说：“彼心、意、识，日夜时刻须臾转变，异生异灭（aññad eva uppajjati aññaṃ nirujjhati）。犹如猕猴游林树间，须臾处处攀捉枝条，放一取一。彼心、意、识亦复如是，异生异灭。”④

1.2　心、意、识的分别：从含义到指称

大约是在圣典集成的后期，心、意、识之间一些相对的差别开始凸显出来。如《中阿含经·大拘絺罗经》就以一种类似于阿毗达磨的方式分别了五根与意根，认为眼等五根“异行（nānā-gocara）异境界（nānā-viṣaya），各各自受境界”，即它们有各自不同的所行处、所缘境，如眼见色、耳闻声等，两者不能互用，意则不同，“意为彼尽受境界，意为彼依（pratisaraṇa）”。⑤ 意可以遍

---

① 后来的唯识学者多说 citta 出自√ci（集、积），因此该词意为“种种、积集”，此义应是后来才有的。参水野弘元：《心识论与唯识说的发展》，氏著：《佛教教理研究》，页 387。

② 参巫白慧：《〈梨俱吠陀〉梵文哲学诗选》，氏著：《印度哲学——吠陀经探义和奥义书解析》（北京：东方出版社，2000 年），页 55。

③ 《杂阿含经》卷 2，T2，p.8a；*Saṃyutta-nikāya Part II*（London：Pali Text Society，1888），p.95。

④ 《杂阿含经》卷 12，T2，p.81c。“刻”，原作“尅”，据《大正藏》页下校勘注改。*Saṃyutta-nikāya Part II*，p.95。

⑤ 《中阿含经》卷 58，T1，p.791b。此处梵文据梵本《俱舍》所引，见 P. Pradhan：*Abhidharmakośabhāṣya of Vasubandhu*，p.464。

缘五根所缘境,是五根的所依。

本来,十二处包括六根与六境,如上所述,它们是佛陀所予认可的“一切”(sabba,梵 sarva)存有。所谓“根”,梵文为 indriya,是由 indra 加词缀-iya 构成,意为“属于 indra 的”。indra 本意为“最胜者”、“最高权力”,一般被用作印度早期婆罗门教中的主神因陀罗(即帝释天)的专名。作为主神因陀罗的所有或属性,indriya 即意味着一种自在力,由于发动人体各种作用之原动力被认为是源自这种最高自在力(早期是帝释天,后来是梵天)的转变,因此如后来六派哲学之一的数论(Sāṃkhya)也将其称为 indriya。佛陀的教法,虽然否弃了所谓的梵天转变说,但依然采用该词来表述各种现象发生变化的原动力,从认识得以发动的角度来看,这就是六根。六根包括五色根与意根。所谓五色根,即眼、耳、鼻、舌、身,它们为地、水、火、风四大种所造,其体清净微妙,虽然眼不能见却占有空间(即“无见有对色”),因此是色法。① 至于意根,一开始则似乎并没有对此作出明确的说明,因此到部派时代就有种种不同的说法。

按照说一切有部(Sarvāstivāda)等的看法,意是“过去意”,“由即六识身,无间灭(anantara-atīta)为意”②,即以前念已灭的六识为意根。因为六识中任何一识生起,都必由前念已灭之识引生,唯有前念之识离其原有之位(“开”),亦即灭入过去后,方能引导后念之识来生此处(“导”),所以前念之识是后念之识生起的“等无间缘”(samanantara-pratyaya)。如此,前念已灭的六识,实际上就成为后念六识得以生起的依止,就此而言,它们转而被称作“意根”,这就是所谓的“无间灭意”(samanantara-niruddhaṃ manaḥ)。

---

① 这是指胜义根或称净色根,它们是不可见的。至于肉眼能看到的具体的肉体器官如通常所说的眼球、外耳之类,其自身并无发识取境的作用,只是扶助胜义根的五尘,故被称为扶根尘。不过,也有部派如大众部等却并不承认这一区分,他们认为,所谓根就是指肉体器官,并没有净色根,因此根不能见色闻声,能产生认识的其实是识。此即《异部宗轮论》所说:“此中大众部、一说部、说出世部、鸡胤部本宗同义者,…… 五种色根,肉团为体。眼不见色,耳不闻声,鼻不嗅香,舌不尝味,身不觉触。”(T49,p.15b-c)又,《异部宗轮论》中所说的“本宗同义”(gzhi gzhung lugs,mūla-samaya)与“末宗异义”(bar gyi gzhung lugs,antara-samaya),据窥基的解释,“且如大众、一说、说出世、鸡胤四部,根本初诤立义之时所同之义,名本宗同义。别部已后,于自宗中后别立义,乖初所立,与本宗别,名末宗异义”(《异部宗轮论述记》,X53,p.577c)。即,比如大众等四部,刚分裂出来时共同承许的论义为“本宗同义”,此后四部各自分化,由此各部与“本宗”不同的特有论义为“末宗异义”。此处藏文及梵文还原据寺本婉雅等:《藏漢和三訳対校異部宗輪論》(東京:国書刊行会,1974 年),页 21。

② 《阿毗达磨俱舍论》卷 1,T29,p.4b;P. Pradhan:*Abhidharmakośabhāṣya of Vasubandhu*,p.11。有部虽认为意根作为法体是三世有,但就其作为所依而生起六识的作用言,是“唯过去”。参《俱舍论记》卷 2,T41,p.54a。

前五识此外还分别依于眼等五色根，第六意识则仅依于此无间灭的意根。概言之，有部是试图借助六识的时间性流转来成立“意”，以消解古印度传统中对“意”的实体主义理解，“实际上，它是表达对灵魂否定的另一方式”[①]。

也有主张有“现在意”的，即认为在六识生起的同时，就有意根存在。上述《大拘絺罗经》提出“依意生识”，暗示了在眼等互为差别的认识作用中，有一种根本统一性的心理存在作为其依据，这似乎是更容易被导向“现在意”之解释的。至于何谓“现在意”，按照《大智度论》的理解，应该即是就六识的相续来说，“为是相续心故，诸心名为一意”。具体说来，虽说“多因前意故，缘法生意识”，[②]即意是有部所谓的无间灭意，但生灭如幻，“生”固然非实有生，“灭”亦非实有灭，故而生灭的六识又相续似一。在相续心的意义上，无间灭意其实就是“现在意”，“内以现在意为因，外以诸法为缘，是因、缘中生意识用”[③]。就其以六识的相续来安立意根而言，这与有部其实并没有实质性的差异，它们都不在六识之外来寻找意根的所在。其余诸部派则发展出另一支运思路向，他们转向六识的内深层面来成立“现在意”，甚至还发展出“意界是常”的论义，认为在生灭的六识外另有常住不变的微细意根。[④] 定位“现在意”的这一路向，开启了佛家心识论的内向深化过程。

有部是以前念已灭的六识身为意根，在六识之外，“意”并没有别体的存在，所谓“离六识身无别意界，……离此意界无别六识”[⑤]，所以他们还是坚持了早期圣典中心、意、识具有同一指称的传统。如《品类足论》云：“心云何？谓心、意、识。此复云何？谓六识身，即眼识、耳识、鼻识、舌识、身识、意识。”[⑥]当然，在阿毗达磨学风的影响下，对三者会作出诸多的法相分别是可以想见的。比如从时间（“世”）的角度来分别，过去称为“意”，未来称为“心”，现在称为“识”；从蕴处界三科施设的角度来分别，在十八界中施设“心”，在十二处中施设“意”，在五蕴中施设“识”；从语义的角度来分别，“心”是“种族义”，“意”是“生门义”，识是“积聚义”。诸如此类。[⑦]

不过，阿毗达磨中这种种的分别都是着眼于心、意、识三者之含义的层

---

① 舍尔巴茨基著，立人译：《小乘佛学》（原名《佛教的中心概念和法的意义》，北京：中国社会科学出版社，1994年），页119。

② 《大智度论》卷36，T25，p.325c。

③ 《大智度论》卷26，T25，p.255a。

④ 参《阿毗达磨大毗婆沙论》卷11，T27，p.55b。

⑤ 《阿毗达磨大毗婆沙论》卷71，T27，p.367b。

⑥ 《阿毗达磨品类足论》卷1，T26，p.692b。

⑦ 参《阿毗达磨大毗婆沙论》卷72，T27，p.371b。另参《杂阿毗昙心论》卷1，T28，p.872b；《阿毗达磨俱舍论》卷4，T29，p.21c；《阿毗达磨顺正理论》卷11，T29，p.394c等处。《成唯识论了义灯》第五本（T43，p.746c）概之为五门分别：名门、义门、业用门、世门、施设门。

面,而在指称上如上所述则认为它们并无不同,都不出眼等六识的范围,所以说心、意、识"皆通六识,非离六外别有心、意","三名所诠,义异体一(eko 'rthaḥ,意为同一所指)"①。这一点在唯识学中从根本上得到了突破,《瑜伽师地论·意地》对此提出了这样一个创造性的界说:

> 云何意自性?谓心、意、识。心谓一切种子所随依止性、所随依附依止性、体能执受、异熟所摄阿赖耶识(sarvabījopagatam āśrayabhāvopagatam āśrayabhāvaniṣṭham upādātṛ vipākasaṃgṛhītam ālayavijñānam),意谓恒行意及六识身无间灭意,识谓现前了别所缘境界(ālambanavijñaptau pratyupasthitam)。②

从梵文本来看,第一句似应解读为:心谓一切种子所随(sarva-bīja-upagata)、依止性所随(āśraya-bhāva-upagata)、依附依止性(āśraya-bhāva-niṣṭha)。"一切种子所随"容易理解,"niṣṭha"(依附)意为"位于、基于、依靠",因此"依止性所随、依附依止性"或许是指,心(阿赖耶识)是一切法的依止("依止性所随"),一切法都依赖于它,奠基于其上("依附依止性")。不过,自玄奘以来,汉地都是将这句话解读为:心谓一切种子所随依止性(*sarva-bīja-upagata-āśraya-bhāva)、所随依附依止性(*upagata-āśraya-bhāva-niṣṭha)。未知玄奘所见之梵本是否不同于现今传世者。按道伦③所说,对此玄奘有两解,而窥基则提出了三说,其第一说是分别解之以有漏种与无漏种:"心"为一切有漏种所依止,故名"所随";无漏种虽然也依止于"心",但与"心"有无漏与有漏的性质差别,故名"依附"。④ 在汉传诸说中,此说可能较为接近《瑜伽论》的本意,因为《意地》中接下来就说到:"复次,此一切种子识,若般涅槃法者(parinirvāṇa-dharmaka),一切种子皆悉具足;不般涅槃法者(a-parinirvāṇa-dharmaka),便阙三种菩提种子(bodhi-bīja)。随所生处自体之中,余体种子皆悉随逐。"⑤这是说,"心"之自体只是处于

---

① 《成唯识论了义灯》第五本,T43,p.746c;《阿毗达磨俱舍论》卷4,T29,p.21c;P. Pradhan: *Abhidharmakośabhāṣya of Vasubandhu*,p.62。

② 《瑜伽师地论》卷1,T30,p.280b;Vidhushekhara Bhattacharya: *The Yogācārabhūmi of Ācārya Asaṅga,part I*(Calcutta: University of Calcutta,1957),p.11。

③ 《瑜伽论记》的撰者,通行本作"遁伦",今据《赵城金藏》本,统一改为道伦。见《宋藏遗珍(第97册)》(上海:影印宋版藏经会等,1935年),页1。

④ 参《瑜伽师地论略纂》卷1,T43,p.6b;《瑜伽论记》卷1上,T42,p.318a-b。

⑤ 《瑜伽师地论》卷2,T30,p.284a-b;Vidhushekhara Bhattacharya: *The Yogācārabhūmi of Ācārya Asaṅga,part I*,p.25。

欲、色、无色三界中之一界,但它却具足有三界的一切种子;“心”之自体是有漏的,但除无种姓者(“不般涅槃法者”)外,它也可以具足所有有漏和无漏的种子。因此就无漏种虽依止于“心”但与“心”性质不同言,可称之为“依附”。这里“citta”可能已被认为是出自动词词根√ci,√ci 意为“积、集、采集、增长”,因此“citta”就有了“种种、积集”等义。① 而“心”之为“积集”云者,乃“积集”一切种子之谓,此即作为一切种子识的阿赖耶识。“体能执受”是指阿赖耶识执受根身的作用,“异熟所摄”是指阿赖耶识作为果报识而存在,这是对于“心”的另两个界说,此意后详。

接下来是“意”。“意”是依止义,这也是传统的解释,但论中是将这种具依止义的“意”开而为两种,一是“六识身无间灭意”,这无非是随顺有部阿毗达磨的说法,重要的是这里提出了另一种具依止义的“意”是“恒行意”(* nityaṃ manaḥ)。梵本中更明确说,这是“染污意”:

> manaḥ katamat । yat ṣaṇṇām api vijñāna-kāyānām anantara-niruddhaṃ kliṣṭaṃ ca mano yan nityam avidyā-ātmadṛṣṭy-asmimāna-tṛṣṇā-lakṣaṇaiś caturbhiḥ kleśaiḥ samprayuktaṃ ॥②
>
> (何为意?即六识身无间灭,及常与以无明、我见、我慢、渴爱为相的四烦恼相应的染污意。)

这与《瑜伽论·摄决择分》的解释就基本一致了,如该论卷 63 就明言:“阿赖耶识名心,何以故?由此识能集聚一切法种子故。……末那名意,于一切时执我、我所及我慢等,思量为性。余识名识,谓于境界了别为相。”③因此“恒行意”即是指与“我痴”、“我见”、“我慢”、“我爱”四烦恼恒共相应的第七末那识,而为前六识生起的染污依止。后来玄奘门下亦作此解。④

需要指出的是,对《摄决择分》的这段译文,宇井伯寿(1882—1963)曾提出批评,在他看来,“‘阿赖耶识名心,末那名意,余识名识’,此三句话应

---

① 后来《杂集论》对“心”的界说较为清楚地表明了这一点:“tat punar etac cittam ity ucyate sarvadharmavāsanācittatvāt”(玄奘译:“又言心者,谓能积集一切法习气故。”)Li Xuezhu(李学竹):Diplomatic Transcription of the Sanskrit Manuscript of the *Abhidharmasamuccayavyākhyā*—Folios 18r1 – 23v4,《創価大学国際仏教学高等研究所年報(平成 28 年度)》,p.237;《大乘阿毗达磨杂集论》卷 2,T31,p.701b。

② Vidhushekhara Bhattacharya: *The Yogācārabhūmi of Ācārya Asaṅga*, *part I*, p.11。

③ 《瑜伽师地论》卷 63,T30,p.651b。

④ 参《瑜伽师地论略纂》卷 1,T43,p.6c。

该是主谓语颠倒的翻译”①。不知他是依据什么而得出了这一结论。《摄决择分》的梵文本尚未公布，而从其藏文本来看，也是说：若实际而言，阿赖耶识是心（kun gzhi rnam par shes pa ni dngos su na sems yin）。至于“末那名意，余识名识”，或许是玄奘翻译时添加的，藏文本只是说：意（yid，* manas）以恒时思量（rlom sems，* manyanā）我、我所（nga dang bdag gi，* ātma-ātmīya）为性；识（rnam par shes pa，* vijñāna）以于境各各了别（so sor rnam par rig pa，* prati-vijñapti）为相。② 但玄奘的增添，只是将心、意、识的区分落实到八识上，将其更为明确地表述出来而已，并没有实质性的问题。要之，《摄决择分》所谓的“意”，已是具我、我所执的染污意，即第七末那识，而与被称作“心”的第八阿赖耶识全然不同。

不过，通观整个《本地分》，似乎都没有将“意”解为第七末那，玄奘译本中也没有“染污意”之说，不知梵本是否有后人据《摄决择分》而予以修订的可能。当然，既然这里已经区分出了两种“意”，“恒行意”至少不是有部所谓的“过去意”即“无间灭意”，而是“现在意”，作为生灭有间断的六识之所依，它是恒时一类相续的。因此这或许可以有两个解释：一是把“恒行意”落实在阿赖耶识上，此即七识论；二是认为“恒行意”是与阿赖耶识别体的第七识，此即八识论。梵本支持的似乎是八识论的解释。

宇井伯寿对《意地》这段文字的疏解同样值得商榷，他说：“其仅仅是对把心意识看作异名同一物的阿含经、小乘说原封不动的列举，而且只不过是附加了三个名称的不同意思而已。”③或许宇井伯寿没有看到《意地》的梵文本，所以其解释多有望文生义之处。比如，他依据《菩萨地》梵文本中的“pāpamitra-saṃśraya”（依附恶友）一语，将“所随依附依止性”的“依附”还原为梵文 saṃśraya，而认为该词“与 āśraya、āśrita 等并非不同”，④亦即，“所随依止性”与“所随依附依止性”并无差别，都是为一切种子所随逐之意。又如，“恒行意”被解释为：“谢落于过去”的前念六识“就是次刹那中产生的六识身的等无间缘，其恒常继续进行，故将其看作是正生识的依止”⑤。也就是说，“恒行意”其实就是“无间灭意”，“因此，在‘意自性’中将恒行依止性的‘意’与六识身无间灭的‘意’作为‘意’进行列举，在此就是重复，没有

---

① 宇井伯寿著，慧观等译：《瑜伽论研究》（北京：宗教文化出版社，2015 年），页 192。

② *rNal 'byor spyod pa'i sa rnam par gtan la dbab pa bsdu ba*，D4038，Zhi，p.182a。

③ 宇井伯寿著，慧观等译：《瑜伽论研究》，页 227。

④ 同上引，页 228。

⑤ 同上引，页 229。

意义”①。事实上,既然称之为“恒行意”,就不可能是无间灭而现在无体,更何况,梵本中对此还有“染污意”的定位。

综上所述,虽然对“恒行意”是否就是“染污意”、是七识论还是八识论,由于梵汉本不同,似乎难以作出明确的论断,但至少按照梵本及《摄决择分》的解释,“心”、“意”、“识”可以分别对应于阿赖耶识、第七识与前六识,它们不仅具有不同的含义,而且具有不同的指称。佛教的心识论由此被进一步延拓到微细识(* sūkṣmaṃ vijñānam)的层面,而开展出隐显双重心识构造,形成了佛家特有的意识哲学。

第二节　阿赖耶的双重语义

依据玄奘所传,在心、意、识三者的分别中,“心”是指阿赖耶识。“阿赖耶”为梵文 ālaya 之音译,玄奘意译作“藏”,②并有所谓“能藏”、“所藏”、“执藏”三义。从词源学的角度来看,ālaya 一词出自 ā-√lī,前缀 ā-有“靠近、接近”之义,而动词词根√lī 则具如下二义:(A)凭依、居住、隐藏;(B)黏附、执著。因此整个词的意思就是:(A)房屋、住处、隐居处;(B)爱著、执著、渴爱。可见,所谓“能藏”、“所藏”义当从(A)而来,而“执藏”义则大体与(B)相关。

以“三藏”义解“阿赖耶”无疑是基于唯识学的特殊论义,此意后详。问题是,“阿赖耶”一词并非是由唯识学者最初引入佛法的,在早期圣典中该词就已出现。这一点唯识学者也注意到了,如《摄大乘论》中说:

> 复次,声闻乘中,亦以异门密意(rnam grangs, paryāya)已说阿赖耶识,如彼《增壹阿笈摩》说:“世间众生爱阿赖耶(kun gzhi la kun tu dga' ba, ālaya-ārāma)、乐阿赖耶(ālaya-rata)、欣阿赖耶(kun gzhi las yang dag par byung ba, ālaya-samudita/saṃmudita)、喜阿赖耶(kun gzhi la mngon par dga' ba, ālaya-abhirāma)。为断如是阿赖耶(kun gzhi spang ba, ālaya-prahāṇa)故,说正法时,恭敬摄耳,住求解心,法随法行。如来出世,如是甚奇希有正法(ngo mtshar rmad du byung ba'i chos, āścaryo 'dbhuto dharmaḥ)出现世间。”于声闻乘《如来出现四德经》(*De bzhin*

---

① 宇井伯寿著,慧观等译:《瑜伽论研究》,页 226。

② 《成唯识论述记》第二末:“阿赖耶者,此翻为藏。”(T43, p.301a)

gshegs pa 'byung ba'i phan yon rnam pa bzhi'i mdo, *Tathāgata-utpāda-catur-vidha-anuśaṃsā-sūtra*)中,由此异门密意已显阿赖耶识。①

按照唯识学者的解读,《增壹阿含经》之《如来出现四德经》中所说的“阿赖耶”,就是“异门密意”(rnam grangs, paryāya,同义别名)而言的“阿赖耶识”。问题是,这里只说到了“阿赖耶”,并未与“识”连用,这一点窥基其实也注意到了,他说,“彼《经》不说有识言故”②,因此后来唯识学者的解读未必可信。那么,在早期圣典中最初引入的“阿赖耶”一名又究属何义呢?

检汉译本《增壹阿含经》,于中并无“四阿赖耶”之说,据无性(Asvabhāva)的《摄论释》,此“是说一切有部中说”,《成唯识论》亦谓此出“说一切有部《增一经》”。③ 而汉传之《增壹》,虽部派不明,但至少非有部所传。一个最明显的理由就是,现存汉译本从一法增至十一法,且有《序品》,而有部所传之《增壹》,据《大毗婆沙论》、《分别功德论》等所说,很早就已散佚,仅残存从一法增至十法的部分,亦无《序品》。④ 不过,南传之《增支部》虽亦增至十一法,为上座分别说系而非有部之传本,在其《四法品》(*Catukkanipāta*)128经中,却有与《摄论》所引相近之经文。⑤ 其大意是说,如来出现于世,便有“四希奇未曾有法”(cattāro acchariyā abbhutā dhammā)出现,其一是,虽然人们“乐阿赖耶”(ālaya-rāmā)、“欣阿赖耶”(ālaya-ratā)、“喜阿赖耶”(ālaya-samuditā/sammuditā),但当如来说“非阿赖耶(anālaya)法”时,他们也能倾耳恭听,生起想要求解之心。其第二乃至第四“希奇未曾有法”是分

---

① 《摄大乘论本》卷上,T31,p.134a;長尾雅人:《摂大乗論:和訳と注解(上)》(東京:講談社,1982—1987年),附录页17。(本书所据《摄大乘论》藏文本及其梵文还原,均出自长尾雅人上揭书,如无特殊情况,以下仅标注该书页码,不再一一说明。)此处藏文本只有“三阿赖耶”。又,长尾雅人将“欣阿赖耶”还原为“ālaya-saṃmudita”,应该是依据巴利三藏对应的文字作“ālaya-sammudita”(见下)。但巴利三藏该处或有作“ālaya-samudita”,且藏本译为“kun gzhi las yang dag par byung ba”,魏本译为“阿犁耶所成”(《摄大乘论》卷上,T31,p.98a),隋本译为“集阿梨耶”(《摄大乘论释论》卷1,T31,p.275b),故其梵文亦可还原为“ālaya-samudita”。并参长尾上揭书,页120。

② 《成唯识论述记》第三末,T43,p.344c。

③ 无性:《摄大乘论释》卷2,T31,p.386a;《成唯识论》卷3,T31,p.15a。

④ 《阿毗达磨大毗婆沙论》卷16:“曾闻《增壹阿笈摩经》,从一法增乃至百法。今唯有一乃至十在,余皆隐没。又于增一乃至十中,亦多隐没,在者极少。”(T27,p.79b)《分别功德论》卷2:“萨婆多家无序及后十一事,经流浪经久,所遗转多。”(T25,p.34b)又,《俱舍论》中曾提到《增十经》(*Daśottara*),神泰说,这就是有部所传从一法增至十法的《增壹阿含》(《俱舍论疏》卷17,X53,p.96c),显误。所谓《增十经》,相当于汉传《长阿含经》、南传《长部》的《十上经》(*Dasuttara-Suttanta*),无关乎《增壹阿含》。

⑤ 日人普寂(1707—1781)在《摄大乘论释略疏》卷1中曾推测说:“今所引《增一经》,盖上座部受持之阿含也。”(T68,p.132a)虽不知其所据为何,却从南传《增支部》得到了印证。

别就人们之骄慢(māna)、不寂静(anupasama)、无明(avijjā)而言,谓其虽然如此,但当如来说相应的对治法时,他们也能倾耳恭听,生起想要求解之心。①

这样,在汉传之《增壹》中,虽然没有出现"四阿赖耶"之语,但其实也可以找到与之相当的经文:

> 若如来出现于世时,便有四未曾有法出现于世。云何为四?此众生类多有所著,若说不染著法时,亦复承受,念修行之,心不远离。若如来出现于世时,有此四未曾有法出现于世,是谓初未曾有法出现于世。②

经文中接着说,众生虽是轮转、骄慢、无明,却能在如来说法时信受并修行,是为第二乃至第四未曾有法。两相对照,则其一,"不寂静"与"轮转"大致相当;其二,如来所说的"非阿赖耶法"即是"不染著法",由此可推知,所谓"三阿赖耶"或"四阿赖耶",汉译本其实是对其作了归并的意译,即将其合译为"多有所著"。可见,这里"阿赖耶"应该是(B)"执著"的含义,而并不具有唯识学者所说,由(A)"住处"而来的摄藏种子的阿赖耶识的含义。

在早期佛典中,ālaya 一语事实上还在另一场合出现,那就是阿含、本缘、律藏中所说的,世尊成道后受梵天劝请而决意为众生说法的传说。相传世尊成道后,本来不愿意说法。因为人们"乐阿赖耶"(ālaya-rāmā)、"欣阿赖耶"(ālaya-ratā)、"喜阿赖耶"(ālaya-samuditā/sammuditā),难以理解"此缘性"(idappaccayatā)③、"缘起"(paṭicca-samuppāda),也难以理解"一切行的止息"(sabba-saṅkhāra-samatha)、"一切依的舍离"(sabba-upadhi-paṭinissagga)、"爱尽"(taṇhā-kkhaya)、"离欲"(virāga)、"灭尽"(nirodha)、"涅槃"(nibbāna)。因此为他们说法,只能使自己疲倦不堪、徒增困扰。④时大梵天遥知佛意,自天而下,恳请世尊哀愍众生而为说法,由此世尊方决意教化众生。这一传说颇具宗教意味,它以神话的形式,暗喻了成道后的佛陀,由对法之自证,而转向救度众生之利他行的心理决断。

在汉译《佛本行集经》中,一段类似的文字作"众生辈著阿罗耶(隋言所

---

① *Aṅguttara-nikāya Part II*(London: Pali Text Society, 1888), pp.131－132。

② 《增壹阿含经》卷17,T2,p.631b。

③ 关于"此缘性"(idappaccayatā),具体请参本书中篇第六章第一节。

④ *Dīgha-nikāya Vol.II*, p.36; *Saṃyutta-nikāya Part I*(London: Pali Text Society, 1884), p.136; *Majjhima-nikāya Vol.I*, p.167。

著处)、乐阿罗耶、住阿罗耶"①。而《四分律》、《五分律》则将其译作"乐于橥窟众生"、"众生乐著三界窟宅"。② 所谓"橥窟"、"窟宅"云云,显然是从 ālaya 的(A)义来对译的,其意是将三界比喻为"橥窟"或"窟宅"。不过,三界之所以有此比喻,乃是因为这是众生爱著的对象。众生爱著三界,所以才以之为家("橥窟"、"窟宅")。因此《佛本行集经》于"阿罗耶"后有一附注"隋言所著处"③,而于其后的偈颂中则说,如来不愿说法乃是因为众生"乐欲贪著难见知,为彼无明暗覆故"④。由此可见,这依然是与 ālaya 的(B)义相关的。

不仅如此,如果我们将"梵天劝请"与"四德出现"结合起来考察,那么 ālaya"爱著、执著"的语义大约就更为清楚了。首先,在"四德出现"中,佛陀宣说的正法是"非阿赖耶法"、"不染著法";而在"梵天劝请"中,佛陀不愿说法是因为人们难以理解"此缘性"、"缘起",也难以理解"一切行的止息"乃至"灭尽"、"涅槃",汉译所谓"缘起法甚深难解,复有甚深难解处,灭诸欲爱尽涅槃,是处亦难见故"⑤。这里,"一切行的止息"乃至"灭尽"、"涅槃",或者汉译所谓"灭诸欲爱尽涅槃",其实也就是"非阿赖耶法"。其次,与"非阿赖耶法"相对,众生却乐著阿赖耶。最后,既然佛陀的正法是对治阿赖耶的,因此众生是否能信受固然略需踌躇,此即为"梵天劝请";而众生竟也能信受又实属希奇,此即为"四德出现"。

此外,《俱舍论》中还曾引经说:"汝为因此起欲、起贪、起亲、起爱、起阿赖耶、起尼延底、起耽著不?"(api nu te tannidānam utpannaś chando vā rāgo vā sneho vā yena vā ālayo vā niyatiradhyavasānaṃ vā)《顺正理论》也引《炭喻经》(*Aṅgāra-karṣūpama-sūtra*)说:"彼观诸欲如一分炭,由此观故,于诸欲中,欲欲、欲贪、欲亲、欲爱、欲阿赖耶、欲尼延底、欲耽著等不染其心。"⑥据舟桥一哉(1909—2000)的研究,上述《俱舍论》的这段文字,在南传《相应部》中有与之大致相当的经文"atthi te tattha chando vā rāgo vā pemaṃ vā"⑦(汝于此有起或欲、或贪、或爱不?)。据此,舟桥将梵本《俱舍》中的"yena"

---

① 《佛本行集经》卷 32,T3,p.805c。

② 《四分律》卷 31,T22,p.786c;《弥沙塞部和醯五分律》卷 15,T22,p.103c。

③ 该经为隋代阇那崛多(Jñānagupta,德志,523—600)等译,"隋言"即为汉语意译。

④ 《佛本行集经》卷 32,T3,p.806a。

⑤ 《四分律》卷 31,T22,p.786c。

⑥ 《阿毗达磨俱舍论》卷 16,T29,p.87c;P. Pradhan: *Abhidharmakośabhāṣya of Vasubandhu*, p.245;《阿毗达磨顺正理论》卷 69,T29,p.719a。

⑦ *Saṃyutta-nikāya Part IV*,p.72。

(由此)一词改订为"prema"(巴 pema,爱)。①《杂阿含经》中这段文字则作:"于彼色起欲、起爱、起念、起染著不?"②至于《顺正理论》所引的《炭喻经》,我们其实也可以在《根本说一切有部毗奈耶破僧事》中发现大致相当的经文,于中出现了除"欲贪"(* kāma-rāga)外的六个概念,据梵本,分别为"kāma-cchanda"(欲欲)、"kāma-sneha"(欲亲)、"kāma-preman"(欲爱)、"kāma-ālaya"(欲阿赖耶)、"kāma-niyanti"(欲尼延底)、"kāma-adhyavasāna"(欲耽著)。义净(635—713)则将其译作"耽欲、耽爱/爱欲、著欲、处欲、悦欲、伴欲"③。由此亦可见,舟桥对梵本《俱舍》的改订是能够成立的。

虽然上述各经文并不完全一致,《相应部》中用了"欲"(chanda)、"贪"(rāga)、"爱"(pema)三个概念,《杂阿含经》中用了"欲"、"爱"、"念"、"染著"四个概念,《俱舍论》和《顺正理论》中则出现了"阿赖耶"(ālaya)一语,而与"欲"(chanda)、"贪"(rāga)、"亲"(sneha)、"爱"(preman)、"尼延底"(niyati = niyanti)、"耽著"(adhyavasāna)六个概念连用,但它们大致都是类似的概念。所以普光(627—683)、法宝在解释《俱舍论》的这段文字时说,"阿赖耶"是"执藏"义,"尼延底"是"执取"义,这七个概念都是"贪"之异名。④ 他们的这一解释,可能是依据《瑜伽师地论·摄事分》所收录的《杂阿含经》之本母而作出的。⑤ 可见,ālaya 在这里也是(B)"爱著、执著"的含义。

值得注意的是,虽然佛典中提到的贪爱之异名多有出入,但 ālaya、niyati/ niyanti、adhyavasāna 这三个概念通常都是一起出现的。在《法蕴足论》所引用的解释十二缘起的佛说中,我们可以找到另一个例证。关于"受缘爱"(vedanāpratyayā tṛṣṇā),佛陀解释说:"etad rūpāsvādaṃ vedayitaṃ

---

① 舟橋一哉:《俱舍論の原典解明——業品》(京都:法藏館,1987 年),页 356。

② 《杂阿含经》卷 13,T2,p.90a。

③ Raniero Gnoli: *The Gilgit Manuscript of the Saṅghabhedavastu, Being the 17th and Last Section of the Vinaya of the Mūlasarvāstivādin, Part I*(Roma: Istituto Italiano per il Medio ed Estremo Oriente,1977),pp.104 - 105;《根本说一切有部毗奈耶破僧事》卷 5,T24,p.121a。义净将"kāma-ālaya"译作"处欲",也是从 ālaya 的(A)义来对译的。

④ 《俱舍论记》卷 16,T41,p.260c;《俱舍论疏》卷 16,T41,p.668b。

⑤ 《瑜伽师地论》卷 86:"贪('dod chags, * rāga)异名者,亦名为喜,亦名为贪,亦名为顾,亦名为欣,亦名为欲,亦名为昵,亦名为乐,亦名为藏(kun gnas pa, * ālaya,奘译《俱舍》作"阿赖耶"),亦名为护(nges par zhen pa, * niyanti,奘译《俱舍》作"尼延底"),亦名为著(lhag par zhen pa, * adhyavasāna,奘译《俱舍》作"耽著"),亦名为希,亦名为耽,亦名为爱,亦名为染,亦名为渴。"(T30,p.779a) *rNal 'byor spyod pa'i sa las gzhi bsdu ba*,D4039,Zi,p.142a。此处藏本将"ālaya"译作"kun gnas pa",有住处之义,同样是从 ālaya 的(A)义来对译的。关于这一问题,并参本书上篇第二章第一节。

pratītya bhūyo bhūyo rūpe apratikūlatā saṃtiṣṭhate । apratikūle sati bhūyo bhūyo rūpe utpadyate rāgaḥ saṃrāgaḥ ālayo niyantir adhyavasānaṃ tṛṣṇā ।”（玄奘译：彼以色味受为缘故，数复于色随顺而住。由随顺故，数复于色起贪、等贪、执藏、防护、坚著、爱染。）①“味”（āsvāda）即爱味，“色味受”（rūpāsvādaṃ vedayitam）也就是凡夫对色生起或乐受或喜受，②由此随顺于这些可爱之色而不违逆（apratikūlatā），并进而生起对它们的“爱染”。这里与“爱染”（tṛṣṇā）相类似的概念另有五个，其中 ālaya、niyanti、adhyavasāna 这三个概念也是一并出现的，而玄奘将其分别译作“执藏”、“防护”、“坚著”。

后来部派佛教也是在这一意义上来使用 ālaya 一语的。如《婆沙》卷 145 在讨论“界系”的语义时说：

> 或有说者，若法为欲界阿赖耶所藏，摩摩异多所执，名欲界系。为色、无色界阿赖耶所藏，摩摩异多所执，名色、无色界系。阿赖耶者，谓爱。摩摩异多者，谓见。或有说者，若法为欲界爱所润，见执为我、我所，名欲界系。为色、无色界爱所润，见执为我、我所，名色、无色界系。③

在该论卷 52 中，一段类似的文字则作：

> 欲界窟宅所摄藏故，欲界我执所执著故，名欲界系。……窟宅谓爱，我执谓见。复次，为欲界爱所滋润，我、我所见所执著故，名欲界系。……④

“摩摩异多”（mamāyita）即被摄为己物者，有我所之义，所以说“摩摩异多者，谓见”，即我所见。至于“阿赖耶”一语，虽然文中有“欲界阿赖耶所藏”、“欲界窟宅所摄藏”的说法，特别是将“阿赖耶”意译为“窟宅”，同样也是从其（A）义来对译的，但综合起来看，这应该是指对欲界的贪爱，即，若有一法

---

① Siglinde Dietz：*Fragmente des Dharmaskandha: Ein Abhidharma-Text in Sanskrit aus Gilgit*（Göttingen：Vandenhoeck & Ruprecht，1984），pp.47 – 48；《阿毗达磨法蕴足论》卷 12，T26，p.510b。

② 《阿毗达磨法蕴足论》卷 12（T26，p.511a）：“苾刍当知，色为缘故，起乐生喜，是名色味。”（yad bhikṣavo rūpaṃ pratītyotpadyate sukham utpadyate saumanasyam ayaṃ rūpe āsvādaḥ）Siglinde Dietz：*Fragmente des Dharmaskandha*，p.51。

③ 《阿毗达磨大毗婆沙论》卷 145，T27，p.746c。

④ 《阿毗达磨大毗婆沙论》卷 52，T27，p.271c。

为欲界的贪爱所滋润，为欲界的我所见所执著，此法即为欲界系，色界系、无色界系亦然。所以论中明确说，“阿赖耶者，谓爱”，“窟宅谓爱”，而并没有后来唯识学中所谓摄藏种子的含义。《婆沙》对阿赖耶的这一界说，其实与南传注释书（*Aṭṭhakathā*）是一致的，如《法句经注释书》（*Dhammapada-aṭṭhakathā*）、《经集注释书》（*Suttanipāta-aṭṭhakathā*）中都明确说，阿赖耶即是渴爱（ālayā ti taṇhā）。①

总之，在早期佛典中，ālaya 一词基本是在（B）义上被使用的，纵然有“檏窟”、“窟宅”之类的译法亦与执著义相关。恰如真谛曾给出一个关于 ālaya 的一般界定说：“阿梨耶者欲显何义？爱著境界名阿梨耶。”②而依据玄奘所传的唯识学，ālaya 喻如库藏，为一切种子所藏之处，这主要是从 ālaya 的（A）义而来，所以玄奘才将其意译为“藏”。这一语义上的变迁是值得注意的。③

第三节　阿赖耶识何以成为必要？

虽然“ālaya”一语于早期佛典中即已出现，但将“ālaya”与“vijñāna”合用构成“ālaya-vijñāna”来意指作为粗浅的六识之依止的微细识，却是唯识学者的特见。从来佛法中都只说到六识，因此阿赖耶识的合法性与必要性必须能得到证明。其合法性的证明即“教证”（āgama，阿笈摩，阿含），亦即从大家都认可的经典中来寻找依据；而其必要性的证明即“理证”（yukti），亦即从义理上来对其必要性加以解明。以教理二证来证成阿赖耶识是唯识学的重大课题，一个没有得到证成的阿赖耶识是很容易被同时并存的其他部派贬斥为外道邪说的。因此自《瑜伽师地论·摄决择分》以“八相（ākāra）”证成阿赖耶识起，唯识学者都不遗余力地来对此详加论证。《摄大乘论》的说

---

① *The Commentary on the Dhammapada Vol. IV*（London：Pali Text Society，1914），p. 186；*Suttanipāta-aṭṭhakathā Vol.II*（Bihar：Nava Nālandā Mahāvihāra，1975），p.306。

② 陈译：《摄大乘论释》卷 2，T31，p.160c。

③ 据笔者所见，汉语学术界最早指出这一问题的是吕澂。他说：“大乘学者，特别是瑜伽行派学者为了成立阿赖耶识，对《增一》所说的阿赖耶做了种种牵强的解释。……其实，《增一》说阿赖耶的原意，只是为了指明众生所贪著的住所而已。阿赖耶原意为‘家’或‘宅’，即人们居住的处所。以前就有人译阿赖耶识为‘家识’或‘宅识’。所谓众生爱、乐、欣、喜阿赖耶，是说众生贪著家宅不肯舍去，即不肯出家的意思。”见氏著，张春波整理：《〈华严教义章〉略解》，《五台山研究》1993 年第 1 期，页 10。不过，吕先生似乎并没有区分 ālaya 之二义，其实旧译为“家”或“宅”，新译为“藏”，都是“住处”义，而如上述，早期佛典更侧重其“执著”义。

法就更为周延些，而到《成唯识论》则进一步提出了“五教十证”。① 为避繁琐，这里我们不去具体分析这些论证，而是从佛法流变的角度，对揭櫫出阿赖耶识的问题意识与内在理路作一简要疏理。

3.1　无我与假我

如所周知，缘起无我是佛法区别于其他一切中印外道的理论标识，被称为佛教的“三法印”或“四法印”之一。无我（anātman）之“我”梵文为 ātman（阿特曼），关于其词源众说不一，一般认为是出自表呼吸的词根√an，与德文中的 Atem、Odem 同词源，因此本义是指“呼吸、气息”。由于该词的单数形式可用作反身代词，相当于英文“self”的意思，所以汉译为“我”。按照《梵书》、《奥义书》等的某些说法，生命气息（prāṇa）即是大梵，“凡此万事万物，皆入乎生气，出乎生气”②。当此生气存在于身体之内，人便获得了永恒的生命。③ prāṇa 同样出自√an，但相较而言，ātman 似乎比 prāṇa 具有更为抽象的意义，所以最终取代 prāṇa，成为在个体中与梵同一的精神实体。④职是之故，佛教中一般都将“我”界定为“常一主宰义”，“常”是不变义，“一”是独立义，“主”是自在义，“宰”是支配义，易言之，所谓“我”即是指独立不变、有自在支配作用的实体。如此，ātman 事实上就与佛教中常说的 svabhāva（音译为“私婆婆”，意译为“自性”）意义相当。⑤ sva 意即“自己、自体”，bhāva 出自√bhū，该词根指的是一种生成性的“有”，⑥因此 svabhāva 即是“svo bhāvaḥ”（自有）⑦，指自己形成的、自己而然的、不关乎他者、不因

---

① 《瑜伽师地论·摄决择分》起首就说“由八种相，证阿赖耶识决定是有”（aṣṭābhir ākārair ālayavijñānasyāstitā pratyetavyā）。参《瑜伽师地论》卷 51，T30，p.579a－c。梵文据梵本《杂集论》所引，见 Li Xuezhu（李学竹）：Diplomatic Transcription of the Sanskrit Manuscript of the *Abhidharmasamuccayavyākhyā*—Folios 18r1－23v4，《創価大学国際仏教学高等研究所年報（平成 28 年度）》，p.237。又参《摄大乘论本》卷上，T31，pp.135b－137a；《成唯识论》卷 3、4，T31，pp.14a－19a。

② 《唱赞奥义书》（*Chāndogya Upaniṣad*）1，11，5，徐梵澄译：《五十奥义书》（北京：中国社会科学出版社，1995 年），页 94。

③ 参《考史多启奥义书》（*Kauṣītaki Upaniṣad*）3，2，徐梵澄译：《五十奥义书》，页 57。

④ 马克斯·缪勒说：“在《奥义书》中，对普拉纳（呼吸或精灵）的信仰，是存在的真正原则，它似乎标志着一种低于‘阿特曼’的哲学知识阶段。……印度人也用‘阿特曼’的概念超越了‘普拉纳’，并且最终同化了它。”氏著，金泽译：《宗教的起源与发展》（上海：上海人民出版社，1989 年），页 221。

⑤ 如中观学者佛护（Buddhapālita）就明确指出：“‘我’（ātman）一词就表示自性（svabhāva）。”见叶少勇：《〈中论佛护释〉译注》（上海：中西书局，2021 年），页 117。

⑥ 参金克木：《试论梵语中的“有——存在”》，氏著：《印度文化论集》（北京：中国社会科学出版社，1983 年），页 8。

⑦ 叶少勇：《〈中论佛护释〉译注》，页 199。

他者而改变的存有，由此而可引申为“不变的本质”。如《中论》就说，自性既非造作而成（akṛtrimaḥ），亦不相待于他者（nirapekṣaḥ paratra）。[①]《大智度论》的界说更为具体些：“[自]性者，名本有决定实事。……性名不相待、不相因，常应独有。”[②]“本有”，亦即不是先无后有地造作而成。对此，我们大约很容易从西学中找到其对应概念，比如，设若不考虑其具体所指，斯宾诺莎（B. de Spinoza，1632—1677）对“实体”的形式界定就是：“在自身内并通过自身而被认识的东西。”[③]总之，佛家所说的无我之“我”有其特有的含义，而并不是泛泛地指常识意义上的“我”，指出这一点是极为重要的。[④]

“无我”乃是“缘起”的题中应有之义。因为既然“缘起”作为佛法的奠基性原理，意味着现象世界的一切事物都是一种条件性的、相关性的存在，都处于无常流变之中，其中就不可能有任何固定不变、自在自为的实体“我”。这里的基本逻辑是，由缘起成立无常，由无常成立无我，所以说，“无常想（anicca-saññā）者，能建立无我想（anatta-saññā）”[⑤]。

早期佛典中还曾经这样来反证五蕴之非“我”：“色非是我，若色是我者，不应于色病苦生，亦不应于色欲令如是、不令如是；以色无我故，于色有病有苦生，亦得于色欲令如是、不令如是。受、想、行、识亦复如是。”[⑥]这是说，假如说色是“我”，那么必然会导出这样荒诞的结论：按照“我”的界定，它就是永远如是、不可改变的，通俗地说，如果它是康健快乐的，就永远是康健快乐的，而不可能有疾病与痛苦发生，反之亦复如是。后来《中论》也说，如果事物在本性上（prakṛtyā）存在，它就不会变成不存在（nāstitā），因为有本性的存在就不可能有变异性（anyathābhāva）。[⑦]

准此，轮回也必然是无我轮回，因为假如有实体“我”的存在，那么由于其固定不变性，它就不会有作业受报的可能，也不会有流转诸趣的改变。易

---

① 《中论》卷3：“性名为无作，不待异法成。”（T30，p.19c）叶少勇：《中论颂：梵藏汉合校·导读·译注》（上海：中西书局，2011年），页236。又，《十二门论》：“不作法、不因待他，名为性。”（T30，p.165a）

② 《大智度论》卷100，T25，p.753a。

③ 斯宾诺莎著，贺麟译：《伦理学》（北京：商务印书馆，1991年），页3。

④ 关于“我”在巴利佛典中的具体用法，可参水野弘元：《无我与空》，氏著：《佛教教理研究》，页306—308；郭良鋆：《佛陀和原始佛教思想》（北京：中国社会科学出版社，1997年），页183—190。

⑤ 《杂阿含经》卷10，T2，p.71a；*Aṅguttara-nikāya Part IV*（London：Pali Text Society，1899），p.353。

⑥ 《杂阿含经》卷1，T2，p.7b。

⑦ 《中论》卷3：“若法实有性，后则不应（异）[无]。性若有异相，是事终不然。”（T30，p.20b）叶少勇：《中论颂：梵藏汉合校·导读·译注》，页238。

言之,在轮回中设定某个作为其承担者的常住的神我恰恰是自语相违的。这正如后来《大智度论》所说“若神常者,不应死,不应生。……若神常者,亦应不受苦乐。……亦无今世、后世”①,从而也就破坏了一切因果的必然关联,破坏了缘起法本身。常住的神我就是自性有,所以《中论》中也说,如果你见到一切事物因其自性而为实有,如此你就是见到事物无因亦无缘,你就是破坏了果与因,作者、作具与作为,生与灭,以及果。②

业报轮回说并非是佛教的首创,自《梵书》、《奥义书》时代以来,这已逐渐成为古印度社会普遍流行的观念。佛教的卓然独立之处正在于,业报轮回是在缘起无我的统摄之下,是无我轮回。所以早期佛典中说,业报既不是“自作自觉”(so karoti so paṭisaṃvedayati,直译为“彼作彼受”),也不是“他作他觉”(aññо karoti aññо paṭisaṃvedayati,直译为“余作余受”或“异作异受”),“自作自觉”是常见,“他作他觉”是断见,这是两个极端(anta,边),而佛陀却是“离此二边,处于中道而说法,所谓此有故彼有,此起故彼起”。③“觉”(paṭisaṃvedayati,梵 pratisaṃvedayati)是知觉、领受的意思。“自作自觉”,也就是我们通常所说的“自作自受”,它设定了作业者和受报者是同一个主体(同一个“彼”),所以是常见;“他作他觉”则设定了作业者和受报者是不同的主体(“异”),即作业者断灭了,而由他者来受报,所以是断见。对此,《杂阿含经》的《本母》解释说:“复次,由二因缘,此作此受,余作余受,不应记别。云何为二? 一者,因果相属一故,诸行相续前后异故;二者,所余作者、受者不可得故。”“诸行相续前后异故”,业报不是“自作自觉”(“此作此受”);“因果相属一故”,业报不是“他作他觉”(“余作余受”)。而只有离此两边,“以中道行,如唯因果(rgyu dang 'bras bu tsam du zad pa, * hetu-phala-mātra)而正记别”,才是对业报的确当理解。④

无论是“自作自觉”还是“他作他觉”,它们都是以作业与受报的承担者为基点来说明业果,区别只在于,作业与受报的承担者是同一还是有别;而事实上,这里只是“此有故彼有,此起故彼起”的“唯因果”。笔者曾经指出:

---

① 《大智度论》卷12,T25,p.149a。

② 梵本《中论》:“svabhāvād yadi bhāvānāṃ sadbhāvam anupaśyasi | ahetupratyayān bhāvāṃs tvam evaṃ sati paśyasi || kāryaṃ ca kāraṇaṃ caiva kartāraṃ karaṇaṃ kriyām | utpādaṃ ca nirodhaṃ ca phalaṃ ca pratibādhase ||” 叶少勇:《中论颂:梵藏汉合校·导读·译注》,页424。《中论》卷4:“若汝见诸法,决定有性者,即为见诸法,无因亦无缘。……即为破因果,作、作者、作法,亦复坏一切,万物之生灭。”(T30,p.33b)

③ 《杂阿含经》卷12,T2,p.85c;*Saṃyutta-nikāya Part II*,pp.75－76。

④ 《瑜伽师地论》卷93,T30,p.833b;*rNal 'byor spyod pa'i sa las gzhi bsdu ba*,D4039,Zi,p.259b。

"借用现代西方哲学的术语，缘起论采纳的无疑是一种'关系先在'而非'实体先在'的视角，亦即是说，并非是首先存在着各种自我规定的事物，然后再在其间发生一些偶然的外在关系，仿佛没有这些外在关系也不会改变事物的内在本性，而各种关系的发生倒是以事物的存在为前提的，恰恰相反，首先乃是一种关系性的存在，只有依于这些关系，事物才能有不同的差别相。"①在缘起的基本语义下，佛家所说的业报轮回也是以业果的动力学关联作为考察的基点，只是在业果的关联中呈现出相似相续（sadṛśa-anuprabandha）的现象，我们才将其安立为业果的承担者，它们其实都是后设性的概念，而并非如外道或一般常识性所理解的，是以业果的承担者为基点来进而说明业果的关联。所以萨达提沙（H. Saddhatissa，1914—1990）曾指出，"佛教对待业和业果的特殊态度"在于，"它表现的是行为本身的连续，而不是将业和业果归属于个别行为者而显现的明显间断"②。

无我轮回使佛法超越了无因论与宿命论的偏执，将一种积极有为的精神导入传统的业报理论之中。因为虽然业报的因果连锁无法被割断，过去所有尚未感果的业亦必定会在未来感果，然而正是由于没有这样一个固定不变的主体，未来的一切都还处于生成之中，因此我们可以抓住现在的每一个当下，通过自己的行为注入新的业力，从而改变未来的总果报，这同样也符合缘起的原理。正是在这一意义上，南传《增支部》中强调指出，世尊既是业论者（kamma-vāda）、业果论者（kiriya-vāda），又是精进论者（viriya-vāda）。③ 舍尔巴茨基（F. Th. Stcherbatsky，1866—1942）则宣称："照佛教传统的说法，释迦牟尼就主张这样一个似非而是的论题——自由是存在的，以有必然性故。"④

总之，在生灭无常的缘起之流中，"有业报（asti karmāsti vipākaḥ）而无作者（kāraka），此阴灭已，异阴相续"⑤，这是佛陀不共其他一切外道的根本教说。在各种势力强大的有我思潮的夹击下，"无我说"也许如平川彰（1915—2002）所说是"佛教在印度灭亡的一大理由"⑥，但它的积极意义与

---

① 傅新毅：《佛法是一种本体论吗?》，《南京大学学报》2002 年第 6 期，页 19。

② 哈玛拉瓦·萨达提沙著，姚治华等译：《佛教伦理学》（上海：上海译文出版社，2007 年），页 10。

③ *Aṅguttara-nikāya Part I*（London：Pali Text Society，1885），p.287。

④ 舍尔巴茨基著，宋立道等译：《佛教逻辑》（北京：商务印书馆，1997 年），页 155。

⑤ 《杂阿含经》卷 13，T2，p. 92c。此处梵文据梵本《俱舍》所引，见 P. Pradhan：*Abhidharmakośabhāṣya of Vasubandhu*，p.129。玄奘译："有业有异熟，作者不可得。谓能舍此蕴，及能续余蕴。"（《阿毗达磨俱舍论》卷 9，T29，p.47c。）

⑥ 平川彰著，庄崑木译：《印度佛教史》（台北：商周出版社，2004 年），页 29。

批判精神在今天依然还有重估的价值。在此，重新引述舍尔巴茨基曾引用过的如下一段评论或许并不是多余的：

> 所有印度宗教中，佛教因无视神我灵魂而卓然独立。它的新出发点便具有气魄和独创性，并由于它的完全的孤立而更加明显，这一方面，它同当时世界上所有的宗教都是不同的。那些仍然深怀着泛神论的偏见的欧洲著作家们在评价甚而理解佛教学说时遭遇的巨大困难，也许有助于我们理解佛教创始人在采取哲学和宗教上如此重要的、意义如此深远的步骤时，曾遭遇了何等巨大的艰难。而这在人类思想史上又是如此早的时期……物质的和精神的每一状态中的无神论；任何永恒原理的不存在；对任何实体，任何灵魂之我的否定都通过许许多多不同的经典，从所有可能采取的不同角度而加以讨论。①

从宗教学上来说，所谓"泛神论"（Pantheism），指认的是神与宇宙万物的同一。如十八世纪初英国思想家约翰·托兰德（J. Toland，1670—1722）的经典表述："世界上万物是一，一是万物中的一切。万物中的一切者即是上帝，永恒无限，不生不灭。……万物皆由上帝而来，且将与上帝重新合而为一，上帝是万物的开端和终极。"②如果我们将这里的"上帝"置换为"大梵"，这就成了婆罗门教；置换为"道"，这就成了道家、道教。因此泛神论尤其是东方宗教的特色。佛教原本就是作为东方宗教中纵然不是唯一，也是最重要的泛神论的反对者而登上历史舞台的，但有意无意地对其予以泛神论化的诠释，却始终与佛教的发展相伴随。当然，佛教是否不承认"任何永恒原理"，似乎有待商榷，对此，我们拟在本书中篇再作探讨。③

"无我"只是指不存在任何固定不变的实体"我"，却并不否认在缘起之流中有现象"我"的显现，此现象"我"是基于缘起说的认识论诠释而展开的。如《杂阿含经》中说："眼、色缘生眼识，三事和合触，触俱生（sahajātā）受、想、思，此四无色阴，眼色。此等法名为人。……此诸法皆悉无常（anitya）、有为（saṃskṛta）、思愿（cetita）、缘生（pratītya-samutpanna）。"④这

---

① 舍尔巴茨基引自里斯·戴维斯（Rhys Davids，1843—1922）的《对话录》，见氏著：《佛教逻辑》，页 168—169。

② 约翰·托兰德著，陈启伟译：《泛神论要义》（北京：商务印书馆，1997 年），页 33—34。

③ 参本书中篇第六章第一节。

④ 《杂阿含经》卷 13，T2，pp.87c－88a。《成实论》卷 5（T32，p.277b）、《俱舍论》卷 29（T29，p.154a－b）皆谓其出自《人契经》（*Mānuṣyakasūtra*）。据《俱舍论》，其对应的梵文为："cakṣuḥ pratītya rūpāṇi cotpadyate cakṣurvijñānaṃ trayāṇāṃ saṃnipātaḥ sparśaḥ （转下页）

里从佛陀认可为“一切”存有的十二处开始，依根缘境而有“识”发生，根、境、识三和合即成“触”，由此再展开为“受”、“想”、“思”（在原始佛典中相当于“行蕴”）的心理状态。所谓现象“我”，只是此五蕴（色、识、受、想、思）生灭不住、展转相依的相似相续之流，因此“是无常（anitya）之我，非恒（adhruva）、非安隐（anāśvāsika）、变易（vipariṇāma）之我”①。将流变的现象“我”凝固化为不变的实体“我”，完全出于人们的虚妄执著，正如佛陀说：“若沙门、婆罗门计有我，一切皆于此五受阴计有我。”②“五受阴”，为“五取蕴”（pañca-upādāna-skandha）之旧译。“取/受”（upādāna）是指烦恼，“蕴从取生，或能生取，故名取蕴”③，即是指有漏的五蕴（sāsravāḥ skandhāḥ）。④

值得一提的是，关于这一问题，汉传佛教的主流形态，是以另一种方式来展开的。在佛教传入中土之初的“格义佛教”阶段，最为深入人心的正是灵魂不灭、轮回报应的观念，所谓“形尽而神不灭”。也就是说，业报轮回恰恰就是以作业与受报的承担者为基点来予以理解的。自鸠摩罗什

（接上页）sparśasahajātā vedanā saṃjñā cetanā itīme catvāro 'rupiṇaḥ skandhāścakṣurindriyaṃ ca rūpam etāvan manuṣyatvam ucyate |…sarva ime dharmāḥ anityāḥ saṃskṛtāś cetitāḥ（原书作 ceti tāḥ，疑误）pratītyasamutpannā iti | ”（P. Pradhan：*Abhidharmakośabhāṣya of Vasubandhu*, p.465。）玄奘译：“眼及色为缘生于眼识，三和合触，俱起受、想、思。于中后四是无色蕴，初眼及色名为色蕴。唯由此量说名为人。……如是一切无常、有为、从众缘生、由思所造。”这里说，触“俱起（sahajātā）受、想、思”，意为四法同时发生。而在《杂阿含经》卷 8 一段类似的经文中则说：“眼、色因缘生眼识。……触已受，受已思，思已想。”（T2，p.54a）即四者是历时性发生的。与之大致相当的南传《相应部·六处相应·二法第二经（*Dvayam 2*）》略有不同，作：“Cakkhuñ ca paṭicca rūpe ca uppajjati cakkhuviññāṇaṃ | …Phuṭṭho bhikkhave vedeti phuṭṭho ceteti phuṭṭho sañjānāti |”（眼与色为缘生眼识。……比丘们！触已受，触已思，触已想。）但也还是认为受、想、思三者是在触后发生。*Saṃyutta-nikāya Part IV*，pp.67－68。依据前者，就会导出后来由有部发端的心与心所俱时相应说；依据后者，则成立经量部的识、受、想、思次第相生说。这在部派时代曾有过激烈的争论。

① 《杂阿含经》卷 11，T2，p.72c。此处梵文据梵本《瑜伽论》所引，见 Vidhushekhara Bhattacharya：*The Yogācārabhūmi of Ācārya Asaṅga*, *part I*, pp.136－137。

② 《杂阿含经》卷 3，T2，p.16b。其对应的梵文可见《俱舍论》：“ye kecid bhikṣavaḥ śramaṇā vā brāhmaṇā vā ātmeti samanupaśyantaḥ samanupaśyanti sarve ta imāneva pañcopādānaskandhān”玄奘译：“苾刍当知，世间沙门、婆罗门等，诸有执我等随观见，一切唯于五取蕴起。”P. Pradhan：*Abhidharmakośabhāṣya of Vasubandhu*, p. 282；《阿毗达磨俱舍论》卷 19，T29，p.100a。

③ 《阿毗达磨顺正理论》卷 1，T29，p.333a。并参《阿毗达磨俱舍论》卷 1（T29，p.2a）：“蕴从取生，故名取蕴……或蕴属取，故名取蕴……或蕴生取，故名取蕴。”（tatsaṃbhūtatvād upādānaskandhāḥ…tadvidheyatvād vā…upādānāni vā tebhyaḥ saṃbhavantīty upādānaskandhāḥ）P. Pradhan：*Abhidharmakośabhāṣya of Vasubandhu*, p.5。

④ 五蕴的范围大于五取蕴的范围。五蕴即有为法，包括有漏有为与无漏有为。无漏有为即道谛，有漏有为即苦、集二谛，亦即五取蕴。所以《婆沙》中说：“于有为法施设蕴，于有漏法施设取蕴。”（《阿毗达磨大毗婆沙论》卷 75，T27，p.389b。）

(Kumārajīva,童寿,350—409①)译出般若中观学的经典以来,轮回主体的观念虽然逐渐被消解,但由于它实际上就是解脱主体,或者毋宁说,正是解脱主体落入轮回之中,它才成了轮回主体,如宗炳(375—443)所谓"无身而有神,法身之谓也"②,识神本质上就是法身,因此通过与如来藏学说的对接,它又以佛性、法身等的方式而回归,成了"法身轮转五道"③。概言之,这是在本土圣人观念的引导下,以解脱主体的确立为基点,④并以之来融贯轮回主体。而如上述,印度佛教的主体运思路向,则是以否定作为轮回主体的实体"我"为前提,而试图在缘起之流中来建立现象"我"。两者的问题意识是异质性的,并不能以一方来化约另一方。

3.2 五蕴和合与假我

部派时代,对于如何成立现象"我"曾有过广泛的争论,因为这个问题从根本上关涉到,在缘起无我的前设下,如何来说明生命自体的统一性。这个统一的生命自体乃是现象意义上轮回的主体。另一方面,它也保证了在生灭无常的缘起之流中前后瞬间的关联与统一,不仅诸如记忆的可能、经验的保存都有赖于此,考虑到作业与受报也是前后分属两个不同的瞬间,所谓"作恶不即受"⑤,这一问题无疑就变得更为窘迫了。大体说来,部派时代对此问题的探讨主要有两支不同的路向:一是依五蕴的和合而建立补特伽罗,二是转向心识之中就相续心来成立有情自体。前者以说一切有部与犊子部

---

① 关于罗什的生卒年,颇多异说,此取镰田茂雄之推定,未必完全可靠。见氏著,关世谦译:《中国佛教通史(第二册)》(台北:佛光文化事业有限公司,1998 年),页 234。

② 《弘明集》卷 2,T52,p.10c。

③ 汉传佛教中常说的这句话应该出自《不增不减经》:"即此法身,过于恒沙无边烦恼所缠,从无始世来,随顺世间,波浪漂流,往来生死,名为众生。"(T16,p.467b)

④ 如曾大力支持罗什译经的后秦主姚兴(366—416),就对罗什所译传的般若中观之学提出过这样的疑惑:"然诸家通第一义,廓然空寂,无有圣人。吾常以为殊太(遥远)[迳廷],不近人情。若无圣人,知无者谁也?"《广弘明集》卷 18,T52,p.230a。正是以本土的圣人观念为引导,汉传佛教才提出了类似"知无者谁"的有关解脱主体的发问,并进而转向了涅槃佛性的学说。

⑤ 《阿毗达磨大毗婆沙论》卷 51,T27,p.264a。诸部派中,只有大众等四部"末宗"认为"业与异熟有俱时转"(《异部宗轮论》,T49,p.16a),即业果也可以同时。其余诸派一般都认为,业果之间有时间间距。比如,按照有部的看法,两者不仅不能同时,而且不能是由前刹那引生后刹那,否则就成了等无间缘。也就是说,业与果之间至少要间隔一刹那。因为业因是招感与之异类的果报,所谓"异熟",感果较为不易,所以需要有时间间距。如《俱舍论》卷 6:"然异熟果无与业俱(saha),非造业时即受果故。亦非无间(anantara),由次刹那等无间缘力所引故。又异熟因感异类果,必待相续(pravāha)方能办故。"(T29,p.33b)P. Pradhan:*Abhidharmakośabhāṣya of Vasubandhu*,p.90。又《阿毗达磨大毗婆沙论》卷 114:"必无有业此刹那造,(则)[即]此及次刹那熟义,由异类故,亲引发故。"(T27,p.592b)

(Vātsīputrīya)为代表,后者以从有部分出的譬喻师(Dārṣṭāntika)及其后的经量部、分别说系(Vibhajyavādin,毗婆阇婆提)①与大众部(Mahāsāṃghika)为

① 此处的分别说系是指上座系中的化地、法藏、饮光及南传锡兰的铜鍱(Tāmraśāṭīya,或作"红衣部")四部。所谓"分别说",原本是指对各种法义采取具体分析的态度或立场,与之相对的是"一切说",即持极端的一往之论。如有部持"一切说",故认为"三世实有,法体恒有";饮光部(Kāśyapīya,迦叶臂耶部)持"分别说",故认为唯现在世及过去世未与果业为有。(见《阿毗达磨大毗婆沙论》卷19,T27,p.96b;《阿毗达磨顺正理论》卷51,T29,p.630c;《异部宗轮论》,T49,p.17a。)吕澂曾指出:"佛宗大小之派分离合,一系于一切说与分别说。"见吕澂、熊十力:《辩佛学根本问题》,《中国哲学(第十一辑)》(北京:人民出版社,1984年),页170。关于此一问题,具体请参印顺:《说一切有部为主的论书与论师之研究》(台北:正闻出版社,1992年),页408—419。唐贤诸疏中,如普光曾提及,化地部(Mahīśāsaka,弥沙塞部)"即是毗婆沙婆提,此云分别论师",(《俱舍论记》卷3,T41,p.60c。)虽大致不误;但他又解释说,"说非尽理,半是半非,更须分别,故名分别说部",(《俱舍论记》卷20,T41,p.310b。)则"分别说部"成了一种贬称,是指需要进一步予以分别的"半是半非"之说,此又不然。窥基于《成唯识论述记》第四本中则谓"分别论者,旧名分别说部,今说假部。说有分识,……"(T43,p.354a),更将"分别说部"与"说假部"混为一谈。按:"分别说系"梵文为Vibhajyavādin,"说假部"梵文为Prajñaptivāda,前者属上座系,后者属大众系,两部截然有别,只是"假说"(prajñapti)亦译作"分别说",故真谛于《部执异论》中即将"说假部"译为"分别说部"(T49,p.20b,p.21a)。再者,"有分识"如下述正是南传上座部之特有论义,而无关乎说假部。故真谛亦只是说"上座部立名有分识"(陈译:《摄大乘论释》卷2,T31,p.160c),而并未论及所谓"分别说部"。窥基一系似乎对此不甚了了,故有窥基与慧沼之解(《成唯识论了义灯》第四本,T43,p.732b)、灵泰之疑(《成唯识论疏抄》卷7,X50,p.264a),今人袭之而不辨,故为一说。又,真谛的译名多不统一,其译籍中的"分别说部"等未必都是指说假部,需要仔细比对。如《四谛论》中出现的"分别部",或许就是指分别说系。按《四谛论》卷1:"又分别部说:一切有为皆苦,由无常故,非初谛故苦。……一切因皆名集,以能生故,非第二谛故集。……一切有为寂离名灭,由寂静故,非第三谛故灭。……一切善法皆是道,能出离故,非第四谛故道。"(T32,p.380a)这是说,并非只有苦谛是苦,一切有为法皆是苦,以下三圣谛皆类似。《阿毗达磨大毗婆沙论》卷77:"分别论者作如是说:若有八苦相是苦是苦谛,余有漏法是苦非苦谛。招后有爱是集是集谛,余爱及余有漏因是集非集谛。招后有爱尽是灭是灭谛,余爱尽及余有漏因尽是灭非灭谛。学八支圣道是道是道谛,余学法及一切无学法是道非道谛。"(T27,p.397b)这是说,一切有漏法都是苦,而一切有漏法中有八苦相者不仅是苦,而且是苦谛,以下三圣谛皆类似。虽然有诸如"有为法"与"有漏法"的差异等,但两说大致相同,可见此处《四谛论》的"分别部"应该就是《婆沙》的"分别论者"。事实上,将"苦"与"苦谛"等作出区分,正是"分别说"的特点,而有部持"一切说",认为一切有漏法即五取蕴作为果都是苦谛,作为因都是集谛等。又按《四谛论》卷1:"分别部说:若聚苦相,观达生灭,心厌有为,修无愿解脱门。若观有为唯有生灭,不见余法,修空解脱门。若观寂静,不见有为及生灭相,修无相解脱门。此中苦相即是苦谛,相生是烦恼、业,即是集谛,相灭即是灭谛,是法能令心离相见无相即是道谛。若见无为法寂离生灭,四义一时成。"(T32,p.378a)《阿毗达磨大毗婆沙论》卷185:"或复有说,唯无相三摩地能入正性离生,如达摩毱多部说。彼说,以无相三摩地,于涅槃起寂静作意,入正性离生。"(T27,p.927c)"达摩毱多部"即法藏部(Dharmaguptaka)之音译,为分别说系之一。两说都是"一时见谛",并且都是行者修无相三摩地,一时见灭谛而入道。此又为《四谛论》之"分别部"即分别说系之一证。印顺法师认为,《四谛论》之"分别部"亦为说假部,恐误。见氏著:《说一切有部为主的论书与论师之研究》,页598—599。

代表。

“补特伽罗”是梵文 pudgala 的音译，意译为“数取趣”，即数数轮回诸趣者，故该词与“我”、“有情”、“命者”（jīva）等同义。按照有部的说法，“我有二种：一者法我，二者补特伽罗我。善说法者，唯说实有法我，法性实有，如实见故，不名恶见；外道亦说实有补特伽罗我，补特伽罗非实有性，虚妄见故，名为恶见”①。所谓“法我”，亦即“法体”，或者称为“自性”（svabhāva），是指那些从复杂的缘起之流中分析出来的具有单一固定本质内涵的实体。“诸法无时不摄自性，以彼一切时不舍自体故。……诸法无因而摄自性，以不待因缘而有自体故。”②它们不待因缘而自体具足，不会随时间的流逝而转变，此即为“三世实有、法体恒（sarvadā）有”。③ 至于时间性的生灭变化，只是就法体的作用（kāritra）来说，是法体随众缘力而生起作用的结果：在一定的因缘条件下，住于未来位的法体刹那起用，便入于现在位；此作用又刹那即灭，便入于过去位。④ 法体恒住自性，作用刹那生灭，因此无论是就法体还是作用来说，都不能从前世转移（*saṃkrāmati）到后世。然而也就是在作用的刹那生灭中，呈现出五蕴的和合或相续（skandha-santāna，“蕴相续”），即依此而假名为补特伽罗。说有生死相续，说有前后世的转移，只是就此假名补特伽罗来说。就如火虽然刹那生灭，但前灭后生，相续不断，由此也可以说火的流动。⑤ 众生或外道执此补特伽罗我亦同法我而为实有，那就是妄见了，反之，如果仅仅只是“计假名我，则非邪见”⑥。

---

① 《阿毗达磨大毗婆沙论》卷 9，T27，p.41a。

② 《阿毗达磨大毗婆沙论》卷 59，T27，p.307a。

③ 严格说来，有部认为“法体恒有”不是“常有”。“常有”即不生不灭，“恒有”则可在一定的因缘条件下与“生”、“灭”等有为相（此有为相亦是法体）俱时和合，从而使该法体刹那起现。所以《阿毗达磨顺正理论》卷 52 说：“法体恒存，法性变异，谓有为法行于世时，不舍自体，随缘起用，从此无间所起用息，由此故说，法体恒有而非是常，性变异故。”（T29，p.633c）“体”（svabhāva）是从体性意义上说的有，“性”（bhāva）与“体”相对，这里是指现实的存在，即从起现意义上说的有，“体相、性类非异非一”（T29，p.632c）。“非异”，所以“性”有变异，“体”也不是“常”（nitya）。“非一”，所以“体”虽恒有，“性”的起现只是现在一刹那。不过，这种对“体”（svabhāva）与“性”（bhāva）、“常”（nitya）与“恒”（sarvadā）的分别在其他部派看来实在是难以理解的，《阿毗达磨俱舍论》卷 20 就调侃说：“许法体恒有，而说性非常，性体复无别（na ca svabhāvād bhāvo 'nyo），此真自在作（īśvara-ceṣṭita）。”（T29，p.105b）即只有自在天才能造作出来。P. Pradhan：*Abhidharmakośabhāṣya of Vasubandhu*，p.298。

④ 关于如何建立“三世差别”，相传有四大论师的不同说法，文中所言，是被毗婆沙师引为正义的世友论师之说，即“位别异（avasthā-anyathika）”说。具体请参《阿毗达磨大毗婆沙论》卷 77，T27，p.396a－b；《阿毗达磨顺正理论》卷 52，T29，p.631a－b；《阿毗达磨俱舍论》卷 20，T29，p.104c。

⑤ 参《异部宗轮论》，T49，p.16c；《阿毗达磨俱舍论》卷 30，T29，p.156c。

⑥ 《阿毗昙毗婆沙论》卷 4，T28，p.30a。

简言之，有部是将一切存有分为两种："一、实物有，谓蕴、界等；二、施设有，谓男、女等。"[①]从二谛的角度，两者正分别对应于"胜义有"（paramārtha-sat）与"世俗有"（saṃvṛti-sat）。"实物有"（dravya-sat）即法体，它们具有单一、不变的性质，因此即便将其分解、分析后，我们对它的认识也不会有变化。比如，将青色逐渐分解，乃至极微，我们对此还是能产生它是青色的认识；通过思考分析，将受心所分析到刹那，或者将它从其余想等心所中析离出来，我们对此也还是能产生它是受心所的认识。而补特伽罗我乃是"施设有"即"假名有"（prajñapti-sat），因为它是依于实物有（具体说来就是五蕴）的复合体，只是世俗名言意义上的存在，一旦将其予以分解、分析后，其实只有五蕴，我们就不会再对此产生这是补特伽罗我的认识。[②] 所谓假必依实，"非离假依可有假法"[③]，离开实有的法体，补特伽罗我即不存在，这在后来被称为"人空法有"。

与有部"多分同而有少异"[④]的犊子部更建立有"不可说补特伽罗"（anabhilāpya-pudgala）。据《异部宗轮论》，犊子部原本是从有部分出，[⑤]而有部对犊子部"补特伽罗"说的评破，始自较晚成立的《识身足论》，[⑥]即便是在《发智论》中，也还没有论破的明文。可见，犊子部另立宗义应该不会太早，其"不可说补特伽罗"或许即是从有部的"假名补特伽罗"发展而来。

在犊子部看来，补特伽罗虽然是依五蕴而施设的（"受施设"），或者也可以依过去的五蕴而施设（"过去施设"），或者也可以依已灭的五蕴而施设（"灭施设"），[⑦]无论在哪种情况下，都不意味着它仅仅只是有部所说的无体

---

① 《阿毗达磨大毗婆沙论》卷9，T27，p.42a。

② 参《阿毗达磨顺正理论》卷58，T29，p.666a。

③ 《阿毗达磨顺正理论》卷13，T29，p.404a。

④ 《阿毗达磨大毗婆沙论》卷2，T27，p.8b。

⑤ 见《异部宗轮论》，T49，p.15b。

⑥ 据《大唐西域记》卷5（T51，p.898c），《识身足论》为提婆设摩（Devaśarman，天寂）造于中印度之"鞞索伽国"，而与造有《圣教要实论》、持"有我人"见的瞿波（Gopa，与下述造有《唯识二十论》之释的世亲弟子瞿波应非同一人）"遂深净论"，于玄奘入印时，"鞞索伽国"僧众已"并学小乘正量部法"。可见《识身足论》所详加评破的"补特伽罗论者"（见该论卷2－3，T26，pp.537b－545b）应为正量部前身的犊子部，瞿波论师即为其代表。又，据奘门所传，提婆设摩为佛灭后一百年的人（见普光《俱舍论记》卷1本，T41，p.8c，普光为《识身足论》之"笔受"），此说甚为可疑，因为至少据《异部宗轮论》，犊子部从有部分出已在佛灭后三百年（见《异部宗轮论》，T49，p.15b），提婆设摩当更在其后。

⑦ 《三法度论》卷中："受施设者，众生已受阴界入，计一及余。过去施设者，因过去阴界入说。如所说，我于尔时名瞿旬陀。灭施设者，若已灭是因受说。如所说，世尊般涅槃。"（T25，p.24b）此处"受"，或许是梵文 upādāya 的对译，upādāya 也有依、由（因）等含义。因此，这是说，"受施设"是依阴、界、入施设"我"，众生则计执此施设的"我"与阴、界、入为一为异；"过去施设"是依过去的阴、界、入施设"我"，比如佛陀说，"我"那时名为瞿旬陀；"灭施设"是依已灭的阴、界、入施设"我"，比如说，世尊（"我"）已般涅槃。

的假有；相反，它具有一种为和合的五蕴所不能完全包摄的体性，因此与五蕴处于非即非离的关系之中。这就比如“世间依薪立火”，“非离薪可立有火，而薪与火非异非一。若火异薪，薪应不热；若火与薪一，所烧即能烧。如是不离蕴立补特伽罗，然补特伽罗与蕴非异一。若与蕴异，体应是常；若与蕴一，体应成断”。[①] 佛法所破斥的凡夫、外道所执之我正是那种或“与蕴异（anya）”的离蕴我，或“与蕴一（ananya）”的即蕴我，但并不因此而否定有“与蕴非异一”的我。[②]

在生死轮回中，补特伽罗与五蕴即有为法非一非异，舍离生死轮回而入无余涅槃，此补特伽罗与无为法亦非一非异，[③]所以它“不可说是有为、无为”。为此，犊子部将一切法分为过去、未来、现在、无为、不可说五类，谓之“五法藏”，此补特伽罗即属于“不可说藏”，[④]故被称作“不可说补特伽罗”。与有部相较，这里前四类法的区分全然相同，犊子部却在此基础上增加了这第五类不可说法，所以《顺正理论》将其称作“增益论者”。[⑤] 而有部的补特伽罗既然只是基于五蕴而安立的假名，它就不在过去、未来、现在这三类法之外。

注意到这一点兴许是颇有意味的，在著名的“十四无记”（caturdaśāvyākṛtavastūni）中，对于外道争执不休的诸如“命即是身（taṃ jīvaṃ taṃ sarīraṃ），命异身异（aññaṃ jīvaṃ aññaṃ sarīraṃ）”[⑥]的问题，佛陀认为毫无意义而拒绝作出回答，因为这些问题的前提“命”（jīva）即“灵魂”本身是不存在的，当然也就不能进一步说，它是与身体（sarīra，梵 śarīra）同一还是相异。[⑦] 这就比如，石女原本就没有儿子，当然也就不能进一步说，石女之子是黑还是白。犊子部却将其从一个积极的意义上改造为了补特伽罗与五蕴的关系，而谓两者恰是非一非异。

我们可以从文献学上来进一步说明这一点。法宝其实已注意到，犊子部的“五法藏，同《大般若》五种法海”[⑧]。如《大般若经》卷54云：“又住此六波罗蜜多，佛及二乘能度五种所知海岸。何等为五？一者、过去，二者、未

---

① 《阿毗达磨俱舍论》卷29，T29，p.152c。

② 参《异部宗轮论述记》，X53，p.586b－c。

③ 《俱舍论记》卷29，T41，p.440c。

④ 见《成实论》卷3，T32，p.260c；《俱舍论记》卷29，T41，p.440c；《俱舍论疏》卷29，T41，p.803c；《成唯识论述记》第一末，T43，p.247c。《俱舍论》卷29（T29，p.153b）称为“五种尔焰”，“尔焰”（jñeya）意译为“所知”，即所知法藏。

⑤ 《阿毗达磨顺正理论》卷51，T29，p.630c。

⑥ 《杂阿含经》卷34，T2，p.245c；*Majjhima-nikāya Vol.I*，p.484。

⑦ 《阿毗达磨俱舍论》卷30：“命者（jīva）亦无，如何可言与身（śarīra）一异？”（T29，p.155c）

⑧ 《俱舍论疏》卷29，T41，p.803c。

来，三者、现在，四者、无为，五者、不可说。”①而据印顺法师（1906—2005）的研究，此说亦见之于《大般若经》第二分、第三分，但与唐译第二、三分相当的旧译如《放光般若》、《光赞般若》、《摩诃般若》等却并无类似文句，因此这可能先是犊子部的说法被引入了《大般若经·初分》，其后又被增入了第二、三分。② 除此之外，《大智度论》中也有“五种法藏”的说法，印顺法师认为，这可能也是出自该论中所曾提及的“十万偈”《般若》（相当于“初分”）。③

那么，《大般若经》或《大智度论》中的“不可说法”又是指什么呢？据隋代慧影的解释，“今大乘中明不可说法藏者，明诸法本寂，言语道断，不可以识识，不可以（起）[知]知，不可说其有，不可说其无”④。这无非就是指不可言说的法性之类。后来的解释基本都是如此，比如法宝就将其解说为“胜义谛”，⑤而印顺法师则进一步认为，《大般若经》导入了犊子部的不可说法，“使人无意中将离言说的如法性，与作为流转、还灭的主体——真我相结合。‘五种所知’没有明说真我，而是暗暗的播下真我说的种子，使般若法门渐渐的与真我说合流”⑥。

问题是，如果不可说法就是指不可言说的法性之类，那它与五法藏中的无为法又有什么区别呢？如按照慧影的解释，“以妙法性、实相、佛性、不可思议性、实际等，为无为法藏”⑦。虽然不可说法也许是侧重在法性等不可言说的意涵，但毕竟就是同一个法性，而不能被归属于两个不同的法藏。因此《大般若经》等所谓的不可说法，其意涵还需作进一步的考究。

如上述，《大智度论》中已有“五种法藏”之说，而该论中还曾两处提及，可以“有为法、无为法、不可说法”三种法摄一切法。⑧ 这与五法藏之说是一致的，因为有为法也就是过去、未来、现在法。从《大智度论》的上下文来看，三种法的提出，是为了回应佛陀是否是一切智者的问题。有人认为，佛陀没有说“药方、星宿、算经、世典”，尤其是没能回答十四无记的问

---

① 《大般若波罗蜜多经》卷54，T5，p.306b。

② 《大般若波罗蜜多经》卷416、卷490，T7，p.86a、p.494a。印顺：《如来藏之研究》（台北：正闻出版社，1992年），页56。

③ 《大智度论》卷62，T25，p.497b；印顺：《初期大乘佛教之起源与开展》（台北：正闻出版社，1994年），页699。

④ 《大智度论疏》卷21，X46，p.887b。慧影为北周道安弟子，如《续高僧传》卷23：“安有弟子慧影、宝贵，并列名隋世。影传灯《大论》，继踵法轮。”（T50，p.630b）“《大论》”即《大智度论》。

⑤ 《俱舍论疏》卷29，T41，p.803c。

⑥ 印顺：《初期大乘佛教之起源与开展》，页699。

⑦ 《大智度论疏》卷21，X46，p.887a。

⑧ 《大智度论》卷2、卷26，T25，p.74c、p.253b。

题，所以佛陀并非一切智者。论主于是以三种法的区分来作回应。这应该是说，那些佛陀没有说的法就是不可说法，其实佛陀并非是对此无知，而恰恰就是以不说的方式来作出了回答。比如“药方、星宿、算经、世典”，这些对解脱无益，尤其是十四无记的问题，本身就是一种错误的提问，所以佛陀不说，通过这样的方式，来让问法者有所领悟。也就是说，佛陀的说法，除了有为、无为法外，还有以不说而说的一类，这就是不可说法。如此说来，无论《大般若经》等的五法藏说是否是来自犊子部，其用意其实与犊子部全然不同，这并非是指不可说的法性之类，否则就与无为法没有区别，而是为了将诸如十四无记的问题也划归为法的一类，由此表明，佛陀作为一切智者，是能知包括诸如十四无记的问题在内的一切法，能知它们对解脱无益，能知它们是错误的提问，所以对此采取了不说的方式。只有犊子部才将这个不可说法从积极的意义上建立起来，认为它是与五蕴非一非异的补特伽罗。

当然，反过来说，犊子部认为补特伽罗是依五蕴而施设，这在原则上与有部也并没有太大的差异，因此我们不能简单地将其等同于外道所说的离蕴独存的神我。只是在犊子部看来，补特伽罗虽是施设但却有体，这一点基于有部的假实观就难以理解了，因此如世亲（Vasubandhu，婆薮槃豆）在《俱舍论·破执我品》中就对此大加论破，后代学者甚而称其为“附佛法外道”，这种看法大约是有欠公允的。①。

值得一提的是，后来南北朝时期的成实师，对这一问题也有过类似的讨论。与犊子部稍有不同的是，他们已明确承认，依五蕴而施设的人我是假法。其争论的焦点在于，此作为假法的人我是否有不同于五蕴的体性与功用。庄严寺僧旻（467—527）认为，人我虽是假法，但它也有不同于五蕴的体性与功用。开善寺智藏（458—522）认为，假我的体性就是五蕴，但它有不同于五蕴的功用。光宅寺法云（467—529）则认为，假我并没有不同于五蕴的体性与功用。② 法云的见解略同于有部，而智藏尤其是僧旻的说法，与犊子部仍有共通之处。可见，在《俱舍论》等明确破斥犊子部的经典传来之前，中土对于假我究竟是何种意义上的假并没有形成定论，总体上还是比较宽容的。

---

① 如《大方广佛华严经疏》卷3：“犊子部等，……然此一部，诸部论师共推不受，呼为附佛法外道。以诸外道所计虽殊，皆立我故。”（T35，p.521a）究其根源，这应该与有部对犊子部的强烈拒斥有关，如日人普寂在《华严五教章衍密钞》卷3中就说，此乃“后代有部学人，为党自宗，动作无根之谤，大误学人”（T73，pp.663c－664a）。

② 《中观论疏》卷3本、卷5本，T42，p.43c、p.74b、p.75c；《百论疏》卷上，T42，p.254c。

3.3　相续心与假我

有部与犊子部的"补特伽罗"说是依五蕴的和合来说明有情自体的统一性,而部派中的另一支运思路向则是转向心识之中来成立现象意义上的有情自体。后者得以可能的前提是,心识自身能够相续不断。

本来,按照有部的看法,心识是刹那生灭的,且在比如二无心定(即无想定、灭尽定)时还会有中断,因此业报必须就五蕴作整体的考虑,所谓"异熟因果,俱通五蕴"①,作为业果关系的十二缘起,"支支中皆具五蕴"②,而现象意义上的有情自体即假名补特伽罗也是依于五蕴的和合来说。从有部分出的譬喻师却认为,"离思无异熟因,离受无异熟果"③,"身语意业,皆是一思"④,能够将业果安立在思、受这些心所法上,是因为心识自身并非如有部所说会有中断,易言之,即便是在二无心定时亦有"细心不灭"。⑤

其中,外道所修之无想定(asaṃjñi-samāpatti),按照《成实论》论主诃梨跋摩(Harivarman,师子铠)的意见,乃是因为此时之心识微细难觉,而凡夫、外道却以为是断灭了心识,所以佛家也随顺世俗的说法,将其称为"无想"而已。⑥ 譬喻师的看法可能也与之类似。

至于灭尽定,譬喻师则认为:"此定有心,唯灭想、受。"⑦到《顺正理论》时代,经部的譬喻师也还是坚持这一看法:

> 譬喻论者作如是言:灭尽定中唯灭受、想,以定无有无心有情,灭定、命终有差别故。经说入灭定识不离身故,又言寿、暖、识互不相离故。⑧

灭尽定(nirodha-samāpatti)即灭受想定(saṃjñā-vedita-nirodha-samāpatti),按

---

① 参《阿毗达磨发智论》卷1,T26,pp.920c－921a。

② 《阿毗达磨俱舍论》卷9,T29,p.48c。

③ 《阿毗达磨大毗婆沙论》卷19,T27,p.96a,亦见同论卷144,T27,p.741b。有部既然认为"异熟因果,俱通五蕴",所以他们不仅反对譬喻师仅以"思"为异熟因(关于这一问题,参本书中篇第四章),也反对仅以"受"为异熟果。如说:"非此诸业唯感受果,应知亦感彼受资粮。"(《阿毗达磨俱舍论》卷15,T29,p.81a)所谓"资粮"(saṃbhāra),《光记》解释说:"除受,余四蕴资助受故,名受资粮。"(T41,p.244a)

④ 《阿毗达磨大毗婆沙论》卷113,T27,p.587a。

⑤ 参《阿毗达磨大毗婆沙论》卷151,T27,p.772c;同论卷152,T27,p.774a。

⑥ 参《成实论》卷7,T32,p.289b;同论卷13,T32,p.344c。

⑦ 《阿毗达磨大毗婆沙论》卷152,T27,p.775a。

⑧ 《阿毗达磨顺正理论》卷13,T29,p.403a。

照有部的看法，该定能止息一切心、心所的活动，而譬喻师仅对此作了字面的解释，即以为该定唯是止灭受、想。受、想于有部属十大地法（mahā-bhūmika），即遍与一切心王相应俱起的心所法，因此灭尽定虽然也名之为灭受想定，但“说想、受灭，显余亦灭，非余相应法离想、受起故”①。认为有心而无受、想，这对有部来说显然是不可思议的。譬喻师则根本反对有部的心王与心所俱时相应说，他们认为，“心、心所法前后而生，非一时起”②，所谓受、想等心所只是指一心历时性的差别作用（citta-viśeṣa，“心差别”），“但心缘境第一刹那初了名识，第二刹那取像名想，第三刹那领纳名受，第四已去造作名思，诸余心所皆思差别”，“故唯有识，随位而流，说有多种心、心所别”。③ 识、受、想、思前后相生，刹那流变，只是因为在一心的流变中前后位有不同的功用，所以安立受、想等种种不同的名称。如此说灭尽定止灭受、想，只是指在一心的流变中，于识位后，受、想不能现起而已。受、想既不能现起，后续的思等心所亦缺缘而不能生，故此灭定中只有一味的意识相续恒流。④

这里值得注意的是，譬喻师认为灭定有心，有两个重要的经证。一是早期佛典中所说的众生身中暖、寿、识三不相离。《杂阿含经》有云：“离于三法者，身为成弃物，寿（āyu，梵 āyus）、暖（usmā，梵 ūṣman）及诸识（viññāṇa），离此余身分，永弃丘冢间，如木无识想。”⑤活人与死尸、有情与无情的差别，就在于其是否具备寿命、体温与心识三法。

有部认为，这里所谓“寿”，就是指实有的不相应行法“命根”（jīvitendriya）。灭定虽然无心，但与死亡不同，有实有的命根来保证生命的存续。因为此三

---

① 《阿毗达磨大毗婆沙论》卷 152，T27，p.775a。

② 《阿毗达磨大毗婆沙论》卷 16，T27，p.79c。又，同论卷 90、95、145，T27，pp.463a、493c－494a、745a。

③ 《俱舍论记》卷 5，T41，p.100b；《阿毗达磨顺正理论》卷 11，T29，p.395a。亦见《成唯识论疏抄》卷 6，X50，p.239a－b。按：经部“上座”室利逻多（Śrīrāta，胜受）虽然承认有受、想、思三种别体心所（此如下述），但他认为，行蕴就是“思”，其他“作意”等只是思之差别，并非离思外别有其体，这是从《婆沙》四大评家之一的“大德法救”（bhadanta-Dharmatrāta）之说发展而来的，大致也能共通于其他譬喻师。据《婆沙》，法救的基本看法是“诸心、心所是思差别”，“诸心所法次第而生，非一时生”。见《阿毗达磨顺正理论》卷 2，T29，p.339b；《阿毗达磨大毗婆沙论》卷 2、95，T27，p.8c、493c。

④ 此经部灭定说据《阿毗达磨顺正理论》卷 15 所云“上座”室利逻多之义，其谓，“思等心所于灭定中不得生”（T29，p.420b）。普光《俱舍论记》卷 5 所述“鸠摩罗多（Kumāralāta，童受）门徒释”则略有不同，其谓，灭定中识、受、想三位皆不得起，唯以“思之差别为灭定体”，思之差别既为心之分位，故说灭定有心（T41，p.100b）。经部向来为学多端，与有部定于一尊的学风迥异。

⑤ 《杂阿含经》卷 10，T2，p.69a；*Saṃyutta-nikāya Part III*（London：Pali Text Society，1890），p.143。

法中，命根是最根本的，是它维系着体温与心识。如《俱舍论》说："云何命根？谓三界寿。……谓有别法能持暖、识，说名为寿。"①对此，《顺正理论》具体解释说，命根具有两个不同于暖、识的特征：其一，它必定是由业所感的异熟果；②其二，它在一期生命中必定没有间断。反之，暖未必是由业所感的异熟果；而识这两个特征都未必能满足，因为也有非业感的善染识，在比如二无心定时，识还会有间断。因此，命根维系着暖和识，而命根本身则是由业力来维系的。正因为有命根的维系作用，所以在一期生命中，有情业感的异熟生识才能断而复续。③

"命根依二法转，一、色，二、心"④，而不是如分别论者所说，仅依于心识。⑤ 如此，在无色界虽然没有色根，命根可依于心识；在欲、色二界起灭尽定，虽然没有心识，命根可依于色根。也因此行者在无色界不能起灭尽定，否则既无色又无心，命根无所依，也就中断了。⑥ 可见，在有部那里，正是遍三界有的命根的存续确保了生命的存续。

譬喻师则认为，"不相应行蕴无有实体"⑦，所谓命根，只是就由业所引发的使一期生命存续的势力（sthiti-kāla-āvedha，"住时势分"）而假立。如此，能保证灭定中非如死亡一般诸根败坏的，只能是因由依然存续的心识的执持。

譬喻师提出的另一个经证，是"入灭定，识不离身"（nirodhasamāpannasya vijñānaṃ kāyād anapakrāntam）⑧。元瑜曾指出，这是出自毗舍佉（Viśākha）

---

① 《阿毗达磨俱舍论》卷5，T29，p.26a。

② 据《心论》、《杂心论》等，命根既可以是异熟果，也可以是非异熟果。所以《心论》卷4说，二十二根中，"十三根中，或性是报或非，色根七、命根、意根及四痛"。（T28，p.829c）"色根七"，即五色根、男根、女根。"痛"为"受"（vedanā）之异译，"四痛"，即除忧根外的乐根、苦根、喜根、舍根等四受根。但按照《品类足论》卷15等的看法，此十三根中，命根"是业异熟、非业"，其余十二根则"或是业异熟、非业，或非业、非业异熟"（T26，p.755c）。"非业"是说此十三根的体性都不是业，而只有除命根外的其余十二根才既可以是异熟果，也可以是非异熟果。故《俱舍颂》云："命唯是异熟（vipāko jīvitaṃ），……色、意、余四受，一一皆通二。"（T29，p.15b）P. Pradhan：*Abhidharmakośabhāṣya of Vasubandhu*，p.43。

③ 参《阿毗达磨顺正理论》卷13，T29，p.404b。

④ 《阿毗达磨大毗婆沙论》卷153，T27，p.779b。

⑤ 《阿毗达磨大毗婆沙论》卷151："分别论者说，寿随心转。"（T27，p.770c）因分别论者也认为无心二定有"细心不灭"，所以依于心识的命根不会中断。

⑥ 以阿赖耶识为有情生命依据的唯识学者就不认同这一说法，而认为相信有阿赖耶识于三界相续者，于无色界亦可以起灭尽定。如《成唯识论》卷7云："于藏识教未信受者，若生无色，不起此定，恐无色、心，成断灭故。已信生彼，亦得现前，知有藏识不断灭故。"（T31，p.37c）

⑦ 《阿毗达磨大毗婆沙论》卷38，T27，p.198a。

⑧ 此处梵文据梵本安慧《五蕴论广释》所引，见Jowita Kramer：*Sthiramati's Pañcaskandhakavibhāṣā, Part I*（北京：中国藏学出版社，2013年），p.98。

向佛陀请益的一段问答：

> 具寿毗舍佉问佛言："世尊，入灭尽及与命终为有别不？"佛言："有别。（去）[夫]命终者，身行断，寿命断，诸根坏，煖触灭，识离身。入灭定者，身行断，语行断，意行断，寿命不断，诸根不坏，煖触不灭，识不离身。"①

调伏天（Vinītadeva）在安慧《三十释》的复注中则谓，"识不离身"的说法是出自"*Chos byin gyi mdo sde*"（《法授经》）。② "Chos byin"应该是 Dharmadinnā（巴 Dhammadinnā，法授）的对译，指法授比丘尼。③ 在藏译本 Śamathadeva（三昧天）所作的《俱舍论》注释书 * *Abhidharmakośopāyikāṭīkā*（《阿毗达磨俱舍论广释精要》）中曾引用了这部《法授经》，对应的一段文字作：

> 'phags ma shi zhing dus las 'das pa dang 'gog pa la snyoms par zhugs pa bsam pa'am rgyu tha dad pa'am / khyad par 'ga' zhig yod dam / tshe dang ldan pa sa ga shi zhing dus las 'das pa dang 'gog pa la snyoms par zhugs pa bsam pa'am rgyu tha dad pa'am / khyad par rnam pa mang du yod de / tshe dang ldan pa sa ga shi zhing dus las 'das pa ni lus kyi 'du byed 'gags shing sems kyi 'du byed dang ngag gi 'du byed 'gags par 'gyur la / tshe dang drod dang bral zhing dbang po rnams gzhan du gyur cing rnam par shes pa lus las 'da' bar 'gyur ro // 'gog pa la snyoms par zhugs pa ni lus kyi 'du byed 'gag par 'gyur zhing ngag gi 'du byed dang sems kyi 'du byed 'gag par 'gyur yang tshe dang drod 'gag par mi 'gyur zhing dbang po gzhan du 'gyur ba dang / rnam par shes pa lus las 'da' bar mi 'gyur ro //④
> （[毗舍佉问：]"圣尼，死亡与入灭定，其意乐或成因各别，是否有差异?"[法授答：]"尊者毗舍佉，死亡与入灭定，其意乐或成因各别，有多

---

① 《顺正理论述文记》卷 9，X53，p.540a。元瑜为《俱舍论》、《顺正理论》笔受，撰有《顺正理论述文记》二十四卷或二十卷，《卍续藏》本残存二卷。参《开元释教录》卷 8，T55，p.557a；《东域传灯目录》，T55，p.1161b。

② *Sum cu pa'i 'grel bshad*，D4070，Hi，p.17a。

③ 法授，或音译作"达摩提那"、"昙摩提那"等。《增壹阿含经》卷 3："我声闻中第一比丘尼，……分别义趣，广说分部，所谓昙摩提那比丘尼是。"（T2，p.559a）南传《增支部》："Etad aggaṃ bhikkhave mama sāvikānaṃ bhikkhunīnaṃ... dhammakathikānaṃ yadidaṃ Dhammadinnā."（比丘们！我声闻比丘尼中，此人为第一：……说法者是法授。）*Aṅguttara-nikāya Part I*，p.25。

④ *Chos mngon pa'i mdzod kyi 'grel bshad nye bar mkho ba*，D4094，Ju，p.8b。

> 种差异。尊者毗舍佉,死亡则身行灭,意行与语行灭,寿与暖离[身],根变异,识离身。入灭定则身行灭,语行与意行灭,而寿与暖不灭,根[不]变异,识不离身。")

两相比较,除了回答者一是佛陀、一是法授外,这与元瑜所引用的经文基本是一致的。可见,调伏天与元瑜指认的是同一部佛经。

在《中阿含经》中,我们能找到与之大致对应的原始经文:

> 毗舍佉优婆夷……复问曰:"贤圣,若死及入灭尽定者有何差别?"法乐比丘尼答曰:"死者寿命灭讫,温暖已去,诸根败坏。比丘入灭尽定者,寿不灭讫,暖亦不去,诸根不败坏。若死及入灭尽定者,是谓差别。"①

"法乐",或为"法授"之异译。然而,经文中虽然说到了灭定与死亡不同,有寿、有暖,诸根不坏,却并没有识不离身的说法。与之相当的南传《中部·小毗陀罗经》(*Cūḷavedallasutta*,或译作《有明小经》)②,以及《婆沙》在对该经文的多处引用中则说,毗舍佉优婆塞向法授比丘尼请益,论及有关灭尽定的问题,但甚至都没有出现这一段灭定与死亡差别的问答。③

此外,阿含中还曾有两处论及这一问题,倒都可以在南传尼柯耶(nikāya)中找到对应的文字。一处是《中阿含经·大拘絺罗经》,大拘絺罗(Mahākoṭṭhita,梵 Mahākauṣṭhila)回答了舍利弗(Sāriputta,梵 Śāriputra)对此的提问:

> 复问曰:"贤者拘絺罗,若死及入灭尽定者,有何差别?"尊者大拘絺罗答曰:"死者寿命灭讫,温暖已去,诸根败坏。比丘入灭尽定者,寿不灭讫,暖亦不去,诸根不败坏。死及入灭尽定者,是谓差别。"④

与之相当的南传《中部·大毗陀罗经》(*Mahāvedallasutta*,或译作《有明大

---

① 《中阿含经》卷 58,T1,p.789a。

② "毗陀罗"(vedalla,梵 vaipulya),九分教或十二分教之一,汉译一般作"方广"。

③ *Majjhima-nikāya Vol.1*,pp.301 - 302。又,《阿毗达磨大毗婆沙论》卷 93、153、160,T27,pp.479c、780c - 781b、814a 等处。

④ 《中阿含经》卷 58,T1,p.791c。

经》)，虽然问答双方正好相反，是大拘絺罗问，舍利弗答，但内容却大体相似。①

另一处则是《杂阿含经》卷21之568经，其中也有一段质多罗(Citra)长者向伽摩(Kāmabhū)比丘请益的问答：

> 复问："尊者，若死、若入灭尽正受，有差别不?"答："舍于寿、暖，诸根悉坏，身命分离，是名为死。灭尽定者，身、口、意行灭，不舍寿命，不离于暖，诸根不坏，身命相属。此则命终、入灭正受差别之相。"②

与之相当的南传《相应部·质多相应》(*Citta-saṃyutta*)之《伽摩第二经》(*Kāmabhū 2*)，内容也大体相同。③ 可见，这些经文其实都只说到了灭定中有寿(āyu aparikkhīṇo，寿不尽)、有暖(usmā avūpasantā，暖不息)，诸根不坏(indriyāni vippasannāni，诸根明净)，而并未论及识不离身。此后，如南传无畏山寺系(Abhayagirivihāra-nikāya)的论书《解脱道论》、大寺系(Mahāvihāra-nikāya)的论书《清净道论》(*Visuddhimagga*)，在谈到灭定与死亡的差别时，其基本看法亦不出乎此。④

有意思的是，关于灭尽定，《成实论》恰恰是反对譬喻师的看法。在《成实论》看来，虽然凡夫不能断灭心识，如外道所入的无想定其实还是有微细的心识，但圣者所入的灭尽定却是能断灭一切心、心所法。至于佛经中说，众生身中暖、寿、识三不相离，那是就欲界、色界的众生而言的。比如无色界的众生既然没有色身，也就没有暖，只有寿与识二法；而入灭尽定则是没有识，只有暖与寿二法，所以有"无心众生"。⑤

《成实论》的这一论义，完全是承袭自有部。如《婆沙》说："寿、暖、识三不相离者，亦依欲、色界说。若无色界，唯寿与识互不相离。"后来《顺正理论》也说："以无色中都无有暖，非无寿、识；故此定中(指灭尽定——笔者注)都无有识，非无寿、暖。"⑥反之，分别论者认为，经中所谓暖、寿、识三不相离，是就三界一切众生而言的，所以无色界一定有暖，也就是一定有色

---

① *Majjhima-nikāya Vol.I*，p.296。

② 《杂阿含经》卷21，T2，p.150b。

③ *Saṃyutta-nikāya Part IV*，p.294。

④ 见《解脱道论》卷12，T32，p.461c；觉音著，叶均译：《清净道论》(北京：中国佛教文化研究所，1991年)，页663。

⑤ 参《成实论》卷13，T32，p.345b－c。

⑥ 《阿毗达磨大毗婆沙论》卷83，T27，p.431c；《阿毗达磨顺正理论》卷13，T29，p.403c。

法，[①]而无心定也一定有识。譬喻师的看法与之大致类似。

至于灭定与死亡的差别，《成实论》则引佛经说：

> 问："入灭尽定者与死有何差别？"答曰："死者命、热、识三事都灭，入灭尽定者但心灭，而命、热不离于身。"[②]

这里我们竟然看到了一个相反的引证，灭定是"命、热不离于身"，而非识不离身，它恰恰是"心灭"，即识离于身。正因为灭定中还有寿（"命"）与暖（"热"），所以这与寿、暖、识三者皆灭的死亡不同。

综上所述，除了在元瑜和调伏天所引用的佛经中出现了灭定识不离身的说法之外，更早的原始佛典中都没有这一说法，甚至如《成实论》所引，可能还有意思相反的经文。现在已不清楚，灭定识不离身的说法究竟是在何时被导入佛经中的、这是否与譬喻师有关，但可以确认的是，至少到《顺正理论》的时代，它已为当时的各家所共同信受，以至于有部也不得不从自己的立场来对此作出诠释。比如，《顺正理论》的解释是，虽然在灭定中没有心识，但心识并未永远断除，出定后它必定还会再生起，就此而言，经文说识不离身。对此，《成唯识论》比喻说，这就像得了"隔日疟"一样，还是会定时发作，所以称之为不离身。[③]

而从《大智度论》来看，这一诠释路向或许此前就已存在。该论一方面似乎是认为，心识是生命的依据，其他如作为不相应行法的寿命、作为色法的呼吸等都是心识存在的表征，所谓"识相"，这一点不同于有部；另一方面，该论又认为，有情在无心定的状态下没有心识生起。如此，他应该也就没有作为心识表征的寿命等，又如何还是有情呢？对此，论中解释说，无心定没有心识生起只是暂时的，由于"识不舍身"，心识必定还会再生起。总体上说，是有心识的时间多，没有心识的时间少，所以寿命等依然可以说是心识的表征。这就像有人暂时外出，我们不能因此就说他家没有主人；同样的，在无心定中心识虽然暂时没有生起，我们也不能因此就否定寿命等是心识的表征。[④] 这似乎是说，在无心定的状态下，寿命等可以暂时离心识而存在，这并不影响总体而言寿命等是心识的表征，至于"识不舍身"，是就必定还会有心识生起来说的，这又与《顺正理论》的说法接近了。如果《大智度

---

① 《阿毗达磨大毗婆沙论》卷 83，T27，p.431b。

② 《成实论》卷 13，T32，p.345b。

③ 见《阿毗达磨顺正理论》卷 13，T29，p.403c；《成唯识论》卷 4，T31，p.18a。

④ 参《大智度论》卷 23，T25，p.231a。

论》的这一解释是借鉴自有部，那么，在《顺正理论》之前，有部就已有这样的说法。

不同于有部等的解释，譬喻师乃至后来的唯识学者，恰恰就是用这段“识不离身”的经文，来证成灭定中依然还有心识的存续。比如，在《瑜伽论·摄决择分》中，这就被发展为“八相”证成阿赖耶识中的第七证“无心定证”。①

从现有文献看，最早以此经文来证成灭定有心的，可能是世亲在《大乘成业论》、《俱舍论》中所提到的“尊者世友问论”：

> 如尊者世友所造问论中言：若执灭定全无有心（acittikā nirodhasamāpattiḥ），可有此过；我说灭定犹有细心（sacittikā samāpattiḥ），故无此失。彼复引经证成此义，如契经言：处灭定者，身行皆灭，广说乃至根无变坏，识不离身。②

所谓“尊者世友”（bhadanta-Vasumitra，世友，音译“伐苏蜜呾罗”，旧译“婆须蜜多”等），据奘门所传，为“经部异师”，并非《婆沙》四大评家之一的世友。③《大乘成业论》的异译本《业成就论》则说这就是指“《毗婆沙》五百罗汉和合众中”的世友，④这可能未必确当，因为作为正统有部师的“尊者世友”，并不认可灭定有心的看法。如他对灭尽定的界定就是：“已离无所有处染，止息想作意为先（* śānta-vihāra-saṃjñā-manasikāra-pūrvaka），心心所法灭。”⑤对于佛典中所说的有情身中有暖、寿、识三法和合，世友解释说：“此约一所依一相续说，谓此三法于一所依一相续中皆具可得，不说三法必互随转。”⑥意思就是，这是就有情身（“一所依一相续”）必定有三法而言，但并不是“三法必互随转”，有其一必有余二，因此与分别论者所谓“寿随心转”不同，没有识也可以有寿，如二无心定。这些都是正统有部师的看法。至于“尊者世友问论”或“尊者世友所造问论”，从梵本《俱舍论》及其真谛译本，汉、藏二译《业成就论》来看，似乎也很难见出是某部论的名称。梵

---

① 见《瑜伽师地论》卷 51，T30，p.579c。

② 《大乘成业论》，T31，p.784a；《阿毗达磨俱舍论》卷 5，T29，p.25c；P. Pradhan：*Abhidharmakośabhāṣya of Vasubandhu*，p.72。

③ 《俱舍论记》卷 5，T41，p.100b；《成唯识论述记》第四末，T43，p.372b。

④ 《业成就论》，T31，p.779b。

⑤ 《阿毗达磨大毗婆沙论》卷 152，T27，p.774a。

⑥ 《阿毗达磨大毗婆沙论》卷 151，T27，p.771a。

本《俱舍论》作“bhadantavasumitras tv āha paripṛcchāyāṃ...”①paripṛcchā(问)用的是第七格(处格)paripṛcchāyām,因此真谛将其直译为“大德婆须蜜多罗于问中说”②。《业成就论》中也只是说“婆修蜜多大德说言”,藏译本作“dper na btsun pa dbyig bshes kyis yongs su dris pa las...”(如大德世友问中[所说]……)。③ 因此即便上述引文是出自某部论,其名称也未必就一定是“世友问论”。但在称友(Yaśomitra)的《俱舍疏》(*Sphuṭārthā Abhidharmakośa-vyākhyā*)中,倒的确是将其指认为世友所造的《问论》:“‘于问中’者,名为‘问’的论,尊者世友作。”(Paripṛcchāyām iti. Paripṛcchā-nāma-śāstraṃ kṛtiḥ sthavira-Vasumitrasya.④)玄奘译本中的这个“论”字,不知是否就是据此而补入的。

值得一提的是,印顺法师认为,这里所谓“尊者世友问论”,就是现存前秦僧伽跋澄(Saṃghabhūti,众现)所译的《尊婆须蜜菩萨所集论》,这一看法有可商榷处。印顺法师的主要证据,其一,《婆沙》卷8在论及各种恶见(“见趣”,dṛṣṭi-gata)时,曾提到“《问论》”,说该论是“以一事寻求见趣,谓如是见由何而起”,即该论并没有探讨各种见趣的“自性”与“对治”,仅探讨了见趣的由来,所谓“等起”;而《尊婆须蜜菩萨所集论》卷9以“云何生此见”为引导,详述了各种见趣的由来,与《婆沙》所提及的《问论》一致,所以这是同一部作品。⑤ 问题是,《婆沙》卷198也以“彼等起云何”为引导,详述了“尊者世友”所说各种见趣的由来,⑥而《婆沙》中的“尊者世友”,如上述,却是明确反对灭定有心的正统有部师。因此印顺法师的这条证据,至多只能证明《尊婆须蜜菩萨所集论》就是《婆沙》所曾提及的《问论》,但其作者更有可能是明确反对灭定有心的正统有部师“尊者世友”,所以这不是奘译《大乘成业论》等中所说的认可灭定有心的“尊者世友问论”。

其二,印顺法师的另一个主要证据,是认为《尊婆须蜜菩萨所集论》中的下述一段文字,也是说灭定有心,与《大乘成业论》等所提及的“尊者世友问

---

① P. Pradhan: *Abhidharmakośabhāṣya of Vasubandhu*, p.72。

② 《阿毗达磨俱舍释论》卷3,T29,p.184b。

③ 《业成就论》,T31,p.779b;*Las grub pa'i rab tu byed pa*, D4062, Shi, p.139b。

④ Unrai Wogihara(荻原云来):*Sphuṭārthā Abhidharmakośavyākhyā by Yaśomitra*(東京:梵文俱舍論疏刊行會,1936年),p.167。“śāstraṃ”,荻原本误作“śātraṃ”,据Narendra Nath Law本改。Narendra Nath Law: *Sphuṭārthā Abhidharmakośa-vyākhyā by Yaśomitra* (London: Luzac & Co., 1949), p.89。

⑤ 《阿毗达磨大毗婆沙论》卷8,T27,p.38b;《尊婆须蜜菩萨所集论》卷9,T28,pp.791c-792c;印顺:《说一切有部为主的论书与论师之研究》,页378。

⑥ 《阿毗达磨大毗婆沙论》卷198,T27,pp.987c-991b。

论”相同：

> 复次，诸有此处不可思议灭尽三昧，若本心本意有断灭缘，彼则有也。心非为无因，是故缘起。①

印顺法师将最后一句解读为“心非为无，因是故缘起”。“心非为无”，也就是“灭尽三昧”有心。②《尊婆须蜜菩萨所集论》虽然艰涩难通，但印顺法师的这一解读，恐怕难以从论文本身得出。从其上下文来看，这段文字是在讨论“灭尽三昧起，心缘何等”，也就是说，从灭尽定起，心识以何者作为等无间缘（论中作“次第缘”）。这里的回答大意是说，虽然在灭尽定中心识“断灭”，但从灭尽定起，可以入定前的心识作为等无间缘。入定前的心识，是出定后心识的“本缘”，因此“本缘”，出定后心识生起，所以说“心非为无因，是故缘起”。可见，这段文字并不是说灭定有心，恰恰相反，这是说，灭尽定中心识是“断灭”的。

在该论的《行揵度》中还讨论过一个问题：“灭尽三昧”是否受报而生“有想无想天”（即非想非非想处）。有一种看法，认为“灭尽三昧有心，是故灭尽三昧相应心报故，生有想无想天”。但论主却对此提出了疑问：“无有灭尽三昧心相应痛。何以故？彼无想。”③“痛”为“受”之异译，这大意是说，灭尽三昧没有想，也就没有与之相应的受与心。事实上，对于“无想三昧”，论主也作出了类似的论断：“无有无想三昧相应心。何以故？彼无有想。”④如此看来，《尊婆须蜜菩萨所集论》是否属于譬喻师还是有问题的，至少它不是《大乘成业论》等所说的“尊者世友问论”。

综上所述，虽然对于譬喻师的相续心思想，包括灭定有心的问题，细节上还有许多值得进一步考究之处，但其总体思路还是清楚的。此即，心识的执持是有情之为有情的根据，所谓“以定无有无心有情”，故此心识之流是连续而非中断的，因为它一旦中断，即与死亡无别。

其时分别说系诸部派同样也发展出各具特色的相续心思想。如化地部（Mahīśāsaka，弥沙塞部）建立了“穷生死蕴”（'khor ba ji srid pa'i phung po, āsaṃsārika-skandha）⑤：“于彼部中有三种蕴，一者，一念顷蕴，谓一刹那有生

---

① 《尊婆须蜜菩萨所集论》卷 3，T28，p.741a。

② 见印顺：《说一切有部为主的论书与论师之研究》，页 379。

③ 《尊婆须蜜菩萨所集论》卷 8，T28，p.784a。

④ 《尊婆须蜜菩萨所集论》卷 8，T28，p.783c。

⑤ 長尾雅人：《摂大乘論：和訳と注解（上）》，附录页 18。

灭法；二者，一期生蕴，谓乃至死恒随转法；三者，穷生死蕴，谓乃至得金刚喻定恒随转法。"[①]所谓"一念顷蕴"，是指色心诸行皆刹那生灭；所谓"一期生蕴"，是指在从生到死的一期生命中，色根与心、心所法皆随之而恒转。此二蕴在《异部宗轮论》中都有大致对应的论述，如说："其化地部本宗同义，……入胎为初，命终为后，色根大种皆有转变，心、心所法亦有转变。……一切行皆刹那灭，定无少法能从前世转至后世。"[②]前者即相当于"一期生蕴"，后者即相当于"一念顷蕴"。至于"穷生死蕴"，其说不见于《异部宗轮论》，可能较为晚出，它指的是从无始时展转传来，直至金刚喻定（vajropama-samādhi）断尽一切烦恼之前都恒随逐有情的相续心。

此相续心思想在南传佛教中则发展出"有分识"（bhavaṅga，梵 bhavāṅga）说。从现有文献看，这一概念最早出现在《发趣论》（*Paṭṭhāna*）中，如说："'有分'对于'转向'……由无间缘而为缘。"（Bhavaṅgaṃ āvajjanāya... anantarapaccayena paccayo[③]）"转向"（āvajjana，梵 āvarjana），汉译或作"转"、"能引发"等，由"有分"作为等无间缘，能引生第二心"转向"，即转向、引发五识或意识。另外，在汉传唯识典籍和汉译《解脱道论》中，也有多处论及"有分识"。[④] 所谓"有分识"，按其字义是指"存有（bhava）的部分（aṅga）"，唯识学者则将其解释为"存有的原因"。[⑤] "有分心通死、生"[⑥]，为生死轮转的果报识。有情依前生之善恶业，于前生最后之"死心"（cuti-citta，梵 cyuti-citta），转起相应的今生最初之"结生心"（paṭisandhi-citta，梵 pratisaṃdhi-citta）。其后在通常所谓无意识的刹那，亦有作为潜在识的有分识存续。一旦有外缘现前，有分识即发生波动（bhavaṅga-calana，有分波动）并中断（bhavaṅga-upaccheda，有分断），而转起一系列连续生起的表层识来完成认识作用，造作善恶行为。如果此善恶行为有足够的力用，则在其后会生起被称为"返缘"（tad-ārammaṇa，梵 tad-ālambana，彼所缘，旧译或作"彼事"）的表层识来保存业力，然后再复归于潜在的有分识。或遇外缘而有分识中断，转起下一轮的表层识。这一有分识的流变过程，在汉传典籍中即被称

---

① 无性：《摄大乘论释》卷 2，T31，p.386a。

② 《异部宗轮论》，T49，pp.16c－17a。

③ *Tikapaṭṭhāna*，*Part II*（London：Pali Text Society，1922），p.159.

④ 汉传唯识典籍中论及"有分识"说者，如《成唯识论》卷 3（T31，p.15a）、无性《摄大乘论释》卷 2（T31，p.386b）、《大乘成业论》（T31，p.785a）、《业成就论》（T31，p.780a）、《显识论》（T31，p.881a）、《成唯识论述记》第四本（T43，p.354b）、《成唯识论掌中枢要》卷下本（T43，p.635b－c）、《成唯识论了义灯》第四本（T43，p.732b－c）等处，其中以《枢要》之解最为简明。《解脱道论》论及"有分识"说者，见该论卷 10，T32，p.449b－c。

⑤ 《成唯识论》卷 3："有谓三有，分是因义，唯此恒遍为三有因。"（T31，p.15a）

⑥ 《成唯识论掌中枢要》卷下本，T43，p.635c。

为“九心轮”。[①] 正因为有“返缘”对业力的保存,所以于今世最后之“死心”,又会引起下一世的“结生”。如此生死流转,无有穷已。唯有证得阿罗汉果者,因其无“返缘”,故能在其“死心”灭时,而使有分识永断无余。

概言之,有分识即是一意识流,故其认识、造业的心理过程被称作“路(过程)心”(vīthi-citta)。[②] 作为意识流,它历时性地表现为潜在的与表层的两种心识状态,两者交替出现,但却不能共时发生。也就是说,当潜在的有分识转变为表层识时,此有分识本身是中断的。其理由在于,当时包括有部在内的许多上座系部派都认为,对于同一个有情来说,在同一刹那不可能有两个或两个以上的心识同时生起,所谓“无一补特伽罗非前非后二心俱生”。“非前非后”,也就是同在现在刹那。对此,《婆沙》解释说,每个有情在每一刹那都只能有一聚心、心所法,它们作为等无间缘而引生下一刹那的一聚心、心所法,既然从来就没有两个等无间缘同时并存,也就不可能有两心同时并生。因此每个有情的心识都是一一相续生起,“犹如多人经于狭路,一一而过,尚无二并,何况有多? 又如牛羊,圈门狭小,一一而出,无二无多”[③]。至于通常所谓,比如在眼见色的同时,耳能闻声,那其实也是前后刹那发生的,只是心识的流转非常迅速,看起来似乎是两者同时发生,所谓“刹那迅转,非俱似俱故”[④]。《成实论》则谓,每个有情身中,于每一刹那都只有一心生起,所以才称之为一个有情;如果允许多识并生,这就成了于一身中有多个有情,这显然是不合理的。[⑤] 一般认为,《成实论》总体上还是较为接近譬喻师的看法,如此,虽然它与有部的论义多有差异,但同为上座系的部派,在否定“二心俱生”这一点上,两者是一致的。而大众部恰是认为,“一补特伽罗有二心俱生”[⑥]。如

---

① 关于“有分识”及“九心轮”,具体请参汤用彤:《佛教上座部九心轮略释》,《汤用彤全集(第三卷)》(石家庄:河北人民出版社,2000 年),页 246—256;金克木:《说“有分识”》,氏著:《印度文化论集》,页 65—84。

② 参觉音著,叶均译:《清净道论》,页 18—19。“路心”可能是由觉音(Buddhaghosa)提出的概念。《解脱道论》中与之大致对应的概念是“夹胜心”(《解脱道论》卷 10,T32,p.449b-c),这一概念具体不详,不知是否是对境(“夹”境)而殊胜(即转变为表层识)的意思,但应该不是 vīthi-citta 的对译。

③ 《阿毗达磨大毗婆沙论》卷 10,T27,p.49b。又见《阿毗达磨顺正理论》卷 19,T29,p.443b。

④ 《阿毗达磨大毗婆沙论》卷 140,T27,p.719c。

⑤ 见《成实论》卷 5,T32,p.280c。窥基将《摄大乘论》卷上证成阿赖耶识的“生杂染不成”一段文字(T31,pp.135c-136a)明确为是对上座部的破斥,从而认为“上座部师说有根本计,有末所计。根本计,粗细二意许得并生。末计不然,必别时起”(《成唯识论述记》第四本,T43,p.365a)。说上座部亦许二心并生,似未见诸其他论书,待考。

⑥ 《阿毗达磨大毗婆沙论》卷 10,T27,p.47b。据《异部宗轮论》及窥基的解释,“有于一时二心俱起”是大众部“末宗”的看法,“本计诸识各别念生,末执一时二心俱起,根、境、作意力齐起故”(《异部宗轮论述记》,X53,p.583b)。

此，当他们提出一个作为相续心的“根本识”(rtsa ba'i rnam par shes pa, mūla-vijñāna)[1]时，就与前述上座系诸部派有了实质性的区别。

所谓“根本识”，按照世亲的解释，它是一切识的“根本因”，就像树根为树茎等的“总因”一样。[2]《成唯识论》则说，此根本识“是眼识等所依止”，“譬如树根是茎等本”。[3] 按《异部宗轮论》，大众部“末宗”有执“心遍于身”，其意据窥基的解释是指，当我们身体的任一部分被触及时，马上就会产生相应的觉受，可见必有一遍依身住的细心在执持着我们的肉身。[4] 这细心可能就是指根本识。如果允许“二心俱起”，那么此根本识可以与粗浅的表层识并行不悖，表层识可以有中断，潜存的根本识却一类相续恒转。

综上所述，部派时代的相续心思想是基于如下的问题意识而揭出的：其一，在“命根”被视为假法的前提下，相续心的执持是有情之为有情的依据；其二，在依心识安立业果的前提下，相续心的潜存是保持业力存续从而使业果之间的必然关联得以可能的载体。正是在同样的问题意识下，唯识学中提出了理论更臻于精严细密的“阿陀那识”与“阿赖耶识”说。

---

① 長尾雅人：《摂大乗論：和訳と注解(上)》，附录页 17—18。

② 见世亲：《摄大乘论释》卷 2，T31，p.327a。

③ 《成唯识论》卷 3，T31，p.15a。

④ 《异部宗轮论》，T49，p.16a。窥基的解说见《异部宗轮论述记》，X53，p.583b。

第二章　阿陀那识与阿赖耶识

历史地看,阿赖耶识并非一开始就已成为唯识学的中心概念,毋宁说,这一地位在早期是由《解深密经》所创构的"阿陀那识"(ādāna-vijñāna)来承担的。两者在语义上的变迁及其相互交涉无疑可成为考量唯识学之心识论的主导线索。

第一节　作为执受识的阿陀那识

如果暂且不考虑已然散佚了的《阿毗达磨大乘经》(* *Abhidharma-mahāyāna-sūtra*),①那么《瑜伽师地论·本地分》与《解深密经》应该就是最早成立的唯识学典籍。《瑜伽师地论》共五分,前五十卷《本地分》将瑜伽师(Yogācāra)的修行次第组织为十七阶位(sapta-daśa bhūmayaḥ,十七地),以广分别三乘行者的境、行、果诸事相,所以本论旧有《十七地论》之称,这是《瑜伽论》的基础性部分。尤其是其中的《声闻地》、《菩萨地》,卷帙浩繁,自成体系,是十七地中最早集成的二地。《解深密经》共八品,除序品外,其余七品被全文编入《瑜伽师地论·摄决择分》中(卷75—78)。此七品每品均抉择一项唯识学要义,如《心意识相品》分别了"一切种子心识"的各种异名,《一切法相品》、《无自性相品》成立了"三性、三无性说",《分别瑜伽品》从瑜伽实践出发首次提出了"所缘唯识所现"的认识论原则。与《瑜伽师地论·本地分》普摄三乘不同,本经是以不共大乘的唯识学范式来收摄全部境、行、果理论的最初尝试。因此《解深密经》不同于一般契经,具有论经的

① 据圆测说,该经有十万颂;据栖復说,该经有七百卷。在汉地的传说中,这是一部篇幅很大的经典。见《成唯识论本文抄》卷14引圆测《唯识疏》(T65,p.520a);《法华经玄赞要集》卷7,X34,p.331b。

性质，如西域相传，即有以之摄于佛说阿毗达磨藏者。① 考虑到“唯识”、“三性”、“三无性”等唯识学的基本概念在《本地分》的《声闻地》、《菩萨地》中并未出现，而都已出现在《解深密经》中，所以一般认为，《解深密经》的成立是在《声闻地》、《菩萨地》之后，而早于《摄决择分》。

1.1　爱藏、执受与隐藏

从现有文献看，最早提出“阿赖耶识”者或为《本地分·思所成地》所引之“胜义伽他”（* paramārtha-gāthā）及其解释。所云“胜义伽他”，乃以“补特伽罗无我”为胜义，而以偈颂宣说之。合颂、释二文，其大意是说，以贪、爱为缘而生我、我所执，“行苦所摄阿赖耶识爱藏此已而趣戏论，谓我当有、非当有等。言爱藏者，摄为己体故”②。准此，这里所说的阿赖耶识着眼于其“爱藏”之义。所谓“爱藏”，藏文本作“gnas byas”，意为“使安住”，施密特豪森（Lambert Schmithausen）将其还原为“niveśana”。③ 这似乎是以ālaya的（A）住处、隐藏义来解释阿赖耶识了。不过，论文中明确指出，所谓“使安住”，是“摄为己体”（lus yongs su 'dzin par byed pa，* ātma-bhāva-parigraha④）的意思。也就是说，阿赖耶识安住于生命体中，是指它对生命体的执著（yongs su 'dzin pa，* parigraha，摄）。⑤ 所以这依然有“爱著”的含义，而玄奘将其译作“爱藏”。

在《瑜伽论》较古型的部分，不乏这种以（B）义释“阿赖耶”的例子。如《瑜伽师地论·摄异门分》有云：“藏者，谓于内所摄自体（nang gi lus su gtogs pa，* adhyātmika-ātma-bhāva-saṃgṛhīta）中爱（sred pa，* tṛṣṇā）故。护（'chums pa，* niyanti）者，谓于他相续（gzhan gyi rgyud，* para-santāna）中爱故。执（lhag par chags pa，* adhyavasāna）者，谓于我所中爱故。”⑥这里的“藏”，藏文本作“kun tu zhen pa”，有爱著等义。而在《本地分·声闻地》中，我们可以发现一组类似的表述：“欲贪（kāma-rāga，'dod pa la 'dod

---

① 《大乘法苑义林章》卷2：“今大乘中亦有二说，西域相传其义如是。一师说云：世尊亦有别部类说者，……《阿毗达磨》、《深密》等经是阿毗达磨藏。”（T45，p.274b）

② 参《瑜伽师地论》卷16，T30，p.363c、365b。

③ Lambert Schmithausen：*Ālayavijñāna: On the Origin and the Early Development of a Central Concept of Yogācāra Philosophy*（Tokyo：The International Institute for Buddhist Studies，2007），p.521。

④ 此处采用施密特豪森的还原，同上引。

⑤ *rNal 'byor spyod pa'i sa*，D4035，Tshi，p.209b。

⑥ 《瑜伽师地论》卷84，T30，p.770c；*rNal 'byor spyod pa'i sa las rnam grangs bsdu ba*，D4041，'i，p.44b。

chags)、欲爱(kāma-cchanda,'dod pa la 'dun pa)、欲藏(kāma-ālaya,'dod pa la zhen pa)、欲护(kāma-niyanti,'dod pa la 'chums pa)、欲著(kāma-adhyavasāna,'dod pa la lhag par zhen pa)。"[①]两相比较,可知《摄异门分》的"藏"/"kun tu zhen pa",其实就是(B)爱著、执著义的 ālaya 的对译。考虑到《摄异门分》"略摄经中所有诸法名义差别"[②]的性质,这一点就更为清楚了。此处《摄异门分》所解释的,有可能就涉及前曾论及的《俱舍论》等所引的"起欲、起贪"的一段经文。[③] 该经文的最后三个概念是:"阿赖耶"(ālaya,藏译本似无对应者,或者是将 ālaya 直接译成了 chags pa,爱著之义)、"尼延底"(niyati=niyanti,'chums pa)、"耽著"(adhyavasāna,lhag par chags pa)。[④] 在《俱舍论》中,前两个概念玄奘用的是音译,而在《摄异门分》中,则被意译为了"藏"与"护"。事实上,如前所述,虽然佛典中所提及的贪爱之异名多有出入,但至少 ālaya、niyati/niyanti、adhyavasāna 这三个概念通常都是一并出现的,而在《法蕴足论》中,玄奘是将其分别译作"执藏"、"防护"、"坚著"。如此,据《摄异门分》所说,ālaya 是指"于内所摄自体中爱故",即对生命体的爱著,也还是就其(B)义而言的。

又如,《声闻地》在谈到无种姓者(agotrasthaḥ pudgalaḥ,"不住种姓补特伽罗")的六项特征(liṅga,"相")时,其第一项即为"阿赖耶爱遍一切种皆悉随缚附属所依"(...ālaya-tṛṣṇā sarvveṇa sarvvaṃ sarvvathā...āśraya-sanniviṣṭā...)[⑤]。所谓"阿赖耶爱"(ālaya-tṛṣṇā),从上章第二节所引《婆沙》中的"阿赖耶者,谓爱",尤其是南传注释书中的"ālayā ti taṇhā"(阿赖耶即是渴爱)来看,应该是作"阿赖耶"(ālaya)即"爱"(tṛṣṇā,巴 taṇhā)的"持业释"[⑥]。也就是说,该处"阿赖耶"也是在(B)义上被使用的。至于"阿赖耶爱遍一切种皆悉随缚附属所依",文字较为晦涩,参照梵文本来看,这或许是说,无种姓者的贪爱("阿赖耶爱")依附、执著于(sanniviṣṭa,"随缚附属")所依身(āśraya,"所依"),这种依附、执著周遍于所依身的一切(sarvveṇa sarvvam,"皆

---

① 《瑜伽师地论》卷 24,T30,p.412b;大正大学総合仏教研究所 声聞地研究会:《瑜伽論 声聞地 第一瑜伽処−サンスクリット語テキストと和訳−》(東京:山喜房佛書林,1998 年),p.154;*rNal 'byor spyod pa'i sa las nyan thos kyi sa*,D4036,Dzi,p.40a。

② 《瑜伽师地论释》,T30,p.885a。

③ 参见本书上篇第一章第二节。

④ 《阿毗达磨俱舍论》卷 16,T29,p.87c;P. Pradhan:*Abhidharmakośabhāṣya of Vasubandhu*,p.245;*Chos mngon pa'i mdzod kyi bshad pa*,D4090,Ku,p.205b。

⑤ 《瑜伽师地论》卷 21,T30,p.398a;Karuṇeśa Shukla:*Śrāvakabhūmi of Ācārya Asaṅga*(Patna:Jayaswal Research Institute,1973),p.16。

⑥ "持业释"为"六合释"(ṣaṭ-samāsāḥ)之一。"六合释"或作"六离合释",是梵语中解释复合词的六种语法规则,汉地对此的解释可参《大乘法苑义林章》卷 1,T45,p.255a–c。

悉"),在任何时候、任何情况下都如此(sarvvathā,"遍一切种")。所以后来神泰就对此解释说:"阿赖耶,此云遍一切,阿赖耶名藏护,皆爱著藏护资生具故。"①虽然说"阿赖耶"就是"遍一切"未必妥当,但神泰至少还是意识到了此处的"阿赖耶"具有"爱著藏护"的意思。在这种对"阿赖耶"的诠释脉络下,由此所成立的"阿赖耶识"也就具有了某种我执的意味。

总体说来,《本地分》中对阿赖耶识的界说似乎还不是非常系统明确,而《解深密经·心意识相品》则以"一切种子心识"(sa bon thams cad pa'i sems,* sarva-bījakaṃ cittam)为引导,对"阿陀那识"、"阿赖耶识"、"心"等名相更进一步作出了分别的界定与统一的说明:

> 广慧当知,于六趣生死,彼彼有情堕彼彼有情众中,或在卵生、或在胎生、或在湿生、或在化生,身分生起。于中最初一切种子心识成熟,展转和合,增长广大,依二执受:一者,有色诸根及所依执受;二者,相、名、分别言说戏论习气执受。有色界具二执受,无色界中不具二种。广慧,此识亦名阿陀那识,何以故?由此识于身随逐、执持故。亦名阿赖耶识,何以故?由此识于身摄受、藏隐,同安危义故。亦名为心,何以故?由此识,色声香味触等积集滋长故。②

值得注意的是,此处对"一切种子心识"的界定,基本是着眼于胎生学的见地,这与《本地分·意地》的问题意识是一致的。该论中也说,当父精母血结合之时,有"一切种子、异熟所摄、执受所依阿赖耶识和合依托(sammūrcchati)",此为识初住胎的羯罗蓝位(kalala-avasthā),即因其种子之功能力,故有诸根及根依处(indriya-adhiṣṭhāna,即扶根尘)"次第当生","又此羯罗蓝色与心、心所,安危共同,故名依托。由心、心所依托力故,色不烂坏,色损益故,彼亦损益,是故说彼安危共同(anyonya-yoga-kṣema)"。③《深密》中则将其概括为两种"执受",即根身执受与习气执受。

"执受"的梵文为 upādāna,该词出自动词词根√dā,√dā 义为"施与,给与",加上使行为反方向的前缀 ā-,其义则转为"获得,获取",再加上表"接近"义的前缀 upa-后就有了"近取"之义,最后加上表作用的后缀-ana,因而

---

① 《瑜伽论记》卷 6 上,T42,p.432a。按:《伦记》所云之"泰师"当为神泰,高丽《新编诸宗教藏总录》卷 3(T55,p.1176b)谓其有《瑜伽论疏》十卷、《瑜伽论劫(彼)[波]罗义章》一卷。

② 《解深密经》卷 1,T16,p.692b。

③ 《瑜伽师地论》卷 1,T30,p.283a;Vidhushekhara Bhattacharya:*The Yogācārabhūmi of Ācārya Asaṅga*,*part I*,p.24。

整个词意思就是“近取的作用”。该词以往一般被径直译为“取”，如十二有支的第九支“取”，“五取蕴”（pañca-upādāna-skandha）的“取”，梵文都是 upādāna。另外，菩提留支（Bodhiruci，道希）与真谛在其所译《深密》异译本中，也是将其直译为“取”。①

在阿毗达磨传统中，有无执受是法相分别的一项重要内容。一切法可以分为两类，一是有执受，二是无执受，其区分的依据是：“心、心所法共所执持，摄为依处（adhiṣṭhāna），名有执受，损益展转更相随（anyonya-anuvidhāna）故。即诸世间说有觉触（sacetana），众缘所触，觉乐等故。与此相违，名无执受。”②“有执受”的梵文是 upātta，为 upa-ā-√dā 的过去被动分词，意即“被执受者”或“所执受者”。能执受者是心、心所法，所执受者是心、心所法执持之并以之为所依处的色法，具体说来，这包括住现在世的眼、耳、鼻、舌、身五色根，以及不离此五根的色、香、味、触四尘，后者其实也就是扶根尘。概言之，现在世的五色根及其扶根尘是“有执受”，这也就是通常所说的肉身。它与其他“无执受”（anupātta）的色法的区别在于，正因为有心、心所法在执持着它、维系着它，所以身心交感，两者安危与共，当身体受到损害时，心理上就会产生痛苦的感受，反之亦然。通俗的说法，也就是身体是有感觉的（“有觉触”）。此“执受”义显然具有强烈的生命论意义，其关注点在于，作为一个生命的统一体，心理与生理具有不可分的内在关联。

早期的唯识学者也承续了阿毗达磨的这一看法，所以“执受”的第一项是“根身执受”。区别在于，与传统的阿毗达磨以粗浅的前六识为能执受者不同，唯识学者更深入潜在意识的层面来掘发生命存续的依据。此所谓生命存续包括两个方面：一是在一期相续中，此潜在识维系着根身的活动，从而使生命有别于死亡；二是在结生相续（pratisaṃdhi-bandha）中，此潜在识作为结生识（pratisaṃdhi-vijñāna）维系着前后世的转移与连接。此如《摄大乘论》中所说：“有色诸根由此执受（nye bar gzung ba，upādīyante），无有失坏，尽寿随转；又于相续正结生时（nying mtshams sbyor ba sbrel ba na，pratisaṃdhibandhe），取彼生（de mngon par 'grub pa nye bar 'dzin pa，tad-abhinirvṛtty-upādāna）故，执受自体（lus gzung ba，ātma-bhāva upādīyate）。”③可以说，这是部派时代所揭出的相续心的深层化，因此当涉及部派时代曾引起广泛争执的“二无心定”问题时，此潜在识就承担了过去相续心的角色，如

① 分别见《深密解脱经》卷1，T16，p.669a；陈译：《摄大乘论释》卷1，T31，p.157b。

② 《阿毗达磨俱舍论》卷2，T29，p.8b；P. Pradhan：*Abhidharmakośabhāṣya of Vasubandhu*，p.23。

③ 《摄大乘论本》卷上，T31，p.133c；長尾雅人：《摂大乗論：和訳と注解（上）》，附录页11—12。

《本地分·三摩呬多地》云：

> 问：灭尽定中，诸心、心法并皆灭尽，云何说识不离于身？答：由不变坏诸色根中，有能执持转识种子阿赖耶识不灭尽故，后时彼法从此得生。①

灭尽定中"识不离身"的"识"是指潜存的阿赖耶识，正是由于它的执持，故而是时诸有色根非如死亡一般"变坏"，此即相当于《深密》中阿陀那识"执受根身"的作用；另一方面，阿赖耶识也执持转识（pravṛtti-vijñāna）种子，故而灭定中虽然一切转识皆灭，而其种子不灭，出定后以其种子之功能力故，能生起转识，此于《深密》中即为阿陀那识的第二项执受，所谓"习气执受"。

如上所述，与《本地分·意地》的问题意识一致，《深密》所谓的"习气执受"也是从胎生学的角度来立论的。有情过去世的行为决定了此世六趣的轮转，这种决定之所以可能，是因为过去行为的影响力以习气的形式为一切种子心识所执受，故得以存续，而后再在结生时发挥其作用。在此"习气执受"的意义就在于对习气的摄持和保存，而无论是作为果报体的一切种子心识，还是在结生中次第生起的根身及根依处等，都是因由习气的功能力而生。认为结生相续不仅需要"根身执受"，而且还依赖于"习气执受"，此乃是唯识学者的特见。正是在这两种"执受"的意义上，一切种子心识得名"阿陀那识"。"阿陀那"的梵文为 ādāna，与 upādāna（执受）出自同一个词根√dā。

接下来《深密》中论及了阿赖耶识，从汉译本来看，此处对其的解释倒的确是从 ālaya 的（A）义而来的，不过却并没有如后来玄奘所传的"能藏"、"所藏"、"执藏"三义。圆测（613—696）也看到了这一点，他说：

> 今依此《经》，不同诸论。谓由此识于有根身能摄受彼为所依止，于彼藏隐，与所依身同安危故。此即现识（指作为现行识的阿赖耶识——笔者注）藏所依中，故名为藏，于所藏中一分之义。故《深密》云："于彼身中住者故，一体相应故。"住者，即此摄受藏隐、一体相应、同安危义。②

此处圆测所说的《深密》是指菩提留支所译的《深密解脱经》，其所引文为上

---

① 《瑜伽师地论》卷 12，T30，pp.340c－341a。

② 《解深密经疏》卷 3，X21，p.246b。

述阿赖耶识一段之异译。① 另外,在世亲的《摄大乘论释》中亦引用了该经的此段文字,真谛旧译作:“或说名阿黎耶识。何以故?此本识于身常藏隐,同成坏故。”隋译本作:“或说名阿梨耶,于身隐藏普遍,同衰利安否故。”②也都指认了阿赖耶识的“藏隐”或“隐藏”之义。③ 可见,经中之所以将其称作阿赖耶识,是因为它隐藏于其所依的根身之中,并与根身形成一种安危与共的关系。这其实与阿陀那识执受根身的意义相当,只是“阿赖耶”强调的是它的潜存性,即隐藏于身。概言之,阿赖耶识就其藏于根身之中故得“藏”名,而并非摄藏种子之义,故从语义上看,它仅相当于阿陀那义之一分,因为阿陀那还有执受种子的含义。

事实上,在此后的唯识论书如世亲的《五蕴论》中,也还保留了对阿赖耶识的这种解释。据梵本,论中就将“kāyālīnatā”(藏于身性)作为阿赖耶识的基本特性之一。对此,安慧进一步解释说:

> kāyo 'tra sendriyaṃ śarīram | samantaṃ hi śarīraṃ vyāpyālayavijñānaṃ vartate | ataḥ kāyapratibaddhavṛttitvāt tat kāye ālīnam iti kāyālīnam | tadbhāvaḥ kāyālīnatā | tāṃ kāyālīnatām upādāya gṛhītvālayavijñānatvam asya pratipattavyam ||④
> (此处“身”即有根身。阿赖耶识周遍全身而转,因此,系属于身而转故,彼被藏于身中,名“藏于身”,彼性即“藏于身性”。据彼藏于身性,应知此之阿赖耶识性。)

玄奘译《五蕴论》此处则作“缘身为境界”⑤,即阿赖耶识能执受根身、以根身为所缘。这其实还是阿陀那义,与《五蕴论》接下来对阿陀那识的界说“即此亦名阿陀那识,能执持身故”(ādānavijñānamapi tatkāyopādānamupādāya,亦名阿陀那识,执受彼身故)⑥差别不大,而与阿赖耶的语义似乎并不直接

---

① 《深密解脱经》卷1:“亦名阿梨耶识,何以故?以彼身中住著故,一体相应故。”(T16,p.669a)

② 陈译:《摄大乘论释》卷1,T31,p.157b;《摄大乘论释论》卷1,T31,p.273c。

③ 相对说来,藏译本此处作“'di ltar de lus 'di la grub pa dang bde ba gcig pa'i don gyis kun tu sbyor ba dang rab tu sbyor bar byed pa'i phyir ro”,这只是说,阿赖耶识在根身中由同安危义而摄受(kun tu sbyor ba)并结合(rab tu sbyor bar byed pa),并没有“藏隐”或“隐藏”之类的明确表述。*'Phags pa dgongs pa nges par 'grel pa zhes bya ba theg pa chen po'i mdo*,D106,Ca,p.12b。

④ 李学竹等:*Vasubandhu's Pañcaskandhaka*(北京:中国藏学出版社,2008年),p.17;Jowita Kramer:*Sthiramati's Pañcaskandhakavibhāṣā*,*Part I*,p.106。

⑤ 《大乘五蕴论》,T31,p.850a。

⑥ 《大乘五蕴论》,T31,p.850a;李学竹等:*Vasubandhu's Pañcaskandhaka*,p.17。

相关。

总之,《解深密经》中基于执受义而揭橥出的阿陀那识,其基本考虑首先应当是生命存续的依据问题。身心共在、相依相持,是成就为有情自体的条件和保证。如果借用亚里士多德的"四因论"来说,那么所执受的根身等即"质料因",能执受的阿陀那识是"动力因"与"形式因",由此而有生命的存续则是"目的因"。正是由于阿陀那识对根身等的执受,才赋予它们运作的能力与个体生命的形式。所以后来唯识学者特别地将"四食"中的"识食"(vijñāna-āhāra)落实在阿赖耶识上,"识食"即是阿赖耶识对根身的执持(upādāna),就像饮食("段食")的滋养对欲界有情的根身来说不可或缺一样。如《杂集论》说:"四是识食,由阿赖耶识执持力(upādāna-vaśa),身得住(upasthāna)故。所以者何?若离此识,所依止身便烂坏故。"①至于对习气的执受固然是唯识学者的特见,但在《解深密经》中也还是基于生命论的意义提出的,而尚未与《分别瑜伽品》所说的"识所缘,唯识所现"②结合起来形成系统的认识论说明。

1.2 执受与我执

正因为阿陀那识有执受根身的作用,因而它就成为眼等转识生起的依止:

> 广慧,阿陀那识为依止、为建立故(rten cing gnas nas, * niśritya pratiṣṭhāya),六识身转,谓眼识、耳、鼻、舌、身、意识。此中有识眼(rnam par shes pa dang bcas pa'i mig, * sa-vijñānakaṃ cakṣuḥ),及色为缘,生眼识,与眼识俱随行,同时(dus mtshungs pa, * samakāla)同境(spyod yul mtshungs pa, * samagocara)有分别意识(rnam par rtog pa'i yid kyi rnam par shes pa, * vikalpa-mano-vijñāna)转;有识耳、鼻、舌、身,及声、香、味、触为缘,生耳、鼻、舌、身识,与耳、鼻、舌、身识俱随行,同时同境有分别意识转。广慧,若于尔时一眼识转,即于此时唯有一分别意识与眼识同所行转;若于尔时二、三、四、五诸识身转,即于此时唯有一分别意识与五识身同所行转。……如是,广慧,由似瀑流阿陀那识为依止、为建立故,若于尔时有一眼识生缘现前,即于此时一眼识转;若于尔时乃至有

---

① 《大乘阿毗达磨杂集论》卷5,T31,p.716c;早島理:《梵蔵漢対校「大乘阿毗达磨集論」·「大乘阿毗达磨雑集論」》,Volume I(http://www.shiga-med.ac.jp/public/yugagyo/,2003),p.285。

② 《解深密经》卷3,T16,p.698b。

五识身生缘现前，即于此时五识身转。①

所谓"有识眼"，是指正在生起眼识的眼根，即"同分眼"（sabhāgaṃ cakṣuḥ）；反之，没有发挥其功能而生识、见境的眼根，则是"无识眼"，即"彼同分眼"（tat-sabhāgaṃ cakṣuḥ）。② "有识耳、鼻、舌、身"，亦复如是。

这里值得注意的是，经文是说，依止阿陀那识能生起六识，而非七识。据圆测门下道证的解释，这是因为其时第七末那尚未别立，在第六意识中合说六、七识的缘故。③ 第七识尚未别立或许是事实，但此识之功能是否就被摄入第六识中了呢？奘门弟子文备对此文的判定则是："欲辨'意'义，故以所依义总显起识义。"④这是说，当阿陀那识被从"所依义"方面来考察时，它就是"依止意"。"依意生识"，正是自《大拘絺罗经》以来对"意"的基本定位。与有部的"无间灭意"不同，此作为依止意的阿陀那识是一类相续、与前六转识并行不悖的。不仅如此，在相应的因缘条件下，前六转识亦可以俱时而起。这一诸识俱起说从根本上突破了上座系传统中对心识生起的限制，它有可能是导源于大众部"二心俱生"的论义。

如果说阿陀那识就是"依止意"，那么这无非意味着，在《深密》时代，对于七、八二识的严格区分还尚未揭出。问题是，在奘传唯识学中，"意"不仅是"依止意"，更是"染污意"，即它是我法二执的根源识，而如此处基于"执受"义成立的阿陀那识中可以兼摄"我执"义吗？

颇有意味的是，在真谛的旧译唯识学中，阿陀那识指的正是第七染污意，"此识以执著为体，与四惑相应，一、无明，二、我见，三、我慢，四、我爱"⑤。地论师净影寺慧远（523—592）则将其训释为"无解"："阿陀那者，

---

① 《解深密经》卷 1，T16，p.692b－c；*'Phags pa dgongs pa nges par 'grel pa zhes bya ba theg pa chen po'i mdo*，D106，Ca，pp.12b－13a。

② 《解深密经疏》卷 3："言有识眼者，谓眼二种：一、有识眼，名同分眼；二、无识眼，名彼同分。简彼同分，名有识眼。"（X21，p.247a－b）

③ 见《成唯识论了义灯》第一末，T43，p.673c。

④ 《瑜伽论记》卷 20 下，T42，p.773b。按：《伦记》所说之"备师"当指文备，《东域传灯目录》谓其有《瑜伽疏》十三卷（T55，p.1156c）。并参汤用彤：《隋唐佛教史稿》，《汤用彤全集（第二卷）》，页 154。

⑤ 《转识论》，T31，p.62a。真谛所用的译名其实并不统一，比如在其所译《摄大乘论释》中，他也依据《解深密经》（真谛译作《解节经》）及《摄论》等，而认为"阿梨耶识亦名阿陀那"，如此阿陀那识就是指第八识。但在接下来解释《摄论》的"染污意"时，他又说："此欲释阿陀那识。"如此阿陀那识又成了第七染污意（《摄大乘论释》卷 1，T31，p.158a）。不过，总体上说，在真谛的译籍中，还是以后者居多。此外，真谛译籍中所说的"心"与"意"也有类似的情形，"心"与"意"，都既可以指第八识，又可以指第七识。日本三论宗的珍海（1092—1152）将其称作"一名通其二识"（《八识义章研习抄》卷上，T70，p.650b）。

此方正翻名为‘无解’,体是无明痴暗心故。随义傍翻,差别有八。……八名执识,执取我故,又执一切虚妄相故。”①因之旧相传,多有称其为“无解识”者。② 至玄奘新译,则以之为非是,如窥基在《瑜伽师地论略纂》中有谓:“阿陀那”(ādāna)者,意为“执持”,“讫利瑟咤末那”(kliṣṭa-manas)者,意为“染污意”,梵音不同,其义亦别,染污意又岂能执持种子及根身等?故“先云第七及八皆名阿陀那者,非也”。③ 可见,在旧译中阿陀那识指第七识而为我执体,在新译中阿陀那识指第八识,唯有执持义而无我执义,因此佛果位的第八识也可称为阿陀那识。民国时,梅光羲(1880—1947)曾将新旧二译之不同概括为八条,这即是其中之一。④

对此,宇井伯寿曾有一个明确的论断:“阿陀那中有执著之意,即使从字面意思来看也是理所当然,作为印度人,是绝对不会承认阿陀那识存在于佛果位中的。如果不认为这是《成唯识论》译者玄奘与窥基的错误,则护法的过失便在所难免。”⑤

阿陀那识是基于“执受”(upādāna)义而成立的,就 upādāna 在佛教中的一般用法来说,它确有执著的含义。如上章曾提及,“pañca-upādāna-skandha”(五取蕴)的“upādāna”(取),有部就是将其解作烦恼(“tatra upādānāni kleśāḥ”,玄奘译“烦恼名取”⑥)。对此,安慧在《实义疏》(*Tattvārthā*)中进一步解释说:

rāgādiṣu kleśeṣv evopādānasaṃjñā tais tribhavopapattigrahaṇāt punarbhavākṣepakakarmmopādānād vā… anye punar upādāyāyuṣmann ānanda asmīti bhavati nānupādāyety asmīty asyopādānaṃ ca te skandhāś

---

① 《大乘义章》卷 3 末,T44,p.524c。按:慧远师法上(495—580),而法上是以“阿梨耶识”为第七识(见敦煌本《十地论义疏》卷 1,S2741;并见 T85,p.764b),故慧远此说其实也与摄论师相关。相传慧远曾列席听昙迁讲《摄论》,而昙迁(542—607)者,史称“《摄论》北土创开,自此为始也”(参《续高僧传》卷 18,T50,p.572b - c)。又,慧远将“阿陀那”训释为“无解”,可能是相对于“解性”来说的。“解性”一语,出自真谛的《摄大乘论释》,其谓:“圣人依者,闻熏习与解性和合,以此为依,一切圣道皆依此生。”(《摄大乘论释》卷 3,T31,p.175a)按慧远所解,“解性”就是如来藏,如说:“于本识中,佛性真心名为解性。”(《大乘义章》卷 3 末,T44,p.535a)因此与“佛性真心”相对,“阿陀那”则是“无解”。关于“解性”,具体请参本书下篇第七章第三节。

② 见敦煌本《摄大乘论章》卷 1,S2435;并见 T85,p.1013b。

③ 见《瑜伽师地论略纂》卷 13,T43,p.169b。如上述,真谛所用的译名并不统一,所以阿陀那识有时也指第八识。

④ 见梅光羲:《相宗新旧两译不同论》(南京:金陵刻经处,出版时间未详),页 6。

⑤ 宇井伯寿著,慧观等译:《瑜伽论研究》,页 240—241。

⑥ P. Pradhan:*Abhidharmakośabhāṣya of Vasubandhu*,p.5;《阿毗达磨俱舍论》卷 1,T29,p.2a。

cety upādānaskandhā iti karmmadhārayaṅ kṛvvanty anāsraveṣv asmīty abhāvāt①

(“取”之名唯在贪等烦恼中,此诸[烦恼]执取三有生起故,或执取能引后有之业故。……复次,或谓——“尊者阿难! 由执取故有‘我是’,非不执取”——既是“我是”这种执取,又是蕴,即“取蕴”,此作持业释,无漏中无“我是”故。)

这里安慧首先参照《顺正理论》,解释了为什么烦恼是 upādāna。因为按照十二缘起中的取缘有,正是烦恼的执取(grahaṇa)而使有支生起,或者说,正是烦恼执取(upādāna)了业,由业而引生了后世的轮回,所以烦恼是 upādāna。② 而后安慧还依据佛说,对“取蕴”作了持业释的分析。如佛陀说,由于执取(upādāya),所以才有“我”。而只在有漏法中有这种对“我”的执取(upādāna),有漏法又是五蕴,所以有漏法被称作“取蕴”。显然,这些对 upādāna 的解释,都具有执著乃至我执的意味。

但在唯识学中的“执受”以及基于“执受”义而成立的阿陀那识是否也必然如此呢? 宇井伯寿提出前述批评的一个主要依据,是安慧《三十唯识释》最后的一个颂文“jñeyam ādānavijñānaṃ dvayāvaraṇalakṣaṇam | sarvabījaṃ kleśabījaṃ bandhas tatra dvayor dvayoḥ ||”③(应知执受识,以二障为相,一切种、惑种,二者缚于二)。这一颂文应该是出自无著(Asaṅga,阿僧伽)的《六门教授习定论》,其第三颂为:“应知执受识,是二障体性,惑种一切种,由能缚二人。”④不过,无论是安慧《三十释》的长行释还是世亲《习定论》的长行释,都是说,阿陀那识中有烦恼、所知二障的种子,烦恼障种子能缚声闻,二障种子能缚菩萨,所谓“能缚二人”,其实并不能证明阿陀那识本身就有执著之意。因而对此问题,我们还是需要回到“执受”来另作考察。

在《成唯识论述记》中,窥基曾严格区分了阿陀那的“执持”、“执受”、“执取”三义,他认为,就种子而言是称“执持”,就根身及根依处而言是称“执受”,就结生相续而言是称“执取”,“具此三义,此识名阿陀那”。圆测也

---

① Nobuchiyo Odani(小谷信千代):*Tattvārthā, Sthiramati's Abhidharmakośaṭīkā, Chapter Ⅰ*(北京:中国藏学出版社,2024 年),pp.59－60。

② 参《阿毗达磨顺正理论》卷 1:“即诸漏中立取名想,以能执取三有生故,或能执持引后有业故,名为取。”(T29,p.333a)

③ Hartmut Buescher:*Sthiramati's Triṃśikāvijñaptibhāṣya, Critical Editions of the Sanskrit Text and its Tibetan Translation*(Wien:Österreichischen Akademie der Wissenschaften,2007),p.140。

④ 《六门教授习定论》,T31,p.774b。

作出了类似的分别,[①]可能这是得之于玄奘的传授。然则,所谓"执持"、"执受"、"执取",梵文应是同一个 upādāna,而玄奘本人在翻译时似乎也并未严格地遵循这一分判。诚如印顺法师所指出的,《摄大乘论》即说结生相续是"执受"自体,而并未采用"执取"。[②] 不过,这种语义分别虽然并不是绝对的,但也有它的合理性,即有助于进一步明晰 upādāna 的不同功用。

问题是,在此三义中,纵然"执持种子"在《摄大乘论》中已不再是 upādāna 的基本语义(详下节),"执取结生相续"一义却无论如何都是不可或缺的。事实上,如前述,对阿陀那识的这一胎生学意义,早期的唯识学者都曾给予了特别的关注,而这似乎就很难说与某种先天性的俱生我执无关。《瑜伽论·摄决择分》有云:"将受生时,于自体上贪爱现行,于男于女若爱若恚亦互现行,又疑现行,彼作是思:此男此女今为与我共行事不?又于内外我、我所见及我慢等皆亦现行。由此因缘,当知一切烦恼皆得结生相续。"[③]可见,正因为有对我、我所(如父母等)的贪爱与执著,有情才能在"中有"(antarā-bhava)位结生相续,并进而入于"生有"(upapatti-bhava)位,由阿陀那识执取父精母血的混合物"羯罗蓝色",而形成最初的生命个体。[④]

认为一切烦恼都能结生相续,这是承续自有部的论义。[⑤] 不过,有部说的结生相续,还是侧重于生有位,所谓"生有唯染污(upapattibhavaḥ kliṣṭaḥ)"[⑥]。正因为有情在生有位为所生地的烦恼所染污,所以才能结生相续。而在《摄决择分》、《摄大乘论》的时代,"八识说"已基本完成构型,从而结生相续的主体已被明确为依中有位意根(yid bar ma do'i srid pa na gnas pa, antarā-bhava-avasthitaṃ manaḥ)所起的染污意识(yid kyi rnam par shes pa nyon mongs pa can, kliṣṭaṃ mano-vijñānam)。[⑦] 但《摄论》中既然说,阿陀那识能"于相续正结生时(nying mtshams sbyor ba sbrel ba na, pratisaṃdhibandhe),取

---

① 分别见《成唯识论述记》第四本,T43,p.350c;《瑜伽论记》卷13上,T42,p.592b。

② 见印顺:《摄大乘论讲记》(台北:正闻出版社,1992年),页44。又,《摄论》原文见《摄大乘论本》卷上,T31,p.133c。

③ 《瑜伽师地论》卷59,T30,p.629c。

④ 按:有情流转生死,其一期生命可分为四个阶段:临终刹那为"死有"(maraṇa-bhava),入胎刹那为"生有"(upapatti-bhava),前世"死有"与今世"生有"之间为"中有"(antarā-bhava),入胎之后直至临近生命结束为"本有"(pūrvakāla-bhava),是为"四有"。参《阿毗达磨俱舍论》卷9,T29,p.46a。

⑤ 譬喻师则认为,仅是中有身("健达缚",gandharva)的爱与恚两种烦恼(即,或于母起爱、于父起恚,或于父起爱、于母起恚)能结生相续。参《阿毗达磨大毗婆沙论》卷60,T27,p.309a。

⑥ 《阿毗达磨俱舍论》卷10,T29,p.54c;P. Pradhan:*Abhidharmakośabhāṣya of Vasubandhu*, p.151。

⑦ 《摄大乘论本》卷上,T31,p.135c;長尾雅人:《摂大乗論:和訳と注解(上)》,附录页36—37。

彼生(de mngon par 'grub pa nye bar 'dzin pa, tad-abhinirvṛtty-upādāna)故，执受自体”，其最直接的意思就是，阿陀那识在结生相续时，对生命体的生起有一种 upādāna，这是否暗示着唯识学成立的早期，结生相续可以如有部所说，落实在生有位，并且还与阿陀那识自身的我执力有关呢？①

由于缺乏充分的文献依据，要具体解决上述问题无疑有诸多困难之处，为避免在细节上作过多的纠缠，这里我们倒不妨从学理演进的视角来勾勒几条基本的线索。

首先，历史地看，关于“有执受”之语义，早在阿毗达磨时代就曾有过多种不同的说法，《顺正理论》在列举了众家异说后，总结说：

> 有执受法略有二种：一者，有爱及有身见，执为己有，名有执受；二者，为因能生苦乐，名有执受。宿业所引异熟果等分位相续，是名第二。此中有爱及有身见，若正智生，即便断灭；异熟相续，诸漏尽者，亦未断灭。②

这里第二种“有执受”即是指上述心、心所法对根身及根依处的执受，由此根身及根依处是“有执受”；第一种则是指，由于贪爱与身见，根身及根依处被执以为“我”。两者的区别在于：第一种“我执”当有正智生起时即可断灭；而第二种对根身等的执受，指认的则是由过去业所引的果报体，故此即便是我执已断、烦恼已灭，而入于“有余依涅槃”(sopadhiśeṣa-nirvāṇa)，此时虽无“烦恼依”，尚有“生身依”，由过去业所引的果报体依然存在，身心之关联还在发挥作用，故第二种“有执受”要到“无余依涅槃”(nirupadhiśeṣa-nirvāṇa)，进一步断除“生身依”后才会消失不起。③

不过，虽然有这两种含义的不同，且第二种“有执受”在外延上大于第一种，然而，按照《顺正理论》的看法，它们并不相违。事实上，在具体区分有无执受时，《顺正理论》还是同时采用了这两种含义。比如，在谈到为何欲界无

---

① 按照智周后来的总结，“结生相续”有四种解释：一、生无色界之命终心，生欲、色二界之中有末心(因生无色界无中有故)；二、正受生时，即生有位；三、合上二说；四、命终心及中有末心皆能结生。智周取一、四说，这是因为，他强调“染意结生，正受生时，羯逻蓝位无染意故”，“生有之心唯是异熟”。这是在八识体系完全确立后，对“结生相续”的最终定位。参《成唯识论演秘》第三末，T43，pp.877c－878a。

② 《阿毗达磨顺正理论》卷4，T29，p.352b。

③ 《阿毗达磨大毗婆沙论》卷32：“有余依故者，依有二种：一、烦恼依，二、生身依。此阿罗汉虽无烦恼依，而有生身依。……无余依故者，无二种依：一、无烦恼依，二、无生身依。”(T27，p.168a)

表(avijñapti)所依大种有执受，而色界无表所依大种无执受时，论中说：

> 定生无表所依大种无执受者，定心果故，必无爱心执此大种以为现在内自体故。……散地无表所依大种有执受者，散心果故，以有爱心执为现在内自体故。如显色等所依大种，系属依身而得生故，亦可毁坏，外物触时可生苦乐。①

“定生无表”即色界无表，“散地无表”即欲界无表。关于无表的问题，且姑置勿论，留待下文再作探讨。② 这里所谓“有执受”，就包括了上述两种含义。四大种被“爱心”执为“内自体”，这是第一种。而当身体的四大种受到外物的碰触时，心理上能生起苦乐的感受，这是第二种。

安慧的《俱舍论实义疏》是反驳《顺正理论》之作，但在这一问题上，安慧也认同《顺正理论》的说法：

> vaibhāṣikās tu brūvate yasmin rūpe pīḍyamāne cchidyamāne vā duḥkham utpadyate viparyayeṇa vā sukhaṃ tad upāttam etac cātmabhāvaparyāpannaṃ aham asmīty ahaṃkāraparigṛhītam upāttam ity anye na caivaṃ cittacaittā upāttā bhavanti ahaṃkāreṇaikālaṃbanatvād ubhayarūpatvāc ca upādānopādātṛrūpatvād ity arthaḥ③
>
> (毗婆沙师谓，彼色被逼迫或断坏时，便能生苦，与此相违，即能生乐，且是己身所摄，彼是有执受。有余师说，“我是”之我执所摄是有执受。且心、心所并非如此成为有执受，由与我执同所缘故，[心、心所]有二相故——有所执、能执相故。)
>
> 敦煌本：毗婆沙师说，若诸色法逼迫断坏，便能生苦，与此相违，即能生乐，是己身摄，名为执受。有余师说，若我执执为我所有，名为执受。(苦)若尔，即滥心、心所法为有执受，以于[心、]心所亦执我故。此难不然，无如是失。以心、心所与我执俱执彼根等为我所有，故唯九界通有执受。诸心、心所与我执俱为能执，非能执法为有执受我。复[心、]心所为能、所执，义不定故，非有执受。④

---

① 《阿毗达磨顺正理论》卷35，T29，p.544c。

② 参本书中篇第四章第一节。

③ Nobuchiyo Odani(小谷信千代)：*Tattvārthā*，*Sthiramati's Abhidharmakośaṭīkā*，*Chapter I*，p.153。

④ 《阿毗达磨俱舍论实义疏》卷3，苏军据北京图书馆藏L3736号、北新1440号合校本，《藏外佛教文献(第一辑)》(北京：宗教文化出版社，1995年)，页241。

两相比较,敦煌本有意译的成分,但更为清晰地表明了这段文字的意思。这里安慧也认同"余师"(anye)所谓"我执所摄"(ahaṃkāra-parigṛhīta)即被"执为我所有"者是有执受的看法,但如此一来,心、心所法也能被执为我所有,它们为什么不是有执受呢?安慧解释说,这是因为,心、心所法与我执"同所缘"(eka-ālambana),或者用敦煌本更为明确的表述,"心、心所与我执俱执彼根等为我所有",所以它们与我执都是能执受,而五根、四尘等九界则是它们共同的所执受。再者,虽然心、心所法也能被执为我所有,但既然它们或是所执(upādāna),或是能执(upādātṛ),"有二相故(ubhayarūpatvāt)","义不定故",所以不是有执受。

由此可见,无论是《顺正理论》还是《实义疏》,其所谓"有执受"都包括了两种含义。对此,我们或许可以这样来理解,至少对于一般的有情来说,实际上很难做到将两者完全分离开来,也就是说,心识在维系根身使之成为生命体的同时,总是又将其执以为有别于他者的"我"。综上,就其语义而言,对根身等的执受是可以兼摄我执义的。

其次,按《顺正理论》,阿毗达磨中所论及的第一种"有执受"义本为经说,其谓:"若于是处,识所执藏,识所随摄,名有执受。"①值得注意的是,以其时对"有执受"义的一般规定,这里识所执著为我、摄属为我所有者是根身及根依处,具体说来是五根四尘,上述安慧《实义疏》即明白无误地表明了这一点。这样,所谓"识所执藏",显然就不是如后来玄奘所传"三藏"义中对阿赖耶识的"执藏",而大体类似于前述《本地分 · 思所成地》中所说的"爱藏"之义。由此,我们大约可以作出这样的推断,《解深密经》是试图通过借助阿毗达磨中的"执受"义以内摄并扩展"爱藏"义,从而将原初基于"爱藏"义而提出的"阿赖耶识"统摄到其所创构的"阿陀那识"中。或许正由于此,《深密》中的"阿赖耶识"本身已不再有"爱藏"之义,而反倒获得了"隐藏于身"的"隐藏"义。唯识学发展中,对 ālaya 之语义诠释,由(B)义而转向(A)义,其关节点或许正在于此。准上所论,则《深密》所揭出的阿陀那识可以兼摄我执义,亦即,如后来七、八二识的严格区分其时还尚未作出,这应该是符合思想史发展之脉动的。

最后,需要指出的是,说阿陀那识可以兼摄我执义,并不意味着《解深密经》已经有意识地对我、法二执的根源作出了系统明晰的说明,毋宁说,这仅是为了统一此前关于微细识的各种说法而非课题化地导出的结论,故此这种对我执的兼摄具有天然的局限性。如上述,按执受的基本语义,其所执受

① 《阿毗达磨顺正理论》卷 4,T29,p.352b。

者仅限于生理性的有色根,而不能及于心理性的意根。所以安慧虽然认为执受可以兼摄我执义,但于此心、心所法是与我执"同所缘",它们是能执,而不是所执,亦即它们不是有执受,所执或有执受只能是根身等。由此再来看《思所成地》的爱藏义,我们就会发现两者所涉及的范围其实还是有微细的差异。前曾论及,《思所成地》对爱藏的界说,据藏译本,是对"lus"(身)的执著,这里"lus"应该不仅仅是指身体即根身,而是泛指身心和合的整个生命体,易言之,它也可以包括心理性的意根。因此汉译本作"己体",我们也采用了施密特豪森的还原"ātma-bhāva"。《摄异门分》对"藏"(kun tu zhen pa, * ālaya)与"护"('chums pa, * niyanti)的界说,可用来进一步说明这一点。既然"护"是对"他相续"(gzhan gyi rgyud, * para-santāna)的贪爱,那么与之相对的"藏"就应该是对自相续(sva-santāna)的贪爱,即其所贪爱的对象乃是自己身心和合的整个生命体。如此,藏译本将"藏"界说为对"nang gi lus su gtogs pa"的贪爱,这个"lus"同样不限于根身,而是指身心和合的整个生命体,所以汉译本作"自体",所谓"内所摄自体",我们也将其还原为"adhyātmika-ātma-bhāva-saṃgṛhīta"。《思所成地》的爱藏准此可知。如果上述推断能够成立,那么执受义与爱藏义其实也就不是完全的包含关系,而仅是大部分重合的交叉关系。借用阿毗达磨的"四句分别"来说,此即:不仅有"所执受"非"所爱藏",如我执已断之五色根,而且有"所爱藏"非"所执受",如心理性的意根。可见,基于执受义而成立的阿陀那识所兼摄的我执义是不完备的。

此外,《解深密经·心意识相品》最后有著名的一偈:"阿陀那识甚深细,一切种子如瀑流。我于凡愚不开演,恐彼分别执为我。"(ādānavijñāna gabhīrasūkṣmo ogho yathā vartati sarvabījo | bālāna eṣo mayi na prakāśi mā haiva ātmā parikalpayeyuḥ ||)①虽然依照玄奘出色的解读,这仅是指第六意识由听闻教说而来的"分别我执",而并未论及那种与生俱来的先天性的"俱生我执",②然而我们至少可以说,这一意义上的我执同样也是不能为阿陀那识所兼摄的。凡此种种,都说明我执本身其时尚未进入问题域,因而在学理上对此也没有一个系统性的整合。

综上所论,新、旧二译关于阿陀那识的公案其实也就不难澄清了。引起更大争议的所谓第九"阿摩罗识"(amala-vijñāna)且存而不论,③则新、旧二

---

① 《解深密经》卷1,T16,p. 692c。梵文据安慧《三十释》所引,见 Hartmut Buescher: *Sthiramati's Triṃśikāvijñaptibhāṣya*, p.104。

② 参本书上篇第三章第三节。

③ 关于"阿摩罗识",请参本书下篇第七章第三节。

译都是建立在八识说的构架之上。也就是说,对根身的执受与对“我”的执著已被明晰地区分开来,而分别以之为第八识与第七识的功能。就此而言,二译虽用语不同,其实并没有实质性的分歧。只是旧译强调阿陀那识的我执义而以之为第七识,反倒不自觉地为我们考量阿陀那识的早期定位留下了可资参证的线索,这或许就是新、旧二译有关阿陀那识的争议的价值所在。

第二节　作为种子识的阿赖耶识

与《深密》诸品各自独立、各品之间在内容上无甚关联不同,无著宗依《阿毗达磨大乘经》所造之《摄大乘论》,则是现存第一部对唯识学理予以系统组织的论书。所谓“摄大乘”云者,其名可见于《本地分 · 菩萨地》,该地末后结云:“又此菩萨地亦名菩萨藏摩怛理迦,亦名摄大乘。”①准此,“摄大乘”(mahāyāna-saṃgraha)具有“本母”(mātṛkā,摩怛理迦)的性质,这在《摄大乘论》中就是依据《阿毗达磨大乘经》,将一切大乘经义赅摄为“十相殊胜殊胜语”②,即十大纲目。

2.1　界与依

在此“十相殊胜殊胜语”中,阿赖耶识被称为“所知依”(shes bya'i gnas, jñeya-āśraya)。“所知”(shes bya, jñeya),按世亲的解释,是指一切所应可知的杂染、清净诸法,而“依是因义,……此依即是阿赖耶识”。也就是说,此处阿赖耶识已被指认为一切诸法之因(rgyu, hetu),而成为它们的所依(gnas, āśraya)。③《阿毗达磨大乘经》中的两个偈颂就是对此一指认的经证:

> 此中最初且说所知依,即阿赖耶识。世尊何处说阿赖耶识名阿赖耶识?谓薄伽梵于《阿毗达磨大乘经》伽他中说:“无始时来界,一切法等依,由此有诸趣,及涅槃证得。”即于此中复说颂曰:“由摄藏诸法,一切种子识,故名阿赖耶,胜者我开示。”如是且引阿笈摩证。④

---

① 《瑜伽师地论》卷 50, T30, p.575b。

② 《摄大乘论本》卷上, T31, p.132c。

③ 世亲:《摄大乘论释》卷 1, T31, p.322b－c; *Theg pa chen po bsdus pa'i 'grel pa*, D4050, Ri, p.124a。

④ 《摄大乘论本》卷上, T31, p.133b。

我们先来看第一个偈颂。该颂亦为《宝性论》及安慧《三十释》所引用,由此可知其梵文原语为:

anādikāliko dhātuḥ sarvadharmasamāśrayaḥ । tasmin sati gatiḥ sarvā nirvāṇādhigamo 'pi ca ॥①

颂文中之所谓"界",梵文为 dhātu(驮都)。早在原始佛典中,该词就已在多种意义上被使用,并有许多类似专题式的论究,这就是南传《相应部》中"界相应"(*Dhātu-saṃyutta*)的部分,汉译《杂阿含经》卷16、17亦有与之相当的经文。《瑜伽师地论·摄决择分》曾对"界"的各种含义作过一个总结:"因义、种子义、本性义、种性义、微细义、任持义,是界义。"②此种种"界"义大致可分为两类:一是"因(rgyu,* hetu)义",所谓"种子(sa bon,* bīja)义"、"种性(rigs,* gotra)义"、"微细(cha phra ba,* sūkṣma)义"皆属此类;二是"本性(rang bzhin,* prakṛti)义",本性能任持自性不失,故可含摄"任持(gzhi,* ādhāra)义"。因此世亲在《俱舍论》中即以"种族"(gotra)、"种类"(jāti)二义释之,普光谓前者"约因以释",后者"约差别释",此即分别与"因义"、"本性义"相当。③ 事实上,"界"的本义应是"领域"、"场所",如欲、色、无色三界之"界"。被划归为同一领域的事物必然有其与他者相区别的作为类的特性,故"界"可引申为"种类"义、"本性"义;这一共通的类的特性是其得以存在的本质性要素,故"界"可引申为"种族"义、"因"义。

不过,自经部兴起后,于此三义中,界之"因"义开始得到特别的关注,故世亲于《俱舍》颂文中即唯释之以"种族"义。所谓"本性"义,其实是被摄入了"因义"之中,通过因果之间同类相似的关系来予以表征,借用有部的表述,"界"是作为同类因(sabhāga-hetu)而引生等流果(niṣyanda-phala)。强调界之"因"义,其实无非就是要将其落实在作为诸法之因的种子上。所以如下述,经部中被尊称为"上座"(Sthavira)的室利逻多(Śrīrāta,胜受),就用"随界"一词来指谓种子。④《辩中边论》中也明确说:"能、所取、彼取,种子

---

① 中村瑞隆:《梵漢対照〈究竟一乗宝性論〉研究》(東京:山喜房仏書林,1961年),页141;Hartmut Buescher:*Sthiramati's Triṃśikāvijñaptibhāṣya*,p.116。汉译本《宝性论》卷4作:"无始世来性,作诸法依止,依性有诸道,及证涅槃果。"(T31,p.839a)

② 《瑜伽师地论》卷56,T30,p.610a;*rNal 'byor spyod pa'i sa rnam par gtan la dbab pa bsdu ba*,D4038,Zhi,p.79a。

③ 参《阿毗达磨俱舍论》卷1,T29,p.5a;P. Pradhan:*Abhidharmakośabhāṣya of Vasubandhu*,p.13;《俱舍论记》卷1末,T41,pp.28c-29a。所谓"约差别释",即是指就其自性种种不同而释之。

④ 关于"随界",参本书中篇第四章第三节。

义名界。”“能取种子义”(grāhaka-bīja-artha),是指眼等六内界;“所取种子义”(grāhya-bīja-artha),是指色等六外界;“彼取种子义”(tad-grāha-bīja-artha),是指眼识等六识界。[①] 如此,十八界就从十八个不同领域的含义,而转到其能生种子上来予以界说了。

在上述《阿毗达磨大乘经》的这一颂中,“界”同样是作“因”解,阿赖耶识作为一切诸法的因性,从而也就成为它们的依止。故世亲说,“因体即是所依止义”[②],明确地表明了“界”与“依”的统一。[③]

无性的看法则有所不同,他认为此颂中“界”与“依”具有不同的所指。“界”是指作为一切杂染法之因的种子;而所谓“依”则是“任持”(rten, * ādhāra)义,而非“因性”(rgyu, * hetu)义,它指的是能任持种子的阿赖耶识。因此,“界”与“依”有能依与所依的不同。否则,如果两者具有同一所指,就没有必要在“界”后更说“依”。[④]

无性的解读隐含有这样一个理论前设,即种识不一,所谓“由非唯习气名阿赖耶识,要能持习气,如彼说意识”[⑤]。这就是说,阿赖耶识既然被称为“识”,就应当与其他转识如意识一样,具有现行识的特征,因此不能说习气就是阿赖耶识,阿赖耶识是指能任持习气的现识。[⑥] 无性此种“种识不一”

---

① 《辩中边论》卷中,T31,p.470b;Gadjin M. Nagao(长尾雅人):*Madhyāntavibhāga-bhāṣya*(東京:鈴木学術財団,1964年),p.45。

② 世亲:《摄大乘论释》卷1,T31,p.324a。

③ 值得注意的是,《宝性论》是将颂文中的“界”(汉译为“性”)解读为如来藏,而非种子或阿赖耶识,即如来藏是一切诸法的依止因。对此,后来的唯识学者认为,《宝性论》以如来藏为一切诸法的依止,是从迷悟依的角度说的,即真如作为所缘,迷真如故,一切染法得以生起,悟真如故,一切净法得以生起。如慧沼《金光明最胜王经疏》第四末云:“约流转还灭依,即说第八识是一切法因,持彼种故。若约迷悟依,即说真如性故。”(T39,p.277b)当然,这未必就是《宝性论》的原意。

④ 见无性:《摄大乘论释》卷1,T31,p.383a;*Theg pa chen po bsdus pa'i bshad sbyar*,D4051,Ri,p.195a。按:无性虽生卒年不详,然论中既已有“一识三分”之说(见该论卷6,T31,p.415b),则为陈那后学可知,故其学亦多本后起之说。灵泰曾谓:“然无性及亲光,皆与护法同时人也。”(《成唯识论疏抄》卷8,X50,p.284a。)亲光为《佛地经论》之撰者。

⑤ 无性:《摄大乘论释》卷1,T31,p.383b。

⑥ 神廓《摄大乘论疏》对此解释说:“显异熟识能持习气,由持习气方能摄藏,现起杂染。由非唯习气独能生果,即名摄藏。以其习气离识无体,要异熟识能持习气,方能生果,乃名摄藏。喻意可知。”这是强调,仅就习气本身而言,不具有摄藏的含义,正是因为阿赖耶识能持习气,才被称作摄藏。见常腾:《成唯识论了义灯抄》卷3,《日本大藏经》第33卷(东京:日本大藏经编纂会,1918年),页330。据《法相宗章疏》(T55,p.1139b)、《注进法相宗章疏》(T55,p.1141c)、《东域传灯目录》(T55,p.1156c)等,神廓撰有《摄大乘论疏》十一卷,释无性《摄论释》。《新编诸宗教藏总录》卷3作“十四卷”(T55,p.1176b),这或许是包括神廓所撰的《摄大乘论章》三卷在内,《章》系《疏》之略本。又,据江户末期的普寂说:“世传神廓《疏》在于南都(即奈良——笔者注)库藏,而未闻有亲阅览者,未审昔在而今已湮没乎?”见《摄大乘论释略疏》卷1,T68,pp.123c-124a。

的见解贯穿在他对《摄论》的解读中。比如，对于《摄论》中出现的“一切种子异熟识”（sa bon thams cad rnam par smin pa'i rnam par shes pa，* sarva-bījaka-vipāka-vijñāna）一语，无性是将其拆解为“种子识”与“异熟识”来予以解释的，“种子识”是就作为因性的种子（sa bon，* bīja）来说，“异熟识”是就作为“依持”（gzhi，* ādhāra）的现识来说。① 相对于此，世亲的解释则是：“从自种生为所依故，令此能依相续而转。”此即，染污心、善心等现识从阿赖耶识中的种子生起，由此阿赖耶识是“所依”，而染污心、善心等现识是“能依”。真谛旧译说得更明确：“无种子谓无因，由无因故则无依止。”也就是说，在世亲看来，“依持”即是就“种子”来说的，并没有把两者区分开来。② 此外，如果阿赖耶识是现识，就应该和前七识一样，有它的所缘境，所以在解释《摄论》所说的阿赖耶识“所缘不可得”（dmigs pa la mi dmigs pa，ālambana-anupalambha）时，③ 世亲直接说，这就是“无所缘”（dmigs pa med，* an-ālambana）的意思。④ 无性却强调说：“如是此中但说所缘为不可得，难了知故，非全无有。以于尔时非无有法，虽是其有而不可知。”⑤意思就是，“所缘不可得”，是说阿赖耶识有所缘而不可知，并不是说它没有所缘。⑥

无性的这一解读，可能是得之于《瑜伽师地论·摄决择分》。该论中有谓：“阿赖耶识与诸转识作二缘性，一为彼种子（sa bon gyi dngos po，* bīja-bhāva）故，二为彼所依（rten，* niśraya）故。”⑦阿赖耶识所执持的种子是诸转识之因，而阿赖耶识本身作为一现识是诸转识生起的依止。因此后来《成唯

① 无性：《摄大乘论释》卷3，T31，p.393c；*Theg pa chen po bsdus pa'i bshad sbyar*，D4051，Ri，pp.212a－212b。

② 世亲：《摄大乘论释》卷3，T31，p.332c；陈译：《摄大乘论释》卷3，T31，p.171b。

③ 《摄大乘论本》卷上，T31，p.136a；長尾雅人：《摂大乗論：和訳と注解（上）》，附录页37—38。

④ 此处据藏译及隋译。*Theg pa chen po bsdus pa'i 'grel pa*，D4050，Ri，p.135b。隋译作“无有攀缘”。《摄大乘论释论》卷2，T31，p.279c。真谛译作“不可知”（《摄大乘论释》卷3，T31，p.169c），玄奘译作“［不］明了可得”（《摄大乘论释》卷3，T31，p.332a）。这可能是受到了《瑜伽师地论·摄决择分》（真谛译《决定藏论》）、《唯识三十颂》（真谛译《转识论》）的影响。

⑤ 无性：《摄大乘论释》卷3，T31，p.393a。

⑥ 因为《唯识三十颂》也说阿赖耶识有所缘而“不可知”（asaṃviditaka），所以安慧有与无性类似的表述：“etac cālambanaṃ sūkṣmatvāl lokapaṇḍitair api duravadhāram ity ato 'paricchinnālambanākāram ity ucyate, na punar anālambanam eva”（此［阿赖耶识］所缘微细故，世间聪慧者亦难知，故名不可知所缘、行相，而非全无所缘。）Jowita Kramer：*Sthiramati's Pañcaskandhakavibhāṣā*，*Part I*，p.92。

⑦ 《瑜伽师地论》卷51，T30，p.580b；*rNal 'byor spyod pa'i sa rnam par gtan la dbab pa bsdu ba*，D4038，Zhi，p.4b。

识论》在解释"无始时来界"一颂时,就综合说,颂文中的"依"有二义,一是指阿赖耶识能执持种子,二是指阿赖耶识与现行法为所依,相对于"界"作为"种子赖耶",此"依"则指"现行赖耶"。① 至于阿赖耶识有它的所缘境,这也在《摄决择分》中有了明确的说明,阿赖耶识被认为有两种所缘境,一是内执受境,二是外器境。但就《摄论》本身来说,这种繁琐的解读不免把问题复杂化了。

从现有文献看,将"所缘唯识所现"的认识论原则结合到阿赖耶识论上来加以说明,可能是从包括《辩中边论》、《大乘庄严经论》、《辨法法性论》在内的所谓"弥勒论"开始的。唯识所现,本来只是禅观经验的推演,因而起初并不必然需要有阿赖耶识的理论设基。但设若要进一步追问唯识所现的根源,即何以会有虚妄分别(abhūta-parikalpa),则一个作为其因性的阿赖耶识就成了必要。② 在此问题意识下,阿赖耶识即是虚妄分别的因性,与种子并没有截然的分别。因此如《辩中边论》就将阿赖耶识称为"缘识"(pratyaya-vijñāna),认为它是其他转识生起之因。③《大乘庄严经论》中说,种子即"阿梨耶识"(ālaya-vijñāna),而种子的转依(parāvṛtti)也就是"阿梨耶识"的转依。④

《摄大乘论》事实上也承袭了同样的思路,只是与"弥勒论"以虚妄分别为主轴来展开论义不同,《摄论》通过对唯识学要义的重新系统组织,更为明确地将"唯识所现"奠基在作为其根源的阿赖耶识之上。因此在涉及阿赖耶识与种子的关系时,论中说:

> 复次,阿赖耶识中诸杂染品法种子,为别异住,为无别异?非彼种子有别实物于此中住(de la gnas pa de dag dang rdzas su tha dad pa

---

① 参《成唯识论》卷3,T31,p.14a。按:由于玄奘将该颂第二句译为"一切法等依",故窥基以"平等"解"等"字,通释全句为,"界"指有漏种作一切有漏法因缘,"依"指赖耶现识为一切有漏、无漏法平等依止(见《成唯识论述记》第四本,T43,p.347c;《成唯识论掌中枢要》卷下本,T43,p.634c)。这不免使颂意愈趋复杂,今人更由此衍生出种种臆想的推断。从其梵文原语来看,所谓"等"者,即 samāśraya 之前缀 sam-的对译,sam-有"共"、"同"等义,此处当不必作特别的解释。

② 具体请参本书下篇第七章第一、二节。

③ 《辩中边论》卷上,T31,p.465a;Gadjin M. Nagao(长尾雅人):*Madhyāntavibhāga-bhāṣya*,p.21。

④ 《大乘庄严经论》卷12、5,T31,pp.653c－654a、614b;S. Lévi:*Asaṅga Mahāyāna-sūtrālaṃkāra: Exposé de la doctrine du Grand Véhicule selon le système Yogācāra*(Paris:Librairie Honoré Champion,1907),p.169、66。按:梵本《庄严经论》作"bījanimittaṃ yat teṣāṃ bījam ālayavijñānaṃ"(种子因是作为那些[器界、五境]的种子的阿赖耶识)。波罗颇蜜多罗(以下简称波颇)将其意译为:"种子因者,谓阿梨耶识,由此识是内外诸法种子因故。……问:阿梨耶识是何等?答:是三界内外诸法种子。"更明确地表明了种子即是阿赖耶识的意涵。

yang ma yin, tāni na dravyataḥ pṛthak tatra vasanti)，亦非不异。然阿赖耶识如是而生，有能生彼功能差别(de 'byung ba'i mthu'i khyad par can, tadutpādaśaktiviśeṣaka)，名一切种子识。[①]

表面看来，这似乎与《成唯识论》所说的种子与"本识及所生果不一不异"无甚差别，其实却不然。按《识论》，种子"虽非一异，而是实有"，[②]因为在"种识不一"的前提下，只有种子而非阿赖耶现识才是诸法生起的亲因缘，如说种子是假法，则种现之间的因缘关系即无着落。此处却说种子离阿赖耶识无别实物。真谛对此有更明确的解释："此阿梨耶识与种子如此共生，虽有能依、所依，不由别体故异。……既不可说异，何不说一？如此和合虽难分别，而能依是假无体，所依是实有体，假实和合，异相难可分别，以无二体故。"[③]以种子为能依假法，以阿赖耶识为所依实法，并非是真谛妄自穿凿，此当为唯识古说，乃至立识体三分的护月(Candragupta)也还是接受这一看法。[④] 可见，阿赖耶识无非就是"能生功能差别"('byung ba'i mthu'i khyad par, utpāda-śakti-viśeṣa)即种子的统一体，只是就阿赖耶识的各种"能生功能差别"假说为种子，并非如《识论》所说，种子可与阿赖耶识分离开来而别有自体。正是在这一意义上，我们将阿赖耶识称为种子识，它作为一切诸法的因性同时也就是它们的依止。

至于无性所提出的质难，即为何还需在"界"后更说"依"，也许我们可以从另一个角度来加以解释。界者，因义，但这并非是在一般的因果关系上来说的，它具有诸法根基的意义，故谓之"依"(āśraya)。特别是如考虑到下面将要谈到的，赖耶与一切杂染品法之间的互为因果，颂文可能就是为了要强调在互为因果中赖耶或者说"界"的基础地位，所以又说到了"依"。

2.2 摄藏与三相

《摄论》所引的第二颂涉及对阿赖耶识名义的诠说，按唐译，它是以

---

① 《摄大乘论本》卷上，T31，p.134c；長尾雅人：《摂大乗論：和訳と注解(上)》，附录页24。

② 见《成唯识论》卷2，T31，p.8a。

③ 陈译：《摄大乘论释》卷2，T31，p.163a。

④ 《成唯识论学记》卷1末引圆测《成唯识论疏》："月藏等说，是假非实，自体分上有能生用，名为种故。如《摄大乘》：非彼种子别有实物于此中住，亦非不异。然五十二说实物者，约所依说。"(X50，p.52b)。这是说，月藏等人认为，种子是就第八识自证分上的能生作用而假立的，至于《瑜伽论》卷52说种子"是实物有"(T30，p.589a)，这是就其所依的第八识而言。"月藏"即"护月"，gupta(笈多)意译可作"护"、"藏"等，见《成唯识论演秘》第二末，T43，p.859c等处。

"摄藏"义而得名的。此所谓"摄藏",旧译或作"依住",①吕澂据藏本作"kun gzhi",而谓其亦有"依处"之义,故得出结论说,"赖耶之以依得名",为"古学之所特异"。② 这种分别可能是过于绝对化了。此所谓"依住",应该是着眼于"住处"(sthāna)之义。此点后来安慧说得很明白:"及此是一切杂染法种子住处故,名阿赖耶。'阿赖耶'与'住处'是同义语。"(tac ca sarvasāṃkleśikadharmabījasthānatvād ālayaḥ । ālayaḥ sthānam iti paryāyau । ③)《摄论》魏本将其译作"家",即同此义。④ 因此玄奘译之为"摄藏",意思还是相通的,指的都是阿赖耶识为一切诸法的住处或所藏处。

这种对 ālaya 的语义诠释固然是从其(A)义而来,但已不再是《深密》所说的"隐藏于身"之义,而是着眼于在阿赖耶识与一切诸法因果隐显二分的前提下,两者关系的建构。对此,论文接下去有进一步的说明:

> 复何缘故此识说名阿赖耶识?一切有生杂染品法于此摄藏为果性故,又即此识于彼摄藏为因性故,是故说名阿赖耶识。或诸有情摄藏此识为自我故,是故说名阿赖耶识。⑤

这里是将"摄藏"一语区分为三个层次来诠解阿赖耶识。其一,所谓"一切有生杂染品法于此摄藏为果性",指的是一切杂染品现行法熏习阿赖耶识,使其作为果性('bras bu'i dngos po,phala-bhāva)即以习气的方式被摄藏于阿赖耶识中;其二,所谓"又即此识于彼摄藏为因性",指的是阿赖耶识又是现行诸法得以生起的因性(rgyu'i dngos po,hetu-bhāva)。问题是,"此"阿赖耶识又怎么能被"摄藏"于"彼"杂染品现行法中呢?换言之,现行法又怎么能有"摄藏"的功能呢?

检藏本,此处"摄藏"对应的藏文为"sbyor ba",该词其实有一致、关联的意思。而世亲则对此解释说:"于中转故,名为摄藏。"此所谓"转",藏本作"gnas pa",有住、依的意思,隋本则译作"共转",更为明确地表达了这种

---

① 真谛译《摄大乘论》卷上:"诸法依藏住,一切种子识。"(T31,p.114a)笈多等译《摄大乘论释论》卷1:"诸法所依住,一切种子识。"(T31,p.273b)

② 吕澂:《西藏传本摄大乘论》,《现代佛教学术丛刊(30)·唯识典籍研究(二)》(台北:大乘文化出版社,1981年),页238。

③ Hartmut Buescher: *Sthiramati's Triṃśikāvijñaptibhāṣya*, p.50。

④ 见佛陀扇多译《摄大乘论》卷上,T31,p.97b。

⑤ 《摄大乘论本》卷上,T31,p.133b。

交互性的含义。[①] 因此所谓阿赖耶识被摄藏于现行法中，更为周延明晰的表述是采用如后来安慧《三十释》中所说的“被藏”（ālīyate）、“被系属”（upanibadhyate）二语：

> atha vālīyante upanibadhyante 'smin sarvadharmāḥ kāryabhāvena tad vālīyate upanibadhyate kāraṇabhāvena sarvadharmeṣv ity ālayaḥ ।[②]
> （复次，一切法作为果性被藏于、被系属于彼处；或彼作为因性被藏于、被系属于一切法中，故名阿赖耶。）

“彼”是指阿赖耶识。此即，作为现行法之因性的阿赖耶识同样也被系属于现行法。个中缘由，在于阿赖耶识与一切现行诸法并非是单向的决定关系，而是两者互为因果的。如《摄论》所引之《阿毗达磨大乘经》所云：“诸法于识藏，识于法亦尔，更互为果性，亦常为因性。”[③]这一颂文为安慧的《中边分别论释》（*Madhyāntavibhāgaṭīkā*）所引用，由此可知其梵文原语为：

> sarvadharmā hi ālīnā vijñāne teṣu tat tathā । anyonyaṃ phalabhāvena hetubhāvena sarvadā ॥[④]
> （一切诸法被藏在识中，彼［识］在此等［一切诸法］中也如此，恒常互相作为果性、作为因性。）

这清楚表明，所谓阿赖耶识与一切诸法的互藏（ālīna），正是基于两者的互为因果。而这种互为因果，即“种生现、现熏种”的回互关系，在《摄论》中即被界说为“四缘”中的“因缘”（rgyu'i rkyen，hetu-pratyaya）：“如阿赖耶识为杂染诸法因，杂染诸法亦为阿赖耶识因，唯就如是安立因缘，所余因缘不可得故。”[⑤]

正因为此二者互为因缘，所以无性说，它们“展转摄藏（phan tshun du

---

① 長尾雅人：《摂大乗論：和訳と注解（上）》，附录页10；唐译：世亲：《摄大乘论释》卷1，T31，p.324b；*Theg pa chen po bsdus pa'i 'grel pa*，D4050，Ri，p.126a；隋译：《摄大乘论释论》卷1，T31，p.273b。

② Hartmut Buescher：*Sthiramati's Triṃśikāvijñaptibhāṣya*，p.50。

③ 《摄大乘论本》卷上，T31，p.135b。

④ S. Yamaguchi（山口益）：*Madhyāntavibhāgaṭīkā de Sthiramati*（東京：鈴木学術財団，1966年），p.34。

⑤ 《摄大乘论本》卷上，T31，p.134c；長尾雅人：《摂大乗論：和訳と注解（上）》，附录页24—25。

sbyor)”,有别于如数论外道的自性转变说。① 数论所说的“最胜”(pradhāna),即作为一切变化之质料因的“自性”(prakṛti),本来就已具足此后由其演化出的“大”(mahat,即“觉”,梵 buddhi。“觉”就是领悟与决断,梵 adhyavasāya,真谛旧译“决智”)②。等二十三谛,所谓转变只是未显(avyakta)的“自性”得以显明而已。阿赖耶识则不然,它本身并不是一自体自足、无待乎外的存在,作为一切诸法的因性,它又受到现行诸法的熏习与影响,两者处于一种共生共灭、互依共转的关系之中。

熊十力(1885—1968)曾指摘护法、窥基唯识学为“两重本体”,亦即,一则以真如为本体,二则“许有现界而推求其原,遂立功能(即种子——笔者注)作因缘,以为现界之体焉”。熊氏反诘道:“若尔,两体对待,将成若何关系乎?”③护法、窥基唯识学虽说不免支离之病,但熊氏的责难,恐怕也未得其实。姑且不论本体是否为真如之确诂,如上所述,将赖耶或种子与现行诸法的关系视作依体起用,还是未脱数论外道自性转变说的路数,而无当佛法缘起论之真义。种现缘起,同样是要拒斥那种自体自足并由之发生一切的“不平等因”(viṣama-hetu)。事实上,以大而无当的所谓本体论来重新架构基于缘起论的唯识学图景,其操作策略本身就是不合法的。

在阿赖耶识与现行诸法互为缘起的基础上,《摄论》由此成立了阿赖耶识的“三相”:

> 安立此相云何可见?安立此相略有三种:一者,安立自相;二者,安立因相;三者,安立果相。此中安立阿赖耶识自相者,谓依一切杂染品法所有熏习,为彼生因,由能摄持种子相应;于中安立阿赖耶识因相者,谓即如是一切种子阿赖耶识,于一切时与彼杂染品类诸法现前为因;此中安立阿赖耶识果相者,谓即依彼杂染品法无始时来所有熏习,阿赖耶识相续而生。④

---

① 无性:《摄大乘论释》卷 1,T31,p.383a;*Theg pa chen po bsdus pa'i bshad sbyar*,D4051,Ri,p.195b。并参《成唯识论演秘》第二末,T43,pp.857c－858a。

② 《金七十论》卷上“决智名为大”(T54,p.1250c),梵本《数论颂》作“adhyavasāyo buddhir”(决断是觉)。Har Dutt Sharma:*The Sāṁkhya-kārika Iśvara Kṛṣṇa's Memorable Verses on Sāṁkhya Philosophy with the Commentary of Gauḍapādācārya*(Poona:The Oriental Book Agency,1933),p.25。

③ 熊十力:《新唯识论(文言文本)》,《新唯识论(熊十力论著集之一)》(北京:中华书局,1985 年),页 79—80。并参氏著:《新唯识论(语体文本)》,同书页 428。

④ 《摄大乘论本》卷上,T31,p.134b－c。

按照世亲的解释，这里自相（rang gi mtshan nyid，sva-lakṣaṇa）是“果性、因性之所建立”①，它是总摄果相、因相说的。所谓果（'bras bu nyid，phalatva）相，简单说来，就是受熏摄持种子，从而引起阿赖耶识的变化。这一方面，在每一刹那，因名言熏习（abhilāpa-vāsanā），而有新的未来能生果的功能差别即种子被导入阿赖耶识的总体中；另一方面，在一期生命的意义上，当有支熏习（bhavāṅga-vāsanā）成熟时，则有作为异熟识的阿赖耶识结生相续。② 因（rgyu nyid，hetutva）相则是指此受熏而成的种子亦即功能差别又为杂染法现前的能生因。不过，“依一切杂染品法所有熏习，即与彼法为能生因”③，它们虽然指涉不同的因果关系，但并非条然各别。正是在这现熏种、种生现的相续如流的因果关系中，我们才能安立阿赖耶识的自相。所以无性将因相、果相称为“应相”。所谓“应相”，藏译本作“'brel pa can gyi mtshan nyid”（*sambandhi-lakṣaṇa，相属相、相应相），也就是说，因相、果相是自相的关联相，阿赖耶识的自相就是在与现行法的互为因果中才得以见出的。④

综上所述，《摄大乘论》以阿赖耶识为“所知依”，是在阿赖耶识与现行诸法互为“摄藏”的语义下，将其指认为一切诸法的因性，从而力图在缘起论的基本构架下，对经验世界的成立作出积极的说明。按论文所述，这应该也就是其所宗依的《阿毗达磨大乘经》的主旨所在。至于《解深密经》所揭橥出的“阿陀那识”，在《摄大乘论》中作为阿赖耶识之异名，其“执受”义仅限于执受根身、执取结生相续，而不再有执持种子的含义，⑤因为摄藏种子现已成为阿赖耶识的基本语义。关注重心由阿陀那识向阿赖耶识的游移绝非是无关宏旨的，它事实上表征了唯识学理发展中由生命论中心向认识论中心的范式转换。

2.3 染污意之成立

既然阿赖耶识着眼的是诸法因性的种子识的内涵，其自身当然不可能具有我执的功能。由于其一类相续，恒转如流，反过来倒成为我执的对象。故如上引文，《摄论》在诠说“阿赖耶”之语义时，除与现行诸法互为摄藏二义外，其第三义即是“诸有情摄藏此识为自我”。

---

① 世亲：《摄大乘论释》卷2，T31，p.327c。

② 关于“名言熏习”与“有支熏习”，参本书中篇第五章第一节。

③ 世亲：《摄大乘论释》卷2，T31，p.327c。

④ 无性：《摄大乘论释》卷2，T31，p.387b；*Theg pa chen po bsdus pa'i bshad sbyar*，D4051，Ri，p.202a。

⑤ 参《摄大乘论本》卷上，T31，p.135b－c。

此作为我执之根据，亦即能执取阿赖耶识为“自我”的，《摄论》接下去在说明“心、意、识”三者的差别时，告诉我们说这是“染污意”（nyon mongs pa can gyi yid, kliṣṭa-manas）：

> 此中意有二种：第一，与作等无间缘所依止性，无间灭识能与意识作生依止（skye ba'i gnas, utpāda-āśraya）；第二，染污意，与四烦恼恒共相应，一者，萨迦耶见，二者，我慢，三者，我爱，四者，无明，此即是识杂染所依（kun nas nyon mongs pa'i gnas, saṃkleśa-āśraya）。识复由彼第一依生，第二杂染，了别境义故。等无间义（de ma thag pa, samanantara）故，思量义（ngar sems pa, manana）故，意成二种。①

按《摄论》上下文所述，“心”以“种种法熏习种子所积集（kun tu bsags pa, ācita）”②而得名，它是指阿赖耶识；“识”以“了别境（yul la rnam par rig pa, viṣaya-prati-vijñapti）义”而得名，它是指前六识。这样，如果说具依止义的第一无间灭意尚可由二者所摄，因为这说的无非就是前一刹那的识能为后一刹那识的等无间缘，那么具我执义的第二染污意则别有其体。其原因在于，此所谓我执是恒无间断的，故此即便是有情生起世间善心，或入于外道的无想定、无想天，却依然为染污性。它根源于一切有情心中恒无间断的不共无明（ma rig pa ma 'dres pa, āveṇiky avidyā），如《摄论》颂云：“真义心当生，常能为障碍，俱行一切分，谓不共无明。”③此恒行的不共无明作为烦恼心所，既不能与基于“摄藏”义而成立的作为种子识的阿赖耶识相应，也不能与粗浅的前六识相应，因为前六识是有间断而非连续的，是有善、不善、无记之三性改转而非恒为染污的。故而与其相应者只能是恒行的染污意，染污意因之以一类相续的阿赖耶识为所缘，而执以为常住不变的自我。如《摄论》中说，阿赖耶识有“缘相差别”（rgyu nyid du rab tu dbye ba, nimittatva-prabheda），“谓即意中我执缘相（yid kyis bdag tu 'dzin pa'i rgyu nyid, manasātmagrāhanimittatvam）。此若无者，染污意中我执所缘（yid kyis bdag tu 'dzin pa'i dmigs pa, manasātmagrāhālambanam）应不得成”④。“缘相”（rgyu nyid, nimittatva）有因相的意思，这里是从“所缘”（dmigs pa, ālambana）的角度来解释的。可见，染污意中我执之所缘，正是阿赖耶识。

---

① 《摄大乘论本》卷上，T31, p.133c；長尾雅人：《摂大乗論：和訳と注解（上）》，附录页 12。
② 《摄大乘论本》卷上，T31, p.134a；長尾雅人：《摂大乗論：和訳と注解（上）》，附录页 16。
③ 《摄大乘论本》卷上，T31, p.134a。
④ 《摄大乘论本》卷上，T31, p.137b；長尾雅人：《摂大乗論：和訳と注解（上）》，附录页 52—53。

不仅如此，此染污意同时也即是第六意识的不共俱有依（sahabhūr āśrayaḥ），即第六意识得以生起的所依根，因此它事实上还是依止意。如《摄论》说，若无染污意，"五同法（'dra ba，sādharmya）亦不得有，成过失故。所以者何？以五识身必有眼等俱有依故"①。既然染污意以眼等五色根为同法喻，也就是说，如眼等前五识依于眼等五色根而得以生起一样，染污意则是第六意识的不共所依根，可见它又是依止意。与第一无间灭意不同，此依止意是一类相续、恒无间断的。

由此可见，将染污意予以别立，是通过对"心"、"意"、"识"三者的语义分别来开显的，此即，以"心"为诸识生起的种子依，以"意"为诸识生起的染污依。因此在性类上虽然它们同为无记（avyākṛta），即非善非不善的中容性，但两者亦有无覆与有覆的不同。按世亲的解释，所谓"覆"（nivṛta），意即"染污"，"无染说名无覆，即无染无记名无覆无记"②。名之为心的阿赖耶识，其性即为无覆无记（anivṛta-avyākṛta）。这是因为，阿赖耶识是由过去善恶业所感得的异熟果体，设若其性恒为善，则不能成立流转，设若其性恒为不善，则不能成立还灭，正是中容的无覆无记性敞开了有情随业力升降乃至还灭的多重可能。③ 染污意则为有覆无记（nivṛta-avyākṛta）。以其性染污，故名"有覆"，但此染污意行相微细，与之相应的烦恼不能发恶业招感苦果，故与不善法不同，依然为无记性。这就如色、无色界所系烦恼，以其为定力所摄伏故，不能发恶业招感苦果，而为有覆无记性一样。④ 这样，心、意、识不仅语义不同，而且性类有异，一个以作为种子识的阿赖耶识与作为现行识的前七转识互为缘起为基本构架的八识论体系至此已基本完型。

---

① 《摄大乘论本》卷上，T31，p.133c；長尾雅人：《摂大乗論：和訳と注解（上）》，附录页13。

② 世亲：《摄大乘论释》卷3，T31，p.337c。在《俱舍论》中，世亲也说："诸染污法亦名……有覆。"（T29，p.98b）

③ 参《摄大乘论本》卷上，T31，p.137c。大众部等不承认有无记法，所以他们认为，由善业所招感的果报是善性的，由不善业所招感的果报是不善性的，这是比较特别的看法。见《异部宗轮论述记》，X53，p.581c。

④ 参《摄大乘论本》卷上，T31，p.134a。按：认为色、无色界所系烦恼为有覆无记性，这是接受了有部的看法。《集论》将其称作"寂静无记"（upaśamato 'vyākṛtam）。按有部所说，这是因为，色、无色界系烦恼为定力所摄伏，没有"无惭"、"无愧"两种"大不善地法"现起，不能招感欲界的苦异熟果。譬喻师则认为，三界"一切烦恼皆是不善"。《成实论》也说，"若在色、无色界，……彼中能起不善业"，此不善业能招感欲界苦报，故为欲界系。此外，如上述，由于大众部等不承认有无记法，所以他们也认为，色、无色界的烦恼是不善性。参《大乘阿毗达磨集论》卷2，T31，p.670a；《阿毗达磨大毗婆沙论》卷38、50，T27，p.196a－b、260b；《阿毗达磨俱舍论》卷19，T29，p.102c；《阿毗达磨顺正理论》卷49，T29，p.617a；《成实论》卷7，T32，p. 297a；《异部宗轮论述记》，X53，p.581c。又，有部认为，有覆无记性的烦恼不能发恶业，但还是可以发善业，如二禅以上的不动业就是由有覆无记性的无明所发。

第三节 《成唯识论》中阿赖耶识之语义

作为法相唯识宗立宗依据的《成唯识论》,以护法一系之主张抉择诸家师说,使唯识学达到了作为一门体系哲学的巅峰。它在《瑜伽师地论·摄决择分》的基础上,进一步推展其"种识不一"的运思路向,从而形成为最终形态的阿赖耶识论。

3.1 能藏与所藏的定位

按照《成唯识论》的理解,所谓"唯识",是指有情执以为实有的"我"、"法"之种种相其实皆依能变识体之所转变而假立,易言之,"唯识"是以作为主体的能变识为基点的。虽然"我"、"法"的相状多种多样,有世间(loka)与圣教(śāstra)的不同,但都可以被收摄到所变的相、见二分,进而被收摄到其能变识上来加以说明。这也就是所谓的"三法转相依",即"我、法依相、见,相、见依识体"。① 能变识有三类,为第八异熟识、第七末那识、前六了别境识,因此阿赖耶识就是"三能变"中的"初能变":

> 初能变识,大小乘教名阿赖耶,此识具有能藏、所藏、执藏义故,谓与杂染互为缘故,有情执为自内我故。此即显示初能变识所有自相,摄持因果为自相故。此识自相分位虽多,藏识过重,是故偏说。此是能引诸界趣生善不善业异熟果故,说名异熟。离此,命根、众同分等恒时相续胜异熟果不可得故。此即显示初能变识所有果相。此识果相虽多位多种,异熟宽、不共,故偏说之。此能执持诸法种子令不失故,名一切种。离此,余法能遍执持诸法种子不可得故。此即显示初能变识所有因相。此识因相虽有多种,持种不共,是故偏说。初能变识体相虽多,略说唯有如是三相。②

表面看来,以所谓"与杂染互为缘故,有情执为自内我故"来诠解阿赖耶识非常接近《摄大乘论》的说法,只是《成唯识论》进一步将其明确为"能藏"、"所藏"、"执藏"三义罢了。其实则不然,玄奘门下,于此却歧义纷出。

---

① 《成唯识论述记》第一本,T43,p.238c;《成唯识论演秘》第一本,T43,p.819a。

② 《成唯识论》卷2,T31,pp.7c-8a。

圆测认为,能、所藏是就种子与现行的关系来说:

藏有三义:一、能藏义,二、所藏义,三、执藏义。具此三义,故名阿赖耶。……谓识中种能生转识,彼能生种名为能藏,所生杂染为所藏果,此染果于因中藏;杂染转识熏成种子,能熏转识名为能藏,所熏因种名为所藏,此即染种于果中藏。具此能藏、所藏二义,故言"谓与杂染互为缘故"。或诸异生、二乘有学六、七识,俱我执现前,执藏赖耶为(同由)[自内]我。此三藏义,如其次第,同《摄大乘》所说三藏义。……藏义三种别者,第一,能藏,此即果法于因中藏,谓识中种生现七识,染果不离能生因故;第二,所藏,此即因种于果中藏,谓所熏种藏在能熏七现识中成因性故;第三,我爱所执藏义,此即(果)[境]于能执中藏。①

可见,按照圆测的理解,就种子生现行言,现行果法被摄属于种子因法,所以能生种子是能藏,所生现行是所藏;就现行熏种子言,种子因法又被摄属于现行果法,所以能熏现行是能藏,所熏种子是所藏。圆测为何要就种子来说能、所藏呢?对此,圆测弟子道证在《成唯识论要集》中有具体的阐释:"今寻圣教,<u>约因缘义辨能、所藏。</u>……杂染品种望本识体,但是所依,无因缘义。现行七识望第八(见)[现],亦无因[缘]。若无因缘,非能、所藏。"②此即是说,能、所藏是就种、现之间的因缘关系而成立的。第八现识为种子之所依,但两者并不存在因缘关系;前七现识能熏种子,所以前七现识对于种子来说是亲因缘,对于第八现识则不然。如此,能、所藏就不能以第八现识来说,而只能落实在种子上。

窥基一系的看法则反是,他们认为,能、所藏皆是就第八现识来说:"能持染种,种名所藏,此识是能藏;是杂染法所熏、所依,染法名能藏,此识为所藏。"③此即,就第八现识摄持种子,现种相望言,则第八现识为能藏,种子为所藏。灵泰比喻说,这就像仓库藏谷种,仓库是能藏,谷种是所藏。就前七现识熏习第八现识,现现相望言,则前七现识为能藏,第八现识为所藏。灵

---

① 常腾:《成唯识论了义灯抄》卷3引,《日本大藏经》第33卷,页327—328。又,《解深密经疏》卷3, X21,p.246b。

② 常腾:《成唯识论了义灯抄》卷3引,《日本大藏经》第33卷,页329;据《成唯识论了义灯》第三(T43,p.717a)校改。按:道证撰有《成唯识论要集》十四卷,今已佚。见《法相宗章疏》,T55,p.1139b;《注进法相宗章疏》,T55,p.1142b;《东域传灯目录》,T55,p.1158a。另,《新编诸宗教藏总录》卷3(T55,p.1175b)则著录为"《纲要》",十三卷。

③ 《成唯识论述记》第二末,T43,pp.300c-301a。

泰比喻说，这就像人藏于麻地中，人是能藏，麻地是所藏。[①] 简言之，这是以第八现识的持种、受熏二义而分别说能、所藏。

值得注意的是，无论是圆测以种子说能、所藏，还是窥基以现识说能、所藏，其前理解都是“种识不一”。按《成唯识论》，阿赖耶识既然被称为“识”，就应当与前七转识如第六意识一样，具有现行识的特征。也就是说，它同样作为能缘，以“了别”为行相，而有相应之所缘。种子为阿赖耶识所摄持，故成为其所缘之一。如此在配置能、所藏时，就有了三个可选项，即第八现识、种子与前七现识，奘门之下由此出现众多歧义也就不难理解了。而在《摄大乘论》中，以阿赖耶识与前七转识“互为摄藏”来诠解阿赖耶识之语义，是以阿赖耶识为种子识，即阿赖耶识作为种子的统一体，与种子并无截然的分别，种子乃是假法。因此如要配合能、所藏来说，就只有两个可选项，即阿赖耶识与前七转识，其配置方式应该是唯一的。具体说来，《摄论》所谓“一切有生杂染品法于此摄藏为果性”，即杂染法熏习阿赖耶识，使其作为果性被摄藏于阿赖耶识中，此时能藏者为杂染法，所藏者为阿赖耶识；所谓“又即此识于彼摄藏为因性”，即阿赖耶识作为杂染法的因性又被摄藏于杂染法中，此时能藏者为阿赖耶识，所藏者为杂染法。准此，能藏与所藏，无非是要表明阿赖耶识与杂染现行法的互为因果。圆测一系可能就是意识到了《摄论》的“互为摄藏”义乃本之于互为因果，然而在现行赖耶与种子赖耶的二分态势下，如要凸显其互为因果义，唯一可能的选择就是将能、所藏摄归种子赖耶而非现行赖耶。至于窥基一系在此二分结构中将重心移向现行赖耶的层面，则使能、所藏义可以与阿赖耶识之“三相”统一起来。

3.2 三相的现识化

按照窥基的理解，虽然理论上“三相”的分别可共通于第八现识与种子，但从《成唯识论》的文本来看，则是立足于胜显的第八现识来成立“三相”，所谓“三相俱唯现行，现可见故，执持胜故，从胜为相”[②]。意思就是，相对于种子而言，第八现识彰显易见，执持的作用殊胜，所以“三相”都是就第八现识来说。

先述“果相”。《成唯识论》虽认为果相有“多位多种”，即，第八识有修行位次的不同和多种因果关系，但重点却落实在“异熟”上。所谓“异熟”，梵文为 vipāka，音译作“毗播迦”，该词出自 vi-√pac，动词词根√pac 意即

① 见《成唯识论疏抄》卷 4，X50，pp.196c－197a。

② 《成唯识论掌中枢要》卷上末，T43，p.629c。

“煮、烧、熟、成熟”等,前缀 vi-则有“差别、不同”之义,故窥基解释说,“毗者,异也,播迦,熟义”①,此即旧译为“果报”者。按窥基所述,“异熟”有三义:一、“变异而熟”,谓要由因变异,其果方得成熟;二、“异时而熟”,谓因并非同时生果,两者有时间间距;三、“异类而熟”,谓因或善或恶,其果则为非善非恶的无记性。窥基并谓:“然初二解无别论文,今依论文但取后解。”②意思就是,《成唯识论》本身并没有提到前二解,而只有“异类而熟”之说。对此,灵泰进一步解释说:“然大乘之中,无别论文作此初二解,义中即通也。若萨婆多宗中,有别论文作初二解也。”③虽不知其所据为何,但《顺正理论》中的确有类似的说法:“言异熟者,或离因熟,或异因熟,……或所造业至得果时变而能熟。”④“离因熟”,即并非在有因的刹那果熟,相当于“异时而熟”,“异因熟”相当于“异类而熟”,“变而能熟”相当于“变异而熟”。窥基的说法或许就是得之于此。

此三义中,据灵泰说,经部师主第一义,有部师主第二义,唯识宗正取第三义,亦未详何据。⑤ 笼统说来,第一义“变异而熟”可以指认任何因果关系,如窥基就说:“此义通余,种生果时皆变异故。”⑥如果我们进一步将时间内涵赋予“变异”,即,假如“变异而熟”是说,因在时间的流转中发生了变异,所以才生起了果,那么,这与第二义“异时而熟”都是指认异时因果。不过,按照《俱舍论》的说法,经部的确是以“变异而熟”来解释“异熟”,这是因为,他们对“熟”(pāka)也作出了特别的界说,认为“熟”必须具备两个含义:其一,因要在时间的流转中发生转变而生果;其二,所生起的果则有一定的存在时限(paryanta),比如五十年、一百年等。⑦ 这就可以将“变异而熟”的解释限定在异熟上了,而非仅是笼统的因果或异时因果关系。至于有部,则是以“异类而熟”(visadṛśaḥ pākaḥ)来解释异熟,即强调业因与果报在性类上的差异。如《婆沙》中说:“问:何故名异熟因?异熟是何义?答:异类而熟,是异熟义。谓善不善因,以无记为果。果是熟义,如前已说。”《俱舍论》中也说:“毗婆沙师作如是释:异类而熟,是异熟义(visadṛśaḥ pāko vipākaḥ)。”⑧在

---

① 《成唯识论述记》第二末,T43,p.298a。

② 《成唯识论述记》第一本,T43,p.238c。

③ 《成唯识论疏抄》卷1,X50,p.150b。

④ 《阿毗达磨顺正理论》卷16,T29,p.427b。

⑤ 见《成唯识论疏抄》卷1,X50,p.150a－b。

⑥ 《成唯识论述记》第一本,T43,p.238c。

⑦ 《阿毗达磨俱舍论》卷6,T29,p.33a;P. Pradhan:*Abhidharmakośabhāṣya of Vasubandhu*,p.90。

⑧ 《阿毗达磨大毗婆沙论》卷20,T27,p.103c;《阿毗达磨俱舍论》卷6,T29,p.33a;P. Pradhan:*Abhidharmakośabhāṣya of Vasubandhu*,p.89。

这一问题上，唯识学者接受的正是有部的解释。所以窥基在《杂集论述记》中将异熟界说为："异谓别异，因果性别故；熟谓熟变，体起酬因故。言异之熟，异属于因；若异即熟，异属于果。依主、持业，如次可知。"①借用六合释来说，异因之熟，这是依主释；异果即熟，这是持业释。

据《宗镜录》的记载，后来汉地的唯识学者对异熟有一个发展了的解释，认为异熟具四义：一是异时而熟；二是异性而熟，指业因与果报在三性上的差异；三是异类而熟，指由不同的业因而招感五趣不同的果报；四是异圣而熟，指果报是由分别二障种子所招感，因此圣人不招感果报。② 据此，所谓异类而熟的类，不再是指性类，而是指种类；至于性类的差异，则是另由异性来予以说明了。这或许只是用语的不同，无关宏旨，但说异圣而熟，却有值得商榷的地方。果报并非只是由分别二障种子所招感，也可以是由俱生二障种子所招感，③也就是说，行者在见道位断除分别二障种子，而入于圣位，依然可以由俱生二障种子来招感果报，因此如下述，其实只有佛果位才不能被称为异熟。

异熟有两种。一是作为总果报体的真异熟，它必须具备三个条件："一、业果；二、不断；三、遍三界"④。第七识非是业果，前六识有间断，前五识且不遍三界，因为色界没有有漏的鼻、舌二识，二禅以上有漏前五识皆无故，因此作为恒无间断的总果报体，所谓真异熟只能是指第八识。二是异熟生(vipākaja)，即由第八真异熟所引生的前六识之别报果。⑤ 第八真异熟是由强盛业因所招感的总果报体，而其余微弱业因则能招感前六识的别报果，从而得以进一步圆满果报。因为别报果是在总报果后生起，没有总报果作为基础，也就没有别报果，所以说别报果是由总报果所引生。反之，在死亡时，别报果则先于总报果而舍离。这就像画师作模、弟子填彩一样，真异熟如同画师所作的模型，确定了果报的基本形态，而异熟生的前六识如同弟子在模型上进一步填彩，完善了果报的各种具体细节。

需要指出的是，这里总、别报只是就八识本身来作的区分，所以说，除第七识为有覆无记性，不是异熟果外，第八识是总报果，异熟无记的前六识是

① 《杂集论述记》卷1，X48，p.21b。

② 见《宗镜录》卷71，T48，p.814c。

③ 关于"分别"与"俱生"，参本书上篇第三章第三节。

④ 《成唯识论掌中枢要》卷上末，T43，p.629c。

⑤ 广义上的"异熟生"也可以包括第八真异熟，因为对第八识来说，其后念异熟也是由前念异熟引生，而为"异熟生"。故窥基说："若法异熟，从异熟起，无间断、遍者，名为异熟，名异熟生。若法异熟，从异熟起，有间、不遍者，名异熟生，不名异熟。"(《成唯识论述记》第二末，T43，p.299c。)

别报果。如果就全体异熟无记法而言,那么,“除第八识及相应法,余皆别报”①,即,只有第八识心、心所法才是总报果,第八心王所缘的胜义根与扶根尘也都是别报果。具体到十二缘起上来说,则第八心王属于识支,而扶根尘属于名色支中的色蕴,胜义根属于六处支。所以《义演》说:“由别报果,令五蕴身得具足故”②。关于第八识缘根身的问题,且留待下章再作探讨。

可见,将阿赖耶识之果相落实在业感真异熟上,无非是因为其因有支熏习而有一期生命的转变,即,当有支熏习成熟时,阿赖耶识结生相续,从此世轮转到下世。这基本上化约了《摄大乘论》中果相有阿赖耶识受名言熏习而刹那变化的含义。如上所述,《摄论》中阿赖耶识即是一切种子的统一体,所谓因相、果相是就阿赖耶识与前七转识的互为因果而安立的,因此果相只是宽泛地指“阿赖耶识即彼诸法所熏习故”③。此种熏习引起阿赖耶识的变化,这既可以是因名言熏习而有每一刹那的转变,也可以是因有支熏习的成熟而有一期生命的转变。而《成唯识论》将果相归约为异熟,正是基于“种识不一”的立场,为彰显阿赖耶识的现行识特征而必然导出的结论。因为在第八识现、种二分的前提下,因名言熏习而有的刹那变化,即转识与第八识俱生俱灭,由此而熏成各各有别的能生性功能,这是指种子而非现识,只是在此意义上,窥基才承认,“约互为缘,果相亦通”种子,④而作为现识之果相,就只能是指因有支熏习的成熟而有的异熟了。

其次是“因相”。按《摄论》以互为因果说果相、因相,所谓因相即一切种子,它们为杂染法现前的能生因,而一切种子的统一体也就是阿赖耶识,种子只是假法。在《成唯识论》“种识不一”的前提下,所谓“因相”,按窥基的理解,理论上就既可以指第八现识,也可以指第八现识所摄持的一切种子,前者为种子等的依持因,后者为现行诸法的亲因缘。不过,窥基同时也指出,就《成唯识论》的文本来看,所谓因相的“一切种识”,只是指能执持种子的第八现识。⑤ 故慧沼(650—714)说,所谓“种子识言不目种子,由现第八能摄种子,名种子识”⑥。这样,无论是果相还是因相,都已被落实到现识的层面。简单说来,果相即是第八现识的受熏义,因相即是第八现识的持种

① 《成唯识论述记》第八末,T43,p.523a。

② 《成唯识论疏义演》第二末,X49,p.536b。

③ 世亲:《摄大乘论释》卷2,T31,p.329a。

④ 《成唯识论述记》第二末,T43,p.302a。对《述记》此段文字的解释,后来的唐疏不尽相同,今取《义演》之说:“‘约互为缘,果相亦通’者,说即通取识中种子总名果相,是现所熏故。”《成唯识论疏义演》第二末,X49,p.537b。

⑤ 参《成唯识论述记》第二末,T43,p.302a。

⑥ 《成唯识论了义灯》第三,T43,p.717b。

义，这正分别对应于窥基一系所理解的“所藏”、“能藏”义。

最后是“自相”。自相即具“三藏”义的阿赖耶识，它是总摄因相、果相而说的。按照窥基的理解，自相是体相，因、果二相为自相上之义相。也就是说，它们是体与义的关系，自相作为总体表现为持种、受熏两种别义或两个侧面，即依之而分别说为因相、果相；因、果相作为别义依于总体的自相而存在，离自相外无别因、果相可言。① 因相的持种义即能藏义，果相的受熏义即所藏义，自相中除具此二义外，更能表明其特性的乃是第三“执藏”义，即阿赖耶识由于其一类相续，恒无间断，而为第七末那执以为常住不变的自我。按《成唯识论》，作为自相的阿赖耶识虽以“三藏”义而得名，但根本还在于此“执藏”义。因为名之为“阿赖耶识”，是必须“三藏”义俱备的。而从修证的位次来看，八地以上的顿悟菩萨、②二乘无学（aśaikṣa）已无我执现行，此时“三藏”义中即缺“执藏”义而唯余二义，“三名阙一，即不得名”③，此时之第八识就不能再被称为“阿赖耶识”了。

综上所述，按窥基一系的见解，第八现识之果相即其受熏义，它对应于“三藏”义中的“所藏”义，此时之第八识被称为“异熟识”；第八现识之因相即其持种义，它对应于“三藏”义中的“能藏”义，此时之第八识被称为“一切种识”；第八现识之自相即对因、果相之总摄，因此它对应于“三藏”义而正取其第三“执藏”义，此时之第八识被称为“阿赖耶识”。

准此，从修证的角度，我们又可以区分出第八识的三个位次：一、我爱执藏现行位，谓自无始以来，直至顿悟菩萨八地以前或二乘中有学圣者（śaikṣa），其第八识恒为第七末那执藏为我，此时之第八识被称为“阿赖耶识”，而与“自相”相应；二、善恶业果位，谓自无始以来，直至十地菩萨最后

---

① 参《成唯识论述记》第二末，T43，p.301a－b。

② 唯识学者分菩萨为顿悟、渐悟二类，此顿、渐之别非禅宗所言者。所谓顿悟菩萨，是指唯具菩萨种姓者，故其不必经二乘之行而直入菩萨道。所谓渐悟菩萨，是指具三乘种姓之不定姓者，如先有二乘之行，乃至先证得二乘之果，然后再回心入菩萨行，是为渐悟菩萨。关于渐悟菩萨，窥基在《妙法莲华经玄赞》第一本中曾出二义：“一者，若从得二乘果发心向大，名为渐悟，……若从二凡而归于大，即顿悟摄，未曾悟证二乘果故，……二者，但从曾发二心，曾修二行，来归大者，皆名渐悟。”（T34，p.653a）第一说是认为，证得二乘果后回心者方为渐悟，未证得二乘果而回心者，仍属顿悟。第二说是认为，只要有过二乘的修行，不管证果与否，回心向大，皆为渐悟。窥基晚年在幽州范阳（今河北省涿州市）讲《法华经》，曾有两位法师争论过这一问题，第一说出自明湛法师，第二说出自德感法师。窥基将其讨论整合进了《玄赞》一书。（《法华经玄赞要集》卷3，X34，p.229b－c。）窥基本人认同的是第二说，如智周《法华经玄赞摄释》卷1：“疏主但据或得二圣，或行二行，回趣大者，即名渐悟。”（X34，p.21c）“或得二圣”即证二乘果者，“或行二行”即行二乘行者。但据慧沼《法华玄赞义决》，应取第一说。（T34，p.854c）

③ 《成唯识论述记》第二末，T43，p.301a。

之金刚心位或二乘无学圣者，其第八识为过去善恶业所招感之异熟果，此时之第八识被称为“异熟识”，而与“果相”相应；三、相续执持位，此位自无始以来，尽未来际，通于佛果，其第八识执持诸法种子及五色根令不失坏，故称之为“阿陀那识”，积集诸法所熏习种子，故称之为“心”，能遍任持一切有漏、无漏种子，故称之为“种子识”，等等，这大体与“因相”相应。① 兹列表如下：

三　名	三　藏	三　相	三　位
阿赖耶识	三藏义而正取执藏义	自相	我爱执藏现行位
异熟识	所藏义	果相	善恶业果位
一切种识	能藏义	因相	相续执持位

总之，通过对第八识名、义、位三者的系统配置，唯识学中阿赖耶识之语义可谓已臻于精严细密。正以此为基点，玄奘一系形成了其八识论体系的独特构架。

① 参《成唯识论述记》第二末，T43，p.298a；《成唯识论》卷3，T31，p.13c。

第三章　玄奘所传八识说的构造

如上所述，作为玄奘一系立宗依据的《成唯识论》，其八现识共转的基本立场来源于《瑜伽师地论·摄决择分》。《摄决择分》开篇以“八种相”证成必有阿赖耶识后，即总摄阿赖耶识之要义，以四相建立流转，以一相建立还灭。建立流转四相中，其一，“所缘转相”，谓阿赖耶识作为能缘，了别两类所缘境而生起，一是内执受境，二是外器境。其二，“相应转相”，谓阿赖耶识与五遍行心所相应共转。其三，“互为缘性转相”，谓阿赖耶识与前七转识互为二缘。一方面，阿赖耶识所持种子为诸转识生起的亲因缘，另一方面，阿赖耶识本身则由于执受五色根等而为转识生起的所依，因而阿赖耶识在双重意义上都与转识为缘；转识与阿赖耶识为缘亦有两重，一方面，诸转识熏习阿赖耶识而熏成转识的种子，此即为“名言熏习”，另一方面，通过诸转识的熏习亦能引生当来世作为总果报体的阿赖耶识，此即为“有支熏习”。[①] 其四，“与转识等俱转转相”，谓阿赖耶识至少必与一转识俱时共转，即第七末那识，在相应的因缘条件下，甚至还可以与全部七转识同时生起。所谓一相建立还灭，则是指对治此作为杂染根本的阿赖耶识而得转依。[②] 总之，阿赖耶识作为能缘有了别之行相、所缘之二境，作为心王有相应之心所，因而是作为现行识与前七转识互依共转。这一八识说的基本构架在《成唯识论》中得到了进一步的发挥。下面我们按“三能变”的次第分别述之。

---

① 熊十力将转识与阿赖耶识为缘的第二重意义解释为：“谓转识缘彼赖耶识时，得熏生赖耶种，引摄当来第八识故。”见氏著：《佛家名相通释》（上海：东方出版中心，1996 年），页 119。这是就转识能熏成赖耶名言种而言。今按真谛异译本《决定藏论》卷上，相应的一段文字作：“令受报者，有识于善不善有力者，未来世令阿罗耶识受果报。”（T30，p.1019c）则当以“有支熏习”释之为妥。事实上，即便是奘门之下，也是从这一角度来解释的，如《成唯识论了义灯》第三：“‘于后法中为彼得生摄殖彼种子者，谓彼熏习种类，能引摄当来异熟无记阿赖耶识’者，此约业种引当异熟为增上缘言。‘谓彼熏习种类’者，业种是彼名言种类。‘为彼得生摄殖彼种子’，即显由业，彼方得生，不尔，异熟不能生故。”（T43，p.719b）至于赖耶名言种之熏习问题，实为奘传唯识学所关注者，《摄决择分》未必已有此说。

② 参《瑜伽师地论》卷 51，T30，pp.579c－581c。

第一节　阿赖耶识的所缘与行相

按照窥基的科判,《成唯识论》述初能变识有“八段十义”,①除第一门“三相”如上章所述,为阿赖耶识语义之解明外,余七门均涉及阿赖耶识及其相应心所之构造。

如前所述,《摄大乘论》建立了不共小乘的作为诸法因性的阿赖耶识,既然阿赖耶识被称为“识”,它也应该相类于其他转识,具有能、所二分结构,即有其行相与所缘,否则就难以回答不信有此识的小乘部派如经量部的责难。② 职是之故,《成唯识论》谓:

> 此识行相、所缘云何?谓不可知执受、处、了。了谓了别,即是行相,识以了别为行相故。处谓处所,即器世间,是诸有情所依处故。执受有二,谓诸种子及有根身。诸种子者,谓诸相、名、分别习气。有根身者,谓诸色根及根依处。此二皆是识所执受,摄为自体,同安危故。执受及处,俱是所缘。阿赖耶识因缘力故,自体生时,内变为种及有根身,外变为器,即以所变为自所缘,行相仗之而得起故。③

这里有两个层次。首先,从存在论的角度,种子、根身、器界(bhājana-loka)作为阿赖耶识的所缘境,源自阿赖耶识自体的变现。据《成唯识论》,“识转变”可分为“因能变”与“果能变”。就阿赖耶识言,一方面,当业种与阿赖耶识名言种成熟时,以业种为增上缘(adhipati-pratyaya),以阿赖耶识名言种为亲因缘,而生起阿赖耶现行识,这被称为“因能变”;另一方面,从此阿赖耶现行识又能变现出见、相二分,所变相分有两类,显现似内身者为种子与根身,显现似外境者为器界,这被称为“果能变”。④ 其次,从认识论的角度,阿赖

---

① 参《成唯识论述记》第二末,T43,p.300c。

② 如安慧《三十释》中说:“yadi pravṛttivijñānavyatiriktam ālayavijñānam asti tato 'syālambanam ākāro vā vaktavyaḥ | na hi nirālambanaṃ nirākāraṃ vā vijñānaṃ yujyate |”(若离于转识别有阿赖耶识,应说其所缘或行相,因为识无所缘或无行相则不应理。)据调伏天的复注,这是经量部的责难。Hartmut Buescher: *Sthiramati's Triṃśikāvijñaptibhāṣya*, p. 50; *Sum cu pa'i 'grel bshad*, D4070, Hi, p.15a;山口益、野澤静證:《唯識三十頌の原典解釋》,氏著:《世親唯識の原典解明》(京都:法藏館,1953 年),页 204—205。

③ 《成唯识论》卷 2,T31,p.10a。

④ 关于《成唯识论》的“识转变”说,参本书下篇第八章第三节。关于业种与名言种的区别,参本书中篇第五章第一节。

耶识即以其所变现的种子、根身、器界等三者为对象,而对之生起"了别"的认识作用。认识对象即相分,"了别"的认识作用被称为"行相",即是见分。下面我们先来考察作为相分的种子、根身、器界三者。

1.1 作为所执受的种子与根身

按论文所述,此中种子与根身被称为"所执受",这显然是沿袭了《解深密经》的说法,即该经中所说的"根身执受"与"习气执受"。不过如前所述,《深密》所谓的执受主要着眼于生命论的内涵,而按《摄决择分》,"执受"则有两层含义,一是"谓识所托,安危事同,和合生长",二是"此为依能生诸受"。① 因此窥基就进一步解释说:"执受义者,执是摄义、持义,受是领义、觉义。摄为自体,持令不坏,安危共同而领受之,能生觉受,名为执受,领为境也。"②此即,阿赖耶识以根身等为所缘境而执受之,两者安危与共,所以所执受的五色根才能生起前五识而有苦乐等觉受。按照窥基的理解,"安危共同"即有"领以为境"的含义,这是颇堪注意的发挥。

此处"同安危"一语,如前所述,本亦来自《深密》,藏文作 grub pa dang bde ba gcig pa,③可还原为 eka-yoga-kṣema。这是指,一方面,肉体由于心、心所的作用力而得以保持其正常机能;另一方面,肉体上的损益也能引起心、心所上的损益。如《瑜伽师地论·摄事分》云:"同安危者,由心、心所任持力故,其色不断、不坏、不烂;即由如是所执受色,或时衰损,或时摄益,其心、心所亦随损益。"④因此它强调的是身心一体交感的关系。而窥基则将其诠解为心、心所单方面对肉体的领受,从而在能、所二分的构架下将根身等落实在了所缘境的层面。概言之,这是将原本生命论意义上的"执受",转化为了认识论意义上基于能、所二分的"执受",因此与《深密》相较,在这种表面上完全相同的用语背后,其实却暗含着基本运思路向的调整。

此两种执受中,其一是种子,严格说来,这是指"相、名、分别习气"。相(nimitta)、名(nāman)、分别(vikalpa)与正智(samyag-jñāna)、真如(tathatā)合称"五法",是唯识学者对于一切迷悟诸法的分类。⑤ 虚妄分别的产生并进而形成为主客对立的两重世界,就是基于语言和概念("名")所意指的内涵,面对所知对象的各种相状("相"),而予以循名责实的分别执著("分

---

① 《瑜伽师地论》卷 53,T30,pp.593c - 594a。

② 《成唯识论述记》第三本,T43,p.315c。

③ *'Phags pa dgongs pa nges par 'grel pa zhes bya ba theg pa chen po'i mdo*,D106,Ca,p.12b。

④ 《瑜伽师地论》卷 100,T30,p.880a。

⑤ "五法"亦名"五事",其具体界说可参《瑜伽师地论》卷 72,T30,p.696a。

别”）。此种虚妄分别将其影响力潜存于阿赖耶识中，即被称为“相、名、分别习气”。因此，这大致与有漏种子相当。至于无漏种子，在阿赖耶识之有漏位虽依附于此识，但因为种、识之间存在着无漏与有漏的性质差异，故无漏种非是有漏位的阿赖耶识之所缘。①

那么，有漏种子如何能从阿赖耶识中剥离出来而成为其所缘呢？《成唯识论》中说：“种子虽依第八识体，而是此识相分非余，见分恒取此为境故。”②窥基对此的解释是，在“四分”说的构架下，第八识体之自证分为所受熏处，故种子即依止于此，第八识之见分虽不能缘此自证分，因为见分唯向外缘相分，而不能向内缘自证分，自证分另有证自证分缘之，但此第八见分却能缘于自证分上的差别功能亦即种子。因此就依止言，种子依于自证分，就为其见分所缘言，种子由相分摄。③

问题是，既然种子依止于自证分，为何不即由自证分缘之，而必经一曲折，再由见分所缘而为相分呢？据奘门传说，护月论师就有这样的看法。如《述记》云：“若旧相传，护月师唯种依识见分而住，自证分缘，唯三分故。”④参照窥基《瑜伽师地论略纂》及智周《演秘》的解说，可知护月立识体三分，种子为自证分所缘，故而它属于见分。⑤ 这就意味着，种子即便是作为所缘，也与根身、器界等作为相分的所缘截然有别，而不能并列在同一个层次上。其理由可能在于，护月认为“种无别体，但依赖耶识上功能假说种子。故自证分缘见分时，亦名缘种。无别相故，非见所缘”⑥。护月此“种无别体”的见解，据圆测说，大约是得之于《摄大乘论》。⑦ 也就是说，种子并不能与赖耶截然分割开来，它并非是赖耶之外另有“别相”的存在，从而两者可以形成一种外在的能、所关系；恰恰相反，种子就是阿赖耶识的内容，阿赖耶识则赋予众多种子以一个统一的形式。因此护月将种子落实在见分上其实是一种比较巧妙的做法。一方面，在唯识今学“识分说”的前提下，这固然满足了能、所缘的二分构架；另一方面，更为重要的是，无论是三分还是四分，见、自证、证自证都只是识之内部的分别，而不像相分隐隐然有一种与识别体的意味。由此亦可见，《成唯识论》之所以要经过如此曲折来安立种子之为相

---

① 《成唯识论演秘》第二末（T43，p.859a）曾指出，无漏种虽非有漏位的阿赖耶识之所缘，但“是相分类，从余相分，相分所摄”。

② 《成唯识论》卷2，T31，p.8a。

③ 参《成唯识论述记》第二末，T43，p.303b。

④ 《成唯识论述记》第二末，T43，p.303b。

⑤ 参《瑜伽师地论略纂》卷13，T43，p.173b；《成唯识论演秘》第二末，T43，p.859a。

⑥ 《成唯识论演秘》第二末，T43，p.859a。

⑦ 见《成唯识论学记》卷1末，X50，p.52b。

分，除为了从形式上满足“一切唯识”的规整性外，其实质性意义更在于，成立种子为实有而使第八现识与种子二分。

执受的第二项是五色根及其扶根尘。这里与安慧《三十释》的最大差别在于，安慧认为，此执受中还包括“名”（nāman）。从其上下文来看，安慧所说的“名”应该不是指习气或种子，而是指受、想、行、识等无色四蕴（arūpiṇaḥ skandhāḥ）。如安慧释中说，欲、色二界有名、色两种执受（dvayor nāmarūpayor upādānam），无色界离色贪故，唯有“名执受”（nāma-upādāna）。但这只是说，无色界没有对“色异熟”（rūpa-vipāka）即现行的色根与扶根尘的执受，而并非没有处于“习气状态”（vāsanā-avastha）的色即色种子。① 以此类推，所谓无色界有“名执受”，也只能是指“名”的现行即无色四蕴，而并非是在种子的意义上说的。所以后来调伏天在安慧《三十释》的复注中就明确说，这里“名”是指受等四蕴。②

无色四蕴的“名”与属于色蕴的根身一起，被称为“所依执受”（āśraya-upādāna）。“所依”是指“自体”（ātma-bhāva），即现象意义上自我的存在，也就是佛家通常所说的五蕴和合或名色和合之假我。它趣近（upagamana）于阿赖耶识，与阿赖耶识同安危，故名执受。③

从现存安慧的著述来看，将无色四蕴也纳入所执受的范围，这在《三十释》中表述得最为明确。而在其他著述中，他其实也曾表露过类似的想法，只是有时比较隐晦。比如在《中边释》中，安慧说，七种转识与受（upabhoga，“能受用”）、想（pariccheda，“分别”）、思（preraka，“推”）等心所都是阿赖耶识的果，它们“是识故，及同安危故”（vijñānatvād ekayogakṣematvāc ca）④。这里虽然没有出现“执受”一语，但已说到阿赖耶识是与无色四蕴“同安危”，其实也还是执受无色四蕴的意思。

当然，作为精通阿毗达磨的学者，安慧不可能不知道，按照有部阿毗达磨的论义，所执受者仅限于根身等色法。事实上，如上述，在《实义疏》中，安慧就曾强调指出，心、心所法是能执受，而不能是所执受。自《解深密经》以来，虽然唯识学者将所执受的范围扩展到了种子，但似乎从未将其扩展到心、心所等无色四蕴。因此在比如《五蕴论广释》（*Pañcaskandhakavibhāṣā*）

---

① Hartmut Buescher：*Sthiramati's Triṃśikāvijñaptibhāṣya*，p.52。

② *Sum cu pa'i 'grel bshad*，D4070，Hi，p.15a－b；山口益、野澤靜證：《唯識三十頌の原典解釋》，氏著：《世親唯識の原典解明》，页 206。

③ Hartmut Buescher：*Sthiramati's Triṃśikāvijñaptibhāṣya*，p.52。

④ S. Yamaguchi（山口益）：*Madhyāntavibhāgaṭīkā de Sthiramati*，p.33。此处安慧解释的是《中边论·辩相品》的“一则名缘识，第二名受者，此中能受用，分别推心所”一颂（T31，p.465a）。

中，安慧也还是随顺传统的说法，认为阿赖耶识有两种所缘：一是“内执受”（adhyātmam upādānam），二是“外不可知行相器［世间］”（bahirdhā-aparicchinna-ākāra-bhājana），“内执受”又包括“遍计所执自性妄执习气”（parikalpita-svabhāva-abhiniveśa-vāsanā）及“有依根色”（sādhiṣṭhānam indriyarūpam）。“依”（adhiṣṭhāna）即根依处，“有依根色”即有根依处为所依的色根。这里就没有提到“名”。①但在解释阿赖耶识之语义时，安慧又有一些微妙的说法。

梵本《五蕴论》中说，阿赖耶识的基本特性之一是“ātmabhāvālayanimittatā”②（自体摄藏因性）。奘译本此处则作“能摄藏我慢相”③。设若玄奘是依据同一梵本，那么有可能他是将 ālaya（摄藏）理解为执著，整个短语的意思是，阿赖耶识是末那识执著我（ātma-bhāva，自体）的所缘相（nimitta），相当于“三藏”义中的“执藏”义。而安慧的解读则全然不同，他说：

> ātmabhāvo nāmarūpam ｜ ālīyate 'sminn ātmabhāvaḥ, tadbalenānuvṛttita ity ālayaḥ ｜ tadbhāva ālayatā ｜ ātmabhāvanimittaṃ tadbījaparipoṣāt pratisandhāv ātmabhāvanirvartanāt ｜ ātmabhāvālayatām ātmabhāvanimittatāṃ copādāyālayavijñānatvam abhyupagantavyam ‖④
> （自体即名色。自体被藏于此［识］，由此［识］力而随转，故名“摄藏”，彼性即“摄藏性”；自体之因者，彼种子增长故，于结生时自体生起故。自体之摄藏性及自体之因性故，应被许为阿赖耶识性。）

这里安慧首先明确指出，所谓“自体”（ātma-bhāva）是名色的意思，即身心和合的整个生命体。而后他将上述短语一分为二，一是“自体之摄藏”

---

① 《五蕴论广释》：“yasmād ālayavijñānaṃ dvābhyām ālambanābhyāṃ pravartate ｜ adhyātmam upādānavijñaptitaḥ, bahirdhāparicchinnākārabhājanavijñaptitaś ca ｜ tatrādhyātmam upādānaṃ parikalpitasvabhāvābhiniveśavāsanā sādhiṣṭhānaṃ cendriyarūpam ｜”（因阿赖耶识于二种所缘转，内执受了别及外不可知行相器［世间］了别。此中，内执受即遍计所执自性妄执习气，及有依根色。）Jowita Kramer：*Sthiramati's Pañcaskandhakavibhāṣā*，*Part I*，p.92。试比较安慧《三十释》：“yasmād ālayavijñānaṃ dvidhā pravartate ｜ adhyātmam upādānavijñaptito bahirdhā 'paricchinnākārabhājanavijñaptitaś ca ｜ tatrādhyātmam upādānaṃ parikalpitasvabhāvābhiniveśavāsanā sādhiṣṭhānam indriyarūpaṃ <u>nāma</u> ca ｜”（因阿赖耶识以二种［所缘］转，内执受了别及外不可知行相器［世间］了别。此中，内执受即遍计所执自性妄执习气，有依根色及<u>名</u>。）Hartmut Buescher：*Sthiramati's Triṃśikāvijñaptibhāṣya*，p.52。

② 李学竹等：*Vasubandhu's Pañcaskandhaka*，p.17。

③ 《大乘五蕴论》，T31，p.850a。

④ Jowita Kramer：*Sthiramati's Pañcaskandhakavibhāṣā*，*Part I*，p.106。

(ātmabhāva-ālaya),二是“自体之因”(ātmabhāva-nimitta)。“自体之因”是说阿赖耶识中有自体即名色的种子,由此于结生相续时能生起自体。而“自体之摄藏”则是说,自体即名色整个被藏于阿赖耶识中,由阿赖耶识的力用而随转,这其实也还是阿赖耶识执受名色的意思。

从安慧《三十释》中曾提及《五蕴论广释》来看,①《三十释》可能是安慧更为晚期的作品。也就是说,在经过充分的思考之后,安慧还是明确地将“名”即无色四蕴纳入了阿赖耶识所执受的范围。安慧此说,可能是得之于《本地分》、《摄事分》中对原始佛典所说“识”与“名色”二支互缘的解释,其谓“识”即异熟识(vipāka-vijñāna)。一方面,它依止(pratiṣṭhita)名色而得以流转,是为“名色缘识”(nāma-rūpa-pratyayaṃ vijñānam);另一方面,名色为异熟识所执受故而相续不绝,是为“识缘名色”(vijñāna-pratyayaṃ nāma-rūpam)。② 这一诠释无疑具有强烈的生命论意涵。正是考虑到现象意义上自我的存在既为身心和合,就不仅仅只是拥有物质性的根身,“名”这一精神性的要素同样也是不可或缺的。因此安慧最终认为,阿赖耶识维系统合的是包括肉身与精神的整体生命形态,而并不仅限于传统“执受”说的生理性的含义。不过,一旦将其导入唯识学体系中,从认识论的立场来看,如此再加上非执受的器界,就成了阿赖耶识能遍缘一切色心诸法。按照《成唯识论》对“识转变”的理解,这恰恰就是它所明确反对的“一能变”说。

《成唯识论》强调指出,心与心所即“名”不能成为阿赖耶识的相分,这是因为,阿赖耶识所缘之三境由其果能变之所变现,它们均是有实作用的,属于“因缘变”,如变现为根身即能依之发识取境。设若可变现为心与心所,则此作为相分的心与心所即无能缘的作用,故阿赖耶识不变彼相分心。③为此,《述记》曾对魏译《楞伽》中所说的“阿黎耶识缘名及相”④作出了四种解释,其核心要义在于,阿赖耶识不能直接缘于无色四蕴意义上的“名”。⑤其余心、心所法即“名”与阿赖耶识一样,都分别由其自类种子生起,并各自

---

① 在安慧《三十释》证成阿赖耶识的最后,就提到了《五蕴论释》(*Pañcaskandhakopanibandhana*)。Hartmut Buescher: *Sthiramati's Triṃśikāvijñaptibhāṣya*, p.120。

② 参《瑜伽师地论》卷9,T30,p.321b;同论卷93,T30,p.827c;Vidhushekhara Bhattacharya: *The Yogācārabhūmi of Ācārya Asaṅga, part I*, p.199。

③ 参《成唯识论》卷2,T31,p.11a。关于“因缘变”与“分别变”,参本书下篇第九章第一节。

④ 《入楞伽经》卷1:“阿梨耶识知名识相,所有体相,如虚空中有毛轮,住不净尽智所知境界。”(T16,p.518b)检《楞伽》梵、唐二本,前半句作“ālayavijñānāparijñānādaviśeṣalakṣaṇānāṃ”,“不能了知阿赖耶识无差别相”。魏译或有误。P. L. Vaidya: *Saddharmalaṅkāvatārasūtram* (Darbhanga: The Mithila Institute of Post-Graduate Studies and Research in Sanskrit Learning, 1963), p.7;《大乘入楞伽经》卷1,T16,p.590a。

⑤ 《成唯识论述记》第三本,T43,p.316a。

能变现为见、相二分，前者为因能变，后者为果能变。故而有赖耶、末那、前六识“三能变”，而非仅赖耶“一能变”。既然心、心所法即“名”不能成为阿赖耶识之所缘，故《成唯识论》还是沿循传统的说法，将“执受”限定在对根身的执受这一生理性的含义上。

1.2　器界与共相种：世界共在问题

阿赖耶识所执受的根身与器界一起作为色境，分别构成了我们的肉身与生活世界。根身属于佛教中通常所说的“正报”，或者说“有情世间”，器界则是“依报”，或者说“国土世间”。两者的区别在于，根身是业感的异熟果，器界是业感的增上果，[①]虽然在性类上它们同为无记，但业感的根身属异熟生无记，而器界则属自性无记。（由饮食等的滋养而生长的根身亦属自性无记。）[②]此外，更重要的是，根身与阿赖耶识互依共感，故称之为“执受”，而器界“非是相近，不执为自体故，与识相远，不为依故，故非执受”[③]。因此根身是有情各自受用的，而器界作为生存世界则是有情共在的。这一区别，根源于生成它们的种子不同，即，此两者分别为“不共相种”与“共相种”所生：

> 所言“处”者，谓异熟识由共相种成熟力故，变似色等器世间相，即外大种及所造色。……“有根身”者，谓异熟识不共相种成熟力故，变似色根及根依处，即内大种及所造色。[④]

这种对“共相”与“不共相”的区分出自《摄大乘论》，其藏文分别为“thun mong gi mtshan nyid”、“thun mong ma yin pa'i mtshan nyid”，长尾雅人（1907—2005）将其还原为“sādhāraṇa-lakṣaṇa”、“asādhāraṇa-lakṣaṇa”。[⑤] 所以这里的“共相”，并非是与“自相”（sva-lakṣaṇa）相对的“共相”（sāmānya-lakṣaṇa）概念，此所谓“共”（thun mong，sādhāraṇa），意为“共通的、共同的、共有的”，它是指有情共同受用的器世间。与之相对，所谓“不共”（thun

---

① 《大乘阿毗达磨杂集论》卷 15：“增上果者，谓一切有情共业增上力所感器世间。”（T31，p.765b）

② 《瑜伽师地论》卷 66：“此中自性无记，谓诸色根是长养者，及外诸有色处等，非异熟等所摄者，除善染污色处、声处。”（T30，p.668a）色、声二处通三性，故仅取其无记且非异熟无记等所摄者。

③ 《成唯识论述记》第三本，T43，p.316a。

④ 《成唯识论》卷 2，T31，pp.10c－11a。

⑤ 長尾雅人：《摂大乘論：和訳と注解（上）》，附录页 52—53。

mong ma yin pa, asādhāraṇa),也就是"个别的、独有的",它是指有情各自受用的根身。在《摄大乘论》中,"共相种"也被称为"无受生种子"(tshor ba med pa 'byung ba'i sa bon, nirvedita-utpāda-bīja),"不共相种"则被称为"有受生种子"(tshor ba dang bcas pa 'byung ba'i sa bon, savedita-utpāda-bīja)。① 所谓"无受生"、"有受生",也就是能否生起苦乐等觉受而对有情有所损益,实际上也就是有无执受的意思。

窥基一系由此进一步将共、不共开而为四。共中有二。其一,共中共,"诸识同变,以得共名,诸趣共用,复名为共"②,如山河等,这不仅为同一界地的诸趣有情共同变现,还能为同一界地的诸趣有情共同受用。其二,共中不共,窥基举了两个例子,一是属于自己的田宅等,虽然他人亦能受用,但主要为自己用;二是唯识学中为证成"一切唯识现"而常用的例证"一河四见",即,由于业报不同,故在人见为河流的同一处所,其他诸趣却所见各异,如饿鬼于此即见为脓血或猛火,鱼类见为宅路,诸天则见为七宝庄严地,诸如此类,因此人能饮用之,而他趣有情如饿鬼即不能用。③ 不共亦有两种。其一,不共中不共,如眼等胜义根,只能为自己的眼识等所依,他人的眼识等即不能用。其二,不共中共,如属己的扶根尘虽亦为不共,但他人亦能依之而在他人识上变影缘之。④

这里首先需要指出的是,按照唯识学的基本立场,一切外境无非都是自身心识的变现。因此所谓"共"并不是说,在素朴实在论的意义上,有一个外在于自身心识的实有的世界可为一切有情共同生存的处所;恰恰相反,每一有情都只是生存在由自身心识所变现的世界中。然而,有情所造的业因有共、不共的区别,如《集论》说:"云何共业(sādhāraṇaṃ karma)? 若业能令诸器世间(bhājana-loka)种种差别。云何不共业(asādhāraṇaṃ karma)? 若业能令有情世间(sattva-loka)种种差别。"⑤互为差别的不共业熏成不共业种,以之为增上缘,能资发不共相种生起互为不同的有情身;而共通的业因则能

---

① 《摄大乘论本》卷上,T31,p.137b;長尾雅人:《摂大乗論:和訳と注解(上)》,附录页 52—53。

② 《成唯识论义蕴》第二末,X49,p.417c。

③ 既然在人见为河流的同一处所,诸趣有情因业报不同而所见各异,可见并无离心独存的实在的河流可得,对此的证得便是"相违识相智"(viruddha-vijñāna-nimittatva-jñāna)。参《摄大乘论本》卷中,T31,p.139a;《唯识二十论》,T31,p.74c;《成唯识论》卷 7,T31,p.39a;《成唯识论述记》第七末,T43,p.488c 等处。按《述记》,此说可能出自已经散佚了的《阿毗达磨大乘经》。

④ 参《成唯识论述记》第三本,T43,p.321b;《瑜伽师地论略纂》卷 13,T43,p.177b。

⑤ 《大乘阿毗达磨集论》卷 4,T31,p.679b;早島理:《梵蔵漢対校「大乗阿毗达磨集論」·「大乘阿毗达磨雑集論」》,Volume II,p.442。

熏成共业种，资发共相种生起相似的果报，①即，在这些相关有情的心识上变现出相似的器世间相，而以为其生存的处所。所谓“共”，只是指每一有情所变现的器世间相互为相似而已。由此可见，它要解决的问题事实上乃是，一种唯我论（Solipsism）的立场如何能与常识意义上共在的世界相协调。所谓“共中共”与“共中不共”，就是对此问题的回答。

按照窥基及其后学的解释，这里前一个“共”是从变现的角度说的“共变”，后一个“共”或“不共”是从受用的角度说的“共用”或“不共用”。对此，后来日本的唯识学者真兴（934—1004）说得比较清楚：

> 如山河等名共中共者，上共言者，明共变义，下共言者，明共用义。其山河等，四趣有情同变山河等，故云共，四趣有情同共受用，故亦云共，合云共中共也。如己田宅房衣等，及鬼等所见猛火等，名共中不共者，若人类多少有情业类同辈，共变田宅房衣等，若鬼等多少之类其业同辈，共变猛火等，故望同业有情共变，云共也。然人类虽同变田宅等，自己田宅他不能用，他人田宅自不能用，故云不共。又猛火等，同业鬼等虽同所变，然人天等不能受用，故云不共。所以合言共中不共也。②

按照这一解释，第一个“共”，即从变现的角度说的“共变”，在“共中共”与“共中不共”中含义其实并不相同。“共中共”所说的共变，是指同一界地的诸趣有情共变；而“共中不共”所说的共变，是指同业有情亦即同趣有情的共变，比如在“一河四见”中，猛火是鬼趣有情共变，而非与之同一界地的人天等所变现。这是因为，猛火只能为鬼趣有情所受用，而不能为人天等所受用，所以人天等不变猛火。这一解释是有窥基本人的说法为依据的，他说：“即当自界一切有情可共受用，说名为共，共中共也。若别受用，随与多少有情同变，说名为共，共中不共，以人、鬼等所见异故。如大梵变及孤地狱，随诸有情多少变之，非谓一切。”③概言之，正如《学记》所说，“共中不共”意义上的共变，是“随类共变，不变他类”④，即，不是同一界地的一切有情共变。

在此前提下，我们再来看窥基所说“共中不共”的两个例证，它们其实是不同质的。自己的田宅等被称为“共中不共”，只是一个所有权的问题。

---

① 这里涉及“名言种”与“业种”的问题，参本书中篇第五章第一节。

② 《唯识义私记》第三本，T71，p.333b－c。

③ 《成唯识论述记》第三本，T43，p.323a。两个“少”字，原作“小”，据《大正藏》页下校勘注改。

④ 《成唯识论学记》卷2，X50，p.58b。

《义蕴》中就说，如山中的木石，在未被人开发前，是“共中共”；一旦有人开发，属归自己所有，用它们盖成了房舍，就成了“共中不共”。[①] 但不管所有权归谁，大家见到的都是木石或房舍。也就是说，田宅之为田宅的变现对他们来说其实是共通的，这实际上还是属于“共中共”意义上的共变。当然，或许我们可以说，只有同趣的人才能变现为田宅，而异趣有情如鱼等于此并不作田宅的变现，所以这是“共中不共”意义上的共变。但如果这样解释的话，那么所谓“不共”就应该是指，这些田宅只能为人所受用，异趣有情如鱼等则不能受用，而不会是指同为人趣，还有所有权的归属不同。

“一河四见”则是另一种情形：由于业报的不同，人能见到河水，而不能见到脓血或猛火；反之，饿鬼能见到脓血或猛火，而不能见到河水。所以河水是为人趣有情共同变现的，只能为人趣有情所受用；脓血或猛火是由鬼趣有情共同变现的，也只能为鬼趣有情所受用。上述窥基所提到的其他例子也是如此。如所谓“大梵变”，是指《维摩经》中，有一万梵王从色界下来毗耶离（Vaiśālī，或作“毗舍离”）听佛说法，他们都各自变现出色界的器界相以为其托身之处，因为欲界的器界相较为粗疏，不能承载梵王的微细色身，“梵王至欲界地上，由如沙上著油，油即直下。（文）[又]如面中立，又如云中行，皆（陌）[陷]入也”[②]。此色界的器界相既不为欲界有情所变现，也不为欲界有情所受用，故为“共中不共”。正因此，舍利弗所见者为秽土，而梵王则“见释迦牟尼佛土清净，譬如自在天宫”[③]。“孤地狱”（pratyeka-naraka）即孤独地狱，或称“独一地狱”，是一个更极端的例子。《俱舍论》说：“余孤地狱各别业招，或多、或二、或一所止，差别多种，处所不定，或近江河、山边、旷野，或在地下、空及余处。”[④]比如在旷野中，其他有情只能见到旷野，而应当受报的有情，或是一个，或是两个、多个，则能见到孤独地狱，并在其中受苦。孤独地狱是由应当受报的有情的业力所招感、所变现的，也只能为他们所受用，所以也是“共中不共”。

正因为窥基所举的两个例证是不同质的，所以后来唐疏中对“共中不共”的解释并不一致，《学记》更对窥基一系的说法提出了批评，认为应该区分“变”与“感”的不同。虽然不同的人会感得不同的贫富差异，从而有拥有或不拥有田宅之别，但无论是贫人还是富人，毕竟都属同趣有情，田宅之为田宅的变现对他们是共通的，所以还是“共中共”。至于“共中不共”，只是

---

① 参《成唯识论义蕴》第二末，X49，p.417c。

② 《成唯识论疏抄》卷5，X50，p.232c。

③ 《维摩诘所说经》卷上，T14，p.538c。

④ 《阿毗达磨俱舍论》卷11，T29，p.59a。

指异趣有情于同一空间有不同的器界相之变现，如“一河四见”之类。①

准此，区分出“共中不共”，主要是基于同、异趣的考虑，即异趣有情之间存在着同处各变、互不相似的器界相。但无论是“共中共”还是“共中不共”，都有共变的含义，只不过，“共中共”是同一界地一切有情的共变，“共中不共”是同业同趣有情的共变。对于这些共变的有情来说，虽然他们生存在各自变现的世界中，但此种种世界互相相似，不相妨碍地存在于同一空间，因此看起来好像就唯有一个世界。这就比如一室中点有众多明灯，虽然每一明灯都各发自己的光明，但每一灯的光明都能遍照全室，光光相似，相互摄入而不相妨碍，因此看起来似乎就唯有一光。

简言之，这种解释是把世界共在的问题还原到由自识所变的各个世界的相似上，但仅此似乎还不足以说明一切常识的现象。智周在《演秘》中就曾提到过一个有趣的反例，如有一树为多有情共变，其中有一人砍伐之，如此所砍去的也仅是他所变现的世界中的一树，而在余人所变现的世界中，此树当依然存在。如按上述室灯的比喻，那就是只有一灯光灭了，其余灯光却并未因此消失。这在“室灯”喻固然可理解，而对“砍树”喻来说显然是与常识相悖的。智周对此的解释是：“树等既是共相种生，皆相随顺，互有增益。彼一有情自所变者，所缘亲用；他所变者，与自所变为增上缘，亦疏缘用。一切相望，自为所顺，他为能顺。由所顺无，能顺亦灭。由斯树丧，唯识亦成。”②这是说，共业种资发共相种不仅能生起相似的器界，而且这些相似的器界还互为增上缘，其中任一有情自所变的器界都受到相关有情所变之器界的影响，因此一有情自所变的器界中一树被砍去，他人所变器界中该树亦不再存在。

灵泰在《疏抄》中也提到了一个类似的杀人的例子。杀人并非直接就能砍杀别人的扶根尘，而是砍杀自己心识上所变现的他人扶根尘之影像，由于这一影像与他人之扶根尘同在一处，且互为增上缘，“自心上相，碍他人身上（上）扶尘”③，所以砍杀自己心识上所变现的他人扶根尘之影像，他人也随之而命终。

事实上，关于有情各自所变的器界能互为增上缘，这在窥基那里就已有原则性的说明，所谓“然我此物（即所变器界——笔者注）为增上缘，令多人可共受用，名共相”④。只不过，窥基并没有就有情各自所变器界互为增上

① 参《成唯识论学记》卷2，X50，p.57b。

② 《成唯识论演秘》第三本，T43，p.867c。

③ 《成唯识论疏抄》卷5，X50，p.231b。

④ 《成唯识论述记》第三本，T43，p.321b。

缘的必要性展开论述，而智周等通过"砍树"一类的例子，把这一问题凸显了出来。

后来的唯识学者，基本上就是沿循这一思路来解释世界共在的问题，并进一步明确地将"共中共"的前一个"共"即"共变"落实在所变器界的相似上，而将后一个"共"即"共用"指认为是所变器界的互为增上缘。《宗镜录》有载：

> 《唯识义镜》云：共中共者，多识同变，名之为共，变①已同用，重名为共。又《唯识钞》云：谓多趣有情识所变色，同在一处，互相涉入，其相相似，同共受用，名共中共。初之共字，约所缘缘。后之共字，约增上缘。②

《唯识义镜》，或许是指清素所撰的《成唯识论义镜钞》，《义天录》著录为十二卷或六卷。③ 它对"共中共"的解释与前述窥基等的说法是一致的，即，前一个"共"意为"同变"，后一个"共"意为"同用"。而作者不详的《唯识钞》则进一步将其落实到了所缘缘与增上缘上来予以说明。变现的器界互为相似（即"同变"），这是从所缘缘的角度说的，即器界作为所缘缘互为相似；至于共同受用（即"同用"），则是指，虽然每一有情都是受用自己所变现的器界，但其他有情所变现的相似的器界对此有一种增上缘的作用。

不过，如据此释，则依此类推，比如多有情共变一器界，其中有一有情因转生于他界，而导致此自所变的器界坏灭，则与之互为增上缘的相关有情所变之器界亦应同时坏灭，这又与佛法不合。因为按照佛教的说法，器界的坏灭要到坏劫（saṃvarta-kalpa）之时。唯识学东传日本后，即曾就此问题展开过讨论。其大致的结论是，与树不同，器界的坏灭另有坏灭之因，并不因为其中一有情之器界这种增上缘的坏灭而坏灭。④ 为避繁琐，对此我们不拟再作进一步的展开。总之，如何从唯识学的立场来更为周延地解释常识意义上世界共在的问题，似乎还存在着不少可供探讨之处。

值得指出的倒是，这里器界为阿赖耶识所缘，并非是在贝克莱（G. Berkeley，1685—1753）的意义上指认世界只是感觉的复合。也就是说，它不是指阿赖

---

① "变"，《大正藏》本作"识"，据《中华大藏经》本改。《中华大藏经（第76册）》（北京：中华书局，1994年），p.527c。

② 《宗镜录》卷49，T48，p.705a－b。

③ 《新编诸宗教藏总录》卷3，T55，p.1175b。

④ 参《唯识论同学钞》卷20（二之七），T66，p.185b－c。

耶识作为心理统觉,将前五识所提供的感觉予料构造为了一个世界。这种后天经验性的统觉如下述是第六意识的基本功能。而阿赖耶识所缘之器界,相反是"先验"地被给予的——如果我们可以按其字面意思不甚恰当地将"先验"理解为"先于经验"的话。但这并不是说,如某些日本学者所谓,它因此就可以相当于康德(I. Kant,1724—1804)所说的"先验统觉"(transzendentale Apperzeption)。如所周知,康德的基本问题是认识论的,认识被认为有两个来源,一是被动接受的感性直观,二是能动把握的知性思维,"无感性则不会有对象给予我们,无知性则没有对象被思维"①。"先验统觉"即是先验自我意识那种最本源的自发的综合统一能力,它将感性直观的杂多统摄到由其所建立、所规定的"先验对象"的纯粹概念之下,从而形成为统一性的"经验对象"。这种统觉之所以是"先验"的,是因为它虽然不是经验对象,却是一切经验对象从而一切知识得以可能的先天条件。② 或者说,经验对象的"客观实在性"正在于先验统觉所赋予它的"普遍必然性"。③

唯识学中阿赖耶识缘取器界的设定,在问题意识与致思路向上都与之截然有异。在此,我们必须注意到阿赖耶识的异熟性质,而器界乃为业力所感之依报。也就是说,在有情受生之际,就不仅仅是因不共业而感得相应的根身,同时亦因共业而感得相应的生存世间。这一生存世间既非康德意义上"先验对象"的纯粹形式概念,亦非以之整合感性材料而形成的"经验对象";其实它与素朴实在论意义上的世界并无不同,④只是现在整个地被移为第八识的所缘,由根源性的第八识所变现,从而在唯心论的形式下,认可了素朴实在论所谓世界对于经验性认知的先在性而已。因此对于经验性的认知如前五识来说,如下所述,即是以阿赖耶识所缘之器界为本质(所谓"疏所缘缘")而变影缘之(所谓"亲所缘缘"),⑤事实上还得遵循素朴实在论的符合论(Theory of Correspondence)原则。可见,将阿赖耶识缘器界诠解为

---

① 康德著,邓晓芒译:《纯粹理性批判》(北京:人民出版社,2004 年),页 52。

② 康德说:"我把一切与其说是关注于对象,不如说是一般地关注于我们有关对象的、就其应当为先天可能的而言的认识方式的知识,称之为先验的。"(见康德著,邓晓芒译:《纯粹理性批判》,页 19。)简言之,"先验"指涉普遍必然的知识的可能性问题。不过,在康德那里,知识指经验性知识,"先验"即是有关经验性知识之可能性,故有与经验相对之意味。

③ 参康德著,邓晓芒译:《纯粹理性批判》,页 89—94、119—121。

④ 熊十力曾谓第八识所缘之器界唯是地、水、火、风四大,而非四大造色,前五识、五俱意识所缘色境及第八识所缘根身方为四大造色,见氏著:《境相章》,《现代佛教学术丛刊(25)·唯识思想论集(一)》(台北:大乘文化出版社,1978 年),页 321。虽其辞甚辩,然于唯识论典无征,如前引《成唯识论》卷 2 即已明言:"所言处者,谓异熟识由共相种成熟力故,变似色等器世间相,即外大种及所造色。"(T31,p.10c)

⑤ 关于亲、疏所缘缘,参本书下篇第八章第一节。

统觉，无论是经验还是先验，其实都忽略了唯识学与任何西学的根本迥异处——阿赖耶识作为异熟识的定位，纵然有若干形似之点，根本上却似是而非。

1.3 扶根尘与不共相种：交互主体性问题

我们不仅拥有一个共在的世界，而且还认识到存在着与我一样的有情，这一认识又是如何可能的呢？这是一个类似于现代西方哲学所谓"主体间性"或曰"交互主体性"的难题。《摄决择分》说，阿赖耶识"亦是有情互起根本，一切有情相望，互为增上缘故。所以者何？无有有情与余有情互相见等时，不生苦乐等，更相受用。由此道理，当知有情界互为增上缘"①。虽然每一有情均有八识，但唯有通过第八阿赖耶识交互性的增上缘义，我们才能认识到他者的存在。如前述，阿赖耶识指认了有情乃是身心和合的统一体，根与根依处由阿赖耶识所执受，才得以发挥其正常机能。所以作为生命体，这里包含了心识、根与根依处三个方面。虽然一切有情相望互为增上缘，即，依他阿赖耶识为缘，自阿赖耶识能认识到他者的存在，但所认识者首先不是他者的心识。因为如前所述，阿赖耶识所缘之三境必有实用，故心识不能成为其所缘，如此对他者的认识至多也只是对其肉身即根与根依处的认识。

根与根依处为不共业种资发不共相种所生，因而是各不相同，不能在有情间互用的。阿赖耶识只是执受属己的根身，而不能执受他者的根身，那么我们如何能认识到他者有情身的存在呢？窥基为此将不共亦区分为两种，即"不共中不共"与"不共中共"。

"不共中共"指根依处或曰扶根尘，即为胜义根所依的感觉器官中可见的肉团部分，"不共中不共"才是指胜义根。与扶根尘不同，胜义根是不可见的，只是从发识取境的现象而推知其存在。当自阿赖耶识认识到他有情身时，是以他者之扶根尘为疏所缘缘，在自阿赖耶识上变现为影像相分而亲缘之。当然，阿赖耶识的这种认识本身还是不明晰的，若要进入意识阈限，就必得以自阿赖耶识上所变现的他者扶根尘之影像为疏所缘缘，进而在前六识上变现为影像相分而亲缘之。至于他者的胜义根则是不能为自阿赖耶识所变现的，因为如上所述，阿赖耶识所变现的三境必有实用，故阿赖耶识唯是执受属己的胜义根，依之而有发识取境之用，他者的胜义根于己并无此用，故不为自识所变。《成唯识论》为此有一例证："故生他地或般涅槃，彼

① 《瑜伽师地论》卷51，T30，p.581a－b。

余尸骸犹见相续。”①既然有情已生他地或入于般涅槃，诸根已然败坏，而我们依然能得见其尸骸之存续，可见为我们识上所变现的，只能是其扶根尘而非胜义根。有情死亡后如此，可推知通常情形下亦复如是。正因为扶根尘有为他者所受用义，而胜义根无之，故分别称之为“不共中共”与“不共中不共”。如《义演》说：“且五根，自他身（名）[各]别，故名不共。即此现行色根自他互不受用，复名不共。他根于己非有用故，由不共相种之所生故。如扶根尘等，体虽自他各别，名不共，现色可有互受用义，名共，由共相种所生故。”②

对此唯识学者有不同的看法。据玄奘门下所传，护月等师即以《辩中边论》所谓“似自、他身（sva-para-santāna）五根现”③为据，认为自识亦可变现他身五根。其与自身五根的区别在于，自阿赖耶识虽能变现他身五根影像且以之为所缘，但不执持其为自体，亦不依之而发识取境。因为有胜义根不一定要有发识之用，如生色界已无鼻、舌二识，但此时两者之胜义根与扶根尘均未丧失，生盲者亦然，虽无眼识而有眼根。④ 将对他者的认识落实到其胜义根上的意义在于，胜义根是与阿赖耶识休戚相关的，一旦阿赖耶识中断其执受的作用，比如死亡时，其胜义根即败坏无余，不像扶根尘，除化生者外，即便是死亡后它不再由阿赖耶识所执受，亦能以尸骸的方式存续，如同无情物一般，因此胜义根更能标明有情之为有情的特质。护月等师的这一说法并不为奘门所取，所谓“不共中共”与“不共中不共”的分别，其用意正在于对此的辨明。

既然我们认识到的唯是他者的扶根尘，故窥基总结说：“然变为他身，是即外器所摄。非托变他实根、识，托变彼扶根尘，第六识可计为有情等。”⑤此即，认识到他者时，自阿赖耶识上所变现的他者扶根尘之影像，其实为属己的器界所摄，只是第六意识进而将其计执为他有情罢了。也就是说，他者总是作为我之世界中的一物、作为对象物被给予的，将他者设定为与我一样的主体，只是出于无根的构想。

如果对现象学有所了解，由此我们也许马上就会联想到胡塞尔

① 《成唯识论》卷2，T31，p.11a。

② 《成唯识论疏义演》第三本，X49，p.561a。

③ 《辩中边论》卷上，T31，p.464c；Gadjin M. Nagao（长尾雅人）：*Madhyāntavibhāga-bhāṣya*，p.18。

④ 参《成唯识论述记》第三本，T43，p.324a－b；《瑜伽师地论略纂》卷13，T43，p.177a－b；《瑜伽论记》卷13上，T42，p.602b等处。按：《成唯识论述记》第三本谓，“此即安惠等诸大论师解”（T43，p.324b），今检安慧《三十唯识释》，似并无此明文。《成唯识论学记》卷2则谓，圆测云，此为“月藏、难陀等释”（X50，p.58c），《略纂》及《伦记》亦谓此为护月说。

⑤ 《瑜伽师地论略纂》卷13，T43，p.177b。

(E. Husserl, 1859—1938)在《笛卡尔式的沉思》之“第五沉思”中对“交互主体性”的构造分析。简单说来,胡塞尔认为“他人”即“陌生者”的可经验性乃是意识构造的结果,原本当下被给予的只是他人“躯体”(Körper)被看到的那一面,作为感性材料它们是现时性地被“体现”(Präsentation)的,然而意识之意向性却能将其统摄、或者用胡塞尔的话来说“立义”(Auffassung)为一个统一性的物理“躯体”,进而通过联想、与我类比而将其“立义”为具有精神性自我的“身体”(Leib)。这里无论是他人“躯体”的其余各面还是他人的心理实际上都非我们的感知直接所及,或者说都不是被“体现”的,在意识的“立义”构造中它们却必然一同被意指,或者说被“共现”(Appräsentation)。如果说他人“躯体”的其余各面原则上还可以通过转换观察视角而被直接感知到,即,还有通过充实着的“体现”而予以验证的可能性,那么,他人的心理则永远都不能为感知直接所及,永远只是被“共现”。① 概言之,作为身心统一体的他人之被经验总体上只是一种间接的设定,因为我们实际上并不能直接感知到他人。由此可见,虽然唯识学者的前述见解有其独断、粗率之处,然而除了认为他人的躯体作为我的生存世界的一部分由阿赖耶识直接变现,而非感性材料的构造物之外,它与现象学在运思路向与总体结论上大致是类似的。

一般认为,胡塞尔对交互主体性的分析并不成功,按哈贝马斯(J. Habermas,1929—)的看法,其症结在于,“主体间性的问题在主体哲学范围内是无法得到解决的”②。也就是说,以鲁滨逊式的单子主体为基点,并不能建构起一个交互主体性的世界。这一批评同样也适用于唯识学。然而问题的另一方面是,如立足于语用学的“交往行为理论”在突破了主体哲学的乌托邦的同时,是否又陷入了另一种交互主体性的乌托邦? 因为恰如福柯(M. Foucault,1926—1984)所曾指出的,所谓语言的使用、对话的共识本身就是一种匿名的权力机制的运作与结果。有鉴于此,这里萨特(J-P. Sartre, 1905—1980)的遗产似乎是不应被遗忘的,无论那是对于胡塞尔交互主体性分析的推进抑或误读:“他人的存在是在我的对象性的事实中……我对我自己的为他人异化的反应是通过把他人理解为对象表现出来的……这两种形式的任何综合都是不可能的。”③借用布伯(M. Buber,1878—1965)的说法,

① 具体请参胡塞尔著,黑尔德编,倪梁康等译:《生活世界现象学》(上海:上海译文出版社,2002年),“交互主体性的构造”,特别是其中“陌生经验的共现”部分。又,关于文中出现的现象学概念及其译名,请查考倪梁康著:《胡塞尔现象学概念通释》(北京:三联书店,1999年)一书。

② 哈贝马斯著,曹卫东等译:《后形而上学思想》(南京:译林出版社,2001年),页182。

③ 萨特著,陈宣良等译:《存在与虚无》(北京:三联书店,1987年),页396。

这种对象性的“我—它”关系正是我们习常的世俗生活的基本样态，“‘它’本性上后在于‘我’”①，因而于此也就不可能自发地生成真实的“我—你”关系。如果说，布伯对此的回应是犹太教式的，以为“仅当人找到永永不灭之‘你’时，他的‘你之意义’方能实现”②，那么对于佛家来说，则唯有破除“我—它”之“我”，才能基于缘起的内在相关性而真正与众生同体共在。由此可见，与其是批评唯识学无法建构起交互主体性，倒不如说它本来就不认为这有可能在世俗生活中以一种理想化的形式真正达成。对于时下流行的某些一厢情愿的高调的世俗伦理、包括某些失落了超越维度的所谓人间佛教来说，指出这一点无疑具有警示的意义。

1.4　行相之三义

以上我们探讨了由阿赖耶识果能变所变现的三境。阿赖耶识即以此三境为所缘之相分，依之而生起“了别”（vijñapti）的认识作用。“了别”被称为“行相”，即是见分。“行相”是唯识学中的一个重要概念，奘门之下，于此聚讼纷纭，日本善珠（724—797）在其《唯识分量决》中曾谓：“说此行相，基、测、观、范、证、昉，合六师等，所说不同。”③然大别而论，此种种异说可分为三类，此即窥基所曾介说的“行相”之三义：

> 识自体分以了别为行相故，行相，见分也，……相者，体也，即谓境相，行于境相，名为行相；或相谓相状，行境之相状名为行相；……或行境之行解相貌。④

灵泰说，“第一解……即三藏法师本解，后两解即是疏主解也”，未详所据。⑤事实上，第二说为传统经部的理解，第一说为窥基一系的看法，第三说则为圆测一系所解，神昉与圆测弟子道证均持此说。⑥

“行相”的梵文为ākāra，由表“接近”义的前缀ā-与表“造作”义的词根

---

① 马丁·布伯著，陈维纲译：《我与你》（北京：三联书店，2002年），页19。

② 马丁·布伯著，陈维纲译：《我与你》，页69。

③ 《唯识分量决》，T71，p.442a。此中“范”为玄范，“证”为道证，“昉”为神昉，“观”为慧观。

④ 《成唯识论述记》第三本，T43，p.315b－c。

⑤ 《成唯识论疏抄》卷5，X50，p.219c。《成唯识论述记集成编》卷14即谓：“泰师此传，未详何据。”（T67，p.314a）

⑥ 此由综合《成唯识论了义灯》第三（T43，p.723a－b）及《唯识分量决》（T71，pp.442a－443a）所说可知。惟玄范释“行相”为见分行历于相分（见《唯识分量决》，T71，p.442b－c），则非此三义所摄，因不具典型性，故存而不论。

√kṛ 合成,有逼近对象而显现其相状之义。该语在早期佛典中的一个常见用例是所谓"三转十二行相"(triparivartaṃ dvādaśākāram)。"三转",是指佛陀初转法轮,曾对憍陈如(Kauṇḍinya)等五比丘从三个不同的层次来演说四谛:第一次说,这是苦圣谛,这是集圣谛,这是灭圣谛,这是道圣谛;第二次说,苦应遍知(parijñeya),集应永断(praheya),灭应作证(sākṣātkartavya),道应修习(bhāvayitavya);第三次说,苦已遍知(parijñāta),集已永断(prahīṇa),灭已作证(sākṣātkṛta),道已修习(bhāvita)。汉地一般称之为示、劝、证三转,即从对四谛的开示、劝修与证得三个层次来分别演说之。至于"十二行相",由于早期佛典中对此并没有明确的解释,后来在部派时代就有种种不同的说法,且留待下文再作讨论。

阿毗达磨学统中则另有所谓"十六行相"(ṣoḍaśa-ākāra)之说,指行者在观照四谛之境时,于每一圣谛各以四种行相而解了之。具体说来,观苦谛有苦(duḥkha)、非常(anitya)、空(śūnya)、非我(anātman)四行相,观集谛有因(hetu)、集(samudaya)、生(prabhava)、缘(pratyaya)四行相,观灭谛有灭(nirodha)、静(śānta)、妙(praṇīta)、离(niḥsaraṇa)四行相,观道谛有道(mārga)、如(nyāya)、行(pratipad)、出(nairyāṇika)四行相。① 这里"行相"被界定为"于诸境相简择而转"②,因而它是以具简择(pravicaya)作用即推度决断作用的"慧"(prajñā)心所为其自性的,通于有漏与无漏。所以虽说一切心、心所法都有能缘的作用故是"能行"(ākārayati),只有"慧"心所才是"行相"(ākāra),而色法等只是"所行"(ākāryate)。如《顺正理论》说:"慧通行相、能行、所行,余心心所唯能、所行,诸余有法唯是所行。"③这一意义上的"行相"大约是从其本义而来,着眼于能缘"慧"心所的解了作用。

相对于此,经部提出了别具特色的"带相"理论,认为心识不能直接缘取外境,而只是以外境为缘,在心识上变现出相似(sādṛśya)的影像来予以认识。此心识上所变现的影像,则被称为"行相"。如《俱舍论》云:"如是识生,虽无所作,而似境故,说名了境。如何似境(sādṛśya)? 谓带彼相(tad-ākāratā)。"④对此"行相"义,圆晖的解释庶几当之:"如缘青境,心及心所

① 《阿毗达磨大毗婆沙论》卷 79, T27, p. 408c; P. Pradhan: *Abhidharmakośabhāṣya of Vasubandhu*, p.400。

② 《阿毗达磨大毗婆沙论》卷 79, T27, p.409a。

③ 《阿毗达磨顺正理论》卷 74, T29, p. 741b; P. Pradhan: *Abhidharmakośabhāṣya of Vasubandhu*, pp.401－402。

④ 《阿毗达磨俱舍论》卷 30, T29, p.157b; P. Pradhan: *Abhidharmakośabhāṣya of Vasubandhu*, pp.473－474。

皆带青上影像，此识上相，名为行相。行谓行解，即能缘心也；相谓影像，即行上相也。行解之相，名为行相，依主释也。"①此所谓"行相"虽已被落实在境相的层面，其实也还是对其本义的引申，因为于此心识的解了作用被认为就是在心识上现起外境的影像。所以神泰指出，虽然就其作为境相言，它大致相当于唯识大乘中所说的相分，但与唯识中相分是心识的所缘缘不同，"此行相无别体性，即随见分蕴界处摄，……非是所缘缘摄"②，也就是说，它还是属于能缘。普光也明确说，行相虽是心识上所现起的影像，但就其"带境义边，似前境边"，它是为能缘的心识所摄，而非所缘，所缘是外境。这就比如，"明镜对众色，相皆现镜面，此所现像而非所照，然约像现，说镜能照"③。此即，正因为镜子能现像，所以是能照，心识能现像，所以是能缘。

由此我们再回到前述"三转十二行相"的问题上来。对此有部与经部的分歧在于，所谓初转法轮，法轮（dharma-cakra）究竟是指圣道（包括见道、修道与无学道）还是言教，但从中也透露出他们对"行相"的不同理解。有部认为，所谓"三转十二行相"是指，就四圣谛中的任一圣谛比如苦圣谛而言，有三转，即"此苦圣谛（idaṃ duḥkhamāryasatyam），此应遍知（tat khalu parijñeyam），此已遍知（tat khalu parijñātam）"，其余三圣谛亦复如是。此三转分别对应于受教者即憍陈如等五比丘的见道、修道与无学道，即就他们受教后有圣道生起而称为法轮。（因为开始转法轮首先生起的是五比丘的见道，所谓"唯见道是法轮初"，所以又说"法轮唯是见道"。④）具体说来，就任一圣谛而言，每一转都能生起他们的眼（cakṣus）、智（jñāna）、明（vidyā）、觉（buddhi）四行相，故三转即有十二行相。所谓眼、智、明、觉，也可以有不同的解释，如"眼是观见义，智是决断义，明是照了义，觉是警察义"等。⑤ 如此，总合四圣谛，其实有十二转四十八行相，只是每一圣谛都是三转十二行相，数目相同，所以称作"三转十二行相"。经部则认为，所谓三转，就是佛陀三次演说四圣谛，四圣谛的教法即是法轮。比如，第一次说，这是苦圣谛，这是集圣谛，这是灭圣谛，这是道圣谛，此即初转四行相，第二次、第三次亦复

---

① 《俱舍论颂疏》卷 4，T41，p.843c。

② 《俱舍论疏》卷 1，X53，p.15c。

③ 《俱舍论记》卷 4，T41，p.83c。

④ 《阿毗达磨顺正理论》卷 67，T29，p.709a－b。《阿毗达磨俱舍论》卷 24（T29，p.128b）："于中唯见道，说名为法轮。（dharmacakraṃ tu dṛṅmārgaḥ）"P. Pradhan：*Abhidharmakośabhāṣya of Vasubandhu*，p.371。

⑤ 《阿毗达磨大毗婆沙论》卷 79，T27，p.411a。

如是。因此，三次演说四圣谛，总合即为十二行相。① 可见，这里有部的“行相”是落实在圣道上，即受教者眼、智、明、觉这些心识的解了作用，而经部的“行相”是落实在教法上，侧重于佛陀所演说的内容即“相”。在“三转十二行相”的问题上，也体现出他们对“行相”本身的不同理解。

值得注意的是《俱舍论》对“行相”义的界说，于此世亲有意采纳了被毗婆沙师（Vaibhāṣika）视之为“不正义”的见解，谓“诸心心所取境类别（ālambana-grahaṇa-prakāra），皆名行相”②。《顺正理论》论主敏锐地意识到，这一不甚明晰的界说潜在地兼涉了两层含义，一是指“境相品类差别一切能像”，即“能像”外境种种差别的影像，二是指“能取境差别相”，③世亲将此二义有机地统一在同一个“行相”概念中，从而在有部的框架内导入了经部的带相理论。由于《俱舍》在中土向被视为小乘的代表，这也从根本上决定了奘门学者对小乘中“行相”义的理解。这种理解包括互为关联的两个要义。其一，小乘中“行相”具二义，如《俱舍光记》云：“若言行相，有其二种：一、影像名行相；二、行解名行相。……论行相名兼通行解。”④其二，小乘中除正量部（Sāṃmitīya，三弥底部）外均有带相说，如《学记》有云：“除正量部，十九部云：心上有似所缘之相，名为行相。”⑤如果说第一点还是本承了世亲之义，那么第二点却是依《俱舍论》而作出了无史实依据的发挥。吕澂经比勘梵藏文献后发现，小乘诸部派中，事实上只有经部才有带相之说。⑥

经部这一“变相而缘”的带相理论由陈那导入唯识学中，成为唯识古、今学范式转换的一大关键。故而以影像解“行相”，乃是通于经部、唯识学的传统说法。按照唯识今学识分说的配置，此行相属诸相分。不过，与经部不同，由于唯识学者不承认有外境，所以如果将行相落实在作为相分的影像上，它就不再是能缘，而只能是所缘。问题是，当行者入于见道位（darśana-

---

① 《阿毗达磨俱舍论》卷 24，T29，p.128c；P. Pradhan：*Abhidharmakośabhāṣya of Vasubandhu*，p.371。据《俱舍论记》卷 24（T41，p.371a）、《妙法莲华经玄赞》第四末（T34，p.731a）等，后说出自经部。

② 《阿毗达磨俱舍论》卷 26，T29，p.137c；P. Pradhan：*Abhidharmakośabhāṣya of Vasubandhu*，p.401。

③ 参《阿毗达磨顺正理论》卷 74，T29，p.741b。法宝、普光等均据此而认为“行相”具二义，见《俱舍论疏》卷 26，T41，p.770b；《俱舍论记》卷 26，T41，p.394a。

④ 《俱舍论记》卷 1 末，T41，p.26c。

⑤ 《成唯识论学记》卷 2，X50，p.56b。至于认为正量部没有带相说，显然与玄奘对正量部师般若毱多的破斥有关，参本书下篇第八章第一节。

⑥ 参吕澂：《略述经部学》，《吕澂佛学论著选集（第四卷）》，页 2395。有部论师悟入（Skandhila，索建地罗）在《入阿毗达磨论》卷下中说，“如眼识等依眼等生，带色等义影像而现，能了自境”（T28，p.987c），也提到了“带相”。但这在有部论书中偶或一见，可能是有部后期随顺经部的说法。

mārga),生起根本无分别智缘于真如时,此作为能缘的无分别智是亲证作为所缘的真如,而非变现为真如影像缘之,亦即此时并无相分。故以行相为相分,无分别智即无行相。因此奘门之下虽不排斥行相之影像义,却强调要将其重心落实在能缘见分上。这样,无分别智缘真如时,虽不变现真如之相故无相分,却依然有作为能缘见分之行相。

不过,在此前设下,基、测二系还是有不同的理解。圆测将“行相”释为“行解相貌”,这或许是奘门弟子的通途看法。如神昉即谓,“行解相状名为行相”①。神昉虽然也是新罗人,②但与圆测大约并无学承关系。可见此解绝非师心自用,很有可能就是来自玄奘。若如是,则合上所论,玄奘或许是试图以影像、行解二义来通贯全部大、小乘中的行相。借用六合释来说,则此中一是作“行”之“相”的依主释,此“相”为相分之相;一是作“行”即“相”的持业释,此“相”为见分之相。唯因如此,慧景才兼摄二者而作出了如下的界定:“行是见分,相是相分,谓心、心所取前境时,见分行解种种不同。”③当然,在具体解释此二义时,大小乘各家因其理论体系的不同,便有了各自的侧重与相应的内涵。比如,唯识学者认为,心与心所有不同的行相,以“行解”释之,可以是指,它们有不同的活动形态,表现为不同的解了作用,即,识的解了作用表现为“了别”,受心所的解了作用表现为“领纳”,想心所的解了作用表现为“取像”,等等。所谓“见分行解种种不同”,所谓“行解相貌”或“行解相状”,意即在此。所以神昉、道证都说,“行解相状”是作持业释,④“行解”即“相状”,指的是行解活动本身的表现形态,而并非是作“行解”之“相状”的依主释。

但窥基却反对这一解释,他将“行解”理解为取相,因此必然是在影像上作出的,而无分别智既然不取真如之相,故“行解”义仍是不周延的。如窥基说:“有行相者,谓行解相状,唯有为缘,非无为缘,无分别智无相状故。”后来道邑也说:“以无分别智不能分别,无行解故,故今除之。”⑤在窥基一系看

① 《唯识分量决》,T71,p.442c。

② 《瑜伽论记》卷19上:“新罗昉师”(T42,p.746a)。

③ 《瑜伽论记》卷15上,T42,p.640b。按:《伦记》多存“景师”之说,汤用彤推断云:“景疑为《续传》十六之慧景,《东域录》及日本《法相章疏》有景之《瑜伽抄》三十六卷。”(《汤用彤全集(第七卷)》,页280。)今检《续传》卷16所附慧景传(T50,p.551a),其人为梁际禅师,《国清百录》卷2(T46,p.805a)所收智者大师之《述匡山寺书》,有提及“齐慧景禅师”者,或即此人,然谓其即《瑜伽抄》之撰者恐非是。奘门之下,另有名“慧景”者,此人曾住西明寺(据《慈恩传》卷10,西明寺始建于唐显庆元年,T50,p.275b),为《大毗婆沙论》“证义”之一(见《阿毗达磨大毗婆沙论》卷1,T27,p.4c)。高丽《新编诸宗教藏总录》卷3(T55,p.1176b)著录有“惠景述”《瑜伽论疏》二十卷、《瑜伽论文迹》一卷。

④ 《唯识分量决》,T71,p.442c;常腾:《成唯识论了义灯抄》卷3,《日本大藏经》第33卷,页347。

⑤ 《瑜伽师地论略纂》卷1,T43,p.7b;《成唯识论义蕴》第二末,X49,p.415b。

来，行相的本义乃是行于相而非取相，指的是能缘见分能行历于所缘境相之上。如此，此境相就既可以是影像境亦可以是本质境，故可通于无分别智。若解作“行解”，则所取之相就仅限于影像境了。

窥基之说虽向被视为正义，其实亦有可商榷之处。事实上，奘门弟子不可能对无分别智不取真如之相不加留意，因为如下述，正是在此问题上，玄奘作出了“变带”与“挟带”的著名区分而誉满五印。① 而从《唯识分量决》的引述来看，无论是神昉还是圆测，他们将“行相”界说为“行解”，也都是基于对此问题的考虑。比如，神昉就批评玄范将行相解作“见分行历于相分”，认为若作此解，行相即不通于无分别智。② 这里关键之处在于，“行解”是否必然意味着取相？依上分析，“行解”只是指心识的解了作用，着眼于心识的活动形态，虽可有取相之义，却未必尽然。就无分别智缘真如言，亦可解作无分别智“挟带”真如之“体相”而作“无相”之行解，故“行解”之义并非一定就不能通于无分别智。据《同学钞》，道证可能就有这样的看法，认为无分别智缘真如时，“以有能证、所证义，犹名行解也”③。如慧沼那样在此问题上作过多的纠缠，恐怕更多只是出于门户之见而已。

行相指“行于境相”（窥基）或“行解相貌”（圆测），在四分中属诸见分，就识而言则表现为“了别”。了别的梵文为 vijñapti，一般认为“是将 vi-jñā（分别而知）之使役法 vijñapayati（令知）之过去受动分词 vijñapta（令被知着）改为名词形的”④。该词在唯识学中的独特语义及其与 vijñāna 的语义关涉，是一个牵涉到唯识古、今学整体理论定位的重大问题，此处暂且悬置勿论，留待《识变篇》再作探讨。玄奘将其译为“了别”，是着眼在认识作用的层面，即，阿赖耶识以其所变现的根身等三境为所缘之相分，而依之生起了别的认识作用，了别作为行相即是见分。由此阿赖耶识与前七转识一样，也成立了能、所二分的认识论构架。

第二节　与阿赖耶识相应之心所

所缘与行相是从能所的角度来说明第八识之构造。在主属的意义上，则第八识作为心王，伴有相应俱起之心所。在第八识的有漏位，即除佛果位

---

① 具体请参本书下篇第八章第一节。

② 参《唯识分量决》，T71，pp.442c－443a。

③ 《唯识论同学钞》卷19（二之六），T66，p.179b。

④ 高崎直道等著：《唯识思想》，页124。

外，与之相应俱起者唯有五遍行心所。

2.1　心所及其相应义

心所的梵文为 caitasika 或 caitta（巴 cetasika），在早期佛典中一般被用作形容词，意为“心的”，并没有特殊的含义。如南传《相应部·根相应（*Indriya-saṃyutta*）》在论及“喜根”（somanassa-indriya，梵 saumanasya-indriya）、“忧根”（domanassa-indriya，梵 daurmanasya-indriya）时说，“cetasikaṃ sukhaṃ cetasikaṃ sātaṃ”，“cetasikaṃ dukkhaṃ cetasikaṃ asātaṃ”，[①]意思就是“心之乐，心之悦”，“心之苦，心之不悦”。部派时代，该词才被名词化而成为一个固定的术语，意为“为心所有者”。一般认为，就南传佛典而言，将 cetasika 与 citta 连用，形成 cittacetasikā dhammā（心、心所法）的固定用法，最早是出现在属于《小部》（*Khuddaka-nikāya*）的《无碍解道》（*Paṭisambhidāmagga*）中，[②]这是一部具有明显阿毗达磨色彩的典籍。

在阿毗达磨传统中，全部的心理作用被予以机械地分割，其中抽象意义上的主体被称为心或心王，这在有部就是眼等六识，在唯识学中就是八识，而其余具体的心理状态或心理属性即被称为心所。如《顺正理论》说：“如是诸法是心种类，依止于心，系属于心，故名心所。”《成唯识论》亦云：“恒依心起，与心相应，系属于心，故名心所。如属我物，立我所名。”[③]心所系属于心王，其生起要依于心王而不能独自发生作用；另一方面，心王虽是抽象意义上的主体，但要表现为各种具体的心理状态，也必须和若干心所共同发挥作用。这种心与心所的交互共生关系，即被称为“相应”（saṃprayukta）。

按照阿毗达磨的传统解释，“言相应者，是平等义”[④]。具体说来，《俱舍论》谓心与心所的相应有“五义平等（samatā）”：“心、心所五义平等，故说相应，所依（āśraya）、所缘（ālambana）、行相（ākāra）、时（kāla）、事（dravya）皆平等故。”[⑤]此说亦见于《大毗婆沙论》，可能是从“雾尊者”的“四义平等”说发展而来的。[⑥] 所谓“五义平等”，指的是心与心所具有同一所依根、同一

---

① *Saṃyutta-nikāya Part V*（London：Pali Text Society，1898），p.209。

② *Paṭisambhidāmagga Vol.I*（London：Pali Text Society，1905），p.84。

③ 《阿毗达磨顺正理论》卷 11，T29，p.395c；《成唯识论》卷 5，T31，p.26c。

④ 《五事毗婆沙论》卷 2，T28，p.994b。

⑤ 《阿毗达磨俱舍论》卷 4，T29，p.22a；P. Pradhan：*Abhidharmakośabhāṣya of Vasubandhu*，p.62。

⑥ 参《阿毗达磨大毗婆沙论》卷 16，T27，p.80c。所谓“雾尊者”未详何人。

所缘境、同一行相、①同时起灭、各唯一法相应。(即相应俱起的心或心所,是互不相同的,比如两个相同的受心所,就不能相应俱起。)正因为心与心所有此相应义,故两者交互为因,此因即被称为"相应因"(saṃprayuktaka-hetu)。

唯识学者的看法则有所不同。《摄决择分》有谓:"问:何故名相应?答:由事等故、处等故、时等故、所作等故。"②"处"(yul,* deśa),也就是所缘境。"所作等"(bya ba byed pa mtshungs pa,* kāryakāraṇa-samatā,作所作等),原本也是有部阿毗达磨的一种说法。如《婆沙》四大评家之一的妙音(Ghoṣaka)就认为:"所依、所缘、行相、<u>所作</u>一切同义,是相应义。"《婆沙》本身并不反对这一解释,在该论所提及的诸多有关"相应"的释义中,就包括"同作一事义"③。所以窥基在《瑜伽论略纂》中,也是将《摄决择分》的"所作等"解释为"同于一境行所作业",比如心王与心所同作善恶业等。④ 不过,在《成唯识论述记》中,他又引作"所依等"。对此,后来日本法相宗的学者解释说:"或'作'为'依'字形误。"⑤虽说这没有文本依据,但正可以与《成唯识论》对"相应"的界说统一起来:"行相虽异,而时、依同,所缘、事等,故名相应。"⑥心所与心同时生灭,有同所依根,故曰时同、依同。心所与心

---

① 如前所述,设若依婆沙师所说,行相以慧心所为自性,则"同一行相"就成了心与心所皆以作为"大地法"的慧心所为行相。问题是,正如《俱舍论》所指出的,如此慧心所本身即无行相,因为能相应俱起者须各各不同,慧心所不能再与慧心所相应。参《阿毗达磨俱舍论》卷26,T29,p.137c。按《顺正理论》的解释,慧心所是"行相"(ākāra),与慧心所相应俱起的其余心、心所法才是"有行相"(sākāra),即有慧心所这一行相。或者从等无间缘的角度来说,现在的慧心所由前念慧心所引生,所以现在的慧心所也可以说是"有行相",即有前念慧心所这一行相。参《阿毗达磨顺正理论》卷74,T29,p.741a-b。又,法光法师认为:"从说一切有部的视角来看,五识必无行相,因为慧于此不起作用。"见氏著,高明元等译:《说一切有部阿毗达磨》(香港:香港佛法中心,2022年),页292。恐误。若如此,对于前五识的心、心所法来说,就没有"行相平等"一义,而只有四义平等。至于说有部是"无<u>行相</u>知识论"(nirākāra-jñānavāda),那是就没有经部意义上的行相(详上节)说的,所以 nirākāra-jñānavāda 其实可以翻译为"无<u>形象</u>知识论"。法光法师的这一看法,或许是受到了南传阿毗达磨的影响。在南传阿毗达磨中,就没有特别强调心与心所的"行相平等"之义,并且"慧"也不属于"遍一切心之心所"(sabbacitta-sādhāraṇa-cetasika)。如《论事》(*Kathāvatthu*)中就说,心与心所的关系是,俱行(sahagata)、俱生(sahajāta)、相杂(saṃsaṭṭha)、相应(sampayutta)、同生(ekuppāda)、同灭(ekanirodha)、同所依(ekavatthuka)、同所缘(ekārammaṇa),而没有就行相有特别的要求。见 *Kathāvatthu Vol.I & II*(London: Pali Text Society,1897),p.338。

② 《瑜伽师地论》卷55,T30,p.602a;*rNal 'byor spyod pa'i sa rnam par gtan la dbab pa bsdu ba*,D4038,Zhi,p.60a。

③ 《阿毗达磨大毗婆沙论》卷16,T27,p.81a-b。

④ 《瑜伽师地论略纂》卷14,T43,p.199a。

⑤ 《成唯识论述记》第三末,T43,p.332b;《成唯识论述记集成编》卷16,T67,p.348b。

⑥ 《成唯识论》卷3,T31,p.11c。

虽各自变相而缘，但所变相分互相相似，如缘青色为境，诸相分皆相似于青，故曰所缘等。心所与心各唯一法相应，故曰事等。等者，即相似义也。与《大毗婆沙论》、《俱舍论》相较，这里唯识学者缺行相平等一义。因为如上述，唯识学者以见分为行相，所以心与心所的行相是各不相同的，如心以“了别”为行相，受心所以“领纳”为行相等。设若心与心所的行相依然平等，“了别”的作用相似于“领纳”的作用等，那么心与心所之间也就没有区别了。

正因为其行相各不相同，因而心与心所的取境作用亦有所差异。《成唯识论》说：“心于所缘唯取总相，心所于彼亦取别相，助成心事，得心所名，如画师资作模填彩。”①心以“了别”为行相，故于所缘唯取其总相；心所如受心所以“领纳”为行相，故于所缘除取其总相外，亦能领受其境相之或顺适或违逆等别相。这就比如画师先为作模，再由弟子填彩一样，填彩虽不离所作之模，但能使其细节更为栩栩如生，心所兼取别相的作用亦复如是。

需要指出的是，将全部心理作用予以机械开合而形成的心与心所的俱时相应说，其实并不能从原始佛典中找到依据。② 就学理上来说，这里至少存在两个问题。其一，主体之心的确立，难免会导致缘起无我义被遮蔽。按照佛陀的教说，所谓心识，无非就是指识、受、想、思（行）等各种心理作用的相续流变，在此种种作用之外，并不存在它们所依托的基质或载体，因而心与心所的主属分别潜在地就是被拒斥的。其二，心与心所的共时性似乎可以用来说明各种复杂的心理现象，然而有些心所法在语义上并不是完全兼容的，比如有部于心所法中立“十大地法”，认为任何心识都至少要与受、想、思、触、欲、慧、念、作意、胜解、三摩地等十种心所法同时生起，然而如眼识生起的第一刹那应该不具备判断的功能，又怎能伴随有具分别简择作用的慧心所呢？③

譬喻师从有部中分离出来并发展为经量部，强调回复到经典的立场，“唯依经为正量，不依律及对法，凡所援据，以经为证”④，对有部心与心所的俱时相应说提出了强烈的质疑。如上所述，譬喻师的基本看法是，所谓心所

① 《成唯识论》卷5，T31，p.26c。

② 参水野弘元：《心、心所思想的产生过程》，氏著：《佛教教理研究》，页311—330。

③ 有部对此的解释是，心识了境时必定都有简择的作用，只不过，有时这种简择作用非常微弱，所以我们不能觉知到它的存在罢了。见《阿毗达磨顺正理论》卷10，T29，p.389b。

④ 《异部宗轮论述记》，X53，p.577b。又，《俱舍论》卷10：“我等但以契经为量（sūtrapramāṇakāḥ），本论非量（na śāstra-pramāṇakāḥ）。”“当依经量（sūtrānta-pratiśaraṇa）”，原本出自佛说。有部则是将“经量”作依主释，谓其意为“经之量”，而阿毗达磨就是“经之量”，它是“众经所有定义”，即依此能判定众经的真实意涵，“阿毗达磨能决众经，判经了义不了义故。阿毗达磨名能总摄，不违一切圣教理言。故顺此理名了义经，与此理违名不了义。不了义者恐违法性，依正理教应求意旨”。《阿毗达磨俱舍论》卷10，T29，p.53b；P. Pradhan：*Abhidharmakośabhāṣya of Vasubandhu*，p.146；《阿毗达磨顺正理论》卷1，T29，p.330a。

只是指一心历时性的差别作用,并非离一心的流变外另有别体的存在。心、心所前后次第相生,“识次生想,想次生受,受次生思,思及忧、喜等从此生贪、恚、痴”①,每一刹那都只有一种心或心所法发挥作用。“譬如商侣涉崄隘路,一一而度,无二并行”②,各种在语义上并不完全兼容的心所法不可能一时共生。因此他们调侃说:“对法者所说法相,如闹丛林。”③

有意思的是,如前所述,类似的“犹如多人经于狭路,一一而过”的譬喻,在有部那里,是被用来破斥“二心俱生”之说的。④ 但有部不承认“二心俱生”,是就心王而言的,这并不排斥一个心王可以与各种不同的心所相应俱起。所以说,“心与心所相应,心所亦与心所相应,心所又得与心相应,唯心与心无相应义,一身二心不俱起故”⑤。对此,有部解释说,这些心王与心所互有不同,而构成一聚心、心所法,它们是由同一聚等无间缘引生,所以没有“二心俱生”的过失。⑥ 譬喻师却是用此譬喻来说明,即便是这些互有不同的心王与心所,也不能同时并生。而《成实论》于此也同样使用了每个有情身中每一刹那都只能有一心的论证。在《成实论》看来,这个一心不仅是就心王而言的,也包括心所在内,亦即,在每个有情身中,每一刹那都只能有一个心王或心所生起,否则就成了多个有情。⑦

当然,与有部定于一尊的学风迥异,由于譬喻师倾向于自由开放的学风,他们的看法也并不完全一致。如早期的觉天(Buddhadeva)论师谓,“诸心、心所,体即是心”,“心所即是心之差别”。⑧《成实论》亦云:“受、想、行等,皆心差别名。”“我亦不言无心数法,但说心差别,故名为心数。”⑨“心数”,即“心所”之旧译。这都不承认有别体的心所法。到《顺正理论》时代,经部师则有所折衷,开始承认有若干别体心所法的存在。如“上座”室利逻多即承认有受、想、思三种别体心所,其余心所则是思之差别。⑩ 如此,行蕴

---

① 《成实论》卷5,T32,p.277c。

② 《阿毗达磨大毗婆沙论》卷16,T27,p.79c。

③ 《阿毗达磨大毗婆沙论》卷106,T27,p.547b。

④ 参本书上篇第一章第三节。

⑤ 《阿毗达磨大毗婆沙论》卷52,T27,p.270a - b。

⑥ 参《阿毗达磨大毗婆沙论》卷10,T27,p.50a。

⑦ 参《成实论》卷5,T32,p.276b。

⑧ 《阿毗达磨大毗婆沙论》卷2、127,T27,p.8c、661c。

⑨ 《成实论》卷5,T32,p.274c、275c。

⑩ 对此,智周曾总结说:“若经部师自有二释。一、譬喻师,唯心无所,同觉天计。二、有心所,四释不同。故《顺正理论》第十一云:‘谓执别有心所论者,于心所中多兴诤论,或唯说三大地法,或唯说四,或说有十,或说十四。’解云:如次说受、想、思,说四加触,说十即是十大地法,十四加贪及嗔、痴、慢。”(《成唯识论演秘》第一本,T43,p.818b)

中虽然有作意等多种心所,其实就是思。① 如前述,按照譬喻师的看法,思是身、语、意三业的当体,所谓"身语意业,皆是一思"。而行蕴中的其他心所法也包括了贪、嗔等烦恼,如果说它们就是思之差别,那么,这就意味着,烦恼离业外无别体,烦恼其实就是业。②

譬喻师关于心、心所的这一特见,其实也为早期的部分唯识学者所承继。如《大乘庄严经论》即谓,贪、嗔等染心所及信、精进等净心所不离心而别有其体,因为它们都是心的显现(ābhāsa)。③ 故据奘门所传,"上古大乘,亦有依《庄严论》,执诸心所离心无体"④。对此,我们可以在安慧的《中边释》中找到印证:

> cittaviśeṣā eva caitasā ihābhipretā iti ke cij jānanti | tad eva vijñānaṃ tādṛśasvarūpādinā vicitrapratibhāsam utpadyate mayūracandrikavat |⑤
> (有人认为:心差别即心所,[无别心所,]是此中意趣。即此识作为如此[识]自体等种种显现而生起,如孔雀翎眼。)

对于譬喻师"心所即是心之差别(citta-viśeṣa)"的论义,这里进一步论证说,这是指心有各种各样的显现(pratibhāsa),或作为自身(svarūpa)显现,或作为受、想等心所显现,就如孔雀开屏,各种五彩缤纷的颜色都是孔雀翎眼的显现。这应该就是从《庄严经论》而来的早期部分唯识学者的看法。⑥ 当然,无论是安慧还是《成唯识论》,他们接受的都是《瑜伽师地论》"王所别论"的传统,因而将其视之为"迷谬唯识理"的异执之一。⑦

至于心所法的数量,唯识诸论开合略有不同。按《显扬圣教论》、《五蕴

---

① 见《阿毗达磨顺正理论》卷10、2,T29,p.384b、339b。

② 《阿毗达磨俱舍论》卷16:"譬喻者言:贪、瞋、邪见即是意业。"(T29,p.84b)

③ 梵本《庄严经论》:"cittaṃ dvayaprabhāsaṃ rāgādyābhāsam iṣyate tadvat | śraddhādyābhāsaṃ na tadanyo dharmaḥ kliṣṭakuśalo 'sti ||"(玄奘译:"许心似二现,如是似贪等,或似于信等,无别染善法。")波颇译本将prabhāsa、ābhāsa(显现)译作"光",故此颂作:"能取及所取,此二唯心光,贪光及信光,二光无二法。"意思是说,心不仅显现为能取、所取,它还能显现为贪等、信等,所以心外并无其他染、善心所。S. Lévi: *Mahāyāna-sūtrālaṃkāra*, p.63;《成唯识论》卷7,T31,p.36c;《大乘庄严经论》卷5,T31,p.613b。

④ 《成唯识论掌中枢要》卷上本,T43,p.617a。

⑤ S. Yamaguchi(山口益): *Madhyāntavibhāgaṭīkā de Sthiramati*, p.31。

⑥ 《中边释》中接下来提到,有这一看法的人认为,法的自性(dharma-svabhāva)是唯错乱(bhrānti-mātra),这正是早期唯识学者的见解。关于"唯错乱",具体请参本书下篇第七章第二节。

⑦ 《摄决择分》曾详辨心所非实有之过失,并结为一颂云:"五种性不成,分位差过失,因缘无别故,与圣教相违。"具体请参《瑜伽师地论》卷56,T30,p.609a－b。

论》、《百法明门论》及《成唯识论》等，心所法共五十一种，分为六位。

一、遍行（sarvatraga）心所，“遍谓周遍，行者起义，周遍心起，立遍行名”①，指的是周遍于一切心、心所法而与之相应俱起的心所，任一心、心所法都必与此类心所相应方能生起。这包括触、作意、受、想、思五种。

二、别境（pratiniyata-viṣaya，viniyata）②心所，指的是只有当缘于各自相应的事境时才能生起的心所，比如唯有对于所乐之境，才能有希求之心即“欲”（chanda）这一心所的生起，而非于一切所缘境均欲求之。这包括欲、胜解、念、定、慧五种。此五遍行与五别境，有部认为均可遍于一切心起，故将其合称为“十大地法”，这里“地”（bhūmi）是指作为心所所行处（gati-viṣaya）的心王，“大”（mahā）即是指此十法能遍于一切心起。③ 唯识学中则将其开而为二，认为遍于一切心起者唯五法。按《成唯识论》，此五别境心所随所缘境的不同，既可并起，亦可独起，其他唯识学者的看法则不尽相同。④

---

① 《杂集论述记》卷 3，X48，p.42a。

② “别境”，梵本《五蕴论》作“pratiniyata-viṣaya”，《三十颂》作“viniyata”。李学竹等：*Vasubandhu's Pañcaskandhaka*，p.5；Hartmut Buescher：*Sthiramati's Triṃśikāvijñaptibhāṣya*，p.70。

③ 具体说来，“大地法”是指“大法之地之法”，“大法”即遍于一切心起的十心所，“大法之地”即作为此十心所所行处的心王，“大法之地之法”即此心王所有的心所，亦即还是指十心所。此即《阿毗达磨俱舍论》卷 4 所谓：“地谓行处，若此是彼所行处，即说此为彼法地。大法地故，名为大地。此中若法，大地所有，名大地法。”（T29，p.19a）《阿毗达磨大毗婆沙论》卷 16 则有三说。第三说与《俱舍》同，认为“受等十法遍诸心品，故名为大。心是彼地，故名大地。受等即是大地所有，名大地法”。第一说认为“大”是指心王，“地”是指十心所：“大者谓心。如是十法，是心起处，大之地故，名为大地。大地即法，名大地法。”第二说认为“大”与“地”都是指心王：“心名为大，体用胜故。即大是地，故名大地，是诸心所所依处故。受等十法，于诸大地遍可得故，名大地法。”（T27，p.80b）

④ 参《成唯识论》卷 5，T31，pp.28c－29a。有趣的是，《成唯识论》卷 5 曾破斥过五别境心所必定并起的说法，即认为五别境“定互相资，随一起时，必有余四”（T31，p.28c）。据窥基说：“此安惠义，西方共责。”（《成唯识论述记》第六本，T43，p.431b）此外，汉译安慧《广五蕴论》也说，五别境心所“一一于差别境展转决定，性不相离，是中有一，必有一切”（T31，p.851c）。据《大周刊定众经目录》卷 6 等，该论系地婆诃罗（Divākara，日照，613—688）译于唐垂拱元年（685）六月二十五日，此时玄奘、窥基皆已辞世。也就是说，据汉传，五别境并起说为安慧之义。但梵本安慧《五蕴论广释》中只说到，五别境是指“pratiniyato viṣaya eṣāṃ na sarvaḥ”（它们的境是一一限定的，并不是一切［境］），并没有“有一必有一切”之说。安慧《三十释》中更明确说：“ete hi pañca dharmāḥ parasparaṃ vyatiricyāpi pravartante । evañ ca yatrādhimokṣas tatra nāvaśyam itarair api bhavitavyam । evaṃ sarvatra vācyam ।”（此五法互相分离而生起，因而在有胜解处，此处必定不会有其余［四心所］。对于所有［别境心所］都应这样说。）也就是说，五别境心所都是单独生起的。对此，调伏天在《三十释》的复注中曾特别指出：“kecit punar enaṃ grantham anyathā paṭhanti । ete hi pañca dharmā na parasparaṃ vyatiricya vartante，avaśyaṃ ca yatrādhimokṣas tatrāvaśyam itarair api bhavitavyam iti । evaṃ te vinaṣṭaṃ paṭhanti ।”（然而，有人以别的方式诵读这段文本：此五法并非互相分离而生起，在有胜解处，此处必定有其余［四心所］。像这样，他们［把这段文本］（转下页）

三、善(kuśala)心所,指的是其性善,仅存在于善心中的心所。这包括信、惭、愧、无贪、无嗔、无痴、勤、轻安、不放逸、行舍、不害十一种。其中,无贪、无嗔、无痴为一切善法根本,“生善胜故”①,被称为三善根(kuśala-mūla)。

四、烦恼(kleśa)心所,kleśa 出自√kliś(折磨,扰乱),因此烦恼是扰乱有情,使其身心不寂静的意思。安慧说,“ete hi cittaṃ kliśnantīti kleśāḥ”(此等因扰乱心故,名为烦恼。)就是用√kliś 的主动语态现在时第三人称复数动词 kliśnanti 来界说“此等”(ete)烦恼。《顺正理论》说,“能为扰乱,故名烦恼”,其意大同。②《集论》则谓:“若法生时,相不寂静(apraśānta-lakṣaṇa)由此生故,身心相续不寂静转,是烦恼相。”③窥基进而从汉语上将其拆解为:“烦是扰义,恼是乱义。扰乱有情,故名烦恼。”④此类心所为一切烦恼根本,故亦名“本惑”。这包括贪、嗔、痴、慢、疑、恶见六种。相对于无贪、无嗔、无痴三善根,贪、嗔、痴则为一切染法所依,“起恶胜故”⑤,被称为三不善根(akuśala-mūla),亦名三毒。

五、随烦恼(upakleśa)心所,此类心所皆随烦恼心所而起,为根本烦恼之分位或等流,故亦名“随惑”。具体说来,随烦恼或者是在根本烦恼上安立的分位假法,如“忿”(krodha)即是依于“嗔”(dveṣa/pratigha)而安立的,离“嗔”无别体;或者是由根本烦恼所引生的实法,也就是“等流”。“等流者,同类所引义”⑥,如“无惭”(āhrīkya)即以俱时或前念的“贪”(rāga)等烦恼为因而生。随烦恼共二十种,分为三类。一是小随烦恼,行相粗猛,互不相应,只能单独生

(接上页)读坏了。)由此可见,汉传的说法正是为调伏天所批评的解读,它也有印度的来源。在藏译本德光(Guṇaprabha)的《五蕴论释》(*Phung po lnga'i rnam par'grel pa*, * *Pañcaskandhavivaraṇa*)中,我们就能发现与汉传一致的说法:“mos pa gang du 'byung ba der gdon mi za bar 'dun pa dang / dran pa dang / ting nge 'dzin dang / shes rab kyang 'byung bar 'gyur te / de dag ni phan tshun med na mi 'byung ba'i phyir yul so sor nges pa zhes bya ba'o //”(胜解于何处生起,欲、念、定、慧亦必定于彼处生起,因为彼等若互缺一即不生起,故称为“别境”。)见 Jowita Kramer: *Sthiramati's Pañcaskandhakavibhāṣā*, *Part I*, p. 33; Hartmut Buescher: *Sthiramati's Triṃśikāvijñaptibhāṣya*, p. 74; Padmanabh S. Jaini: The Sanskrit Fragments in *Vinītadeva's Triṃśikā-Tīkā**, *Bulletin of the School of Oriental and African Studies*, *University of London*, Vol.48, No.3, Cambridge University Press on behalf of School of Oriental and African Studies, 1985, p.479; *Phung po lnga'i rnam par 'grel pa*, D4067, Si, p.10b。

① 《成唯识论》卷 6, T31, p.30a。

② Jowita Kramer: *Sthiramati's Pañcaskandhakavibhāṣā*, *Part I*, p. 34;《阿毗达磨顺正理论》卷 54, T29, p.645b。

③ 《大乘阿毗达磨集论》卷 4, T31, p.676b;早島理:《梵蔵漢対校「大乘阿毗达磨集論」·「大乘阿毗达磨雑集論」》, Volume II, p.372。

④ 《成唯识论述记》第一本, T43, p.235c。

⑤ 《成唯识论》卷 6, T31, p.30a。

⑥ 《成唯识论述记》第五末, T43, p.422c。

起。这包括忿、恨、覆、恼、嫉、悭、诳、谄、害、憍十种。按《成唯识论》,小随烦恼唯与第六意识相应。二是中随烦恼,能遍于一切不善心中生起。这包括无惭、无愧两种。三是大随烦恼,能遍于一切染心,即一切不善心与有覆无记心中生起。这包括掉举、惛沈、不信、懈怠、放逸、失念、散乱、不正知八种。

值得一提的是,广义上的随烦恼也可以包括根本烦恼。如《集论》中说:"随烦恼者,谓所有诸烦恼皆是随烦恼,有随烦恼非烦恼,谓除烦恼,所余染污行蕴所摄一切心所法。"①按:"随烦恼"(upakleśa)的前缀 upa-有"接近"之义,所以就烦恼能接近附着于心并染污之,而称之为随烦恼。《本地分》、《集论》等即说,贪、嗔、痴等烦恼能"倒染心故"(viparyāsaiś cittopakleśakatvāt),"随恼于心(citte upakleśaḥ),令不离染,令不解脱,令不断障",故亦名随烦恼。②而按后来窥基的解释,则是因为根本烦恼也能随其他烦恼而生,所以也称之为随烦恼。

六、不定(aniyata)心所,此类心所善染性质不定,并非在一切心识中都存在,也并非在一切界地中都存在,具此三义,故曰不定。这包括悔(或作"恶作")、睡眠、寻、伺四种。

合上六位,总计即五十一心所法。《瑜伽师地论·意地》于上述二十随烦恼外,又加入"邪欲"、"邪胜解"两种,即将染污性的"欲"、"胜解"别列,故成五十三心所。③《集论》则将根本烦恼中的恶见,进一步开立为萨迦耶见(即身见)、边执见、见取、戒禁取、邪见等五见,故成五十五心所。④ 关于这些心所法的具体内涵,唯识诸论中均有详尽探讨,为避繁琐及抽象地就法相谈法相,下面仅在相关处再分别述及。

需要指出的是,唯识学者承续有部阿毗达磨的传统,认为单就心法本身而言,是无所谓善、染等三性分别的,三性的分别是建立在心所法之上。如上所述,在六位心所法中,有善心所、烦恼心所与随烦恼心所。当其他心、心所法分别与这些心所相应俱起时,它们才具有了善、染性。所以《集论》将十一善心所称为"自性善"(svabhāvataḥ kuśalam),而其他心、心所法与之相应

---

① 《大乘阿毗达磨集论》卷 4,T31,p.677b。这与有部的说法是一致的,如《阿毗达磨俱舍论》卷 21:"此诸烦恼亦名随烦恼,以皆随心为恼乱事故(cittopakleśanāt)。复有此余异诸烦恼染污心所,行蕴所摄,随烦恼起故,亦名随烦恼,不名烦恼,非根本故。"(T29,p.109b)P. Pradhan:*Abhidharmakośabhāṣya of Vasubandhu*,p.312。

② 《瑜伽师地论》卷 8,T30,p.314b;Vidhushekhara Bhattacharya:*The Yogācārabhūmi of Ācārya Asaṅga,part I*,p.167;《大乘阿毗达磨集论》卷 4,T31,p.677b;早島理:《梵蔵漢対校「大乘阿毗达磨集論」·「大乘阿毗达磨雜集論」》,Volume II,p.392。

③ 见《瑜伽师地论》卷 1,T30,p.280b。梵本中并无"邪欲"、"邪胜解"两种。

④ 见《大乘阿毗达磨集论》卷 1,T31,p.664c。

俱起时所具有的善性只是“相属善”(saṃbandhataḥ kuśalam)或曰“相应善”(saṃprayogataḥ kuśalam)。[①] 自性善就像良药,它本身就具有药性,可以治病;相属善或者相应善就像混合了良药的水,水本身不具有治病的功能,但因为和良药混合在了一起,所以也具有了药性。不善性亦复如是,有“自性不善”、“相属不善”(“相应不善”)。唯识学者即依此来诠解佛法中所说的“心性本净”(cittaṃ prakṛtiprabhāsvaram)义,亦即,就心法自身并非染污性,只是与烦恼或随烦恼心所相应俱起时方具染污性而言,可称之为“心性本净”。如《瑜伽师地论》云:“诸识自性非染,由世尊说一切心性本清净故。所以者何?非心自性毕竟不净,能生过失,犹如贪等一切烦恼。”[②]《成唯识论》亦谓:“心体非烦恼故,名性本净。非有漏心性是无漏故,名本净。”[③]相对于如来藏系的理解,这可以说是一种消极意义上的“心性本净”,因为它不具有类似如来藏的作为成佛的动力因与目的因的意义。[④]

熊十力大约就是由此得到启发,将心与心所改造为宋明儒意义上的本性与习心,其谓:“心者即性,是本来故。心所即习,是后起故。本来任运,后起有为。本来纯净无染,后起便通善染。本来是主,后起染法障之,则主反为客。后起是客,染胜而障其本来,则客反为主。”[⑤]熊氏对此创见似颇为自信,有云:“《新论》区别心即性,心所是习,自谓析千古之疑滞,无违诸佛。若犹以余为好异者,则必天地异位,日月失明,而后可也。”[⑥]熊氏此说,恰恰就是赋予了“心性本净”以类似于如来藏系的积极意义,将同处经验层面的

---

① 参《大乘阿毗达磨集论》卷 2,T31,p.669a－b;早島理:《梵蔵漢对校「大乘阿毗达磨集論」·「大乘阿毗达磨雜集論」》,Volume I,p.182、190。

② 《瑜伽师地论》卷 54,T30,p.595c。

③ 《成唯识论》卷 2,T31,p.9a。

④ “心性本净”的圣典依据可见于南传《增支部》:“Pabhassaram idaṃ bhikkhave cittaṃ tañ ca kho āgantukehi upakkilesehi upakkiliṭṭhan ti.”(比丘们,此心清净,而为客随烦恼染污。)*Aṅguttara-nikāya Part I*,p.10。但与之相当的《增壹阿含经》中却并无此文,因此这其实是为分别说系所传的佛说。部派时代,对这一问题曾有过激烈的争论。分别说系、大众部坚持“心性本净”说,有部等则反对之。而即便是坚持此说者,对它的解释也各有不同,特别是如南传注释书,将所谓的清净心指认为是“有分心”(bhavaṅga-citta),其实也很难导出类似如来藏的思路。见 *Aṅguttaranikāyaṭīkā Vol.II*(Oxford: Pali Text Society,1997),p.60。有意思的是,《顺正理论》曾严厉批评了“心性本净”说,认为“若抱愚信,不敢非拨言此非经,应知此经违正理故,非了义说”。(《阿毗达磨顺正理论》卷 72,T29,p.733b。)那么,这种“非了义说”要表达什么“密意”呢?《顺正理论》给出的解释是:这里其实是区分了“本性心”与“客性心”。“本性心”是指无记心,因为有情在通常情况下无喜无悲,都是处在无记心的状态,就此而言,称之为清净;“客性心”则是指其他的善染心,因为这并非是有情通常的心识状态,所以是“客性心”,它容或有时会有染污。(T29,p.733b－c)这一解释,其实与南传注释书有近似的理趣,因为南传所谓的“有分心”,也是有情在通常情况下的心识状态。

⑤ 熊十力:《新唯识论(文言文本)》,《新唯识论(熊十力论著集之一)》,页 151。

⑥ 熊十力:《佛家名相通释》,页 52。

心与心所的主属关系转换为了先验与经验之间的形上关系,至少按诸唯识学理,可谓是失之毫厘,谬以千里。

2.2 五遍行心所

在五十一心所法中,能与有漏位之第八识相应俱起者,则唯有五遍行。

其一是“触”(sparśa),识必与根、境俱起,根为识所依,境为识所取,依根取境而有识生,三者互相随顺而不乖反,称之为“三和合”(trika-saṃnipāta)。① 此“三和合”位有顺生一切心所的功用,触即依之而生并现似此功用,故而能和合根等三法,顺生受、想等其他心所。不仅如此,它还能和合一切相关的心与心所,令它们不相离散,同趣一境。

值得一提的是,虽然早期佛典中曾多处谈到“触”,所谓根、境、识“三事和合触”,或“三事和合生触”,②但其说法比较笼统,并没有对“触”的体性作出明晰的界说。认为由“三和合”能引生一别体的触心所,乃是自有部阿毗达磨以来的特见。譬喻师及其后的经量部就反对这一说法,认为只是就“三和合”而假名为“触”,并没有实有的触心所。如《婆沙》中说:“譬喻者说:触非实有。……离眼、色、眼识外,实触体不可得。”③《成实论》也说,“触不异三事”,并非别体的心所法。④ 发展到经量部时代,“上座”室利逻多还是坚持这一看法:“经虽言有触,不说有别体。故彼经言:如是三法聚集和合,说名为触。”⑤有部的说法被称为“三和生触”(sparśa-utpatti),譬喻师及经部的说法被称为“三和成触”(sparśa-bhūta),这在部派时代曾有过激烈的争论。⑥ 而唯识

① 有部认为,和合未必是指根、境、识三者同时,也可以是指三者互不相违而共同引生触心所。这是因为,前五识固然具有同时意义上的和合义,第六意识则不然,它的所依根是过去的无间灭意,所缘境可以是过去、现在、未来的一切法,其和合只能在后一意义上来说。如《阿毗达磨大毗婆沙论》卷197云:“和合有二种:一、俱起不相离名和合,二、不相违同办一事名为和合。五识相应触由二和合故名和合,意识相应触由办一事和合故名和合。”(T27,p.984a)“二和合”,即前五识在双重意义上是和合。“办一事”,即根、境、识三者能共同引生触心所。对于唯识学特别是有相唯识学来说,这一问题其实并不存在。因为第六意识的所依根是与之同时的末那识,无论是缘现在法还是过去、未来法,其所缘境都是现在刹那的相分。所以窥基一方面接受有部对和合的解释,另一方面又指出:“或依增上根说三和,非等无间,触名三和,于理无失。根、境、识三常现在世,无一根、境住于他世,去、来二世非实有故。”(《成唯识论述记》第三末,T43,p.328c。)“增上根”,即不共俱有根。“等无间”,即无间灭意。

② 《杂阿含经》卷11、3,T2,p.72c、18a。

③ 《阿毗达磨大毗婆沙论》卷149,T27,p.760a。

④ 《成实论》卷6,T32,p.287a。

⑤ 《阿毗达磨顺正理论》卷10,T29,p.384b。

⑥ 经部向来为学多端,按《成唯识论述记》第四末(T43,p.372c)所述,亦有经部学者随顺有部的说法,认为“三和生触”,即以“触”为别体的心所法。不过,从被视为经部集大成者的“上座”室利逻多不承认有别体的触心所来看,“生触”说在经部中应该不具代表性。又,关于“触”的假实问题,参见本书下篇第八章第一节。

学者接受的正是有部的看法。

其二是"作意"(manasikāra),其作用在于警觉(ābhoga)心王或其余心所,使之得以现起并进而趣向于其所缘境。易言之,没有作意,心识就不可能生起。所以《成唯识论》引《起尽经》说"若于此作意,即于此了别;若于此了别,即于此作意"①,两者必然同时共存,同缘一境。不过,由于能警的作意心所、所警的心王及其他心所均有种子与现行的分别,故而对于作意的具体定位,唯识诸论说法不尽相同,奘门之下亦有基、测二师之别。大略而言,如《五蕴论》、《显扬圣教论》等以能、所警者皆为现行,《成唯识论》则以所警者为种子。在以所警者为种子的前提下,基师以能警者亦为种子,测师则以能警者为现行。②

其三是"受"(vedanā),受即领纳(anubhava),这并非是指机械反映论意义上的感觉,毋宁说,在原始佛典中它原本意味着,对象只是具体存在于苦乐的感受之中,总已是被感受为苦乐的对象。

按照有部阿毗达磨的传统说法,受则有两种:一是"执取受",即"境界受"(ālambana-vedanīyatā),指的是受能领纳自所缘境;二是"自性受"(svabhāva-vedanīyatā),指的是受能领纳引生它的触心所。一切心、心所法缘自境时,皆有领纳自境之义,故"执取受"并不能表明受的特性。而受既是由触心所引生,所以两者行相极为相似,有可爱或不可爱的触心所,就会引生与之相应的或乐或苦的感受。这就比如印章,盖在纸上的印与之全然相似。可见,受无非就是随顺触而来的、对触的接受,故谓之"受领纳随触"(vedanānubhavaḥ sparśasya)。③ 这是受不共其他心、心所法之处,而为"自性受"。

---

① 《成唯识论》卷5,T31,p.28a。据《述记》第六本,此文出《起尽经》(T43,p.428a)。所云《起尽经》者,"经明生灭,名《起尽经》。从彼所明,以立经号"(《成唯识论述记》第三末,T43,p.329b)。该经具体不详。

② 如《大乘五蕴论》云:"云何作意?谓能令心发悟为性。"(T31,p.848c)《显扬圣教论》卷1云:"作意者,谓从阿赖耶识种子所生,依心所起,与心俱转相应,动心为体,引心为业。由此与心同缘一境,故说和合,非不和合。"(T31,p.481a)此皆以能、所警者为现行。《成唯识论》则以所警者为种子,如该论卷3云:"作意谓能警心为性,于所缘境引心为业。谓此警觉应起心种,引令趣境,故名作意。"(T31,p.11c)至于基、测二师之别可参《成唯识论述记》第三末,T43,p.330b-c;《成唯识论了义灯》第四本,T43,pp.726c-727b。

③ 参《阿毗达磨顺正理论》卷2,T29,pp.338c-339a;《阿毗达磨显宗论》卷2,T29,p.783a-b;《俱舍论疏》卷1余,T41,pp.485b-486a。"受领纳随触"的梵文见安慧《五蕴论广释》所引:"vedanānubhavaḥ sparśasyety ācāryasaṅghabhadraḥ | iṣṭāniṣṭobhayaviparītānāṃ sparśānām anubhavaḥ sā vedanā |"(众贤师说,受领纳随触。对可爱、不可爱、俱相违之触的领纳,即是受。)Jowita Kramer: *Sthiramati's Pañcaskandhakavibhāṣā*, *Part I*, p.25。亦见安慧《俱舍论实义疏》, Nobuchiyo Odani(小谷信千代): *Tattvārthā*, *Sthiramati's Abhidharmakośaṭīkā*, *Chapter* Ⅰ, p.97。试比较《阿毗达磨顺正理论》卷2:"受领纳随触,……随触而生,领纳可爱及不可爱、俱相违触,名为受蕴。"(T29,p.338c)

需要指出的是，在有部看来，这种受对触的领纳，并不是认识论意义上的能所缘，两者并无必然关联。所以《顺正理论》强调指出，“所缘”与“所领”不同，受与其他心、心所法同一所缘，但只有受才有它的所领，即引生它的触心所，否则，就会违背有部自宗的论义，即“诸心、心所不了自性（svabhāva）、相应（saṃprayukta）、俱有（sahabhū）”①。“诸心、心所不了自性”，就是它们不能自证；“不了相应”，就是心、心所之间不能互为认知，因此受不能认知触；“不了俱有”，就是心、心所不能认知与之俱起的定道无表、生等四相。② 而《成唯识论》却批评有部的“自性受”说：“受定不缘俱生触故。”③其意是说，受只有缘于与之相应俱起的触，才能领纳触，而既然有部认为“诸心、心所不了相应”，受不能缘于触，所谓受能领纳触也就不能成立了。这种以“所缘”为“所领”的前提的看法，其实不是有部的论义。

与有部相反，《成唯识论》则取“境界受”义，而认为境界受不共其他一切心、心所法之处在于，它不只是缘于自境，而且还摄属其境界为己有而有苦乐等感受。窥基比喻说：就像有人当着众多人的面辱骂道，你是奴才，其中只有真是奴才的那人才会将这辱骂归属到自己身上来，而其他人并不会这么想；同样的，虽然其他的心、心所法也缘于同一境，但只有受心所才会将这一境界归属自己所有。境界有三种，或为顺益身心，或为违损身心，或为非顺非违之中容境，与之相应，感受亦有三种，或为乐受，或为苦受，或为非苦非乐之舍受，④由此而起或追求顺境、或远离违境的一系列爱憎行为。

佛经中曾多处谈到，“诸所有受无非是苦”（yat kiṃcid veditam idam atra duḥkhasya）⑤。因此按照经部和大众部等的看法，其实并没有乐受。如“上座”室利逻多就说：“虽现非无摄益受位，而于苦类未为超越，以有漏法唯是

---

① 《阿毗达磨大毗婆沙论》卷 9，T27，p.42c。

② 关于“无表”，请参本书中篇第四章第一节。按：《阿毗达磨大毗婆沙论》卷 9：“问：何等名为俱有诸法？答：此随转色，及此随转不相应行。”（T27，p.43c）“随转色”是指定道无表，如《俱舍论疏》卷 6：“二种律仪，是心随转色也。”（T41，p.558c）或有以色根为随转色，误。对这一问题的具体讨论，请参本书下篇第八章第二节。

③ 《成唯识论》卷 3，T31，p.11c。

④ 三受还可进一步开立为五受，即，以身心别开，与眼等五识相应者为身受（kāyikī vedanā），与意识（包括七、八二识在内）相应者为心受（caitasikī vedanā），再配合顺、违、中容三境，共得五受：领顺境之身受为乐受，领顺境之心受为喜受，领违境之身受为苦受，领违境之心受为忧受，领中容境者依然为舍受。此大别而论，具体还要结合界、地、趣来说。比如，第三禅与意识相应者为乐受，而非喜受；地狱中与意识相应者为苦受，而非忧受。参《成唯识论》卷 5，T31，p.27a－c。

⑤ 《阿毗达磨俱舍论》卷 22，T29，p.115a；P. Pradhan：*Abhidharmakośabhāṣya of Vasubandhu*，p.331。《杂阿含经》卷 17：“我以一切行无常故，一切行变易法故，说诸所有受悉皆是苦。”（T2，p.121a）

苦因，故生死中受唯是苦。”①意思就是，虽然并非没有顺益身心的受，但这还是属于苦受的一类，并没有超出苦受的范围，因为有漏法只能导致苦，所以在生死轮回中也就没有乐受。比如，饮食一般认为能导致乐，但如果吃得太饱了，我们产生的却是苦受，可见，饮食其实只能导致苦，只不过，这种苦受通常我们感觉不到，而在吃得太饱的情况下则显现了出来。有部却坚持认为，对这一问题，要从三苦即苦苦、坏苦、行苦的角度来作具体的分析。相对于“苦苦”（duḥkha-duḥkha）而言，的确有顺益身心的乐受，不能说乐受只是轻微的、不明显的苦受，因为只要是苦受，即便是轻微的苦受，都不可能顺益身心；至于佛经中说“诸所有受无非是苦”，那是就“坏苦”（vipariṇāma-duḥkha）和“行苦”（saṃskāra-duḥkha）来说的，乐受有变坏之苦，舍受有迁流之苦，所以都是苦。② 比如乐受，它在生时、住时确实是乐而不是苦，但凡夫总是想求乐，而在乐坏时就会忧愁苦恼，所以乐受是坏苦而非苦苦。③ 事实上，佛经本身对此说得很明确：“我依诸行皆是无常（saṃskārānityatā），及诸有为皆是变坏（saṃskāravipariṇāmatā），密作是说，诸所有受无非是苦。”④与有部一样，唯识学者也认可三受的区分，承认有与苦受相对的乐受和舍受。所以他们同样认为，所谓“诸所有受我说皆苦”，就“不苦不乐受及乐受”而言，是“密意（abhisaṃdhi）故说苦”。即，只有“苦受”才是“苦苦故苦”，而“不苦不乐受”是“行苦故苦”，“乐受”是“坏苦故苦”。⑤

对于阿赖耶识来说，无论它是由善业所招感，还是由恶业所招感，与之相应者唯是舍受（upekṣā-vedanā）。这一点又与有部不同。有部认为，恶业只能招感苦受异熟，而不能招感舍受异熟，舍受异熟只能是由善业所招感。如《婆沙》说：“问：何故舍根唯善业感，非不善耶？答：舍根行相微细寂静，智者所乐，故善业感。诸不善业性是粗动，故不能感舍受异熟。”⑥可见，有部说舍受只能由善业招感，是认为舍受还有微细寂静的含义，而唯识学中所说的舍受，并没有这种价值性的内涵。

---

① 《阿毗达磨顺正理论》卷58，T29，p.663b。

② 有部的这一解释，与《杂阿含经》的本母一致。《瑜伽师地论》卷96：“又诸苦受，一切众生现知是苦，不假成立。所余二受，由二因缘，应知是苦。非苦乐受，及能随顺此受诸行，由无常故，应知是苦。所有乐受，及能随顺此受诸行，变坏法故，应知是苦。由此道理，当知诸受皆悉是苦。”（T30，p.851b）

③ 参《阿毗达磨顺正理论》卷57，T29，p.662a。

④ 《阿毗达磨俱舍论》卷22，T29，p.115a；P. Pradhan：*Abhidharmakośabhāṣya of Vasubandhu*，p.331。

⑤ 《大乘阿毗达磨杂集论》卷6，T31，p.720c；早島理：《梵蔵漢対校「大乘阿毗达磨集論」·「大乘阿毗达磨雑集論」》，Volume II，p.349；《瑜伽师地论》卷53，T30，p.594a。

⑥ 《阿毗达磨大毗婆沙论》卷115，p.599a。

其四是“想”(saṃjñā),指“于境取相”(viṣaya-nimitta-udgrahaṇa)、形成表象或进一步由此安立名言的作用。对于“于境取相”,安慧曾有一个逐字的解释,他说,“境”(viṣaya)是所缘(ālambana);“相”(nimitta)是境之差别(viṣaya-viśeṣa),正因为境有差别,才能安立青、黄等不同的所缘,所以它是安立青、黄等所缘之因(nīla-pīta-ādy-ālambana-vyavasthā-kāraṇa);“取”(udgrahaṇa)则是对青、黄等的确认(nirūpaṇa),即辨识出这是青,这是黄等。① 不过,想并不一定要关联于语言,如《瑜伽师地论》就将想分为两种:一是“随觉(rjes su sad pa, * anubodha)想”,指的是具有语言能力的人、天之想;二是“言说随眠(tha snyad bag la nyal ba, * vyavahāra-anuśaya)想”,指的是不具有语言能力的婴儿乃至禽兽之想。②《杂集论》也说,有“不善言说想”(avyavahārakuśalasya...saṃjñā),“谓未学语言故,虽于色起想,而不能了此名为色,故名无相想(animitta-saṃjñā)”。③ 事实上,即便是有语言能力者,在八识中亦只有与第六意识相应的想心所才具有安立名言的作用。所以窥基说:“此业(指安立名言——笔者注)但是意俱之想,余识俱想不起名故,……由此故知,此业不遍。”④

其五是“思”(cetanā),思以造作(abhisaṃskāra)为义,指的是意志力而非思想,其作用在于趋使自心及其余心所同作善恶等事。就如磁石的引力能够驱动铁块,思则能驱动其余心、心所法。⑤ 严格说来,七、八二识之思心所均为无记性,不能造作善恶业,正发业者乃为与第六意识相应之思心所,

---

① Jowita Kramer: *Sthiramati's Pañcaskandhakavibhāṣā*, *Part I*, p. 29; Hartmut Buescher: *Sthiramati's Triṃśikāvijñaptibhāṣya*, p.56。

② 见《瑜伽师地论》卷 55,T30,p.601c;*rNal 'byor spyod pa'i sa rnam par gtan la dbab pa bsdu ba*,D4038,Zhi,pp.58b－59a。

③ 《大乘阿毗达磨杂集论》卷 1,T31,p.696c;Li Xuezhu(李学竹): Diplomatic Transcription of the Sanskrit Manuscript of the *Abhidharmasamuccayavyākhyā*—Folios 8v4－18r1,《創価大学国際仏教学高等研究所年報(平成 27 年度)》,p.218。

④ 《成唯识论述记》第三末,T43,p.332b。

⑤ 这与诸如《坛经》的“不思善,不思恶”之“思”毫无关系,《坛经》所说者才是思考、分别之义,更扯不上笛卡尔的“我思故我在”。事实上,如有部就曾区分了“思”与“虑”,“虑”才是指通常所说的思虑、思想:“思、虑何差别? 答:思者业,虑者慧,是谓差别。复次,思是造作相,虑是观察相。复次,能分别爱非爱果,令无杂乱,是思相,能分别诸法自相共相,令无疑惑,是虑相。”(《阿毗达磨大毗婆沙论》卷 42,T27,pp.216c－217a。)关于“虑”,玄奘译本中曾提到:“如声论者,彼说思、虑音韵虽别,而无异体。”(《阿毗达磨大毗婆沙论》卷 42,T27,p. 216b。)凉译本将“虑”译作“忆”,对应的文字作:“声论者说:思之与忆应是一字,唯长一点(此是天竺书法)。”(《阿毗昙毗婆沙论》卷 23,T28,p.167c。)据此,“虑/忆”的梵文原语或许是 cetana。所谓“唯长一点”是指,cetanā(思)与 cetana 相较,其悉昙体写法,唯有尾字母 ā 比 a 多出一点。

前五识则仅是随转发身、语二业。如说："五识不能转心发业，但作随转发业。"①"转"是发起的意思，第六意识是发业心，故曰"转"（pravartaka）；前五识只是随第六意识发业心的势力而生，故曰"随转"（anuvartaka）。所以《本地分》将"发起身业、语业"视之为意识的殊胜作用之一："谓由发身语业智（kāya-vāk-karma-sthānīya-jñāna，随顺身语业之智）前行故，次欲（chanda）生故，次功用（yatna）起故，次随顺功用为先身语业风（yatna-pūrvaka-kāya-vāk-karma-anukūla-vāyu，意为，随顺于身语业之风，此身语业则是以功用为先。）转故，从此发起身业、语业。"②

按其生起次第，"思"具体可分为三种。一是审虑思，对其所缘之善恶事境予以审察考虑；二是决定思，审虑之后有所决定并准备行动。此两种思皆与意识相应，能驱动意识，故名意业。对身、语二业的发动来说，此为"远因等起"，即远发动者。三是动发胜思，作为"近因等起"，即近发动者，正发动身、语二业。此身、语二业既为思之分位，故别无其体，即以此动发胜思为体。③ 如此"先思量已，随寻思已，随伺察已，而有所作"，这种有意识、有目的、有计划的善恶作业，被称为"故思业"（saṃcetanīyaṃ karma）。反之，无意作出的身、语行为，即不具足审虑、决定二思者，则为"不故思业"（a-saṃcetanīyaṃ karma）。④

概言之，上述五心所涉及知、情、意等各个基本的心理层面，这是任何心识都不可或缺的普遍属性，于一切善、恶、无记处（"一切性"），于一切界、地（"一切地"），于一切时（"一切时"），必有此五心所同时生起（"一切俱"），具此"四一切"义，故为遍行心所。⑤ 那么，除此之外，阿赖耶识为何不能与其他心所相应呢？这根本上与阿赖耶识的特性相关。

---

① 《成唯识论述记》第五末，T43，p.419a。

② 《瑜伽师地论》卷 1，T30，p.281a；Vidhushekhara Bhattacharya：*The Yogācārabhūmi of Ācārya Asaṅga，part I*，p.14。

③ 参《成唯识论》卷 1，T31，pp.4c－5a；《成唯识论述记》第二本，T43，p.276a；《大乘法苑义林章》卷 3，T45，pp.300c－301a 等处。

④ 参《瑜伽师地论》卷 9，T30，p.319b；同论卷 90，T30，pp.807c－808a。

⑤ 此"四一切"说出自《瑜伽师地论》卷 3："是故说彼作意等，思为后边，名心所有法，遍一切处（sarvatra）、一切地（sarva-bhūmike）、一切时（sarvadā）、一切（sarve）生。"（T30，p.291b）其中"一切处"相当于"一切性"，"一切"相当于"一切俱"。Vidhushekhara Bhattacharya：*The Yogācārabhūmi of Ācārya Asaṅga，part I*，p.59。又，所谓"一切地"，严格说来，是指有寻有伺、无寻唯伺、无寻无伺三地，而非三界九地。这是因为，在"四一切"中，十一善心所通"一切地"，但其中"轻安"只能在定中生起，所以欲界无"轻安"，不能说"轻安"通三界九地。"有寻有伺地"是指有寻、伺二心所相应者，包括欲界、初禅，"无寻唯伺地"是指唯有伺心所相应者，即初禅与二禅之间的中间禅，"无寻无伺地"是指无寻、伺二心所相应者，即二禅及以上。所以"轻安"可以通于此三地。参《成唯识论述记》第五末，T43，p.422c。

如上所述,阿赖耶识是由善恶业感、任运而起的真异熟果。故此一者,其虽有了别之行相、所缘之三境,但行相与所缘之根身、种子皆微细难知,所缘之器界广大难测,故《三十颂》称之为“不可知”(asaṃviditaka)。既然此识任运而起,行相暗昧,因而就不可能有对所乐之事(abhipreta-vastu)的欲求、对决定之事(niścita-vastu)的确认(avadhāraṇa,“印可”)、对过去之事(saṃstuta-vastu,“串习事”)的记忆、对所观之事(upaparīkṣya-vastu)的专注与简择,易言之,即不能与“欲”(chanda)、“胜解”(adhimokṣa)、“念”(smṛti)、“定”(samādhi)、“慧”(prajñā)等五别境心所相应俱起。二者,阿赖耶识为真异熟果,故而一类相续、恒无间断,且其性为无覆无记。所谓“记”(vyākṛta),有“记别”、“招引”、“标志”之义,是指善或不善,就自体言,其有殊胜自体可记别,就功能言,其能分别招感可爱与不可爱之异熟果,有果可记别,故曰“记”。反之,非善非恶者无感果功能,故曰“无记”。无记分有覆、无覆两种,“覆”(nivṛta)者,意为能覆障圣道或覆蔽自心,阿赖耶识则为无覆无记。这是因为,阿赖耶识作为总果报体,由前世善、恶业所感得,无论是感得人天乐果还是恶趣苦果,其有效性亦仅限于此世;善、恶则不同,它们不仅在此世发挥效用,还能使其影响力及于下世。如《成唯识论》云:“能为此世、他世顺益,故名为善。人天乐果虽于此世能为顺益,非于他世,故不名善。能为此世、他世违损,故名不善。恶趣苦果虽于此世能为违损,非于他世,故非不善。”①正因为阿赖耶识本身并没有以宿命论的方式决定下世的命运,才赋予了此世的善、恶行为以积极的意义。既然阿赖耶识为无覆无记性,它就不能与十一善心所、六烦恼心所与二十随烦恼心所相应。至于四不定心所,其有善、染性者固然不能相应,纵然为无记性者,亦有间断,而阿赖耶识作为总果报体一类相续,故无记的四不定心所亦不能与之相应。如此能与阿赖耶识相应之心所,就只有五遍行了。这是指第八识的有漏位。至于无漏位即成佛后,此识则能与二十一心所相应,即五遍行、五别境及十一善心所。

第三节 末那识

“末那”为梵文 manas 的音译,意译作“意”,为了区别于第六意识,故以音译名之。尽管六、七二识意译均作“意识”,但第七识名为“意识”是指其

① 《成唯识论》卷 5,T31,p.26b。

识体即是意，第六识名为“意识”则是指依第七意之识，而自身非即是意。准“六合释”，前者为“意”即“识”（mana eva vijñānam）的持业释，后者为“意”之“识”（manaso vijñānam）的依主释，故二者内涵其实并不相同。

3.1　依止意与思量意

虽然 manas 一语出自动词词根√man，√man 有“思量”之义，然而如第一章所述，在佛家传统中，一般都是从“依止”的角度来诠解“意”，认为“意”是眼等六识生起的依止。阿毗达磨中则进一步将其明确为“无间灭意”，也就是说，“意”的主体依然是眼等六识，只是在三世的时间分位中，这是属于过去世的，过去已灭的六识作为等无间缘能引生现在世的六识，故成为现在六识生起的依止，就此而将其称为“意”。唯识学者则重新回到“意”的语源上来诠释“意”，即以同出于√man 的 manana 来界说 manas，前者是指“思量”的行为，后者是指“思量”的主体，以行为来界说行为者，所以安慧说：“kliṣṭaṃ mano nityaṃ mananātmakatvān mananākhyam”①（染污意以其常以思量为自体故，称为思量。）窥基则在汉语语境中将其诠解为，“意”是“思量”义，“思谓思虑，量谓量度”。

不过，这里所谓“思量”，并不是指纯粹认识论意义上的知性范畴。首先，此“思量”有独特的对象与功用，它“思量第八度为我”②，即以第八阿赖耶识为对象，而将其计执为常一不变的主体。其次，此“思量”还有不共第八识与前六识的“恒”、“审”二特征。“恒”即恒起，指此识能与第八识一样相续不断；“审”即审察，指此识具有明晰的分别作用。“此说恒言，简第六识，意识虽审思，而非是恒，有间断故；次审思言，复简第八，第八虽恒，非审思故；恒、审思量，双简五识，彼非恒起，非审思故。”③第八识之了别作用暗昧不明，故恒而非审，第六识审而非恒，前五识则非恒非审，故思量意不同于以积集义显胜而名之为“心”的第八识、以了别义显胜而名之为“识”的前六识，离二者之外别有其体。

至于无间灭的依止意，唯识学者虽不予以否认，认为“若此六识为彼六识等无间缘，即施设此名为意根，亦名意处，亦名意界”④。然而此依止意只是就前念已灭的六识来说，非离六识之外别有其体，以其属过去故亦非恒起不断，故而不是此处所说的具恒、审思量义的第七末那识。

---

① Hartmut Buescher：*Sthiramati's Triṃśikāvijñaptibhāṣya*，p.50。

② 《成唯识论述记》第一本，T43，p.238c。

③ 《成唯识论述记》第二末，T43，p.298b。

④ 《瑜伽师地论》卷 52，T30，p.584b－c。

3.2 所依与所缘

一切心、心所法皆依托众缘而起，故《摄决择分》谓心、心所法又名“有所依”（gnas dang bcas pa，* sāśraya）。[①] 末那识亦不例外，它依于阿赖耶识而得以生起。《成唯识论》基于“种识不一”的立场，认为此谓“依”有二义：其一，阿赖耶识摄藏有一切诸法的种子，末那识即以其所摄藏的自类种子为亲因缘，故种子赖耶为末那识的因缘依或曰种子依（bīja-āśraya）；其二，如眼识依于眼根而起，末那识亦以阿赖耶现识为俱有所依根，故现行赖耶为末那识的增上缘依或曰俱有依（sahabhūr āśrayaḥ）。

对于前者，唯识学者虽具体看法不尽相同，但至少都不否认其存在。至于后者，甚至其存在与否都是有争议的。如据奘门所传，难陀等师即以眼等五根为种子，他们的依据是世亲《唯识二十论》所说的：“识（vijñapti）从自种（sva-bīja）生，似境相（yadābhāsā，显现为彼，即显现为境相）而转。为成内外处，佛说彼为十。”[②]另外，陈那的《观所缘缘论》也说：“识上色功能，名五根应理。功能与境色，无始互为因。”[③]据此，阿赖耶识中能生起“似色现识”（rūpa-pratibhāsā vijñaptiḥ）等的种子或“功能”（śakti）就是五根。称之为“似色现识”或曰“似尘识”等乃是因为，以此五根为因，生起的并不是纯粹主体意义上的眼识（cakṣur-vijñāna）等五识，而是同时显现为相应的色尘等境相，易言之，心识是以境相的显现为存在方式的，[④]因此十二处即根、境二者表明的其实是种现之间的因果关系。如此，五根就不是前五识的俱有依，若要说其俱有依，只能是指与前五识同时生起的第六意识，第六意识以第七末那为俱有依，而七、八二识由其自力即能相续不断，故其生起无需另依俱有根。[⑤] 概言之，难陀等的看法就是将一切非属心法的俱有依都摄入种子依的层次，以避免有离识之色根的可能误解。这实际上也就是从唯识的立场来会通早期佛典中的十二处教说，即认为外境、内根并非离识独存，都是基于识而安立的。

---

① 见《瑜伽师地论》卷55，T30，p.602a－b；*rNal 'byor spyod pa'i sa rnam par gtan la dbab pa bsdu ba*，D4038，Zhi，pp.59b－60a。

② 《唯识二十论》，T31，p.75b。此中“为成内外处，佛说彼为十”，梵本作“dvividhāyatanatvena te tasyā munir abravīt”（牟尼以二种处称呼它），并没有“十”的意思。Jonathan A. Silk：*Materials Toward the Study of Vasubandhu's Viṃśikā I*（Cambridga：Harvard University Press，2016），p.67。真谛旧译即作：“为成内外入，故佛说此二。”（《大乘唯识论》，T31，p.71c）

③ 《观所缘缘论》，T31，pp.888c－889a。

④ 具体请参本书下篇第七章第二节。

⑤ 参《成唯识论》卷4，T31，p.19c；《成唯识论述记》第四末，T43，pp.380b－381b。

难陀的著述现已不存，其具体论述难以详考。有意思的是，道证对此曾有一个看法，认为“种子为根，是安慧义，不关难陀”①。虽不知其所据为何，在安慧的《中边释》中，我们倒是能找到一些可印证的文字：

> tatra cakṣurādiprapaṃcaparibhāvitakarmākṣiptatvenālayavijñānaṃ pariṇāmaviśeṣaprāptam ādhyātmikam āyatanam | tannimittasya pravṛttivijñānasya rūpādipratibhāsaṃ bāhyāyatanam | ya ālayavijñānasya sādhāraṇārthapratibhāso yaś ca sattvapratibhāsaḥ so 'pi grāhyagrāhakapratibhāsasya pravṛttivijñānasyotpattāv adhipatipratyayatvād bāhyam āyatanam ucyate | na tu tad viṣayatvād iti |②
>
> （此中，由眼等戏论所熏之业所牵引，阿赖耶识获得转变、差别，即内处。以此［阿赖耶识］为因之转识之色等显现，即外处。彼阿赖耶识之共相境显现及彼有情显现，为能所取显现之转识生起之增上缘故，名为外处，而并非此［外处］以［外］境性故［名为外处］。）

这段文字的前半部分，基本与《二十论》是一致的。《二十论》中也说：“似色现识（rūpa-pratibhāsā vijñaptiḥ）从自种子缘合转变、差别（pariṇāma-viśeṣa-prāpta）而生，佛依彼种及所现色（yatpratibhāsā），如次说为眼处、色处。”③此即，在现行的熏习作用下，“获得转变、差别”，或玄奘译为“缘合转变、差别”，也就是已成熟的“自种子”是内处（ādhyātmikam āyatanam）；而以之为因缘，由其生起的“似色现识”所显现的色等境是外处（bāhya-āyatana）。但安慧接下来又补充说，由阿赖耶识所显现的“共相境”（sādhāraṇa-artha）及“有情”，作为转识的增上缘，都是外处。在《中边论》中，所谓“有情显现”（sattva-pratibhāsa），就是指现行的色根。④ 也就是说，在安慧那里，有现行的色根，它并不是属于内处的种子，而是由阿赖耶识所显现的境相，属于外处。就此而言，它是转识生起的增上缘而非因缘。事实上，安慧在《中边释》中曾明确说，根义是增上义（ādhipatya-artha），增上也就是最胜自在（adhika-prabhutva）。⑤ 由其所糅合的《杂集论》则将增上缘分为九类，其中

---

① 《成唯识论学记》卷2，X50，p.62b。

② S. Yamaguchi（山口益）：*Madhyāntavibhāgaṭīkā de Sthiramati*，p.146。

③ 《唯识二十论》，T31，p.75b；Jonathan A. Silk：*Materials Toward the Study of Vasubandhu's Viṃśikā I*，p.69。

④ 关于这一问题，具体请参本书下篇第七章第四节。

⑤ S. Yamaguchi（山口益）：*Madhyāntavibhāgaṭīkā de Sthiramati*，p.154。

诸根对于相应诸识,属任持增上(pratiṣṭhā-adhipati),对于相应境界,为境界增上(viṣaya-adhipati)。① 可见,根之为根正在于,它在发识取境中所发挥的是俱时的增上作用。

问题是,一般认为,根身是内处;而在安慧那里,这似乎具有了两个含义,即,作为"自种子",它是内处,而作为现行的色根,它又是外处。我们如何来理解这一点呢?按照《成唯识论》及窥基一系的解释,安慧是认为,《二十论》等将色根称作种子或功能,只是假说,即《成唯识论》所谓:"然伽他说种子、功能名五根者,为破离识实有色根,于识所变似眼根等,以有发生五识用故,假名种子及色功能,非谓色根即识、业种。"②这是说,其实只有现行的色根,它是由阿赖耶识所变现,只是为了破除常人认为有离识之色根的看法,所以就色根在增上缘的意义上有引生五识的作用,而将其假说为种子或功能。不过,这一解释,与上述安慧在《中边释》中的说法似乎略有差异,因为在《中边释》中,安慧是将增上缘意义上的色根称作外处,种子则是内处,并没有将色根假说为种子的意思。事实上,圆测就认为,《成唯识论》的上述文字是火辨(Citrabhāṇa,质呾罗婆拏)而非安慧之解,慧观、道证也都推断此非安慧之说。③

宗喀巴(Tsong kha pa,1357—1419)对此的解释则是:"其能生眼识之习气因,是因缘(rgyu'i rkyen),眼根是眼识之增上缘(bdag po'i rkyen)。此中说眼根是眼识之亲因(dngos rgyu)者,意说能生眼识之习气已成熟位(mig shes skye ba'i bag chags smin pa'i skabs),非说眼根皆尔(mig dbang gang yin la min no)。……安慧论师(slob dpon blo brtan)亦说,诸有色根是阿赖耶识之所缘。故许阿赖耶识之唯识师,是说阿赖耶识变似之有色根(kun gzhi la dbang po gzugs can du snang ba),为眼根等。"④所谓"非说眼根皆尔",意思是说,眼根除了指作为眼识亲因的种子外,也可以指作为眼识增上缘的现行眼根。宗喀巴并进而指出,对于承认有阿赖耶识的唯识学者来说,一般所说的眼根,都是指由阿赖耶识所变现的现行眼根。这就与安慧在《中边释》中的说法基本一致了。

虽然在细节上还有若干疑难之处,但总体看来,无论是安慧《中边释》中的说法,还是窥基、宗喀巴的解释,其实都表明,安慧是试图将《二十论》中色根

---

① 见《大乘阿毗达磨杂集论》卷 5,T31,p.715c;早島理:《梵蔵漢对校「大乘阿毗达磨集論」·「大乘阿毗达磨雑集論」》,Volume I,p.277。

② 《成唯识论》卷 4,T31,p.20a－b。

③ 《成唯识论学记》卷 3,X50,p.73b。

④ 宗喀巴造,法尊译:《入中论善显密意疏》卷 8,《大藏经补编(第 9 册)》,页 670;*Gsung 'bum Tsong kha pa* (*Zhol edition*)(New Delhi: Mongolian Lama Guru Deva, 1978—1979),Vol.16, p.297。

是作为因缘的种子的论义，引导到色根是增上缘的意义上来予以说明。而这正是阿毗达磨的传统看法，也为《瑜伽师地论》等早期瑜伽行派的论书所接受。如《俱舍论》说："即于此中根是何义？最胜自在(parama-aiśvarya)、光显名根，由此总成根增上义(ādhipatya-artha)。"①《瑜伽论》亦谓："问：何等是根义？答：增上义(dbang byed pa'i don，* ādhipatya-artha)是根义。问：为显何义？答：为显于彼彼事，彼彼法最胜(gtso bo，* pradhāna)义。"②安慧对现行色根的定位应该就是由此而来。

不过，据《成唯识论》及窥基的解释，安慧认为，第七末那以第八现识为俱有依，第八现识无转易故无需俱有依，③在现存安慧的著述中则似乎并没有明文。比如，安慧在《三十释》中只是说，阿赖耶识为染污意习气之所依(vāsanā-āśraya)，④此仅相当于《成唯识论》所说"种子依"的内涵。如此看

---

① 《阿毗达磨俱舍论》卷3，T29，p.13b；P. Pradhan：*Abhidharmakośabhāṣya of Vasubandhu*，p.38。前句梵本作："'idi paramaiśvarye' | tasya indantīti indriyāṇi |""idi paramaiśvarye"引自波你尼(Pāṇini)的《界读》(*Dhātupāṭha*)，是说√id意为"最胜自在"。因此这其实是个词源学的解释，即认为indriya系出自√id/ind，故而释之以最胜自在。至于奘译的"光显"，尚有未明之处，或许可以有三个解释。其一，既然indriya是出自√id/ind，故而《俱舍论》以一个由该词根而来的动词indanti(因檀底)来解释indriya，而玄奘将其译为"光显"。其二，汉地如《光记》、《宝疏》等则是以"字界"(词根)、"字缘"(前后缀)来解释之，如《俱舍论记》卷3："光显，梵云因檀底(indanti)，是字缘(indanti显然不是"字缘"即前后缀，如要说字缘，应该是-ra——笔者注)。助伊地(idi)界，即名因侄唎焰(indriyam)，此译为根，显增上义。……《俱舍》约前义解，故云最胜自在、光显名根。即是《正理》以光显字缘助伊地，伊地是最胜自在，由缘助界，成因侄唎焰，此译为根。"(T41，p.56a－b)如果我们将《光记》的说法稍作修改，那么这一解释就是，indriya系出自√id/ind-ra，词根√id/ind意为"最胜自在"，后缀-ra意为"光显"，而以动词indanti释之。但从《俱舍论》本身来看，这里似乎没有涉及字缘的问题。其三，参照真谛旧译及《顺正理论》等，玄奘补入了"光显"的解释。按《阿毗达磨顺正理论》卷9："此增上义，界(即词根)义显成。界谓伊地(idi)或谓忍地([ñi]indhī，此亦出《界读》)，最胜自在是伊地义，照灼明了是忍地义。唯此炽盛、光显名根。"(T29，p.377b)这第二种"忍地"的解释，是认为indriya系出自√indh，故而就有了"光显"的含义。真谛旧译《阿毗达磨俱舍释论》卷2作："根义云何？最胜自在为义，于自事用中增上自在故。复以光饰为义，于身中最明显故。是故以最胜自在、光饰为义。"(T29，p.173a)同样也是在《俱舍论》中补入了"光饰"的解释。又，关于"最胜自在"，按照普光的解释，即就眼等六根而言，具有两个含义：一是根于识为"通因"，比如眼根能作为所有眼识生起之因；二是随眼根的强弱，而有眼识的明晰与否。反之，色境相对于眼识就不具有这两个含义，比如青就只能生起缘青之眼识，而不能生起缘黄等眼识，因此它不是所有眼识生起的"通因"；境强也未必识就明晰，比如仰望太阳，境虽强，眼识却并不明晰。参《俱舍论记》卷3，T41，p.57b－c。

② 《瑜伽师地论》卷57，T30，p.614a；*rNal 'byor spyod pa'i sa rnam par gtan la dbab pa bsdu ba*，D4038，Zhi，p.89b。

③ 《成唯识论》卷4，T31，p.20b；《成唯识论述记》第四末，T43，p.381c。

④ 安慧《三十释》："tadvāsanāśrayo hy ālayavijñānam atas tad āśritya pravartate"(阿赖耶识是此[染污意]习气之所依，故[染污意]依彼[阿赖耶识]转。)Hartmut Buescher：*Sthiramati's Triṃśikāvijñaptibhāṣya*，p.62。

来,很有可能安慧虽不同于难陀,而承认有现行的色根,却并不认为第七末那需以第八现识为俱有依。

将《瑜伽师地论》的路向进一步推至极致的,则是《成唯识论》。首先,论中严格区分了“种子依”与“俱有依”,强调两者有种子与现行之别。种子依建立在因缘上,而俱有依根则属于增上缘。其次,在区分了种子依与俱有依的基础上,论中进而将俱有依从传统的五色根扩展到六、七、八三识,认为此三识同样可以作为俱有依。因此按照《成唯识论》的总结,眼等前五识的俱有依有四种:眼等五色根为其“同境依”,前五识依之而同取现在之色等五境;同时之第六意识为其“分别依”,它能分别前五识的所缘境而使之明了;第七末那识为其“染净依”,末那为我执之根本,故前五识随之而皆成有漏,反之,若第七识转染成净,则前五识亦随之而成无漏;第八阿赖耶识为其“根本依”,正由阿赖耶识执受五色根,方有前五识依之而生起。第六意识的俱有依有两种,即七、八二识;七、八二识本身则互为俱有依。如此,对种子依与俱有依的严格分别使之有别于难陀,将俱有依进一步扩展到第八现识又使之有别于安慧。

末那识不仅依于阿赖耶识而生起,同时又缘取阿赖耶识而执以为自内我。阿赖耶识“恒转如瀑流”,“恒谓此识无始时来一类相续,常无间断,……转谓此识无始时来念念生灭,前后变异。……恒言遮断,转表非常,犹如瀑流”。[①] 所谓“一类”,是指性类上的一致,即阿赖耶识唯是无覆无记性,而没有时善时染的三性改转。所谓“相续”,即是恒无间断。作为安立有情三界、五趣、四生之种种差别的总果报体,阿赖耶识一类相续,故称之为“恒”。但此识恒而非常,以其刹那生灭,前因正灭,后果即生,前后相续如流,就此而称之为“转”。凡夫不了此恒、转二义,误恒为常,执此阿赖耶识为常一不变的主体,由此便产生了根源性的我执。而此能执者,即为第七末那识。由于阿赖耶识自身有能、所的二分构架,有心王、心所的主属分别,故而对于末那识究竟缘取其中何者,唯识学者是有不同看法的。据《成唯识论》,末那识缘取的是阿赖耶识的见分。因为见分一类相续,故似常似一。而相分有所间断,如色法即不遍无色界;心所则有多法且无自在义,此等皆无似

---

① 《成唯识论》卷 3,T31,p.12b – c。按:“恒转如瀑流”,梵本《三十颂》中对应的此句作“tac ca vartate srotasaughavat”(且彼转如瀑流),因此唯有“转”(vartate)义,并无“恒”义。但所谓“瀑流”(srotas-augha),本身就有连续、不断的含义,即“恒”义。如据安慧的注释:“tatra sroto hetuphalayor nairantaryaprabandhena pravṛttiḥ | udakasamūhasya pūrvāparabhāgāvicchedena pravāha ogha ity ucyate |”(此中“流”,是说因与果以无间连续的形式转起。水聚以前、后分不间断的形式流动,所以被称为“瀑流”。)Hartmut Buescher: *Sthiramati's Triṃśikāvijñaptibhāṣya*, p.60。

常一主体之相。故末那识唯缘于似常一的第八见分而执以为自内我。

末那识所起之我执奠基于法执之上，如《成唯识论》说："我执必依法执而起。"①所言"法"（dharma）者，出自具"保持、保住、支持"义的词根√dhṛ，故阿毗达磨传统中释之以"轨"、"持"二义。"持"即任持，意即法能任持独立不变的自性，所谓"能持自相，故名为法"（svalakṣaṇadhāraṇād dharmaḥ）②；"轨"即轨范，意即以此不变的自性作为轨范，而使人对此物事产生相应的理解。唯因先迷于法空理，误认有此能持自体的法，才能再计执其有常一主宰之用而起于人我执。就像黑暗中先是看不清树木，才会进而把它误认为是人。看不清树木比喻法我执，误认为是人比喻人我执。故有人我执处必有法我执，反之则不必然，此即《掌中枢要》所云："有法不带人，人用必带体，人执定有法。"③意思是说，人我执为用，法我执为体，有用必有体，有体不必有用。这里末那识所起之人我执，亦以法我执为体。当修行到一定阶位，比如当菩萨入于八地以上，而未现起法空根本智或法空后得智，亦未入灭尽定，此时人我执虽已不再现行，其末那识仍缘取第八识而起法我执。

需要指出的是，我、法二执均有俱生（sahaja）、分别（vikalpita，parikalpita）④两种，末那识则唯有俱生执而无分别执。所谓"俱生执"，是指与生俱来、任运而起的先天性的我、法二执；反之，后天因由邪教说或自己的邪思惟而生起者，则被称为"分别执"。如《述记》说："与身俱起，名曰俱生。后横计生，名分别起。"⑤俱生执常相续者唯在末那识中，有间断者在第六意识，由于它是先天性的，所以虽然微细却难于断除，从修行的次第说，要在修道位（bhāvanā-mārga）中方能逐渐除灭，故为"修所断"（bhāvanā-prahātavya）。⑥分别执则唯在有间断的第六意识中存在，由于它是后天依托外缘生起的，所以虽然强烈却易于断除，从修行的次第说，在见道位生起根本无分别智证得我、法二空真如时，即能一时顿断，故为"见所断"（darśana-prahātavya）。

小乘诸部派对于所断烦恼虽然也有"见所断"与"修所断"的区分，但其

---

① 《成唯识论》卷5，T31，p.24b。

② 《阿毗达磨俱舍论》卷1，T29，p.1b；P. Pradhan：*Abhidharmakośabhāṣya of Vasubandhu*，p.2。

③ 《成唯识论掌中枢要》卷上末，T43，p.628a。

④ 此处"分别"，梵本《俱舍论》作"vikalpita"，《五蕴论》作"parikalpita"，后者玄奘或译为"遍计"。P. Pradhan：*Abhidharmakośabhāṣya of Vasubandhu*，p. 290；李学竹等：*Vasubandhu's Pañcaskandhaka*，p.10。

⑤ 《成唯识论述记》第一末，T43，p.249b。

⑥ 平川彰说："意识以阿赖耶识、末那识为对象，而起自心之相，起实我之见，或也视身体为自我，或视心为自我。……而此两者的自我意识，因为与其他的意识作用同时存在，称为'俱生我执'。"这纯属对《成唯识论》的误读。见氏著：《印度佛教史》，页352。

判别标准则与大乘唯识学截然有异。比如有部是以迷理与迷事作为判别的标准,即迷于谛理而起的烦恼为“见所断”,迷于事相而起的烦恼为“修所断”。据窥基所述,正量部亦是据此而分判二断。①

值得注意的是《俱舍论》中提到的经部“先轨范师”(Pūrvācārya)的说法:“俱生身见(sahajā satkāyadṛṣṭiḥ)是无记性,如禽兽(mṛga-pakṣin)等身见现行。若分别生(vikalpitā),是不善性。”②参照普光、法宝的解释,“先轨范师”是将“身见”区分为了“俱生”、“分别”两种。“与身俱生,故名俱生”,这是指不具分别能力的禽兽等的身见,它是无记性的,为“修所断”。至于通过对邪教说等的分别而生起的身见,则是不善性的,为“见所断”。③

在见、修所断的问题上,这是一个重要的转向。即就身见来说,有部认为,身见,另外还有边见(anta-grāha-dṛṣṭi),都是有覆无记性的,并且都是见所断。它们之所以是有覆无记性的,是因为,由身见、边见中的常见(nitya-dṛṣṭi)也可以产生世间的善行,比如,为了“我”来世能够得到人天乐果,而在当下广行布施等。至于边见中的断见(uccheda-dṛṣṭi),既然认为我、我所是无,也可以随顺涅槃。并且身、边二见都是对自我的迷执,而没有损害他人的意图,过失较轻,所以是无记性。④ 更为重要的是,它们既然都是“见”,都是迷于谛理而起,所以都是见所断,修所断中不包括全部五见。因此,在有部看来,所谓“俱生身见”的提法本身就是不能成立的。因为“俱生身见”既然是“俱生”,没有分别能力,就不能是见所断;既然是“身见”,与无我理相违,就不能是修所断。可见,只有“分别身见”,它是有覆无记性的,属见所断。至于禽兽等的无分别我执,不属于身见,而为不染无知(akliṣṭam ajñānam)所摄,属修所断。⑤

如此看来,唯识学中作出俱生与分别的区分,恰恰就是承续了经部的说法。如《瑜伽论 · 摄决择分》就同样将身见区分为“俱生”与“分别起”两种:“俱生者,一切愚夫异生乃至禽兽并皆现行。分别起者,诸外道等计度而起。……俱生萨迦耶见唯无记性,……若分别起萨迦耶见,……在欲界者唯

---

① 参《异部宗轮论述记》,X53,pp.586c－587a。

② 《阿毗达磨俱舍论》卷 19,T29,p.102c;P. Pradhan: *Abhidharmakośabhāṣya of Vasubandhu*, p.290。Pūrvācārya,真谛一般译作“宿旧师”,玄奘的译名则并不统一,除“先轨范师”外,亦作“先代轨范师”、“宿旧师”、“古师”、“古昔轨范师”等。

③ 参《俱舍论记》卷 19,T41,p.306c;《俱舍论疏》卷 19,T41,p.698c。

④ 参《阿毗达磨俱舍论》卷 19,T29,p.102c。

⑤ 参《阿毗达磨顺正理论》卷 49,T29,p.618a。

不善性。"[①]汉译《广五蕴论》在论及无明时也说:"俱生者,谓禽兽等。……分别者,谓诸见相应与虚妄决定。"[②]这都明显地带有经部的印迹。

相传玄奘就曾以此俱生、分别二执的区别,在《制恶见论》中论破了正量部师般若毱多(Prajñāgupta,慧藏)对大乘的非难。《解深密经·心意识相品》最后有著名的一颂:"阿陀那识甚深细,一切种子如瀑流。我于凡愚不开演,恐彼分别执为我(mā haiva ātmā parikalpayeyuḥ)。"[③]般若毱多责难道,按照你们大乘唯识学者的说法,凡夫("凡")、二乘("愚")之第七末那识恒缘第八阿赖耶识而起我、法二执,这与佛陀是否向他们开演阿赖耶识无关,可是为什么此处颂文说,因为担心凡夫、二乘生起我、法二执,所以佛陀不为他们开演阿赖耶识呢?这不就是说,因为佛陀开演阿赖耶识,才有可能生起他们的我、法二执吗?可见你们大乘的经典是自相矛盾的。玄奘论破说,般若毱多的错失处,正在于他没能区分俱生、分别二执,末那识执取阿赖耶识唯是俱生执,属有覆无记性,既不能使凡夫造业而沦于恶趣,而对二乘来说,其第七识的俱生法执也不障碍其圣道;反之,若佛陀为凡夫、二乘开演阿赖耶识,从而使其产生了我、法二执,这就是第六意识的分别执,所以颂文中用的是"分别"(parikalpayeyuḥ)。这种分别执就不再是有覆无记性,而是不善性,既能使凡夫造业而沦入恶趣,也能障碍二乘的圣道,所以佛陀不为他们开演之。相传玄奘此论破,使"西方师等咸皆宗仰",戒日王(Śīlāditya,尸罗

---

① 《瑜伽师地论》卷58,T30,p.621b、622a。但在《摄决择分》中又提到,"萨迦耶等五见"属于"见道所断法",这似乎还是采纳了有部的论义。当然,我们可以将其解释为,这仅是就分别起的萨迦耶见等说的。见《瑜伽师地论》卷66,T30,p.668a。此外,值得一提的是,《楞伽经》中也有两种身见的说法:"大慧,身见有二种,谓俱生及分别。"(tatra mahāmate satkāyadṛṣṭir dvividhā yaduta sahajā ca parikalpitā ca)《大乘入楞伽经》卷3,T16,p.604c;P. L. Vaidya:*Saddharmalaṅkāvatārasūtram*,p.48。

② 《大乘广五蕴论》,T31,p.852c。按:《五蕴论》将无明分为"俱生"(sahaja)、"分别所起"(parikalpita)两种,汉译《广五蕴论》则将其分成了"俱生、不俱生、分别所起"三种:"俱生者,谓禽兽等。不俱生者,谓贪相应等。分别者,谓诸见相应与虚妄决定。"检梵本《五蕴论广释》,相应的文字作:"tatra sahajānyakleśāsamprayogād āveṇikī | parikalpitā vicikitsāmithyādṛṣṭiśīlavrataparāmarśādikleśasamprayuktā |"(此中俱生者,与余烦恼不相应故,不共。分别者,与疑、邪见、戒禁取等烦恼相应。)这里也只是解释了"俱生"、"分别"两种无明,不知汉译本是否是将"不共"(āveṇikī)译成了"不俱生",或是别有所据。不过,既然这里说"分别"无明是与疑、邪见、戒禁取等烦恼相应的,那么,所谓"俱生"无明不与其他烦恼相应,应该是指不与具有分别作用的疑、邪见、戒禁取等烦恼相应。如此,汉译作"禽兽等",即便别无所据,也是合理的。当然也有可能,这就是直接借用了《俱舍论》等的说法。Jowita Kramer:*Sthiramati's Pañcaskandhakavibhāṣā*,*Part I*,p.55。

③ 《解深密经》卷1,T16,p.692c。梵文据安慧《三十释》所引,见Hartmut Buescher:*Sthiramati's Triṃśikāvijñaptibhāṣya*,p.104。

阿迭多）后曾三次往请般若毱多前来答辩，均为其以各种借口推辞。①

3.3 四烦恼心所

末那识既为我执之根本，故必与烦恼心所相应俱起，此烦恼心所为我痴、我见、我慢、我爱。如上所述，烦恼心所共有贪、嗔、痴、慢、疑、恶见六种，此中恶见又可分为萨迦耶见（即身见）、边执见、见取、戒禁取、邪见等五见，因此总别合论，共有十种，而能与末那识相应者唯其中四种：

一是"我痴"（ātma-moha），指对无我之理的愚昧无知。我痴即是无明（avidyā），严格说来，与末那识相应者为恒行不共无明。所谓"不共无明"（āveṇiky avidyā），按照有部的解释，是指不与其他贪等烦恼相应俱起的无明，反之则被称为"相应无明"（saṃprayukta-avidyā）。如《大毗婆沙论》谓："问：如是无明何故名不共，不共是何义？答：如是无明自力而起，非余随眠相应起故，名为不共。非如贪等相应无明，他力而起。"②这种对无明的区分也为《大智度论》所认可，如说："无明使遍在一切诸使中，而别有不共无明。""般若能照一切烦恼相应无明黑暗，及不共无明一切法中不了痴黑暗。"③《摄决择分》则将这一意义上的"不共无明"称为"独行无明"，而与"烦恼相应无明"相对。④

然而，此独行无明并非是与第七末那相应者，因为这里我痴恰恰是与我爱即贪等烦恼相应俱起的。故《成唯识论》区分了两种不共无明，除通于大小乘的独行不共外，还有小乘中未尝言及的恒行不共，后者才是与第七末那相应的不共无明。所谓"恒行不共，余部所无；独行不共，此彼俱有"。此恒行不共中的"不共"，并非是"独自生起"之义，而是指"不与他识共"，如"十八不共佛法"（aṣṭādaśāveṇikā buddha-dharmāḥ）之"不共"（āveṇika），是指

---

① 参《成唯识论述记》第四本，T43，p.351a－b。

② 《阿毗达磨大毗婆沙论》卷38，T27，p.197a。具体说来，《婆沙》对不共无明有两种解释。其一，不共无明既不与"贪"等本惑相应，也不与"忿"等小惑及"恶作"等相应，而是以其自力单独生起，这一意义上的不共无明唯是见所断。其二，不共无明虽不与"贪"等本惑相应，却可与"忿"等小惑、"恶作"等相应，这一意义上的不共无明通见、修所断，因为"忿"等小惑、"恶作"等唯是修所断。后来《成唯识论》将独行不共无明分为"主独行"、"非主独行"两种，就是从此发展而来。见下注。

③ 分别见《大智度论》卷15、59，T25，p.173a、478c。

④ 见《瑜伽师地论》卷58，T30，p.622a。《成唯识论》又进而将独行不共无明分为两种。不与小随烦恼俱，唯与中、大随烦恼俱者，为"主独行"。所谓"主"者，即是以无明为主。"主独行"迷于谛理而起，属分别执，唯见所断。能与小、中、大随烦恼俱起者，为"非主独行"。所谓"非主"者，是指十小随烦恼亦行相粗猛，故无明不得为主。"非主独行"或迷理起，或迷事起，故通分别、俱生二执，通见、修所断。

“不与二乘共”，即唯佛与菩萨所特有的十八种功德法。而这里的恒行不共无明是说，此无明遍于一切善、染等三性心中恒无间断，能障碍无漏真智的生起，这种殊胜的作用唯与末那相应者有之，他识则无，故而称之为“不共”。① 正是因此不共无明的恒行，故而即便是前六识发起世间善行，比如以财物布施他者，亦存有施者、受者、施物三相之执，由此而起希祈之心、傲慢之心、贪惜之心，其性质依然为染污，无法成为“三轮清净”（trimaṇḍala-pariśuddha）的施波罗蜜。

二是“萨迦耶见”中的“我见”（ātma-dṛṣṭi）。“萨迦耶见”是五种“恶见”之一。“恶见”是一种染污性的推度分别作用，因而它即是别境心所“慧”（prajñā）中染污性的一分，依“慧”而假立。有部学者即不别立为一法，但考虑到别境“慧”可通于善、恶、无记三性，而“恶见”其性唯染污，故唯识学者于五十一心所法中开立为二。《成唯识论》更认为，除“恶见”中的“我见”外，末那识此外还与别境“慧”相应。

“萨迦耶见”为梵文 sat-kāya-dṛṣṭi（萨迦耶达利瑟致）之对译。kāya（迦耶）乃“聚集”（caya、saṃghāta）之义，意译为“身”；dṛṣṭi（达利瑟致）即“见”；sat（萨）则诸说不同，有部解为“有”（asti），经部解为“伪”或“坏”（sīdati），窥基更解为“移转”（saṃkrānti）。故“萨迦耶见”意译即为“有身见”、“伪身见”或“移转身见”。其间区别，涉及三家对缘境假实的不同看法，暂姑不述。② 简言之，萨迦耶见即是在和合的五取蕴上起增益见，将其计执为我或我所，因而“我见”与“我所见”（ātmīya-dṛṣṭi）都属萨迦耶见。不过，与末那识相应者唯是其中的“我见”。《成唯识论》据此认为，末那识唯有我执，而并不能此外另起我所执。因《摄决择分》有谓：“末那名意，于一切时执我、

---

① 参《成唯识论》卷 5，T30，p.25a－b。

② 《阿毗达磨俱舍论》卷 19：“坏故名萨，聚谓迦耶，即是无常和合蕴义。（sīdatīti sat ｜ cayaḥ kāyaḥ saṃghātaḥ skandha ity arthaḥ ｜）……毗婆沙者作如是释：有故名萨，身义如前。”（T29，p.100a）P. Pradhan：*Abhidharmakośabhāṣya of Vasubandhu*，p.281。又，《成唯识论述记》第六末：“经部师云：……然今说是思诞提底萨（* sīdatīti sat）义，故萨言表伪。萨婆多云：……今者应言阿悉提底萨（* astīti sat）义故，萨言表有。大乘应言僧吃烂[提]底萨（* saṃkrāntīti sat），便成移转。”（T43，p.445b）安慧于《大乘广五蕴论》（T31，p.852c）中释“萨迦耶”之“萨谓败坏（sīdati）义”，即取经部说。无性《摄大乘论释》卷 10 亦复如是，其谓：“迦耶名身，虚（为）[伪]名萨，其身虚（为）[伪]，名萨迦耶。”（T31，p.446c）汉传唯识学者有时也随顺这一说法，如慧景说：“萨迦耶见者，名虚伪身。”（《瑜伽论记》卷 2，T42，p.336b）窥基在《瑜伽师地论略纂》卷 2 中也说：“萨迦耶灭者，谓虚伪身灭。”（T43，p.24b）关于有部、经部、唯识三家对缘境假实的不同看法，参本书下篇第八章第一节。附记：“僧吃烂提底萨”，诸本皆作“僧吃烂底萨”，我的学生樊铮炎对此提出质疑，认为中间可能缺了“提”字，由此促使笔者进一步查找文献，最终在金藏本《法苑义林章》卷五中找到了依据。特此致谢。

我所及我慢等。"[1]故安慧认为,末那识能执取阿赖耶识为我(aham)、我所(mama),[2]《成唯识论》则对此作出了更为精密的修正。

三是七种"慢"(māna)中的"我慢"(ātma-māna),[3]指在萨迦耶见的基础上,倚恃所执之我而傲慢自负、轻视他人。这里值得一提的是,"慢"与十小随烦恼中的"憍"(mada)不同。窥基说:"憍、慢别者,缘自他身而计胜,是慢,不缘他,自于法生染,是为憍相。又,高举慢相,染逸是憍相。"[4]这与有部的说法基本是一致的。[5] 简言之,"憍"不需要通过与他者比较,就对自己所拥有的事物染着痴迷而心生愉悦,所以它是"贪"之一分;"慢"需要通过与他者比较,是因为自他的差别等而傲慢自负。不过,并非所有的慢都需要通过自他比较,只是大多数情况下如此,事实上,我慢就是依仗自身而来的傲慢,不需要通过自他比较。[6]

四是"我爱"(ātma-sneha),我爱即是我贪,指对所执之我的贪爱。

"痴"、"见"、"慢"、"贪"四者,唯识学者认为能与末那识恒时相应俱起,这与有部的看法有很大的差别。按《俱舍论》所总结的五位七十五法体系,此四者中,唯有"痴"属"大烦恼地法"(kleśa-mahā-bhūmika),能遍于一切染污心中生起,"贪"、"慢"则属于"不定地法",[7]"见"唯是遍于一切心起的十大地法中"慧"上的作用差别,故不别立为一法。[8] 这里唯有"痴"能分

---

① 《瑜伽师地论》卷63,T30,p.651b。

② 安慧《三十释》:"tadālambam ity ālayavijñānālambanam eva satkāyadṛṣṭyādibhiḥ saṃprayogād ahaṃ mamety ālayavijñānālambanatvāt"("缘彼"者,即以阿赖耶识为所缘。与萨迦耶见等相应故,缘阿赖耶识[执]为我、我所故。)Hartmut Buescher: *Sthiramati's Triṃśikāvijñaptibhāṣya*, p.62。

③ 据《大乘五蕴论》,"慢"有七种:"一、慢,二、过慢(atimāna),三、慢过慢(mānātimāna),四、我慢(asmimāna),五、增上慢(abhimāna),六、卑慢(ūnamāna),七、邪慢(mithyāmāna)。"(T31,p.849a)李学竹等:*Vasubandhu's Pañcaskandhaka*,p.8。《婆沙》卷199(T27,p.995b-c)、《俱舍论》卷19(T29,p.101a-b)据《发智论》卷20(T26,p.1028b-c),又有"九慢类(māna-vidhā)"之说。所谓"类"者,品类差别义,此"九慢类"是从"七慢"中的"慢"、"过慢"、"卑慢"三种分出,故名"慢类"。《成唯识论述记》第六末云:"九慢者,大乘中不见文。"(T43,p.444c)

④ 《杂集论述记》卷4,X48,p.59a。

⑤ 参《阿毗达磨发智论》卷2,T26,p.927c;《阿毗达磨大毗婆沙论》卷43,T27,p.223a;《阿毗达磨俱舍论》卷4,T29,p.21c。

⑥ 如《婆沙》卷43同时也指出:"非一切慢要方他起,无始时来数习力故,依自相续,慢亦现行。……然说诸慢方他起者,从多分说,多分方他而起慢故。"(T27,p.223b)"方"是比较的意思。

⑦ 以贪、嗔、慢、疑等为"不定地法"其实出自普光《俱舍论记》卷4(T41,p.78b),法宝《俱舍论疏》卷4(T41,p.530c)亦同,并谓是"古来相传",《俱舍论》本身则并无明文。

⑧ 《阿毗达磨俱舍论》卷4:"以即于十大地法中慧用差别(prajñā-viśeṣa),说为见(dṛṣṭi)故。"(T29,p.20b)

别与“贪”、“慢”、“见”等相应俱起，此即为相应无明，反之则为不共无明，而“贪”、“慢”、“见”三者并无俱起义。也就是说，有“见”之时即无“贪”、“慢”，有“慢”之时亦无“贪”，诸如此类。① 从常识的角度来看，说“贪”、“慢”、“见”三者可以同时生起诚然有其难解之处，如贪爱于外物必有卑下之心，傲慢于他者必有自高之心，两者正相反，又怎能同时生起？此如《摄决择分》所云：“贪、恚、慢、疑更相违故，互不相应。贪染令心卑下，憍慢令心高举，是故贪、慢更互相违。”②不过，与末那识相应之“贪”、“慢”则有所不同，“贪”是执取阿赖耶识而对自我的贪爱，因此并无卑下之心，反倒是恃此自高，以之凌忽他者，即是“慢”，故而于此两者得有俱起义。

历史地看，早在部派时代，分别论者就已提出，“五法是遍行，谓无明、爱、见、慢及心”③。这里所谓“遍行”，是说它们存在于三界一切有情中，相续不断。心是遍行，是因为分别论者与譬喻师一样，也认为心识之流是连续的，即便在二无心定时还有“细心不灭”。④ 而说无明、爱、见、慢是遍行，应该是指，这四者乃是遍在于一切有情心中的烦恼。另一方面，有部则有“无记根”(avyākṛta-mūla)的说法。⑤ 迦湿弥罗(Kaśmīra，今克什米尔一带)的毗婆沙师认为，无记根有三种，即爱、无明与慧。⑥ 但《品类足论》却提出，无记根有四种，即爱、见、慢、无明。⑦ 这也为后来以健陀罗(Gandhāra，今巴基

① 按照有部的说法，欲界的邪见、见取、戒禁取这三种不善见，有二十心所俱生，即十大地法、六大烦恼地法(其中有“痴”)、二大不善地法及寻、伺；这三种不善见本身是以十大地法中的慧为体，故不另计。欲界的身见、边见这两种有覆无记见，有十八心所俱生，即在上述二十心所中，除二大不善地法；这两种见本身不另计，同上。欲界的贪、嗔、慢、疑四烦恼，有二十一心所俱生，即在上述二十心所外，另加或贪或嗔等各一个。所以只有痴才能分别与见、贪、慢相应，而见、贪、慢三者，彼此之间都是不能相应俱起的。参《阿毗达磨俱舍论》卷4，T29，p.20b－c。

② 《瑜伽师地论》卷58，T30，p.623a。

③ 《阿毗达磨大毗婆沙论》卷18，T27，p.90c。

④ 《阿毗达磨大毗婆沙论》卷151：“谓譬喻者、分别论师执，无想定细心不灭。”(T27，p.772c)《阿毗达磨大毗婆沙论》卷152：“谓譬喻者、分别论师执，灭尽定细心不灭。”(T27，p.774a)

⑤ 相对于此，经部则反对有无记根。如《阿毗达磨顺正理论》卷49：“上座于此作如是言：无无记根，无圣教故。善恶猛利，起必由根。无记羸劣，不由功用，任运而起，何藉根为？”(T29，p.618c)这是说，“上座”室利逻多认为，无记根没有圣教依据，且无记法不同于善恶法，性质羸劣，能任运而起，不需要依托无记根。

⑥ 无记爱，也就是上二界的爱。无记慧，包括有覆无记慧与无覆无记慧。有覆无记慧是指，欲界的身、边二见，及上二界的染污慧；无覆无记慧是指，与威仪路、工巧处、异熟生、变化心这四种无覆无记法俱生的慧。无记无明是指，与欲界身、边二见相应的无明，及上二界的无明。见《阿毗达磨大毗婆沙论》卷156，T27，p.795a。

⑦ 《阿毗达磨品类足论》卷1，T26，p.693a。

斯坦白沙瓦一带)为中心的“外方师”(bāhyaka)所接受。① 此三者或四者之所以被称作无记根,是因为它们能生起有覆无记性的染法,就如贪、嗔、痴三不善根作为不善法的根,能生起不善法。而四无记根的提出,特别是考虑到了禅定中的烦恼。凡夫修上界定,无非是基于对上界定的爱味,对上界定生起的身见、边见等,以及因上界定而生起的慢心,此爱、见、慢三者又是依托于无明。在禅定中,爱等烦恼都是有覆无记性的,所以它们是无记根。② 唯识学中所谓与末那识恒时相应的有覆无记性的四根本烦恼,应该就是沿循这些线索发展而来的。

事实上,《集论》就将五遍行心所与心王称作“一切遍行同行相应”(sarvatragasaṃprayogaḥ),相对于此,与染污意相应的四根本烦恼则被称作“染污遍行同行相应”(kliṣṭasarvatragaḥ saṃprayogaḥ)。③ 这似乎就隐隐然透露出其与分别论者五法是遍行说的关联。因为如果我们将分别论者所谓遍行的五法一分为二,心为一类,其余无明等四法为一类,大致也就对应于上述《集论》所谓的两种遍行。

除四根本烦恼外,《成唯识论》认为,与末那识相应俱起者还有五遍行、八大随烦恼及别境心所中的“慧”,合四根本烦恼,共十八心所。④ 此四根本烦恼等与末那识相应,使末那识亦恒为染污。所谓染污,包括不善与有覆无记,反之,善及无覆无记则被称为不染污。⑤ 不善与有覆无记的区别在于,

---

① 《俱舍论记》卷19:“外方即是西方诸师。”(T41,p.307c)如《阿毗昙甘露味论》卷上(T28,p.968c)就接受《品类足论》的说法,认为无记根有四种。

② 《阿毗达磨俱舍论》卷19,T29,p.103a。按,《集论》卷5中也提到了四无记根,不过,其对“无明”的解释是:“由无明故,疑(vicikitsā)上静虑杂染所染。”(T31,p.683b)参照《杂集论》卷9(T31,p.736a)的解释,这是说,凡夫由于无明,对上界定有否解脱生起疑惑。这是将四无记根结合到所谓“四得静虑者”上来予以解释了。如《瑜伽论》卷12说:“复次,有四得静虑者:一、爱上静虑者,二、见上静虑者,三、慢上静虑者,四、疑上静虑者。”(T30,p.335b)而按照有部的看法,“疑”(vicikitsā)不是根(mūla),因为根必定是“坚住”(sthira)而非“动摇”(cala)的,“疑”则疑此疑彼,疑是疑否,没有确定的方向,不具有根的性质。

③ 《大乘阿毗达磨集论》卷3,T31,p.673b;早島理:《梵蔵漢対校「大乘阿毗达磨集論」·「大乘阿毗达磨雜集論」》,Volume I,p.308。

④ 严格说来,既然“我见”非离“慧”外别有其体,故而此两者并无“相应”义。因为“相应”必须是“他性相应非自性(parabhāvena na svabhāvena)”(《瑜伽师地论》卷56,T30,p.609a;早島理:《梵蔵漢対校「大乘阿毗达磨集論」·「大乘阿毗达磨雜集論」》,Volume I,p.309),即只有不同的二法才能“相应”。如从“相应”四义(见上节)来说,这里缺“事等”一义,即“相应”者必须各唯一法。故《成唯识论》卷6明确说:“见非慧俱,不异慧故。”(T31,p.32c)按《了义灯》第五末所解,分别与末那识“相应”之“我见”、“慧”,此两者本身则是“俱起”而非“相应”(T43,p.759a-b)。也就是说,“俱起”的外延比“相应”大,“但是相应而必俱起,自有俱起不是相应”(《成唯识论演秘》第五本,T43,p.916b)。

⑤ 《大乘阿毗达磨集论》卷2:“谓不善及有覆无记法,是染污义。……谓善及无覆无记法,是不染污义。”(T31,pp.668c-669a)

后者只是其性染污，但并没有发不善业而招感苦果的功能，末那识即为此类。由于末那识遍于一切三性心中微细随逐，任运而转，所以它虽然覆障圣道，但不能发恶业招感苦果，而仍为无记性。

3.4　第七识之三位

末那识既依于阿赖耶识而起，复又执取阿赖耶识而以为自内我，故两者必相依共转。如《摄决择分》说，末那识"若有心位、若无心位，常与阿赖耶识一时俱转，缘阿赖耶识以为境界，执我起慢，思量行相"①。阿赖耶识作为总果报体，随前世善、恶业的不同而于现世生于相应的界地，末那识也随属阿赖耶识而处于同一界地。随着修行的转进，第八识有三位之别（参上章），相应的，第七识亦有三位，所谓"以能缘从所缘分三，所缘亦从能缘分三"②，"能缘"即末那识，"所缘"即阿赖耶识。

三位者，一是"补特伽罗我见相应位"，指的是一切凡夫、二乘有学，及八地以前顿悟菩萨③的有漏心位，彼时末那识缘取阿赖耶识而起人我见，故名之为染污末那。此位约略对应于第八识的"我爱执藏现行位"，如上所述，第八识于此位中即为末那识执藏为我。

二是"法我见相应位"，指的是一切凡夫、二乘，一切菩萨未现起法空根本智或法空后得智，亦未入灭尽定者，于此位中，第七识缘取第八识而起法我见。按前述，人我执必依法我执而起，故此位在外延上包摄前位。以人我执为根本而有"烦恼障"（kleśa-āvaraṇa），以法我执为根本而有"所知障"（jñeya-āvaraṇa）。"障者，覆义、阂义。由所知障覆所知境，令智不生。由烦恼障阂大涅槃，令不现证。由覆、阂义，故立障名。"④烦恼障障碍了涅槃的证得，故作"烦恼即障"的持业释。所知障遮蔽了所应知的一切有为、无为诸

---

① 《瑜伽师地论》卷51，T30，p.580c。

② 《成唯识论述记》第三末，T43，p.344c。

③ 若是无学渐悟菩萨，初地以上即无人我执。按，渐悟菩萨回心向大，可起于有学，亦可起于无学。如说："回向菩提声闻，或于学位即能弃舍求声闻愿，或无学位方能弃舍，由彼根性有差别故，所待众缘有差别故。"（《瑜伽师地论》卷80，T30，p.749b；《佛地经论》卷2，T26，p.299c）起于有学者为有学渐悟，起于无学者为无学渐悟。无学者，无惑可断，亦无可学，指阿罗汉等最高果位。阿罗汉已断烦恼障，故无学渐悟回心向大，"从初发心至未成佛，虽实是菩萨，亦名阿罗汉"（《成唯识论》卷5，T31，p.24a）。从初地以上，已无人我执。又，无学回心只能在其入有余涅槃时，一旦入无余涅槃则无法回心。如说："问：回向菩提声闻，为住无余依涅槃界中，能发趣阿耨多罗三藐三菩提耶？为住有余依涅槃界耶？答：唯住有余依涅槃界中，可有此事。所以者何？以无余依涅槃界中，远离一切发起事业，一切功用皆悉止息。"（《瑜伽师地论》卷80，T30，p.749a；《佛地经论》卷2，T26，p.299c）

④ 《大乘法苑义林章》卷2，T45，p.282a。

法,使之不能被如实了知,从而障碍了菩提的生起,故作"所知之障"的依主释。① 既然所知障并不障碍小乘的涅槃,故唯有法我执而无人我执的第七识,于小乘为不染末那,属无覆无记性;而大乘需通断二障,故而此于大乘依然属染污性的有覆无记。此位约略对应于第八识的"善恶业果位",当然在具体的阶位上开合并不完全一致。

三是"平等性智相应位",前二位均为有漏,而以染、不染分而为二;此位则为无漏,指的是一切如来、菩萨见道位、菩萨修道位中现起法空根本智、法空后得智或入灭尽定者,②彼时第七识缘第八识或真如而与平等性智(samatā-jñāna)相应。若就其无漏言,此位当对应于第八识之无垢识位(当然二者在阶位上并不完全一致)。若就第八识的第三位为自无始直至佛果的"相续执持位"言,与之对应的第七识当是通于染净的思量意位。③ 虽有此形式上开合的不同,但能缘之第七识、所缘之第八识,大致均一一对应,从无始以来直至成就佛果,两者恒时互依俱转。

既然第七识一如第八识恒无间断,因此虽然《三十颂》说"三位无末那",认为在三乘无学果位,能永断染污意之现、种,在出世道位(lokottara-mārga,即无分别智及无漏后得智现前位)及灭尽定位,则能暂时伏灭染污意之现行,但《成唯识论》还是强调指出,这只是就断除我、法二执而言的,并非是说于此三位中第七识体亦不再存在。换言之,第七识本身通于染净,除与四惑相应的染污末那外,如《瑜伽论·摄决择分》所言还有清净的"出世末那"('jig rten las 'das pa'i yid, * lokottara-manas)。④ 基于《瑜伽论》而造的《显扬圣教论》也说,"意"除了与四惑相应,"于一切时恃举为行"外,也可以"翻彼相应"而"平等行"。⑤ "恃举",也就是因执我而傲慢。"翻彼相应"则与之相反,即意也可以不与四惑相应,由此而自他平等,所谓"平等行"。按

① 参《成唯识论述记》第一本,T43,p.235c。

② 这里涉及三心相见道之初心是否可以是单生空观的问题,可参傅新毅:《基测二系异同管窥——以〈成唯识论〉末那识段为例》,收录于《唯识研究(第一辑)》(上海:上海古籍出版社,2012 年)。

③ 参《成唯识论掌中枢要》卷下本,T43,p.639b－c;《般若波罗蜜多心经幽赞》卷下,T33,p.539a。

④ 见《瑜伽师地论》卷 63,T30,p.651b－c;*rNal 'byor spyod pa'i sa rnam par gtan la dbab pa bsdu ba*,D4038,Zhi,p.182b。这里涉及"出世末那"说与《本地分·思所成地》所引"胜义伽他"(T30,p.364a)的关系,可参上揭傅新毅《基测二系异同管窥》一文。

⑤ 《显扬圣教论》卷 1,T31,p.480c。《显扬圣教论》起首归敬颂有云:"稽首次敬大慈尊,将绍种智法王位,无依世间所归趣,宣说《瑜伽师地》者。昔我无著从彼闻,今当错综地中要,显扬圣教慈悲故,文约义周而易晓。"(T31,p.480b)可见,该论系无著整合《瑜伽论》之要义而成。

照"转八识成四智"的结构，于转依位，此出世末那或"翻彼相应"的意即与平等性智相应俱起。

据窥基所说，安慧则认为，第七识唯有我执而无法执，于此三位中，我执已断故，不再有第七识体。也就是说，如在成佛之时，即唯有所余七识。①《大乘法苑义林章》概之为"因八、果七识"②。不过，从现存梵本的安慧《三十释》来看，安慧只是说：此三位中无"染污意"，似乎并未论及第七识本身在此三位是否依然存续。③

倒是在汉地早期的地论师、摄论师说中，我们能够发现类似的说法。如净影寺慧远曾批驳过这样一种见解：

> 阿陀那识生相云何？有人宣说，唯生我执，不得生起无我之解。何故如是？我执无处，不复是其阿陀那收，为是一切无我之解非阿陀那。④

这里所谓"无我之解"，从下文慧远的批驳来看，是指二乘等执著无我，所谓"无我之执，于大乘中名为智障"⑤，因此作为"智障"即所知障，它同时也就是法执。可见，这一见解就是认为阿陀那识唯有我执，而无法执。

更为重要的一个讨论发端于真谛所译的《摄论释》，于中真谛说：

> 阿黎耶识及生起识即是受用身，此二识转依名法身。若自性身即是受用身，转二识依，复得何身？⑥

此处是讨论佛果三身中，"受用身"（sāṃbhogika-kāya）不是"自性身"（svābhāvika-kāya）的问题。从隋、唐、藏三译来看，真谛的翻译似乎有些错讹。隋、唐、藏三本是说：阿赖耶识转依，得自性身，"生起识"转依，得受用身；如果受用身就是自性身，那么，"生起识"转依，所得者又是何身？⑦ 而真谛译的意思是说：阿赖耶识和"生起识"是受用身，它们转依后，得法身，即

---

① 参《成唯识论述记》第五本，T43，p.405a。
② 《大乘法苑义林章》卷1，T45，p.261b。
③ 参 Hartmut Buescher：*Sthiramati's Triṃśikāvijñaptibhāṣya*，p.68。
④ 《大乘义章》卷3末，T44，p.535b－c。
⑤ 《大乘义章》卷3末，T44，p.535c。
⑥ 陈译：《摄大乘论释》卷15，T31，p.267b。
⑦ 隋译：《摄大乘论释论》卷10，T31，p.320a；唐译：《摄大乘论释》卷10，T31，p.378c；*Theg pa chen po bsdus pa'i 'grel pa*，D4050，Ri，pp.188b－189a。

自性身；如果自性身就是受用身，那么，阿赖耶识和“生起识”这“二识”转依后，所得者又是何身？

“生起识”是陈、隋二本的译法，唐译本则作“转识”。藏本作“'jug pa'i rnam par shes pa”，故长尾雅人将其还原为 pravṛtti-vijñāna。[①] 'jug pa/pravṛtti 是“生起”的意思，玄奘一般译作“转”，因此“生起识”或“转识”的译法均无不可。[②] 问题是，这个 pravṛtti-vijñāna 究竟是指什么？是指前六识还是前七识？奘传唯识学者一般接受《瑜伽论·摄决择分》的看法，认为转识有七种。[③] 但在真谛的《摄论释》中，“生起识”却仅是指前六识，所谓“生起即六识”[④]。事实上，这一看法在真谛的译籍中亦并非偶或一见，比如，《摄决择分》有谓：“若成就阿赖耶识，亦成就转识耶？设成就转识，亦成就阿赖耶识耶？”在《决定藏论》中，真谛就直接将其中的“转识”（'jug pa'i rnam par shes pa，*pravṛtti-vijñāna）一语译成了“六识”。[⑤] 如此必然产生一个问题，如果说，只有阿赖耶识和“生起识”即前六识转依，那么，末那识即真谛所谓的阿陀那识是否能转依呢？对此，敦煌本《摄大乘论章》中明确说：

> 本识、六识，通于真妄；陀那唯妄，不通于真。本识、六识，在初地已前，未证真如，名之为妄；初地已上，净品转依，证会法身，名之为真。……以陀那识中，无其净品转依证真如义，是故就行一向无真。[⑥]

认为只有本识即阿赖耶识和前六识“通于真妄”，而有转依，第七阿陀那识“唯妄”，无转依义，这就和奘门传说安慧的见解基本一致了。不过，在这部《摄论章》的后面又说：“七识陀那虽无转依之文，义推亦有。”[⑦]此即，虽然在

---

① 長尾雅人：《摂大乘論：和訳と注解（下）》，附录页 123、440。

② 不过，在汉传唯识学中，转识之“转”后来被进一步赋予了改转、不定等含义。如《宗镜录》卷 50：“前七名转识者，转为改转，是不定义，即三性、三量、三境易脱不定，方名转识。”（T48，p.712a）《唯识义私记》第四末：“余七识名转识，有三义：一者，三受改转故，谓或与苦受俱，或与乐受俱，或与舍受俱。二者，三性改转故，谓或与善性俱，或不善性，或无记性。三者，缘境易脱故，谓历缘诸境，亦间断故。故七识名转识也。”（T71，p.364c）

③ 见《瑜伽师地论》卷 63，T30，p.651b。

④ 陈译：《摄大乘论释》卷 5，T31，p.188b。

⑤ 《瑜伽师地论》卷 51，T30，p.582a；*rNal 'byor spyod pa'i sa rnam par gtan la dbab pa bsdu ba*，D4038，Zhi，p.8b；《决定藏论》卷上，T30，p.1020c。当然，真谛译籍中也有以“生起识”指前七识的用例，如《中边分别论》卷上所谓“生起识所摄心及取、分别”（T31，p.457c）。这里“心”（manas，意）是指第七识，“取”（udgraha）是指前五识，“分别”（vikalpa）是指第六意识，因此“生起识”（pravṛtti-vijñāna）是指前七识。这与梵本《中边》及玄奘译是一致的。

⑥ 《摄大乘论章》卷 1，S2435；并见 T85，p.1014b。

⑦ 《摄大乘论章》卷 1，S2435；并见 T85，p.1021c。

真谛的《摄论释》中仅说到本识和前六识的转依，但以此类推，第七阿陀那识理应亦能转依。这和前文的说法似乎有所抵牾。无论如何，第七识是否通于真妄、能否转依，在早期地论师、摄论师的时代，应该曾经有过讨论。而这一问题的产生，是由转识是否包括第七识的问题引发的。

有意思的是，在安慧的《三十释》中，我们恰恰就能发现转识只是指前六识，而不包括第七识的说法。如说，末那识依于阿赖耶识生起，并缘于阿赖耶识，“由此从阿赖耶识及转识中区分出来”（anenālayavijñānāt pravṛttivijñānāc ca vyavacchinatti[①]）。如此，结合《摄论》的上述文字，是否也引导奘门学者作出了有关安慧的推断呢？当然，这也仅是揣测之词了。

事实上，从整个唯识学理的发展脉动来看，如上述，《摄论》成立“染污意”，正在于为恒行的微细我执寻找其心识上的依据，所以《摄论》只是说，“意”为诸识生起的“杂染所依”（kun nas nyon mongs pa'i gnas，saṃkleśa-āśraya）[②]。《集论》中则明言：“与四烦恼恒相应”的“意”“遍行（sarvatraga）一切善、不善、无记位，唯除圣道现前（mārga-saṃmukhībhāva）、若处灭尽定及在无学地”。[③] 将唯识义进一步延展到佛地，从而最终形成如《佛地经论》所详述的“转八识成四智”的谨严结构，固然是学理上更为周延化的需要，但这是在护法、亲光（Bandhuprabha）的时代出现的新说。[④] 即便在《佛地经》中，虽已开宗明义地宣称，“有五种法摄大觉地。何等为五？所谓清净法界、大圆镜智、平等性智、妙观察智、成所作智”[⑤]，也还没有形成“转八识成四智”的具体配置。圆测就说，“依《佛地经》，广说四智，而不配释转识得智”[⑥]。而如果没有这种“转识成智”的具体配置，那么，纵然《瑜伽论·摄决择分》已有“出世末那”之说，《显扬论》也随顺《瑜伽论》而提及了“翻彼相

---

① Hartmut Buescher：*Sthiramati's Triṃśikāvijñaptibhāṣya*，p.62。

② 《摄大乘论本》卷上，T31，p.133c；長尾雅人：《摂大乗論：和訳と注解（上）》，附录页 12。

③ 《大乘阿毗达磨集论》卷 1，T31，p.666a；Li Xuezhu（李学竹）：Diplomatic Transcription of the Sanskrit Manuscript of the *Abhidharmasamuccayavyākhyā*—Folios 18r1 – 23v4，《創価大学国際仏教学高等研究所年報（平成 28 年度）》，p.239。

④ 汉译本《大乘庄严经论》卷 3（T31，pp.606c – 607b）、无性《摄大乘论释》卷 9（T31，p.438a）中虽已有转识成智之说，但其一，现存梵藏本《大乘庄严经论》及藏译本无性《摄大乘论释》中均无对应文字；其二，即就汉译本言，据《大正藏》本校勘注，或作转前五识得妙观察智，转第六意识得成所作智，与《佛地经论》、《成唯识论》的说法正好相反。这应该不是传抄的问题，因为在唐代的唯识章疏中就是如此引用并试图予以会通的，如《成唯识论述记》第十末：“无性菩萨及《庄严论》说，且观智转五识等。”（T43，p.599b）可见，通行本或许反倒是据《佛地经论》、《成唯识论》修改的后出本。如此，即便汉译《大乘庄严经论》、无性《摄大乘论释》别有所本，对于转识成智的具体配置也还没有最终定型。

⑤ 《佛说佛地经》，T16，p.721a。

⑥ 《成唯识论本文抄》卷 44 引圆测《成唯识论疏》，T65，p.773a。

应”的意，在学理上亦未必有其在《成唯识论》体系中所具有的重要性。因此在无著、世亲的时代，这一问题尚未引起特别的关注。甚至《佛地经》本身，正如窥基所说，也还没有谈到“七识有净，亦通无漏”①。因此综合起来看，安慧并没有断言出世道等三位无第七识体，只是他在《三十释》中仅疏解了世亲《三十颂》原本的思想，未作过多的发挥而已。而直到《成唯识论》，才有意识地将“转识成智”这一护法、亲光时代的新说整合进了对《三十颂》的诠释之中，由此第七识能通于染净才得到了特别的强调。

第四节　前六识

前六识即眼识、耳识、鼻识、舌识、身识、意识，这是从其得以生起的所依根而得名。若就其所缘境而言，亦可分别称之为色识、声识、香识、味识、触识、法识。不过，识与根之间毕竟存在着更为紧密的关联，比如眼识依于眼根而生起，但有色境却不一定有眼识，此如生盲者即然。具体说来，这种识与根的关联性体现为“依”、“发”、“属”、“助”、“如”五义。即，依于根而有识生（“依”）；识由根所发（“发”）；识种子随逐根种子，根种子生现，识种子才能生现（“属”）；由识有所领受，而使根有所损益（“助”）；识与根都为有情所摄（“如”）。此五义为识与境之间所无，②所以佛家大多随所依根而分别立其识名。

需要指出的是，从现有文献看，五义之说，出自《杂集论》。据梵本，这其实是从格依主释（vibhakti-tatpuruṣa）复合词前后词间关系的多种可能而来的解释。《杂集论》以“眼识”（cakṣur-vijñāna）为例，“眼”的名词原型为cakṣus，取其中性单数第七格（处格）而将“眼识”解作 cakṣuṣi vijñānam，即为“眼中之识”或“依眼之识”；取其中性单数第三格（具格）而将“眼识”解作 cakṣuṣā vijñānam，即为“眼所发识”；取其中性单数第六格（属格）而将“眼识”解作 cakṣuṣo vijñānam，即为“属眼之识”；取其中性单数第四格（与格）而将“眼识”解作 cakṣuṣe vijñānam，即为“助眼之识”；取其中性单数第一格（体格）而将“眼识”解作 cakṣur vijñānam，即为“如眼之识”。③《成唯识论》

---

① 《成唯识论述记》第五本，T43，p.405a。

② 参《大乘阿毗达磨杂集论》卷 2，T31，p.703a－b；《成唯识论述记》第五末，T43，p.416a－b。

③ Li Xuezhu（李学竹）：Diplomatic Transcription of the Sanskrit Manuscript of the *Abhidharmasamuccayavyākhyā*—Folios 23v4－29r6，《創価大学国際仏教学高等研究所年報（平成 29 年度）》，p.304。

虽然也引用了这一说法，但并没有作出具体的说明。而按窥基的解释，第一义“依眼之识”又有二义，一为“第七转”即处格，一为“第三转”即具格。① 这似乎是与第二义“眼所发识”相混淆了，未详其所据为何。

4.1　前五识与四种意识

前六识可分为两类。其中眼等前五识俱依色根，俱缘色境，在三世的时间分位中俱唯缘现在，在现、比、非三量中俱唯现量，俱有间断。有此五事相同，故种类相似，而合称为前五识。

此前五识的生起除依于相应色根、缘于相应色境外，还须借助其他条件，比如早至《本地分》中就强调指出，需要有“能生作意正起”。当境界现前时，或者由于对此境的爱著（“欲力”，chanda-bala），或者由于对此前了知此境的追忆（“念力”，smṛti-bala），或者由于境界本身的殊胜广大（“境界力”，viṣaya-bala），或者由于对此境的熟稔（“数习力”，abhyāsa-bala），才能有“作意”心所一再生起，从而警觉心识趣于其所缘境。② 后来的唯识学者对此有更为周延具体的分别。即就眼识来说，其生起共需九缘：一是“空”（* ākāśa），即根与境之间需要保持一定的空间距离，这在阿毗达磨中被称为“取不至境”（a-prāpta-viṣaya）或“不至能取”（a-prāpta-grāhaka），③汉地则习称为“离中取境”；④二是“明”（* āloka），即有光明；三是“根”；四是“境”；五

---

① 见《成唯识论述记》第五末，T43，p.416a。

② 参《瑜伽师地论》卷 3，T30，p. 291a；Vidhushekhara Bhattacharya：*The Yogācārabhūmi of Ācārya Asaṅga, part I*, p.58。

③ 《阿毗达磨俱舍论》卷 2 有谓：“眼、耳、意根境，不至三相违。”（T29，p.11b）意即，眼、耳、意三根取“不至境”，其余鼻、舌、身三根则相反取“至境”。“不至境”即根未达至、与根有空间距离的境，“至境”即根已达至的境。《大乘阿毗达磨杂集论》卷 3 则将其分别称作“不至能取”与“至能取”：“不至能取者，谓眼、耳、意根。至能取者，谓余根。”（T31，p.708a）

④ 《八识规矩颂》有云，“合三离二观尘世”，意即，眼、耳二识为“离中取境”，鼻、舌、身三识为“合中取境”。参［明］普泰：《八识规矩补注》卷上，T45，p.469c。按：《八识规矩颂》向传为玄奘所作，近人颇有疑伪者。检元人鲜于枢《困学斋杂录》，有云：“日休《八识（眼、耳、鼻、舌、身、意、末那识、第八识）诗》云：兄弟八个一个痴，其中一个最跷蹊，五个向外能经纪，止留一个看家计。（第八识云）浩浩三藏不可穷，渊深七浪景为风，（爱□特）［受熏持］种根身立，去后先来作主翁。不动地边才舍藏，金刚道后毕（然）［竟］空。大圆境智成无漏，普照十方尘刹中。”下条复云：“地水火风，聚一区之假合；生住异灭，成四像之迁移。三缘和合而缘生，为身为体；五蕴灭谢而入死，惟识惟神。”见《知不足斋丛书（第十册）》（北京：中华书局，1999年），页 488。其所谓《八识诗》，大半同于《八识规矩颂》，二者孰为原创殊难断定。惟作者“日休”，疑或即南宋时龙舒居士王日休（？—1173）。《龙殊增广净土文》卷 3（T47，pp.259c－260a）中曾谓，“神者，我也，形者，我所舍也”，“神者，自无始以来投胎易壳”，随“神”之去留而有“形”之成坏，此正与上引《困学斋杂录》下条相合，亦与所谓“去后先来作主翁”相合。若如是，则其一，《八识规矩颂》的形成至少可上推到南宋，其二，《八识规矩颂》的创作，是唯识学理通俗化的产物，特别是与当时将阿赖耶识误解为识神的倾向相关。

是"作意"心所;六是"根本依",即第八现识,如上述,五色根为其所执受故,方能有发识取境之功能;七是"染净依",即第七末那;八是"分别依",即同时之第六意识;九是"种子",即第八识中能生眼识之种子。[①] 耳识唯需八缘,因为耳识的生起无需依赖于光明;鼻、舌、身三识则仅需七缘,除无需光明外,此三识因需其所依根与所缘境相邻近方得生起,此即阿毗达磨中谓之"取至境"(prāpta-viṣaya)或"至能取"(prāpta-grāhaka)、汉地则习称为"合中取境"者,故亦无需"空"这一条件。

第六意识是与前五识不同的另一类识,其生起并无所依之色根,而以第七末那为所依根。虽然前五识都以第七末那为染净依,但唯第六识以之为不共所依根,因为唯第六识为近依第七意根而由之顺生者,即,第六识种子必随逐第七意根种子,仅当第七意根种子生现时,第六识才随之而生起。依第七意之识,故名意识。其所缘境则遍于一切色心诸法乃至无为法,因此大体说来,这相当于一种综合前五识之感知的心理统觉。除不共依根第七末那、所缘境一切法之外,第六意识的生起尚需"作意"心所、根本依第八现识及自类种子,共为五缘。[②] 正因为前五识的生起需要多种条件,所以只有当相应的条件具备时,才能分别有一识乃至多识俱起。而第六意识所需缘少,其缘无时不有,因此与多有间断的前五识不同,除了无想天、无想定、灭尽定、极重的睡眠(acittakaṃ middham,无心睡眠)及闷绝(acittikā mūrcchā,无心闷绝,亦即昏迷,包括生有、死有二位)此五位能障碍其生起之外,它通常总能生起。

值得一提的是,有部仅认可"三位无心",即,只有无想天、无想定、灭尽定三位没有六识生起,而在睡眠及闷绝的情形下,只有前五识不生起,还是有第六意识。认为在极重的睡眠及闷绝时前六识均不现行,这是唯识学者的看法。比如,早至《本地分》中就明确指出:"谓无心睡眠位、无心闷绝位、无想定位、无想生位、灭尽定位,及无余依涅槃界位,如是六位,名无心地。"[③]这里因为只论及前六识中断后还能再生起的情况,所以没有列入无余依涅槃位,而说五位无心。

那么,为什么在唯识学中要有无心睡眠与无心闷绝呢?这或许至少与

---

① 唯识学者的这一说法,可能是从《大乘稻芊经》一类的缘生经发展而来的,如《大乘稻芊经》:"如眼识生时,若具五缘而则得生。云何为五?所谓依眼、色、明、空,依作意故,眼识得生。"(T16,p.825b)

② 另外,七、八二识则各需四缘,即俱有依(两者互为俱有依)、所缘境、作意心所及自类种子,参《成唯识论述记》第七本,T43,p.476a。

③ 《瑜伽师地论》卷13,T30,p.345a。

生死心的问题有关。佛经中说，有情在受生、命终时必住散心而非定心，必是有心而非无心。这是大小乘都认可的说法。在有部看来，所谓受生、命终不是无心，就是不在无心三位。因为即就命终来说，命终无非两种，或是为人所害，或是自然死亡。在此三位中，有情由定力所持故，不能为人所害；① 又，无心位前的入心必然要作为等无间缘引生无心位后的出心，所以在无心位中也不能自然死亡。再就受生来说，既然无心，不能起烦恼，当然也就不能受生。② 这样，说有情在受生、命终时必住散心而非定心，必是有心而非无心，无非是指，此时有散位的第六意识。而唯识学者却认为，有情生死时身心昏昧，所谓身昏昧是指身体趋于硬化，而心昏昧则是指心识极为暗劣，不能有明了的认识，因此明了的前六识必不能生起。但既然佛经中说，此时乃是有散心而非无心，那么这只能是指前六识外的第八阿赖耶识。此即《成唯识论》证成阿赖耶识之"十证"中的第六证"生死证"，它是从《摄决择分》"八相"证成中的第八证"命终证"发展而来的。③ 这样，生死心是阿赖耶识，此时并没有前六识生起，它又不能在有部说的无心三位，所以只能属于无心闷绝，"以生死苦逼，极闷绝故"④。

虽然除无心五位外，第六意识都能生起，但未必能同时生起前五识，因为如上述，前五识的生起需要更多的条件。依据是否有前五识与之俱起，第六意识大别可分为两类。有前五识与之俱起者为"五俱意识"，以其能明了取所缘境故，亦名"明了意识"。具体说来，此谓"明了"应有二义。一者，前五识缘取相应之色境，并不能有清晰细致的认识，惟因五俱意识亦同时缘取此境，才能分别出明晰的形象。所以如上述，五俱意识为前五识的"分别依"。二者，五俱意识因与前五识俱起，同缘现境，故而非如下述不与五俱的独散意识，具有认知的生动性与明晰性。简言之，"意虽由五而得明了，五亦由六能明了取"⑤，此即"明了"之义。不仅如此，前五识事实上还为五俱意识所引生，并因此而具有了善恶等三性，否则，前五识只是纯粹的感觉，就无

---

① 有部认为，在欲界起无心二定，及在色、无色界的有情，都不能为人所害。反之，在欲界而未起无心二定的有情，有可能会因遭遇灾害、自害或他害而横死，所谓"非时死"（akāla-mṛtyu）。譬喻师则"不许有非时命终"。见《阿毗达磨大毗婆沙论》卷 151，T27，p.771a；《阿毗达磨顺正理论》卷 13，T29，p.405a。此外，据《异部宗轮论》（T49，p.16a），说假部也不承认有"非时死"，认为现在遭遇灾害等而横死者，其实都是由过去的业所导致的。

② 参《阿毗达磨顺正理论》卷 30，T29，p.513c。

③ 见《成唯识论》卷 3，T31，pp.16c－17a；《瑜伽师地论》卷 51，T30，p.579c。关于这一问题，可参傅新毅：《玄奘法师〈制恶见论〉考》，《世界宗教研究》2011 年第 6 期，页 19—21。

④ 《成唯识论述记》第七本，T43，p.484b。

⑤ 《成唯识论了义灯》第四末，T43，p.741a。

所谓善恶的分别。所以《成唯识论》说:“五俱意识助五令起,非专为了五识所缘。”①总之,一、明了取境,二、助五令起,此两种作用缺一即非五俱意识。②

五俱意识的成立是唯识学者的特见。如前述,上座系诸部派多不认可于一身中可以有多识俱起,所以在有部看来,前五识与意识一定是分处两个不同的刹那。如《五事毗婆沙论》说:

> 如是诸色,于六识中二识所识,谓眼及意。先用眼识唯了自相,后用意识了自、共相。谓彼诸色住现在时,眼识唯能了彼自相,眼识无间起分别意识,重了前色自相或共相。然此所起分别意识,依前眼识,缘前色境,如是意识正现在时,所依、所缘并在过去。由斯五境住现在时,意识不能了彼自相。是故色境二识所识,谓诸眼识现在前时,唯了现在自相非共,若诸意识现在前时,通了三世自相、共相,以诸意识境界遍故,有分别故。眼识无间非定起意识,于六识身容随起一种。③

这是说,比如,第一刹那眼识生起,仅能了知其所缘色境的自相,次刹那才有意识生起,它由前一刹那的眼识所引生,而重缘前一刹那眼识所缘的色境,以进一步了知其自相或共相。并且,眼识也未必一定会引生意识,它也可以在次刹那引生前五识,所谓“于六识身容随起一种”,也就是说,意识的生起对前五识来说并不是必需的。事实上,即便是在大乘中观学中,如《大智度论》说,“是五识不能分别,不知名字相,眼识生如弹指顷,意识已生”,“眼识少时住,见色便灭,次生意识,能分别色好丑”,④也不认为意识能与前五识并生。

而早在《解深密经》中,唯识学者就已成立了能与前五识俱起的五俱意识(见上章)。《摄决择分》更明确地以“三因”来说明之:

> 问:有分别心、无分别心,当言同缘现在境耶,为不同耶?答:当言同缘现在境界。何以故?由三因故,谓极明了故,于彼作意故,二依资养故。⑤

“有分别心”即五俱意识,“无分别心”即前五识。至于所谓“三因”,按照窥基

① 《成唯识论》卷 7,T31,p.38b。

② 参《成唯识论述记》第七本,T43,p.485c。

③ 《五事毗婆沙论》卷下,T28,p.992a。

④ 《大智度论》卷 8、卷 36,T25,p.121a、p.325a。

⑤ 《瑜伽师地论》卷 55,T30,p.601b。

一系的解释,“一、极明了取,即五、意二识互为明了因也。二、于彼作意故,即意于五境系心缘也。三、依资养故,由意引发,五识生也”①。“于彼作意”,意思是说,五俱意识亦作意于前五识所缘境,而“极明了”、“依资养”,大致就相当于五俱意识明了取境、助五令起这两种基本功用。可见,在《摄决择分》中,五俱意识的定位就已经比较明确了。不仅如此,五俱意识还成为证成阿赖耶识的重要理据之一。因为既然意识之明了是由于与前五识俱,如此则必有诸识俱转,以此为前提,在粗浅的六识外有与之俱转的阿赖耶识才能成立。这就是《摄决择分》“八相”证成阿赖耶识中的第三证“明了(spaṣṭatva)证”。②

没有前五识与之俱起而独自生起者为“独头意识”。这又包括三种。

一、独散意识,“独”意即独自生起,“散”意即非处禅定中。如后来《宗镜录》所说,“不与前五同缘,为拣明了,故立独名。又非定中所起,故名为散。独于散位而生起故”③。此即是指通常那种独自生起、散乱纷杂的意识,其或追忆过去,或筹划将来,或比较推度,种种构画分别。

二、定中意识,即处于禅定中,缘于定境之意识。一般说来,定中不能起前五识,因为前五识向外驰求五境,不能入定,所以唯识学者将其称作“自性散乱”(svabhāva-vikṣepa/prakṛti-vikṣepa),即前五识就其本性而言就是向外流散的(visāra),与禅定的性质相反。④ 如此定中意识虽是现量,即所谓“瑜伽现量”(*yogi-pratyakṣa),有明了取境的作用,以其不能助五令起故,非是五俱意识。

事实上,按照唯识学者的看法,定中并非一定不能起前五识,“得自在者定中亦许起五识,未得自在者定中意识不能引五识生”⑤。比如相传大目犍连(Mahāmaudgalyāyana)在猕猴池(Markaṭa-hrada,末迦吒贺逻驮。《婆沙》作“曼陀枳尼池”,梵 Mandākinī)边入无所有处定,听到大象的咆哮声而出定。在唯识学者看来,这是定中闻声,即,与无所有处定中意识同时,有欲界

---

① 《成唯识论义蕴》第四本,X49,p.439a。对于《摄决择分》中所谓的“二依资养”,窥基在《瑜伽论略纂》中其实提供了两种解释。其一是说,意识由意根和五色根“二依资养”,这是因为,依五色根生前五识,与前五识俱,意识才能明了取境,故五色根亦能资养意识。其二是说,由五俱意识引生前五识。见《瑜伽师地论略纂》卷14,T43,p.198c。不过,后来的唯识学者一般都取第二解。

② 参《瑜伽师地论》卷51,T30,p.579b。

③ 《宗镜录》卷36,T48,p.623c。

④ 《大乘阿毗达磨杂集论》卷1,T31,p.699b;Li Xuezhu(李学竹):Diplomatic Transcription of the Sanskrit Manuscript of the *Abhidharmasamuccayavyākhyā*——Folios 8v4 - 18r1,《創価大学国際仏教学高等研究所年報(平成27年度)》,p.228;《辩中边论》卷下,T31,p.474c;Gadjin M. Nagao(长尾雅人):*Madhyāntavibhāga-bhāṣya*,pp.64 - 65。

⑤ 《成唯识论疏义演》第八本上,X49,pp.705c - 706a。

耳识生起闻声，因闻声故，意识进而寻求声之来源，即便出定。如《摄决择分》说："若遇声缘，从定而起，与定相应意识俱转，余耳识生，非即彼定相应意识能取此声。若不尔者，于此音声不领受故，不应出定。非取声时即便出定，领受声已，若有悕望，后时方出。"①

这里有一个问题，当欲界耳识生起闻声时，无所有处的意识除了缘于定境，是否还与耳识同缘欲界的声境呢？《显扬论》中说："又处定中，取外声时，当知由二种取：一、由了别定所缘境及种种所缘境意识故，二、由此俱生耳识故。"②据此，定中意识不仅缘于定境，也同时缘于"种种所缘境"，如此处的声境。但也有唯识学者认为，与耳识同时的定中意识仅缘于无所有处的定境，而并不与耳识同缘欲界的声境。故此这不同于上述与前五识同缘现境的五俱同缘意识，是所谓五俱不同缘意识。③

虽有这些具体的争论，但唯识学者都认为，此处大目犍连是定中闻声。而上座系诸部派如有部既不承认于一身中可以有多识俱起，所以他们坚持认为，与定中意识同时，一定不能起前五识，大目犍连其实是出定闻声，只是"彼尊者于定自在，入出迅疾，虽起定闻，作住定想"④。同为上座系的南传佛教亦取此说。

值得注意的是，《异部宗轮论》曾提到，大众部"本宗"认为，"在等引位有发语言"。等引（samāhita），音译"三摩呬多"，也就是定。据窥基的解释，这是说，定是依于身的，所以定中不能发身业，否则身动，心亦随之而动，即便出定；但定中可以发语业，因为定中意识不仅能缘定境，亦能缘语声等散境，这并不妨碍定。⑤ 而在南传的《论事》（*Kathā-vatthu*）中则说，东山部（Pubbaseliya）认为，入定者能够闻声（samāpanno saddaṃ suṇāti）。因为佛陀说，对于初禅而言，声是刺（kaṇṭaka），也就是障碍；如果初禅不能闻声，声又

---

① 《瑜伽师地论》卷 63，T30，p.650c。并参《成唯识论》卷 5，T31，p.26b－c。

② 《显扬圣教论》卷 19，T31，p.576b。

③ 圆测、文备都曾提到有这两种解释，见《成唯识论学记》卷 4，X50，p.83a；《瑜伽论记》卷 17 下，T42，p.704a。窥基似乎在不同场合有不同的说法。如《成唯识论述记》第五末说："在定内，耳与意俱，同念闻声。……在定耳识率尔闻声，虽意与彼同缘引起，理应非善。"（T43，p.420a）这是认为定中意识亦与耳识"同缘"声境。但《瑜伽师地论略纂》卷 16 则谓："定中（声闻）[闻声]，从定起耳识，与意识俱转，然意不与耳识同缘一境故，言'非定相应意识能取此声'。……不同定中，闻强盛境故，耳识能缘，意识坚住一境故，不与同缘。"（T43，p.224a）这是明确否定了定中意识能同缘声境。不过，总体而言，汉传唯识学者还是认同前说。

④ 《阿毗达磨大毗婆沙论》卷 185，T27，pp.929b－930a。大目犍连"虽起定闻，作住定想"，即属于阿罗汉所不能完全断除的"不染无知"，参《阿毗达磨大毗婆沙论》卷 171，T27，p.862a。关于"不染无知"，参本书中篇第五章第二节。

⑤ 《异部宗轮论》，T49，p.15c；《异部宗轮论述记》，X53，pp.580c－581a。据清辨（Bhāviveka）说，雪山部（gangs ri ba，*Haimavata）也认为，等引（mnyam par gzhag pa，*samāhita）中有语言（ngag，*vacana）生起。*dBu ma'i snying po'i 'grel pa rtog ge 'bar ba*，D3856，Dza，p.151a。

如何能成为障碍呢?① 东山部属于案达罗派(Andhaka),即南方大众部。唯识学者虽不认为定中可以发语言,②却认为定中可以闻声,这似乎是折中了大众部的不同说法。③

三、梦中意识,即睡梦中缘于梦境之意识。如前述,因羸弱、疲倦等原因而引生的极重睡眠,前六识俱不现行,是为"无心睡眠"。无心睡眠其实并没有"眠"(middha)心所与之相应,但它或是由眠心所引生,或其身心沉重不自在的状态,与有眠心所相似,所以假说为睡眠。而在通常情况下,睡眠时只有前五识不现行,第六意识则与眠心所相应俱起,此即"有心睡眠"。正因为眠心所的作用,所以梦中意识与定中意识不同,不能明了取境,其所缘之梦境暗昧不明。克实而论,此亦为独散意识,惟因其寤、寐有异,故别立之。

从现有文献看,上述四种意识的区分,应该是出自《宗镜录》,④似乎并不见于玄奘师弟之著述。只有窥基在《杂集论述记》中提到了意识有三类所缘:"意识所缘复有三类:一、定心所缘修果境类;二、与五识俱散意所缘明了境类;三、独生散心构画所取不明了类。"⑤这分别相当于定中意识、五俱意识和独散意识,但并没有将梦中意识独立出来。从芳("芳"或作"方")的《百法论显幽钞》在解释"睡眠"心所时,已经有了"梦中意识"、"定中独显意"、"明了意识"、"散意识"的名目。⑥ 大概是到《宗镜录》时代,唯识学者

① *Kathāvatthu Vol.I &II*,pp.572-573。按:《中阿含经》卷21:"入初禅者,以声为刺。"(T1,p.561a)《增支部》:"Paṭhamassa jhānassa saddo kaṇṭako."(对于初静虑,声是刺。)*Aṅguttara-nikāya Part V*(London: Pali Text Society,1900),pp.134-135。

② 按:《杂阿含经》卷17:"初禅正受时,言语寂灭。"(T2,p.121b)《相应部》:"Paṭhamaṃ jhānaṃ samāpannassa vācā niruddhā hoti"(对于入初静虑者,言语已灭。)*Saṃyutta-nikāya Part IV*,p.220。《瑜伽师地论》卷96据此认为:"又,粗寻伺能发语言。诸未得定、或有已得还从定起能发语言,非正在定。正在定者,虽有微细寻伺随转,而不能发所有语言,是故此位说名一切语言寂静。"(T30,p.851b)

③ 不过,按照《异部宗轮论》及窥基的解释,大众部"本宗"认为"诸识各别念生"(《异部宗轮论述记》,X53,p.583b),不承认可以有多识俱起。如此,定中既有意识,就不能同时起前五识。也就是说,定中能发语业者只能是意识,而非前五识。《论事》亦云,东山部同样不承认有二心俱存(dvinnaṃ cittānaṃ samodhānaṃ hoti)。如此,正如《论事》的批评,定中既有意识,就不能说同时又能由耳识闻声。唯识学者既承认可以有多识俱起,也就在一定程度上避免了类似《论事》的批评。

④ 《宗镜录》卷36、49,T48,p.623c、704b。

⑤ 《杂集论述记》卷2,X48,pp.36c-37a。

⑥ 《百法论显幽钞》第七末,X48,p.287b。按:《卍续藏》本此卷首尾俱残,编者佐伯定胤(1867—1952)考订为《百法论显幽钞》第七末。《百法论显幽钞》,《入唐新求圣教目录》(T55,p.1083c)、《注进法相宗章疏》(T55,p.1142a)、《东域传灯目录》(T55,p.1157c)均著录为十卷,沙门从芳(或作"方")撰。《注进法相宗章疏》并谓:"分本末为十九卷。"据《东域传灯目录》所云,是抄为"古总持寺沙门从芳释《潞府记》"。《潞府记》,即唐潞府沙门义忠所撰之《百法明门论疏》(简称《忠疏》)。《忠疏》现存有《洪武南藏》本、金陵刻经处本等。

才将其进一步整合为四种意识。

4.2 寻伺与分别:感性与知性的划界

需要指出的是,认为与前五识生起的同时必有五俱意识,这在很大程度上与唯识学者对感性与知性的严格分判有关。《解深密经》有云:"此中有识眼,及色为缘,生眼识,与眼识俱随行,同时(dus mtshungs pa, * samakāla)同境(spyod yul mtshungs pa, * samagocara)有分别意识(rnam par rtog pa'i yid kyi rnam par shes pa, * vikalpa-mano-vijñāna)转;有识耳、鼻、舌、身,及声、香、味、触为缘,生耳、鼻、舌、身识,与耳、鼻、舌、身识俱随行,同时同境有分别意识转。"①可见,虽然五俱意识与前五识同时同境,但两者有着有无分别的特征差异。有无分别,是前五识与意识包括五俱意识在内的分野所在。

事实上,早在阿毗达磨学统中,这就是一个有关心识的基本认定。按照有部阿毗达磨的传统说法,所谓分别有三种,即自性分别、随念分别与计度分别。简单说来,自性分别(svabhāva-vikalpa)是指对当下现前的外境一种非推断性的直接领会,约略相当于通常所说的感觉或直觉,它是以不定心所"寻"(vitarka)、"伺"(vicāra)为体,或仅是以"寻"为体;随念分别(anusmaraṇa-vikalpa),顾名思义,是"跟随"(anu-)"忆念"(√smṛ)而来的分别作用,因而是指对过去所知或所想之事的追想忆念,它是以与意识相应的"念"(smṛti)心所为体,可通于定位、散位,因为在定中也可以有明记过去所缘境的功用;计度分别(abhinirūpaṇā-vikalpa)是指对并非当下现前的过、现、未三世之事的种种计量推度,包括通常所说的判断、推理等认知作用,它是以与意识相应的"慧"(prajñā)心所为体,只能存在于散心位,因为在定中不能有计度的功用。

在此三种分别中,"欲界五识身唯有一种自性分别。虽亦有念,而非随念分别,不能忆念故;虽亦有慧,而非推度分别,不能推度故"②。虽然前五识也能与作为大地法的念、慧二心所相应俱起,但其明记、简择的作用比较微弱,所以没有随念、计度两种分别,而唯有自性分别。职是之故,前五识被称为"无分别"(avikalpaka),这就比如一足马亦可被称为无足一样。③ 而意识则可以具足此三分别,所以意识才是所谓的"有分别"(savikalpaka)。此

---

① 《解深密经》卷1,T16,p.692b;*'Phags pa dgongs pa nges par 'grel pa zhes bya ba theg pa chen po'i mdo*,D106,Ca,p.12b。

② 《阿毗达磨大毗婆沙论》卷42,T27,p.219b。

③ 参《阿毗达磨俱舍论》卷2,T29,p.8a-b。

所谓具足,是指"意识总类(mano-vijñāna-jāti)具三"①,也就是说,属于意识类者总计有三分别,而并非是指意识在任何时候都必须要有三分别。由此三分别在三界九地的具体配置就是:"若在欲界及初静虑不定意识,具三分别。若初静虑在定意识,及上散心,各二分别。上地意识若在定中,及五识身,各一分别。"②"不定意识"(asamāhitaṃ manovijñānam),也就是散位意识,如上所述,只有散位意识才有计度分别。欲界和初禅的散位意识,可以具足三分别;初禅的定位意识,没有计度分别,只有自性、随念二分别;初禅以上的散位意识,因为没有寻、伺,所以没有自性分别,只有随念、计度二分别;初禅以上的定位意识,更缺计度分别,只有随念分别;而欲界的前五识,初禅除鼻、舌二识外的三识(初禅无段食故,不再生起鼻、舌二识),都只有自性分别。

这样,说前五识有自性分别,无非意味着,它们能与"寻"、"伺"相应俱起。"云何寻?答:诸心寻求、辨了、显示、推度、构画、分别性、分别类,是谓寻。……云何伺?答:诸心伺察、随行、随转、随流、随属,是谓伺。……寻、伺何差别?答:心粗性名寻,心细性名伺,是谓差别。"③简单说来,"寻"是指一种粗浅推求的思惟作用,"伺"则是指一种深细伺察的思惟作用,二者均为实法,其虽有粗、细之别,但能同时相应俱起。对此,《顺正理论》解释说:"虽一心中二体可得,用增时别,故不相违。"也就是说,一心中虽然同时有寻、伺二心所,但当寻的作用增强时,伺的作用就被损伏,此时即表现为粗浅推求的作用;反之,当伺的作用增强时,寻的作用就被损伏,此时即表现为深细伺察的作用。这就比如醋和水混合在一起,醋的作用强,所以水的味道就被掩盖了。④

认为自性分别以寻、伺为体,为婆沙师义。⑤《杂心论》论主法救

---

① 《阿毗达磨顺正理论》卷4,T29,p.350b。

② 《阿毗达磨顺正理论》卷4,T29,p.350b。这是对《婆沙》卷42(T27,p.219b)的一个总结性陈述。其对应的梵文可见安慧《俱舍论实义疏》所引:"tattra kāmadhātau prathame ca dhyāne yad asamāhitaṃ manovijñānaṃ tat tribhir vvikalpaiḥ savikalpakaṃ prathame ddhyāna samāhitaṃ dvitīyādiṣu cāsamāhitaṃ dvābhyāṃ samāhitaṃ tv ekena"(此中,欲界及初静虑中,凡不定意识,彼由三分别[成为]有分别;初静虑中在定[意识],及第二[静虑]等中不定[意识],由二[分别成为有分别];而[第二静虑等中]在定[意识],由一[分别成为有分别]。)Nobuchiyo Odani(小谷信千代):*Tattvārthā*, *Sthiramati's Abhidharmakośaṭīkā*, *Chapter I*, p.150。

③ 《阿毗达磨大毗婆沙论》卷42,T27,p.219a。

④ 参《阿毗达磨顺正理论》卷11,T29,p.394a。

⑤ 《阿毗达磨大毗婆沙论》卷42:"自性分别,谓寻、伺。"(T27,p.219b)

(Dharmatrāta,达磨多罗)则认为:“彼自性思惟者,谓觉也。”①“寻”、“伺”,旧译为“觉”、“观”。此即,自性分别(“自性思惟”)唯以寻为体。后来《俱舍论》、《顺正理论》也都认同《杂心论》的看法。② 不过,无论是《杂心论》,还是《俱舍论》、《顺正理论》,依然认为前五识能与寻、伺相应,所谓“五识界有觉有观”③,“眼等五识有寻有伺,由与寻、伺恒共相应”④。这应该被理解为,虽然前五识能与寻、伺相应俱起,但前五识的分别作用即自性分别比较粗浅,因此基本上是寻的作用。如《俱舍光记》对此解释说:“问:若体唯寻,何故《婆沙》四十二云,自性分别谓寻、伺?解云:此《论》(指《俱舍论》——笔者注)从强说,故唯说寻,《婆沙》强、弱并说,故通寻、伺。或略而不说。或举初显后。或论意不同。”⑤所谓“从强说”,也就是说,自性分别主要是寻的作用。

那么,前五识为何要与寻、伺二心所相应呢?《俱舍论》提出了两个理由:一是“行相粗”(audārika,粗显),即“五识依五根,取五境,行相粗显”;二是“外门转”(bahirmukha-pravṛtta),即“缘外色、声等境故”。⑥ 这里“行相粗”是根本原因,“外门转”则是特别针对前五识说的,并非普遍有效。所以后来俱舍师认为,“行相粗”是通因,“外门转”是别因。⑦ 比如,欲界、初禅的内缘意识虽非“外门转”,但因“行相粗”,故仍与寻、伺相应;反之,二禅以上的外缘意识虽是“外门转”,但因无“行相粗”之义,故不与寻、伺相应。虽然《顺正理论》反对《俱舍论》的这一解释,认为前五识之所以要与寻、伺相应,是因为“五识唯于寻伺所随地中有故(vitarkkavicārānubaddhāyām eva bhūmau tatsadbhāvāt)”,即在欲界、初禅(“寻伺所随地”,即有寻有伺地),除寻与伺自身外,所有心、心所法都必与寻、伺相应。⑧ 但这一解释,与《俱舍

---

① 《杂阿毗昙心论》卷1,T28,p.880b。

② 参《阿毗达磨俱舍论》卷2,T29,p.8b;《阿毗达磨顺正理论》卷4,T29,p.350b。

③ 《杂阿毗昙心论》卷1,T28,p.875c。

④ 《阿毗达磨俱舍论》卷2,T29,p.8a;《阿毗达磨顺正理论》卷4,T29,p.350a。

⑤ 《俱舍论记》卷2,T41,p.39a。

⑥ 《阿毗达磨俱舍论》卷2,T29,p.8a;《俱舍论颂疏记》卷2,X53,p.401b-c。现存梵本《俱舍论》无对应文字,此处据安慧《俱舍论实义疏》所引:“kasmāt punar ete vitarkkavicārābhyāṃ nityasaṃprayuktāḥ yasmād bahirmukhapravṛttatvād audārikā iti śāstrakāraḥ”(复次,为何彼等[五识]与寻、伺恒共相应?论主谓,因[彼等]粗显,外门转故。)Nobuchiyo Odani(小谷信千代):*Tattvārthā*,*Sthiramati's Abhidharmakośaṭīkā*,*Chapter* Ⅰ,p.147。

⑦ 参《俱舍论记》卷2,T41,p.38a-b。慧晖说,所谓“通因”、“别因”是安慧的解释(《俱舍论颂疏义钞》卷上末,X53,p.141a-b)。这或许是指安慧的《俱舍论实义疏》。今检梵本及敦煌本《俱舍论实义疏》,似并无明文。

⑧ 《阿毗达磨顺正理论》卷4,T29,p.350a。此处梵文据《俱舍论实义疏》所引,见 Nobuchiyo Odani(小谷信千代):*Tattvārthā*,*Sthiramati's Abhidharmakośaṭīkā*,*Chapter* Ⅰ,p.148。

论》所谓的“行相粗”其实并无实质性的差异。因为欲界、初禅的心识与寻、伺相应,必然行相粗显,所以才需要通过二禅来远离寻、伺的扰动。

事实上,正是由于前五识与扰动的寻、伺相应,才具有生起的能动性。在这一意义上,我们可以说,与前五识相应之寻、伺,是前五识生起的动力因。如《入阿毗达磨论》云:“寻谓于境令心粗为相,亦名分别思惟,想风所系,粗动而转,此法即是五识转因。伺谓于境令心细为相,此法即是随顺意识于境转因。”①这里寻与伺分别与前五识、意识对应,寻由“想”心所引生,是粗浅分别的前五识得以生起之因,而伺则是深细分别的意识得以生起之因。正是由于寻、伺对外境的推察作用,才引导了六识的生起。

在寻、伺的推察作用下,前五识因此能对五色境之自性有明晰的了知。如前所述,有部所谓的自性具有为其名言所意指的确定内涵。所以神泰说:“如萨婆多等,眼见青、黄等色,称眼所见,说是青、黄等色;乃至意识缘涅槃,随意识所缘,说有定性散灭涅槃。故一切法可言说,说自心识所缘分齐。”②比如,眼识能了知青、黄等色的自性,当我们进一步用名言来予以表述,称其为“青”、“黄”等时,这种“青”、“黄”等的名言是符合眼识所缘的青、黄等色的自性的。既然前五识所了知者为五色境之自性,如眼识即能对青、黄等色如其名言所意指的与他者相区别的自性有明晰的了别,这就需要前五识具有一定的分别能力,而这种分别能力正是由与之相应的寻、伺来承担的。所以说,“五识身非无分别,许与寻、伺恒相应故”③。这就是有部所谓以寻、伺为体(或寻为体)的自性分别。只是这种分别恰恰是契应其所缘之外境,即五色境之自性的,所以就不是如第六意识所有的随念或计度分别。

据《异部宗轮论》所说,分别说系如化地部也是认为,“六识皆与寻、伺相应”④。因此在这一问题上真正有所突破的还是譬喻师。他们明确指出,寻与伺只是心之分位,故均为假法,如《婆沙》说:“谓或有执,寻、伺即心,如譬喻者。”⑤既然二者只是在一心的流变中,基于一心粗、细推察的不同功用而安立的名称,所以它们不仅不能俱时而起,而且只能与第六意识相应,不能存在于无分别的前五识中。如《成实论》中说:“问曰:有说觉、观在一心中,是事云何?答曰:不然。所以者何?汝等自说,喻如打铃,初声为觉,余声为观。又如波喻,粗者为觉,微者为观。是时方异故,不应一心。又五识

① 《入阿毗达磨论》卷上,T28,p.982a。
② 《瑜伽论记》卷9上,T42,p.505b。
③ 《阿毗达磨顺正理论》卷4,T29,p.348c。
④ 《异部宗轮论》,T49,p.17a。
⑤ 《阿毗达磨大毗婆沙论》卷42,T27,p.218c。

无分别故,无有觉、观。”①《成实论》并责难说,如果前五识也与寻、伺相应而有分别,那为什么还要意识的分别呢?② 当然,如上所述,对此责难,有部可以前五识唯有自性分别,而意识则能具足三分别来回应之。

这里我们不妨顺带来比较一下《大智度论》与《成实论》的差别。关于“觉”、“观”,《大智度论》说:

> 问曰:有觉、有观,为一法,[为]是二法耶?答曰:二法。粗心初念,是名为觉;细心分别,是名为观。譬如撞钟,初声大时名为觉,后声微细名为观。问曰:如阿毗昙说,欲界乃至初禅,一心中觉、观相应。今云何言,粗心初念名为觉,细心分别名为观?答曰:二法虽在一心,二相不俱。觉时观不明了,观时觉不明了。譬如日出,众星不现。一切心心数法,随时受名,亦复如是。③

初看起来,这里也采用了打钟的比喻,认为一开始声音大,这就像觉,后来声音小,这就像观。但《成实论》是说,声大声小,这是在不同的时间、不同的地方发出的(“时方异故”),所以觉与观也并不在“一心”中同时共存,觉时无观,观时无觉。而《大智度论》却说,觉与观其实是共存于“一心”中,只是在不同的时间,它们的作用有强弱,所以其粗细的特征(“相”)也是先后被体现出来。具体说来,一开始虽然也有观,但觉的作用强,所以体现出“粗心”的特征;后来虽然也有觉,但观的作用强,所以体现出“细心”的特征。这就像日出时并不是没有众星,只不过日出将众星的光芒掩盖了。正因为一开始觉的作用强,所以虽然也有观等心所,我们还是将此时称作觉;后来观的作用强,所以虽然也有觉等心所,我们还是将此时称作观。这就是所谓“随时受名”。而声大声小的比喻,也是在这一意义上说的。可见,《大智度论》

---

① 《成实论》卷 6,T32,p.288c。按:《婆沙》卷 42 谓:“《施设论》说:‘如叩钟铃、铜铁器等,其声发韵(“韵”,原作“运”,据《大正藏》页下校勘注改——笔者注),前粗后细,寻伺亦尔。’《法蕴论》说:‘如天震雷、人吹贝等,初大后微,寻伺亦尔。’又作是说:‘如鸟飞空,鼓翼翔翥,前粗后细,寻伺亦尔。’彼说皆显寻、伺不俱,作用增时有前后故。”(T27,p.219a)《成实论》即借此来批评正统的婆沙师说。又,与《施设论》等类似的譬喻,亦见之于南传如《弥兰王问经》(*Milindapañha*):“Yathā mahārāja kaṃsathālaṃ ākoṭitaṃ pacchā anuravati anusandahati; yathā mahārāja ākoṭanā evaṃ vitakko daṭṭhabbo, yathā anuravanā evaṃ vicāro daṭṭhabbo ti.”(大王,比如铜器被敲击后发出余响并持续,大王,寻应视作如同敲击,伺应视作如同余响。)V. Trenckner: *The Milindapañho, Being Dialogues Between King Milinda And The Buddhist Sage Nāgasena*(London: Williams and Norgate, 1880), pp.62-63。

② 《成实论》卷 5,T32,p.276c。

③ 《大智度论》卷 17,T25,p.186a。

其实认同的是有部的看法，这一日出、众星的比喻，也与前述《顺正理论》醋水的比喻是一致的。

而唯识学者虽然坚持认为，寻、伺是别体的心所法，这一点同于有部，但在其他方面，他们大体上还是接受了譬喻师——经量部的看法。① 在唯识学者看来，寻、伺是以“思”、“慧”二心所一分为体，故均为假法。当思的作用增强时，心识表现为粗浅推度的作用，此即为寻；反之，当慧的作用增强时，心识表现为深细推度的作用，此即为伺。二者既然“体俱思、惠，类俱推度，不可同体同用、粗细相违之法而得并生”②，故并无相应俱起之义。又，《本地分》说，寻、伺依于名言，以其所诠义为所缘，具体表现为七种分别，是意识的十五种不共业（vaiśeṣikaṃ karma）之一。③《集论》、《五蕴论》、《成唯识论》等更明确说，寻、伺之所缘是“意言境”。④ 所谓“意言”（mano-jalpa），据安慧的解释：“以意为自体的言，即意言。‘言’即如言，诠表义。”（manaḥsvabhāvo jalpo manojalpaḥ｜jalpa iva jalpo 'rthakathanam｜）⑤ 意识之所以被称作“言”，是因为它与我们通常所谓的语言能诠表意义一样。这其实也就是窥基所说的，从譬喻的角度，用名言表义来类比意识取境。故“意言境”即是意识所缘境，它不限于语言，而包括了一切有为、无

① 此外，譬喻师认为，“从欲界乃至有顶，皆有寻、伺”（《阿毗达磨大毗婆沙论》卷52、卷145，T27，p.269b、p.744b），《成实论》也说，寻、伺“遍在三界”、“应一切处”（《成实论》卷6，T32，p.288c），此点亦不为唯识学者所取。在譬喻师看来，三界都有善、染、无记三法，这里无记具体是指无覆无记，染法则包括有覆无记与不善法。如前述，与有部不同，譬喻师认为，色界、无色界也有不善法。而染法必有寻、伺，所以寻、伺亦遍三界有。至于将三界分为有寻有伺、无寻唯伺、无寻无伺三地，是就善、无覆无记性的寻、伺而言的。即，三界九地的一切染法，及欲界、初禅的善、无覆无记法，都有寻、伺，所以是有寻有伺地；初禅与二禅之间的中间禅，其善、无覆无记法唯有伺，而没有寻，所以是无寻唯伺地；二禅及以上的善、无覆无记法既无寻亦无伺，所以是无寻无伺地。参《阿毗达磨大毗婆沙论》卷52、90、145，T27，p.269c、462c、744b。

② 《成唯识论述记》第七本，T43，p.469a。

③ 《本地分》于《意地》中说，“分别所缘”（ālambanaṃ vikalpayati）是意识的十五种不共业之一，此“分别所缘”具体可开列为“有相分别”（naimittiko vikalpaḥ）、“无相分别”（a-naimittiko vikalpaḥ）、“任运分别”（svarasa-vāhī vikalpaḥ）、“寻求分别”（paryeṣako vikalpaḥ）、“伺察分别”（pratyavekṣako vikalpaḥ）、“染污分别”（kliṣṭo vikalpaḥ）、“不染污分别”（akliṣṭo vikalpaḥ）七种（《瑜伽师地论》卷1，T30，p.280b－c；Vidhushekhara Bhattacharya：*The Yogācārabhūmi of Ācārya Asaṅga*，*part I*，p.12）。于《有寻有伺地》中又说，寻、伺具体表现为此七种分别，二者乃“依名身、句身、文身（nāmakāya-padakāya-vyañjanakāya-āśrita），义（artha）为所缘”（《瑜伽师地论》卷5，T30，p.302b－c；Vidhushekhara Bhattacharya：*The Yogācārabhūmi of Ācārya Asaṅga*，*part I*，p.112）。

④ 《大乘阿毗达磨集论》卷1，T31，p.665b；《大乘五蕴论》，T31，p.849b；《成唯识论》卷7，T31，pp.35c－36a。

⑤ Jowita Kramer：*Sthiramati's Pañcaskandhakavibhāṣā*，*Part I*，p.73。

为诸法。[①] 这一意义上的“意言境”，显然不能为前五识所认知。所以前五识无寻、伺，两者只能与第六意识相应俱起。

既然前五识不与寻、伺俱起，全然无分别能力，所以在多数情形下，它需要与五俱意识相应之寻、伺的引导才能生起。也就是说，此时前五识生起的动力因不在自身，而在与五俱意识相应之寻、伺。这与有部不同，如前所述，有部认为，前五识因与寻、伺相应，而具有生起的能动性，因此意识对于前五识的生起来说并不是必要的。窥基就曾明确指出唯识学与有部的这一区别，他说：“此中有意识俱寻、伺心为能引，引生五识。非如小乘五识，自有寻、伺方生。”[②]前曾论及，五俱意识除能明了取境外，还有助五令起的作用，其实质性意义即在于此。正因为与五俱意识相应之寻、伺有染净，所以才能引生前五识的染净。当然，并非前五识都必须由与五俱意识相应之寻、伺引生，如前述大目犍连定中闻声，无所有处意识与欲界耳识同时生起，此时意识由无所有处系，并无寻、伺相应，但欲界耳识还能生起闻声。所以《成唯识论》说：“然说五识有寻、伺者，显多由彼起。”[③]“多由彼起”，也就不排除有一些特殊的情形。[④]

由此可见，通过对寻、伺的这种重新界说与定位，它们事实上已成为区分前五识与意识，或者说，感性与知性的标识。这一点在奘传唯识学中得到了特别的强调。

在奘传唯识学者看来，有部所谓与名言对应的自性其实只是“实在论”(Realism)地被理解的法之“共相”(sāmānya-lakṣaṇa)。因为凡可言说者，如谓之“青”就已是共相，它是对所有个别的，即作为“自相”(sva-lakṣaṇa)的青的抽象与一般化。共相的特点是“遮余表此”，即通过对他者的否定来表明同类事物的共通性。“如言色时，遮余非色，一切色法皆在所言。乃至言青，遮非青，一切青皆在所言。贯通诸法，不唯在一事体中，故名共相。”[⑤]基于“唯名论”(Nominalism)的立场，共相被认为仅是第六意识所缘取的名言

① 据窥基说，所谓“意言境”，有三种解释。其一，从譬喻的角度说，意识取境可类比为名言表义，故“意言境”即意识所缘境，包括一切有为、无为诸法。其二，从心境的角度说，名言为意识所缘取，故名“意言”。其三，从因果的角度说，名言为意识所发起，故名“意言”。按后两种解释，所谓“意言境”就仅限于名言。窥基认为，这里应取第一解。参《成唯识论述记》第七本，T43，p.468a。

② 《瑜伽师地论略纂》卷15，T43，p.206c。

③ 《成唯识论》卷7，T31，p.36b。

④ 至于在哪些情形下前五识不由与五俱意识相应之寻、伺引生，唯识诸师有不同的说法，可参《成唯识论学记》卷5(X50，pp.93c－94a)的总结。

⑤ 《成唯识论述记》第二末，T43，p.296b。

而已，因此我们说"火"之时，它就不会像实在的火那样能够烧口。前五识则唯是缘于法之自相，比如就眼识言，即是使青、黄等色当下性地呈现于眼识之中。此呈现于眼识中的青、黄等色既为纯粹被给予的感性材料，而非第六意识所缘取的"青"、"黄"等共相，亦即，并不具有其对应的名言所意指的确定内涵，故此唯眼识所亲证而非言说所及。此如《伦记》中所说："诸法自相不可言说，故是甚深。如色自相唯眼识证，乃至触相唯身识所证。如饮冷水，证者乃知，不可言说，说其相貌皆不称实。欲为引接方便说诸法时，但说共相。如说色时，如此色名即标一切诸色，故是共相，声等亦尔。故自相法不可言说。"①概言之，"法自体唯证智知、言说不及是自相；若法体性言说所及、假智所缘是为共相"②。

基于这种对自、共相的严格分别，与有部不同，奘传唯识学者更倾向于认为，前五识的功能仅在于对纯粹感性材料如其所是地被动接受，而任何可能的对前五识所提供的感性材料的主动统合或构造能力都是得之于第六意识。如上所述，这种感性与知性的绝对二分之所以能成立，正是以寻、伺的存在与否作为实质性判据的。由此所谓自性分别，也就需要从语义上作出重新的界说。

窥基一系就曾多次谈到，根据寻、伺的存在与否，自性分别也相应地区分为两种。③"一、即是五识"，"非寻、伺为体"，这是指感性材料即法之自相如其所是地被前五识所接受和呈现，由于没有寻、伺的推察分别，感知对象具有相当的不确定性，所以依玄奘本人的看法，这其实还不能被称为自性分别，而只是《杂集论》中所说的"任运分别"。④ "任运分别"（svarasa-vāhī vikalpaḥ）云者，"谓五识身，如所缘相无异分别（acitrayitvālambanaṃ），于自境界任运转故（yathāsvaṃ viṣayeṣu svarasenaiva vahanāt）"⑤。这里需要指出的是，按《成唯识论》的解释，《杂集论》和《本地分》中所说的"任运分别"并非是同一所指。《本地分》中所说的"任运分别"是七种分别之一，七种分别是意识的不共业，所以这是指与五俱意识相应之寻、伺，而《杂集论》中所说的"任运分别"是指前五识，不与寻、伺相应。⑥ "二、是意识相应寻、伺"，这

---

① 《瑜伽论记》卷 18 上，T42，p.721b。

② 《成唯识论述记》第二末，T43，p.288a。

③ 参《成唯识论述记》第七本，T43，p.470b；《成唯识论了义灯》第五末，T43，p.763c。

④ 见《瑜伽论记》卷 1 上，T42，p.319c。

⑤ 《大乘阿毗达磨杂集论》卷 2，T31，p.703a；早島理：《梵藏漢对校「大乘阿毗达磨集論」·「大乘阿毗达磨雜集論」》，Volume I，p.111。

⑥ 参《成唯识论》卷 7，T31，p.36b。所以窥基在《杂集论述记》卷 5 中说："任运分别以五识及寻、伺为体。此（指《杂集论》——笔者注）云五识，《瑜伽》第五是寻、伺故。"（X48，p.82c）

是指由于五俱意识或与寻、或与伺俱起，能对俱时之前五识所接受的感性材料予以推察分别，从而得以引导后念意识将名言所意指的确定内涵即法之共相赋予对象本身。此即，正是通过五俱意识的自性分别，才有进一步循名责实的计度分别，由此前五识所接受的自相即以其共相的确定意涵而被认知与执著。可见，这里五俱意识成了沟通前五识与一般意识——或者说，纯粹感知与知性构造——的中介。

值得一提的是，后来法称论师随顺经部的说法，认为同缘意识并非与前五识同时俱起，而是由前五识作为等无间缘所引生之初念意识，此即四种现量之一的"意现量"（* mānasa-pratyakṣa）。如他在《正理滴论》（*Nyāyabindu*）中对"意现量"的界说就是："以自境之无间境为共作者的根智作为等无间缘所引生者，此为意识［现量］。"（svaviṣayānantaraviṣayasahakāriṇendriyajñānena samanantarapratyayena janitaṃ tan manovijñānam①）这里"自境之无间境"（sva-viṣaya-anantara-viṣaya），是指紧随前五识（indriya-jñāna，根智，即根现量）所缘之境（自境）而无间生起之境，也就是五识次刹那意识的所缘境。既然它是无间生起，所以与前刹那五识的所缘境极为相似。这是五识次刹那意识得以生起的"共作者"（sahakārin），其实也就是所缘缘。而前刹那的五识本身（根智），则是此意识得以生起的等无间缘（samanantara-pratyaya）。如此所生之意识，才是所谓的"意现量"。② 后再续起之意识则有了诸种分别（kalpanā），而不再是现量。这样，同缘意识作为中介的意义无疑就更为彰显了。

对前五识之为纯感知的强调是唯识今学的一大特色，这是陈那将量论导入唯识学中，使唯识学开始知识论化的必然结果。套用康德式的表述，知识论无非是要回答这样的问题：知识是否可能？如可能，如何可能？我们的一切知识都从经验开始，为确保这一知识来源的确实性与可靠性，将其限定为一种非构造性的纯粹被给予的感性材料绝非是无关宏旨的：比如通常当我们非反思地将"我感知到这是火"称为经验时，这其实已羼入了知性的构造。因为在"这是火"这个最为简单的直言判断中，我们通过系词"是"将纯感知"这"关联于约定的名称"火"，已将"火"这一概念所意指的实体与属性等内涵赋予了那仅仅只具有当下性、不可重复性的纯感知本身，即那个无可言表的"这"本身，从而将纯感知固定化与一般化了。或者借用康德所提

---

① Dalsukhbhai Malvania：*Paṇḍita Durveka Miśra's Dharmottarapradīpa*（Patna：Kashiprasad Jayaswal Research Institute，1955），p.57。

② 关于这一问题的进一步讨论，参见本书下篇第八章第一节。

出的区分,这已不再是"知觉判断",它已不再"仅仅对我们——也就是对我们的主体——有效",而已成了"经验判断",亦即,通过知性的整合,我们已经"给它们一个新的关系,即对一个客体的关系,并且愿意它们在任何时候对我们都有效,同样对任何人都有效"。① 因此陈那在《集量论》(*Pramāṇasamuccaya*)中曾引用阿毗达磨的说法,指出,如眼识就只能看到青色,却并不能知道它是青色;只能知道它是对境,却并不能知道它是何种对境。② 窥基亦谓:"若实现觉,如五识等,不作此解:我今现证如是事境。作此解者,是意识中分别妄觉。"③正是基于这一考虑,唯识今学才作出了自相与共相的严格区分,自相的纯粹被给予性保证了知识来源的确实性与可靠性,契证它的乃是"离分别"(kalpanāpoḍha)的"现量"(pratyakṣa-pramāṇa),与符合正确规则的知性构造即认知共相的"比量"(anumāna-pramāṇa)一起,两者共同使世间的知识得以可能。

4.3　假境与错觉

既然前五识的纯粹被给予性与非构造性无非意味着其确实性与可靠性,我们对唯识学者的下述结论大约就不会感到惊异了,此即,前五识唯以实有之境为对象,它们本身无所谓错觉可言。

本来,唯识学者所立的五位百法,与有部不同,是有实有假的。且就眼识所缘之色境而言,此色境包括显色、形色、表色三种。显色(varṇa-rūpa)是指青、黄、赤、白等显了可见的颜色,形色(saṃsthāna-rūpa)是指长、短、方、圆等形状,表色(vijñapti-rūpa)是指取、舍、屈、伸、行、住、坐、卧等行为,它们能

---

① 康德著,庞景仁译:《未来形而上学导论》(北京:商务印书馆,1995年),页63—64。

② 《集量论·现量品》:"abhidharme 'py uktam – cakṣurvijñānasamaṅgī nīlaṃ vijānāti no tu nīlam iti, arthe 'rthasañjñī na tu dharmasañjñī iti."(阿毗达磨中亦云:具眼识者了青,而不了是青;于境有境之知,而无[其是何]法之知。)Ernst Steinkellner: *Dignāga's Pramāṇasamuccaya, Chapter 1*(www.oeaw.ac.at/ias/Mat/dignaga_PS_1.pdf,2005),p.2。从现有文献看,此说最早出自《阿毗达磨识身足论》卷6(T26,p.559b–c),其谓:"眼识唯能了别青色,不能了别此是青色;意识……若能了别其名,尔时亦能了别青色,亦能了别此是青色。"《俱舍论》卷10(T29,p.52c)亦有类似的说法:"眼识但能了青,不了是青,意识了青,亦了是青。"(cakṣurvijñānena nīlaṃ vijānāti no tu nīlaṃ manovijñānena nīlaṃ vijānāti nīlam iti ca vijānāti)P. Pradhan: *Abhidharmakośabhāṣya of Vasubandhu*,p.144。按照有部的解释,这是说,前五识仅能认知对境本身,而并不能认知其相应的名言,意识则既能认知对境,亦能认知其相应的名言,从而将对境与名言关联起来,作出比如"这是青"的判断。当然,如前所述,有部虽然认为前五识只能认知对境本身,而不能认知其相应的名言,但前五识所认知的对境还是与名言相符合的,这一点与唯识今学不同。

③ 《唯识二十论述记》卷下,T43,p.999c。

表现于外,而为他人所见,故名表色。① 其中,只有青、黄、赤、白四显色为实有,其余显色及全部形、表色均为假法。那么,克实而论,眼识能否缘取这些假色呢?

据奘门所传,西土即有二说。一是安慧宗,认为前五识亦能缘假法。因为作为形色的长短等虽然是相对而言的,是所谓“相待假”,但并不是龟毛兔角般的“无体假”,它们其实就是青等实法的分位,依于后者而存在。所以当眼识缘于较多的青时,即是所谓的缘于“长”;反之,缘于较少的青时,即是所谓的缘于“短”。并不是说,眼识能离青等实法而独自缘取长短等假法,别缘假法才是第六意识的功能。二是护法宗,认为长短等形色既然是“相待假”,就需要通过比较而得出,因此不能为无分别的前五识所认知,前五识唯能缘于青、黄等实法。相传《阿毗达磨大乘经》中曾有这样一颂:“无有眼等识,不缘实境起。意识有二种,缘实、不实境。”世亲弟子瞿波(Gopa)论师造论释《唯识二十论》,即引之以证前五识唯缘实境。②

玄奘门下亦承此说,认为比如眼识唯能缘于青、黄等实色,而长、短等假色实由同时之五俱意识所缘取。普光曾举例说,晚上远望树林,似乎是能看到树木的形状,而看不到树木的颜色,其实恰恰相反,能看到的只是树木的颜色,不过看得不清楚罢了,而树木的形状却是意识分别的结果。③ 窥基还举了一个更为极端的例子,比如我们在黑暗中摸到了一根手杖,认知到它是“长”的,“长”既非眼根所见,当然更不能说它是由身根所感知的,属于身根所认知的触处,因为触处中并没有“长”,所以只能说,“长”是意识分别的结果。④ 因此,在十二处的分判中,若就根境相对言,假色既为意处所缘,其实应为法处之遍计所起色摄。只是就摄假从实言,它们才与青、黄等实色合说为色处。⑤

基于同样的逻辑,窥基一系更坚持认为,那些见无为有、见此为彼的错

---

① 参《瑜伽师地论》卷1,T30,p.279b。

② 参《唯识二十论述记》卷上,T43,p.983a;《成唯识论别抄》卷1,X48,p.821a;圆测:《解深密经疏》卷4,X21,p.255a-b等处。瞿波论师为世亲弟子,见《唯识二十论述记》卷上,T43,p.978c。又,《东域传灯目录》于“《唯识论疏》一卷”条下有“案西明云:瞿波论师《义疏》二卷,真谛译”(T55,p.1157c)云云,“西明”者即圆测,如是瞿波之释似曾有真谛汉译本。不过,据灵泰《成唯识论疏抄》卷1说:“此国中唯有天亲所造《二十论》长行,无瞿波论师所造《二十论》长行。其瞿波《二十颂释》,西国有本也。”(X50,p.139b)可见,即便瞿波之《二十释》曾有汉译本,在灵泰的时代也已经散佚了。

③ 参《大乘百法明门论疏》卷上,T44,p.54a。

④ 参《杂集论述记》卷2,X48,p.33a。

⑤ 参《成唯识论述记》第二本,T43,p.272b;《成唯识论了义灯》第二本,T43,p.692a-b;《大乘百法明门论疏》卷上,T44,pp.53c-54a等处。

觉也是发生于意识而非前五识。比如眼根有病而幻现空花或第二月，这并非是眼识即能见此幻像，而是因为眼疾的缘故，“第六意识，以眼为门，同时明了，状如眼见，实非眼见”①。

从现存梵本的安慧《五蕴论广释》、《俱舍论实义疏》来看，奘门的传说似乎有些出入。安慧虽然认为，形色是不离显色的假法，当眼识生起时，其所觉知的是具有“形状差别的显色”（saṃsthāna-viśiṣṭa-varṇa），而并非只有颜色或形状。所以如果显色等聚（varṇādi-saṅghāta）在同一方向上（eka-diṅmukha）较多（bhūyas），我们就会对此产生长的觉知（dīrgha-buddhi），反之，如果较少（alpīyas），我们就会对此产生短的觉知（hrasva-buddhi）；如果四面都相等（caturdiśaṃ sama），就会有方的觉知（vṛtta-buddhi），如果各处都相等（sarvataḥ sama），就会有圆的觉知（parimaṇḍala-buddhi）；如果各方向一致（eka-diṅmukha），就会有正的觉知（sāta-buddhi），如果各方向有异（nānā-diṅmukha），就会有不正的觉知（visāta-buddhi）。但他强调指出，对形色等的觉知是“比量智”（anumāna-jñāna）而非“根智”（indriya-jñāna），所以形色等是由“二根门”（ubhaya-indriya-dvāra）来觉知的，即，这是由眼识觉知或多或少等的显色，再由意识将其觉知为或长或短等的形色。只是在随顺世间（loka-anuvṛtti）的意义上，才说眼识能觉知形色。②

这样看来，安慧的说法与玄奘所传的“护法宗”并没有实质性的差别，其实都是来源于经部。有部认为，有实有的形色极微，它们与显色极微一样，都是眼识所认知的对象。或者毋宁说，按照有部“识必有境”的原则，“既于聚色差别生中有形觉生，不待于显，如不待余显，有余显觉生，是故定应别有如种能成长等形色极微”③。既然我们不借助于显色，就能有对形色的觉知，可见必有实有的形色极微作为其认知的对象。就像我们不借助于其他显色，就能有对某种显色的觉知，因此显色极微是实有的一样。这些形色极微遍布在显色极微的周边，使显色保持一定的形状和边界。《顺正理论》举例说，这就比如一颗青色的圆丸，一旦被打破，由于形色极微位于其周边，所以其圆形即不复存在，而显色极微则是遍满于丸中，所以其青色并不因此消失。④ 假如没有形色极微的摄持，比如纯粹只是显色的光明，就是一种无定

---

① 《唯识二十论述记》卷上，T43，p.983a。

② Jowita Kramer：*Sthiramati's Pañcaskandhakavibhāṣā*，*Part I*，pp.11－12，15。并参 Nobuchiyo Odani（小谷信千代）：*Tattvārthā*，*Sthiramati's Abhidharmakośaṭīkā*，*Chapter Ⅰ*，pp.69－70。

③ 《阿毗达磨顺正理论》卷34，T29，p.536c。关于“识必有境”，具体请参本书下篇第八章第一节。

④ 《阿毗达磨顺正理论》卷34，T29，pp.536c－537a。

形的色法。至于由长等形色极微所积聚成的长等，才是为意识所认知的假法，所谓“异于显色有色处摄形色极微，由此集成长等假色”①。经部则不承认有部所谓实有的形色极微，认为形色只是在显色上安立的假法，所以没有作为眼识认知对象的形色，形色都是为意识所认知的。如《俱舍论》中说：“然经部说：形非实有（nāsti saṃsthānaṃ dravyataḥ）。谓显色聚一面（ekadiṅmukha）多（bhūyas）生，即于其中假立长（dīrgha）色；待此长色，于余色聚一面少（alpīyas）中，假立短（hrasva）色；于四方面并多生（caturdiśaṃ bhūyas）中，假立方（caturasra）色；于一切处遍满生（sarvatra sama）中，假立圆（vṛtta）色。所余形色随应当知。”②《大乘成业论》中也有类似的表述，所谓“即于和合诸聚色中，见一面多，便起长觉；见一面少，便起短觉；见四面等，便起方觉；见诸面满，便起圆觉；见中凸出，便起高觉；见中坳凹，便起下觉；见面齐平，起于正觉；见面参差，起不正觉”③云云，似乎就是安慧《广释》等的直接来源。

至于奘传唯识学的看法，也是来源于经部。比如上述普光所举的例子，同样出自《俱舍论》。论中有部反驳经部说，如果形色都是在显色上安立的假法，那为什么在黑暗中或远望树木，只能看到形色而看不到显色呢？经部于是回答说：“以暗、远中观显不了，是故但起长等分别。”④即，这是因为，此时眼识虽能见青等显色，但不明了，而意识则对此作出了长等形色的分别。窥基所举的例子，似乎是对《俱舍论》中经部所谓“依触取长等相”⑤的发挥，即，不仅在眼识所觉知的显色的基础上，意识能将其分别为长等形色；而且在身识所觉知的触处的基础上，意识也能将其分别为长等形色。比如，身识觉知一个方向上的坚性较多，意识就将其分别为长等。而在有部看来，在此情形下，是身识的觉知使意识推知到与这种坚性同时存在的长。这种推知是以过去的经验为依据的，即在过去身识觉知到类似的坚性时，眼识觉知到了实有的长，这种一个方向上较多的坚性必与长的形色相关联，所以现在基于这种身识，意识也将其推知为长，并非全然是意识的假立。此即《顺正理论》所谓“要于一面多触生中，依身根门分别触已，方能比度知触俱行、眼识所牵、意识所受如是相状差别形色”⑥。

---

① 《阿毗达磨顺正理论》卷 34，T29，p.536c。

② 《阿毗达磨俱舍论》卷 13，T29，p.68b；P. Pradhan：*Abhidharmakośabhāṣya of Vasubandhu*，p.194。

③ 《大乘成业论》，T31，p.781b－c。

④ 《阿毗达磨俱舍论》卷 13，T29，p.68c。

⑤ 《阿毗达磨俱舍论》卷 13，T29，p.68b。

⑥ 《阿毗达磨顺正理论》卷 34，T29，p.536a。

当然,有部与经部的争论,其侧重点在于形色是否实有,安慧《广释》等亦复如是,而奘传唯识学则将其重心落实在了眼识能否认知形色等假法上。对于前五识能否认知假法,其实有部也是否定的,因为前五识既然是无分别,就不可能认知假法。有部之所以认为眼识能认知形色,是因为如上述,他们将形色视作实法。所以《俱舍论》中说,“心狂唯意识”(cittakṣepo manaścitte,真谛直译为“心癫于心心”)①。比如见到第二月等的错觉,“此等皆是意识分别,非五识中有斯乱解”②。而对于奘传唯识学者来说,严格区分前五识所缘境的假、实,则具有更为重要的意义。因为基于知识论的考虑,他们企图通过现、比二量的划界即所谓的“量分别”来对世间知识的成立进一步作出积极的说明,前五识感知的真实性无疑就成为其知识论体系的内在要求。因为设若说感性亦与知性一样可能产生错误,那么两者也就不存在明晰的界限,从而现、比二量的划分将从根本上被颠覆,我们的知识由此将陷于一种无根的状态。

西方哲学史上,对此其实亦有类似的考量。比如,早在古希腊时代,亚里士多德就曾指出,视、听、嗅、味、触这五种“对特殊对象的感觉总是真的”,思维则与感觉不同,“它包含了正确和不正确,‘正确’属于理智、知识以及真实的意见,‘不正确’则属于它们的对立面”。③ 康德也认为,“真理或幻相并不在被直观的对象中,而是在关于被思维的那个对象的判断中”,因此感官无错误可言,“但这并不是由于它们任何时候都正确地作出判断,而是由于它们根本不作判断”。④

不过,具体到唯识学体系中,如是要求前五识的纯粹性与真实性必将导致五俱意识的复杂性。因为如上所述,一般认为属于前五识的功能,如对长短等假色的感知、见青为黄的错觉,现在都被转移到了五俱意识上。本来,五俱意识与前五识同时同境,其作用一在明了取境,二在助五令起,因此与前五识同为现量。而此处所说者显然已逸出这两种作用之外,且既能产生错觉,更不是现量而是非量了。所以据传玄奘就认为,“五俱意识……现、非量等亦非一定”,“许五俱意通有比量”。⑤ 窥基也说:“然实五俱亦有意识妄

---

① 《阿毗达磨俱舍论》卷 15,T29,p.82c;P. Pradhan:*Abhidharmakośabhāṣya of Vasubandhu*,p.233;《阿毗达磨俱舍释论》卷 12,T29,p.239a。长行解释说,这里的“心心”就是指意识(manovijñāna ity arthaḥ),所以玄奘的意译并无大碍。

② 《阿毗达磨大毗婆沙论》卷 126,T27,p.658b。

③ 亚里士多德著,秦典华译:《论灵魂》,《亚里士多德全集(第三卷)》(北京:中国人民大学出版社,1997 年),页 71。

④ 康德著,邓晓芒译:《纯粹理性批判》,页 258。

⑤ 《成唯识论学记》卷 4,X50,p.83b;《成唯识论了义灯》第五本,T43,p.750b。

执者也。……诸处但说五识俱意识是现量，不言定尔，故不相违。”①也就是说，虽然五俱意识一般情况下是现量，但论书中并没有说五俱意识一定是现量。因为它既然可与寻、伺俱起，也就可以是比、非二量，如《义蕴》说：“五无寻、伺，五俱分别意识即许有之，故五俱意妄执何失？”②既然五俱意识可通于现、比、非三量，其在认识过程中的不同功用就需要得到具体的阐明。

对此一个较为合理的解释，是结合下述“五心”之分位，将五俱意识按生起先后，区分为两类。第一刹那五俱意识为“率尔心”，它与前五识同时同境而生起，是即“同缘意识”。比如当眼识缘于青时，“同缘意识”亦缘于青而使之明晰化，此唯是现量。缘于假法或产生错觉的是后续刹那的“不同缘意识”，于“五心”之分位中，此为“寻求心”等。它虽然与后续刹那的前五识同时俱起，故仍为五俱意识，但比如当眼识缘于青时，它却以之为黄，所以“不同缘意识”可通于比、非二量。这基本就是窥基一系的解释，后来《宗镜录》也是接受了这一说法。③

值得一提的是，圆测一系对此问题的看法似乎有所不同。虽然他们的著述多已散佚，但从现有文献看，大致还是可以确认其基本构想。关于“五心”，圆测认为，意识中唯有率尔、染净、等流三心能与前五识俱起，“而非寻求及决定心，彼二唯缘过去境界，非现量摄，五俱意识唯现量故”④。易言之，能产生比、非二量的处于“寻求心”位的意识是独散意识，而非窥基一系所说的五俱意识。因此按照他们的解释，比如当眼识缘于青时，五俱意识亦缘于青，此时二者均处于“率尔心”位，皆是现量；次刹那眼识谢灭，而由前刹那“率尔心”位的五俱意识，则能引生此刹那“寻求心”位独散意识的生起，将前刹那现量所认知的青误认为是黄，此为非量。“第二月”的错觉也是如此，如《伦记》中说，“眼识及同缘意识俱取一月，而不明了，故后寻求意识错乱取多月”⑤。概言之，圆测一系的解释，是将能产生比、非二量的“寻求心”定位在了独散意识上，从而确保了五俱意识的现量特征。虽然这一解释不同于窥基，甚至可能不同于玄奘，但恰恰是重申了五俱意识得以提出的原初问题意识。

不宁唯是，问题的更为窘迫之处还在于，这种对感性与知性的划界从常

---

① 《成唯识论述记》第七末，T43，p.493b。

② 《成唯识论义蕴》第四末，X49，p.460c。

③ 参《宗镜录》卷 53，T48，p.725b、726b。

④ 《成唯识论学记》卷 4，X50，p.83b；又见《成唯识论了义灯》第五本，T43，p.750b。圆测在《仁王经疏》中也说：“异生五识、同时意识皆得自相，是现量故，后念意识但得共相，是比量故。圣人取境，亦复如是。”（《仁王经疏》卷中本，T33，p.401b）

⑤ 《瑜伽论记》卷 5 上，T42，p.413a。

识的角度看似乎带有某种独断色彩。即就错觉来说，诚然，有些错觉根源于我们错误的判断，比如见阳焰而误认为是水。早春的原野上，尘埃因阳光的映射而浮动四散，是为"阳焰"（mṛga-tṛṣṇā，鹿渴、鹿爱），干渴之人虽眼见其为阳焰，却在意识的分别中将其误判为了水。这里涉及两种本质不同的存在，"阳焰"是当下被给予者，"水"却是观念构造物。然而有些错觉却是由于感官的病变造成的，比如因为白内障等原因而见到空花、毛轮或第二月。这些幻像与前者不同，恰恰是当下直接被给予的，具有通常的感知对象所有的个别性与生动性，亦即此处并没有通过意识的分别作用而与一般的观念构造物相关联，并非是如前者那种将一物（当下被给予者）误认为另一物（观念构造物）的错误判断。因此《杂集论》中说，能产生见青为黄的错觉的是眼识；①奘门之下，如慧景也是从见到多月的复视现象中得出了"五根、五识有量、非量"的结论。② 可见，如何来解释这种纯属幻像的错觉绝非是无关宏旨的，它有可能从根本上颠覆窥基一系所作出的划界设定。

对此，窥基本人的态度似乎是暧昧不清的，参照其后学的解释，他们大致是认为，虽然也有纯属幻像的错觉即无分别的"似现量"（pratyakṣa-ābhāsa），错觉并非一定是根源于意识的分别作用而形成的明确的错误判断，不过，为与感性的纯粹真实性原则相协调，这种幻像还得被认为是出现在意识上，即，由于感官的病变，使得前五识虽为现量而不明晰，从而导致意识有错乱，"不能分明冥证境"，对前五识现量之境作了错误的重构。只是它并非是通过对名言等的分别来达成的，故是所谓的无分别罢了。③ 即就见到第二月的复视现象来说，为眼识所呈现者唯是真实的一月，但因眼根有病，眼识上一月的影像并不明晰，从而引导意识产生了错乱，出现了二月的幻像，就此而言，它是无分别的。需要指出的是，此时意识上作为相分的影像还是不明晰的一月，但是意识将其认知为了二月，二月只是意识上出现的幻像。也就是说，二月不是依他起性（paratantra-svabhāva）的相分，只能说是遍计所执性（parikalpita-svabhāva）的"当情现相"。④ 当然，设若意识进而作出明确的有二月的错误判断，它就成了有分别的似现量。

---

① 《大乘阿毗达磨杂集论》卷2，T31，p.703b。

② 见《瑜伽论记》卷5上，T42，p.413a。

③ 参《因明入正理论疏》卷上，T44，p.93c。

④ 智周在解释"见青为黄"的错觉时就说，"第六识相分青物之上作黄解"，即，第六意识的相分依然是青，只是意识将其认知为了黄。见《成唯识论本文抄》卷5（T65，p.444c）引智周《了义灯记》。

按照这一解释，无分别与有分别的似现量，即，纯粹幻像与错误判断就其作为意识的构造物而言其实并无质的差别，因此窥基一系有时甚而是简单笼统地将诸如"病眼空花、毛轮、二月"的纯粹幻像归约为"见杌为人、睹见阳炎谓之为水"一类的错误判断，谓其皆为"随先所受分别转故"，即它们都是由于对先前所领受之境起于分别的结果。① 窥基一系的这一简单化归约事实上也影响了后来的唯识学者，比如《宗镜录》就进一步将"随先所受分别转故"的"似现量"区分为有分别、无分别两种，②这无异于是说，无分别的"似现量"实质上还是"随先所受分别转故"的分别。

我们现在并没有充分的证据，来断言窥基的说法是否是受到《集量论》的直接影响。虽然玄奘没有译出陈那这一量论的集大成之作，然而从窥基曾多处引述该论来看，至少对此他是有所了解的。在《集量论·现量品》中，陈那一方面在破斥"正理派"(Naiyāyika)的现量定义时指出，"亦非[根觉]有错乱境，错乱者以意之错乱[相]为境故"(na ca vyabhicāriviṣayatve, manobhrāntiviṣayatvād vyabhicāriṇaḥ)③。此即，根觉(indriya-buddhi)即前五识是"根现量"(*indriya-pratyakṣa)，本身并无错乱可言，错乱唯是发生于意识。正是基于这一感性纯粹真实性原则，陈那确立了现、比二量的严格划界。另一方面，陈那在论及"似现量"时，又提到了所谓"有膜翳"(sataimira)，其字面的意思，就是因为白内障等病变而使感官受损。④ 对此，陈那并没有进一步的说明，而按照后来法称、胜主觉(Jinendrabuddhi)等的传统解释，这是指一种"离分别"(kalpanāpoḍha)的似现量，即有人因为白内障等感官病变而见到空花、毛轮或第二月等幻像，这些幻像与有分别的似现量不同，它们并非是因由意识的分别作用而关联于名言的结果。因为陈那对现量的定义是"离分别"(pratyakṣaṃ kalpanāpoḍham)，⑤所以这里特意提到了一种例外(apavāda)的情形，即它们虽然是离分别的，但是

---

① 《因明入正理论疏》卷下，T44，pp.140c－141a。

② 《宗镜录》卷49，T48，p.704c。

③ Ernst Steinkellner：*Dignāga's Pramāṇasamuccaya*，*Chapter 1*，p.7。按："正理派"是古印度最早对因明有系统研究的学派，据《正理经》I－1—4，其对"现量"的定义是："indriyārthasannikarṣotpannaṃ jñānam avyapadeśyam avyabhicāri vyavasāyātmakaṃ pratyakṣam"(根境和合所生智，不可言说，无有错乱，决定为体，是为现量。)转引自《集量论》，同上书，p.7。

④ 《集量论·现量品》："bhrāntisaṃvṛtisajjñānam anumānānumānikam ‖ smārtābhilāṣikaṃ ceti pratyakṣābhaṃ sataimiram ｜"(错乱智、世俗有智，比量、比量所生，及忆念、希求，皆似现量，有膜翳。)Ernst Steinkellner：*Dignāga's Pramāṇasamuccaya*，*Chapter 1*，p.3。

⑤ Ernst Steinkellner：*Dignāga's Pramāṇasamuccaya*，*Chapter 1*，p.2。

似现量。①

不排除一种可能,法称等是根据自己的构想来解读陈那,也就是说,他们或许是考虑到了无分别的前五识因感官病变等原因,也有产生错觉的可能,因此对"有膜翳"作出了上述解读。事实上,后来法称之所以要在现量的定义中,除了"离分别"(kalpanāpoḍha)外,再加上"无错乱"(abhrānta)的简别,也正是基于这一考虑。② 因此服部正明(1924—)认为,陈那本人其实并没有将"有膜翳"视作一种独立的所谓离分别的似现量,这是法称等后学的解读。在陈那那里,"有膜翳"仅是对似现量的比喻性说明,即似现量都如眼中"有膜翳",而为分别所覆蔽。易言之,似现量都是有分别的,陈那并没有考虑到诸如感官病变等情形。③ 如此,这就和陈那早期《正理门论》的说法基本一致了,《正理门论》所提及的六种似现量,也都是有分别的。④

如此说来,假如窥基曾读过,或者从玄奘那里听过《集量论》,那是否有可能,他的见解是基于另一种对《集量论》的解读？亦即,一方面,他接受了

---

① 法称《释量论颂》:"apavādaś caturtho 'tra tenoktam upaghātajam ǀ kevalaṃ tatra timiram upaghātopalakṣaṇam ǁ"(此处第四种[有膜翳]是[现量定义的]例外,由此,[感官]被损所生的[智]被称作[似现量]。此处"膜翳"仅是对[感官]被损的指示。)法尊译:"此第四例外,彼说从患生。彼唯说眩翳,是表有患者。"戸崎宏正:《仏教認識論の研究——法称著『プラマーナ・ヴァールティカ』の現量論(上巻)》(東京:大東出版社,1979年),页387;法尊译编:《释量论略解》卷6,《大藏经补编(第9册)》,页581。

② 《正理滴论》:"tatra pratyakṣaṃ kalpanāpoḍham abhrāntam"(此处现量,离分别、无错乱。)Dalsukhbhai Malvania: *Paṇḍita Durveka Miśra's Dharmottarapradīpa*, p.40。事实上,古因明就曾强调指出,现量必须无错乱,法称之说或来源于此。如《瑜伽师地论·闻所成地》中说,现量有三种,"一、非不现见(aviparokṣa),二、非已思、应思(anabhyūhitam anabhyūhyam),三、非错乱境界(avibhrānta)"(《瑜伽师地论》卷15,T30,p.357a)。"非不现见",即现量是当下性的直接认知。"非已思、应思",即现量不是对过去的已推知,也不是对未来的将推知。此处《瑜伽论》梵文据姚治华著,许伟等译:《自证:意识的反身性》(上海:东方出版中心,2020年),页177。《杂集论》亦谓:"现量者,谓自正(sva-sat)、明了(prakāśa)、无迷乱(abhrānta)义。……无迷乱言,为简旋火为轮(alāta-cakra)、幻(māyā)、阳焰(marīcikā)等。"《大乘阿毗达磨杂集论》卷16,T31,p.772a;早島理:《梵蔵漢対校「大乘阿毗达磨集論」·「大乘阿毗达磨雑集論」》,Volume Ⅲ,p.925。

③ Masaaki Hattori(服部正明):*Dignāga on Perception, being the Pratyakṣapariccheda of Dignāga's Pramāṇasamuccaya from the Sanskrit fragments and the Tibetan versions*(Cambridge: Harvard University Press, 1968), pp.95－97。

④ 除"有膜翳"外,《集量论》所论及的六种似现量为"bhrānti-jñāna"(错乱智)、"saṃvṛti-sajjñāna"(世俗有智)、"anumāna"(比量)、"anumānika"(比量所生)、"smārta"(忆念)、"abhilāṣika"(希求),都是有分别的似现量。《正理门论》中则说:"由此即说忆念、比度、悕求、疑智、惑乱智等,于鹿爱等,皆非现量,随先所受分别转故。如是一切世俗有中,瓶等、数等、举等、有性、瓶性等智皆似现量,于实有中作余行相,假合余义分别转故。"(《因明正理门论本》,T32,p.3b－c。)这里也提到了六种似现量,同样都是有分别的似现量,其中除了"疑智"与《集量论》的"比量所生"有所不同外,其余五种全然相同。

陈那的感性纯粹真实性原则;而另一方面,他又将诸如“有膜翳”视作一种无分别的似现量。如前述,至少窥基已有无分别似现量的提法,而这并未出现在汉传的因明二论中。不过,与法称等不同的是,法称等认为,“有膜翳”这种离分别的似现量是出现在前五识上,法称所谓“[根]被损所生的[智]”(upaghātajam),胜主觉更明确地将其称作“外内损坏缘所损坏之根智”(bāhyābhyantaropaghātapratyayopahatendriyajñānam)。[①] 在《释量论》中,法称曾特别强调,离分别的似现量,并非是由于感官被损而展转地(pāramparyeṇa)出现在意识(mānasa)上,因为它们是随感官的被损与否而出现或不出现,只要感官没有被治愈,它们就不能通过进一步仔细的观察而被消除,反之,只要感官一旦被治愈,它们就能被消除,而出现在意识上的比如见绳而误认为是蛇的错觉,它们与感官是否被损无关,只要通过进一步仔细的观察,这种错觉就能被消除,等等。[②] 不过,按照法称等的这一解释,实际上也就否定了陈那的感性纯粹真实性原则,所以这被称作现量定义的例外。前述慧景认为“五根、五识有量、非量”,大体也是这一思路。而窥基一系为了坚持陈那的感性纯粹真实性原则,又落入了法称等所批评的无分别似现量也在意识上出现的错误,因为这违背了常识。

那么,对于无分别似现量来说,是否存在着这样一种解释的可能,即,虽然其幻像之影像是出现在前五识上,但仅此还不足以成为非量的幻像,成为幻像是根源于第六意识?如此为确保现、比二量的划界设定,也就不一定非要采纳如窥基式的独断解释。

即就因为迦末罗病(kāmalā,黄疸病的一种)损坏眼根,会产生见青为黄的错觉来作一粗略考察。前曾提及,《杂集论》认为,这种错觉是出现在眼识上。在论及识与根具有五义关联中的第二义时,《杂集论》以眼识为例说:“又眼所发识,故名眼识。由眼变异,识亦变异,色虽无变,识有变故。(tadvaśenāvikṛte 'pi rūpe vijñānasya vikriyāgamanatvāt,由此[眼根]力,虽色[境]无变异,[眼]识趣变异故。)如迦末罗病损坏眼根,于青等色皆见为黄。”[③]这里既然是在说眼识对眼根的依赖关系,因此举例说,由眼根损坏而见青为黄的识,显然只能是眼识而非意识。事实上,后来圆测就是以此来作

---

① 戸崎宏正:《仏教認識論の研究——法称著『プラマーナ・ヴァールティカ』の現量論(上卷)》,页 387;Ernst Steinkellner/Helmut Krasser/Horst Lasic: *Jinendrabuddhi's Viśālamalāvatī Pramāṇasamuccayaṭīkā*, *Chapter 1*(北京:中国藏学出版社,2005 年),p.61。

② 戸崎宏正:《仏教認識論の研究——法称著『プラマーナ・ヴァールティカ』の現量論(上卷)》,页 390—392。

③ 《大乘阿毗达磨杂集论》卷 2,T31,p.703b;早島理:《梵蔵漢対校「大乘阿毗达磨集論」·「大乘阿毗达磨雜集論」》,Volume I,p.115。

为安慧认为前五识能缘假法的文献依据。(汉传《杂集论》系安慧所糅。如上述,从现存的梵本安慧著述来看,似乎得不出这个结论。)①

《杂集论》的这一看法,尚未引入现、比二量的划界设定,是不能让窥基一系满意的。他们对此的解释是:“非黄见黄,自是意识,……由根损故,令初眼识而不分明,而后意识见有错乱。”“由根有损,令识昧劣,意识依彼昧劣之门,不分明故,于彼实青妄为黄解,实非眼识见青为黄也。”②问题在于,迦末罗病损坏的是眼根,这里不同于《杂集论》,说病变的眼根还能和正常眼根一样见到青色,似乎很难理解。如上述,法称等就认为,既然错觉是随病变的眼根而出现的,所以是眼识而非意识见到了黄。灵泰也曾提出过类似的疑问:“若迦末罗病损第六根,可许第六识见青为黄。既患病损眼根,应眼识见青为黄。既不损第六识意根,其第六识应见青为青。”③值得注意的是灵泰本人的解释:

> 若五识中,如患迦末罗病,损坏眼根,令眼识见青为黄,即是不称青色本质,但④称黄相分。若据实,五识既现量缘境,则俱⑤称本质及相分。……由患此故,即意识于眼根门中见青为黄,眼识则见青⑥。此解最好。⑦

这里灵泰提供了两种解释。虽然他认同的是第二种解释,也就是窥基一系的看法,但第一种解释其实也是从窥基的《述记》中推导出来的,即,窥基认为:“五识中嗔等亦亲不顺本质境,但称亲所变相分,故非遍计所执。”⑧为避繁琐,关于前五识中贪、嗔等心所非遍计所执的问题姑置勿论,我们仅来考察灵泰的这两种解释。

---

① 《解深密经疏》卷4,X21,p.255a。

② 《成唯识论演秘》第四末,T43,p.905b;《成唯识论疏义演》第六本,X49,p.622a。

③ 《成唯识论疏抄》卷12,X50,p.355b。

④ “但”原作“俱”,据《义演》所引改。

⑤ “俱”原作“但”,据《义演》所引改。

⑥ “青”原作“黄”,据《义演》所引改。

⑦ 《成唯识论疏抄》卷12,X50,p.355a。因《疏抄》此段文字错讹较多,今将《义演》所引附列于后。《义演》所引亦有错讹,宜与《疏抄》文对观。《成唯识论疏义演》第八本下:“如五识中,患迦末罗病,(摄)[损]坏根根,(今)[令]眼识见青为黄,而是不称青色本质,但称黄相分。故约粗相说,可有斯理。若据尽理说者,五识既现量缘境,则俱时称(举)[本]质及相分。……由患迦末罗病故,即意识于眼根门中见青为黄,眼识但见青,不见黄也。此(缘)[解]称当。”(X49,p.720a)

⑧ 《成唯识论述记》第七末,T43,p.493a。

所谓“本质”,也就是疏所缘缘,这里是指第八识所缘器界中的青。第一种解释,是认为病眼根所发的眼识就已经见青为黄,黄作为眼识的亲所缘缘当下性地被给予,所以是现量,所谓“称黄相分”,只是其疏所缘缘是第八识所缘器界中的青,故而眼识的认知“不称本质”。第二种解释,是认为眼识作为现量,应该“俱称本质及相分”,因此不仅眼识的疏所缘缘是青,其亲所缘缘也是青,将青认知为黄,是意识的作用,这也就是窥基一系的解释。

到《宗镜录》时代,唯识学者也有这两种解释:

> 一师云:见青为黄,实是意识。谓由根病故,引得病眼识。由病眼识故,遂引非量意识,见青为黄。非眼识见青为黄,由病眼识能起见黄识,故作是说。二师云:由病眼根,引病眼识,虽见青为黄,而不作黄解,故是现量。①

问题是,即便是按照灵泰的第一解、《宗镜录》的第二解,眼识虽见青为黄,而仍为现量,那么,为什么在意识中将其认知为黄就成了错觉呢?是由于意识“作黄解”的错误判断吗?意识“作黄解”恰恰是与眼识所给予的黄现量相符的,为什么就成了错觉呢?况且,错觉既根源于意识“作黄解”的错误判断,它就不是无分别的似现量。

借助舍勒(M. Scheler,1874—1928)对“假象”(Täuschung)的现象学分析,我们或许有望能开启一个新的诠释空间。在《自我认识的偶像》一文中,舍勒以我看见半截入水的杆子是折断的这一事例,来说明假象的本质。这一假象的产生,与是否作出判断无关。“若我作判断,便产生一个命题,此命题在涉及‘现实事物’时是‘假’的,但在涉及假象时却又能是‘真’的;我也就无须作出什么判断。”假象属于事态的前逻辑域,之所以成为假象乃在于,“我把呈现于眼前的折断情状这一事态看作‘现实’杆子的一种实在特性了”。② 也就是说,杆子的折断情状本来只是出现在我的视觉现象中,但从看到它的第一眼起,我就把它置入了实在事物的确然领域。这里存在着两种事态以及与此相对应的两种确然领域:事态 a 是杆子的折断情状,其所对应的确然领域 A 是我的视觉现象;事态 b 是杆子

---

① 《宗镜录》卷 53,T48,p.727a。

② 舍勒:《自我认识的偶像》,刘小枫选编:《舍勒选集(上)》(上海:上海三联书店,1999年),页 123。

的未折断情状,其所对应的确然领域B是实在事物。假象之所以发生,是由于我将事态a置入了与之不相应的确然领域B;反之,如果我将事态a归入与之相应的确然领域A,即,仅将杆子的折断情状看作是我的视觉现象,假象也就消除了。基于判断的错觉与假象不同,它之所以产生,“在于判断所言事态与关注时所见事态的关系之中”,这里“也有两种事态:表述的和存在着的事态,单纯构想的和直观给予的事态。但这里毫不涉及确然层次”。[①] 也就是说,基于判断的错觉是由表述的内容与表述所指涉的内容的不一致造成的。

在简述了舍勒对假象的分析后,我们再回到见青为黄的问题上来。一方面,这与诸如见阳焰而误认为是水一类的错误判断有着本质的差异。我们不能如窥基一系那样武断地认为,为病眼所呈现者与正常眼一样依然是青,只是意识将其认知为了黄,或者进而作出了“这是黄”的错误判断。恰恰相反,这里黄当下性地为眼识所呈现,对此眼识上被给予的黄,意识设若作出“这是黄”的判断恰恰是与之相符的,因而反倒是一个正确的判断。可见,见青为黄的纯粹幻像与任何判断无涉,与全然属于判断领域的“真”、“假”无涉,在这一意义上,它是无分别的。另一方面,虽然病眼上呈现为黄,它可以引发错觉,但仅此还不足以成为错觉。因为这种呈现乃是作为纯粹现象而被给予,其本身具有不可争议、无可辩驳的自明性,就此而言,它依然是现量。错觉只是在意识中形成,但这并不是说,此时意识将眼识上所呈现的黄转换为了“黄”这一观念构造物,与错误判断不同之处正在于,纯粹幻像的形成并不涉及被给予的黄本身,而是由于在意识中黄所属的确然领域发生了变化:本来黄所属的确然领域是“为我所视见者”,意识却通过黄这一现象而不自觉地进入另一确然领域“为我们所视见者”,并将黄置于这一与之不相应的确然领域中来予以把握。但是,其他正常眼看到的都是青,因而这就成了错觉。依照这一修正性的解释,或许我们可以确保感性的纯粹真实性而不至于显得过于独断。

不过,上述有关感性纯粹真实性的讨论,我们主要是从无分别的角度来作出的,所以不妨将其称为“被给予的真实性”。而从对无分别似现量的分析中,我们可以发现,唯识学中其实还有另外一种感性真实性原则,即,在素朴实在论意义上的“符合论的真实性”。这种真实性原则得以可能的前提是世界存在的先在性,所以它在西方唯理论哲学中并不存在。比如,对于康德

---

① 舍勒:《自我认识的偶像》,刘小枫选编:《舍勒选集(上)》,页126。

哲学来说,经验世界的质料来源于感性直观,而它的客观实在性则来源于先验统觉所赋予它的普遍必然性,并没有一个质料与形式相统一的经验世界作为我们感性认识的来源,所以对感性认识来说,也就不存在符合论的真实性原则。

唯识学则与之不同,如前所述,世界的存在是先在地被给予的,此即作为总依报的器世间,虽然在唯识学中它整个地成为了第八阿赖耶识的所缘,由第八识所变现,但相对于前五识的感性认识来说,这个质料与形式相统一的经验世界正是先在的认识来源。因此在讨论感性的纯粹真实性时,除了无分别这种被给予的真实性外,我们似乎还需要考虑感性认识是否与第八识所缘的器世间相符合,即符合论的真实性。

灵泰及《宗镜录》在上述对见青为黄的解释中,其实已经涉及了这两种真实性。如果认为眼识已经见青为黄,黄作为眼识的相分当下性地被给予,"称黄相分",所以是现量,这是基于被给予的真实性原则。我们对无分别似现量的分析大致也是沿循这一思路。但如果认为眼识作为现量,必须"俱称本质及相分",它还必须和第八识所缘的器界("本质")相符合,这是将两种真实性原则都考虑进来了。而诸如见青为黄这种纯粹幻像的存在,恰恰表明,这两种真实性原则并不总是一致的。窥基一系之所以在此问题上捉襟见肘,其症结盖在于此。

4.4 五心轮与心识的流变

以上是对前五识与第六意识之不同功用及相互关系的静态分析,从动态的角度,则它们形成了"五心轮"的历时性流变。所谓"五心",是指当心识觉知对境时,有五种不同的心理状态次第生起:一、率尔心(aupanipātikaṃ cittam),谓心识初缘对境时,于第一刹那卒然任运而起;二、寻求心(paryeṣakaṃ cittam),谓心识欲明了所缘之对境,而思寻推求之;三、决定心(niścitaṃ cittam),谓心识在寻求心后,能判明与认定所缘之对境;四、染净心(saṃkleśa-vyavadānaṃ cittam),谓心识在决定心后,能生起善恶或无记之心;五、等流心(naiṣyandikaṃ cittam),前后相似曰等,相续曰流,谓心识于此位中,随前染净心之或善或恶而相续流转。

此"五心"之说,出自《瑜伽师地论·五识身相应地》及《意地》中的两段文字。① 这种对心识之流的精微分析其实是当时诸多部派的共同主题,如前所述,譬喻师即以识、受、想、思为一心历时性的差别作用,南传上座部建

① 见《瑜伽师地论》卷1,T30,p.280a;同论卷3,T30,p.291b。

立有"九心轮"，另外，据说正量部亦将心识之流剖判为"四心"。[①] 诸如此类的分析，在佛家绝非仅仅是出于对认知心理学的理论兴趣，毋宁说，基于缘起无我的基本前设，他们是企图通过对心识之流的微分化来消解常识意义上心识的实体性。《瑜伽论》所立的"五心"也是出于类似的考虑，所以窥基说："问：何故须辨如是五心？答：为令了知心之分位，入法无我唯识相故。"[②]

不过，《瑜伽论》所说的"五心"尚有诸多语焉不详而易起歧见之处，比如，"五心"只是就历时性的心理状态所作的区分，落实到其承担者即前六识上，具体该如何来配置呢？从《瑜伽论》的两段文字来看，似乎是认为，即就眼识来说，第一刹那眼识初缘对境，为率尔心，接着有意识生起，次第为寻求、决定、染净心，由意识有染净故，一方面引生后起有染净之意识，另一方面引生后起有染净之眼识，即有等流意识及等流眼识生。准此，我们大致可以将《瑜伽论》的"五心说"定位为由上座系诸部派特别是经量部的六识相续说发展为唯识大乘的多识俱起说的某种过渡形态，因而这也就为后来者多方面的发挥都提供了充分的空间。事实上，即便是奘门之下，对此的解释亦非全然划一。比如圆测一系认为，"五中，初、后通六，次三唯意。又，前三是无记，后二通善恶"[③]，似乎就较为忠实《瑜伽论》原文；而窥基在《大乘法苑义林章》中则开为十二门，对此作出了更多的分别与推演。[④]

按照窥基的理解，"五心"的分析可以延展到全部八识，即便在前六识中，也至少有两条同时共存的心识流可分别予以"五心"的分析：一在前五识，二是意识。为避繁琐，七、八二识且存而不论，我们仅就前六识举一种最简单的情况以略见一斑。

比如，当眼识新遇一色境，于第一刹那生起者为率尔心，同时必有五俱意识生起，同缘此境，该俱意亦为率尔心。率尔心唯发生在我们初次接触某一对境的第一刹那，如果是已然了知的旧境，再遭遇时即无率尔心。率尔心初缘对境，为了知此对境故，意识与"欲"等心所俱起，而转为寻求心，此时眼识随意识转，亦为寻求心。就前六识言，率尔与寻求二心是紧密相关的，有

---

① 《瑜伽论记》卷1上："若正量部《明了论》亦立四心，一、初至识，二、随行识，三、决行识，四、大六识。"（T42，p.317c）

② 《大乘法苑义林章》卷1，T45，p.258a－b。

③ 《解深密经疏》卷1，X21，p.175c。又，《唯识义灯增明记》卷2引道证《要集》，T65，p.346a。这一说法与前述圆测认为意识中有率尔、染净、等流三心能与前五识俱起不尽相同，差别在于，意识处于染净心位时，有没有俱起的前五识？如果有，那么俱起的前五识是否也在染净心位？现存文献似乎不足以解决这一问题。

④ 具体请参《大乘法苑义林章》卷1之《五心章》，T45，pp.255c－258b。

率尔心必起寻求心，寻求心则必继率尔心而起。因为既有寻求心，必然未曾了境，故寻求心前定有率尔心。反之，若是遭遇旧境，既无率尔心，故亦无寻求心，则唯有后三心而已。与率尔心唯一刹那不同，寻求心可以有多刹那。因此如寻求未能了境，而复起眼识，此复起之眼识唯是寻求心，而非率尔心。于寻求心后，若无其他外缘引他识间杂，意识即能判明与了知此对境，而有决定心生，此时眼识随意识转，亦为决定心，决定心同样可以有多刹那。决定心既已了知对境之种种差别，故若无他识间杂，意识即能于违境住恶、于顺境住善、于非顺非违之中容境住舍，由此染净心生。由意识有染净故，而引生眼识之染净。眼识既自无分别力，其染净唯赖他识所引生，生灭不易，故需多刹那。意识则不然，其染净心唯一刹那，第二念即意等流心故。眼、意二识染净心既生，若无他识间杂，即有等流之眼、意二识相续流转，此等流心亦通多刹那。①

这只是一种理想化的情况。按窥基对《瑜伽论》的理解，只有率尔、寻求二心定无间起，寻求心后，都有因其他对境现前而引生他识间杂的可能，这就使得心识之流呈现出更为复杂的样态。为避繁琐，我们这里就不一一展开讨论了。

---

① 窥基的说法其实有若干难解之处，故论者或多有争议。即就“五心”刹那多少而论，依梅光羲之见，“率尔多唯一念，余四则多相续也”。见氏著：《相宗纲要正续合编》（上海：上海佛学书局，出版时间未详），页 86。熊十力则认为，决定与染净二心均唯一刹那。见氏著：《佛家名相通释》，页 108—109。恐繁不辨。

中　篇

种　习

佛陀说,"若见缘起便见法,若见法便见缘起"(Yo paṭiccasamuppādaṃ passati so dhammaṃ passati, yo dhammaṃ passati so paṭiccasamuppādaṃ passati)①,缘起论无疑是佛法的唯一基石。纵然我们不是基于信仰的立场以之为释尊菩提树下的亲证,这至少也是标明佛法之特质的基本预设和理论底线。正如"道成肉身"在基督信仰中的决定性意义,对缘起论的任何世俗主义解释与替代——比如时下流行的大而无当的所谓"本体论"——其实质无非就是将佛法连根拔起。②

十二缘起一般被认为是早期缘起说的完备形态,部派时代通常都将其解释为"三世两重因果"的分位缘起,即,这是由"过去起无明、行,引得现在识、名色、六处、触、受,复于现在起爱、取、有,引得未来生、老死"③。由于这两重因果都是业力与果报的关系,所以被称为"业感缘起"。业因善、恶不同,果报即有"可爱"(sdug pa, iṣṭa)、"不可爱"(mi sdug pa, aniṣṭa)之别,故而唯识学者亦将其称为"分别爱、非爱(sdug pa dang mi sdug pa rnam par 'byed pa can, iṣṭa-aniṣṭa-vibhāgika)缘起"。不过,在唯识学者看来,还有一种更为基础性的缘起——"分别自性(ngo bo nyid rnam par 'byed pa can, svabhāva-vibhāgika)缘起"。缘起的诸法之所以有相互不同的自体,乃是根源于在阿赖耶识中有相互不同的种子;而此相互不同的种子,又因无始时来受不同诸法的熏习而有。这种"种生现、现熏种"的回互关系,即是四缘中的因缘。相对于此,"分别爱、非爱缘起"中,前支于后支只是增上缘的关系,它可以被统一到"分别自性缘起"中来予以说明。④ 那么,唯识学者为何要在传统的业感缘起外另成立种现缘起呢?

---

① 《中阿含经》卷7,T1,p.467a;*Majjhima-nikāya Vol.I*,p.191。

② 关于这一问题,具体请参傅新毅:《佛法是一种本体论吗?》,载于《南京大学学报》2002年第6期。2013年《汉语佛学评论(第三辑)》公布了由姚治华整理的吕澂1944年所撰《汤用彤〈汉魏两晋南北朝佛教史〉审查书》,其中有谓:"实则佛教从无本体之说,法性法相所谓真如实相者,不过为其'转依'工夫之所依据,而在工夫中染净因果丝毫不可紊乱,安有即烦恼而为菩提者哉?著者固尝以体用相即为我国佛徒之言(见原著三三三页),却又以为印度学说亦复尔尔。是则佛教云者,无华无梵,无古无今,全属同一面目,复何有于历史之说欤?此实著者对于佛教最为误解之点,亟有待于矫正者也。"《汉语佛教评论(第三辑)》(上海:上海古籍出版社,2013年),页6。

③ 《阿毗达磨大毗婆沙论》卷23,T27,p.117a。

④ 《摄大乘论本》卷上,T31,pp.134c-135b;長尾雅人:《摂大乗論:和訳と注解(上)》,附录页26。

第四章　种子说的缘起

种子说并非是唯识学者的首创，部派时代，经量部就已建立了明确的种子熏习理论。从学理上看，这一学说的提出至少与当时的两个重大课题有关：一是业力的存续，二是烦恼的潜存。

第一节　业与业力的存续

如所周知，原始佛教在缘起无我的基本框架下导入了印度传统的业报轮回说。业报说虽然源自婆罗门教，但经过佛家的改造后，它已成为缘起论的实质性内涵和动力学基础。所以《阿含经》中曾说："彼众生者，因自行业（kammassakā，各有自业），因业得报（kammadāyādā kammayonī，业的继承者，业为起源），缘业（kammabandhū，业为眷属），依业（kammapaṭisaraṇā，业为所依），业处众生随其高下处妙不妙（kammaṃ satte vibhajati yadidaṃ hīnappaṇītatāyāti，业区分诸有情，即[区分为]劣胜[的不同]）。"①可见，只有在业中并通过业，有情以及缘起的世界才能得到切实的说明。正因为佛陀对业的一再强调，所以他被称为"业论者"（kamma-vādin）、"业果论者"

---

① 《中阿含经》卷 44，T1，p.704c；*Majjhima-nikāya Vol.III*，p.203。此段梵本《集论》引作"yathā sattvāḥ karmasvakā karmadāyādāḥ karmayonīyāḥ karmapratisaraṇāḥ karma sarvān sattvān vibhajati uccanīcatayā hīnapraṇītatayā"，玄奘译："如是有情皆由自业，业所乖净，从业所生，依业出离，业能分别一切有情高下胜劣。"此处将"karmadāyādāḥ"译作"业所乖净"，是指善恶业不同，所招感的果报也有可爱、不可爱之别；将"karmapratisaraṇāḥ"译作"依业出离"，则是指依于对治业（pratipakṣa-karma）来解脱业的束缚。《大乘阿毗达磨集论》卷 4，T31，p.681a；早島理：《梵蔵漢対校「大乘阿毗达磨集論」·「大乘阿毗达磨雜集論」》，Volume II，p.476。《阿毗达磨大毗婆沙论》卷 124 则引作："世间有情皆由自业，皆是业分，皆从业生，业为所依，业能分判诸有情类彼彼处所高下胜劣。"（T27，p.649a）此处虽然玄奘将"karmadāyādāḥ"译作"业分"，但意思并没有实质性的差别，如世友（Vasumitra）对此的解释就是"谓如所作业，受如是异熟"。

(kiriya-vādin)。①

法光法师(Bhikkhu KL Dhammajoti)在其对有部阿毗达磨的研究中也曾指出:

> 说一切有部阿毗达磨师十分清楚佛陀的某些教义是深刻的且在最终意义上是不可思议的——它们是其正等觉的概念化表达。佛陀关于业的教说便是其中之一。《大毗婆沙论》甚至表示,在一切经中,佛陀讲业的经是最为甚深的。②

事实上,这一说法不仅适用于有部,大体上也适用于全体佛法。即便如中观学"虽说空,于诸法无所破,亦不失诸行业果报"③,空只破自性业与自性报,而不破业报的关联本身。也就是说,并非如某些学者所想象的那样,只是为了随顺印度的传统,佛陀才将业报作为方便说而导入。既然业报在佛教中已被改造为缘起的实质性内涵和动力学基础,对它的漠视乃至否定其实就是对缘起的漠视与否定,也就从根本上消解了佛教直面人生苦难的担当意识。

1.1 业的动力学意义

业的梵文为 karman,意即"行为、作为",按《大毗婆沙论》,该词则具体有三种含义:

> 由三义故,说名为业:一、作用故,二、持法式故,三、分别果故。作用故者,谓即作用说名为业。持法式者,谓能任持七众法式。分别果者,谓能分别爱、非爱果。④

这里第一种含义大约就是指"业"的一般用法,它包括一切"作用",甚至是没有感果能力的无记行为,比如毗婆沙师所要遮破的胜论(Vaiśeṣika)外道"业句义"(karma-padārtha)⑤中的五业、数论外道的九种业等似乎也都可以

---

① *Dīgha-nikāya Vol.I*(London: Pali Text Society,1890),p.115。

② 法光著,高明元等译:《说一切有部阿毗达磨》,页 403。

③ 《大智度论》卷 55,T25,p.451b。

④ 《阿毗达磨大毗婆沙论》卷 113,T27,p.587b。

⑤ 胜论一开始立"六句义",后来又进一步发展为"十句义"、"七句义"。"句"(pada)意为"言语"、"文句";"义"(artha)意为"实在物"、"事物"。"句义"(padārtha)应作"依主释",即"句之义"(padasyārthaḥ),意为"言语所指称的实在物",也就是"实在论"(Realism) (转下页)

被收摄于内。胜论“业句义”所说的五业是“取”(utkṣepaṇa,上升)、“舍”(avakṣepaṇa,下降)、“屈”(ākuñcana,弯曲)、“申”(prasāraṇa,伸展)、“行”(gamana,行走),数论则以“取”、“舍”、“屈”、“申”、“举”、“下”、“开”、“闭”、“行”为九种业。① 这在佛法中被摄属于行、住、坐、卧四威仪(īryāpatha)无记,由无覆无记性摄,自然不能算是业报之业。第二种含义就是佛教的“羯磨”,“羯磨”即 karman 之音译,在汉传佛教中一般用来专指七众弟子忏悔、受戒等的仪式作法。而只有第三种能感得爱、非爱果的才是我们通常所说的业报之业。

可见,业不仅仅只是一种当下的行为,还能将其影响力延及于果。或者毋宁说,正是感果能力使某一行为成之为业。按 karman 一词,是由词根√kṛ(作、为、行)加后缀-man(拥有)构成。-man 有“拥有力量”之义,比如,“ātman 不只是呼吸,而且是呼吸力、职掌呼吸的生命力。brahman 不只是抽象的咒文、祈祷,也有具咒力、祈祷力、圣力的强力具体者之意。又 dharman 也不只是抽象的规律法则之法,同时具有规制现象,令之运转的力量”②。职是之故,佛典中往往将业称为“业力”(karma-bala)。由此可见,我们并不能以一种实体主义的方式,将业静态地固定在行为当下的时空点上,只有基于过程主义的立场,将业视为本质上是力能性的而非质料性的存在,才能理解由业感果的“出离”(outside-of-itself)特征。

世界就是由此业力牵引而生灭无常、展转相依的相似相续之流,这同样也不是如后来有部所理解的那样,首先是存在着各自分离与静止的构成元素,然后再由业力使它们结合并流动起来;恰恰相反,在缘起之流中得以呈现的全部存在,都是在业力的作用下形成,所谓“五受阴是本行所作,本所思愿”③,因此

(接上页)地被理解的概念、范畴。它们被认为是外部实在,并且是构筑外部世界的基石。这些实在物被区分为六类、十类或七类,是为“六句义”、“十句义”或“七句义”。“业句义”则为其中一类。又,罗什旧译将“句义”译作“谛”,如《百论》卷上:“优楼迦弟子诵《卫世师经》,言于六谛。”(T30,p.168b)“优楼迦”(Ulūka,意译“鸺鹠”,即猫头鹰),为迦那陀(Kaṇāda)之别名,他造有《胜论经》(*Vaiśeṣika-sūtra*),传为胜论的创始者。“卫世师”,即胜论之旧译。而在《大智度论》中,相对于佛教的四谛被称为“四法藏”(据吉藏《百论疏》的解释,“四法藏无,则四谛不摄彼六谛”,可知《大智度论》此处的“四法藏”是指四谛),胜论的六谛(六句义)则被称为“六法藏”。见《大智度论》卷 10,T25,p.133b;《百论疏》卷下,T42,p.298c。

① 胜论所说的五业可见于《胜论经》、《胜宗十句义论》(T54,p.1263c)等,数论所说的九种业未详所据。《胜论经》见 Muni Śri Jambūvija: *Vaiśeṣikasūtra of Kaṇāda with the Commentary of Candrānanda*(Baroda: Oriental Institute,1961),p.2。

② 水野弘元:《业》,氏著:《佛教教理研究》,页 207。

③ 《杂阿含经》卷 10,T2,p.65c。

绵延的世界本质上就是绵延的业力,这样的世界被称为 saṃskāra(行)①或 saṃskṛta(有为)。值得注意的是,两者均与 karman 具有同一词根√kṛ。恰如水野弘元所指出的,这种语源上的紧密相关性表明,诸行无常的"行"以及"有为"的本来意思,"并不是指由条件、原因所组合成的结果,而是指促成条件、原因合成的力量。这也是五蕴中的行蕴、十二缘起的行支中的行的意义"②。而所谓"涅槃"(nirvāṇa,出自 nir-√vā,有"吹灭"之义),本来无非也只是指,犹如火的熄灭,当烦恼止息时,业作为一种力能处于弥散化的状态,由此而获得了永恒的静止与安宁,所以涅槃又被称为 asaṃskṛta(无为)。将涅槃以一种神秘主义的方式理解为消除一切的差别而达至终极的超时空的合一,这是后来者自觉或不自觉地将佛法予以吠檀多(Vedānta)或道家哲学化的结果。

1.2 三世实有与无表色

这一对世界之为缘起的动力学理解,在部派时代,由于其构造主义的时间观而在某种意义上被遮蔽了。③ 按照部派学者的设想,时间被明确地还原到其基元——"刹那"(kṣaṇa)上来予以说明。所谓"刹那",无非是指时间的微分,即一种不能再分割的时间之点,而时间乃是刹那的集合。由此部派学者的时间困惑与"飞矢不动"的芝诺悖论(Zeno's paradox)是类似的,因为这种由"刹那"构成的时间,正如法国哲学家柏格森(H. Bergson,1859—1941)所曾强调指出的,只是一种空间化的时间,并不能用来说明时间的连续性。对佛家来说,这一问题的窘迫性在于,如果说诸法刹那生灭,每一刹那都是"前后际断"的,那么业与果既然也是分属于两个不同的刹那,它们之间的必然的关联又如何可能? 有部提出"三世实有"的基本论义,很大程度上就是为了要解决这一业报的难题。④

---

① 在原始佛教中,saṃskāra(行)一词大致包括诸行无常的"行"、行蕴的"行"与十二有支中"行支"的"行"三种用法。在最为广义的诸行无常的"行"的意义上,它大致与 saṃskṛta(有为)具有相同的外延,都意指因缘和合的整个现象界。行蕴的"行"虽然在部派中其范围是大大地扩展了,甚而还有"心不相应行法"的分出,但在原始佛典中一般被狭义地用于"思"(cetanā),"思"作为善恶的意志是业的根本发动者。至于十二有支中的"行支",则通常都被解释为业。事实上,基于对世界之为缘起的动力学理解,这三种用法应是紧密相关的。参水野弘元:《业》,氏著:《佛教教理研究》,页 208—210。

② 水野弘元:《业》,氏著:《佛教教理研究》,页 208。

③ 具体请参傅新毅:《佛教中的时间观念》,载于《江苏社会科学》2003 年第 2 期。

④ 持"三世实有"论者,除有部外,尚有与有部"多分同而有少异"(《阿毗达磨大毗婆沙论》卷 2,T27,p.8b)的犊子部。如《顺正理论》卷 45 谓:"犊子部信有去、来。"(T29,p.599b)另据《异部宗轮论》(T49,p.17a),则化地部末宗亦改持此说。

超出纯粹现象的范围，为时间性的存在设定非时间性的根据，即所谓"三世实有"的法体，显然并不能为当时的大多数部派所认同。有部论师对它的必要性曾进行了多方辩护，《俱舍论》中将其概括为"二教二理"四证，① 这里值得注意的是"已谢业有当果故"这一理证。在有部论师看来，虽然过去的业已归谢灭，但这指的只是业的当下性行为，是其法体的作用之灭，而非法体本身之灭。正是由于其法体的存在，所以现在还能以之为因，而感得相应的果报生起。具体说来，在业之法体起现的刹那，即业的当下性行为的刹那，业之法体有作为因而引生未来果的功能，此即所谓"取果"（phala-pratigrahaṇa）功能。在果报生起的刹那，业的当下性行为已落入过去，而业之法体依然存在，虽然它不能直接起现为业，但能作为因而予果法起现以力用，此即所谓"与果"（phala-dāna）功能。这样，"异熟因现在取果，过去与果"，"虽现用无，有过去体，能招当来真异熟果"。② 通过具有连续性的法体的"取果"与"与果"功能，有部在刹那生灭的缘起之流中建立起了业与果的关联。

需要指出的是，按照《顺正理论》的看法，"功能"（* sāmarthya）与"作用"（kāritra）应该有所区分，如说："诸法势力总有二种，一名作用，二谓功能。引果功能名为作用，非唯作用总摄功能，亦有功能异于作用。……诸作用灭，不至无为，于余性生能为因性，此非作用，但是功能。"③这是说，"作用"一定是"功能"，"功能"未必是"作用"。"取果"（"引果"）既是"功能"，又是"作用"；"取果"的"作用"谢灭后，作为因而使果法现实呈现的"与果"则只能说是"功能"。这是因为，婆沙师取世友（Vasumitra，筏苏蜜多罗）之说，以法体的"作用"作为安立三世差别的依据，"谓有为法未有作用名未来世，正有作用名现在世，作用已灭名过去世"④。因此法体的"作用"只能在现在世，"功能"则可通于三世。对于异熟因果来说，"取果"是在现在世，所以既可以说是"功能"，也可以说是"作用"；而"与果"是在过去世，所以不能说是"作用"，只能说是"功能"。⑤ 否则，如《俱舍论》所批评的，三世的差别

① 参《阿毗达磨俱舍论》卷 20，T29，p.104b。

② 《阿毗达磨大毗婆沙论》卷 21，T27，p.108c；《成唯识论述记》第八末，T43，p.515b。

③ 《阿毗达磨顺正理论》卷 52，T29，p.631c。

④ 《阿毗达磨大毗婆沙论》卷 77，T27，p.396b。

⑤ 按照《顺正理论》的看法，六因四缘的"取果"都是在现在世，所以"取果"都是"作用"，如说："此取果用唯现在有，非于去、来，唯此可名有为作用。"（《阿毗达磨顺正理论》卷 18，T29，p.437c）这一说法其实并不符合《婆沙》。《阿毗达磨大毗婆沙论》卷 196 谓："无有等无间缘异时取果、异时与果，若此时取果，则此时与果故。"（T27，p.983a）因此对于二无心定来说，入定心作为等无间缘引生出定心，如果是在入定心生起的现在刹那取果，那么第二刹那就会生起出定心，也就不会有二无心定了。所以入定心是在出定心生起的刹那取果、与果，也就是过去取果、过去与果。

将无法建立,"世相应杂"(lakṣaṇa-saṃkara)①。

基于"功能"与"作用"的区分,《顺正理论》对有部中业果关联的建立作了更为精准的说明:

> 以[异熟]因虽灭,经无量时,而有功能令自果起。由不共故,自果生时,作用虽无,而于自果与功能上立作用名。②

"不共",是指异熟因果不在同一刹那。异熟因灭,只是其取果的作用之灭,但由于其法体依然存在,所以在异熟果生起时,它虽然没有取果的作用,还是有与果的功能(即便称其为"作用",也是就"自果与功能"而安立的)。如此,异熟因"虽灭,经无量时",其法体的与果功能就能使异熟果现实地生起。除此之外,这里并没有提到,在异熟因灭"经无量时"到生起异熟果之间,还需要其他的中介。

有部另外还有"无表色"(avijñapti-rūpa)的概念,论者或谓,这一概念的提出,也是为了建立业果的关联。身、语二业被称为"表业"(vijñapti-karman),以其能"表示自心令他知故"③。这就比如在海水深处的鱼,不能为人所见,但它通过鼓动波涛而表明了自身的存在;同样的,有情的内心不能为人所见,但它通过发起身、语二业而表明了内心的所思所想。④ 比如,合掌的表业就表明了信心,握拳的表业就表明了嗔心,等等。表业作为身、语行为虽然是当下性的,但善或不善的表业能同时引生一种既不可见又不占有空间的色法(所谓"无见无对色"),在有情身中相似相续,这被称为"无表色"。无表色虽然本身不是现行的业,但它是由现行的业所引生,具体说来,在欲界是由思心所与表业引生,在色界如下述仅是由思心所引生,"因表、因思而得生故"⑤,所以也被称为"无表业"。无表色虽然"无见无对"(anidarśanam apratigham),但还是色法,这是因为,它也是由四大种所造,并依于四大种而得以保持其连续性。⑥

---

① 《阿毗达磨俱舍论》卷 20,T29,p.105a;P. Pradhan: *Abhidharmakośabhāṣya of Vasubandhu*, p.297。

② 《阿毗达磨顺正理论》卷 20,T29,p.450b。

③ 《阿毗达磨顺正理论》卷 33,T29,p.531c。

④ 《大乘成业论》:"由外发身语,表内心所思,譬彼潜渊鱼,鼓波而自表。"(T31,p.781b)

⑤ 《阿毗达磨顺正理论》卷 35,T29,p.543c。

⑥ 这是婆沙师的解释。《杂心论》则认为,无表其实并不是色法,只是因为它随表色而生起,表色有变碍,是色法,故无表也被假说为有变碍,假说为色法。如该论卷 1 说:"无作虽不碍,以作色是碍,故彼亦碍,如树动影亦动。"(T28,p.871c)"无作"为"无表"之旧译。《俱舍论》卷 1 评破说:"此释不然,(无表——笔者注)无变碍故。又,表灭时无表应灭,如树灭时影必随灭。"(T29,p.3c)值得注意的是这个"如树动影亦动"的譬喻,婆沙师也以(转下页)

具体而言，对于欲界系的无表来说，第一刹那的无表是由同时的四大种所造。第二刹那及其后的无表，一方面，它们也都是由过去第一刹那的四大种所造，所谓"唯欲界系，初刹那后，所有无表从过大（atītāni mahābhūtāni，过去大种）生"①；另一方面，它们还依于同时的四大种而相似相续。过去第一刹那的四大是其"转因"（pravṛtti-kāraṇa），同时的四大是其"随转因"（anuvṛtti-kāraṇa），"转"（pravṛtti）是生起的意思。这就比如，用手推着轮子在地面上转，手直接推动了轮子，它是"转因"；而不依于地面，轮子也转不起来，所以地面是"随转因"。至于色界系的无表，则都是由同时的四大种所造，并依于同时的四大种而相续不断。

按婆沙师义，欲界只能由身、语表业引生无表，意业既非表业，也不能不通过身、语表业而直接引生意无表。因为意业即思心所，依于心法而生起，心法会有中断之时，且其或善或恶，念念有异，"非后后时定有同类心相续起，可意无表依止彼心，多念相续"②，不可能依止这种性质不断改变的心法而有相似相续的意无表。③ 由此，欲界系无表也被称为"不随心转无表"。

（接上页）此来说明无表何以是色法，但这里"树"是比喻无表所依的四大种，而非《杂心论》所说的表色，如《阿毗达磨大毗婆沙论》卷75："无表自体虽无变碍，而彼所依有变碍故，亦名变碍。所依者何？谓四大种。所依有变碍故，无表亦可说有变碍，如树动时影亦随动。"（T27，p.390a）因此《顺正理论》强调，用这一譬喻来说明无表何以是色法，本身并没有问题，因为"无表所依大种（如树——笔者注）若灭，能依无表（如影——笔者注）未（常）[尝]不灭"。（《阿毗达磨顺正理论》卷2，T29，p.338b。）

① 《阿毗达磨俱舍论》卷13，T29，p.70b。第二刹那及其后的无表是由过去第一刹那的四大种所造，这在三世实有论者看来自然不成问题。而对持过未无体论的经量部来说，既然无表"亦依过去大种施设，然过去大种体非有故"（《阿毗达磨俱舍论》卷13，T29，p.68c），这适足以证明无表并非实有。

② 《阿毗达磨顺正理论》卷33，T29，p.531c。

③ 按照《舍利弗阿毗昙论》，意业也被称为无表业，如说："云何无教业？意业是名无教业。……云何意业？若业缘，是名意业。""无教"，亦为"无表"之旧译。"业缘"，是指有缘虑作用的业。见该论卷7，T28，p.581a。这样，无表业就既可以是由身、语表业所引生的色法，所谓"身无教业"、"口无教业"，也可以是属于心法的意业，这是不同于有部的另一种阿毗达磨传统。据吕澂所说，今本姚秦昙摩耶舍（Dharmayaśas，法明或法称）等所译《舍利弗阿毗昙论》三十卷，或出于分别论者。参吕澂：《阿毗达磨泛论》，《吕澂佛学论著选集（第四卷）》，页2343。事实上，后来近乎有部异端的《阿毗昙心论》，也采纳了《舍利弗阿毗昙》的这一说法："身业教无教，当知二俱有，口业亦如是，意业唯无教。"（T28，p.812b）有意思的是，作为《心论》来源的《阿毗昙甘露味论》，却是将意业称作"有教"（表业），如说："三种行：身业教无教、口业教无教、意业有教。云何教行？若身口意作。云何无教行？身口作（意）[竟]，起余心时，常在不失无教色。善不善心（不）[中]生，无记心不生无教色。"（T28，p.968a）这也与正统的有部说不同。直到法救的《杂阿毗昙心论》，这些说法都遭到了批评。论中说："有欲令意业是无作性，此则不然。意非作性，非色故及三种故。"（T28，p.888b）"三种"是指，比如"身作"（身表），有"身动、身方便、身作"三种。意业不是色法，没有类似的"三种"，所以不是"作"（表）。这样，除了认为"无作"（无表）是"假色"，不同于正统的有部说外，《杂心论》大致就与正统的有部说一致了。《大乘义章》卷7说：（转下页）

与之相反，色界之无表则并非是由表业所引生，而是由与定心俱起之思心所所发。因为此思心所为定力所摄持，功能殊胜，不待表业而能直接引生无表。由此，色界系无表也被称为“随心转无表”。概言之，“欲界必无随心转无表，色界必无依表发无表”，无色界无诸色，自然无有无表可言。①

由此可见，将无表色视为业果关联的中介至少是不完备的。其一，就空间上来说，无表不遍三界，因为无色界无无表。其二，就时间上来说，无表若是逢遇舍离的因缘（所谓“舍缘”，tyāga-kāraṇa），即便中断，不一定能延续到感果的刹那。即就欲界系无表来说，它既为色法，依于身中的四大种，故必随一期生命的结束而同时舍离。（命终，或曰舍众同分，为舍缘之一。）亦即，欲界系无表至多也只能在一生中相续不断，并不能成为生生相续的业力潜流，一直延续到后世果报的生起。所以如果以无表色作为业果关联的中介，必然会遭到如《大乘成业论》的破斥：“彼说色业于命终位必皆舍故，如何由此能得当来爱、非爱果？”②

那么，有部为什么一定要有无表色的概念呢？我们不妨来分析一下有部论书中有关无表色的几个经典用例。

首先，无表色具有遮防身、语表业的功能，由此而与“戒体”的概念紧密相关。因为在有部那里，所要遮防的身、语表业是色法，“身表业（kāya-vijñapti）形色（saṃsthāna）为体，语表业（vāg-vijñapti）体谓即言声（vāc）”③，所以能遮防的“戒体”也必须是色法。④ 如《顺正理论》有云：“以止息表业，立无表业

（接上页）“意业之中，诸论不同。依如《毗昙》，但有作业，无无作业。”（T44，p.598b）这似乎并不是《毗昙》即《杂心论》的看法，而是《甘露味论》的看法。至于唯识学者的看法，倒是接近于《甘露味论》，即认为意业是表业。如《瑜伽师地论》卷53有谓：“若有不欲表示于他，唯自起心内意思择，不说语言，但发善染污无记法现行意表业，名意表业。”这是说，意业虽然不同于身、语二业能“表示于他”，但能“自表”，即对自己表知自己的所思、所为之事，所以也是表业。不过，此所谓意表业是在现行思心所上安立的，所谓“唯有发起心造作思名意表业”，所以它是假法（T30，p.589b）。关于有没有意无表，唯识学者有不同的看法。据道证《要集》的引述，玄奘似乎是认为，也有在思种子上安立的意无表（《成唯识论了义灯》第二末，T43，p.697b）。窥基的表述有含糊之处，后学对窥基是否承认有意无表颇有争议，但按慧沼的解读，窥基也认为有意无表。

① 参《阿毗达磨大毗婆沙论》卷122，T27，p.639b；《阿毗达磨顺正理论》卷36，T29，p.545b－c。

② 《大乘成业论》，T31，p.782c。

③ 《阿毗达磨俱舍论》卷13，T29，p.68c；P. Pradhan：*Abhidharmakośabhāṣya of Vasubandhu*，p.196。

④ 《阿毗达磨大毗婆沙论》卷140：“问：何故戒体唯色？答：遮恶色起故，又是身、语业性故。身、语二业，色为体故。”（T27，p.723c）后来玄奘弟子、东塔律宗的怀素就接受了有部戒体是色法的看法。他的理由是，《四分律》为法藏部律，“但以法密宗义弘在西方，此出先来盛传说一切有部，故今解释并依说一切有部，明今此色法为体”。（《四分律开宗记》第六末，X42，p.487c。）此即，据《异部宗轮论》（T49，p.15b），法藏部出自化地部，化地部又出自说一切有部，所以可以用有部之说来解释《四分律》的戒体。并见《宋高僧传》卷14，T50，p.792c。

故。”无表也因此被称为“远离”、“非作”、“非造”。①《五事毗婆沙论》更明确说：“无表色者，谓善恶戒相续不断。”②所谓遮防身、语表业，通俗地说，也就是有情通过善性的身、语表业培植善的习性，从而防止恶性的身、语表业发生；反之，如通过恶业培植恶的习性，当然也能妨碍善业发生。这种由或善或恶的身、语表业所培植起来的或善或恶的习性，就是无表色，它们被分别称作“律仪”（saṃvara）与“不律仪”（asaṃvara）无表。③ 即就有情在欲界受别解脱戒来说，在“一白三羯磨”之第三羯磨究竟的一刹那，虽然受戒者身、语表业的行为本身是当下性的，但与之同时，在他身上会生起一种相似相续的无表色，此无表色因此而具有防非止恶的功能，即是所谓的“别解脱律仪”（prātimokṣa-saṃvara），也就是通常所说别解脱戒的“戒体”。所以《入阿毗达磨论》中说，无表色是“能建立苾刍等因”，“此若无者，不应建立有苾刍等”。④ 此即，正是有无表色作为别解脱律仪，才能成立苾刍等的差别。事实上，色界之所以要有“随心转无表”，也是为了确立色界所起的定共戒、道共戒的戒体（色界中，除未至定外的其余三种近分定不通无漏，不能起道共戒，只能起定共戒），因为定、道二戒与别解脱戒不同，都是随定心而生起的，以漏、无漏分而为二，故为“随心转”。⑤

若是逢遇舍缘，别解脱律仪就会舍离。除了命终（cyuti）外，其他舍缘包括：自愿舍戒并向他人作出说明（śikṣā-nikṣepaṇa，新译“故舍”，旧译“舍学处”。śikṣā 既有“所学”之义，也有“希望做某事”之义，所以新译为“故”），男女根俱生而成了二形人（ubhaya-vyañjana-utpatti，“二形俱生”），断善根（kuśala-mūla-samuccheda）等，共有四种或五种。⑥ 这或者是因为发起了与

---

① 《阿毗达磨顺正理论》卷35，T29，pp.543c－544a。

② 《五事毗婆沙论》卷下，T28，p.992c。

③ 《中论》中分别称之为“止恶”（virata，或作“远离”）与“不止恶”（avirata，或作“不远离”）无表。《中论》卷3，T30，p.21c；《般若灯论释》卷10，T30，p.99b；叶少勇：《中论颂：梵藏汉合校·导读·译注》，页268。

④ 《入阿毗达磨论》卷上，T28，p.981a。

⑤ 按有部的看法，无色界没有随心转的有漏戒。如《阿毗达磨大毗婆沙论》卷17：“问：何故无色界无随转戒耶？答：彼界于戒非田非器，乃至广说。复次，戒是色一分摄，彼界无色，故亦无戒。复次，戒是大种所造，彼无大种，故亦无戒。……复次，戒者，对治破戒及起破戒烦恼，无色界道不能对治破戒及起破戒烦恼，故彼无戒。”（T27，pp.82c－83a）所谓“无色界道不能对治”云云，是说“破戒及起破戒烦恼”只存在于欲界，无色界已远离欲界的“破戒及起破戒烦恼”，故无需戒来对治。

⑥ 七众弟子的别解脱律仪由“故舍”、“命终”、“二形俱生”、“断善根”四缘舍，若是近住律仪（upavāsa-saṃvara，即八关斋戒），再加上“夜尽”（rātri-kṣaya）一缘，合为五缘。因为近住戒唯受持一日一夜，所以当夜尽黎明（所谓“明相出”）之时，期限已到，自然舍离。如《俱舍》颂云：“舍别解调伏，由故舍、命终，及二形俱生，断善根、夜尽。”（T29，p.79a）P. Pradhan：*Abhidharmakośabhāṣya of Vasubandhu*，p.222。

受戒相反的表业（“故舍”），或者是因为所依身的舍离或转变（“命终”、“二形俱生”），①或者是因为断除了作为得戒之因的三善根（“断善根”）。当舍离别解脱律仪之时，其所应得的果报有可能还尚未生起。此如《婆沙》中说：“有业定当受异熟，此业不成就，谓业过去，不善、善有漏异熟未熟，此业已失，……如律仪业已现在前，已牵异熟。此有三种，谓顺现法受、顺次生受、顺后次受。果未现前，此业已失，由前所说诸失缘故。”②“律仪业已现在前，已牵异熟”，即律仪业已经现起而“取果”；“果未现前”，即尚未“与果”，所以还没有果报生起。此时由于前述四种或五种舍缘，“此业已失”，但“定当受异熟”。这是因为，无论是顺现法受（dṛṣṭa-dharma-vedanīya）、顺次生受（upapadya-vedanīya）还是顺后次受（apara-paryāya-vedanīya），皆为决定业（niyata-karman），受报时分已定，到时必定受果故。③ 既然“此业已失”是由

---

① 这里所依身的转变仅限于“二形俱生”，如由男根转为女根，或由女根转为男根，则不舍戒，只是原先的苾刍律仪成了苾刍尼律仪，或原先的苾刍尼律仪成了苾刍律仪等。《阿毗达磨俱舍论》卷14：“非转根（vyañjana-parivṛtti）位有舍先得（pūrva-saṃvara，先得律仪）、得先未得律仪因缘。”（T29，p.72c）这里“转根”是指男女根（vyañjana）的互相转变。P. Pradhan：*Abhidharmakośabhāṣya of Vasubandhu*，p.206。

② 《阿毗达磨大毗婆沙论》卷125，T27，p.651c。

③ 有部认为，这三种决定业到时必定是要受果的，如《阿毗达磨大毗婆沙论》卷114：“诸顺现法受业，决定于现法中受异熟果，故名顺现法受业。顺生、顺后所说亦尔。”（T27，p.593b）譬喻师则认为，这三种业不一定按时受果，“以一切业皆可转故，乃至无间业亦可令转”。其理由是，“若无间业不可转者，应无有能越第一有”。“第一有”，也就是有顶地，即非想非非想处。这是说，在三界一切业中，有顶地的业是最为微细难转的，但行者起此定后，未必一定受果，也可以由此证无学果而入般涅槃。既然最为微细难转的有顶地业也未必一定受果，无间业乃至顺现法受等业当然也都可转了。而之所以还称为顺现法受，是说，假如它要受果，那必定是在现世，顺次生受、顺后次受亦复如是。《成实论》卷8也说：“现报业不必现受，若受则应现受，非余处，余二亦如是。”（T32，p.297c）所以譬喻师按照“时分（avasthā，位）定、不定”与“异熟（vipāka）定、不定”的判别标准，将业区分成了八种。其一，顺现法受等三种，“时分定”，但到时未必受果，“异熟不定”。其二，顺现法受等三种，“时分定”，到时也必定受果，“异熟定”。其三，顺不定受，“时分不定”，但必定能受果，“异熟定”。其四，顺不定受，“时分不定”，也未必能受果，“异熟不定”。在有部看来，不存在“时分”与“异熟”两种判别标准，因为正是基于“异熟定、不定”，才有“时分定、不定”的差别。即，正是由于“异熟定业”受果的时间不同，所以才有顺现法受等三种业；也正是因为“异熟不定业”受果的时间不定，所以才有顺不定受。因此不可能有“异熟定”而“时分不定”，或“异熟不定”而“时分定”的业存在。参《阿毗达磨顺正理论》卷40，T29，pp.570b－571a。值得注意的是，在这一问题上，瑜伽行派接受的正是譬喻师的看法，即，认为业的定与不定有“时分”与“异熟”两种判别标准。如《瑜伽师地论》卷60：“复有四业：一、异熟定，二、时分定，三、二俱定，四、二俱不定。”（T30，p.635c）《大乘阿毗达磨集论》卷4：“云何名为决定受业（niyatavedanīyaṃ karma）？谓作业决定（karma-kriyā-niyama）、受异熟决定（vipāka-pratisaṃvedanā-niyama）、分位决定（avasthā-niyama）。”（T31，p.679a）早島理：《梵蔵漢対校「大乘阿毗达磨集論」·「大乘阿毗达磨雑集論」》，Volume II，p.450。窥基解释“受异熟决定”说：“果定当受，时未定故。”（《瑜伽师地论略纂》卷4，T43，p.51c）

于前述四种或五种舍缘，因此所舍离的就不仅是表业，也包括无表业。可见，这里的业果关联并不是通过无表业来达成的，因为无表业在感果前已经舍离。

事实上，也还有一种相反的情形，即，“顺现法受”或“顺不定受”的律仪业虽已在现世感果，但无表业因为未逢遇上述四种或五种舍缘，依然相续不失。如说：“有业成就，此业定当不受异熟，谓业过去，不善、善有漏异熟已熟，此业不失，……如律仪业，……已现在前，已牵异熟。此有二种，谓顺现法受、顺不定受。果已现前，此业不失，无前所说诸失缘故。”①虽然异熟“果已现前”，“律仪业”不再感异熟果，但由于没有前述四种或五种舍缘，“此业不失”。这反过来说明，无表业并不是为了建立业果的关联而提出的。

其次，关于有依福业或无依福业的用例。这里所谓“有依”（aupadhika），是指有所施的财物。“有依福业”，即针对接受者的不同情况而布施财物，以所施财物为依而有的福业。具体说来，有七种有依福业事（aupadhika-puṇya-kriyā-vastu），包括布施羁旅他乡的客人，布施在路上的行人、布施病人、布施看护病人者、以园林布施给寺院等、恒常布施食物（如设七僧斋等）、随时随需布施（如随气候冷热的变化而相应布施）。“无依福业”，即没有所施财物为依的福业，比如，听闻某处有佛或佛弟子，生起欢喜心、恭敬心，遥向彼处敬拜礼赞等。佛经中说：“诸有净信，若善男子，或善女人，成就有依七福业事，若行若住，若寐若觉，恒时相续（satatasamitam），福业渐增（abhivardhata eva puṇyam），福业续起（upajāyata eva puṇyam）。无依亦尔。”②按照有部的解释，这种有依或无依福业的增长是就无表色来说的。比如布施他人财物的有依福业，在布施者布施财物的表业的同时，会有相应的无表色生起；其后布施者虽然不再发起布施的表业，甚或处于无心或染心的状态，但由于受施者受用这些布施物而获得了利益，因此“外缘所资”③，在布施者身上的这种无表色还能相续并增长，这就是所谓的福业增长。

不同于律仪无表与不律仪无表，这种福业增长意义上的无表属于“非律仪非不律仪”（naiva saṃvaro nāsaṃvaraḥ），所谓“处中”（madhyama）无表。按照《俱舍论》与《顺正理论》的总结，处中无表的舍缘有六种，也就是说，但凡逢遇六种情形之一，处中无表就会舍离，而并非是延续到感果的刹那。即

---

① 《阿毗达磨大毗婆沙论》卷125，T27，p.651b－c。

② 《阿毗达磨俱舍论》卷13，T29，p.69a；P. Pradhan：*Abhidharmakośabhāṣya of Vasubandhu*，p.196。《长阿含经》卷2：“起塔立精舍，园果施清凉，桥船以渡人，旷野施水草，及以堂阁施，其福日夜增。”（T1，p.14b）

③ 《阿毗达磨顺正理论》卷35，T29，p.542b。

就上述福业增长来说,《顺正理论》明确指出,这是“乃至未遇舍无表缘恒相续转”①。而一旦逢遇舍缘,比如,所施的财物损坏了,建立在表、无表色上的福业也就中断了。② 这是因为,“本由彼事引无表生,彼事坏时,无表便舍”③。“彼事”,也就是所施的财物。这与后来经部或唯识的解释有着根本的区别。

关于福业增长,“上座”室利逻多虽曾提到过几个要素,比如“所施物”、所施物对受施者产生的“饶益”以及布施者的“阿世耶”(āśaya,意乐)等,但似乎并没有对福业增长的机制作出明确的说明,并且他还认为,福业增长仅限于有依福业的情形。④ 而经部中的“先轨范师”与唯识学者则都是从种子的角度来说明福业增长,如此,若是逢遇舍缘,只是种子不再增长而已,种子本身依然可以持续到感果的刹那。如在婆薮跋摩(Vasuvarman)造、真谛译的《四谛论》中,“经部师”对福业增长的解释就是:

> 如汝受用施主施物,由受者功德、被利益故,施主虽在异心,由前施作意熏修,相续次第转胜。由此胜故,能生未来随多少报。依此相续,说施主功德生长。⑤

《俱舍论》中所提及的“先轨范师”(真谛译作“先旧师”)之说与之全然相同,真谛译本作:

> 此中先旧师说:此是法尔,如如施主所施财物,受者受用,如此如此,由受者功德胜劣故,由财物利益胜劣故。若施主心异缘(anyamanasām),由先缘施故意所熏修故(tadālambanadānacetanābhāvitāḥ),是时相续至得微细转异胜类(saṃtatayaḥ sūkṣmaṃ pariṇāmaviśeṣaṃ prāpnuvanti),

---

① 《阿毗达磨顺正理论》卷35,T29,p.542b。

② 处中无表的六种舍缘是:一、受心(ādāna)断坏,即舍弃了原本作善作恶的意乐(āśaya,阿世耶)或誓愿;二、势力(vega)断坏,即能引生无表的净信或烦恼势力已尽;三、作业(kriyā)断坏,即虽然没有舍弃原本的意乐,但不再作相应的善事或恶事;四、事物(artha)断坏,即所施的事物损坏了;五、寿命(āyus)断坏,即命终;六、善根(kuśala-mūla)断坏,《顺正理论》认为,应作“依根断坏”,因为这是指,起加行断善根或不善根,由此也就舍离了由善根或不善根所引生的无表,而并不仅限于起加行断善根。对此六种舍缘,《俱舍颂》总结为:“舍中由受、势、作、事、寿、根断。”见《阿毗达磨俱舍论》卷15,T29,p.80a－b;《阿毗达磨顺正理论》卷39,T29,p.567a。因所施的财物损坏而舍无表,即是第四种“事物断坏”。

③ 《阿毗达磨顺正理论》卷39,T29,p.567a。

④ 《阿毗达磨顺正理论》卷35,T29,p.541b。

⑤ 《四谛论》卷4,T32,p.396a。

由此于未来时，为生多少果报相续功能。约此义故，说福德增长、福德相续。①

可见，真谛译《四谛论》所谓“相续次第转胜”，《俱舍论》所谓“相续……转异胜类”（saṃtatayaḥ... pariṇāmaviśeṣaṃ），其实就是玄奘译的“相续转变差别”，如下述，这是“先轨范师”对种子的基本界定。因此按照他们的看法，在布施时，布施者的思心所（cetanā，真谛译作“作意”、“故意”）能熏成“微细”的种子，存留于其相续心中，其后，即便布施者不再缘布施为境（“异心”、“异缘”），不再发起布施的行为，但由于受施者因受用此布施而能修成不同的佛法功德（guṇa-viśeṣa，“功德胜劣”），获得不同的利益（anugraha-viśeṣa，“利益胜劣”），所以布施者相续心中的种子也能展转增胜，就此而称之为“功德生长”、“福德增长”。不仅如此，它还能持续到无间感果（viśeṣa，“胜故”、“胜类”）的刹那而引生果报。这后一层含义是有部的无表色所没有的。

最后，是“非自作，但遣他为（paraiḥ kārayataḥ）”②的用例，如教唆别人杀人等。教唆者这一杀业的完成分为两个阶段。一是起教唆之心及教唆的身、语表业，所谓“遣他表”（ājñāpana-vijñapti），这是杀业的准备阶段，即业道之加行（prayoga），仅此教唆还不足以构成杀业。比如受教者并未因此教唆而杀人，杀业即不成。二是当受教者完成杀人的行为，被杀者命终之后，教唆者也因此而成就了杀人的根本业道（maula-karmapatha）。在教唆别人杀人这种特殊情形下，杀人的行为是由别人完成的。也就是说，教唆者只是在业道加行的阶段，才有教唆的身、语表业，而在根本业道成就时，他其实并无表业发起。如《俱舍论》说，杀生等“若遣他为，根本成时，自表无故”③。因此能将业的加行与根本连接起来，并最终成就根本业道的，有部认为就是无表色。具体说来，在教唆的身、语表业发起的同时，教唆者身上有无表色相似相续生起，即便是其后教唆者生起忏悔之心，此无表色亦未中断，在受教者完成杀人的行为后，此无表色即成就为根本业道。因此起教唆之心及教唆的身、语表业，引生根本业道时的无表色，其实无非就是同类因引生等流果的关系。而相对于异熟果的生起来说，教唆时的意业为牵引因，无表色

① 《阿毗达磨俱舍释论》卷10，T29，p.227a；P. Pradhan：*Abhidharmakośabhāṣya of Vasubandhu*，p.197。

② 《阿毗达磨俱舍论》卷13，T29，p.69a；P. Pradhan：*Abhidharmakośabhāṣya of Vasubandhu*，p.196。

③ 《阿毗达磨俱舍论》卷16，T29，p.84c。

则为圆满因。如《顺正理论》说:“即彼先表及能起心,在现在时为因,能取今所造色(指无表色——笔者注)为等流果。于今正起无表色时,彼在过去,能与今果。唯彼先时所起思业,于非爱果为牵引因,后业道生,能为助满,令所引果决定当生。”①起教唆之心及教唆的身、语表业“在现在时”取果,在“今正起无表色时”与果,因此有成就根本业道的无表色作为等流果而生起。可见,这里无表色所连接的,是业的加行与根本,是同类因与等流果,而不是异熟因与异熟果。加行时的意业与根本时的无表色,都是异熟因,只不过一为牵引因,一为圆满因。

事实上,无论是自己杀人还是教唆别人杀人,都需要有业的加行与根本。如《婆沙》说:“杀生罪由二缘得,一、起加行,二、果究竟。若起加行,果不究竟,或果究竟,不起加行,皆不得杀罪。若起加行,果亦究竟,方得杀罪。”②所谓“果究竟”,也就是被杀者命终之后,杀业究竟。因此即便是在自己杀人的情形下,业的加行与根本之间,有时也需要有无表色的连接。如阿阇世王(Ajātaśatru)弑父频婆娑罗王(Bimbisāra)、目犍连为执杖梵志所杀等。③ 当阿阇世王、执杖梵志发起杀人的表业时,频婆娑罗王、目犍连并未当下命终,因此杀人的表业仅是业道之加行;而当后来频婆娑罗王、目犍连命终之时,阿阇世王、执杖梵志已不再有表业发起,因此他们之所以能成就害父、害阿罗汉的无间业(ānantarya-karman),正是由于无表色的连接。④ 这种情形与上述“但遣他为”其实是类似的,即,在成就根本业道时没有表业,只有无表业。如《俱舍论》说:“后方死等,与遣使同,根本成时唯无表故。”⑤

顺便需要指出的是,由于有部认为,杀业根本业道的成就要在被杀者命终之后,因此,如果杀人者先于或者与被杀者同时死亡,其根本业道即不成就。这是因为,在被杀者命终之时,杀人者已经或者同时轮回到了下一期生命。(至少是中有,中有也属于下一期生命。)不可能出现这样的情形:杀业的加行是在这一期生命,而根本业道却在下一期生命即另一个不同的生命形态上成就。即就教唆别人杀人来说,如果在受教者完成杀人的行为,被杀者命终之前,教唆者已经命终,或者教唆者与被杀者同时命终,比如被杀者在被杀的同时,又杀死了教唆者,那么,教唆者都不成就根本业道。而在后

---

① 《阿毗达磨顺正理论》卷 35,T29,p.543a。

② 《阿毗达磨大毗婆沙论》卷 118,T27,p.617a。

③ 阿阇世王事可见《佛说未生冤经》,T14,pp.774b-775b。“未生冤”为阿阇世王之意译。目犍连事可见《增壹阿含经》卷 18,T2,p.639b-c。

④ 参《阿毗达磨大毗婆沙论》卷 122,T27,p.634c。

⑤ 《阿毗达磨俱舍论》卷 16,T29,p.84c。

一种情况下,被杀者虽然杀死了教唆者,但因为他同时又被受教者杀死,所以也不成就根本业道;只有杀人的受教者,只要他晚于教唆者、被杀者死亡,哪怕只有一刹那,也成就了杀人的根本业道。①

通过对无表色上述三处用例的分析,其得以提出的问题意识与基本定位应该比较清楚了。概言之,它涉及的是业本身,即,在没有表业发起的情形下,业力的持续(如戒体)、业力的增长(如有依福业)、业因的圆满(如"遣他为"等),都是通过无表色来说明的。但它并不起到业果关联的中介作用,因为一旦逢遇舍缘,无表即会舍离,未必能延续到感果的刹那。有部的业果关联,是通过三世实有的法体的"取果"与"与果"来实现的。

1.3　《成实论》的无作与成就:兼论成实师的两种三世

不过,将类似于无表的概念予以语义上的适度改造和扩展,也有可能将其定位到业果关联的中介上来,而这至少需要突破有部对此的两个基本限定:其一,无表不仅为身、语表业所引生,亦能为意业所引生而有意无表,否则,意业即没有潜存的影响力留存于有情身中,换言之,意业与其果报之间的必然关联还是无法建立;其二,无表不能是色法,因为色法不遍三界,亦不能是心法,因为心法念念有异而不具连续性,考虑到它是一种潜在的影响力,将其摄入非色非心的不相应行法或许是更为妥当的。《成实论》所立的"无作"概念,就具有这样两个不同有部的基本特征。"无作",为"无表"之旧译,其界定是:"因心生罪福,睡眠、闷等,是时常生,是名无作"②。这里强调了意业("心")对引生无表的决定性作用,由此所引生的无表即便在睡眠、闷绝等状态下依然能够存续。

按照《成实论》的说法,业有九种,"欲界系业三种,作、无作、非作非无作,色界系业亦如是,无色界二种,及无漏业"③。"作业",即身、语表业,"非作非无作业",即意业。《成实论》认为,除势力微弱的无覆无记者外,所有善、不善、有覆无记的表业和意业都能引生无表业。④ 具体说来,欲、色二界

---

① 《阿毗达磨大毗婆沙论》卷118:"问:颇有亦起加行,果亦究竟,而不得杀罪耶?答:有。如能杀、所杀俱时舍命,或能杀者前死。……问:若有害他令定当死,便自害命,得杀罪不?答:不得。所以者何?以彼果未究竟,便自失命,无后众同分可成就彼罪故。问:若战斗时互相加害,俱时死者,各得杀罪不?答:不得。所以者何?以二皆悉果未究竟,便俱失命,无后众同分可成就彼罪故。"(T27,p.617a-c)

② 《成实论》卷7,T32,p.290a。

③ 《成实论》卷8,T32,p.304a。

④ "无覆无记",《成实论》译作"不隐没无记","有覆无记"则译作"隐没无记"。《成实论》卷8:"又有人言,隐没无记无无作。是事不然,隐没无记是重烦恼,是烦恼集,则名为使。但不隐没无记无无作,所以者何?是心下软,不能起集,如华能熏麻,非草木等。"(T32,p.304b)

都有表业、无表业和意业。不同于有部，色界的无表业也可以是由表业所引生，因为“色界诸天亦应能说法、礼佛及僧”①，从此表业即能引生无表。无色界虽然没有身、语表业，但有意业及由意业所引生之无表业。因为身、语二业是由意业所发，意业是重业，②所以意业必定能引生无表。③ 既然意业也有无表，且无表还能存在于无色界中，所以它不能是色法，而只能为不相应行蕴所摄。④ 对此，《成实论》进一步解释说：“作起相名行，无作是作起相故。色是恼坏相，非作起相。”⑤“作起”，有可能是“造作”（abhisaṃskāra）的旧译，这显然是强调了无表的潜势力意义，所以它不能是能恼坏（bādhyate）、变坏（rūpyate）的色法。如此，无表既能遍三业，又能遍三界，事实上已经偏离了该词的本义。因此它除了能够解释诸如戒体的持续、福业的增长、杀业的圆满外，⑥原则上也可以用于说明业果的关联。

但《成实论》本身似乎还没有推展到这一步。在涉及无表的基本定位时，《成实论》说：

> 问曰：是无作虽从身生，当有多少差别不？答曰：若一切身分皆起作业，因此则集多无作，得大果报。
>
> 问曰：是无作在何处？答曰：业道体定集无作，作⑦或有或

---

① 《成实论》卷 8，T32，p.304b。

② 关于意业相对于身、口二业是重业的讨论见该论卷 9《三业轻重品》（T32，pp.307a－308a）。

③ 参《成实论》卷 7，T32，p.290a。

④ 《成实论》卷 7：“又或但从意生无作，是无作云何名色性？又无色中亦有无作，无色中云何当有色耶？”（T32，p.290b）

⑤ 《成实论》卷 7，T32，p.290b。

⑥ 参《成实论》卷 7，T32，p.290a－b。后来相部律宗的法砺（569—635），就依据《成实论》，而认为“德宗解二戒体，无作戒者，定用非色非心为体”。（《四分律疏》第一末，X41，p.537a。）“德宗”，即昙无德宗（法藏部）。“二戒体”，即作、无作二种戒体。之所以法藏部律可以用《成实论》来解释，据法砺的再传弟子定宾说，是因为二者“同宗”。定宾的主要证据是，他们都主张“一时见谛”。具体说来，据《杂阿毗昙心论》卷 11：“萨婆多及婆蹉部说次第谛无间等，昙无得等说一无间等。”（T28，p.962a）“婆蹉部”即犊子部。而“次第谛无间等”、“一无间等”即次第见谛、一时见谛。再据《阿毗达磨大毗婆沙论》卷 185：“或复有说，唯无相三摩地能入正性离生，如达摩毱多部说。彼说，以无相三摩地，于涅槃起寂静作意，入正性离生。”（T27，p.927c）“达摩毱多部”亦为法藏部之音译。由此可推知，法藏部所谓的“一时见谛”是见灭谛而入道。这就和《成实论》卷 3 的说法一致了：“行者从暖等法渐次见谛，灭谛最后，见灭谛故名为得道。”（T32，p.257b）参见《四分律疏饰宗义记》第三本，X42，pp.40c－41a。显然，仅仅以一时见灭谛而入道这一论义上的一致，来判定法藏部、《成实论》“同宗”，其证据并不充分。事实上，早在吉藏那里，就已提到“《成实论》主，从昙无德部出”，但吉藏并没有说明原委。（《大乘玄论》卷 5，T45，p.65b。）定宾也没有引用吉藏的这一说法，而他在前文却又说，《成实论》系出自多闻部。（《四分律疏饰宗义记》第三本，X42，p.40a。）

⑦ “作”，据《大正藏》页下校勘注补。

无。……

问曰：是无作几时得、几时失？答曰：随所作事在。若起园林、塔寺等施，随施物不坏，尔时常随。又随心不息。如人发心：我应常作此事，若会同，若衣施。如是等事在心不息，尔时常得。又随命未尽，如人受出家戒，尔时常得。①

这里说，“集多无作，得大果报”，初看起来，似乎是将无表关联到了果报上。问题是，所谓“集多无作”，所指究竟为何？论文接下来其实有一个明确的解释：“业道体定集无作，作或有或无。”此即，根本业道成就时定有无表，而表业或有或无。这无非就是上述有部的看法。即就杀人来说，如果是教唆别人杀人，或者自己杀人，而被杀者并未当场命终，那么根本业道成就时，没有表业，只有无表业；②反之，如果是自己杀人，并且被杀者当场命终，那么根本业道成就时，就既有表业，又有无表业。可见，这个“集多无作”，是就根本业道的成就而言的，正因为“集多无作”而成就了根本业道（“业道体”），所以才能“得大果报”，而并非是说，“集多无作”，所以将业果关联了起来。

从无表持续的时间来看，这一问题就更为清楚了。论文中举了三种无表持续的情形：一是“随所作事在”，如布施物没有被损坏；二是“随心不息”，如发心布施，此愿心不息；三是“随命未尽”，如受出家戒，无表能持续到命终。这其实就是《婆沙》乃至《杂心论》中所说的，由布施等善行所引生的处中无表（《杂心》作“彼俱离”，疑为 tābhyām...itaraḥ 的对译③）能够相续不断的三种情形：一是“意乐不息”（《杂心》作“若希望”），此即《成实论》的“随心不息”；二是“所依相续”（《杂心》作“若身”），“所依”也就是“身”，此即《成实论》的“随命未尽”；三是“事物未坏灭”（《杂心》作“若事”），此即《成实论》的“随所作事在”。④ 反过来，从舍缘的角度来说，它们分别就是《俱舍论》与《顺正理论》所总结的处中无表的六种舍缘中的第一种“受心断坏”、第五种“寿命断坏”和第四种“事物断坏”。《成实论》与有部的差别仅在于，《成实论》中所说的“随命未尽”是就受出家戒来说的，这属于欲界系

① 《成实论》卷 8，T32，p.304a。

② 《成实论》卷 7：“又非作即是杀生，作次第杀生法生，然后得杀罪。如教人杀，随杀时，教者得杀罪，故知有无作。”（T32，p.290b）

③ 梵本《俱舍论》：“saṃvaraś cāsaṃvaraś ca | tābhyāṃ cetaro naiva saṃvaro nāsaṃvaraḥ |”真谛译：“此无教，一名护，二名不护，三异此二，谓非护非非护。”P. Pradhan：*Abhidharmakośabhāṣya of Vasubandhu*，p.205；《阿毗达磨俱舍释论》卷 10，T29，p.229c。

④ 《阿毗达磨大毗婆沙论》卷 122，T27，p.635c；《杂阿毗昙心论》卷 3，T28，p.892c。

的律仪无表,而非处中无表。不过这一点无关宏旨,因为无论是欲界系的律仪无表还是处中无表,都必定因命终而舍离。概言之,与有部一样,《成实论》认为,一旦遇到布施物被损坏、愿心中止、生命死亡等情形,无表也就中断了,而并不能持续到果报生起的刹那。

然而,在有部那里,无表并不承担业果关联之中介的作用,那是由三世实有的法体的"取果"与"与果"来实现的。《成实论》恰恰却是否定了"三世有",认为过、未"二世无"。设若无表也不能作为业果关联的中介,这就意味着,已落入过去的无体的业,能为因而引生现在的果。《成实论》其实也承认这一点,如说:"业力亦尔,佛知是业虽灭,而能与果作因,不言定知,如字在纸。罪业亦尔,以此身造业,是业虽灭,果报不失。"①这里前半句是说,佛陀能知过去的业,并不是因为过去的业还在,就像留在纸上的字一样,而是因为佛陀知道,过去的业虽灭,但能作为因而感果。这个"如字在纸"的比喻,不仅批评了有部,还隐隐然意指了下述正量部比作"券约"的"不失法"。如此,业果的关联,不仅不需要三世实有的法体,似乎也不需要诸如"不失法"之类的中介。《婆沙》中曾记载了一家论义,认为"诸异熟因要舍自体,其果方熟。彼作是说:诸异熟因要入过去,方与其果。过去已灭,故无自体"②,不知是否与《成实论》的看法有关。问题是,在过未无体的前设下,这种由业感果的机制又如何呢?

为此,《成实论》似乎又转而求助于作为不相应行法的"得"(prāpti)或"成就"(samanvāgama)。论中强调指出:"又过去世中善不善业,未受果报众生成就是法。……若不成就罪福业者,不应得果,则失诸业。"③这是说,过去的业作为一种当下性的行为虽灭,但在尚未感果的有情那里依然成就,因此也不能说它们完全就是无。

在有部看来,"得"或"成就"作为不相应行法是实有的,在"三世实有"的基本论义下,它们被用于说明有情的系缚和解脱。比如,通过"得"或"成就"的作用,有情与过去的烦恼相关联,从而被过去的烦恼所系缚。也就是说,对有部来说,这里有两个理论前提,一是"三世实有",二是作为不相应行法的"得"或"成就"实有。但在《成实论》中,这两个前提都被否认了。其一,《成实论》认为过、未"二世无",因此有情既不能成就未来,其实也不能直接与过去法相关联而成就过去,只是成就现在。所以《成实论》在谈到成

---

① 《成实论》卷2,T32,p.255c。
② 《阿毗达磨大毗婆沙论》卷19,T27,p.96b。
③ 《成实论》卷7,T32,p.289a-b。

就过去律仪时说，这其实还是“现在律仪成就，非过去也”，只是过去受的戒，现在没有舍离，而称为“成就过去”。成就过去烦恼亦复如是，“以现染故染”①。其二，更为重要的是，与譬喻师一样，《成实论》认为“得”或“成就”作为不相应行法是假法，如说：“无别有心不相应法名为得，与此相违名为不得，亦无别有不得法也。”②如此，“得”或“成就”并不能实质性地起到关联的作用，比如成就过去律仪，并不是通过“得”或“成就”的作用而将过去的律仪和现在的有情关联了起来，其实是因为无表持续到了现在，与现在的有情不相舍离，而称之为成就过去律仪。但如上述，欲界系的无表必因命终而舍离，上一期生命的业并不能通过无表持续到感果时的下一期生命，因此说过去的业依然成就，直至感果，并不能像律仪一样，被落实到一个具体的机制比如无表上来予以说明，仅有作为假法的“得”或“成就”，只是言说而已。

中土的成实师或许也注意到了这个问题，他们提出了两种三世的学说，试图在此框架下来对这一问题作出进一步的解释。如吉藏在《中观论疏》中介绍说：

> 数人但有一种三世，谓从未来来现在，从现在谢过去。论人有二种三世：一、实法三世，略同数；二、假名转变三世，从过去来现在，现在转作未来。③

这里“数人”是指毗昙师，“论人”是指成实师。关于成实师的两种三世，日本三论宗的安澄（763—814）在其所著的《中论疏记》中，曾引用了开善寺智藏《成实论大义记》的具体解释：

> 《大(乘)[義]记》第十一卷三世义中云：三世者，过去、未来、现在也。世者，总代谢之一期也。过于现相曰过去，生而已灭者也。未尝现相曰未来，应生而未生者也。法体现起而未谢，曰现在也。斯则过于现相，明其体无，是时俗迁易，不得常在，而是曾有，因义不失也。称为未来，明体未有，而是当有，果义非无也。然则过去、未来体是无(为)，而有有(为)义。现在之世，体是有(为)，而有无(为)义。故二世体无，不得言常，皆有有义，不(所)[得]谓断。现在炳然，岂得邪见言无？故三

① 《成实论》卷 7，T32，p.289b。

② 同上引。

③ 《中观论疏》卷 4 本，T42，p.53a－b。

> 世理明,即正见因果也。三世法体,不出三聚,以此三聚有代谢不(得)[停],故名三世。①

由此可见,成实师所说的"实法三世",是指过去法已灭,未来法未生,实有者唯是现在一刹那,即过、未"二世体无"。毗昙师虽然认为法体"三世实有",但在法的作用的层面,其实也与之类似,仅法体起现的现在刹那是有。当然,毗昙师认为时间是从未来进入现在,现在谢灭而落入过去,时间运作的方向与成实师正好相反。成实师是认为,由过去因而引生现在果,由现在因而引生未来果,即时间运作的方向是从过去到现在再到未来。忽略这些具体的差异,则正如吉藏所说,这种"实法三世略同数",与毗昙师大致相同。而在此基础上,成实师又提出了第二种"假名转变三世"。过去法虽然已灭,但它是"曾有",具有因的含义;未来法虽然未生,但它是"当有",具有果的含义。也就是说,过去法能作为因而转变为现在的果,现在法又能作为因而转变为未来的果。相对于现在的果来说,过去的因不能说完全就是无,否则也就没有现在的果;相对于现在的因来说,未来的果也不能说完全就是无,否则现在也不能被称作因。如此,就"实法三世"来说,过、未是无,故非常;就"假名转变三世"来说,过、未也并非完全就是无,它们也可以说是有,故非断。由此"三世理明,即正见因果也"。

"实法三世"意味着一切法都是生即谢灭,因此它们不能从过去来到现在、从现在去往未来;而就"假名转变三世"言,我们又可以建立一切法的前后关联与相续,也可以假说为有来有去,此即所谓"实法无来,相续有来"②。对于相续的机制,成实师提出了"接续"与"补续"这两种不同的说法。智藏与庄严寺僧旻都是持"接续"说。智藏认为,当前一刹那的法将灭未灭之时,有后一刹那的法生起,接续前一刹那,由此可以假说为相续。后来兴皇法朗(507—581)将其称作"灯担假",意思是说,这就像路灯,我们沿路行走,当前一路灯的光亮将灭未灭之时,有后一路灯的光亮接续之,故而一路上灯光看起来是相续不断的。僧旻则认为,这是由前一刹那的法转变为了后一刹那的法,故而后者接续前者而起,并非是与前者全然有异的别体法,由此可以假说为相续。法朗称之为"卷荷假",意思是说,这就像有人荷担远行,一般会采取"移担"的方式,担子从左肩移到右肩,又从右肩移到左肩,担子前

---

① 《中论疏记》卷5本,T65,p.109a。据《中论疏记》卷5本:"开善师解云:三世法体,不出三聚,以三聚有代谢不停,故名三世。"(T65,p.117a)"得"改为"停"。其他均系笔者理校。

② 《中观论疏》卷4本,T42,p.54b。

头的物品移到后头，后头的物品又移到前头，如此不断移转，而至于远方；同样的，前一刹那的法也可以转变为后一刹那的法，就像担子两头的物品可以互相移转一样，由此而假说为相续。光宅寺法云则是持"补续"说，认为当前一刹那的法灭去后，由后一刹那的法生起而替补之，由此可以假说为相续。法朗称之为"水渧补续假"，这就像不断渗落的水滴，当前一滴水渗落后，由后一滴水接替它继续渗落。概言之，在成实师如智藏看来，对于前一刹那的法来说，这里有两种力同时发挥作用，一是"应灭力"，二是"应转力"。"应灭力"使前者灭去，"应转力"使前者转变为后者，所以是"举体灭，举体转"①。"实法三世"与"假名转变三世"，其实就是分别基于法的"灭"与"转"这两种含义而安立的。

而这也就意味着，因同样可以有两种含义，如吉藏曾介绍说："因是有为，凡有二义：一者性灭，二是转变。以性灭故，因灭果生。以转变义故，转因作果。"②此即，因既然是有为法，所以一方面生即谢灭，另一方面又能转变为果。

据此，成实师进而对业果关系作出了解释。具体说来，僧旻还是以《成实论》的"成就"来予以说明，认为过去的业虽灭，但依然成就，所谓"业谢过去，体是无，而有曾有义，故得果"③。正因为过去的业"曾有"，所以现在依然成就。但如上述，既然过、未二世无，成就又是假法，这还是没能回应曾有而已灭之业如何感果的具体机制问题。所以吉藏对此批评说："二世既是无义，那得成就过去？既成就过去，云何言无？""过去是灭无，云何能生现在果？"④法云则对"成就"作了进一步的发挥，认为"起一念善恶，是功用常"⑤。其意大约是说，所谓过去的业成就，是指它有常住的感果功用。但问题还是没能得到解决，因为成就既然是假法，这种感果的功用，况且是常住的功用又是如何来维持的呢？

智藏则是认为，"业谢过去，成就来现在故。现在心中有成就业，有现起业"⑥。可见，智藏其实是通过区分"成就业"与"现起业"，来说明业如何转

---

① 参《中观论疏》卷7本，T42，p.105b－c；《中论疏记》卷6末，平井俊栄、伊藤隆寿：《安澄撰「中観論疏記」校註——東大寺古写本卷六末》，《南都佛教（第三十八號）》，1977年，页103—104。关于两种力，从《中观疏记》卷6末以及《中观论疏》卷10末所谓"开善明转变续者，则有二力"（T42，p.167c）来看，可能还是智藏的说法。

② 《中观论疏》卷9本，T42，pp.132c－133a。

③ 《中观论疏》卷8本，T42，p.118a。

④ 《中观论疏》卷9本，T42，p.134c、p.135a。

⑤ 《中观论疏》卷9本，T42，p.134c。

⑥ 《中观论疏》卷8本，T42，p.118a。

变为果。“现起业”生即谢灭,“成就业”则能在相续心中转来现在而感果。之所以称为“成就业”,正在于它是在现在心中成就的过去“现起业”,“今心不异昔”①。对此,智藏在《大义记》卷12中,曾专设“转业义”一节来予以说明:

> 谓过去远近无在,且(促)[就?]百劫时法,以示相貌。如百劫之初,起一念贪,从此一念生后念心。善恶无记,悉无所在。但使后念实由前生,如是转起相续,乃至今日。故相续道中,得云百劫初心。②

这里以百劫前起的一念贪为例。由这一念贪转变而生起后念心,所以在后念心中这一念贪依然成就。如此前念次第生后念,形成为相续心,虽然相续心本身或时善、恶,或时无记,但这一念贪在任何时候,乃至百劫之后,在此相续心中依然成就不失。百劫前起的一念贪是“现起业”,而在相续心中渐次转来、乃至百劫后依然成就的这一念贪就是“成就业”。③

《中论疏记》所曾引用的不明撰者的《述义》,有一段文字,虽然并非直接就是解释智藏之说,但两者基本是一致的,可以用来进一步说明智藏的见解:

> 成就力者,因与果竟,虽灭,而以成就力,现在不失而有,故名成就。以用不起故,名灭耳。然成就在故,能引生后果,如过去冥伏有义也。④

此处“过去冥伏有”,是指毗昙师所说三世有中的过去有,所谓“数人未来性有,现在事有,过去冥伏有”⑤。现在是法体起用的刹那,所以是“事有”;过

---

① 在陈代惠达的《肇论疏》中提到过一种说法:“过去虽灭而曾为因,故相续行者成就此因,因非转来,在于现附也。”(X54,p.72c)认为“过去虽灭而曾为因”,现在能成就过去因,应该就是成实师的说法,较为接近于僧旻。但此说不同于智藏,不承认有转来现在的“成就业”,所谓“因非转来”。

② 《中论疏记》卷7本,T65,p.184a。

③ 成实师认为,贪等烦恼也是业。如智藏说:“不善心亦是烦恼亦是业。若为治道断之,则是烦恼而非业。若招生之义,但取前轻者为烦恼,取后重者为业。”(《中观论疏》卷8本,T42,p.116c。)其意为,即就贪来说,它既是烦恼也是业。初起的贪较为轻微,能为对治道所断除,这是烦恼;反之,贪不断增长,较为深重,它就必定要招感果报,这是业。这一说法较为接近于譬喻师,他们认为,“贪、瞋、邪见即是意业”,(《阿毗达磨俱舍论》卷16,T29,p.84b。)而为有部所反对。因为在有部看来,意业以思心所为体,它是与贪等烦恼别体的心所。

④ 《中论疏记》卷7末,T65,p.205a。

⑤ 《中观论疏》卷5末,T42,p.85b。

去法虽然有体,但已落入过去,不会再起用,所以是“冥伏有”;未来法也只是就其体性而言有,所以是“性有”。① 或者就业果关系来说,过去的业至多只有“与果”的功能,而没有“取果”的作用,所以是“冥伏有”。而这里既然说,“成就业”(“成就力”)就相当于毗昙师的过去有,如此,借用取果、与果这对概念来说,这无非是说,“现起业”有取果用,而“成就业”只有与果用,没有取果用。具体说来,“现起业”在取果后,虽然当下即灭(“因与果竟,虽灭”),但它又能以“成就业”的方式转来现在(“现在不失而有”)。虽然它不再能取果,所以说作为“现起业”已灭(“以用不起故,名灭耳”),但作为存在于现在的“成就业”,还是有与果用(“能引生后果”)。

问题是,在过未无体的前设下,只有现在一刹那是有,过去和未来纯粹只是无,所以有与果用的“成就业”并不是过去法,而是已落入过去的“现起业”在现在的成就,只不过没有“现起业”的取果用而已。易言之,在没有三世有的法体的前提下,这里同一个业也先后出现在了两个不同的时间点上。既然两者其实是同一个业,那么,正如吉藏的批评,“现起业”生即谢灭,“成就业”要转来现在而感果时才谢灭,如此同一个业因就有两个体,同一个业因就有两次灭,也就是两次归于无。再者,同一个业因从过去转来现在,它就是常法,而常法不能为因。

有意思的是,吉藏的批评,恰恰是借鉴自《成实论》本身对饮光部(“迦叶鞞道人”)的驳难。作为分别论者,饮光部认为现在法有、未来法无,而将过去法一分为二,即过去未感果的业是有,过去已感果的业是无,所谓“异熟因,果若未熟,其体恒有;彼果熟已,其体便坏”②。对此,《成实论》批驳说,无与过去是同一所指,说业是无,也就是已落入过去;过去如是有,那就是常法,而不再是作为有为法的业。如此,说过去未感果的业是有,必然会导致“失已复失”的过失。因为既然说是过去的业,它就已是无,而又说它是有,要到感果之后才是无,那么它在感果之后还要第二次归于无。③ 智藏区分“现起业”与“成就业”,也难以避免类似的批评。可见,这一说法甚至就《成实论》本身来说都是不自洽的。

退而言之,设若说“成就业”与“现起业”不同,那么,在过未无体的前设下,这最终还是要导向潜势力的解决方案。即,将“成就业”解释为“现起业”的潜势力,在“现起业”生即谢灭后,“成就业”作为潜势力能延续到感果

---

① 并参《大方广佛华严经随疏演义钞》卷 84:“有宗过去冥伏有,未来性有,故有体也。不同现法事有,故无用也。”(T36,p.657b)

② 《阿毗达磨大毗婆沙论》卷 19,T27,p.96b。

③ 《成实论》卷 3,T32,p.258c。

的刹那。但这一解释,在《成实论》本身乃至成实师那里都是很难见出的。

综上所述,《成实论》虽然已经突破了有部对无表的两个基本限定,而认为意业有无表,无表非色法,但还是没有从根本上摆脱有部的影响。尤其是与有部一样,无表并不能持续到果报生起的刹那,从而也就不能成为业果关联的中介。当然,在《成实论》看来,这种中介也许是不必要的。但在过未无体的前设下,其实还是需要从理论上对业果的机制作出说明,而这并不能借助作为假法的"得"或"成就"来达成。成实师虽然进一步提出了两种三世的解释框架,但也没能从根本上解决这一问题。

1.4 正量部的不失法

较之《成实论》更进一步,有些部派甚至都不再使用"无表"这一名称,如《大乘成业论》中介绍说:

> 由善不善身、语二业,蕴相续中引别法起,其体实有,心不相应行蕴所摄,有说此法名为"增长",有说此法名"不失坏",由此法故,能得当来爱、非爱果。意业亦应许有此法,若不尔者,余心起时,此便断灭。心相续中若不引起如是别法,云何能得当来世果?是故定应许有此法。①

元瑜说,"增长"(upacaya)是大众部的说法,其意为,"前思所长故,能长后心故"②,不知元瑜是否是指说假部(Prajñaptivāda)。因为据《异部宗轮论》,说假部即认为"业增长为因,有异熟果转"③。不过,据窥基的解释,说假部所谓的"增长"只是指,"要业功能得果时,其相用增长为异熟因,方感果故"④,似乎并没有将其指认为别体的实法。而在南传的《论事》中,倒的确提到有所谓"kamma-upacaya"(业增长、业积聚)论,认为"业增长"与业不同,它与业俱生,非善非恶,亦无所缘,在业灭后,是由"业增长"的持续来感得相应的异熟果。⑤ 这被认为是案达罗派(Andhaka)和正量部的共同看法。案达罗派包括东山部(Pubbaseliya)、西山部(Aparaseliya)、王山部(Rājagirika)、义成部(Siddhatthika)等四部,正属于南方大众部。至于正量部的"业增长",应该就是指"不失坏"(avipraṇāśa)。

① 《大乘成业论》,T31,p.783b。
② 《顺正理论述文记》卷9,X53,p.529b。
③ 《异部宗轮论》,T49,p.16a。
④ 《异部宗轮论述记》,X53,p.584b。
⑤ *Kathāvatthu Vol.I&II*,pp.520－522。

正量部提出“不失坏”的观念，其经典依据是佛说的“假令经百劫，所作业不亡（na praṇaśyanti），因缘会遇时，果报还自受”一偈。① 据正量部所说，善或不善的业能同时引生一种无覆无记性的不相应行法“不失法”，在业的当下性行为结束后，由不失法摄持业力令不散失，乃至“于现在命终时，有一不失法起，总持诸业”②，由此而感得下一期生命的果报。所以与“生即谢灭”的“业体”不同，不失法“是待时灭法，其有暂住义，待果生时，其体方谢”③。正量部师形象地将其比喻为“券约”（pattra）：“如债主有券，主虽与财而不散失，至于后时，子本俱得。业亦如是，能得后果。业虽已坏，由有不失法在，能令行人得胜果报。亦如债主既得财已，于负债人前毁其本券。如是如是，不失法能与造业者果已，其体亦坏。”④

既然不失法起到了业果关联的中介作用，所以《中论》介绍说，这种无覆无记性的不失法属于修所断，而非见所断。⑤ 比如行者在修道位中证得了不还果，出离了欲界的果报（所谓“度果”，梵 phala-vyatikrama），也就断除了欲界的不失法。⑥ 而如果不失法是见所断，这就无法解释，不善业既然已为见道所断，为何在修道位中还有其所感果报的生起。在正量部看来，“烦恼、业为见道断，不失法不为见道断”，见道只能断除不善性的烦恼和业，却并不能断除无覆无记性的不失法。因此尚未感果的不善业虽已为见道所断，在修道位中不再生起，但由这种不善业所引生的不失法是无覆无记性，不能为见道所断，以此为中介，尚未感果的不善业还可以在修道位中感果。“如目犍连被外道辱，离波多（Revata）比丘被梵摩达（Brahmadatta）王十二年禁。目犍连等虽获圣果，由不失法在故，受宿不善业报。”⑦

---

① 此偈见《根本说一切有部毗奈耶药事》卷 4，T24，p.16c。《显识论》中将其译为：“诸业不失，无数劫中，至聚集时，与众生报。”（T31，p.880c）其对应的梵文可见于 *Divyāvadāna*（《天譬喻》），参水野弘元：《佛教教理研究》，页 236—237。

② 《般若灯论释》卷 10，T30，p.101a－b。按照佛护的解释，这是说，在命终结生之时，所有的不失法都会灭去，而有一个不失法生起来总摄业力。叶少勇：《〈中论佛护释〉译注》，页 230。

③ 《随相论》，T32，pp.161c－162a。

④ 《般若灯论释》卷 10，T30，pp.100c－101a。但也有认为，不失法并非“与造业者果已，其体亦坏”，它在感果后依然存在，只是不能再感果而已。如《般若灯论释》卷 10：“或有人言：业受报已而业犹在（* tiṣṭhati）者，以不念念灭故（意为其并非是刹那性的——笔者注）。……何故不失法与果已犹在，而不更数数与果耶？谓已与果故。如已了之券，已还财讫，纵有券在，更不复得。不失法亦如是，已与果故，更不数数得果。”（T30，p.101b）

⑤ 《中论》卷 3：“见谛所不断，但思惟所断，以是不失法，诸业有果报。”（T30，p.22b）“思惟所断”（bhāvanāheya）即“修所断”之旧译。

⑥ 《般若灯论释》卷 10：“不失法修道进向后果时断，彼度欲界向色界时，度色界向无色界时，断者亦如是。”（T30，p.101a）

⑦ 参《般若灯论释》卷 10，T30，p.101a。

按《随相论》所说，这一“不失法”也可以用来说明诸如戒体的持续、福业的增长等，如说：

> 今且据戒善为语。……至第三羯磨竟，即得护身口善。此善即是戒，以要期心等缘摄之，以此为根本，尽形寿不灭，从此后相续恒流。若中间作罪，戒则不复流，若忏悔竟，则还复流。言流者，从根本流出。一刹那戒善所流出者亦生即灭，不从此刹那戒生第二刹那戒，还从根本流出第二刹那戒，如此后生者能从根本流出。……若正量部，戒善生，此善业与无失法俱生。其不说有业能，业体生即谢灭，无失法不灭，摄业果令不失。……若是定戒，皆有随根本相续流义。布施物，则随物在善恒流。若无流善不能得果，无有无失法与善俱生，无有出在余心无流善恒流义。①

《随相论》为真谛所译。参照其所译的《俱舍论》等可知，“定戒”即“定共戒”（dhyāna-saṃvara），“无流善”即“无漏善”（anāsrava-kuśala）。至于“戒善”，从引文中可以明显看出，是指别解脱戒。

我们先来看所谓福业的增长。关于这一问题，论中接下来还有更为详尽的论述。在正量部看来，比如布施，对于为了利益某些特定的受施者而行的布施而言，要使“布施善恒流”，即布施者的福业增长，需要满足三个条件：一是布施者未死且不断善根，二是布施物尚未耗尽，三是有特定的受施者。“三事中，若一事不具，善则不复流。”②大致说来，这与上述有部、《成实论》对此问题的看法是一致的，只不过，对于有部来说，这种福业的增长是落实在处中无表上，对于《成实论》来说是无作，而正量部则代之以不失法而已。此外，这里还特别谈到了受施者的问题，这其实也与布施者的意乐或期愿有关。如果布施者的期愿是某些特定的对象受益，那么，只有当这些特定的对象因受用这些布施物而受益时，布施者的福业才能增长。如果这些受施者自己不受用这些布施物，而将其转施于他人，那么，这违背了布施者的期愿，福业也就中断了。反过来说，如果布施者的期愿并不限定于某些特定的对象，那么，任何人受用这些布施物，都可以使布施者的福业增长。可见，与有部、《成实论》一样，这种福业的增长未必能延续到感果的刹那，比如当遇到布施物耗尽，或布施者断善根、死亡，或特定的受施者死亡，没有人受用布施

① 《随相论》，T32，pp.161c－162a。

② 《随相论》，T32，p.162b。

物等情形,福业也就中断了。

问题是,正量部是将这种福业的增长定位在不失法上,而不失法又是业果关联的中介,这两种不同的功用其实未必能够兼容。比如,当布施物耗尽时,福业中断了,不失法也就中断了,而如果此时布施的福业尚未感果,失去了不失法的中介,它又如何能在未来感果呢?更为极端的例子,如《随相论》中说,布施者以恭敬心布施佛菩萨,但佛菩萨并不需要受用这些布施物,如此,虽然布施的行为本身是善,但受施者佛菩萨并没有因此布施物而受益,所以对于布施者来说,也就没有福业的增长,亦即,没有不失法。① 但既然布施佛菩萨本身就是善业,它必定能在未来感果,如此,没有不失法的中介又如何能感果呢?

别解脱戒,即所谓"戒善"亦复如是。正量部认为,由于受戒者有"尽形寿息一切恶"的期愿,所以在"一白三羯磨"之第三羯磨究竟的一刹那,即能获得戒体。这里期愿是戒体的根本,由于期愿的摄持,其后每一刹那都有戒体从这戒体的根本流出。受戒者以此来"护身口",即遮防不善的身语二业发生。与有部认为别解脱戒的戒体是无表色不同,正量部将其落实在作为不相应行法的不失法上,因此戒体之所以能在一期生命中相续,或者说,它之所以一定会在命终时舍离,主要还是由受戒者的期愿是"尽形寿"所摄持。无论如何,命终都是戒体相续的终点,并且在正量部看来,期间戒体还可能因受戒者作恶而中断。② 但正量部又坚持认为,这一作为戒体的不失法能"摄业果令不失",是业果关联的中介,那它又是如何超出"尽形寿"的时间限定而关联到下一期生命的呢?

---

① 正量部将布施分为两种,"恭敬施"和"利益施"。"利益施"是指通常那种为使某些人受益而行的布施;"恭敬施"则是指因为恭敬佛菩萨等,而以衣物等予以供养。因为佛菩萨并不受用这些布施物,所以对于"恭敬施"来说,"当施时善生,施竟则善不复流"(《随相论》,T32,p.162a)。这两种布施,大致就分别对应于有部所说的"舍类(tyāga-anvaya)福"和"受类(paribhoga-anvaya)福"。"受类福"是指,只有当受施者受用了布施物,布施者才能获得的施福;"舍类福"则是指,只要布施者以善心施舍了财物就能获得的施福,而并不需要受施者实际受用,比如供奉佛塔等。见《阿毗达磨俱舍论》卷18,T29,p.97a;《阿毗达磨顺正理论》卷44,T29,pp.593c-594a。

② 有部认为,即便犯了杀、盗、淫、妄四根本罪之一,也不舍戒体,因为"非犯一时顿舍一切",并不因为犯了一种根本罪,就舍了一切戒。这就比如,有财者借了别人的债,他既可被称作富人,也可被称作负债者,而一旦他还清了债,就只能被称作富人,而不再是负债者;同样的,犯一种根本罪者,他既可被称作持戒者,也可被称作犯戒者,而一旦他发露忏悔,就依然还是持戒者。经部则认为,犯了四根本罪之一,也会舍戒体。见《阿毗达磨俱舍论》卷15,T29,p.79b;《阿毗达磨顺正理论》卷39,T29,p.564b-c。而按照上引《随相论》的说法,正量部似乎是认为,任何违犯都能使戒体中断,只有犯者忏悔后才能使戒体接续。

或许正因为正量部强调不失法的业果关联的意义，因此在戒体的问题上，不失法至多只能解释别解脱戒、定共戒，却不能解释无漏的道共戒。定共戒，如上引文，也是“随根本相续流”。所谓“根本”，对于定共戒来说，或许是指定心，每一刹那的定共戒都是从定心流出。但“无流善”，即无漏善，因为不能招感业果，并且“在余心”比如有漏心间杂生起时，无漏善也不能相续，所以没有不失法。这意味着，无漏的道共戒不能以不失法来予以解释，或许它只能落实在不时生起的无漏思心所上。而有部是统一地以无表色来解释这三种戒，也正因为此，有部强调，色法中只有无表色才能通于有漏、无漏。

不仅如此，如前所述，按照《中论》及其相关注疏的介绍，作为业果关联中介的不失法，其性质是无覆无记。唯其如此，它才能不为见道所断而延续到修道位中。并且也正因为它是无覆无记的，所以不失法本身不能再作为业因而感果，只能作为业因与果报的中介。而在“布施善”、“戒善”、“定戒”等用例中，不失法作为善之等流，却必然是善性的，否则就既不能作为戒体而具有防非止恶的功能，也谈不上福业的增长。事实上，这一意义上的不失法，应该是可以通于善、恶、无记三性的。概言之，两者一是时间性的不同，二是三性的不同，因此似乎并不能作简单化的归约处理。

值得注意的是吉藏在《中观论疏》中的这一记载：

> 又依正量部义。正量本是律学，佛灭后三百年中，从犊子部出。辨不失法，体是无记。《明了论》是觉护法师造，而依正量部义。《论》云：正量部有二种，一、至得，二、不失法。不失法但善恶有之，外法则无，又但是自性无记，又待果起方灭。若是至得，逐法通三性，通内外法皆有。果未起时，若忏悔，则至得便灭。而不失法虽忏悔，罪不灭，要须更待果起方灭也。……正量部云：随起一念善恶，则有不失法与之共起，令不失果。……今谓，正量部唯善恶业起有不失法，若无漏及余法起，但有至得，无不失法。……《明了论》云：起一念恶有二，一者，至得，二，不失法。至得既通三性，若起心忏悔，则至得便灭。而不失法非是不善，治道起时不断，要必须得果。故罗汉之人受果者，此是不失法持之故也。①

《明了论》即《律二十二明了论》，系正量部师佛陀多罗多（Buddhatrāta，觉

① 《中观论疏》卷8本，T42，pp.119c－120b。

护)将其所造广论《波罗提木叉论》略摄为二十二条要义而成。① 真谛于陈光大二年(568)译于广州,并"注记解释",而有《疏》五卷,②此《疏》现已散佚。吉藏的上述记载,并不见于现存本《明了论》,因此很有可能就是出自真谛《疏》的解释。

按照吉藏的这一记载,正量部其实是区分了"至得"和"不失法"。在真谛的译语中,所谓"至得",也就是"得"(prāpti)或"成就"(samanvāgama),当然这未必就是在有部的意义上说的。据《中论》的佛护释等,犊子部或正量部认为,在任何法生起时,都必有"成就"(samanvāgama)作为其眷属(parīvāra)与之共生,③这很可能也就是此处所说的"至得"。前述戒体的持续、福业的增长等,是由于"至得"。一切法在生起的同时,都有"至得"作为等流果相续不断,因此"至得"随其所从生的一切法,通于有漏、无漏,通于善、恶、无记三性。《中论》中说,不失法有有漏、无漏的不同,有三界系,也有不系,④或许也是在"至得"这一意义上说的,如据上述吉藏所传,"若无漏及余法(除有漏善恶业外其余有漏法——笔者注)起,但有至得,无不失法"。否则也与《随相论》所谓"无流善……无有无失法与善俱生"相冲突。也因此,不仅有漏的别解脱戒、定共戒,乃至无漏的道共戒,其实都可以用"至得"来予以统一的说明。而一旦遇到违缘,"至得"也就中断了。

在造作善恶业的同时,则不仅有"至得",还有无覆无记性(吉藏说是"自性无记"⑤)的"不失法"相续生起。一旦遇到违缘,"至得"虽然中断了,但"不失法"还是能相续不断,一直到善恶业感得相应的果报为止。比如,在造作不善业的同时,就有不善性的"至得"与无覆无记性的"不失法"一并相续生起,假如造业者发心忏悔,即便此不善业尚未感果,不善性的"至得"还是中断了,但无覆无记性的"不失法"却并不因此忏悔而中断,一直要持续到果报的生起。概言之,戒体的持续、福业的增长等是由于"至得",而业果关联的建立则是通过"不失法"来实现的。如果说,在正量部那里,"至得"基

---

① 《开元释教录》卷13:"《明了论》出正量部《波罗提木叉论》中。其《大论》未译凡有六千颂。彼部法师阿那含人,厥名觉护,依律毗婆沙及是等造。于中与律相应者略成一卷,谓《明了论》。此《论》解释律藏中二十二条真实要义,能除正法人迷暗心。通达律义,故称明了。"(T55,p.620a)

② 《律二十二明了论》尾记,T24,p.672c。

③ 叶少勇:《〈中论佛护释〉译注》,页89。

④ 见《中论》卷3,T30,p.22c。

⑤ 吉藏认为"不失法"是自性无记(prakṛty-avyākṛta),其根据是《中论》所谓"此性则无记"(prakṛtyāvyākṛtaś ca saḥ)。《中论》卷3,T30,p.22b;叶少勇:《中论颂:梵藏汉合校·导读·译注》,页274。

本上承担了类似有部无表色的功能，那么，“不失法”的观念，则是为了建立业果关联的需要而提出的。

1.5 真谛所传说的同随得

在讨论过正量部的“不失法”后，我们再来考察一下真谛所传说的有部的“同随得”。

圆测在《解深密经疏》、《仁王经疏》中，都曾引用真谛《部执异论记》卷一的说法，提到了“佛说九分毗昙”的名目：“一、分别说戒，二、分别说世间，三、分别说因缘，四、分别说界，五、分别说同随得，六、分别说名味句，七、分别[说]集定，八、分别说集业，九、分别说诸阴。”①“分别说”也就是“施设”的意思，而“同随得”即为九分之一。认为有“佛说九分毗昙”，本来就是正量部前身犊子部的传说。犊子部并认为，正是依据“佛说九分毗昙”，舍利弗造有《阿毗昙论》。如《三论玄义》说：“三百年，从萨婆多出一部，名可住子弟子部，即是旧犊子部也。……舍利弗释佛九分毗昙，名法相毗昙。罗睺罗弘舍利弗毗昙，可住子弘罗睺罗所说，此部复弘可住子所说也。”《大智度论》也说：“佛在时，舍利弗解佛语故，作阿毗昙。后犊子道人等读诵，乃至今名为《舍利弗阿毗昙》。”②因此“同随得”未必就是有部的概念，印顺法师就明确说，这是“正量部特有的术语”，“真谛的译品，多处引用正量部说，那因为真谛是优禅尼人，这一带是正量部化区的缘故。可以论定的，真谛所传的‘九分毗昙’，是正量部所传的”。③

那么，何谓“同随得”呢？《显识论》解释说：“同者，与数、处、时等相应长；随者，与三性不相妨；而得者，不失义，同亦不失，随亦不失。”④这就比如在榆花上染上一点红色的汁液，这种红色就会一直传递下去，乃至最终结果时，果实上还有红色显现。“同随得”亦复如是，前后同类故曰“同”，前后相续故曰“随”，相续不失故曰“得”。这一解释，似乎与下述经部对种子的界说“相续”、“转变”、“差别”非常接近了，因此吕澂说：“在真谛译《显识论》

---

① 《解深密经疏》卷1，X21，p.183a。又见：《仁王经疏》卷上本，T33，p.363c。按：据《异部宗轮论述记》：“昔江表陈代三藏家依，已译兹本，名《部执异论》……家依法师，《疏》成十卷。”（X53，p.568b）元照《四分律含注戒本疏行宗记》一上之一：“《部执论》，真谛，陈时翻经三藏，所指《本疏》，其文已亡。”（X39，p.726a）可知真谛的《部执异论疏》或《记》共十卷，而在中土，最迟北宋时即已亡佚。

② 《三论玄义》，T45，p.9c；《大智度论》卷2，T25，p.70a。如前所述，今本《舍利弗阿毗昙论》并非犊子部所传，或出于分别论者。

③ 印顺：《印度佛教思想史》（台北：正闻出版社，1993年），页55。

④ 《显识论》，T31，p.880c。

及《随相论》里，都有同随得一词，对照唐译，是说种子习气的聚集，大同于随眠。”①

问题是，如下所述，种子说是经部的特见，从现有文献看，无论是有部还是正量部，应该都没有类似的学说，因此“同随得”的定位尚需作进一步的考究。正如吕澂所指出的，真谛所说九分毗昙“名目的意义，可从真谛别的译书和唐译本对照而知”②。比对《俱舍》陈、唐二译，可知真谛所谓“同随”，乃系“成就”（samanvāgama）之异译。比如，有部认为：“得（prāpti）有二种，一者，未得（aprāpta）、已失（vihīna），今获（lābha），二者，得已不失（pratilabdha），成就（samanvāgama）。”此句真谛译则作：“得有二种，谓未至得、已失得，与正得同随。”③可见，这里真谛是将 lābha（获得）也译作“得”，所谓“未至得”就是未得而获得，“已失得”就是已失而获得，而将 pratilabdha（已得）译作“正得”，将 samanvāgama（成就）译成了“同随”。因此所谓“同随”，也就是得而不失、不相舍离之义。

事实上，关于九分毗昙的名目，法宝也曾引用“真谛释”有过一个介绍：“九分者，一、法阴，二、分别惑，三、分别世，四、分别因，五、成立界，六、名聚，七、到得，八、业相，九、定相。”④这里“分别惑”应系“分别戒”之讹，而“到得”疑为“至得”。也就是说，圆测所引的“同随得”，在法宝的引用中是作“至得”。在真谛的译语中，“至得”可用来对译“prāpti”（得），如“离系得”（visaṃyoga-prāpti），真谛译则作“择灭至得”或“灭离至得”；⑤它也可用来对译“samanvāgama”（成就），有时真谛甚至将其与“同随”连用，作“至得同随”来对译之。⑥ 可见，“同随得”，笼统地说，也就是“得”，严格地说，是指得而不失的“成就”，而与种子习气的学说无关。

如上述，有部建立实有的不相应行法“得”与“非得”（aprāpti），主要是为了在“三世实有”的基本论义下，来说明有情的系缚和解脱。正是通过“得”与“非得”的作用，有情才与有为法或除虚空外的无为法相关联，从而或被烦恼所系缚，或证得涅槃。如《顺正理论》说：“由所许得是已得法不失因故，又是知此系属于彼智幖帜故。”⑦此即，正是“得”将“此”所得法系属于“彼”有情，

---

① 吕澂：《毗昙的文献源流》，《吕澂佛学论著选集（第四卷）》，页 2377。

② 同上注。

③ 《阿毗达磨俱舍论》卷 4，T29，p.22a；《阿毗达磨俱舍释论》卷 3，T29，p.180c；P. Pradhan：*Abhidharmakośabhāṣya of Vasubandhu*，p.62。

④ 《俱舍论疏》卷 1 余，T41，p.492b。

⑤ 见《阿毗达磨俱舍释论》卷 2，T29，p.176b－c；同论卷 17，p.274a。

⑥ 见《阿毗达磨俱舍释论》卷 3，T29，p.181b。

⑦ 《阿毗达磨顺正理论》卷 12，T29，p.397b。

并使这种系属关系相续不失。同时,也正是由于"得"的实存,我们才能以此为依据("幖帜")、为所缘,而产生对这种系属关系的认知。所以汉传佛教中将其形象地称为"得绳",就如同绳子一样,它能将所得法系属于有情。

由此所谓断烦恼,并不是指断灭烦恼本身,因为烦恼本身三世实有,并不能被断灭,而是断灭"烦恼得"(kleśa-prāpti)或者说"系得"(saṃyoga-prāpti)的作用,使"烦恼不在自身中行"①,不再系缚有情。正因为烦恼本身并没有被断灭,所以有部坚持认为,阿罗汉有退(parihāṇi-saṃbhava),即,若遇退缘,钝根阿罗汉还能引生未来烦恼。② 所谓证涅槃,也是指通过圣道而证得"离系得"(visaṃyoga-prāpti),从而建立起圣者与"离系果"(visaṃyoga-phala)即择灭无为(pratisaṃkhyānirodha)的关联。所以《婆沙》说:"又阿罗汉断诸烦恼,非令全无,过去、未来烦恼性相犹实有故。若相续中违烦恼道未现在前,尔时名为烦恼未断。若相续中违烦恼道已现在前,断诸系得,证离系得,不成就烦恼,名烦恼已断。"③

不过,这一意义上的"得"并不能建立起业与果的关联,这是因为,对于欲界系的表、无表业来说,通过"得"至多也只能将其系属于一期生命中的有情,而不能作跨越前后期生命的连接。前曾论及,表、无表业容或因逢遇舍缘,在感果之前即已舍离。即就"顺次生受"(现在世造业,下一世受报)的欲界系律仪业或不律仪业来说,它们必因命终而舍离,亦即,此时"业得"已断,或者说,业已"非得",所以不会再系属于下一期生命即感果时的有情。

我们也不能说,在下一期生命又有"业得"现起,将已舍离的表、无表业再次系属于此时的有情。因为正如《俱舍论》等所强调指出的,对于欲界系的有情来说,上一期生命的律仪无表、不律仪无表在命终时已经舍离,并不能在这一期生命中重得。④ 这是因为,欲界系无表不随心转,势力微劣,所

---

① 《阿毗达磨大毗婆沙论》卷 60,T27,p.312c。

② 反之,过未无体论者如分别说系则认为,阿罗汉是断灭一切烦恼本身,如瓶已破,不能再作瓶,如木已烧,不能再为木,故"定无退起诸烦恼义"(见《阿毗达磨大毗婆沙论》卷 60,T27,p.312b)。经部师则从种子的角度,认为阿罗汉既然断惑种究竟,所以不会有退转。如说:"无学身中无惑种故,所断诸惑终无退理。若阿罗汉犹有惑种,是则不应名漏尽者。"(《阿毗达磨顺正理论》卷 68,T29,p.713b)又,据《异部宗轮论》,大众部也认为,"阿罗汉无退义"(T49,p.15c)。按窥基的解释,这是因为阿罗汉断惑究竟,圣法圆满的缘故(《异部宗轮论述记》,X53,p.581c)。这与分别说系、经部的看法基本是一致的。

③ 《阿毗达磨大毗婆沙论》卷 60,T27,p.312c。又,《阿毗达磨大毗婆沙论》卷 93、157,T27,pp.479c、796c－797a 等处。

④ 《阿毗达磨俱舍论》卷 14:"住别解无表,未舍恒成现,刹那后成过,不律仪亦然。"(T29,p.73c)这是说,别解脱律仪无表,第一刹那唯有"法俱得",不能得过去生的无表,第一刹那已去,有"法俱得"、"法后得",不过"法后得"也只是得这一期生命中的过去无表,而不是过去生的。不律仪无表亦复如是。

以已舍不能重得。如《光记》中说："欲界散地无表……不随心色，非心一果，势微劣故。即由此理，亦不能成前生中戒。"①"非心一果"，也就是欲界系无表不随心转，不与心互为俱有因（sahabhū-hetu）。② "不能成前生中戒"，也就是过去生的别解脱律仪无表不能在今生成就。这与色界系随心转的无表不同，如定共戒，就可以重得过去生的，"余生所失过去定律仪，今初刹那必还得彼故"③。这是因为，定共戒属于"心随转法"（cittānuvartino dharmāḥ），与有漏定心互为俱有因，所以它与心一样，势力强盛，能在今生得戒的第一刹那成就过去，得过去生的定共戒。④

可见，对于欲界系"顺次生受"的有情来说，无论是所得的表、无表业还是能得的"业得"，在感果时都已落入过去，都不能用来建立业果的关联。事实上，正如《顺正理论》所说："虽诸业得有间断者，如已灭种，作用虽灭，而有少分与果功能，由此后时能与自果，业亦应尔。"⑤虽然"业得"已断，但过去的业通过"与果"功能还是能引生果报。

这样看来，真谛所传说的"同随得"的独特性也就很明显了。虽然这一名称来自有部，无非就是"得"或"成就"的意思，但其定位其实与正统的婆沙师有根本性的差异。《随相论》说："戒善生，虽谢，同随得系其住在过去，系果在未来。"⑥如前述，《随相论》所谓的"戒善"，就是别解脱戒，第一刹那的别解脱戒谢灭后，由"同随得"使其相续不断，并将这一"戒善"的业因关联到未来的业果上，所以它能"摄其因果"，成为跨越前后期生命的业果中介。可见，"同随得"其实具有类似正量部"不失法"的功能，而与正统婆沙师的"得"名同实异。所以印顺法师说，这是正量部的概念。按照前述对吉藏、佛护等相关材料的分析，我们甚至可以说，这或许就是正量部中融摄了"不失法"功能的"至得"或"成就"概念。退而言之，即便有部中有这样的说法，那也是透过正量部的"不失法"等来理解的"得"，并非婆沙师义。

需要指出的是，汉传佛教中大多就是以"得"来说明有部的业果关联的，这应该就是根据真谛的传说。如智顗（538—598）说："若阿毗昙云：业谢入过去，得绳系属行人，未来受报。"吉藏也说："萨婆多云：现在起善恶业，过

---

① 《俱舍论记》卷14，T41，p.220b。

② 《阿毗达磨大毗婆沙论》卷16："同一果义，是俱有因义。"（T27，p.82b）

③ 《阿毗达磨俱舍论》卷14，T29，p.73c。

④ 《阿毗达磨顺正理论》卷36："前生所得别解脱戒，于今受戒最初刹那，如静虑律仪，何不成过去？此责非理，此戒与心非同果故，离染心等皆同一果故，彼戒如心，得过去生者。"（T29，p.550a）

⑤ 《阿毗达磨顺正理论》卷34，T29，p.535b。

⑥ 《随相论》，T32，p.161c。

现相而去，入于过去。为得得之，属于行人。后若果起，此得则断。"①这里值得注意的是湛然（711—782）的说法："有部中，业入过去，得至未来，身死得谢，未来报起。"②吉藏认为，"后若果起，此得则断"，即"得"能持续到果报生起的刹那，这与《随相论》等的说法是一致的，而湛然却说，"身死得谢，未来报起"，即"得"只能持续到命终。这是因为，"作、无作得，但与形俱"③。"作、无作得"，即表、无表业的得。"形"，即是形体、身体。可见，湛然已经意识到了正统婆沙师所说的，欲界系表、无表业的"业得"不能跨越前后期生命的问题。但既然"业得"命终时已谢灭，又如何能"至未来"而引生下一期的果报呢？这恰恰暴露了真谛的传说与正统婆沙师说的矛盾所在。

事实上，后来南宋山家派的柏庭善月（1149—1241）也发现了这一问题，因此他解释说，湛然这里讲了两种得，"身死得谢"这种"与形俱"的得是"有谢得"，而"得至未来"引生果报的得是"不谢得"。④ 按照上述分析，毋宁说，前者就是正统婆沙师所说的得，后者就是真谛所传说的同随得。⑤

综上所述，有部的业果关联，是通过三世实有的法体的"取果"与"与果"来实现的。无表色的提出，是为了用来说明，在没有表业发起的情形下，业力的持续等问题，但它并不是业果关联的中介，因为它未必能持续到果报生起的刹那。"得"则是为了在"三世实有"的基本论义下，来说明有情的系缚和解脱，它同样也不是业果关联的中介，因为欲界系表、无表业的"业得"至多也只能在一期生命中相续。以无表色或"得"来说明有部的业果关联，

---

① 《摩诃止观》卷8下，T46，p.114b；《中观论疏》卷8本，T42，p.118a。

② 《止观辅行传弘决》卷7，T46，p.373b。

③ 《止观辅行传弘决》卷7，T46，p.373c。

④ 《山家绪余集》卷中，X57，p.207a。

⑤ 法光法师在其最新版的《说一切有部阿毗达磨》中对相关问题提出了五条结论："（一）无表是能感业异熟的异熟因，虽然其功能仅限于满业——与引业相对。……（二）无表于相续中保存能起思与表业的业力，……（三）然而，这一保存只是有限的，最多保持到命终。（四）甚至在舍无表之后，其所代表的业力——以及已成为过去的思业与表业——仍通过得相续与有情的相续相联，直到感异熟果。（五）甚至若无表被施设为一种律仪力等，其业作用依然可以被理解……"见氏著，高明元等译：《说一切有部阿毗达磨》，页436。笔者基本认同法光法师所说的（一）、（二）、（三）、（五）条。但无表能作为异熟因，即便其在律仪、非律仪等的意义上也能作为异熟因，与无表作为业果关联的中介并非一回事。要作为业果关联的中介，无表必须要持续到果报生起的刹那，否则在时间上业因与果报之间依然会有间断。而法光法师已明确指出，无表"最多保持到命终"。所以这里关键在于第（四）条，法光法师认为，即便在命终时思业、表业、无表业已舍，还可以有"得相续"将业力与感果时的有情，即下一期生命的有情相关联，因为"得相续"可以持续到"感异熟果"。这似乎就是指"后若果起，此得则断"的"同随得"概念。而如上述，在正统的婆沙师那里，欲界系表、无表业的"业得"，同样也是"最多保持到命终"。

都有架屋叠床之嫌。至于真谛所传说的作为业果关联中介的“同随得”，这或者是正量部的观念，或者是受到正量部“不失法”观念影响的有部学说，并非正统的婆沙师义。

事实上，对持过未无体论者而言，设定某种诸如“不失法”或“同随得”之类的业果中介才有其体系上的必要性。较之三世实有，过未无体是一种为诸多部派所接受的更为常识性的看法，它以现在刹那作为时间安立的基点，其基本意谓是，过去已然消失，未来尚未来临，它们都是无，而唯有现在的刹那是有。这种对时间的通俗理解无疑是实体主义的，基于“在场/不在场”的二分，它通过否定“不在场”的实存性而进一步取消了“不在场”直接作用于“在场”的可能。因此就异时性的异熟因果来说，已落入过去的无体的业因必须以一种潜势力的方式进入有体的现在，否则就不能在现在的刹那实现其感果的功能。同样的逻辑亦适用于烦恼及其潜存，这就是在部派时代曾引起广泛争执的“随眠”与“缠”的学说。

第二节　随 眠 与 缠

“随眠”（anuśaya，旧译为“使”）是否为与心相应的心所，是部派时代“人多喜起诤论”的十大议题之一。① 所谓“随眠”，是指贪、嗔、痴、慢、疑、见等六种根本烦恼（有部），②或过去烦恼的习惯势力（其余大众、分别说系诸部派），烦恼的实际现行则被称为“缠”（paryavasthāna）。③ 所云“缠”者，系缚有情于生死轮回，或能起恶业而将有情拘束于恶趣之义。部派中对此问题的看法大致可归为两类：有部主张随眠即缠，是与心相应的心所，有所缘境；其余大众、分别说系等则大多以为随眠非缠，缠与心相应（sems dang mtshungs par ldan pa，citta-samprayukta），而随眠与心不相应（sems dang

① 按《成实论》卷 2，部派时代的十大议题是：过未有无；一切有无；中阴有无；次第见谛或一时见谛；罗汉有退无退；随眠（“使”）是否与心相应；心性是否本净；已受报业有无；佛是否在僧数；有无补特伽罗（T32，p.253c）。又，旧译“随眠”为“使”，应该是一个比喻的译法。如《大乘义章》卷 6 说：“所言使者，如地论说，随逐缚义，名之为使。盖乃就喻以名烦恼。如世公使随逐罪人，得便系缚；烦恼亦尔，久随行人，系缚三有，不令出离，故名为使。毗昙、成实亦同此说。”（T44，p.582a）就像官府的公差（“公使”）随逐罪人，有机会就要将其抓入监狱，烦恼则随逐众生，将其系缚于三界，故名为“使”。

② 此中，贪、嗔、慢、疑属于不定地法，痴属于大烦恼地法，见属于大地法中的慧。后来的唯识学者则将这六者合为一类，即烦恼心所。在有部看来，所有烦恼中，这些根本烦恼尤为坚固，一旦生起就难以止歇，所以称作随眠。（《阿毗达磨顺正理论》卷 53，T29，p.642a。）

③ 《瑜伽师地论》卷 89：“一切烦恼皆有其缠，由现行者悉名缠故。”（T30，p.803b）

mtshungs par mi ldan pa, citta-visamprayukta），亦无所缘境（dmigs med pa, an-ālambana）。[①] 因此，比如就“欲贪随眠”（kāmarāga-anuśaya）来说，有部认为，这应该作“持业释”，欲贪即随眠（kāmarāga evānuśayaḥ）；大众部等则认为，欲贪随眠并非就是现行的欲贪，而是由现行的欲贪所引生的一种别体的不相应行法，所以这应该作“依主释”，欲贪之随眠（kāmarāgasya anuśayaḥ）。[②]

部派学者早已自觉地意识到，这一问题其实与过未有无的时间论争紧密相关。《顺正理论》论主众贤（Saṃghabhadra，僧伽跋陀罗，义净译作“僧贤”[③]）论师就曾指出，如分别论者成立与心不相应的随眠还稍有意义，因为“彼宗非拨过去、未来，勿烦恼生无有因故”，而对持三世实有论者如犊子部来说，根本就无需考虑过去烦恼的势力在现在的潜存，因此设定与心不相应的随眠殊无必要。[④] 这究竟是为什么呢？

犊子部的说法且存而不论。[⑤] 即就有部来说，如上所述，在“三世实有”的基本论义下，它是以实有的不相应行法“得”来说明有情的系缚和解脱。既然“三世实有”，过去的烦恼并没有消失，那些尚未舍离的烦恼，因由“得”的力量现在依然系属于有情。这种得而未失的“得”，也就是所谓“成就”。这样，基于实有的“成就”与“不成就”，我们就能说明凡圣的差别。比如，当凡夫现起善或无覆无记心时，或处于无心时，虽然其时并没有烦恼现起，但依然为过去尚未舍离的烦恼所系缚，或者说，过去尚未舍离的烦恼依然“成

---

① 参《异部宗轮论》，T49，pp.15c－16a、16b；寺本婉雅等：《藏漢和三訳対校異部宗輪論》，附录页7，页34。有部认为：“根本烦恼亦名为缠，……然诸论者离诸随眠，就胜说缠，或八或十，谓《品类足》说有八缠，毗婆沙宗说缠有十，即于前八更加忿、覆。如是十种，系缚含识，置生死狱，故名为缠。或十为因，起诸恶行，令拘恶趣，故名为缠。”（《阿毗达磨顺正理论》卷54，T29，p.646a）这是说，根本烦恼即随眠也被称为“缠”，但说“八缠”或“十缠”，是在除随眠外的随烦恼中，取过失最重的八种或十种而别立之。《品类足论》所说的“八缠”是：惛沈、掉举、睡眠、恶作、嫉、悭、无惭、无愧（《阿毗达磨品类足论》卷1，T26，p.693c）。《婆沙》则在此基础上，再加忿、覆两种，而为“十缠”（《阿毗达磨大毗婆沙论》卷47，T27，p.242b）。此十缠中，惛沈、掉举属于大烦恼地法，无惭、无愧属于大不善地法，嫉、悭、忿、覆属于小烦恼地法，睡眠、恶作属于不定地法。又，关于分别说系的看法，参《阿毗达磨大毗婆沙论》卷60，T27，p.313a；《阿毗达磨顺正理论》卷45，T29，p.598c。《异部宗轮论》（T49，pp.16c－17a）仅论及其中化地部对此的看法。

② 《阿毗达磨俱舍论》卷19，T29，p.98c；P. Pradhan：*Abhidharmakośabhāṣya of Vasubandhu*，pp.277－278。

③ 《南海寄归内法传》卷4：“中则世亲、无著、僧贤、清辩之徒，……谈空则巧符龙猛，论有则妙体僧贤。”（T54，p.229b－c）

④ 见《阿毗达磨顺正理论》卷45，T29，p.599b－c。

⑤ 犊子部认为“随眠唯于补特伽罗有随增义”（《阿毗达磨大毗婆沙论》卷22，T27，p.110b），其中有与心相应的一分即是“缠”（《阿毗达磨顺正理论》卷45，T29，p.599c）。这是基于犊子部的独特论义而提出的，恐繁不述。

就”,所以他并非圣者。反之,当阿罗汉现起有漏心或无心时,虽然其时他并没有圣道现前,但由于过去的圣道依然“成就”,所以他并非凡夫。假如没有实有的“成就”与“不成就”,凡圣的差别就无法建立,它们是凡圣差别的建立因(vyavasthā-hetu)。① 所以《顺正理论》说:“若信有得,具能释通诸圣教中幽隐文义。”②

由此可见,依“成就”的作用力,过去尚未舍离的烦恼直接就可以和现在的有情发生关联,而根本无需将其转化为潜势力并移入现在。据此有部以为,所谓随眠并非如他宗所说的,是某种与心不相应的潜势力,相反,“即诸烦恼说名随眠(kleśa evānuśayaśabdaḥ),由此随眠是相应法。何理为证,知定相应?以诸随眠染恼心故(cittakleśakaratvāt),覆障心故(āvaraṇatvāt),能违善故(śubhair viruddhatvāt)”③。而之所以称其为随眠,乃是因为其行相“微细”(aṇu)难知,并有“随增”(anuśerate)、“随逐”(anugatāḥ)与“随缚”(anubadhnanti)等义。如《婆沙》说:“问:何故名随眠,随眠是何义?答:微细义、随增义、随缚义是随眠义。”《俱舍颂》亦云:“微细、二随增,随逐与随缚,……是随眠等义。”④

这里所谓“随增”,是“随住增长”的意思,意指此诸烦恼能系缚所缘境及其相应之心、心所法,与之互相影响,互为增益。⑤ 故此“随增”有二,一是“所缘随增”(ālambanato 'nuśerate),二是“相应随增”(saṃprayogato 'nuśerate)。⑥《顺正理论》曾引用经部“先轨范师”的譬喻,形象地说明了这两种“随增”。“相应随增”就比如由粪便和水、土等混合成的污秽物,粪便

---

① 参《阿毗达磨大毗婆沙论》卷157、93,T27,p.796c、479b;《入阿毗达磨论》卷下,T28,p.986b;《阿毗达磨俱舍论》卷4,T29,p.22b。

② 《阿毗达磨顺正理论》卷45,T29,p.599c。

③ 《阿毗达磨俱舍论》卷19,T29,p.98c;P. Pradhan: *Abhidharmakośabhāṣya of Vasubandhu*, p.278。《顺正理论》指出,以此三因来证成随眠与心相应出自“尊者法胜”(《阿毗达磨顺正理论》卷45,T29,p.599b)。今按法胜(Dharmaśreṣthin,达磨尸梨帝)《阿毗昙心论》卷2:“‘心为使烦恼’者,若使心不相应,不以烦心;若烦心者,是故相应。(此即第一“染恼心故”——笔者注)‘障碍’(名)[者],若使心不相应,不障碍诸善法;若障碍者,善法不生,不障碍(使)[便]生,是故相应。(此即第二“覆障心故”——笔者注)‘净相违,诸妙善可得’者,若使不相应,不与善相违;若不与善相违者,善心亦应生。若不相(应)[违,非]是烦恼性,亦不应作患;若相违,常相随不生善,不相随则生善。(此即第三“能违善故”——笔者注)因此事故,是相应使。”(T28,p.818a)

④ 《阿毗达磨大毗婆沙论》卷50,T27,p.257a;《阿毗达磨俱舍论》卷20,T29,p.108a;P. Pradhan: *Abhidharmakośabhāṣya of Vasubandhu*, p.308。

⑤ 《阿毗达磨顺正理论》卷49:“言随增者,谓诸随眠于此法中随住增长,即是随缚增惛滞义。”(T29,p.616b)

⑥ 《阿毗达磨俱舍论》卷19,T29,p.102b－c;P. Pradhan: *Abhidharmakośabhāṣya of Vasubandhu*, pp.289－290。

使水、土等变得不净，而水、土等的不净又进一步增强了粪便的污秽。同样的，烦恼染污了与之相应的心、心所法，而被染污的心、心所法又使烦恼进一步增强。“所缘随增”就比如在污秽处的猪狗等，因沾染了自己的粪便等而变得愈益不净，而愈益不净的猪狗等又进一步增强了此处的污秽。这里猪狗等比喻所缘同界地境，粪便等比喻烦恼，所缘同界地境因烦恼而成有漏，有漏的所缘境又能随顺烦恼而使其得以增长。至于烦恼缘他界地境或无漏法，则没有“所缘随增”的含义，只有“相应随增”。这就比如清净之人即便不小心碰触到了粪便等污秽物，两者也不会互相随顺，互为增长。这里清净之人是比喻他界地境或无漏法。① “随逐”是指由于“得”的作用，此诸烦恼无始时来系属于有情。“随缚”是指此诸烦恼系缚有情，能随时现起。如《俱舍论》云：“不作加行为令彼生，或设劬劳为遮彼起，而数现起，故名随缚。”②这是说，烦恼极易生起而极难舍离，就像得了疟疾或中了鼠毒一样，时时发作。③

由此可见，有部以随眠为心相应的看法至少有两个理论前提，一是“三世实有”，二是有实有的不相应行法“得”或“成就”。而对持过未无体论者来说，这两个前提都是不成立的。前者固不待言，至于后者，甚至早在有部的譬喻师那里就已被置疑了，他们认为，“诸不相应行皆无实体”④，所以“无实成就、不成就性”，只是就“有情不离诸法”而假施设为“成就”。这就比如，将五指合起来就称作“拳”，将五指分开就称作“非拳”，拳头并不在五指外别有其体；同样的，有情不离诸法就称作“成就”，有情离于诸法就称作“不成就”，“成就”也并不在所成就的诸法外别有其体。⑤ 基于这样的论义，

---

① 参《阿毗达磨顺正理论》卷 49，T29，p.616b－c。

② 《阿毗达磨俱舍论》卷 20，T29，p.108a。

③ 严格说来，以“微细”、“随增”、“随逐”、“随缚”四义来解释随眠是由《品类足论》（T26，p.702a）提出来的。而如上引《婆沙》文，婆沙师只谈到了“微细”、“随增”、“随缚”三义。其中“随缚”是指，“如是随眠于一切位恒现起得，非理作意若现前时，即受等流或异熟果”。《婆沙》比喻说，这就像“空行影，水行随”。（T27，p.257b）“空行”是鸟，“水行”是鱼。这是说，就像水中的鱼一直追逐着空中鸟的影子，一旦发现鸟因乏力而坠入水中，就立即将其吞食；烦恼因由“得”的作用，一直系属有情，亦复如是。《婆沙》将其称为“随缚”义，《俱舍论》则将其称为“随逐”义：“anugatāḥ prāptyanuṣaṅgataḥ”（随逐即得随。玄奘译：“言随逐者，谓能起得，恒随有情，常为过患。”）P. Pradhan：*Abhidharmakośabhāṣya of Vasubandhu*，p.308；《阿毗达磨俱舍论》卷 20，T29，p.108a。有意思的是，在此问题上，《顺正理论》接受的却是《俱舍论》的看法，而将“随缚谓得恒随”称作“有说”（《阿毗达磨顺正理论》卷 53，T29，p.641c）。

④ 《阿毗达磨大毗婆沙论》卷 195，T27，p.977b。

⑤ 《阿毗达磨大毗婆沙论》卷 93，T27，p.479a。亦见该论卷 106，T27，p.550c；卷 157，T27，p.796b。

过未无体论者只能将过去的烦恼以潜势力的方式安立在现在的刹那，否则就无法解释，此烦恼既已落入无体的过去，又如何能将其影响力延及有体的现在。而凡圣的分野，也由此才能得到说明。比如，当凡夫现起善心时，虽然过去的烦恼已然不复存在，现在也没有现行的烦恼，但过去烦恼的潜势力却能随逐有情一直持续到现在，所以他依然是凡夫。

在大众部、分别说系看来，现行的烦恼也就是与心相应的"缠"，而烦恼的潜势力则并非是与心相应的心所，它是属于不相应行蕴的别体法，此即"随眠"。相对于缠而言，随眠具有"酬前引后"的功能。一方面，"缠从随眠生"，"心不相应使，与心相应结缠作因"，①过去烦恼的潜势力能生起现行的烦恼。所以分别论者认为，阿罗汉既然已断随眠，也就不会再从随眠生起缠的现行而系缚之，所以阿罗汉不会有退堕。另一方面，"诸烦恼于正起位，于自相续引起别法，心不相应行蕴所摄，名为随眠"，"久习结缠，则名为使生"，②现行的烦恼又能引生潜势力并被保存下来。这样，随眠与缠也就有了一种类似于种子与现行的相生关系。事实上，《婆沙》就说，分别说系认为，"随眠是缠种子"；后来有的唯识学者也说，大众部的随眠就是种子。③当然，《婆沙》可能仅是一个比喻性的说法，唯识学者的观点则是基于后出的种子概念来予以重新解读的结果，倒未必是分别说系与大众部原本就有明确的种子观念。④

值得一提的是《成实论》对这一问题的看法。论主反对大众部、分别说系随眠（"使"）与心不相应的论义，而认为随眠无非就是烦恼心的"次第相续增长"，所谓"垢心修集，则名为使"，⑤它是与心相应的。严格说来，《成实论》与譬喻师一样，也不认同有部的心王与心所俱时相应说，因此这里说相应，是就历时性的流转为言，即"识得缘，次第必生"者为相应。⑥ 说随眠与心相应，亦复如是，这是指，"因法生众生心，随众生心则受诸受，随诸受，贪等烦恼使"⑦。此即，由境而生识，由识而生受，由受而生烦恼心，烦恼心的增长则是随眠。同时，《成实论》也反对有部的"三世有"，而认为过、未"二世无"。这样，随眠也只是现在有，而不是过去有。

---

① 《阿毗达磨大毗婆沙论》卷 60，T27，p.313a；《成实论》卷 3，T32，p.258b。

② 《俱舍论记》卷 19，T41，p.292a；《成实论》卷 3，T32，p.258b。

③ 《阿毗达磨大毗婆沙论》卷 60，T27，p.313a；《成唯识论义蕴》第二本，X49，p.405c。

④ 如灵泰就认为："有人云，大众部有种子者，此说不然者。"（《成唯识论疏抄》卷 4，X50，p.180a）"大众部"原作"大乘部"，据《成唯识论述记集成编》卷 11（T67，p.237a）所引改。

⑤ 《成实论》卷 3，T32，p.258c；同论卷 10，T32，p.322a；同论卷 9，T32，p.309a。

⑥ 《成实论》卷 2，T32，p.252b。

⑦ 《成实论》卷 10，T32，p.319c。

如此说来，凡圣的差别又该如何建立呢？《成实论》似乎是认为，这种与心相应的随眠，即得到增长的烦恼心，还有现起与不现起的差别。比如，当凡夫现起善心或无记心时，随眠虽不现起，但并未被断除，所以他还是凡夫，阿罗汉则已断除了随眠，故此两者有别。这就比如，得了疟疾或中了鼠毒的病人，疾病即便不发作，但是因为没有用药物根除之，所以他还是病人。① 对此，后来汉地的成实师如开善寺智藏似乎也是以"成就现在"与"现起现在"的区分来予以解释的，②未被断除者为"成就现在"，"成就现在"未必现起。问题是，这种不现起的随眠既然没有被断除，它又是现在有，是所谓"成就现在"，那是以何种方式存在于现在刹那呢？这与现起的随眠即"现起现在"在心识结构上有差别吗？即就疟疾或鼠毒的比喻来说，疾病的不发作与发作，不是有隐显的不同吗？或者，借用吉藏的批评，"成就现在"是能缘吗？若是能缘，就是"现起现在"；若不能缘，那不就是分别论者所谓与心不相应的随眠吗？③ 可见，在过未无体的时间预设下，认为随眠依然是与心相应，难免有其牵强之处。

综上所述，部派中关于随眠的论争以"过未有无"为基点而最终触及了烦恼的潜存层面，它与前面所说的有关业力的存续的探讨一起，从不同问题意识导向一种对潜势力的统一建构，以回应在过未无体的前设下世界的时间连续性问题。不过，部派学者一开始似乎并没有自觉地意识到这种统一建构的必要性与可能性，这一致思路向是由后来经部的种子说来开启的。

第三节 经部的种子说

经部是由有部的譬喻师发展而来的，种子说的成立根本上与经部开始改取过未无体的立场有关。在过未无体的时间预设下，种子熏习的学说为先前诸部派有关业力的存续、业果的关联、烦恼的潜存等问题的探讨提供了一个统一性的解决方案。而在与有部的论辩中，它所暴露出来的理论困境，又促使后来的唯识大乘在周延性和精严性方面对此作出了进一步的修正与完善。

3.1 随界与种子

如上所述，按婆沙师的正统看法，三世依法体的起用而安立，因此"世与

① 参《成实论》卷10，T32，p.322a－b。

② 《中观论疏》卷9本，T42，p.133a。

③ 同上引。

行,体无差别,谓世即行,行即是世”。有部的譬喻师却将三世从迁流诸行中分离了出来,认为“世体是常,行体无常”,时间本身成了常住的无为法,一个类似于经典物理学所说的形式构架,迁流诸行在里面进出来去,就好像果子在容器中出入一般。① 时间既不再与法体的起用相关而只是一个纯粹的形式构架,那么似乎也就没有必要再特别强调法体的“三世有”。因此发展到经部,他们就径直改取了大众、分别说系过未无体的立场,如《俱舍论》中介绍说:

> 我等亦说有去来世(atīta-anāgata),谓过去世曾有(bhūtapūrva)名有,未来当有(bhaviṣyati),有果、因故。依如是义说有去、来,非谓去、来如现实有。……故说彼(指去、来二世——笔者注)有,但据曾当、因果二性,非体实有。②

这是说,实有(dravyataḥ)的唯是现在(vartamāna),现在为过去之果,以现在之果论到过去之因,即依“曾有”(bhūtapūrva)说为过去(atīta);同理,现在为未来之因,以现在之因论到未来之果,即依“当有”(bhaviṣyati)说为未来(anāgata)。因此过去、未来都只是依于现在的假有而并无实体的存在。

既然过未无体,而只是就其相对于现在的因果关系来予以安立,因此有必要在实有的现在设定某种具有“酬前引后”功能的因体,以确保世界在时间维度上的连续性。“上座”室利逻多将其名之为“旧随界”:

> 然上座言因缘性者,谓旧随界,即诸有情相续展转能为因性。……此为何相?是种种法所熏成界以为其相。……此旧随界体不可说,但可说言,是业、烦恼所熏六处,感余生果。③

所言“旧”者,谓其为过去现行法熏习内六处而存留的潜在势力;④“随”取“随逐”之义,意即无论现在起现者为何法,都不影响此潜势力展转相续,随

---

① 见《阿毗达磨大毗婆沙论》卷 76,T27,p.393a,亦见该论卷 135,T27,p.700a。

② 《阿毗达磨俱舍论》卷 20,T29,p.105b;P. Pradhan: *Abhidharmakośabhāṣya of Vasubandhu*, p.299。

③ 《阿毗达磨顺正理论》卷 18,T29,p.440b。

④ 智周将“旧”解为“新、旧师别,名旧随界”(《成唯识论演秘》第三末,T43,p.880b),意为相对于后起的“种子”概念,旧经部师立名为“随界”。但从《顺正理论》卷 18 所谓“随界名旧,应是有为”(T29,p.440b)来看,此谓“旧”当是过去熏习而成之义。参印顺:《唯识学探源》(台北:正闻出版社,1992 年),页 171—172。

逐有情;"界"者,因义,意即此潜势力即是未来果法得以现行的因缘。据此,"旧随界"的梵文或许可以被还原为"purāṇa-anu-dhātu"。① 由此可见,虽然"旧随界"唯是在实有的现在,却能将过去的影响力传递到未来。按照经部师的理解,世界本质上就是此因果诸行的前后推移,因此在三科假实的问题上,他们坚持认为,蕴、处皆假,唯界为实。

经部师的这一特见,大约是受到了自然界中谷、麦等种子传生而生果的事实的启发。种子并非当下即能生果,而是相续生起根、芽、茎、枝、叶等,在此阶段,种子本身虽已不再存在,但其生果的能力却并没有消失,而是随着根、芽等的相续生起,在其中潜滋暗长,当最后机缘成熟时,这种展转传来的生果能力即能为因生起自果。业力的传递与感果亦是遵循同样的路数,所以在业力传递中潜在的感果能力亦可以被形象地称为"种子"(bīja)。如《顺正理论》说:"如外种果感赴理成,如是应知业果感赴。"②"外种果",即是指自然界中的种子生果。

对此种子,世亲在《俱舍论》中有更为严密的界说:

> 此中何法名为种子?谓名与色于生自果所有展转邻近功能(yan nāmarūpaṃ phalotpattau samarthaṃ sākṣāt pāraṃparyeṇa vā),此由相续、转变、差别(santatipariṇāmaviśeṣāt)。何名转变(pariṇāma)?谓相续中前后异性(santater anyathātvam);何名相续(santati)?谓因果性三世诸行;何名差别?谓有无间生果功能。③
>
> 何名相续、转变、差别?谓业为先,后色心起(uttarottaracittaprasavaḥ,真谛直译为"后后心生"),中无间断,名为相续;即此相续后后刹那异前前生(anyathotpattiḥ),名为转变;即此转变于最后时有胜功能无间生果(anantaraṃ phalotpādanasamarthaḥ),胜余转变,故名差别。④

这里"相续"(santati)、"转变"(pariṇāma)、"差别"(viśeṣa)构成种子义的三

---

① 本书初稿完成后,我的学生林雪妮告知,蒲仙(Louis de la Vallée Poussin,1869—1938)亦将"旧随界"的梵文还原为 purāṇa-anu-dhātu,特此说明。见 Louis de la Vallée Poussin: *L'Abhidharmakośa de Vasubandhu, Premier et Deuxième Chapitres*(Paris: Paul Geuthner; Louvain, J.-B. Istas, 1923), pp.245－246.

② 《阿毗达磨顺正理论》卷 34, T29, p.535a。

③ 《阿毗达磨俱舍论》卷 4, T29, p.22c; P. Pradhan: *Abhidharmakośabhāṣya of Vasubandhu*, p.64。

④ 《阿毗达磨俱舍论》卷 30, T29, p.159a;《阿毗达磨俱舍释论》卷 22, T29, p.310b; P. Pradhan: *Abhidharmakośabhāṣya of Vasubandhu*, p.477。

项基本内涵。所谓“相续”，是指在业因与果报之间有持续生起的色心诸行，种子即依此而潜流不已；“转变”，是指此持续生起的色心诸行刹那生灭，每一后起的刹那都有别于前一刹那（anyathātva，变异性、差异性），依于它的种子由此而能逐渐成熟；“差别”，真谛译为“胜类”，①有“殊胜”之义，是指在所有转变中，最后临近果报生起的这一刹那，转变最为殊胜，所以才能引生下一刹那的果报，所谓“无间（anantara）生果”。

基于这三项基本内涵，经部师提出了他们对种子的界定，所谓“名与色于生自果所有展转邻近功能”。这句话直译可作“［种子是］名色于生果邻近地或展转地有功能者”。邻近地（sākṣāt，直接地）有功能（samartha）者于次刹那即能生果，展转地（pāraṃparyeṇa，间接地）有功能者要经过“相续”、“转变”之后才能生果。所以普光解释说：“相续不断，名展转。将生自果，名邻近，邻近果也。”②既然邻近地有功能者于次刹那即能生果，其实也就是已达至“差别”的阶段，故而元瑜直接就将“邻近”对应于“差别”，而将“展转”对应于“转变”：“名为转变者即是展转功能，……差别即邻近功能。故由相续有转变、差别不同，所以功能有展转、邻近差别。”③如此，这一种子的界定就更为明确地被落实在了相续、转变、差别的基本内涵上。

按照经部师的看法，种子并非是有情色心诸行外别体的存在，④只是由于业或烦恼等熏习有情的色心诸行，所以才在有情色心诸行的相续中，有了这种能生后果的功能的传递。易言之，由种子所传递的潜势力的连续性，是以其所依止的连续性的色心诸行为前提的。本来，譬喻师已成立相续心思想，认为即便在二无心定时，还是有相续之细心，⑤因此具连续性的心识就可成为种子依止的所熏。事实上，上引《俱舍论》的梵本和真谛译，都是将“相续”（santati）解说为“uttara-uttara-citta-prasava”（“后后心生”），即心相续（citta-santati）。而玄奘在其所译《顺正理论》中，与之相当的文字也是作“后后心生，说名相续”，“后后刹那心相续起”。⑥

不过，到经量部时代，部分经部师已经放弃了譬喻师、分别论者所谓“无

---

① 见《阿毗达磨俱舍释论》卷3，T29，p.181b；同论卷22，T29，p.310b。

② 《俱舍论记》卷4，T41，p.87a。

③ 《顺正理论述文记》卷9，X53，p.527a。

④ 《阿毗达磨顺正理论》卷12：“今汝所执功能差别种子，与彼善、不善心，为有别体，为无别体？此无别体。”（T29，p.397c）同论卷14：“于后心中，前心差别所引习气，此不可说异于后心。”（T29，p.410b）

⑤ 具体请参本书上篇第一章第三节。

⑥ 《阿毗达磨顺正理论》卷35、51，T29，p.541c、629b。

有有情而无色者,亦无有定而无心者”①,即无色界有色根、无心定有心法的看法,而接受了有部“无色界无色,无心定无心”的论义。② 这样,色法不遍三界,心法会有二无心定时的中断,因此无论单就色法还是心法来说都不具连续性,而必须结合两者作通盘的考虑。经部师由此提出了“色心互熏说”,认为心、心所种子既依于心法,亦依于色根;同样,色法种子既依于色根,亦依于心法。③ 如此,虽然无心定无心,但有色根为种子的所依,心、心所法种子随逐于色根,出定后即能由此生起心法;同样,虽然无色界无色,但有心法为种子的所依,色法种子随逐于心法,故从无色界下生亦能由此生起色法。

按《俱舍论》所说,此“色心互熏说”为经部中“先代轨范师”的意见,可能是经部中较有影响的一种学说,所以智周以之为“本经部”说。④ “上座”室利逻多虽然坚持认为,无心定有细心相续,⑤但他以内六处为所熏,可能也接近于“先代轨范师”的看法,因为所谓内六处,无非就是五色根与作为心法的意处而已。玄奘在其所译《俱舍论》中将“相续”解说为色心相续(rūpa-citta-santati),应该就是以此为据。此外,经部中还有同类识受熏、细心受熏等不同说法。⑥ 后者以六识之外的“异熟果识”为种子依止的所熏,其实已通于唯识大乘,或者毋宁说,是受到唯识大乘影响的经部说。为避繁琐,这里就不一一展开讨论了。

需要指出的是,由于经部师坚持认为“诸行决定无俱生因”,“唯执诸法从无间生”,⑦因此他们所说的熏习必然是“前念熏于后念”⑧,即,这是一种异时因果,而非如后来唯识学者所说的同时因果。即就业的熏习来说,“要有前思差别故,方有后心功能差别生。若无前思差别者,后心功能差别则不起。是故此二得有因果更互相应”。前一刹那能熏的业(以思心所为体)有

---

① 《阿毗达磨大毗婆沙论》卷152,T27,p.774a。

② 认为无色界有微细色,是大众部、分别论者、譬喻师的共同看法。如大众部认为:“色、无色界具六识身。”(《异部宗轮论》,T49,p.15c)正因为无色界有微细的色根,所以才有前五识。此外,如《婆沙》卷83明言:“谓或有说,无色界有色,如分别论者。”(T27,p.431b)普光、法宝亦谓,无色界有色,是大众部、化地部等的说法(《俱舍论记》卷28,T41,p.418b－c;《俱舍论疏》卷28,T41,p.788c)。

③ 参《阿毗达磨俱舍论》卷5,T29,p.25c;《大乘成业论》,T31,p.783c;《瑜伽师地论》卷51,T30,p.583b。

④ 分别见《阿毗达磨俱舍论》卷5,T29,p.25c;《成唯识论演秘》第三末,T43,p.880b。

⑤ 参本书上篇第一章第三节。

⑥ 分别参《成唯识论》卷3,T31,p.15c;《大乘成业论》,T31,p.784b－c。

⑦ 《阿毗达磨顺正理论》卷15,T29,p.421b;同论卷18,T29,p.441c。

⑧ 世亲:《摄大乘论释》卷2,T31,p.330a。

不同，所以下一刹那所熏成的功能亦有差别，能熏、所熏由此“因果更互相应”。这一点基于有部实体主义的立场显然是难以理解的，因为在过未无体的前设下，如能熏者生起在现在，所熏成的功能差别则尚在无体的未来，既然“前思、后心有无不并，云何可说因果相应”①？关于这一问题，我们下面再作进一步的探讨。

从现有文献看，经部的种子与熏习理论可能早在龙树（Nāgārjuna）时代就已大体成型，如《中论·观业品》中即有以种子生果来类比由业感果的说法。② 可以想见，种子说首先就是针对业果的难题而提出的，然后才将其延拓到一切历时性的因果关系。

如前所述，在身、语、意三业中，有部认为“身表业形色为体，语表业体谓即言声”③，两者均有独立于意业的实体性，由此善或不善的身、语表业则可引生无表业相似相续生起。而从有部分出的譬喻师却认为，“离思无异熟因，离受无异熟果”④，“身语意业，皆是一思”⑤。既然身、语表业只是意业即思心所的分位差别，而并无实体性，那么由表业所发之无表又岂能为实？所以他们坚持认为，“表、无表业无实体性”⑥。经部师承续譬喻师的这一唯心论倾向，同样认为身、语二业是以思心所为体，即，首先是由“思惟思”（saṃkalpa-cetanā）审虑、决定其将所为之事，从此而起“作事思”（kriyā-

---

① 《阿毗达磨顺正理论》卷12，T29，p.398a。

② 《中论》卷3：“如芽等相续，皆从种子生，从是而生果，离种无相续。从种有相续，从相续有果，先种后有果，不断亦不常。如是从初心，心法相续生，从是而有果，离心无相续。从心有相续，从相续有果，先业后有果，不断亦不常。”（T30，p.22a）

③ 《阿毗达磨俱舍论》卷13，T29，p.68c。因此有部认为，既然身业是以形色为体，其体性并不是身，将其称之为身业是就其“所依”（āśraya）是身而言；语业是以音声为体，将其称之为语业是就其“自性”（svabhāva）就是音声而言；意业是以思心所为体，其体性并不是意识，将其称之为意业是就其“等起”（samutthāna）而言，即思是由意识所发起，故名意业。“以离语言无别声能表，离身及意有色表、思业，故立身业名从所依，语业约自性，意业随等起。”（《阿毗达磨顺正理论》卷34，T29，p.539b。）

④ 《阿毗达磨大毗婆沙论》卷19，T27，p.96a，亦见同论卷144，T27，p.741b。

⑤ 《阿毗达磨大毗婆沙论》卷113，T27，p.587a。

⑥ 《阿毗达磨大毗婆沙论》卷122，T27，p.634b。有部认为，色蕴包括五根、五境等十色处及法处所摄色，法处所摄色即无表色，故谓之“法处所摄无表色”（dharma-āyatana-antargatam avijñapti-rūpam）。譬喻师既然不承认无表色实有，所以也“拨无法处所摄诸色”，而认为色法无非就是五识所依的五根与所缘的五境（《阿毗达磨大毗婆沙论》卷74，T27，p.383b）。此外，值得一提的是，南传阿毗达磨虽然也承认有法处所摄无见无对色（rūpaṃ anidassanaṃ appaṭighaṃ dhammāyatanaṃ pariyāpannaṃ），但这是指女根（itthindriya）、男根（purisindriya）、命根（jīvitindriya，南传不另立不相应行法，其所谓不相应行法就是指色法与无为，命根有两种，维系色法的命根属于色法，维系心心所法的命根属于遍一切心之心所）、身表（kāyaviññatti）、语表（vacīviññatti）等微细色，而并没有无表色。见 *Dhammasaṅgaṇī*（London：Pali Text Society，1885），p.179。

cetanā)，依前之所思发动身、语二业，前者为思业(cetanā karma)，后者为思已业(cetayitvā karma)。① 这样，在取消了表业的实存性之后，无表业自然亦无实存性可言，经部师开始用思心所熏习成的功能差别亦即所谓思种子(cetanā-bīja)来说明业力的存续，如《大乘成业论》云：

> 故离彼计身、语二业所引别法，但应由思差别作用熏心相续(sems kyi rgyud，* citta-santati)，令起功能(nus pa'i khyad par，* śakti-viśeṣa，功能差别)，由此功能转变(yongs su 'gyur ba，* pariṇāma)、差别(khyad par，* viśeṣa)，当来世果差别而生。②

这是说，并非是身、语二业能引生某种别体法来保持业力，而是由"思惟"、"作事"二思于次刹那熏习成思种子相续不断，并且随之转变、差别，于当来世生起相应的果报。所谓"无表"云者，也是依于思种子而假立。这样，通过思熏习学说，经部学者最终完成了部派时代关于业报理论的唯心论转向。

种习学说亦被经部师运用于其他历时性因果关系的解释，所谓"不善心中，有善所引展转邻近功能差别以为种子，从此无间善法得生；或善心中，不

---

① 参《阿毗达磨俱舍论》卷13，T29，p.68c；P. Pradhan：*Abhidharmakośabhāṣya of Vasubandhu*，p.195。按：此"思惟思"相当于《大乘成业论》(T31，p.785c)所说的"审虑"、"决定"二思，"作事思"则相当于《大乘成业论》所说的"动发思"。又，思业与思已业的区分，出自《中阿含经》卷27："云何知业？谓有二业：思、已思业(dve karmaṇī cetanā karma cetayitvā ca)，是谓知业。"(T1，p. 600a)此处梵文据梵本《俱舍论》所引，见 P. Pradhan：*Abhidharmakośabhāṣya of Vasubandhu*，p.192。该经文并没有说思已业是指什么。而按照有部和唯识对此的通行解释，思业是指意业，思已业是指身、语二业。如《阿毗达磨顺正理论》卷33："思已业者，谓思所作(* cetanā-kṛta)，即是由思所等起(* cetanā-janita)义。应知思者即是意业，思所作者即身、语业。"(T29，p.531b)《中论》卷3："佛所说思者(cetanā)，所谓意业(karma…mānasaṃ)是，所从思生者(cetayitvā)，即是身口业(kāyikavācikam)。"从青目(Piṅgalanetra)释来看，这应该也是"阿毗昙"的说法。(T30，p.21c)叶少勇：《中论颂：梵藏汉合校·导读·译注》，页268。但与《中阿含经》上述经文相当的南传《增支部》却作："Cetanāhaṃ bhikkhave kammaṃ vadāmi；cetayitvā kammaṃ karoti kāyena vācāya manasā."(比丘们，我说业是思，思已而以身、语、意造业。)*Aṅguttara-nikāya Part III*(London：Pali Text Society，1897)，p.415。也就是说，思已业不仅包括身、语二业，还包括意业。类似的说法也出现在《大乘阿毗达磨集论》卷4(T31，p.679a)中："何等思业？谓福业、非福业、不动业。何等思已业？谓身业、语业、意业(cetayitvā karma katamat | kāyakarma vākkarma manaskarma ca |)。"早岛理：《梵藏汉对校「大乘阿毗达磨集论」·「大乘阿毗达磨雜集论」》，Volume II，p.422。因此奘传唯识学者对思已业有两个解释：一是不区分动发思与身、语业，动发思就是思已身、语二业，故而思已业也就是身、语二业；二是将动发思与身、语业区分开来，动发思是思已意业，如此再加上由动发思所起的身、语业，思已业就有三业。参《瑜伽师地论略纂》卷4，T43，p.51a；《瑜伽论记》卷3上，T42，p.360c。

② 《大乘成业论》，T31，p.783c；*Las grub pa'i rab tu byed pa*，D4062，Shi，p.139a。

善所引展转邻近功能差别以为种子,从此无间不善法生"①。可见,在过未无体的时间预设下,经部师必定"不许从已灭因隔中间时而有果起"②,因此除了因能无间生果外,其他一切历时性的因果关系都需要通过种子来予以说明,否则因果的关联将无法建立。

即就部派学者广泛争执的随眠问题来说,早在《婆沙》时代,譬喻师虽然并不明确反对有部以随眠为心相应的看法,但已指出:"随眠不于所缘随增,亦不于相应法有随增义。"③在经部改取过未无体的立场而成立种子说后,随眠也就被从种子的角度来予以说明了,它就是烦恼随界或烦恼种子。之所以称其为随眠,是因为它与烦恼的现行即缠不同,以一种潜伏的方式("眠",śaya)随逐("随",anu-)于有情,而并没有有部所谓相应、所缘二随增的含义。④ 如"上座"室利逻多说:"诸缠与随眠异。谓诸烦恼现起名缠,以能现前缚相续故;烦恼随界说名随眠,因性恒随而眠伏故。"⑤

这样,随眠就既非如有部所说,是与心相应的心所,也并非如大众部、分别论者所说,是由现行的烦恼所引生的别体的不相应行法。即就"欲贪随眠"来说,经部虽然与大众部等一样,认为这应该作"欲贪之随眠"(kāmarāgasya anuśayaḥ)的依主释,但它既非有部说的"心相应"(saṃprayukta),也非大众部等说的"不相应"(viprayukta),以其"无别物(a-dravya-antara)故"。⑥ 事实上,随眠与缠只是分位的差别,烦恼的现行位称为缠,而烦恼的潜伏位,即以种子的方式而存在的烦恼,则称为随眠。所以"上座"室利逻多说,随眠是"烦恼类",⑦并非与烦恼别体。《俱舍论》中则以譬喻的方式,将随眠与缠分别称为烦恼的"睡位"(prasupta)与"觉位"(prabuddha):"烦恼睡位说名随眠,于觉位中即名缠故。何名为睡?谓不现行种子随逐(asaṃmukhībhūtasya bījabhāvānubandhaḥ)。何名为觉?谓诸烦恼现起缠心(saṃmukhībhāvaḥ)。"⑧值得一提的是,后来《瑜伽论·摄决择分》也随顺经部的说法,以"不觉位"(ma sad pa,* apratibodha)与"觉位"

---

① 《阿毗达磨顺正理论》卷12,T29,p.397c。
② 《阿毗达磨顺正理论》卷52,T29,p.632a。
③ 《阿毗达磨大毗婆沙论》卷22,T27,p.110a。
④ 见《阿毗达磨顺正理论》卷49,T29,p.617a。
⑤ 《阿毗达磨顺正理论》卷45,T29,p.597b－c。
⑥ 《阿毗达磨俱舍论》卷19,T29,p.99a;P. Pradhan:*Abhidharmakośabhāṣya of Vasubandhu*,p.278。
⑦ 《阿毗达磨顺正理论》卷45,T29,p.597a－b。
⑧ 《阿毗达磨俱舍论》卷19,T29,p.99a;P. Pradhan:*Abhidharmakośabhāṣya of Vasubandhu*,p.278。

(sad pa'i gnas skabs, * pratibodha-avasthā)来说明随眠与缠,如说:"现行现起烦恼,名缠。即此种子未断未害,名曰随眠,亦名粗重。又不觉位,名曰随眠,若在觉位,说名为缠。"①

随眠与缠虽然只是分位的差别,但随眠既为烦恼种子,所以它与缠即现行的烦恼之间还有一种互为因果的熏生关系。如《俱舍论》说:"何等名为烦恼种子?谓自体上差别功能(ātmabhāvasya... śaktiḥ),从烦恼生,能生烦恼。"②"从烦恼生"(kleśa-ja),即过去的烦恼现行能熏成烦恼种子;"能生烦恼"(kleśa-utpādana),即烦恼种子能生起未来的烦恼现行。正因为过去烦恼现行所熏成的烦恼种子存在于现在,所以说有过去能系缚的烦恼;正因为能生起未来烦恼现行的烦恼种子存在于现在,所以说有未来能系缚的烦恼。正因为缘过去、未来之事的烦恼种子存在于现在,所以说有为烦恼所系缚的过去、未来之事。而断除了烦恼种子,也就是所谓"离系"。③ 可见,在有部"三世实有"的论义下,通过"得"与"非得"来说明的烦恼系缚与解脱问题,经部都是将其落实到了烦恼种子的有无上。

3.2 经部种子说的理论困境

经部师基于过未无体的时间预设所建构的种习学说,开创性地为部派时代涉及潜势力问题的诸多探讨提供了颇具启发性与有效性的致思路向。而《顺正理论》则立足于有部三世实有的基本立场,对经部的种习学说予以了多方驳难,可谓析毫剖芒,无所不至。归结起来,其核心问题主要有四个。

其一,种子的假实问题。如上所述,经部认为,种子并非别体的存在,易言之,它是假法。此所谓"无别物"(a-dravya-antara)也有两种含义,一是相对于种子所依的色心诸行言,种子并非是有情色心诸行的相续外别体的存在;二是相对于现行言,如烦恼种子(随眠)与烦恼现行(缠)只是分位的差别,所谓烦恼"睡位"是随眠,烦恼"觉位"是缠,因此烦恼种子并非是烦恼现行外别体的存在。《俱舍论》中对此"无别物"的表述可能不是非常明确,所以《顺正理论》追问说:"今应责彼无别物言,为离觉时诸缠自体,为离睡位所依自体,为离异二第三聚法无别物耶?"④"觉时诸缠自体",也就是现行的

---

① 《瑜伽师地论》卷58,T30,p.623a;*rNal 'byor spyod pa'i sa rnam par gtan la dbab pa bsdu ba*,D4038,Zhi,p.113a。

② 《阿毗达磨俱舍论》卷19,T29,p.99a;P. Pradhan:*Abhidharmakośabhāṣya of Vasubandhu*,p.278。

③ 参《阿毗达磨俱舍论》卷20,T29,p.106a－b;《阿毗达磨顺正理论》卷52,T29,p.634b。

④ 《阿毗达磨顺正理论》卷45,T29,p.597a。

烦恼；“睡位所依自体”，也就是种子所依的色心诸行。不过，通观《顺正理论》所引述的经部义，这两种含义其实都是存在的。事实上，室利逻多就认为：“若彼随眠，以彼为体，是随彼法功能性故。或此通用四蕴为体，功能随逐心、心所故。”①这是说，就随眠是烦恼的能生功能来说，它是以烦恼为体；就随眠依于心、心所法来说，它是以四蕴为体。当然，严格说来，室利逻多既以内六处为种子依止的所熏，因此随眠是依于有情的色心诸行，应是以五蕴为体。

基于有部的假实观，《顺正理论》对这两种意义上的“无别物”都提出了质难。就种子相对于其所依的色心诸行“无别物”言，既然经部认为，善或不善的现行熏习色心诸行，有善或不善的种子依于色心诸行相续不断，而相续的色心诸行未必和种子同为善性或不善性，比如善种子可依于不善的色心诸行相续，反之亦然，那么，说两者性质不同而无别体，显然是荒谬的。众贤举例说，既然在能感地狱苦果的不善心中，有能感人天乐果的善种子，如果两者无别体，那为什么是由善种子来感人天乐果，而不是由它所依的不善心来感果呢？这就比如，暖与火无别体，显然就不能说，只有暖能烧，火反倒不能烧。而由不善心能感人天乐果，自然违背了佛说。同样的，无漏心中有有漏种，如果两者无别体，那为什么说，此后有漏法的生起是以有漏种为因，而不是以有漏种所依的无漏心为因呢？反之，烦恼心中有无漏种，如果两者无别体，那么不仅无漏种是其后无漏法的生因，我们也可以说，无漏种所依的烦恼心是其后无漏法的生因了。② 再就数量上来说，室利逻多既然认为，“一心具有种种界熏习”，即，种子（“界”）是多，而其所依的心是一，如果两者无别体，那么“多界与心体无异故，界应成一。心与多界体无异故，心应成多。诸界相望体无异故，一与一切体应相杂”③。

就第二种“无别物”，即种子相对于现行“无别物”来说，既然随眠即烦恼种子，它离缠即烦恼的现行外无别体，那么两者的区分实际上也就被消解了。比如有学位有欲贪随眠，但没有欲贪缠现行，如果说欲贪随眠无别体，那它就是欲贪缠，这就成了有学位也有欲贪缠了。既然两者的区分不再存在，也就不可能有互为熏生的因果关系。况且，随眠既然无别体，就是无体法，无体法既不能为因，也不能为果。④

如前所述，在早期唯识学中，种子也被认为是依于阿赖耶识的假法，如

---

① 《阿毗达磨顺正理论》卷 45，T29，p.597c。

② 参《阿毗达磨顺正理论》卷 12，T29，p.397c。

③ 《阿毗达磨顺正理论》卷 18，T29，p.442b。

④ 参《阿毗达磨顺正理论》卷 45，T29，p.597a、598a。

按真谛对《摄大乘论》的解读,“能依是假无体,所依是实有体”①,“能依”即种子,“所依”即阿赖耶识。甚至到护法的时代,如护月论师也还是认同这一看法。② 这实际上就是承续了经部的论义。而《成唯识论》认为,种子是在世俗谛意义上的实法,因为“假法如无,非因缘故”③,即假法无体,不能作为因缘而与现行互为熏生。这应该就是在吸收了有部对经部的批驳后,唯识学者对种子义的重新抉择。

其二,种现熏生的异时因果问题。这一问题已如前述,有部认为,在经部过未无体的时间预设下,并不能成立种现熏生的异时因果,因为这必然会导致因与果一有一无。即,如果所熏成的种子在有体的现在刹那,那么能熏的现行就已落入无体的过去,而无体不能为因;如果能熏的现行在有体的现在刹那,那么所熏成的种子则尚在无体的未来,果既未有,因也不成其为因。种子生现行的异时因果,亦复如是。按照有部对因果关系的理解,无论是现在之因还是未来之果,作为法体都是实有的存在,所谓由因生果,只是通过现在因的“取果”作用,将未来之果引入现在刹那使之得以起现而已。但若按过未无体论者的看法,实存性需奠基于在场性之上,那么因与果俱为实存的唯一可能即在于两者的同时在场,即它们都处于有体的现在刹那,这就是后来的唯识学者将经部种现熏生的异时因果改造为同时因果的根本原因。不过,也有的唯识学者如难陀、胜军等还是坚持经部的异时因果说,这从根本上涉及对缘起和时间的理解,且留待下一章再作探讨。

其三,种子引生异熟果与等流果的差异性问题。如前所述,对于经部来说,除了因能无间生果外,其他一切历时性因果关系的建立都是通过种子来予以说明的。这既可以是由同类因引生等流果,如从烦恼现行(缠)能熏成烦恼种子(随眠),从烦恼种子(随眠)又能生起烦恼现行(缠),也可以是由异熟因引生异熟果,即,从善或不善的业能熏成善或不善的业种,从此善或不善的业种则能生起无记的果报。经部学者已经认识到,这两类因果关系是不同质的,如说:“诸异熟因所引相续转变差别与果功能,与异熟果已,此功能便息。诸同类因所引相续转变差别与果功能,若染污者,至得毕竟对治道时,与等流果功能便息;不染污者,随心相续,至无余依般涅槃位,与等流果所有功能方毕竟息。”④这是说,异熟因所引生的业种,在感得相应的异熟果后,也就谢灭了,而由同类因所引生的种子,其染污者要得到对治才能断

① 陈译:《摄大乘论释》卷 2,T31,p.163a。

② 参本书上篇第二章第二节、第三章第一节。

③ 《成唯识论》卷 2,T31,p.8a。

④ 《阿毗达磨顺正理论》卷 35,T29,p.541c;又见《阿毗达磨俱舍论》卷 30,T29,p.159a。

灭,不染污者则可持续到无余依涅槃,此时因其所依的色心诸行永灭无余,故不染污种子亦随之永断。概言之,业种引生异熟果一般而言只能一次有效,而同类因的种子,在得到对治或无余依涅槃之前,能相续不断,一再引生等流果。

即便经部已经区分出了种子引生异熟果和等流果的不同,在有部看来,还是有两个问题尚未得到澄清。一者,由善或不善的业种为何能引生无记的异熟果?因为若是由种子引生等流果,比如就烦恼的种现来说,我们可以解释为,因为先前的烦恼现行能熏成烦恼种子,所以由此烦恼种子能生起此后的烦恼现行,那么,依此类推,由善或不善的业种能引生无记的异熟果,是否可解释为,由于先前无记的异熟熏习善或不善的业,所以所熏成的业种能生起此后的无记异熟果?这无非是说,先前的异熟是此后异熟的异熟因,这显然是荒谬的。① 二者,业种既然在引生异熟果后即便谢灭,为什么能和引生等流果的种子一样,也被比喻地称为种子?因为自然界中谷麦等的种子在结果之后,它们这种能生果的功能还能继续传递下去。种子引生等流果尚且符合这一比喻,但种子引生异熟果,"异熟后边,别业为因,引业相续,非前业种引后业能"②,即,业种在引生异熟果后即便谢灭,需要有新的业来熏成业种相续,这并不符合自然界中种子相续的比喻。

值得注意的是,室利逻多其实已经指出,异熟因相对于异熟果来说,只是增上缘,而非因缘,不过他又认为,"诸增上缘不越因性"③,也就是说,增上缘也被包括在因缘的范围内,所以他对种子引生等流果和异熟果这两种不同的因果关系只是作了笼统的说明,而没有像后来的唯识学者那样,作出名言种与业种的明确区分。

其四,初念无漏的生起问题。经部的种子熏习学说是以自然界中谷麦等的种子来类比说明的,和自然界中的种子(所谓"外种")一样,一切种子都由熏习而有,所以说,"如外熏习,有善等熏习","于相续中,惑所引功能方名惑种,此与烦恼为能生因。若相续中善等所引,名善等种,为善等因"。④ 按照后来唯识学者的看法,这也就是所谓的"新熏说"。如窥基就说,"经部师无法尔种,……以唯新熏而为不正"⑤。问题是,有情无始以来都是有漏流行,那么,能引生见道位初念无漏的无漏法种又是如何熏成的

① 参《阿毗达磨顺正理论》卷18,T29,p.442a。

② 《阿毗达磨顺正理论》卷51,T29,pp.629c－630a。

③ 《阿毗达磨顺正理论》卷18,T29,p.442a。

④ 《阿毗达磨顺正理论》卷68,T29,pp.712c－713a。

⑤ 《成唯识论述记》第四末,T43,p.375c。

呢？按照经部的看法，能引生见道位初念无漏的无漏法种本身是有漏的，它由见道位前的有漏善熏习而成。经部举例说，就像钻木生火，木在未被钻之前，不会感觉到热，说明其时木中并没有火极微，但在被钻之后，木就能生火；同样的，凡夫身中虽然没有无漏性的种子，但通过修行，见道位也能生起无漏法。因此生起初念无漏法的种子本身是有漏性的，它依于凡夫有漏的色心诸行相续，乃至见道位，即以此为因，生起初念无漏现行。①

值得注意的是室利逻多弟子"大德"逻摩（Rāma，喜乐或喜慧）②的说法：

> 有不染法，名为习气，如不善因所招异熟。世尊昔在菩萨位中，三无数劫修诸加行，虽有烦恼，而能渐除烦恼所引不染习气，白法习气渐令增长。后于永断诸漏得时，前诸习气有灭、不灭，以于长时修加行故，证得无上诸漏永尽。然佛犹有白法习气，言习气有灭、不灭故。③

印顺法师说："白法习气，是无漏种子，不染习气，是有漏闻熏习。如这样比拟的解说，那与《摄大乘论》的新熏说，是非常近似的了。"④这一推断似乎有待商榷。所谓"不染习气"，按照普光的解释，是指不染无知。有部认为，不染无知就是二乘犹有、唯佛永断的有漏劣慧，逻摩则是将不染无知定位到了烦恼所引的习气上，所以称之为"不染习气"，⑤而与有漏闻熏无关。"白法习气"，诚然是指无漏法的种子，不过，佛果位还有"白法习气"不灭，说明这种无漏法的种子本身也应该是无漏性的，这与前述经部认为无漏法的种子本身是有漏性的有所不同。问题是，见道之前，从来就未曾有过无漏法的现行，那么，这种直到佛果位都相续不断的"白法习气"又是如何熏成的呢？这是否暗示了，它其实是本有的，只是通过"修诸加行"而"渐令增长"？《顺正理论》所驳斥的"若谓净界本来有者，……若言更赖余缘助者，……若言要待

---

① 参《阿毗达磨顺正理论》卷 68，T29，p.713a。

② 《俱舍论记》卷 1 本："逻摩，此云喜乐。"（T41，p.4b）《阿毗达磨显宗论》卷 13 则将"大德逻摩"意译为"大德喜慧"（T29，p.835c）。

③ 《阿毗达磨顺正理论》卷 28，T29，p.502b。

④ 印顺：《说一切有部为主的论书与论师之研究》，页 572。

⑤ 参《俱舍论记》卷 1 本，T41，p.4b。有部虽然也说不染无知是烦恼习气，但不染无知是以有漏劣慧为体，所谓习气是指与有漏劣慧"俱生心心所法"或其所依身，而并没有种子的含义。逻摩所说的烦恼习气，虽"不能显其体性"，但应该有烦恼所引生的种子的意思，与有部所说名同实异。参《阿毗达磨顺正理论》卷 28，T29，p.502a－b。关于这一问题，具体请参本书中篇第五章第二节。

相续转变，……"①云云，是否就是指逻摩的论义呢？如果再追溯到《异部宗轮论》，其中就曾论及，经量部认为，"异生位中亦有圣法"，据窥基的解释，这是说，"无漏种法尔成就"②，那么，是否经部早期就有无漏种子本有的学说呢？由于文献不足征，我们现在都难以作出明确的推断。③ 不过，至少可以说，有关种子特别是无漏种子的来源问题，是新熏还是本有，在经部那里就已经有所探讨。

在有部看来，能引生无漏法的种子，其本身无论是有漏性的，还是无漏性的，其实都不能成立。如果它是有漏性的，那么，"有漏法不应为无漏种故，无漏法亦不应为有漏种故"。"异生类心心所中无漏法种若是有漏，性类别故，应非彼种，如何能作无漏生因？非苦种中可生甘果。诸能为种，可名生因。故从有漏因唯应生有漏，宁执有漏为无漏种？"④这是说，有漏、无漏性质不同，不能作为同类因互相引生。⑤ 有漏性的种子不能引生无漏法，就如同苦种不能引生甜果一样。如果有漏性的种子能生无漏法，那么，反过来说，无漏性的种子也就能生有漏法了。此即，如果能从凡夫的心、心所引生圣者的心、心所，那么，从圣者的心、心所也就可以引生凡夫的心、心所了。如果能引生无漏法的种子本身也是无漏性的，那么，"应异生类相续中无，或应异生毕竟非有，皆成有为无漏法故"⑥。这是说，既然是凡夫，就不可能有这种无漏性的种子；或者反过来说，既然凡夫身中也有这种无漏性的种子，那他已成就有为无漏法，也就不再是凡夫，更不会轮转恶趣了。这样，无论

---

① 《阿毗达磨顺正理论》卷 15，T29，p.421a。

② 《异部宗轮论》，T49，p.17b；《异部宗轮论述记》，X53，p.590a。《异部宗轮论》中，"说转部"（'Pho bar smra ba，《部执异论》音译"僧干兰底婆拖"，* Saṃkrāntivāda）又名"经量部"（mDo sde smra ba，《部执异论》音译"修丹兰多婆拖"，* Sūtrāntavāda），这是否就是我们通常所说的经量部不无可疑之处。如玄奘译本中说，该部是以"庆喜"即阿难为师，这暗示了该部以经为量的学理特色，但据藏译本及真谛译《十八部论》，该部是以"法上"（Chos mchog，* Dharmottara，《十八部论》作"欝多罗"，或为"达摩欝多罗"之脱略）为师。本书姑且将其视作早期经量部。《部执异论》，T49，p.22c；《十八部论》，T49，p.18b；寺本婉雅等：《藏漢和三訳対校異部宗輪論》，页 19—20。

③ 如后来日本法相宗认为佛灭后一百年的鸠摩罗多持色心互熏说，所以认可种子新熏；佛灭后四百年的经部师建立有"细意识"，所以认可种子本有。这些基本也是推测之辞。见《唯识论同学钞》卷 29（四之二），T66，pp.268c－269a。

④ 《阿毗达磨顺正理论》卷 15，T29，p.421a－b；同论卷 68，T29，p.713a。

⑤ 所以按照有部的看法，初念无漏（即"苦法智忍"）无同类因，而是由前念有漏（即"世第一法"）作为等无间缘引生。与同类因不同，等无间缘可以异类相引。如《阿毗达磨顺正理论》卷 5："初无漏苦法忍品……无同类因而得生起，余有为法无如是事。等无间缘势力强故，前因虽阙而此得生。等无间缘势力强者，与初圣道品类同故，无量善法所长养故，与初圣道性相等故，为此广修诸加行故。"（T29，p.358c）

⑥ 《阿毗达磨顺正理论》卷 68，T29，p.713a。

能引生无漏法的种子本身是有漏性的还是无漏性的，凡圣的差别都将无法建立。

有部对经部种子说上述四个主要方面的论破，看似层层推进，逻辑缜密，如众贤自许为“已拔其根，片无遗漏”①，但其根本立足点，其实无非就是有部的“自性见”以及在“自性见”基础上的假实观。比如，第三、四个问题，严格区分种子引生等流果与异熟果的差异性，认为有漏生有漏、无漏生无漏，正是有部的“自性见”使然。而第一、第二个问题，则是基于有部以“自性见”为基础的假实观，他们认为，有者实有，假者如龟毛兔角般的无，实际上还是有无两行的。所以问题的关键其实并不在于有部的论破在细节上是否严密周延，而是在于其论破的前提本身就是值得反思的。也正是在充分吸收了有部相关论难的基础上，唯识学者最终形成了以“种子六义”与“能、所熏四义”为纲要的成熟形态的种习学说。

① 《阿毗达磨顺正理论》卷 17，T29，p.430a。

第五章 《成唯识论》的种子熏习理论

种子与熏习构成一种回互性的因果关系，这既可以在缘起论的基本框架下对现实世界的安立作出积极的说明，又避免了类似于如来藏缘起的"不平等因"嫌疑。为了审慎地分别这一基础性的因果关系得以成立的诸般条件，《摄大乘论》就种子与所熏的基本语义作出了初步的界说，①这在《成唯识论》中被进一步明确为"种子六义"与"所熏四义"；此外，加上通过对成立能熏之条件的厘定而提出的"能熏四义"，唯识学的种习学说在护法学统中得以最终完型。

第一节 种子的语义及其分类

在复杂的缘起之流中，种子是现行果法得以生起的最根本、最直接的原因，相对于其他因果关系来说，具有奠基性的意义，所以被指认为四缘中的因缘。"种子六义"确认了这种基础性的因性所必须满足的条件，从而将它与一般的因果关系区分开来。而为了以这种因缘性质的种现关系来说明增上缘性质的业果关系，唯识学者又作出了"名言种"与"业种"的分别。

1.1 因有七相与种子六义

据玄奘门下所传，"种子六义"发端于《瑜伽师地论·本地分》所说的"因有七相(ākāra)"。所谓"因有七相"，是指因的成立必须具备七个条件：一、"无常法是因(anityo hetuḥ)，无有常法能为法因"；二、"与他性(parabhāvasya)为因，亦与后自性(uttarasya... svabhāvasya)为因，非即此刹那"；三、"已生未灭(utpanna-aniruddha)方能为因，非未生、已灭"；四、"得余缘(pratyaya-antara)方能为因，非不得"；五、"成变异(vikāra)方能为因，

① 参《摄大乘论本》卷上，T31，p.135a。

非未变异”；六、“必与功能相应（śakti-yukta）方能为因，非失功能”；七、“必相称、相顺（anurūpa-anukūla）方能为因，非不相称、相顺”。①

按照窥基一系的解释，《瑜伽》所说的第一相，相当于“种子六义”中的“刹那灭”。第二相“与他性为因”，相当于“种子六义”中的“果俱有”，“亦与后自性为因，非即此刹那”，相当于“种子六义”中的“恒随转”。《瑜伽》所说的第三相，也包括在“果俱有”与“恒随转”二义中，强调的是种子为因必须在实有的现在刹那。《瑜伽》所说的第四、第五相，相当于“种子六义”中的“待众缘”。因为“待众缘”有两个含义，一是说，仅有种子不能生果，此即第四相；二是说，种子待众缘而变异后才能生果，此即第五相。《瑜伽》所说的第六相，相当于“种子六义”中的“性决定”。《瑜伽》所说的第七相，相当于“种子六义”中的“引自果”。② 那么，以后出的“种子六义”来配释早期《瑜伽论》的“因有七相”，在学理上是否稳妥呢？

本来，佛法有别于其他外道之处，正在于其能远离“无因论”（ahetu-vāda）与“不平等因论”（viṣama-hetu-vāda）等偏执而善巧地安立一切因果。现实世界的因果关系呈现出各种复杂的样态，因此在阿毗达磨学统中，对此的精审分别与明晰界说就成为其基本主题之一，有部因此亦得“说因部”（Hetuvādin）之名。③ 比如，因果关系有共时性与历时性的区别。共时性者，即“俱有因”（sahabhū-hetu）引生“士用果”（puruṣakāra-phala），④其中特殊的

---

① 参《瑜伽师地论》卷 5，T30，p. 302b；Vidhushekhara Bhattacharya：*The Yogācārabhūmi of Ācārya Asaṅga，part I*，pp.111 – 112。

② 参《成唯识论掌中枢要》卷上本，T43，pp.630c – 631b；《瑜伽师地论略纂》卷 2，T43，p.31b – c；《成唯识论义蕴》第二末，X49，pp.412c – 413a。汉地诸师对“因有七相”与“种子六义”的配释并不完全一致，高丽华严学者均如在《释华严教分记圆通钞》卷 7 中就曾提到：“晓公则第六、七句合为引自果义；测师则第六句为决定义，第七句为引自果义；神廓师第六句是恒随转，第七句是决定义。”此即，元晓认为，《瑜伽》说的第六相“与功能相应”、第七相“相称相顺”都是“引自果”义；圆测认为，第六相是“性决定”义，第七相是“引自果”义，此同于窥基；神廓则认为，第六相是“恒随转”义，指的是阿赖耶识与种子之间的相应随转，第七相是“性决定”义。见《均如大师华严学全书（下卷）》（东京：後楽出版株式会社，1977 年），页 405。

③ 见《异部宗轮论》，T49，p.15b。

④ 俱有因具体包括：四大种之间，四相与所相本法，四相之间，心与心随转法（cittānuvartino dharmāḥ，心所、定道无表、四相），心随转法之间。见《俱舍论颂疏》卷 6，T41，p.853c。需要指出的是，在有部看来，根境生识并非俱有因，而是能作因，只不过这是一种俱时的能作因。《阿毗达磨俱舍论》卷 6：“或能作因亦有胜力，如十处界于五识身，……”（T29，p.35a）又，《阿毗达磨顺正理论》卷 15：“谓如经说：眼及色为缘，生于眼识。……诸如是等即能作因。”（T29，p.416b – c）所以《婆沙》卷 16 中曾有这样的法义分别：“问：所造色与所造色为俱有因不？答：有为俱有因，如随心转所造色。问：有对造色与有对造色为俱有因不？答：无。”（T27，p.82b）“有对造色”，即除无表色外的所造色。无表色则为“无对造色”。无对造色即无表色中，只有随心转无表即定道无表可以互为俱有因。《顺正理论》卷 16 所谓：“显有对造色皆非俱有因，故作是说，有无对造色得为俱有因，不可同彼。”（转下页）

一类是心、心所法之间的俱时共生关系,是为"相应因"(saṃprayuktaka-hetu)。历时性者,或者因果之间具有同类相似的特征,此即"同类因"引生"等流果",此中"见"、"疑"、"痴"等根本烦恼不仅能引生同类烦恼,亦为后时其他同地烦恼生起的因性,故从同类因中区别开来而另立为"遍行因"(sarvatraga-hetu);①或者是由善、不善之因引生后时无记之果,即因果之间既为异时又非同类,是即"异熟因"(vipāka-hetu)引生"异熟果"(vipāka-phala)。以上所述诸因,都对引生自果有最为内在直接的作用,故而此五因皆为"因缘"。此外,宽泛地说,除果法自身外,其余一切诸法都对该法的生起有所助力,或至少不障碍其生起,因此其余一切诸法都为该果法的"能作因"(kāraṇa-hetu),相对于此,该果法则为"增上果"(adhipati-phala)。"能作因"即是"增上缘",所谓"增上即能作"(kāraṇākhyo 'dhipaḥ smṛtaḥ),②或者也可以摄除"因缘"外的其余"等无间缘"、"所缘缘"、"增上缘"三缘。③ 而

(接上页)(T29,p.427c)意思就是,无对造色可以(而非全部)为俱有因,相对于此,有对造色都不能为俱有因。五根与五境(除触境中的四大外)既然都是有对造色,所以不能为俱有因。而唯识学者由于不承认有部所说六因中除异熟因外的其余五因(详下),所以经他们改造后,俱有因倒可以是指由根生识。如《杂集论》以"助伴故"(sahāyataḥ)建立"俱有因","谓诸法共有而生,必无缺减(ye dharmāḥ sahabhāvenotpadyante nānyatamavaikalyena)"。(《大乘阿毗达磨杂集论》卷4,T31,p.713c;早島理:《梵蔵漢対校「大乘阿毗达磨集論」·「大乘阿毗达磨雜集論」》,Volume I,p.250。)如此成立的俱有因,正如窥基所指出的,就可以指"一切俱有法,相依俱起有力者",(《杂集论述记》卷6,X48,p.97a。)即所有同时因果关系中的因都是俱有因。《瑜伽师地论》卷5更明确说:"俱有因者(saha-bhūtāḥ),……如眼于眼识,如是,耳等于所余识。"(T30,p.302b)认为由根生识就是俱有因,虽然这不是六因中的俱有因,而是五相建立因中的俱有因。当然,唯识学者成立俱有因,主要还是为了指认种现之间的同时因果关系,如无性《摄论释》卷2说,俱有因"即阿赖耶与诸转识"。(T31,p.388b)《成唯识论》卷2更明确说:"能熏生种,种起现行,如俱有因得士用果。"(T31,p.10a)意思就是,有部所说者并非真正的俱有因,真正的俱有因是指种现之间的同时因果关系。(参《成唯识论述记》第三本,T43,p.315a。)

① 严格说来,遍行因是指五部烦恼中"见苦所断"(duḥkha-darśana-prahātavya)、"见集所断"(samudaya-darśana-prahātavya)的"见"、"疑"、"痴"。见苦所断的"见"包括全部五见,见集所断的"见"只有"邪见"、"见取"二见,无其余"萨迦耶见"、"边执见"、"戒禁取"三见,再加上二部的"疑"、"痴"各一,合为十一根本烦恼,所谓十一随眠。

② 《阿毗达磨俱舍论》卷7,T29,p.36b;P. Pradhan:*Abhidharmakośabhāṣya of Vasubandhu*,p.100。

③ 关于六因与四缘的相摄,《婆沙》中有两种说法。一是认为,"前五因是因缘,能作因是余三缘"。二是认为,四缘能摄六因,而六因不能摄四缘,即,"前五因是因缘,能作因是增上缘,等无间缘及所缘缘非因所摄"(《阿毗达磨大毗婆沙论》卷16,T27,p.79a－b)。按照普光的解释,前者是就六因与四缘的体性来说,它们在范围上是一致的,所以说彼此相摄;后者是就其作用的相似来说,因为增上缘有"不障碍"的作用,相似于能作因,而其余等无间缘、所缘缘的作用与能作因不相似,所以说能作因仅摄增上缘,而不能摄等无间缘和所缘缘(《俱舍论记》卷7,T41,p.133a－b)。法宝批评了普光的解释,在他看来,如果能作因还有"有作用"的意涵,就可以摄等无间缘和所缘缘,因为等无间缘有开导的作用,所缘缘有仗托的作用,所以都可以是能作因。如果能作因仅是"不障碍"的意涵,那么,"不障碍" (转下页)

总合四缘,则可以摄一切法,具体说来,因缘摄一切有为法,等无间缘摄除过去、现在阿罗汉最后心心所法,其余一切过去、现在心心所法,所缘缘与增上缘都可以摄一切有为、无为法。因此有部反对譬喻师"缘无实性"的论义,因为如果说四缘非实,也就意味着一切法非实。① 这就是有部著名的"六因"、"四缘"、"五果"的学说。②

唯识学者虽然不认同有部除异熟因外的其余五因,③但在《瑜伽师地论》中,也建立了以"十因"、"四缘"、"五果"为基本纲目的因果论体系,并将其统一到所谓"十五依处(adhiṣṭhāna)"来予以具体辨明。④ 顺此理路,《瑜伽论》接着所提出的"因有七相",可能就是基于过未无体的立场对此前全部因果关系探讨的一个总结性抉择,而并不必然仅仅落实在种现关系上。当然,种子作为一种基础性的因性,也应当符合这一对因性成立的条件性限定,由此后来的唯识学者将其改造为关于种子的特殊语义,似乎亦非全然无当。正因为这种改造具有解释学"效果历史"(Wirkungsgeschichte)的意义,所以事实上也就未必只有窥基一系的一种解释。如下所述,难陀、胜军等恰恰就是通过与之不同的解读,而得出了种现熏生也是异时因果的结论。

具体说来,种子六义中,其一,"刹那灭",此谓种子非如无为法常住不变,正因为其生即谢灭的转变,才能有"取果"与"与果"的殊胜功能。这里"与果"是指种子能予同念现行果法的生起以力用,"取果"是指它能引生后念的自类种子。如前所述,有部认为,法体三世实有,故而因的"取果"与"与果"可以在不同的时间分位,如异熟因是现在"取果",过去"与果"。而唯识学者既接受了过未无体的时间观念,所以因的"取果"与"与果"只能同在实有的现在刹那。此如窥基所说,"大乘取果、与果必同世故"⑤。

"刹那灭"指认了种子必须是有为法,因此真如就不能作为种子而生果。于此窥基特别指出,"旧人云,真如是诸法种子者,非也"⑥。所谓"旧人",应该是指旧译。不过,即便是奘门之下,如法宝基于"一性皆成"的立场,也是

(接上页)也就是增上缘的作用,所以能作因不能摄等无间缘和所缘缘。法宝认为,前一种说法比较合理(《俱舍论疏》卷7,T41,p.574b)。不过,《俱舍论》、《顺正理论》等都是取后一种说法。

① 《阿毗达磨大毗婆沙论》卷55、卷131,T27,p.283a-b、p.680b-c。

② "五果"中尚有"离系果"(visaṃyoga-phala),即择灭无为,该果非从六因所生,而是由圣道引生择灭无为的"得",故为道果(mārgasya phalam),此处略而不述。

③ 《显扬圣教论》卷18:"有一异计立六种因,谓同类因、遍行因、俱有因、相应因、异熟因、能作因。如是六种,除异熟因,余五因性不应道理。"(T31,p.570a)

④ 具体请参《瑜伽师地论》卷5,T30,pp.301b-302a。

⑤ 《瑜伽师地论略纂》卷2,T43,p.31c。

⑥ 《成唯识论述记》第三本,T43,p.309c。

认为“真如能为种生”出世法。① 慧沼则在《能显中边慧日论》中以“真如为种谬”为题而破斥之。这是一个涉及一性与五姓之诤的重大问题,我们下面再来作进一步的探讨。②

这里需要指出的是,认为有为法必刹那灭,这并非是佛家的通说,而是承续自譬喻师的论义。譬喻师认为,“诸法生时虽由因生,而诸法灭时不由因灭”③。这就比如,射箭时需要人来发力,而箭坠落时,则无须用力,它自然就会落地。④ 此谓之“灭不待因”(ākasmiko vināśaḥ)。《俱舍论》进一步解释说:“待因谓果,灭无非果,故不待因”⑤。这是说,灭(vināśa)也就是无(abhāva),它不是有体的果,所以不需要有因。正因为“灭不待因”,所以有为法才生即灭,而为刹那灭。

有部则认为,灭因有两种:一是主因,指四有为相(saṃskṛta-lakṣaṇa)之一的“灭相”,在有部看来,“生”(jāti)、“住”(sthiti)、“异”(jarā)、“灭”(anityatā,无常)四有为相作为不相应行法都是实有的,其作用正在于使有为法生起、安住、衰变、坏灭;⑥二是客因,指其他的因缘条件。既然“灭相”能使有为法坏灭,所以灭需要有作为主因的“灭相”,但不需要有其他的因缘条件即客因,故谓之“灭不待客因”。⑦ 不过,由于有部认为,“一刹那具有三相”⑧,即每一刹那都有“生相”与“灭相”同时存在,⑨所以有为法也是才生

---

① 《能显中边慧日论》卷2,T45,p.428c。

② 参本书中篇第六章第二节。

③ 《阿毗达磨大毗婆沙论》卷20,T27,p.103c。

④ 参《阿毗达磨大毗婆沙论》卷21,T27,p.105a。

⑤ 《阿毗达磨俱舍论》卷13,T29,p.67c;P. Pradhan: *Abhidharmakośabhāṣya of Vasubandhu*,p.193。

⑥ 不过,有部认为,四有为相本身属于不相应行法,也还是有为法。分别论者则说,四有为相本身是无为法,否则,它们就不具有足够的力量使有为法生起乃至坏灭。见《阿毗达磨大毗婆沙论》卷195,T27,p.977b。《中论》卷2论破说:“若生是有为,则应有三相;若生是无为,何名有为相?”(T30,p.9a)所谓“三相”(tri-lakṣaṇa),是将“住”、“异”二相合起来说。这是说,如果“生”等三相是有为法,那么它们也应该有自己的三相;如果“生”等三相是无为法,那么,“因灭有为名无为”,无为法本身就是无,“但有名字”,它也不能是有为法的相。(《中论》卷2,T30,p.9a、p.11a。)据《般若灯论》等,前者所破斥者为犊子部等的看法。(《般若灯论释》卷5,T30,p.75c。)但从青目释谈到“一法、二生、三住、四灭、五生生、六住住、七灭灭”七法共生来看(T30,p.9b),这也可以包括有部。因为如将“住”分为“住”、“异”二相,将“住住”分为“住住”、“异异”二相,这就是有部经典的九法共生之说。事实上,青目释此处七法共生的依据应该就是龙树所造的《十二门论》(T30,p.162c),该论并谓,此是“阿毗昙中说”(T30,p.164c)。虽然《十二门论》仅有汉译本,但这或许更能体现龙树的本意。后者所破斥者未详所指,但至少可以是指分别论者。

⑦ 参《阿毗达磨顺正理论》卷33,T29,pp.533c-534a。

⑧ 《阿毗达磨大毗婆沙论》卷39,T27,p.200a。

⑨ 有部认为,“生相”在未来起用,“住”、“异”、“灭”三相在现在起用,“体虽同时,用有先后。一法生灭作用究竟,名一刹那”(《阿毗达磨大毗婆沙论》卷39,T27,p.200a)。

即灭，而为刹那灭。

正量部的看法则有所不同，他们认为，灭有时也需要有其他的因缘条件即客因，比如，薪之所以灭，是由于火烧，火即为客因。薪若未被火烧，则可以有一段时间的暂存，因此有为法并非都是刹那灭。① 具体说来，有为法中，“心心所法、灯焰、铃声念念灭，色法中，如大地经劫，命根等皆随一生长，犹有生灭等”②。这是说，心心所法和色法中的灯焰、铃声等是刹那灭的，但色法中的大地可以历劫不灭，命根则可以在一期生命中存在，它们都不是刹那灭的。

唯识学者接受的正是譬喻师的看法。事实上，早在《瑜伽论·声闻地》中就已谈到，“生已不待灭坏因缘（vināśa-kāraṇa），自然灭坏（svarasena vinaśyanti）”，其他“变异因缘”（vipariṇāma-kāraṇa）是刹那生灭的迁流诸行的“生起因缘”，而非“灭坏因缘”。③ 窥基举例说，比如日晒使青叶变黄，日晒是黄色生起之因，而非青色消失之因，青色是生起后自然消失。再比如，以火煮水，水不断变少，乃至最后全部消失，火并非是前刹那较多的水的消失之因，而是后刹那较少的水的生起之因，乃至最后，并非是火使水完全消失，而是最后一滴水生起后自然消失，而火不能再作为因缘生起下一刹那的水。④

其后《大乘庄严经论》进一步以“十五义”来证成“刹那灭”，从其论义来看，其所针对的对象，似乎就涉及正量部的心法刹那灭、色法有暂住之说。比如，最后六义都是从色心一致的角度来论证刹那灭，即，如果心法是刹那灭，那么色法或是心法之因，或是心法之果，也必定刹那灭。⑤ 此外，在后文的问难部分，论主还专门破斥了所谓的“非刹那论者”（akṣaṇikavādin），他们

---

① 参《俱舍论记》卷13，T41，pp.201c－202a。

② 《异部宗轮论述记》，X53，p.586c。

③ 《瑜伽师地论》卷34，T30，p.473b；Karuṇeśa Shukla：*Śrāvakabhūmi of Ācārya Asaṅga*，pp.485－486。

④ 《瑜伽师地论略纂》卷9，T43，p.123b－c。窥基的这一解释或许是依据《阿毗达磨俱舍论》卷13：“若尔，现见煎水减尽，火（agni）合于中为何所作？由事火合，火界（tejo-dhātu）力增，由火界增，能令水聚于后后位生渐渐微（yasya prābhāvādapāṃ saṃghātaḥ kṣāmakṣāmo jāyate），乃至最微（ati-kṣāmatā）后便不续，是名火合于中所作。”（T29，p.68a）P. Pradhan：*Abhidharmakośabhāṣya of Vasubandhu*，p.194。“事火”（agni），也就是通常所说的火。事火与水聚结合（saṃyoga），并不是水聚逐渐消失之因，而是事火使水聚中的火大（“火界”）增盛，从而引生（jāyate）下一刹那较少（kṣāma）的水聚，乃至到最后一滴水（“最微”）后，水聚不能再被引生（“不续”）。

⑤ 此为第十义“因”、第十一义“果”，梵本合为一义“taddhetutvaphalatvataḥ”（彼因性、果性故）。以下第十二义至第十五义都是对色法何以是心法之果的具体分疏。《大乘庄严经论》卷11，T31，pp.646c－647a；S. Lévi：*Mahāyāna-sūtrālaṃkāra*，pp.150－151。

承认诸行无常性(anityatva),却不愿承认诸行刹那性(kṣaṇikatva),并且在他们看来,灯焰(pradīpa)倒是刹那灭的,[①]这明显就是正量部的论义。而在论主全部的破斥中,一个根本性的论证,还在于"灭不待因",所谓"坏因(vināśa-kāraṇa)毕竟无有体故。……又如煎水至极少位,后水不生,亦非火合水方无体"[②]。

《集论》中也有类似的说法。为论证"如心心所是刹那相(kṣaṇikatā),当知色等亦刹那相",论中提出了八条理由,可以说是《庄严经论》的进一步精简化与系统化,但其中也还是强调:"生已不待缘自然灭坏故(utpannasya cānapekṣya pratyayaṃ svarasavināśitāṃ upādāya),当观色等亦念念灭。"[③]

由此可见,刹那灭是以"灭不待因"为前提的,而之所以"灭不待因",按照《俱舍论》的解释,是因为灭就是龟毛兔角般的无。这其实与他们所批评的正量部一样,都还是基于实体主义的立场来思考生灭的问题。

其二,"果俱有",强调的是作为因性的种子与由其所生起的现行果法在同一有情身中的"俱时现有"。种子虽"刹那灭",但其生果并非在已灭之后,而是正当其生即谢灭的转变之际。所以然者,"现在时可有因用,未生、已灭无自体故"[④]。对此,无性在《摄论释》中有一个形象的比喻,他说,过去已灭之因亦能生果,就如同死鸡还能啼鸣一样荒谬。[⑤] 窥基则进一步以"显现"、"现在"、"现有"三义来分解之。"显现"谓果法彰显易见,即果法为现行,因此指的是种生现的因果关系,由此可简别无种姓人的第七识。无种姓人的第七识,虽然没有圣道转易而长时一类相续,也是"恒随转",并且它还能为因熏成自种,但在此现熏种的俱时因果中,却是因法显现而果法沉隐,因此无种姓人的第七识不具备果法"显现"一义,不得名之为种子。"现在"谓非前后,意即非是以前念种为因生后念果,因果必同处现在刹那。"现有"谓非假有,意指种子必为实法,方能有生果之用。概言之,"显现唯在果,现有唯在因,现在通因果"[⑥],种子在时间上的"现在"保证了其体性上的"现有",而"现有"的种子才能生起同处"现在"刹那的"显现"的果法。可见,种生现的俱时因果是以过未无体的时间预设为基本前提的。

---

① 《大乘庄严经论》卷11,T31,p.648b;S. Lévi: *Mahāyāna-sūtrālaṃkāra*, pp.153 - 154。

② 此为第五义"无体"(abhāvāt,无故)。《大乘庄严经论》卷11,T31,p.646c;S. Lévi: *Mahāyāna-sūtrālaṃkāra*, p.150。

③ 《大乘阿毗达磨集论》卷3,T31,p.675b;早島理:《梵藏汉对校「大乘阿毗达磨集论」·「大乘阿毗达磨雑集论」》,Volume II, p.352。

④ 《成唯识论》卷2,T31,p.9b。

⑤ 见无性:《摄大乘论释》卷2,T31,p.389b。

⑥ 《成唯识论述记》第三本,T43,p.309c。

其三，"恒随转"，意指种子在得到对治前，一类相续、恒无间断，由此前七转识转易间断，不是种子。"转易"是相对于"一类"说的，指的是前七转识有苦、乐、舍三受或善、染、无记三性的改转。"间断"是相对于"相续"说的。除无种姓者外，其他有情的第七识虽然不同前六识会有间断，但有始于见道位的转依，见道位后，第七识有漏、无漏间杂生起，其所缘境亦因漏、无漏而有不同，所以也可以说是转易间断。按《成唯识论》的看法，种子生果有俱时、不俱时两类，前述"果俱有"表征的是种现俱时的共时性向度；此处"恒随转"则是指，种子作为一种潜在的因性，在时间的流转中，由前念无间隔地引生后念，自类相生，因此表征的是异时因果的历时性向度。

本来，种子是相对于现行而言的，它是与之俱时的现行果法的因性。但种子生果如下述需"待众缘"，亦即，种子并非在每一刹那都有"果俱有"义。如此，那些尚未生果而只是"恒随转"的种子，严格意义上来说也就不能被称为"种子"。窥基说，无性在《摄论释》中是将它们称为"种类"，即"种子类"，以与正在生果即"果俱有"的"种子"区分开来。今检无性《摄论释》，似乎并没有"种类"的明确提法，但在解释《摄论》所说"种子六义"中的"唯能引自果"（rang gi 'bras bus bsgrubs pa，svaphalasyaiva sādhanam，相当于《成唯识论》中的"引自果"）①时，无性说：

> 所言唯者，若于此时能生自果，即于尔时说名种子，种与有种并无始故。由此唯言，遮相续等为种子体，如所说种子法不相应故。②

"有种"（*sabījaka），是指由种子所生起的现行。"唯能引自果"，原本着眼点是在这个"自"（sva）上，即，各自的种子只能生起各自的现行。世亲释即是如此，他说："唯能引自果者，谓自种子但引自果，如阿赖耶识种子唯能引生阿赖耶识，如稻谷等唯能引生稻谷等果。"③但无性却将其侧重点落实在了"唯"（eva）上，认为"唯"是说，只有当其生起各自的现行果法时，它们才能被称作种子，由此就排除了"相续"是种子。所谓"相续"，应该是指"恒随转"。从《摄论》的藏译本及其梵文还原来看，"恒随转"直译就是"相续（rgyun chags，saṃtāna）随转"。④ 或许正由于此，窥基认为，无性是将"恒随

---

① 《摄大乘论本》卷上，T31，p.135a；長尾雅人：《摂大乘論：和訳と注解（上）》，附录页 29。

② 无性：《摄大乘论释》卷 2，T31，p.389b。

③ 世亲：《摄大乘论释》卷 2，T31，p.329c。

④ 長尾雅人：《摂大乘論：和訳と注解（上）》，附录页 28—29。

转”的种子称为“种类”。①

窥基本人则对无性的区分重新作出了解读。在他看来,“恒随转”的种子,就其在得到对治之前,有能生起现行果法的功用,即将来众缘具足之时能够“果俱有”来说,它们还是可以被称为“种子”,种子并不需要每一刹那都“果俱有”。至于“种类”,是指种子已得到对治,虽然种子本身并没有被断除,但它已不再有生起现行的功用,亦即不再有“果俱有”的含义,所以就不能称之为“种子”,而只能称之为“种类”了。比如,外道入无想定,是因为其厌患有漏粗动心故,逐渐熏习成了殊胜的厌心种子,从而使得次刹那起前六识不再现行。此厌心种子本身虽然要到金刚无间道才能断除,但在见道位已得到对治,因此见道位后它不再有令前六识不现行而入无想定的功用,这种“毕竟不生现行者”②,才是所谓“种类”。

概言之,这里“果俱有”与“恒随转”二义是互为补充的,唯识学者以此来实现种子义中共时性与历时性、间断性与连续性的统一。不过,如上所述,这种统一性并不落实在每一刹那,而是要在时间的流转中见出。这样,说种子必具六义,也不是就每一刹那而为言的。此如《义演》所说:“种子具六义,约长时说,非要念念中而具六义。”③

其四,“性决定”,其六,“引自果”,在语义上有一定的相关性,两者是否具有独立的内涵与明晰的边界,后来还曾引起灵泰等人的疑问。④ 从《摄论》来看,这一问题或许是存在的。在《摄论》最初提出的“种子六义”中,与“性决定”相当的是“决定”(nges, niyata)。对此,世亲的解释是:“言决定者,谓此种子各别决定,不从一切,一切得生,从此物种,还生此物。”无性的解释是:“以诸种子功能定故,不从一切,一切俱生。”⑤两人的看法基本是一致的,即,“决定”是说,种子生果的功能是确定的,它只能生起与之同类的

---

① 但从无性《摄论释》的藏译本来看,似乎并不能得出这一解读。藏译本对应的一段文字作:“de'i phyir rang gi 'bras bus bsgrubs pa'o zhes bya ba smos te / sa bon dang sa bon can thog ma med pa'i phyir <u>de'i 'bras bu gang yin pa de nyid sa bon yin no</u> // des na ji skad smos pa'i sa bon gyi chos dang mi ldan pa'i phyir <u>gtso bo</u> la sogs pa'i sa bon nyid sel to //”(因此,所谓“唯能引自果”者,种子与有种无始故,<u>是其果者,即为种子</u>。因此,不具备上述种子法故,遮<u>最胜</u>等为种子性。)*Theg pa chen po bsdus pa'i bshad sbyar*, D4051, Ri, p.205b。这里最明显的一个差异在于,汉译本排除的是“相续”为种子,藏译本排除的则是“最胜”(gtso bo, * pradhāna),即数论所谓从一因能生一切果的自性。如此再反过来看藏译本所谓“de'i 'bras bu gang yin pa de nyid sa bon yin no”(是其果者,即为种子),强调的还是由什么种子生什么果,即“唯能引自果”的“自”。

② 《成唯识论疏抄》卷5, X50, p.213c。

③ 《成唯识论疏义演》第三本, X49, p.543c。

④ 见《成唯识论疏抄》卷5, X50, p.214a－b。

⑤ 世亲:《摄大乘论释》卷2, T31, p.329c;无性:《摄大乘论释》卷2, T31, p.389b。

果，而不能从一切任意的种子生起一切任意的果。就此而言，特别是从世亲所谓“从此物种，还生此物”来看，这与“引自果”的区别似乎比较模糊。

不过，世亲接下来在解释何以唯有阿赖耶识是所熏时，有谓：“阿赖耶识有刹那灭等，是熏习相。刹那灭故；与诸转识俱时有故；乃至对治恒随转故，或穷生死恒随转故；定与善等为因性故；待福、非福、不动行缘，于善恶趣异类熟故。”如此，配合“种子六义”来看，《摄论》所谓的“决定”，就应该对应于“定与善等为因性故”。这似乎意味着，“决定”是侧重在种子对于所生起的果法具有在善恶等三性意义上的决定性。① 由此再来反观前述世亲对“决定”的解释，所谓“从此物种，还生此物”，或许也应该从这一角度来予以理解。可能就是基于对世亲释的这一解读，《成唯识论》进一步将《摄论》的“决定”明确为“性决定”，认为这是指因果之间在善恶等性质上的一致性。亦即，随前能熏现行的善、恶、无记性，所熏成的种子能保持此种性质不变，从而也就决定了由其所生之果法的善恶性质。“性决定”排除了因果之间性质不同而可以为因缘的看法。比如，有部认为，不善法与有覆无记法可以互为同类因，②善、不善的异熟因可以引

---

① 世亲：《摄大乘论释》卷2，T31，pp.329c－330a。值得注意的是真谛旧译的对应段落：“以阿黎耶识具前六义：一、念念生灭；二、与生起识俱有；三、随逐乃至治际、穷于生死；四、决定为善恶等因；五、观福、非福、不动行为因，于爱憎二道成熟为道体；六、能引显同类果一切生起识。”（陈译：《摄大乘论释》卷2，T31，p.166a）按真谛译，此处完全与“种子六义”配合了起来。“治际”，即得到对治的边际。种子随转，直到其得到对治，或生生世世流转不息，此即“恒随转”（真谛译“随逐至治际”）。“福行”（puṇya），为欲界善业；“非福行”（apuṇya），为欲界不善业；“不动行”（āniñjya），为色界、无色界善业。“爱憎二道”，即可爱、不可爱两种果报，“道”是指六道，“道体”是指六道的果报体。“观”是观待。因此第五条是说，观待不同的业行为缘，种子方能成熟而生起或可爱或不可爱的果报。这可以配合“待众缘”（真谛译“观因缘”），只不过是将“待众缘”限定于业果方面来说了。玄奘译到此为止，隋代笈多译及藏译亦复如是，而真谛译则多出了第六条“能引显同类果一切生起识”。“一切生起识”即现行转识，“同类果一切生起识”也就是同类现行转识果。从《摄论释》的其他译本如唐、藏二译来看，此处是作“于转识中一切异法皆应成立”（'jug pa'i rnam par shes pa la ni chos mi mthun pa thams cad la sbyar bar bya'o），意思就是转识不能满足上述所有条件，真谛或许是误译。但真谛如此翻译，无非是要将其与“种子六义”中的“唯能引自果”（真谛译“如引显自果”）相配合。由此“决定为善恶等因”也就更为明确地对应于“决定”了。世亲：《摄大乘论释》卷2，T31，p.330a；*Theg pa chen po bsdus pa'i 'grel pa*，D4050，Ri，p.132b。

② 如《俱舍论》卷6说：“同类因者，谓相似法（sadṛśā dharmāḥ）与相似法为同类因。谓善五蕴与善五蕴展转相望，为同类因，染污与染污、无记与无记五蕴相望，应知亦尔。”（T29，p.31a）法宝《俱舍论疏》卷6对此解释说：“此中染言，通其不善、有覆无记，以此二法互为因故。言无记者，谓唯无覆无记法也（指“无记与无记五蕴相望”中的“无记”——笔者注）。有覆无记非唯与无记为因故，亦非唯用无记为因故。”（T41，p.561a）这是说，染污法包括不善法与有覆无记法，因此说染污法与染污法为同类因，也可以是不善法与有覆无记法互为同类因。具体说来，其一，“遍行不善及见苦所断余不善业，以有身见、边执见品诸无记法为等流故”。“遍行不善”，即遍行因中的不善法。遍行因共有十一种，其中身见、边见是有覆无记，因此“遍行不善”包括其余九种：“见苦所断”的邪见、见取、戒禁取、疑、痴，“见集所断”的邪见、见取、疑、痴。“见苦所断余不善业”，即“见苦所断”中，除遍行因外，其余贪、嗔、慢三个（转下页）

生无记的异熟果，有覆无记性的身见、边见作为遍行因可以引生不善性的烦恼等，这些都是因缘。所以灵泰明确指出："《论》言性决定，简萨婆多三种因：一、异熟因，二、同类因，三、遍行因。彼宗执此三因皆是因缘性。"①

"引自果"则是指因果之间在内容上的一致性，比如，色法唯由色法种子所引生，心法亦唯由心法种子所引生，两者不相杂乱。"引自果"简别了两种看法。一者，外道认为，一因能生一切果，如大自在天能生世间万物等。窥基论破说，如此"果应无别，以因一故。果既有异，因亦应殊"②。二者，有部既然认为，异熟因果俱通五蕴，因此善、不善性的色蕴（指表、无表色）能引生无记的受等四蕴，或者，善、不善性的受等四蕴能引生无记的色蕴，这种在异熟因果意义上色心的互相引生，有部也认为是因缘。

"性决定"与"引自果"二义，确保了种子作为一种基础性因性的地位：虽然现行果法的生起如下所述需"待众缘"，但种子却在其中起着决定性的作用，因为无论在质性还是体性上，它都是果法具体而微的存在，与果法只在于隐显的差别。可见，种子之说，其实只是将有部的"自性见"收摄于过未无体的时间预设而已。

其五，"待众缘"，与由"性决定"与"引自果"所彰显的决定论特征形成一种张力。它表明，种子并没有绝对的独立性与自主性，而必得置身于更为广泛的因果关联之中方能发挥作用，也就是说，它的起现是需要相应条件与一定时机的。比如，对识种子言，它需要有"作意"心所、所依根、所缘境等，才能生起现行。"待众缘"也简别了两种看法。一者，外道认为，有唯一因不待众缘而能生果，如大梵创世、道生万物等，既然不待众缘，那么，它们或者能一直生果，或者能一刹那生一切果，所谓"恒生果"或"顿生果"。二者，有部认为法体三世恒有，如此所待缘如"得"、"有为四相"等也是三世恒有，缘既恒有，那么同样也能"恒生果"或"顿生果"。

据此六义，《成唯识论》提出了一个种子的标准定义，谓其为"本识中亲生自果功能差别"③。"本识中"指示了种子存在的处所，它依于第八识体而为其相分；"亲生自果"强调的是种、果关联的直接性与一致性，凸显了种子在全部因果关系中的奠基性意义；"功能差别"则使种子与现行区别开来，表

（接上页）不善法。这些不善法都能作为同类因（或遍行因），引生有覆无记性的身见、边见这两个等流果。其二，"谓有身见、边执见品诸无记业，以诸不善为等流故"。反过来，有覆无记性的身见、边见也能作为同类因（或遍行因），引生不善法的等流果。《阿毗达磨俱舍论》卷17，T29，p.91b。

① 《成唯识论疏抄》卷5，X50，p.213c。

② 《成唯识论述记》第三本，T43，p.311b－c。

③ 《成唯识论》卷2，T31，p.8a。

明种子只是作为一种生果的潜势力而存在。

由此可见,种子作为一种基础性的因性是以"亲生自果"为基本特质的,此中关键之处不仅在于"亲",即作为果法生起的最直接因,更在于"自",即先在地决定了所生起果法的质性与体性,或者毋宁说,"亲"乃是由于"自",恰恰就是这种决定论特征成就了种子之为最直接因。所以种现缘起也被称为"分别自性缘起","以能分别种种自性为缘性故"①。此即,这种缘起是以能区分("分别",vibhāga)诸法自性(svabhāva)种种差别的种子为缘性(pratyaya-bhāva),②正是因为依止阿赖耶识的种子有种种差别,以此为因,才能生起诸法自性的种种差别。

1.2 名言与名言种

如前所述,为了按传统的四缘架构来定位种现缘起这种奠基性的因果关系,唯识学者特别地将其配属于四缘中的因缘。这样,所谓因缘,也就被严格地限定为"有为法亲办自果"③。

四缘中之因缘云者,并非一般所说亲因与疏缘的并称,亦即,并非是作"因与缘"的相违释,而是作"因即缘"的持业释。如法藏(643—712)解释说:"此则因即缘,故名因缘。非是亲疏并举,名为因缘。"④"因"是指生起果法的直接内在原因,"缘"则泛指生起果法的各种相关条件,"因"亦为"缘"之一,故名"因缘"。可见,因缘本来只要求因果关联的直接性,而并未内摄有因果两者一致性的内涵。所以如上述,有部认为"因缘摄一切有为法"⑤,六因中除"能作因"外皆属因缘,其中如善、恶的异熟因引生无记的异熟果,因果之间即不存在性质与内容上的一致性。而唯识学者为了保持因缘义的严整性与纯粹性,就不得不将异熟因果从中剥离出来而将其摄归宽泛的增上缘。问题是,如果说种子是一种奠基性的因性,而因果之间在性质与内容上的一致性则是其不可或缺的内在特质,那么我们又如何能将摄属于增上缘的业果关系亦统一到摄属于因缘的种现关系上来予以说明呢?如上章所述,这一问题早在《顺正理论》时代就已成为有部反驳经部种子说的重要理据,唯识学者则以"名言种"与"业种"的分别来回应之。

---

① 《摄大乘论本》卷上,T31,p.135a。

② 《法华经玄赞摄释》卷4:"分别者,区分、差别之义。即诸法因令所生果各各分类差别转故,名为分别。"(X34,p.100c)

③ 《成唯识论》卷7,T31,p.40a。

④ 《十二门论宗致义记》卷下,T42,p.223c。

⑤ 《阿毗达磨大毗婆沙论》卷136,T27,p.703b。

名言种或曰"名言习气"(abhilāpa-vāsanā)、"等流习气"(niṣyanda-vāsanā),"谓有为法各别亲种。名言有二:一、表义名言,即能诠义音声差别;二、显境名言,即能了境心、心所法。随二名言所熏成种,作有为法各别因缘"①。

所谓"名言",大体可包括二十四种不相应行法中的"名身"、"句身"、"文身"三者。因为有"文"才有"名",有"名"才有"句","名言进退,摄句、字故"②,所以总称为"名言"。"文"(vyañjana)音译"便膳那","是能彰显(*abhivyañjana)义"③,旧译为"味",因为它也可以用来指盐、醋等调味品。就像这些调味品能彰显食物的味道一样,由"文"能彰显"名"和"句",并进而来彰显"名"和"句"的所诠义。"文"也就是"字"(akṣara),"字"音译"恶刹罗","是不流转(*akṣaraṇa)义,谓不随方流转改易"④,指的是梵文中的字母,如"裒"(a)、"阿"(ā)、"壹"(i)、"伊"(ī)等。它们与"名"不同,"名"可以有差别变化,如 cakṣus(眼),在梵文中还有 netra、akṣi、nayana、locana 等不同名称,⑤"文"则不会有差别变化,故谓之"不流转"。确切地说,所谓不流转的"文",是指这些字母的读音而非其书写形式,其书写形式则属于色法中的形色。如《俱舍论》说:"非为显书分制造诸字,但为显诸字制造书分。云何当令虽不闻说而亦得解,故造书分,是故诸字非书分名。"⑥"书分"(lipy-avayava)意为"书写的部分",这是说,为了让远方的人能在听不到我的言说的情形下也能有所了解,所以世人才创造了"文"的书写部分,用它来彰显"文",并进而用"文"来彰显"名"和"句"。

依于"文"构成"名"和"句"。"名"(nāman)音译"那摩",即名称,相当于单词。《顺正理论》说:"名者,谓随归赴。如如语声之所归赴,如是如是,于自性中,名皆随逐,呼召于彼。"⑦故而普光据此释之以"随"、"归"、"赴"、

① 《成唯识论》卷 8,T31,p.43b。

② 《成唯识论述记》第八末,T43,p.517a。

③ 《俱舍论记》卷 5,T41,p.108c。

④ 同上注。又:《大乘阿毗达磨集论》卷 1:"此言文者,能彰彼二(tad-ubhaya-abhivyañjana)故。此又名显(varṇa),能显彼义(artha-saṃvarṇana)故。此复名字(akṣara),无异转(paryāya-akṣaraṇa)故。"(T31,p.665c)"彼二"(tad-ubhaya)是指"名"和"句"。Li Xuezhu(李学竹):Diplomatic Transcription of the Sanskrit Manuscript of the *Abhidharmasamuccayavyākhyā*—Folios 18r1-23v4,《創価大学国際仏教学高等研究所年報(平成 28 年度)》,pp.234-235。

⑤ 《大乘阿毗达磨杂集论》卷 2:"如眼名眼,异此名外,更有照、了、导等异名改转。"(T31,p.700c)由于 netra、nayana 除了"眼"的含义外,也有"指导、引导"之义,而 locana 则还有"照亮、照明"之义,故玄奘译之为"照、了、导",这反倒使得整句话的意思变得不甚明了。Li Xuezhu(李学竹):Diplomatic Transcription of the Sanskrit Manuscript of the *Abhidharmasamuccayavyākhyā*—Folios 18r1-23v4,《創価大学国際仏教学高等研究所年報(平成 28 年度)》,p.235。

⑥ 《阿毗达磨俱舍论》卷 5,T29,p.29a。

⑦ 《阿毗达磨顺正理论》卷 14,T29,p.413a。

“召”四义，谓其“随音声归赴于境，呼召色等”①。圆测也说：“名是归趣义、趣向义，归向诸法，皆称名也。”②这或许是认为 nāman 系出自动词词根√nam，该词根有“弯曲”、“倾向”、“趣向”等义，故而以此释之，此意后详。“名”既以音声为载体来指称某一事物，故其功用在于诠表事物的自性（svabhāva）。如说“色”（rūpa），即表明它占有一定的空间且会变坏（rūpyate），从而将其与诸如“心”（citta）等区别开来。与有部不同的是，如前所述，由于唯识学者并不认为存在着与“名”的内涵相一致的为“名”所指称的实有的法体或曰自性，万物就其自相言刹那生灭、迁流不住，本非言语所及，因此所谓“名”诠表事物的自性，其所诠表者其实是被抽象出来的事物的共相。所以窥基说：“诸法自相非名等诠，唯现量证，名唯诠共相。今言诠自性者，即是共相之自性。”③比如，“火”这一名称排除了草木等非火之物，而贯通于所有的自相火上，亦即，包含了所有的自相火，因此诠表的是“火”的共相。

“句”（pada）音译“钵陀”，旧译为“迹”，因为该词原本有足迹之义。“如一象身有四足迹，亦如一颂总四句成故，今就义翻之为句。”④“句”也就是“章”（vākya），“章”音译“薄迦”，这并非如汉语中那样是指由多句构成的篇章，“句”和“章”都是“诠义究竟”（yāvatā 'rthaparisamāptiḥ）的意思，只要能完整地表达某种语义即成所谓的“句”或“章”。“句”用于诠表事物的差别（viśeṣa），即通过“名”的联结，来表述事物在作用（kriyā）、性质（guṇa）等各种层面的不同意涵。如说“诸行无常”（anityā bata saṃskārāḥ），即诠表了“诸行”（saṃskārāḥ）自体上的“无常”（anityāḥ）之义，是即为“句”。⑤ “身”

---

① 《俱舍论记》卷 5，T41，p.108a。

② 《成唯识论学记》卷 6，X50，p.105c。

③ 《成唯识论述记》第二末，T43，p.288a。需要注意的是，这里“自性”（svabhāva）与“差别”（viśeṣa）为一组，“自相”（svalakṣaṇa）与“共相”（sāmānyalakṣaṇa）为一组，这两组概念含义并不相同。简言之，“自相”与“共相”的区别是绝对的，“自相”就是纯粹感性材料，唯由现量所证，而非名言所诠，名言所诠者为“共相”。所以窥基说，“体非是遍”，即，自相不是共相，共相不是自相。“自性”与“差别”的区别是相对的，比如，因明学中，将宗的前陈与后陈分别称为“自性”与“差别”，它们是逻辑上的种属关系，相对于不同的关系来说，它们有时可以是“自性”，有时也可以是“差别”。所以窥基说，“体即遍通”，即，“自相、共相皆有自性，自相、共相皆有差别”（《成唯识论述记》第二末，T43，p.288a）。

④ 《俱舍论记》卷 5，T41，p.108b。

⑤ 《阿毗达磨俱舍论》卷 5，T29，p.29a；P. Pradhan：*Abhidharmakośabhāṣya of Vasubandhu*，p.80。此处“诸行无常”，系传为佛陀涅槃时帝释天所作偈颂的第一句，全颂为：“诸行无常，是生灭法，生灭灭已，寂灭为乐。”（anityā bata saṃskārā utpādavyayadharmiṇaḥ । utpadya hi nirudhyante teṣām vyupaśamaḥ sukham ॥）Unrai Wogihara（荻原云来）：*Sphuṭārthā Abhidharmakośavyākhyā by Yaśomitra*，p.182。《长阿含经》卷 4 作：“阴行无有常，但为兴衰法，生者无不死，佛灭之为乐。”（T1，p.26c） (kāya)者,“聚集”之义,两个或两个以上的“名”、“句”、“文”皆得称“身”。[①] 概言之,正如《瑜伽》所说:“若唯依文,但可了达音韵而已,不能了达所有事义。若依止名,便能了达彼彼诸法自性自相,亦能了达所有音韵,不能了达所简择法深广差别。若依止句,当知一切皆能了达。”[②]

在有部看来,“名”、“句”、“文”三者作为不相应行法,虽然是由音声所发起,但离音声外别有其体。具体说来,先是由音声发起“文”,所谓音韵的屈折变化,就是依于“文”来说的,再由“文”的结合而发起“名”与“句”,由此才能“显义”,而闻者才能“了义”。单就音声本身,则并无显义、了义的功能。“应知此中声是能说,文是所说,义俱非二,如是则为无乱建立。”[③]唯识学者则承继譬喻师——经部师的论义,以此三者为音声上音韵屈折变化的能诠作用,故唯是依音声分位差别所立的假法。

综上所述,在“名”、“句”、“文”三者中,“名诠自性,句诠差别,文即是字,为二所依”[④]。虽然“文”是形成“名”、“句”的基本元素,但它本身并不具有表义的功能,而“句”又奠基于“名”之上,所以“名”可以典型地表征语言的本质。《俱舍论》说,“名谓作想(saṃjñā-karaṇa)”[⑤],意思是说,缘名能起想,名是想因,或者,名是想所作,想是名因。《瑜伽论》也说,名身是“由遍分别,为随言说,唯建立想”。按照慧景的解释,这是说,“由起语心故,遍分别诸法体相,故起言说。起言说时,即就言说假建立名。名由想生,从因称想”[⑥]。可见,名是与想心所的取相功能紧密相关的。所谓取相,普光有个很形象的解释,叫作“封疆画界”[⑦],此即,它是在刹那生灭、无可言表的迁流诸行中予以分界与定性,“谓此是青,非非青等,作此分齐而取共相”[⑧],由此再使用具有相应外延与内涵的名言而将其固定下来。所以说,名言纯粹只是对共相的抽象,而并不指谓迁流诸行中呈现的任何个别自相。

---

① 有部一般也是以“聚集”来解“身”,如《阿毗达磨大毗婆沙论》卷14:“问:名身者是何义?答:是二名聚集义,是故一名不名名身。”(T27,p.71a)不过,《顺正理论》又提供了另一个解释,认为“身”还有“自性”、“体”的意思,即,“身”用以表明,“名”、“句”、“文”三者离音声外别有其体。这是基于有部的独特论义而来的解释,并非诸家通说。如该论卷76:“即三自性说之为身,自性、体、身,名差别故。三与声义极相邻杂,为境生觉,别相难知,故说身言,显有别体。”(T29,p.751a)

② 《瑜伽师地论》卷52,T30,p.587c。

③ 《阿毗达磨顺正理论》卷14,T29,p.414a。

④ 《成唯识论》卷2,T31,p.6b。

⑤ 《阿毗达磨俱舍论》卷5,T29,p.29a;P. Pradhan:*Abhidharmakośabhāṣya of Vasubandhu*,p.80。

⑥ 《瑜伽师地论》卷52,T30,p.587c;《瑜伽论记》卷13下,T42,p.613a。

⑦ 《俱舍论记》卷4,T41,p.74a。

⑧ 《成唯识论述记》第三末,T43,p.332a。

事实上,不仅"名"由"想"生,"想"为"名"因,由于语言的群体性与历史传承性,对每个个体来说,语言都是先在的,因此情况每每反倒是,语言成为我们取相的依据,故而另一方面,"想"由"名"生,"名"又为"想"因。前述《俱舍论》说"名谓作想",就有这一层意思。《瑜伽论》也说:"施设名(nāma-vyavasthāna)为先故想(saṃjñā)转,想为先故语(vāc)转。"①《杂集论》则在"能作因"(kāraṇa-hetu)中建立了"随说能作"(vyavahāra-kāraṇa),亦即通常所谓"随说因"(anuvyavahāra-hetu):"谓名(nāman)、想(saṃjñā)、见(dṛṣṭi),由如名字取相执著,随起说故。"②这是说,依据"名"而取相("想")、执著("见"),然后才发起言说,所以"名"、"想"、"见"是言说之因,是为"随说因"。③ 借用索绪尔(F. de Saussure,1857—1913)所提出的著名区分,这无非是说,正是"语言"(langue)结构性的对立与区别,指示着并因而决定了我们建构经验世界的方式及其"言语"(parole)表达。易言之,语言即是人类生存的本体论处境,"我们的世界"就生成于语言之中。

如前所述,按照唯识今学的看法,虽然"想"为遍行心所,能周遍于一切心法而与之相应俱起,但只有与第六意识相应的"想"心所才具有区别、固定表象并进一步安立名言的作用,前五识只是对感性材料的被动接受与如其所是的呈现而已。另一方面,《成唯识论》接受《瑜伽论》的意见,认为能缘于名言及其所诠义者为具分别作用的寻、伺二心所,它们只能与第六意识相应俱起。总之,在全部八识中,只有第六意识才具有语言的功能。名言是音声上音韵屈折变化的能诠作用,属于不相应行的分位假法,除佛而外,名言都是无记性的,④本身并不能熏成种子。但当第六意识缘于名言时,以此名

---

① 《瑜伽师地论》卷 5,T30,p.301b;Vidhushekhara Bhattacharya:*The Yogācārabhūmi of Ācārya Asaṅga*,*part I*,p.107。

② 《大乘阿毗达磨杂集论》卷 4,T31,p.713b;早島理:《梵藏漢対校「大乘阿毗达磨集論」·「大乘阿毗达磨雜集論」》,Volume I,pp.246－247。

③ 需要注意的是,《杂集论》中的"随说因",与《成唯识论》所说者含义不同。《成唯识论》是据"十五依处"中的"语依处"立"随说因",所以能诠的言说就是因,而所诠的诸法则为果,如论中说"此即能说为所说因"(《成唯识论》卷 8,T31,p.41b)。据《成唯识论》的解读,《瑜伽论》、《显扬论》中的"随说因",也都是在这一意义上说的。而《杂集论》中的"随说因",是就言说的生起而言,所以能生起言说的名、想等是因,而所生起的言说则为果。对此,《述记》总结说:"即依两家论不同者,立法不过三件:初,法、名、想;次,语;后,所说义。若依《大论》,取后二件能说因果。若依《对法》,取前二件生起因果。"《大论》即《瑜伽论》,《对法》即《杂集论》。此段文字通行日本传本无,仅存于《金藏》本,见《宋藏遗珍(第 44 册)》,页 2。

④ 有部等小乘学者认为所有的名言都是无记性的,如《阿毗达磨大毗婆沙论》卷 15:"问:名等为善、为不善、为无记耶?答:无记,非造业者故思起故,如四大种。"(T27,p.72b)造业者有意的造作("故思")直接发起的是音声,而不是名言,所以只有音声可以通于三性。如此,就佛陀说法而言,虽然其以音声为体的语表业有善性、无记性的不同,如(转下页)

言为依据，通过对该名言的思惟分别即能变现与之相应的影像，由此影像而熏成种，就是所谓的“表义名言种”。所以窥基说，这是“因名起种”，故谓之名言种。① 比如，我们先在地置身于这样的语言构架中，其中能见色者称为“眼”(cakṣus)，它有别于为其所见的“色”(rūpa)，意识缘此名言，变现为与色境相对待的眼根之影像，由此而熏习成相应的种子，当其后机缘成熟时，以此种子为亲因缘，在我们的经验世界中即有同样与色境相对待的眼根生起。

除“表义名言种”外，《成唯识论》还明确区分出另一种“显境名言种”。“显境名言”是指具有了别自境功能的前七识心、心所法，除第六识外，它们均无语言能力，之所以也称其为“名言”，窥基的解释是：“如言说名显所诠法，此心、心所能显所了境，如彼，故名之为名。体非名也，名体是彼不相应行故。”②这是说，心识本身虽非名言，但心识了境可类比为名言诠义，都能使境或义彰显可知，故而前七识亦可称为“名言”。

事实上，佛法中原本就是将无色四蕴称作“名”，五蕴则被合称为“名色”(nāma-rūpa)。对此，《顺正理论》有四释，其中第四释是“随说者情”，也就是说的人愿意将无色四蕴称作“名”，这一解释意义不大，而其余三释则是：

> 佛说无色四蕴名名。何故名名？能表召故，谓能表召种种所缘。若尔，不应全摄无色不相应法，无所缘故。不尔，表召唯在无色，如释色名，所说无过。佛说变碍故名为色，去来、无表及诸极微，虽无变碍，而得名色。以无色中无变碍故，变碍名色，非不极成。如是无色中容有表召，非色中有故，理亦无违。故不相应，名摄无失。又微细故，彼彼义中随理立名，标以名称。非无表等亦可称名，以彼所依现量得故。又于一切界地趣生能遍趣求，故立名称。非无漏无色不得名名，虽非此所明，而似此故。③

（接上页）《阿毗达磨大毗婆沙论》卷126：“佛教唯佛语表。……佛教当言善耶，无记耶？答：或善，或无记。”(T27，p.659a－b)但由其音声所发的名言则是无记性的。对此，世亲在《金刚经论》中破斥说：“汝法是无记，而我法是记。”(《金刚般若波罗蜜经论》卷下，T25，p.794a)意思是说，小乘学者认为佛陀所说的名言都是无记性的，而大乘则认为其是善性的。这里“记”是指善性。窥基在《金刚般若论会释》卷下中即释之云：“大乘，诸佛名、句、文三，唯是善故。”(T40，p.774c)

① 《成唯识论述记》第八本，T43，p.516c。

② 《成唯识论述记》第八本，T43，p.517a。

③ 《阿毗达磨顺正理论》卷29，T29，p.502c。

对此三释，作为《顺正理论》笔受的元瑜提供了其所对应的梵文：

> 名者，梵云那摩，梵本三释。一云，那麻帝阿泥泥底（namate? ānīti?）那摩，是能表召故，名那摩义。……梵本第二释云，那末南（namana）那摩，是归依故，名那摩（業）［義］。将释名者，所谓能随，能随者，归依也。……梵本第三释云，那末延底（nāmayati）那摩，是趣向故，名那摩义。①

《顺正理论》的这段文字不太好懂，这里我们先结合元瑜的解读来作一文字上的疏通。

第一释，按照元瑜的解读，这是说，在“表”、“召”的意义上，无色四蕴都与名相似，故被称作“名”。“表”即使之彰显可知，名能使所诠义彰显可知，无色四蕴则能使所缘境彰显可知。“召”即由远而近、由外而内地召至，呼名能召至所诠法，无色四蕴则能将外境召至心内来予以认知。正因为无色四蕴“与彼名义极相近，就相邻释，故名为名”②。但有人却对此提出了责难，认为这一解释并不能包括无色四蕴中的不相应行法，因为不相应行法不能缘境，没有“表”、“召”的含义。对此，《顺正理论》的解释是，虽然无色四蕴并不都能“表”、“召”，但能“表”、“召”者只存在于无色四蕴中，而不存在于色法中，所以还是可以将无色四蕴称作“名”。这就比如，佛说变碍名“色”，但并非色都能变碍，比如过去色、未来色、无表色、极微等都不能变碍，但能变碍者只存在于色法中，而不存在于无色四蕴中，所以还是可以变碍名“色”。

据元瑜说，这里“表”、“召”的梵文对音是“那麻帝阿泥泥底”，此中尚有若干不明之处，或许有错字也未可知。但至少可以确定，这是两个梵文词，前者“那麻帝”出自√nam；后者“阿泥泥底”出自 ā-√nī，意为“带来”，也就是“召”。我们姑且将其还原为两个读音与之最接近的词：namate、ānīti。由此再进一步回到《顺正理论》本身来看，这里其实并没有说，无色四蕴与名相似，所以被称作“名”；而是一个基于词源学的解释，即认为 nāman（名）是出自√nam，故而释之以“那麻帝”（namate?）。问题是，√nam 或由其构成的词“那麻帝”（namate?）是弯曲、倾向、趣向等义，而似乎并没有“表”即使之彰显可知的意思，为何玄奘将其译作“表”呢？这一问题且留待下文再作

① 《顺正理论述文记》卷 18，X53，p.546a－b。

② 《顺正理论述文记》卷 18，X53，p.546a。

讨论。

《顺正理论》的第二释是“微细”，但元瑜所提供的梵文其实是 namana（“归依”），一个同样出自√nam 的名词。这是说，无色四蕴非常微细，有些是依于他者来立名，如无色四蕴中的眼识，是依于眼根来立名，有此“归依”他者义，所以称作“名”。而色法或是本身就比较粗显，或是无表色，虽然本身比较微细，但其所依的四大种比较粗显，所以都是自立名，没有“归依”义，不被称作“名”。

《顺正理论》的第三释是“趣向”，元瑜所提供的梵文为 nāmayati，即√nam 的使役式。这是说，无色四蕴能使有情于三界九地等处结生相续，即，使其“趣向”于其他的生命形态，所以称作“名”。无漏的无色四蕴虽然不能使有情趣生，但此处是说有漏者，或者无漏者也与此同类，也被称作“名”。

由此可见，无色四蕴之所以被称作“名”，其实都是从√nam 而来的解释与发挥。这一点其实可见之于南北传的各种论书中。如《摄决择分》说：“问：何缘四无色蕴总说名名？答：顺趣种种所缘境义，依言说名分别种种所缘境义，故说为名。”①“依言说（tha snyad，* vyavahāra）名分别（rnam par rtog pa，* vikalpa）种种所缘境”，这是第六意识的四蕴才有的功能，除此之外的四蕴并不具有依名言分别所缘境的功能，它们之所以也被称为“名”，是因为它们能“顺趣种种所缘境”。此处“顺趣”的藏文为“nye bar gzhol ba”，②一般被还原为“upapadyate”，但在这里或许可以被还原为“upanamate”。

再比如，在南传《法集论注释书》（*Atthasālinī*）中，“名”被分成了三种，除了“命名”（nāma-karaṇa）意义上的“名”，即通常名言意义上的“名”外，还有“趣向（namana）”意义上的“名”与“使趣向（nāmana）”意义上的“名”，这也是基于√nam 来解释的。之所以要区分后两者，是因为按照南传阿毗达磨，涅槃也可以被称作“名”。③ 如此，无色四蕴既可以趣向（namanti）于所缘境，也可以互相间，一者使另一者趣向（nāmenti）于所缘境，因此无色四蕴在双重意义上是“名”；但涅槃是无为法，它本身不能趣向于所缘境，而只能

① 《瑜伽师地论》卷 56，T30，p.608c。

② *rNal 'byor spyod pa'i sa rnam par gtan la dbab pa bsdu ba*，D4038，Zhi，p.76b。

③ 《阿毗达磨集异门足论》卷 1 也有无为法是“名”的说法：“名云何？答：受蕴、想蕴、行蕴、识蕴，及虚空、择灭、非择灭，是谓名。色云何？答：四大种及所造色，是谓色。”（T26，p.369c）《阿毗达磨品类足论》卷 12 则说，四圣谛中的灭圣谛是无为法，于色与名中，是“名摄”（T26，pp.743c－744a）。但按照《俱舍论》（T29，p.52a）、《顺正理论》（T29，p.502c）等，“名无色四蕴”（nāma tv arūpiṇaḥ skandhāḥ）。P. Pradhan：*Abhidharmakośabhāṣya of Vasubandhu*，p.142。

作为所缘或增上缘，使“无过法”（anavajja-dhamma）即出世心等趣向（nāmeti）于它，所以它仅是在“使趣向”的意义上是“名”。①

由此我们再回到《顺正理论》，玄奘为何要将出自√nam 的“那麻帝”（namate?）译作“表”呢？在《俱舍论》中，我们或许可以找到一些端倪：

> kiṃ kāraṇam । nāmendriyārthavaśenārtheṣu namatīti nāma । katamasya nāmno vaśena । yadidaṃ loke pratītaṃ teṣāṃ teṣāmarthānāṃ pratyāyakaṃ gauraśvo rūpaṃ rasa ityevamādi । etasya punaḥ kena nāmatvam । teṣu teṣvartheṣu tasya nāmno namanāt ।
>
> （何以［无色四蕴被称作名］？随名、根、境，趣向于义，故称作名。随何等名？［随］世间共了［名］，诠表彼彼义，即如牛马色味等［名］。此复何故称作名？于彼彼境，此名趣向故。）
>
> 玄奘译：无色四蕴何故称名？随所立名、根、境势力，于义转变，故说为名。云何随名势力转变？谓随种种世共立名，于彼彼义转变诠表，即如牛马色味等名。此复何缘标以名称？于彼彼境转变而缘。②

《俱舍论》的这段文字，对“名”作了一个统一的解释，其实也还是从√nam 而来的词源学解释。只不过，玄奘沿循真谛旧译，将出自√nam 的 namati、namana 都译成了“转变”，此所谓“转变”大致是转向的意思。分而论之，通常所说的名言之所以称作“名”，是因为它随世间共许的名言而趣向（“转变”、转向）于其所诠义；无色四蕴之所以称作“名”，是因为它依根缘境而生起，随根、境而趣向（“转变”、转向）于其所缘境。

在此基础上，《俱舍论》又进一步指出，就通常所说的名言而言，它趣向于其所诠义，其实也就是对所诠义的诠表（pratyāyaka，该词意为“使知、使理解”，本身并没有言诠的意思），亦即使所诠义彰显可知。所以玄奘将“诠表”译成了“转变诠表”，这似乎是认为，“转变”与“诠表”是一致的。如此，无色四蕴趣向于其所缘境，似乎也可以被认为是对所缘境的诠表，亦即使所缘境彰显可知。在“表”即使之彰显可知的意义上，无色四蕴与通常所说的名言也取得了一致性。

而对这种一致性的解释，一旦淡化乃至剥离了“趣向”的词源学解释，它

---

① *The Atthasālinī*（London：Pali Text Society，1897），p.392。部分文字据第六次结集版改订。

② P. Pradhan：*Abhidharmakośabhāṣya of Vasubandhu*，p.142；《阿毗达磨俱舍论》卷 10，T29，p.52a－b。

就只能作学理上的相似性解释,即,无色四蕴在"表"的意义上相似于通常所说的名言,而被称为"名"。元瑜对《顺正理论》第一释的解读即是如此,《成唯识论》区分"表义"与"显境"两种名言,从"表"与"显"的名称到对其的解释,其实也是由此而来。①

严格说来,"显境名言"只能是指前七识心、心所的见分,因为见分才能"显境"。但当前七识见分缘自境时,除了能熏习成前七识的见分等后三分的种子外(见分等后三分为同一种),其相分依仗见分的缘取之力,也能熏成相分的种子。如青、黄等色法为眼识见分所缘而为其相分,一方面,眼识见分能熏成眼识见分的种子;另一方面,依仗眼识见分的缘取之力,青、黄等相分也能熏成青、黄等色法的种子,包括自识的影像种与第八识的本质种。前者称为"见分熏",后者称为"相分熏"。② 这样,虽然相分本身并非是"显境名言",但因为"相分熏"是依仗于见分的缘取之力,所以包括色法种子在内的一切种子都是"显境名言种"。

《成唯识论》所谓的"名言熏习"(mngon par brjod pa'i bag chags, abhilāpa-vāsanā),其最直接的来源是《摄大乘论》。③ 而在或许早于《摄大乘论》的《瑜伽论·摄决择分》,乃至更早的《解深密经》中,就已有类似的看法。如前述,《解深密经》就认为,"一切种子心识"所执受的习气是"相、名、分别言说戏论习气"(mtshan ma dang ming dang rnam par rtog pa la tha snyad 'dogs pa'i spros pa'i bag chags, *nimitta-nāma-vikalpa-vyavahāra-prapañca-vāsanā),亦即对相、名、分别的言说戏论所熏成的习气。它也可以被称为"遍计所执相言说习气"(kun brtags pa'i mtshan nyid kyi tha snyad kyi bag chags, *parikalpita-lakṣaṇa-vyavahāra-vāsanā),这也无非是说,它是计执诸法的言说所熏成的习气。④ 这里所谓的"言说"(tha snyad, *vyavahāra),还是指通常的语言,相当于《成唯识论》的"表义名言"。《摄决择分》亦复如是,如说:"世俗名言熏习取果(tha snyad kyis yongs su bsgos pa'i 'dzin pa'i

---

① 如窥基就说,《顺正理论》的第一释"义当大乘显境名言也"(《成唯识论别抄》卷5,X48,p.831c)。事实上,或许是受到《成唯识论》的影响,后来奘传唯识学者大多也是从相似性的角度来解释无色四蕴之被称作"名"。如前引《摄决择分》说,无色四蕴有"顺趣种种所缘境义",故被称作"名",这原本是从"顺趣"而来的词源学解释,但《伦记》却说,这是"从喻名名"(《瑜伽论记》卷15下,T42,p.654a)。

② 关于"相分熏",具体请参下节。

③ 见《摄大乘论本》卷上,T31,p.137a－b;長尾雅人:《摂大乗論:和訳と注解(上)》,附录页52。

④ 《解深密经》卷1、卷2,T16,p.692b、p.693b;*'Phags pa dgongs pa nges par 'grel pa zhes bya ba theg pa chen po'i mdo*,D106,Ca,p.12b、p.15a。

'bras bu, * vyavahāra-paribhāvita-grāha-phala), 是有相取, 世所共成, 能令杂染。"①此即, 由世俗的语言所熏成的有漏的心识这种执取之果, 是有相取境, 这是世人普遍承认的, 由此而能导致杂染。此外,《摄决择分》还提到了"诸名言熏习之想所建立识"(mngon par brjod pa la yongs su goms pa'i ming la gnas pa'i rnam par shes pa)这一概念②, 这是指, 基于有语言功能的想心所(ming, * saṃjñā)的名言熏习(mngon par brjod pa la yongs su goms pa, * abhilāpa-paribhāvanā)而成立(gnas pa, * pratiṣṭhita)的心识(rnam par shes pa, * vijñāna)。再从《摄论》的世亲、无性释来看, 其所说的"名言熏习"也是就通常的语言说的。这点真谛旧译说得最明确:"言说以名为体。名有二种, 谓言说名、思惟名。此二种名, 以音声为本。约能见色根, 有声说谓眼。数习此言说, 于中起爱熏习本识, 此熏习是眼根生因。若果报眼根应生, 从此本识中言说爱熏习生, 是故立言说熏习为眼根因。"③将种子的本质定位为名言, 正是指认了语言对于经验世界的建构意义。也就是说, 世界与语言同构, 它原本就在"语言的牢笼"之中, 一个离开了语言、尚未为语言所"污染"的纯粹世界是不存在的。

唯识今学的看法则与之不同, 如前所述, 从知识论的立场出发, 它必然要严守"量分别"的基本原则, 此即, 在为比量所认知的由语言所构造的共相世界外, 还存在着一个作为其根基的为现量所认知的非语言性、非构造性的自相世界。后者与其说是经验世界, 倒不如说是为经验世界从而为我们的知识厘定了边界。正是基于这一考虑,《成唯识论》才需要在"表义名言种"外另成立"显境名言种", 无论怎样来解释"显境名言", 它本质上已不再是语言了。所以《成唯识论》说, 阿赖耶识所缘的种子是"诸相、名、分别习气", 即这是指相、名、分别本身的习气,"有漏相分所诠色等, 总名为相; 能诠声体, 名之为名; 能变心及心所自体, 名为分别", ④因此"诸相、名、分别习气"包括了所有有漏的相、见二分的种子。这其实已不再是《解深密经》所说的"相、名、分别言说戏论习气", 即对相、名、分别的言说戏论所熏成的习气, 这一微细的差别是值得注意的。概言之, 如果说现代西方哲学发生了从认识论到语言学的转向, 那么唯识学中对于种子的定位, 则反其道而有从语言学到认识论的转向。

---

① 《瑜伽师地论》卷 73, T30, p.701a; *rNal 'byor spyod pa'i sa rnam par gtan la dbab pa bsdu ba*, D4038, Zi, p.13b。

② 《瑜伽师地论》卷 74, T30, p.708c; *rNal 'byor spyod pa'i sa rnam par gtan la dbab pa bsdu ba*, D4038, Zi, p.32a。

③ 陈译:《摄大乘论释》卷 4, T31, p.178b。

④ 《成唯识论学记》卷 2, X50, p.56a。

1.3 业种与我执种

无论是“表义名言种”还是“显境名言种”，它们均能维系因果之间同类相似的特征，所以又被称为“等流习气”，“等谓相似，流谓流类。即此种子与果性同，相似名等；果是彼类，名之为流”①。果法为习气之等流，此如色、心种子分别引生色、心现行，善、恶、无记种子亦分别引生善、恶、无记现行，因果之间不可能在体性或质性上交互混杂。因此严格说来，一切种子都是名言种，因为只有名言种才能满足“种子六义”与“本识中亲生自果功能差别”的界定，于四缘中，由因缘摄。据此，作为异熟识的阿赖耶识亦是以阿赖耶识种子为亲因缘，而非如有部所说，善、恶的异熟因能直接作为因缘引生无记的异熟果。那么，我们又如何来解释由业感果这一佛家的通说呢？

按照慧沼在《法苑义林章补阙》中的总结，业的体性可以从三个方面来界说。一是“克性体”，业是以思心所为体。如前所述，唯识学者承继经部师的看法，认为能发业者实为与第六意识相应之思心所，即，首先是由“审虑”、“决定”二思审察考虑并进而抉择确认其将所为之事，是为意业，然后由“动发胜思”正发动身、语二业。如《成唯识论》说，“能动身思，说名身业；能发语思，说名语业；审、决二思，意相应故，作动意故，说名意业”②，所以身、语、意三业都是以思为体。二是“眷属体”，“与善恶思相应起者，亦善恶业”，比如与善或不善的思心所相应俱起的心王，以及不善性的烦恼、随烦恼心所或善心所等，作为业的“眷属”，它们能协助思心所共同招感异熟果，所以也可以被称为业。三是“假说体”，如有部说，身表业以色为体，语表业以声为体，在唯识学者看来，这是随顺世俗，假说为体。③ 这里“眷属体”的说法来自《成唯识论》，论中说：“业之眷属，亦立业名，同招引、满异熟果故。”④不过，按照窥基的解释，《成唯识论》所说的“业之眷属”，是指“五蕴性善、不善律仪”⑤，因此是包括了善或不善的身表、语表的。也就是说，慧沼所谓的“眷属体”、“假说体”，笼统说来都是“业之眷属”。这样，业之体性，克实而论，是以思心所为体，就其“眷属”而论，则包括了一切能协助思心所招感业果的有漏善、不善法。

在造业的刹那，无论是善恶思心所还是其眷属，都能熏习成各自的善恶种子相续不断，当其后机缘成熟时，这些善恶种子作为亲因缘，也都能各自生

---

① 《成唯识论述记》第二末，T43，p.298c。
② 《成唯识论》卷1，T31，pp.4c－5a。
③ 参《大乘法苑义林章补阙》卷8，X55，p.164a－b。
④ 《成唯识论》卷8，T31，p.43a。
⑤ 《成唯识论述记》第八本，T43，p.515a。

起与之同类相似的善恶现行。就此而言,由善恶思心所及其眷属所熏成的种子,与其他种子并无差别,它们都是名言种。不过,这些善恶名言种还有为其他种子所不具备的更为重要的功用。虽然无论是作为总果报体的第八真异熟,还是由第八真异熟所引生的前六识、根身等别报果,都是以其自类异熟无记种子为亲因缘,但此无记种本身并没有足够的力能独自生果,而必须依仗这些善恶名言种所具有的强盛势能,方得有果报实际生起的可能。也就是说,这些善恶名言种不仅能作为因缘生起善恶现行,而且还能扶助其他羸劣的异熟无记种生起无记的果报,从而成为无记异熟果的不可或缺的增上缘。就后者而言,这些本来属于名言种的善恶种子即得名为"业种",亦被称为"异熟习气"(vipāka-vāsanā)或"有支习气"(bhavāṅga-vāsanā)。所谓"有支习气"云者,"有谓三有,支者,因义、分义。即三有因,生善、恶趣差别因也"①(图1)。

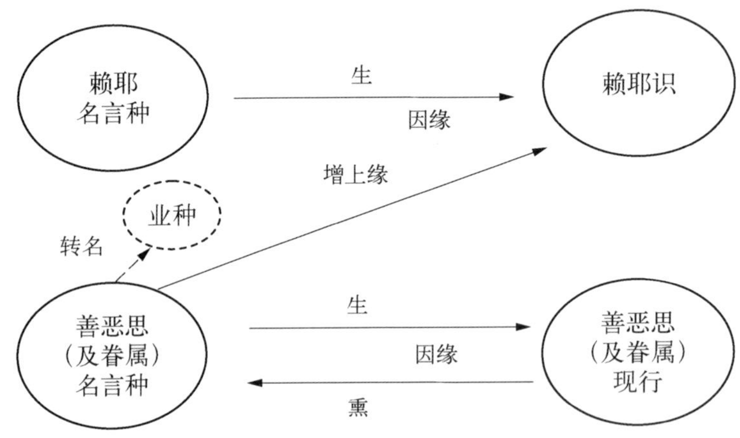

图1 名言种与业种(以赖耶识生起为例)

显然,作为异熟果之增上缘的业种,并不具备"种子六义"。首先,由善、恶的业种引生无记的果报,就不会是"性决定"与"引自果"。

再者,与名言种在得到对治前,其生果的功能性不会消失,只要机缘成熟就能生果不同,一般说来,业种在招感一期果报之后,就不能再作为增上缘引生当来世的异熟果。当然,有些极重的业,也可以招感多生的果报,如五无间业,或如《法华经》所说的毁谤大乘经典等。② 不过,即便它们能招感

① 《成唯识论述记》第八本,T43,p.517b。

② 《大乘阿毗达磨杂集论》卷8引《诃怨心经》(*Hācittāvadāna*):"由无间业,于那落迦中数数死生,受大苦异熟。"(T31,p.731a)《妙法莲华经》卷2:"若佛在世,若灭度后,其有诽谤,如斯经典,……其人命终,入阿鼻狱,具足一劫,劫尽更生。如是展转,至无数劫,从地狱出,当堕畜生。……"(T9,p.15b－c)

果报百生、千生,次数也是有限的,其感果的势力终有耗尽之时,就像麝香的气味不断挥发,总会完全消散一样。正是在这一意义上,《摄大乘论》将名言种称为"无受尽相"(ma spyad pa'i mtshan nyid,an-upabhukta-lakṣaṇa)种子,业种则为"有受尽相"(spyad zin pa'i mtshan nyid,upabhukta-lakṣaṇa)种子。① "受尽"(spyad zin pa,upabhukta)就是已被受用、受用已尽的意思。对此,《成唯识论》解释说,这是因为,"异熟果性别、难招,等流、增上,性同、易感"②。"性别"是指,业种与异熟果性类有别;"难招"是指,业种招感异熟果必定异世,即,这一期生命所熏成的业种,只能招感下一期生命的异熟果。因为"性别"、"难招",业种招感异熟果的增上缘作用必有穷尽之时。相反,名言种引生等流果,则一是"性同",即因果之间性类一致;二是"易感",即在这一期生命中熏成的名言种,此后若是机缘成熟,就能生起现行,而未必要到下一期生命才能生果。因为"性同"、"易感",所以名言种在得到对治前,能一再生果,其生果的功能不会有穷尽之时。

当然,按照奘传唯识学的看法,说业种招感异熟果的功能会有穷尽,并不是指此时业种本身就断灭了,只是在此之后,它们仅是作为名言种相续不断,"非善恶种生自善恶而有萎歇"③,但已不再有招感异熟果的增上缘功能。所以窥基强调指出,《摄论》所谓"有受尽相","彼据生果有分限,名有受尽相,非种子体未得对治即灭无余"④。综上,业种也不是"恒随转"。

不过,业种只是就善恶名言种的独特功用所安立的名称,并非在善恶名言种外别有其体,所谓凡为"异熟必是等流,自有等流不名异熟"⑤,所以业种虽然并不具足"种子六义",但就其体无非善恶名言种来说,也还是种子。

附带需要指出的是,奘传唯识学中说,业种在招感一次或多次异熟果后,其感果的功能会有穷尽,与比如饮光部所说的"异熟因,果若未熟,其体恒有;彼果熟已,其体便坏"⑥全然不同。这里有两个根本性的区别。其一,饮光部是认为,这种过去尚未感果的业本身就能持续到感果的刹那,所谓"过去世未与果业"(adattaphalaṃ...atītaṃ karma)是有;⑦而唯识学者持过未无体的立场,认为过去尚未感果的业本身已经不复存在,它只是以潜势力的

---

① 《摄大乘论本》卷上,T31,p.137c;長尾雅人:《摂大乗論:和訳と注解(上)》,附录页 55。
② 《成唯识论》卷 8,T31,p.43a。
③ 《成唯识论掌中枢要》卷上末,T43,p.631a。
④ 《成唯识论述记》第三本,T43,p.310c。
⑤ 《成唯识论演秘》第二末,T43,p.857b。
⑥ 《阿毗达磨大毗婆沙论》卷 19,T27,p.96b。
⑦ 《阿毗达磨俱舍论》卷 20,T29,p.104b;P. Pradhan: *Abhidharmakośabhāṣya of Vasubandhu*, p.296。

方式,即作为种子持续到感果的刹那。其二,在奘传唯识学者看来,业种在招感异熟果后,也不是"其体便坏",它所丧失的只是招感异熟果的功能,但依然可以作为善恶名言种相续不断。

一般说来,区分出名言种与业种,基本就能较为周延地解释生死轮转的机理,所以窥基曾说:"一切种子,二种摄尽。"①不过,《摄大乘论》已提到有三种熏习,除"名言熏习"、"有支熏习"外,还有"我见熏习"(bdag tu lta ba'i bag chags,ātma-dṛṣṭi-vāsanā)。《成唯识论》承继《摄大乘论》的说法,又从"名言习气"中区分出了另一种"我执习气",即"我执种"。②

如前所述,我执有"俱生"、"分别"两种,先天性的"俱生我执",无间断者在第七末那,有间断者在第六意识,后天因由邪教说或自己的邪思惟而生起的"分别我执",则唯在第六意识中存在。因而由此六、七识所熏成的名言种,即潜存有我执的功能,被称为"我执习气"。③ 按照唯识今学识分说的配置,严格说来,这是指六、七二识的见分种子。它们不仅是能成就我执的六、七二识之见分得以起现的亲因缘,而且还对异熟果的生起有增上缘的作用,即在异熟果上形成自他、人我的区别。反之,正因为如来没有我执习气,所以也就没有自他有别的执著,"即一切诸佛法身,皆悉共同。若一切诸佛自受用身,周遍虚空,不相障碍。若他用、变化,或有众生宜见一身,或百千诸佛共成一身,无自(化)[他]故"④。

与业种一样,我执种并非是名言种外的另一种种子,它其实就是六、七二识见分的名言种,只是就其对异熟果上自他差别的形成有增上缘的作用,才称其为"我执种"。所以业种、我执种其实都是名言种,"名言熏习即摄得三熏习也"⑤。具体说来,正如圆测所谓:"若二熏习定是名言,自有名言非二熏习,除我见外,余无记种。不善我见,同体三熏。"⑥比如第八识种子,就是没有我执的无记种,没有我执,所以不是我执种,性质是无记,所以不是业种,它只能是名言种。反之,如与不善性的分别我执相应的第六意识见分种,它就可以同时具足三种种子的含义。除是名言种外,因为它是不善性

---

① 《成唯识论述记》第二末,T43,p.298c。

② 分别见:《摄大乘论本》卷上,T31,p.137b;長尾雅人:《摂大乗論:和訳と注解(上)》,附录页52;《成唯识论》卷8,T31,p.43b。

③ 《摄大乘论》所说的"我见熏习"仅是就第七识为言,并未涉及第六识。如世亲《摄大乘论释》卷3:"我见熏习差别者,由染污意萨迦耶见力故,于阿赖耶识中我执熏习生。由此为因,谓自为我、异我为他,各有差别。"(T31,p.336c)

④ 《成唯识论疏抄》卷4,X50,p.194c。

⑤ 《成唯识论疏义演》第十本,X49,p.748b。

⑥ 《成唯识论学记》卷6,X50,p.106a。《成唯识论演秘》第六末(T43,pp.943c - 944a)所说其意大同。

的，所以有业种的增上作用，因为它有分别我执，所以有我执种的增上作用。

1.4 两类种子与顺现受业

通过对种子的分类，唯识学者最终周延地解释了生死无穷轮转的机理。业行一方面能熏习成业种相续不断，另一方面通过业行的熏习和业种的增上缘作用，也能增强并实质性地影响到将在当来世起现的阿赖耶识名言种。① 比如，业行决定了有情当来世的生存时限，这种决定就是通过业行在赖耶种上引起相应的功能来实现的。正是赖耶种上的这种功能力，维系着阿赖耶识一期生命的现实存在，并由阿赖耶识执受根身，从而维系了有情整体生命的有机形态，所以就赖耶种上的这种功能力而假立为"命根"。② 虽然赖耶种本身为"恒随转"，但此种子上维系一期生命的功能即命根却有起灭之时。当前世的命根功用尽时，前世的异熟识即舍离它所执受的根身，从而使一期生命归于死亡。此时由于前世烦恼的润生作用，能引生现世异熟识的名言种与业种均已成熟，业种即作为增上缘资助赖耶名言种生起现世的果报，赖耶种上命根的功能力亦同时开始发挥作用，如此便有了新的一期生命的历程。如上所述，与名言种不同，一般说来，业种在感得果报之后，其引生异熟果的功能即归于谢灭，下世的轮转取决于我们现世的业行，这就使得唯识学者的生死轮回说从根本上摆脱了宿命论的阴影，而如前所述，这其实乃是本承于佛陀教说的基本精神。

按照这样的解释，在时间分位上，业行招感第八真异熟至少是需要跨越前后两世的。如就十二缘起来说，按照唯识学者二世一重因果的解释，"十因、二果定不同世"③，即能熏发异熟名言种（识、名色、六处、触、受五支）的业行（行支），与由这些名言种所亲生的异熟果（生支）必定异世。④ 那么，我

---

① 窥基、慧沼认为，只有业的现行才对阿赖耶识名言种有增上缘的作用，是所谓"现业增果种"。如慧沼说："然现善恶即增果种，非种增种，现以增故。"（《成唯识论了义灯》第三，T43，p.719c）"非种增种，现以增故"是说，不是以业种增果种，而是以现业增果种。但既然按照《成唯识论》的看法，十二缘起中，行支通于种、现，那么业种对阿赖耶识名言种也应该有增上缘的作用，亦即，也可以是"业种增果种"。事实上，《义蕴》就认可了"业种增果种"的看法（《成唯识论义蕴》第二本，X49，p.411c）。《疏抄》甚至认为，"业种增果种"系"三藏法师解"，才是正确的说法（《成唯识论疏抄》卷 4，X50，p.205c）。

② 关于"命根"的具体界说，唯识诸论略有差异，《了义灯》第二末总结为六说（T43，p.706c），可参。此处据《成唯识论》卷 1（T31，p.5b）并《述记》第二本（T43，p.281c）之解。

③ 《成唯识论》卷 8，T31，p.44b。

④ 十二缘起无非就是造业、润生、得果。对于顺生受业来说，造业、润生同世，所以前十支必定同世，即，这是由过去世的无明（无明支）发业（行支），熏发异熟名言种（识、名色、六处、触、受五支），此异熟名言种与业种由贪爱等烦恼（爱、取二支）润生而成熟，故有生果之用（有支），由此，以业种为增上缘，以异熟名言种为因缘，而有现在世的一期生命（转下页）

们又如何来解释顺现受业(dṛṣṭa-dharma-vedanīyaṃ karma),即现世造业,现世受果呢?比如,有人现身转作虎狼,有人因供养佛故,现身得大富贵,等等。在《成唯识论》看来,这些其实都是别报果,而并不涉及总报果即阿赖耶识的根本性改变。① 作为总果报体的阿赖耶识,其基本状况或者是由上一期生命的业行来决定的,此业即为顺生受业(upapadya-vedanīyaṃ karma),或者是由上上期乃至更早期生命的业行来决定的,此业即为顺后受业(apara-paryāya-vedanīyaṃ karma),而"一切现业皆唯能感别报果故"②。

问题是,即就无间业来说,既然名之为无间业,它就应该是顺生受业,因为"无间"(ānantarya)就是无间隔的意思,即,造无间业的有情命终后必定堕入地狱,业果之间没有其他业所感的他趣异熟果来间隔。如《俱舍论》说:"此无间名为目何义?约异熟果决定更无余业(karma-antara)余生(janma-antara-phala)能为间隔,故此唯目无间隔(na tiraskartum)义。或造此业补特伽罗,从此命终,定堕地狱,中无间隔,故名无间。"③唯识学者其实也认同这一看法,如《集论》说:"顺生受业者,若业于无间生中(anantare janmani)异熟成熟,谓五无间业。"④不过,《瑜伽论》又提到,无间业也可以是顺现受业:"若不善业,于五无间及彼同分中,亦有受现法果者。"⑤所谓"无间同分"(ānantarya-sabhāga),《俱舍论》译作"无间同类"⑥,也就是与五无间业相类

(接上页)(生、老死二支)。对于顺后受业来说,则造业、润生、得果均不同世,所以前七支与爱、取、有三支亦为异世,即,这是由过去世的无明(无明支)发业(行支),熏发异熟名言种(识、名色、六处、触、受五支),此异熟名言种与业种由现在世的贪爱等烦恼(爱、取二支)润生而成熟,故有生果之用(有支),由此,以业种为增上缘,以异熟名言种为因缘,而有未来世的一期生命(生、老死二支)。此即《成唯识论》卷 8 所谓:"因中前七与爱、取、有或异或同,若二、三、七各定同世。"(T31,p.44b)二支必定同世是指生、老死二支,三支必定同世是指爱、取、有三支,七支必定同世是指前七支。

① 有人现身转作虎狼等,这仅是在一期生命中形体的改转,而并非是从人道轮转到了畜生道,不是总果报的改转。因为期间没有中有的过渡,虽然此人已转作虎狼之身,但还能回忆起此前为人身时的事情。如果是轮转到了下一期生命,一般说来不可能回忆起上一期生命的事情。所以《婆沙》说,"彼无死生"。(《阿毗达磨大毗婆沙论》卷 70,T27,pp.365c-366a。)

② 《成唯识论述记》第八末,T43,p.522b。

③ 《阿毗达磨俱舍论》卷 17,T29,p.92c;P. Pradhan: *Abhidharmakośabhāṣya of Vasubandhu*, p.259。

④ 《大乘阿毗达磨集论》卷 4,T31,p.680b-c;早島理:《梵蔵漢対校「大乗阿毗达磨集論」·「大乗阿毗达磨雑集論」》,Volume II,p.458。

⑤ 《瑜伽师地论》卷 9,T30,p.318b。相对于此,有部认为,无间业只能是顺生受业。如《阿毗达磨大毗婆沙论》卷 119:"由二缘故说名无间:一、遮现后,二、遮余趣。"(T27,p.619a)"遮现后",即不能是顺现受、顺后受;"遮余趣",即只能招感地狱苦果。

⑥ 《阿毗达磨俱舍论》卷 18,T29,p.94b。

似的业。[①] 比如，破僧、出佛身血是无间业，劫夺僧人常住物与破僧类似，毁坏佛塔与出佛身血类似，即是无间同分业或无间同类业。那么，《瑜伽论》为什么要提出这种顺现法受的无间业或无间同分业呢？它们只能招感别报果吗？它们与一般所谓顺次生受的无间业又是什么关系呢？

这里涉及前述业行招感多生果报的问题。按照有部的看法，"一业引一生"(ekaṃ karma ekameva janmākṣipati)[②]，他们并不承认一业能够招感多生果报。这是因为，如果"一业引多生，时分定业应成杂乱故"[③]。这是说，如果一业能引多生果报，那么这到底是顺现受业、顺生受业还是顺后受业呢？所谓定业的区分也就混乱了。因此即便是有情在一生中造了多种无间业，也都是顺次生受，即，以先造的无间业为引因，以其他的无间业为满因，一起招感下一期生命的地狱果报。只不过因为有情造了多种无间业，所以所招感的地狱身更大更柔软，刑具更多更猛烈，由此而遭受数倍的苦痛。[④]

经部譬喻师则认为，一业可以感多生果报。如《顺正理论》云：

> 譬喻者说：顺现受业等于余生中亦得受异熟，然随初熟位，立顺现等名，非但如名招尔所果。谓彼意说，诸所造业，若从此生即能为因与异熟果者，名顺现法受。若从次生方能为因与异熟果者，名顺次生受。若越次生，从第三生方与异熟者，名顺后次受。何缘彼作如是执耶？勿强力业异熟少故。[⑤]

---

① 《阿毗达磨顺正理论》卷43："言同类者，是相似义。"(T29，p.590a)按照《顺正理论》的看法，无间同类业与无间业不同，无间业只能是顺生受业，而无间同类业虽然必定招感地狱苦果，但未必一定是顺生受业，也可以是顺后受业等。

② P. Pradhan：*Abhidharmakośabhāṣya of Vasubandhu*，p.258。

③ 《阿毗达磨顺正理论》卷43，T29，p.585b－c。

④ 参《阿毗达磨大毗婆沙论》卷119，T27，p.620c；《阿毗达磨顺正理论》卷43，T29，p.587b。《杂集论》卷8也说："问：若造一无间者，于无间生中可受其异熟；若造多无间业者，于无间生中云何得受其异熟？答：于一生中顿受一切所得异熟，无有过失。所以者何？若造众多无间业者，所感身形最极柔软，所感苦具众多猛利，由此顿受种种大苦。"(T31，p.730c)这应该是随顺有部的说法。事实上，后来的唯识学者一般是从招感多生果报的角度来解释的，如慧景说："如造多逆，则于现身且受轻苦，于次生身受其重苦，业势未尽，于地狱中死，还生地狱，义当后报。"(《瑜伽论记》卷3，T42，p.360a)这基本是接受了经部、正量部的看法。经部与正量部的区别在于，经部，如下述，是认为有情造了多种无间业，虽然可以招感多生果报，但"从初为名，同名生报业"。正量部则认为，这多种无间业中，能招感下一生果报的是生报业，能招感下下生及其后果报的是后报业。见《俱舍论记》卷18，T41，p.277c。慧景说的"义当后报"，似乎也隐隐然透露出正量部的影响。

⑤ 《阿毗达磨顺正理论》卷40，T29，p.569c。

这里有两个要点。其一,"勿强力业异熟少故",强盛的业因能招感多生的异熟。所以室利逻多说,造了多种无间业,可以"于地狱死已更生",多生受苦。[①] 对此,普光具体解释说,顺现受业最为强盛,所以除可顺现受外,还能顺生受、顺后受,其次为顺生受业,它不能顺现受,但能顺生受、顺后受,顺后受业力用最弱,所以只能顺后受,不能顺现受、顺生受。[②] 其二,一业可以招感多生,而之所以没有有部所谓定业杂乱的过失,是因为定业的区分是从最初受果来说的。比如顺现受业,最初受果是在今生,如果此业势力未尽,它还能在下一生乃至下下生感果,但并不因此就成了顺生受业、顺后受业,还是根据它最初感果是在今生而为顺现受业,所以顺现受业这一名称并不意味着它只能招感现果。顺生受业、顺后受业亦复如是。此即所谓"随初熟位,立顺现等名,非但如名招尔所果"。

唯识学者的论义正是从经部譬喻师发展而来的。其一,无间业既然是最为强盛的业因之一,所以可以有顺现受,但这并不排斥它还可以继续在下一生乃至下下生感果。其二,虽然一业可以招感多生的果报,但从其最初受果来建立定业的差别,所以《杂集论》也说:"于此业中,从初熟位建立顺现法受等名,不唯受此一位异熟。"[③]

这样,虽然《成唯识论》明确说,顺现受业只能招感别报果,我们还是可以来解释《瑜伽论》所谓无间业是顺现受业的问题。如窥基说,《瑜伽论》说无间业能招感现果,其实是指其加行业所招感的别报果,比如因无间业,现身为人所杀等,而根本业则能招感下一生地狱的总报果,只是从其最初受果来说,才将无间业称为顺现受业,并非是说它不能招感下一生的总报果,所以这与通常所谓无间业是顺生受业的看法其实也并不冲突。[④]

既然"阿赖耶识随先业转",现业只能感别报果,因而虽然如上述,现业能通过熏习作用影响到赖耶名言种,但因为"爱未润故,业未熟故,缘未具故",此赖耶种并不能在同世起现,也就是说,现业并不能有效地影响到同世的总果报体。这基本上就是窥基一系的看法。圆测一系虽然并不否认现业只能感别报果,也就是说,现业并不能根本性地改变同世的总果报体,但却认为,现业对同世的总果报体也可以有实质性的影响。道证具体解释说,这

---

① 《阿毗达磨顺正理论》卷 43,T29,p.587c。《成实论》也是持类似的见解,如说:"问曰:若人作一逆罪,则堕地狱,若作二三,亦于一身尽受报不?答曰:是罪多故,(又)[久]受重苦,于是中死,还生是中。"(《成实论》卷 8,T32,p.300a)

② 参《俱舍论记》卷 15,T41,p.246c。

③ 《大乘阿毗达磨杂集论》卷 8,T31,p.730c。

④ 参《瑜伽师地论略纂》卷 4,T43,p.50b。

是因为"现业熏有支种,此种能增长现异熟果故"①。这一见解其实与如下所述圆测一系之朋附新熏说有相同的理趣,它进一步彰显了当下的行为对个体生存所具有的积极意义。佛家的业报理论与其说是在强调对过去的消极承受,不如说是要我们以当下的行动来担当过去而开创未来,就此而言,圆测他们的说法大约并不像慧沼所驳斥的那样全无是处。

第二节 所熏与能熏

种子又名"习气"(vāsanā),也就是说,它是已然处于实现状态的诸法即所谓现行(abhisaṃskāra),通过熏习作用而存留的转化为潜在状态的气分或余习。因此它反过来又成为现行之因,并非如数论外道的"自性"或熊十力所云的"本体"那样,是从一自体自足的原点来发生一切,类似的"不平等因"与佛家的缘起论构架绝无相容之处。可见,如果没有"熏习"这一关联项,所谓"种子"义必然是不完备的,甚而会导致对整体唯识学的漫画式曲解。

2.1 习气与熏习

"习气"一词,原本是用来指谓因久习烦恼所残留的气分。声闻与独觉虽已断烦恼而尚存余习,如阿难犹有贪爱习,毕陵伽筏蹉(Pilindavatsa)犹有瞋恚习,舍利弗犹有憍慢习,等等。正因为有此习气的存在,所以会有类似于烦恼者生起。这就比如,存放香的器具,香虽然取出来了,但香气犹存;人被捆绑久了,刚去掉枷锁,行动还是不便。所以毕陵伽筏蹉虽已得阿罗汉果,以其有瞋恚习故,还会不自觉地呼恒河神为小婢。佛陀则烦恼与习气皆已永断无余。②

值得一提的是,唯识学者偶尔也会在这一意义上来使用"习气"一词,如《六门教授习定论》就将其界说为"若惑虽无,令彼作相如有惑者"③。意思就是,虽然声闻等已经断除了烦恼,但还有那些使其行为看起来像有烦恼的东西存在,这就是习气。

在有部看来,这种习气根源于不染无知。无知有染污、不染污两种。染

---

① 参《成唯识论了义灯》第三,T43,p.719c。

② 参《阿毗达磨大毗婆沙论》卷16,T27,p.77a-b;《大智度论》卷2,T25,pp.70c-71b。

③ 《六门教授习定论》,T31,p.774b。

污无知是对四谛、修道等的无知，它是以无明等烦恼为体，二乘也能断除这种染污无知而得择灭无为。不染污无知（akliṣṭam ajñānam）者，“体非染故，名为不染；于境不悟，名曰无知。无知即不染，名不染无知，持业释也”①，它是二乘犹有、唯佛永断的无知。

按照《俱舍论》的解释，不染无知具体包括四种。一是“佛法”（buddha-dharmāḥ），这是指佛陀不共二乘的诸如十力、四无畏等功德法，它们不能为二乘所知，如佛经中说，舍利弗不知如来的五分法身等。② 二是“极远处”（ativiprakṛṣṭa-deśāḥ），如目犍连不知其母的往生之处。三是“极远时”（ativiprakṛṣṭa-kālāḥ），如舍利弗不知某人有极微细的解脱种子（mokṣa-bīja），在久远的未来能修行解脱，而拒绝了其出家的请求。四是“无边差别”（ananta-prabhedāḥ），这是指诸法各种具体的特性、差别。如《顺正理论》所谓，“于诸法味、势、熟、德、数、量、处、时、同、异等相不能如实觉”③，即是就此而言。这里“味”是滋味，“势”是势力，“熟”是成熟、成就，“德”是性质、作用，其余可知。这其实就是在与解脱不直接相关的各种知识上的无知，比如佐伯旭雅（1828—1891）在谈到这一问题时，就结合当时的科学进展而举例说，诸如不了解物理学上的重力或圆心力等，即属此类。④ 同样的，不了解今天科学上的量子力学、网络技术等，也都属于不染无知。因此对于不染无知，甚至还会出现“智（二乘）不及愚（凡夫）”的情况，⑤如律藏中就曾提到，已得阿罗汉果者，未必具有一切知识，比如，他未必知道盐的种类，而尚未得果的凡夫比丘，却反而能懂得有关盐的知识。⑥ 染污无知则不同，它的断除与否，恰能为我们区分出智与愚。

上述四种无知因（catuḥprakāram ajñānakāraṇam），安慧称作“四种远”（catasro dūratāḥ），即所谓“所知远”（jñeya-dūratā，指佛法）、“处远”（deśa-

---

① 《俱舍论记》卷 1 本，T41，p.5c。

② 此据梵本《俱舍论实义疏》：“uktaṅ hi sūttre jānīṣe tvaṃ śāriputtra tathāgatasya śīlaskandhaṃ samādhiskandhaṃ prajñāskandhaṃ vimuktiskandhaṃ vimuktijñānadarśanaskandham iti pṛṣṭenoktaṃ no bhagavann iti”（如经中说：“‘舍利子，汝知如来戒蕴、定蕴、慧蕴、解脱蕴、解脱知见蕴不？’［世尊］问已，［舍利子］答言：‘不也，世尊。’”）Nobuchiyo Odani（小谷信千代）：*Tattvārthā*，*Sthiramati's Abhidharmakośaṭīkā*，*Chapter* Ⅰ，p.16。敦煌本《俱舍论实义疏》卷 1 作：“色法、心法、心所有法、不相应法及无为法，于此五法所知境中，世皆不了，唯佛独悟，永断诸惑故。”（T29，p.325b）这是认为二乘所不知者为五位法，似不可解，或为误译。又，据《光记》（T41，p.6c）、《宝疏》（T41，p.461b），“佛法”除佛陀的功德法外，还包括“佛所知法”或“佛教法”。

③ 《阿毗达磨顺正理论》卷 28，T29，p.502a。

④ 佐伯旭雅：《俱舍論玄談》，1892 年写本，笔者藏，无页码。

⑤ 《阿毗达磨顺正理论》卷 28，T29，p.501c。

⑥ 参《摩诃僧祇律》卷 31，T22，pp.483c－484a。

dūratā)、"时远"(kāla-dūratā)、"差别远"(prabheda-dūratā),"远"(dūratā)也就是二乘不能了知的意思。①

因此有部所谓的不染无知,大致就相当于大乘中所说的所知障,如安慧在《三十释》中对所知障的界定就是:"所知障即是于一切所知中障碍智转起的不染无知。"(jñeyāvaraṇam api sarvasmiñ jñeye jñānapravṛttipratibandhabhūtam akliṣṭam ajñānam)《佛地经论》也说:"所知障者,于所知境不染无知,障一切智,不障涅槃。"灵泰则明确指出:"不染无知者,即同大乘中所知障也。"②

与染污无知不同,此不染无知是以不与无明等烦恼相应的有漏劣慧为体,所以是无覆无记性,或通于善性。③ 二乘虽然能在断除缘于它的烦恼的意义上,即所谓"缘缚断"的意义上断尽不染无知,使不染无知不再作为所缘系缚二乘,但在"不生断"的意义上,却只能使部分而非全部不染无知毕竟不生,得非择灭(apratisaṃkhyānirodha)。也就是说,对于二乘来说,虽然不染无知不再作为所缘系缚他们,但不染无知的得并非全然不成就,这是"缘缚断"的特点,④所以他们还是有不染无知现起。只有菩萨在金刚喻定时才能使全部不染无知得非择灭,所以唯有佛陀才是正遍知。⑤ 此如《婆沙》所说:"邪智有二种:一、染污,二、不染污。染污者,无明相应。不染污者,无明不相应,如于机起人想等。染污者,声闻、独觉俱能断尽,亦不现行。不染污者,声闻、独觉虽能断尽,而犹现行,唯有如来毕竟不起,烦恼、习气俱永断

① Nobuchiyo Odani(小谷信千代):*Tattvārthā*, *Sthiramati's Abhidharmakośaṭīkā*, *Chapter Ⅰ*, p.17。

② Hartmut Buescher:*Sthiramati's Triṃśikāvijñaptibhāṣya*, p.38;《佛地经论》卷 4, T26, p.310c;《成唯识论疏抄》卷 18, X50, pp.485c－486a。"所知障"一语在《婆沙》卷 141(T27, p.724b)中曾出现过一次,它与烦恼障对举,而被认为与"无知"相关,可见它也间或在不染无知的意义上被部派所使用。

③ 普光认为,不染无知通于无覆无记性、善性。法宝则认为,不染无知仅是无覆无记性,不通善性。

④ "缘缚断",或称"所缘断"(ālambana-prahāṇa),《阿毗达磨顺正理论》卷 6:"由彼断故,于所缘事便得离系,不必于中得不成就,名所缘断。"(T29, p.363a)其对应的梵文可见安慧《俱舍论实义疏》所引:"yatprahāṇāt tu yasmād vastuno visaṃyujyate na tu tenāvaśyam asamanvāgamaṃ pratilabhate tad ālaṃbanaprahāṇaṃ" Nobuchiyo Odani(小谷信千代):*Tattvārthā*, *Sthiramati's Abhidharmakośaṭīkā*, *Chapter Ⅰ*, p.176。

⑤ 按照有部的看法,染污无知有三种断除的方式:一、自性断(svabhāva-prahāṇa),即通过对治道而断染污无知的得;二、缘缚断,对于他人的染污无知而言,我们只能断除自身中缘于它的烦恼,即所谓"能缘彼自相续中所有诸惑"(tad-ālambana-svāsāṃtānika-kleśa),从而使他人的染污无知不再作为所缘系缚我们,此为缘缚断;三,不生断,即染污无知至不生位,毕竟不生,得非择灭,如见所断的染污无知,至顺决择分的上忍位,因缺缘而毕竟不生,此为不生断。不染污无知只有缘缚断、不生断两种断除方式,没有自性断。《俱舍论疏》卷 1, T41, p.463c;《阿毗达磨俱舍论》卷 21, T29, p.111b;P. Pradhan:*Abhidharmakośabhāṣya of Vasubandhu*, p.321。

故，由此独称正等觉者。"①此处说声闻、独觉能断尽不染无知，即是就"缘缚断"而言的。②

与不染无知这种有漏劣慧相应的心、心所法乃至其所依身，③则被总称为习气。对此所谓"习气"，《顺正理论》有二解：

> 是故即于味、势、熟等不勤求解惠，与异相法俱为因，引生后同类慧。此慧于解又不勤求，复为因引生不勤求解慧。如是展转无始时来，因果相仍，习以成性。故即于彼味等境中，数习于解无堪能智，此所引劣智，名不染无知。即此俱生心、心所法总名习气，理定应然。或诸有情有烦恼位，所有无染心及相续，由诸烦恼间杂所熏，有能顺生烦恼气分，故诸无染心及眷属，似彼行相差别而生，由数习力相继而起，故离过身中仍名有习气，一切智者永断不行。④

所谓"不勤求解慧"、"解无堪能智"，指的是由于无始来的懈怠懒惰，对于各种知识不能通达解了的智慧，也就是不染无知这种有漏劣慧。第一种解释是说，这种有漏劣慧能前后引生，习以成性，所以将久习而成的有漏劣慧及与之相应的心、心所法总称为习气。第二种解释是说，由于烦恼熏习成了烦恼的气分，所以在无染心中也随顺烦恼，有类似于烦恼者生起，而称之为习气。这两种解释其实差别并不大，指的都是因久习有漏劣慧或烦恼而存留的气分，所以普光总结说："言习气者，习谓数习，气谓气分，有诸烦恼及劣智等数习气分，故名习气。"⑤

表面上看，这与经部、唯识对习气的界定似乎是一致的，如窥基就说："言习气者，是现气分，熏习所成，故名习气。"⑥但两者的实质内涵却有着根本性的差异。如上所述，有部所谓的习气，是指与有漏劣慧相应的心、心所法，或者再加上其所依身，而并非是经部、唯识所说的与现行相对的潜势力，不具有种子的含义。窥基的界定中，说的是"现气分"，即现行的气分，因此

---

① 《阿毗达磨大毗婆沙论》卷9，T27，p.42b－c。

② 《俱舍论记》卷1本："声闻、独觉，不染无知犹未断故，于极远等所以不知。……然诸论说二乘能断不染无知者，据缘缚断说。"（T41，p.7a）

③ 普光认为，习气通于心、心所及所依身。法宝则认为，习气仅是指心、心所，不通所依身。如《俱舍论疏》卷1："定唯无记，唯是心所。若兼通善及通身者，有何文证？又违其理。"（T41，p.462c）两个"唯"字，原作"准"，据《大正藏》页下校勘注改。

④ 《阿毗达磨顺正理论》卷28，T29，p.502a－b。

⑤ 《俱舍论记》卷1本，T41，p.5c。

⑥ 《成唯识论述记》第二末，T43，p.298c。

习气是指通过现行的熏习作用而存留的潜势力，只是在此意义上，它才是经部、唯识所说的种子。

与“种子”一样，所谓“熏习”（vāsanā）也是借喻自日常生活。比如，古印度习俗多以香油涂身，制香油的方法是以苣藤（atimuktaka，阿提目多伽，即胡麻）的果子与香花一起浸泡，使之烂坏，然后以胡麻榨油。① 胡麻原本没有花香，只是因为它与香花同时共处、俱生俱灭，所以久而久之就带上了花的香气，从它榨出的油也成了香油。这就是我们日常生活中见到的熏习。唯识学中所谓种子的熏习也类似于此，前七转识如同香花为能熏，阿赖耶识如同胡麻为所熏，两者同时共处、俱生俱灭，阿赖耶识中也就熏习成了能生前七转识的种子。② 以汉语中“熏习”一语来对译 vāsanā 即在于敞明这一语义，所以窥基解释说：“熏者，击发义；习者，数数义。”“熏者，发也，或由致也；习者，生也、近也、数也。即发致果，于本识内，令种子生，近令生长故。”③

2.2 所熏四义与真如受熏问题

按照《成唯识论》的见解，要成立熏习，具体还有一些更为严格的简别，所谓“所熏、能熏各具四义，令种生长，故名熏习”④。

所熏四义者，其一，“坚住性”，谓该法须自无始以来一类相续，从而能无改转、无间断地执持习气。如前七转识与色法等，或有三性转易，或有时间间断，故皆无受熏持种之用。

其二，“无记性”，谓该法须于善、染平等，从而能不相妨碍地兼容善、染两者的习气。善法势力强盛，既与染法相违，故不能受染法的熏习，这就比如沉香不能受大蒜的熏习；并且，它也不能再受善法的熏习，这就比如沉香也不能再受檀香的熏习。染法者亦复如是。所以只有无覆无记性者才能平等地接受善、染法的熏习。

如前所述，第八识的转依是在佛果位，所以始自凡夫，终至金刚无间道，其第八识都能满足无记性的要求，而为所熏。至于佛果位的第八识，其性为无漏善，善法究竟圆满，故不再受熏，而只带有佛果位前所熏成的旧种。如果佛果位还能受熏，那么受熏前后就有优劣差等，佛果位便非究竟圆满。

---

① 参《成唯识论述记》第二末，T43，p.305b。又，《翻译名义集》卷7（T54，p.1178b）引《宗镜录》卷48（T48，p.700b）解。

② 见《摄大乘论本》卷上，T31，p.134c。

③ 《成唯识论述记》第一本，T43，p.242b；同论第三本，T43，p.312c。

④ 《成唯识论》卷2，T31，p.9c。

其三,“可熏性”,谓该法须体性自在、虚疏而能存留习气。“自在”是针对心所法说的,心所依于心王,故无自在义。此外,不相应行等假法依于心等实法,故亦无自在义。“虚疏”是针对无为法说的,无为法凝然常住、体性坚密,故无虚疏义。这里所谓“坚密”,和前述第一义说的“坚住”不同。坚住是指一类相续,而坚密除了“坚”即常住之义外,还有“密”即细密之义,如金石等物质地致密,即不能容受它物。由此,心所法、不相应行等假法、无为法皆非所熏。

无为法不仅不能作为所熏,按照下述“能熏四义”的第一义“有生灭”,它也不能是能熏。也就是说,熏习只能是在有为法之间发生,并不涉及无为法比如真如等。用《宗镜录》的比喻来说,就像大火只能烧世界,却不能烧虚空。① 意即,真如作为诸法实性,正如虚空,不能被熏。而《大乘起信论》的体系,恰恰就是以真如与无明的互熏为基本构架的,以此来成立有情的流转与还灭。所谓“真如净法实无于染,但以无明而熏习故,则有染相”,由此而有有情的流转;“无明染法实无净业,但以真如而熏习故,则有净用”,由此而有有情的还灭。② 对此,唯识学者的一般看法,是认为真谛的翻译有误,倒并非像现代学者那样,认定《起信》为中土伪作。如智周说:“无明熏真如等者,自古诸德多为此计。此《论》明简,故知古非。马鸣菩萨亦言真如受熏持种,恐译者误。”③

认同《起信》框架的华严学者则有另一种解释。如元晓(617—686)首先明确区分了两种熏习,认为唯识说真如不能受熏,乃是据“可思议熏”为言;而《起信》说真如与无明互熏,则是指另一种“不可思议熏”。如说:“问:《摄大乘》说,要具四义,方得受熏,故言常法不能受熏。何故此中说熏真如?解云:熏习之义有其二种:彼《论》且约可思议熏,故说常法不受熏也;此《论》明其不可思议熏,故说无明熏真如、真如熏无明。显意不同,故不相违。”④从法藏进一步的解释来看,所谓两种熏习的区分,可能是从四卷《楞伽》中所说的“不思议熏及不思议变”(acintya-vāsanā-pariṇāma)⑤引申出来的。他说:“不思议熏者,谓无明能熏真如,不可熏处而能熏,故名不思议熏。又,熏即不熏,不熏之熏,名不思议熏。不思议变者,谓真如心受无明熏,不可变异而变异,故云不思议变。又,变即不变,不变之变,名不思议变。《胜

---

① 《宗镜录》卷 48,T48,p.699c。

② 《大乘起信论》,T32,p.578a。

③ 《成唯识论演秘》第三本,T43,p.863b。

④ 《起信论疏》卷下,T44,p.217b。又,《大乘起信论别记》,T44,p.239a。

⑤ 《楞伽阿跋多罗宝经》卷 1,T16,p.483a;P. L. Vaidya:*Saddharmalaṅkāvatārasūtram*,p.18。

鬘》中不染而染,染而不染,难可了知者,谓此不思议也。”①此即,真如本不可受熏,但能受无明熏,故为“不思议熏”;真如本不可变异,但受无明熏后,能变现诸法,故为“不思议变”。既然《楞伽》的“不思议熏”就是《起信》的无明熏真如,那么,与之相对,唯识说真如不能受熏,就是“可思议熏”(cintya-vāsanā)了。

华严学者的这一解读,其实是以其判教理论为前提的。根据华严五教的判释,唯识属于始教,《起信》属于终教。始教是就缘起生灭事中建立阿赖耶识,阿赖耶识未能与真如理相融通,真如“凝然不作诸法”。此即,始教是基于理事二分的立场,认为只有“事”中的阿赖耶识才能受熏变现诸法,因而是“可思议熏”、“可思议变”,而真如作为“理”则不能受熏变现诸法,是所谓“凝然真如”。终教所说的是理事融通的阿赖耶识,不生不灭的真如能受熏变现生灭的诸法,所以是“不思议熏”、“不思议变”,而真如与其所变现的诸法,即理与事融通和合,才是阿赖耶识。② 可见,在华严学者的这一解读背后,实际上有其明确的宗派意识。

颇有意味的是,圆测门下的部分学僧,恰恰就是接受了华严学者的这一解读。他们认为,唯识与《起信》各明一义,可并行不悖。如道伦说:“《起信》据不思议熏习、真如受熏之义,《瑜伽》据可思议熏习、赖耶受熏之义,法门各异,不可一准。”③太贤撰有《大乘起信论内义略探记》,亦以“不思议熏”、“不思议变”来解释无明熏真如、真如起现识。④ 昙旷甚至还引入了这一解读背后类似华严的判教意识:“诸论且为初根性者,说彼生灭可思议熏。此《论》显为久根性者,亦说常法不思议熏。”⑤不过,从现存文献看,圆测本人似乎并没有这样的看法,考虑到圆测门下多为新罗学僧,因此这有可能与元晓在新罗学僧中的影响有关。

其四,“与能熏共和合性”,谓该法须与能熏者俱时共在,同处一有情身,不即不离,方可受熏。同时同处,故不离;所熏非能熏,故不即。

由此四义之简别,则唯有第八异熟识之心王才能具足四义,而为所熏。若进一步落实到四分上来说,能受熏者系第八心王之自证分。

可见,所熏四义的设定,其目的无非就是要将能受熏者落实在不共小乘的第八异熟识上。如上章所述,最早成立种习说的经部师在此问题上是有

---

① 《大乘起信论义记》卷下本,T44,p.269b。
② 参《华严一乘教义分齐章》卷2,T45,pp.484c-485a。
③ 《瑜伽论记》卷8下,T42,p.488c。
④ 参《大乘起信论内义略探记》,T44,p.417a。
⑤ 《大乘起信论广释》卷4,S2721;并见T85,p.1142c。

许多歧见的,总体说来,则有两个共同的特征:一是就受熏的主体言,仅限于前六识或者再加上它们的所依根;二是就受熏的时间言,为前后相熏的异时因果。经部自称"以经为量",如果他们可以接受大乘经如《解深密经》作为楷定一切论说的依据,那么此前的种种异说就可以得到一个统一的解决。因为《解深密经》曾明确指出"阿陀那识甚深细,一切种子如瀑流",因此在粗显的六识之外,还有"展转相续、曾无间断"的"异熟果识"能够受熏而为"无量种子集起处"。据《大乘成业论》,后来有部分经部师就接受了这样的看法。① 不过,大乘经毕竟并不为全体经部师所接受,因此对于他们的诸多异执,有必要从理论上作出令人信服的简别。事实上,在最早提出"所熏"需具"坚"(brtan,dhruva)、"无记"(lung ma bstan,avyākṛta)、"可熏"(bsgo bya ba,bhāvya)、"与能熏相应"(sgo bar byed dang 'brel pa,bhāvaka-saṃnibandhaka)四义的《摄大乘论》中,接下来就有如下一颂作为补充:"六识无相应,三差别相违,二念不俱有,类例余成失。"②其所论破者,即为经部师的异执。

参照世亲的解释,③这一颂文大意是说,前六识是变化不定的,它们的所依根、所缘境、作意等都彼此相违,所谓"三差别相违"(tha dad gsum dang 'gal ba'i phyir,traya-bheda-viruddhataḥ),因此就缺少一类相续、恒无转易的"坚住性",不能成为所受熏处。至于经部师所谓的前念熏后念,则既然前后刹那不能俱时共有,亦即能、所熏缺少"共和合性",故亦不能成立。或曰,前后虽不俱时,然而因为它们就种类(rigs,jāti)来说都是"识",故亦有相熏的可能,那么,"类例余成失"。亦即,照此推论,眼根与耳根都是净色根,同属净色根这一种类,难道它们因为是同类就能展转相熏?可见,同类的解释对前后相熏来说并不能成为充分的理据。④ 这段颂文清楚表明,"所熏四义"的提出,其实是有明确针对性的,正是通过这种简别,才使唯识学者的种习说能够最终超越经部师的既有框架。

2.3 能熏四义与相分熏

如果说,在粗显的六识之外另成立阿赖耶识以为所受熏处,尚是唯识学

---

① 参《大乘成业论》,T31,p.784b－c。

② 《摄大乘论本》卷上,T31,p.135a－b;長尾雅人:《摂大乗論:和訳と注解(上)》,附录页29。

③ 参世亲:《摄大乘论释》卷2,T31,p.330a。

④ 按照印顺法师的分析,所谓"识类受熏",并不是另建立"识类"一法以为所受熏处,而是对前后相熏的一种解释。参印顺:《唯识学探源》,页182。

者的共识,换言之,“所熏四义”的简别主要还是针对以经部师为代表的小乘诸部,那么《成唯识论》进一步所设定的“能熏四义”恐怕就只是护法一系之别解了。

所谓“能熏四义”者,其一,“有生灭”,此谓须是无常生灭法,才有能熏习气的作用。这与“种子六义”中的第一义“刹那灭”是对应的。“刹那灭”是就种生现来说,种子必须是有为法,才能有生起现行的作用;这里“有生灭”是就现熏种来说,现行必须是有为法,才能有熏成种子的作用。由此,无为法非是能熏。

其二,“有胜用”,此谓须有强盛的势用方可起于熏习。按照窥基的解释,胜用有二:一是“能缘势用”,意即能熏者唯是具有缘虑能力的心、心所法,故色法本身非是能熏;二是“强盛势用”,意即能熏者非是由业所感、体性羸劣的异熟无记法,故无论是第八真异熟还是前六识之别报果,其虽有能缘用而无强盛用,亦非能熏。

其三,“有增减”,此谓须有或增或减的改转方为能熏。故佛果四智心品终极圆满,即不再熏种。如佛果亦能熏增新种,则佛果受熏前后便有优劣差等。前述“所熏四义”中的第二义“无记性”,指认了佛果位的第八识不能是所熏,这里“有增减”则进一步表明,佛果位的前七识不能是能熏。

其四,“与所熏和合而转”,此即“所熏四义”之第四义的反转,谓能熏须与所熏俱时而有,同处一有情身。

由此四义之简别,则唯前七转识心、心所法中有胜势能、可增减者为能熏。若进一步落实到四分上来说,既然所熏是第八心王的自证分,所以能熏也是前七转识心、心所法的自证分。不过,相、见二分依于自证分而起,是自证分上的作用,所以约用而言,也可以说为相分熏、见分熏。

“能熏四义”的简别,是《成唯识论》首先提出来的,并不见诸其他论书。而如上分析,四义中,“有生灭”无非就是“种子六义”中“刹那灭”的对举,“有增减”、“与所熏和合”大致也与“所熏四义”中的“无记性”、“与能熏和合”对应,因此这里最具实质性意涵的还是所谓“有胜用”。它其实是指认了并非前七转识皆为能熏,比如,按照窥基的解释,业感的异熟无记法就不是能熏。

异熟无记法是否是能熏,涉及异熟无记种的来源问题。对最早揭橥出种习说的经部师来说,异熟无记种或许是不必要的,因为由善、恶的业种直接就能生起无记的异熟果。而唯识学者既然成立了名言种与业种的分别,就不得不考虑作为异熟果亲因的异熟无记种的来源问题。对此,圆测介绍说:

> 异熟无记自有二种。一、善恶业所感异熟无记;二、非善恶感,是法执故,定是能熏。亦依业所感者,诸说不同。若依月藏菩萨,决定不熏,难陀论师,定能熏成。然彼护法无异分别,故彼门人分成两释。一云,善恶所感异熟果法定不能熏,以力劣故,第八识但由法尔旧种故生,由此无力,不能熏故,别用业助,方能生果。一云,业果异熟自有两释,一强二劣,强者能熏,劣即不尔。虽有两说,三藏意存后解为胜。若依前释,此遮异熟心、心所,等者,举第八识心及心所,等六识满业所感心及心所。若依后释,等言等取业所感中势力劣者。①

可见,答案无非是三种。其一,承认有本有种,异熟无记种本来就已全体具足,而并非由异熟无记法作为因缘熏生,善、恶业则作为增上缘熏令增长,此即护月(月藏)之义。其二,认为包括异熟无记种在内的一切种子均由熏习而成,如此就要扩大能熏的范围,承认异熟无记法亦能熏种,此即难陀之义。智周其实也提到过一个说法,虽未明言是何家之义,但大致就与圆测所谓难陀说相当:

> 此中但遮第八心品。六识异熟无非能熏,无别圣教说不熏故。八无所熏,可非能熏。六有所熏,无不熏者。又,心、心所若非能熏,即是所熏,何有心法非能、所熏?②

这是说,心、心所法不是能熏就是所熏,第八识没有所熏之处,所以不是能熏,而只是作为前七识的所熏,前七识包括异熟无记的前六识在内,既然有第八识作为所熏之处,所以必定是能熏。

概言之,这里本有的种子与对熏习的严格限定恰能构成语义上的互补,因为既然种子本有,就不需要通过熏习来说明种子的来源;而对本有种的否定则必然导致此类限定性条件的相应泛化,因为如果没有本有种,那么种子的来源就只能通过熏习来予以说明了。不仅现熏种如此,如下章所述,种生现亦复如是。也就是说,对种现熏生的因缘关系的严格限定实际上正是本有种的一个语义相关项。而《摄论》首立"种子六义"、"所熏四义",唯对能熏无所简别,正因为该论是取种子新熏的立场,故而前七识当皆为能熏。所

---

① 常腾:《成唯识论了义灯抄》卷3引圆测《成唯识论疏》,《日本大藏经》第33卷,页344。又,《成唯识论了义灯》第三(T43,p.722b)、《成唯识论学记》卷2(X50,p.55b)略同。

② 《成唯识论演秘》第三本,T43,p.863b－c。

谓难陀之说,实有取于此。

其三,也就是折衷前两家而来的护法一系的“本新并建”说。既为折衷之说,诸师在取舍之间,也就不免各有偏重。即就异熟无记法的熏习来说,在唯识学者看来,异熟无记中包括了非业感的法执与业果。如前所述,法执并不障碍小乘的涅槃,所以对小乘来说属于无覆无记,具体说来,就是由无覆无记中的异熟生无记所摄,而对大乘来说,这还是属于有覆无记。如《成唯识论》说:“法执俱意于二乘等虽名不染,于诸菩萨亦名为染,障彼智故,由此亦名有覆无记。于二乘等说名无覆,不障彼智故,是异熟生摄。……此名通故,如增上缘,余不摄者皆入此摄。”①法执虽然属于异熟生无记,但是也有强盛势用,与善染法同为能熏。

至于作为业果的异熟无记法,窥基与圆测就有了不同的看法。如前所述,窥基认为,一切业感的异熟无记,包括第八真异熟与前六识之别报果,都没有强盛势用,皆非能熏。而圆测出护法门下二释,其第二释是认为,前六识之别报果中,还可以区分出势用强劣的不同,强者能熏,劣则不能。据圆测说,玄奘本人认可的也是这一说法。可见,圆测所谓能熏的范围大于窥基所说的范围,在这一意义上,我们可以说,圆测倾向于难陀,而窥基则更接近于护月。两家这一学术取向的不同,其实也体现在他们对性种与习种问题的看法上,且留待下一章再作探讨。至于玄奘,他既曾学《唯识决择论》等于胜军,胜军宗难陀,故圆测的这一记载或许并非无据。

再来看圆测所说护法门下的第一释。这是说,第八识不能熏,没有新熏种,所以它只能从本有种生,“举第八识心及心所,等六识满业所感心及心所”,所以前六识之别报果也不能熏种,只能从本有种生。概言之,凡业感的异熟无记法都不能熏,都没有新熏种。后来《宗镜录》也认同这一看法,有谓:“第八识聚,及此所变异熟五根相分,并异熟扶根等,及异熟前六识等,并无新种,以其极劣,非能熏故,从本有旧种所生。”②但这一见解,更像是护月一系的论义,与护法一系的本新并建说有一定的差距。如上所述,窥基仅认可凡业感的异熟无记法都不能熏,但并不认为它们没有新熏种,而这种新熏的可能性是通过“相分熏”来实现的。所以窥基说:“若为相分,何法为障?”③这是说,如果是相分熏,那么一切种子都能熏成。

所谓“相分熏”是说,虽然色法或业感异熟无记法等本身不能熏种,但当

① 《成唯识论》卷5,T31,p.24c。

② 《宗镜录》卷48,T48,p.698c。但这与该论同卷(T48,p.700b)承认有“相分熏”,认为通过前七识的“相分熏”能熏成第八识的相、见分种的看法是自相抵牾的。

③ 《成唯识论述记》第三本,T43,p.314c。

它们为具有能熏作用的心、心所法所缘取，成为其相分时，依仗能缘心、心所法的缘取力，它们也能熏成自己的种子，包括影像相分种和本质相分种。灵泰比喻说，这就像兵马不能打贼，将军能打贼，由将军带领故，兵马亦能打贼。① 兵马是比喻没有能熏作用的色法或业感异熟无记法等，将军是比喻具有能熏作用的心、心所法。所以说，在相分熏的意义上，一切种子都可以熏成。②

事实上，业感异熟无记法等能通过相分熏来熏成新种的看法，在《成唯识论》中也有所暗示。比如在分疏八识之间的所缘缘关系时，论中说：

> 自八识聚展转相望，……所缘缘义或无或有，八于七有，七于八无，余七非八所仗质故。……前七于八所缘容有，能熏成彼相见种故。③

这里有两种看法。第一种是被《成唯识论》视为"正义"的看法，第八识能成为前七识的所缘缘，而前七识不能成为第八识的所缘缘，所谓"八于七有，七于八无"，因为第八识并不仗托前七识而生起。从前七识所缘境的特性来看，所谓前七识以第八识为所缘缘，只能是指，前五识以第八识的器界相分为疏所缘缘，第七识以第八识的见分为疏所缘缘，第六识以第八识的相、见二分为疏所缘缘。特别是对于前五识与第七识来说，"若无第八定为本质，五、七不生故"④，即，前五识与第七识如果没有第八识的相分与见分分别作为其疏所缘缘，就不能生起。

第二种被《成唯识论》视作"不正义"的看法，则是随顺陈那《观所缘缘论》所谓"或前为后缘，引彼功能故"⑤，即，认为后念见分能缘前念相分，如此前七识也能成为第八识的所缘缘，"能熏成彼相见种故"。对此，玄奘又有

---

① 见《成唯识论疏抄》卷5，X50，p.219a。

② 义寂在《成唯识论未详决》中说："六、七我执无所似故，名为独影，唯染，不熏第八识种，不同性故。"(《成唯识论学记》卷1本，X50，p.32a。据《大乘起信论同异略集》本校改，X45，p.263a)此即，因为"我"不存在，所以第六、七识的我执没有其所似的本质，所缘者为独影境(关于独影境，参本书下篇第九章第三节)。并且它们是染污性的，与第八识的无覆无记性不同，所以不能通过它们的相分熏来熏成第八识的种子。这有两个问题。其一，并非"我"不存在，第六、七识的我执就没有本质，如第七识的我执是以第八识的见分为本质。其二，如果不能通过第六、七识的相分熏来熏成第八识的见分种(详下)，第八识见分就没有新熏种，而只能是唯本有种，这就和圆测所说护法门下的第一释一致了。据《法相宗章疏》(T55，p.1139c)、《注进法相宗章疏》(T55，p.1142b)、《东域传灯目录》(T55，p.1158a)等，义寂撰有《成唯识论未详决》二卷或三卷，今已佚。

③ 《成唯识论》卷8，T31，p.42c。

④ 《成唯识论述记》第八本，T43，p.512b。

⑤ 《观所缘缘论》，T31，p.888c。

两种解释：

> 彼相见种，三藏二解。一云，七识相见，名熏自种，种为亲缘，能熏为疏。一云，第八相见。五熏第八相分色等，故是见分疏所缘缘；第七熏彼见分种子，故自证等疏所缘缘；第六双熏，如理应知。[①]

其一是说，“彼相见种”是指前七识的相、见分种，即，前七识能各自熏成自己的相、见分种，被藏于第八识中而为其相分，因此对于第八识的见分来说，前七识的相、见分种是其亲所缘缘，能熏成前七识相、见分种的前七识现行则是其疏所缘缘。其二是说，“彼相见种”是指第八识的相、见分种。具体说来，前念前五识以第八识的器界相分为疏所缘缘，故能通过相分熏而熏成第八识的本质相分种，由此生起后念第八识的相分，因此对于后念第八识的见分来说，与之同时的第八识相分为其亲所缘缘，而前念前五识的相分则是其疏所缘缘；前念第七识以第八识的见分为疏所缘缘，故能通过相分熏而熏成第八识的本质见分种，由此生起后念第八识的见分，因此对于后念第八识的自证分来说，与之同时的第八识见分为其亲所缘缘，而前念第七识的相分则是其疏所缘缘；前念第六识如果缘第八识的相分或见分而生起，即以第八识的相分或见分为疏所缘缘，则能通过相分熏而熏成第八识的本质相分种或本质见分种，由此生起后念第八识的相分或见分，因此对于后念第八识的见分或自证分来说，与之同时的第八识相分或见分为其亲所缘缘，而前念第六识的相分则是其疏所缘缘。[②] 当然，这里所谓前后念，未必是指紧邻的两刹那，因为对于第八识相、见分的生起来说，它还需要业种等的增上缘，而如上述，这至少是需要跨越两期生命的。

虽然玄奘提供了两种解释，但从论文所谓“能熏成彼相见种故”来看，第二种解释似乎比较切题，因为这里“彼”之一字只能是指第八识：“能熏自种，何得称彼？”[③]所以窥基一系也仅认可这一解释。由此可见，虽然前七识能成为第八识的所缘缘这一看法本身并不为《成唯识论》所认可，但如果不是借助于类似窥基所说，通过前七识的相分熏能熏成第八识种的解释，《成唯识论》的这段文字就难以得到精准的落实。

再比如，在解释《三十颂》之第十九颂“由诸业习气，二取习气俱，前异

---

① 《成唯识论学记》卷 6，X50，p.104b。

② 参《成唯识论述记》第八本，T43，p.512c；《成唯识论演秘》第六末，T43，p.941c。

③ 《成唯识论演秘》第六末，T43，p.941c。

熟既尽，复生余异熟”时，《成唯识论》说：“相见、名色、心及心所、本末，彼取，皆二取摄。彼所熏发亲能生彼本识上功能，名二取习气。此显来世异熟果心及彼相应诸因缘种。”①这里“本”是指第八识，“末”是指前七识，或前六识中的别报果，而“本末彼取”也就是缘取“本”、“末”，由此能熏成“本”、“末”的名言种子，即是所谓“二取习气”。其他问题姑置勿论，此处仅就“本”即第八识来说，这应该是指，通过前七识缘取第八识，能熏成第八识的名言种。综上所述，圆测所说护法门下的第一释，不免有其可疑之处。

当然，对这种相分熏的具体阐述，还是在后来的唐疏中。即就第八异熟识的新熏名言种来说，虽然第八识本身不能熏种，但因为“第八于余七识有所缘缘义”②，当其相、见分为具能熏作用的前七识所缘取时，它们作为前七识的相分则能分别熏成第八识的相、见分种。如义忠说：“七能熏中，前五转识能熏赖耶相分种子，自相、见种亦复熏成；第六意识能熏第八相、见分种，自相、见种亦复熏成；第七末那唯熏第八见分种子，自相、见种亦兼熏成。”③如理在《义演》中也有类似的说法。④ 这是说，前七识除了能各自熏成自己的相、见分种外，第七识因为以第八识的见分为疏所缘缘，换言之，第七识相分为仗托第八识见分而变现之影像，故能因第七识的相分熏而熏成第八识的本质见分种；前五识以第八识所缘器界中的色等相分为疏所缘缘，故能因前五识的相分熏而熏成第八识的本质相分种；第六识能遍缘十八界，第八识的相、见分均能为其疏所缘缘，故能因第六识的相分熏而熏成第八识的本质相、见分种。⑤ 由此可见，为了在“本新并建”的基本框架下来解决异熟无记种的熏习问题，唯识学者最终只是提供了一个极为繁琐的答案。

第三节　同时因果与异时因果

按照上述对“种子六义”与“能、所熏四义”的分析，种现之间的因缘关系包括两个层面，一是种现相生，二是种子自类相生。在时间性的配置上，前者为共时性的“俱有”(sahabhūta)，后者为历时性的“随转”(anuvṛt)。也就是说，这里涉及两种因果关系：同时因果与异时因果。

---

① 《成唯识论》卷8，T31，p.43a。

② 《成唯识论述记》第八本，T43，p.512b。

③ 《大乘百法明门论疏》卷上，《中华大藏经(第100册)》(北京：中华书局，1996年)，p.225c。

④ 《成唯识论疏义演》第三本，X49，pp.546c－547a。

⑤ 这里涉及亲、疏所缘缘及三类境等问题，具体请参本书下篇第八章第一节、第九章第三节。

3.1 同时因果的时间意识

对因缘所摄的同时、异时这两种因果关系,《成唯识论》有明确的界说:

> 因缘谓有为法亲办自果。此体有二:一、种子;二、现行。种子者,谓本识中善、染、无记诸界、地等功能差别,能引次后自类功能,及起同时自类现果,此唯望彼是因缘性。现行者,谓七转识及彼相应所变相、见,性、界、地等,除佛果善、极劣无记,余熏本识,生自种类,此唯望彼是因缘性。①

这里有两个要点。其一,就种现相生来说,"能熏识等从种生时,即能为因复熏成种,三法展转,因果同时。如炷生焰,焰生焦炷,亦如芦束更互相依。因果俱时,理不倾动"②。这是说,在种生现、现熏种的交互因果中,于同一刹那必有二种一现共三法俱时共存,一是旧种,二是由旧种所生之现行,三是该现行又作为能熏所熏成之新种。那么,此新熏成的种子为何不能又于同时起现呢?换言之,为何不是四法俱时或更多法俱时而有呢?按窥基所解,原因有二:一是"于一刹那无二现行自体并故"③,如新熏种同时又起现行,易言之,此时为二种、二现四法展转,那么在同一刹那就有两个相同的现行如两个眼识同时并生了,这显然是与事实相悖的;二是"生彼缘未和合故"④,种子生果需"待众缘",新熏种于刚熏成时尚未成熟,其生果的条件并未具足,故不能立即生现。总之,一刹那唯是三法展转,故无"无穷失"。

其二,新种于初熏成时不能同时起现,而必经一历时性的成熟阶段,这就是种子的自类相生,由前念种无间断地引生后念种,相续转变而逐渐趋近其具生果能力的刹那。在此阶段,种子作为生果之因只是一种可能性而非现实性,亦即并不具有种现相生中"果俱有"的含义。如上所述,按照窥基一系对无性《摄论释》的解读,无性认为这只是"种类",即种子类,而非"种子"。概言之,这里严格区分了同属因缘的两类不同的因果关系,一是种现相生的同时因果,一是种子自类相生的异时因果,所谓"其因与果有俱者,谓生现;不俱者,生自类"⑤。

---

① 《成唯识论》卷7,T31,p.40a。

② 《成唯识论》卷2,T31,p.10a。

③ 《成唯识论述记》第三本,T43,p.310a。

④ 《成唯识论述记》第三本,T43,p.315a。

⑤ 《成唯识论述记》第三本,T43,p.310b。

这两类因果的设定根源于窥基一系对时间的基本理解。时间是我们习焉不察地置身其间而未必确有领会的生存处境,汉地佛教往往以一种神秘主义的或个体审美化的超越立场来化约甚至消解时间的有限性,强调所谓玄妙的境界而很少视时间为一个真正严肃的问题,殊不知对时间的遗忘就是对苦难的遗忘,也就内在地丧失了对轮转无常的现实世界的关切和操心。事实上,一如世界上其他真正伟大的宗教,佛家也有他们对时间的基本意识。基于其缘起论的背景,佛家的时间观根本上与古印度传统中任何对时间的形而上学悬设绝缘,它既不是如"时论外道"所说的一切存有的生起因,也不是如"胜论外道"所说的对事物或同时或不同时、或快或慢的运动状态予以分别的显了因;①世界无非就是按照十二缘起的法则所敞现的相似相续之流,只是就其中所幻现出的前后相续相,而将其假立为时间。在缘起诸法之外或之后,并没有抽象独立的时间存在。正是在这一意义上,唯识学者将时间归属于不相应行的分位假法,如《摄决择分》云:"问:依何分位建立时,此复几种?答:依行相续不断分位建立时,此复三种,谓去、来、今。"②《集论》亦云:"何等为时(kāla)?谓于因果相续流转(hetuphalaprabandhena pravṛttau),假立为时。"③

既然时间只是安立于迁流诸行的前后相续之上,那么在时间的三维中,所谓"现在"似乎就具有了奠基性的意义,因为我们常识性地认为,只有"现在"才表征了事物的在场性,而世界就是由在场性来支撑的。世界的时间连续性因此呈现为"现在"的前后推移,"过去"是曾经的"现在","未来"是将临的"现在",而在现在的刹那它们都是不在场的"无"。也就是说,所谓迁流诸行,正表明它们在时间上是本无今有、有已还无的,因此我们只能立足于"现在",就其与"现在"的因果关联来施设"过去"与"未来"。如前所述,这种"过未无体"的时间预设在经部师那里就已有明确的表述,也为后来的唯识学者所接受。如《摄决择分》有谓:"过去诸行与果故有,未来诸行摄因故有。所以者何?现在诸行三相所显:一、是过去果性故,二、是未来因性故,三、自相相续不断故。"④《杂集论》中亦说:"现在世(pratyutpanna)是能

---

① 参《提婆菩萨释楞伽经中外道小乘涅槃论》,T32,p.158a;《胜宗十句义论》,T54,p.1262c;《般若灯论释》卷11,T30,p.109a等处。关于这一问题,具体请参傅新毅:《佛教中的时间观念》,载于《江苏社会科学》2003年第2期。

② 《瑜伽师地论》卷56,T30,p.607c。

③ 《大乘阿毗达磨集论》卷1,T31,p.665c;Li Xuezhu(李学竹):Diplomatic Transcription of the Sanskrit Manuscript of the *Abhidharmasamuccayavyākhyā*—Folios 18r1 – 23v4,《創価大学国際仏教学高等研究所年報(平成28年度)》,p.235。

④ 《瑜伽师地论》卷52,T30,p.585b。

施设去、来世相。所以者何？依止现在假立去、来故，约当得(prāpsyati)位假立未来(anāgata)，约曾得(prāpta)位假立过去(atīta)。”①

与经部师一样，在此“过未无体”的时间预设下，现在与过、未的因果关联是通过种子来实现的。过去诸行虽然“相已灭没，自性已舍”，但其潜在的影响力却以习气的形式存留于现在而生起现在之果，从现在之果推寻过去已灭之因，即依“曾得”(prāpta)假立为“过去”；未来诸行虽然“自相未生，未得自性”②，但其能于未来生起之因却存在于现在，正由现在诸行熏习成习气相续不断，方能引生未来之果，从现在之因推寻未来未生之果，即依“当得”(prāpsyati)假立为“未来”。这就是依现在种子的酬因引果义来成立过、未的所谓“道理三世”。可以说，这是共通于经部与唯识的三世安立。

《成唯识论》对三世的安立则略有不同：

> 观现在法有引后用，假立当果，对说现因。观现在法有酬前相，假立曾因，对说现果。假谓现识似彼相现。③

太贤说，此所谓“观”有二义，“观待”或是“观见”。④ 窥基一系是从“观见”的角度来解释的，此即，从现在之因推寻未来之果，由此而在现在的心识上变现出未来之相，从现在之果推寻过去之因，由此而在现在的心识上变现出过去之相，其实无论是能变之识还是所变之相都是在现在，只是心识将其所变之相认知为了过去或未来。过、未都是现在之识的变现，所以称之为“唯识三世”。其与“道理三世”的区别在于，“不寻因果相酬引边，但说过去事，及记未来诸可怖事，而心变作过、未之相，对彼二相，说名现在，即是唯识”⑤。也就是说，即便不推寻三世的因果关系，只要是在现在的心识上变现出过、未之相而假立三世，都是所谓“唯识三世”。

由于得六通者所变现的三世境皆为真实，与一般凡夫妄心所变现的三世不同，所以窥基一系又从“唯识三世”中区分出了“神通三世”。比如得宿住智通(pūrve-nivāsa-jñāna)者，能了知过去世若自若他的种种差别，得死生智通(cyuty-upapatti-jñāna)者，能以清净天眼了知未来世有情死此生彼的种

---

① 《大乘阿毗达磨杂集论》卷2，T31，p.708c；早島理：《梵蔵漢対校「大乘阿毗达磨集論」·「大乘阿毗达磨雜集論」》，Volume I，p.181。

② 《瑜伽师地论》卷51：“过去行云何？谓相已灭没，自性已舍。现在行云何？谓相未灭没，自性未舍，生时暂住。未来行云何？谓因现有，自相未生，未得自性。”(T30，p.583b)

③ 《成唯识论》卷3，T31，pp.12c-13a。

④ 《成唯识论学记》卷2，X50，p.63a。

⑤ 《成唯识论了义灯》第四本，T43，p.728b。

种差别；①《成唯识论》中也说，佛果位第八识与大圆镜智（ādarśa-jñāna）相应，"如大圆镜现众色像"②，能显现过去、未来的一切事物，这些都属于"神通三世"。所谓神通三世境是真实的，这是说，比如，死生智能了知未来，"若至未来，所见之事与今时智所见事更无（量）[異]也"③。反之，若是妄心变现的未来，一般说来在未来得不到印证。

在窥基一系看来，虽然可以区分出三种三世，但"唯识三世"可以统摄其余两种三世。这是因为，"道理三世"固然是从种子的酬引义来安立的，但最终还得落实在过、未之相的变现上；至于"神通三世"，原本就是"唯识三世"，只不过为了与妄心所变现的三世区分开来，才予以别立。所以《义演》总结说："据实，神通三世离唯识、道理等三世外无体，若不别分为言神通，同唯识亦有妄缘，犹有此滥，故分三种。道理三世者，依现（至）[在]法有曾当道理立三世也，非不是唯识。识义宽，摄余二故"④。

圆测、道证的看法则有所不同，他们似乎是从"观待"的角度来解释《成唯识论》的上述文字，认为观待现识的酬前引后相而假立过、未，"非谓观心变似相分"。所以慧沼说："然准西明，似约道理释此因果，《要集》亦同。"⑤不过，这些表述都比较简略，细节上仍有未明之处。庆幸的是，日本法相宗的信睿在《成唯识论了义灯抄》卷 4 中辑录了《要集》的相关文字，可以帮助我们进一步明确圆测一系的看法：

> 《集》云：今现在法有曾因之果、当果之因，此即道理三世。能观之识依此道理，安立当[果]、曾因，识变似彼曾因、当果相现故，后于现在现因果收，此即唯识三世。⑥

所谓"后于现在现因果收"，大约是说，心识上所变现出的过去"曾因相"、未来"当果相"，其实还是基于它们与现在的因果关系而安立的，是现在之因、现在之果。可见，圆测一系并非是不承认"唯识三世"，与窥基一系不同的是，他们认为，"唯识三世"是建立在"道理三世"之上，而不是相反。这无非就是重申了过未无体论者建立三世差别的原初设定，即，约种子的酬引义来

① 具体请参《瑜伽师地论》卷 37，T30，pp.493c－494c。

② 《成唯识论》卷 10，T31，p.56a。

③ 《成唯识论疏抄》卷 6，X50，p.249b。

④ 《成唯识论疏义演》第三末，X49，p.577a－b。

⑤ 参《成唯识论了义灯》第四本，T43，p.728a－c；《成唯识论学记》卷 2，X50，p.63a－b。

⑥ 信睿：《成唯识论了义灯抄》卷 4，《日本大藏经》第 33 卷，页 359。

建立三世。事实上,如上分析,即便是窥基一系试图以唯识义来重建三世的差别,还是无法完全摆脱所谓“道理三世”的底色。

无论在具体说明三世的分位差别上有多少歧见,它们都是对“过未无体”这一唯识学者所共同接受的时间预设的不同解释而已。从哲学上说,“过未无体”无非就是一种以在场之现在为中心的实体主义态度。之所以称其为实体主义,是因为它以在场的现在与不在场的过、未的二分为前提,而凸显了在场对于不在场的优先性与奠基性。据此,因的在场性即时间上的现在性是其能起生果之用的前提,已灭的过去法和未生的未来法,如同龟毛兔角般无任何实在性可言,自然亦无生果之用。种现相生,即种生现、现熏种,因而只能是一种“三法展转”于同一现在刹那的同时因果。

至于种子的自类相生,乃是前念引生后念,为异时因果。为何此为异时,彼为同时呢?据《成唯识论》与窥基的解释,这是因为它们有“同类”与“异类”的不同。种子之间以体性相似故,被称为“同类”。既为“同类”,所以彼此之间互为乖违,而不能同时相生。否则种又生种,即有无穷种子共存于一刹那。相反,种子与现行则为“异类”。其所以为“异类”者,比如,心法有缘虑用,色法有质碍用,而两者的种子却并无此用;再者,现行彰显易见,而种子却隐微难明。所以无论在功用还是形态上,种现均为“异类”。既为“异类”,所以种现能够俱时共存。且现行虽于同时熏种,新熏种却非同时起现,故亦无“无穷失”。①

所谓“同类”与“异类”的分别,其实是奘传唯识学对《瑜伽论》所说“因有七相”的解释与引申。如上所述,《瑜伽论》曾谓,无常法“与他性为因,亦与后自性为因,非即此刹那”,是为“因有七相”的第二相。按照奘传唯识学者的解读,这里有两层含义,一是“与他性为因”,二是“与后自性为因,非即此刹那”。以之来配属“种子六义”,“果俱有”即相当于“与他性为因”,“恒随转”即相当于“与后自性为因”。也就是说,现果相对于种子为“他性”,种子之间为“自性”,而“自性”相生乃是“前为后因”,所以说“非即此刹那”。②

这种表面看来似乎极为契当的配置其实是有很多问题的。其一,如前所述,《瑜伽论》所说的“因有七相”本来只是要总体性地分别“因”成立的条件(“相”),而并不必然严格限定于种现关系。其二,即便就种现关系来说,如何来解释《瑜伽论》的这段文字,亦并不必然只有奘传唯识学的配置法。检现存梵本《瑜伽论》,此段作:

---

① 参《成唯识论述记》第三本,T43,p.310a－b。

② 参《成唯识论》卷4,T31,p.19c;《成唯识论掌中枢要》卷上末,T43,p.631a－b。

anityo'pi ca dharmo 'nityasya heturbhavanparabhāvasya heturbhavati uttarasya ca svabhāvasya | no tu tatkṣaṇikasya...①

(又虽无常法为无常法因,然与他性为因,亦与后自性为因,非即此刹那。)②

这里梵本可能有点问题,它是将"no tu tatkṣaṇikasya..."("非即此刹那")属下句。从汉译本及藏译本来看,"非即此刹那"(skad cig de nyid kyi ni ma yin no)都是属上句。③ 即就属上句来说,这个"非即此刹那"究竟是指什么,还是可以有不同的解读。它未必就是专指上句的"后自性"(uttarasya... svabhāvasya),也可以是既指上句的"他性"(parabhāvasya),又指上句的"后自性"。也就是说,这未必一定就是奘传唯识学所谓(此刹那的)他性的因及非此刹那的后自性的因。它也可以被解读为,非此刹那的他性及后自性的因。亦即,无论由因所生者是他性还是后自性,它们都不在因的刹那。在汉传唯识章疏中,我们恰恰就能发现这一解读。据传难陀等就认为:"《瑜伽》第五,然法与他性为因,及后自性为因,非即此念。长读此文,两法并非即此念故"④。所谓"长读此文",也就是"以'非即此刹那'长贯前他性因中"⑤,如此,"非即此刹那"不仅是指"后自性",也包括"他性",这"两法"都不在"此念"即因的刹那。

进而言之,纵然如奘传唯识学所说,"非即此刹那"是专指"后自性",但"自性"又是指什么?仍然可以有不同的解读。如前所述,奘传唯识学认为,这里"与后自性为因",是指种子的自类相生。但汉传唯识章疏中也保留了另一种说法,认为这是指种现相生。也就是说,种现之间并非是奘传唯识学所谓的异类同时生("与他性为因"),而是同类异时生("与后自性为因,非即此刹那")。⑥ 将种现称为同类,这大约是因为它们之间能维持体性与质性上的一致性的缘故。综上,奘传唯识学对"因有七相"之第二相的解读,未必就是唯一确当的。

其三,即便是全然接受奘传唯识学的解读,在严格分别同时因果与异时因果之后,还存在着一个两者相互协调的问题。这里很容易发生的疑问就是,种子自类相生的异时因果,不也是"因种在灭,果种在生"?也就是说,在

---

① Vidhushekhara Bhattacharya: *The Yogācārabhūmi of Ācārya Asaṅga, part I*, pp.111 - 112。
② 《瑜伽师地论》卷 5,T30,p.302b。
③ *rNal 'byor spyod pa'i sa*, D4035, Tshi, p.57b。
④ 《成唯识论述记》第四末,T43,p.380a。
⑤ 《成唯识论了义灯》第四末,T43,p.739b。
⑥ 《瑜伽师地论略纂》卷 13,T43,p.175b。

任一果法起现的刹那,其因都已归谢灭,但根据所谓"现在时可有因用"的基本判则,已灭之因又如何生果?智周对此的解释是:"以落谢因生后果,因无,后果可不生;现因体用既非无,后果有因起,何失?"[①]这显然是沿袭了《顺正理论》"取果"唯现在世的论义,如窥基所谓"能为因义,名为取果,唯现在世"[②]。也就是说,异时因果并非是指因在过去、果在现在,而是因在现在、果在未来,如此现在在场之因方能有取果之用。不过这样一来,"现在时可有因用"就不能逻辑地导出同时因果,因为它同样也能成立异时因果,所需要的只是因的现在而已。

3.2 异时因果何以可能?

这些相互纠结的困惑不得不促使我们进一步追问:这两类因果的区分究竟是在何种问题意识下被导出的,以至于最终成为唯识学理中不可或缺的基础性论题?值得注意的是,在最早提出"分别自性缘起"的《摄大乘论》中,对四缘中的"因缘"就已有明确的界说:"如阿赖耶识为杂染诸法因,杂染诸法亦为阿赖耶识因,唯就如是安立因缘,所余因缘不可得故。"[③]阿赖耶识与杂染现行法的"更互为因",如前所述乃是《摄论》的基本主题,《摄论》以之为经验世界得以成立的基础性缘起即所谓"分别自性缘起",所以特别以"因缘"配属之。种现"更互为因"、互依共转,因此《摄论》指出两者具有同时性,是所谓"同时更互为因"(dus mnyam du gcig gi rgyu nyid du gcig 'gyur ba, samakāla-anyonya-hetutva):"譬如明灯,焰炷生烧,同时更互;又如芦束互相依持,同时不倒。应观此中更互为因,道理亦尔。"[④]

也许正是因为《摄论》的主要关注点在于种现相生的因缘关系,论文中对时间性的绵延维度似乎并没有作出具体的说明。虽然《摄论》也曾引用《解深密经》,提到"一切种子如瀑流",对此,世亲解释说,"次第转故,一切种子刹那展转,如瀑水流相续转故"[⑤],但既然如前所述,《摄论》认为种子是依于阿赖耶识的假法,因此所谓"种子瀑流"只是指阿赖耶识的前后流变。这点真谛旧译说得更为明确:"法种子恒流者,一切不净品法能生、熏习所依住,如水流念念生灭,相续不断。"[⑥]也就是说,"相续不断"的是"能生"现

① 《成唯识论演秘》第三本,T43,p.862b。
② 《瑜伽师地论略纂》卷2,T43,p.22b。
③ 《摄大乘论本》卷上,T31,p.134c。
④ 《摄大乘论本》卷上,T31,p.134c;長尾雅人:《摂大乗論:和訳と注解(上)》,附录页24—25。
⑤ 世亲:《摄大乘论释》卷1,T31,p.325a。
⑥ 陈译:《摄大乘论释》卷1,T31,p.157c。

行、现行“熏习”而成的种子“所依住”的阿赖耶识。阿赖耶识相续不断，这在四缘中属于等无间缘，而非因缘。以等无间缘来说明时间的流转，不过是阿毗达磨的传统说法，所以《摄论》对此也没有进一步展开。因此对世亲及世亲后学来说，他们其实都面临着一个共同的问题，即：如何基于《摄论》的构架，进一步将时间维度以关涉于种现的因缘的方式导入其中，从而使唯识学不共的缘起论图景立体化？《成唯识论》所提供的思路，就是以种子自类相生的异时因果，来补充种现相生的同时因果，按他们的理解，这也就是“种子六义”中“恒随转”与“果俱有”的互补。

认为存在有种子自类相生的异时因果，是以种子的实有性为前提的，如前所述，这就是《成唯识论》所坚持的“种识不一”的立场，所谓种子“与本识及所生果不一不异，……虽非一异，而是实有，假法如无，非因缘故”①。只有承认种子有相对独立于阿赖耶识的实有性，我们才能来谈论种子本身的自类相生，否则如《摄论》认为种子是假法，那么也就只有种现相生，或严格说，阿赖耶识与现行法的更互为因才能被指认为是因缘，“所余因缘不可得故”。

正因为种子有相对独立于阿赖耶识的实有性，所以当《成唯识论》说阿赖耶识“恒转如瀑流”，“前因灭位，后果即生，如秤两头，低昂时等，如是因果相续如流”，②与《摄论》不同，这其实已包含了两种性质不同的因果关系：一是阿赖耶识前念引生后念，这属于等无间缘；二是种子前念引生后念，这属于因缘。慧沼就已明确地指出了这一点：“约前念现、种因果灭位，后念现、种因果生，以诸种子与第八识俱生灭故。”③

如果说，阿赖耶识的前后引生属于等无间缘，而并不具有因缘意义上的决定性，那么，此实有的种子又如何能作为因缘自类相生呢？情况无非是两种。其一，后念种由于现行的熏习而趋于成熟，但后念种既为现行所熏，则应以能熏现行为因缘，而非前念种生后念种。在种现同时的框架下，这样的解释依然无法开展出时间的维度。其二，后念种的成熟虽需“待众缘”，但决定性地由前念种所引生。如此就有一个既体性实有又能自我决定的种子潜流，这无疑是与佛家在缘起论的背景下破斥一切“自性见”的立场相乖背的。

我们不妨再回到问题的起点作进一步的思考。何为种子？何以提出种子的概念？种子乃是现行法的能生因性，而在缘起论的背景下，能熏生种子

① 《成唯识论》卷 2，T31，p.8a。

② 《成唯识论》卷 3，T31，p.12c。

③ 《成唯识论了义灯》第四本，T43，p.728a。

者反过来则是现行法。也就是说,只是相对于现行法,才能成立种子的概念,所以虽然种子可以有历时性的流转,然而这种流转并非是自我决定的,而是存在于与现行法的交互关联之中,也就是说,前后念种子之间并不具有直接的因缘关系。

如果说以种子自类相生的异时因果来导入时间的连续性维度并不是成功的,那么另一种可能的思路倒不妨反过来就同时因果本身作出反思。按照通常对因果观念的理解,如果说在因存在的刹那,果亦存在,我们似乎就不能说此果由此因生。既言之"生",本来就有因变异为果的时间性内涵,哪怕仅仅只是短暂的一刹那。

《摄决择分》中曾有如下的一段问答:

> 问:眼与眼识若是因果,云何俱有?若俱有者,云何得成因果两性?答:识依眼生,非如种芽因果道理。何以故?眼与眼识非正生因,唯建立因,是故此二俱时而有,因果性成,犹如灯焰、光明道理。①

这是说,能成俱时因果者唯是"建立因"(gnas kyi rgyu, *pratiṣṭhā-hetu)而非"正生因"(skyed pa'i rgyu, *janaka-hetu),唯是增上缘而非因缘,比如眼识依眼根生,两者俱时而有,但眼根只是眼识的依持因,并非眼根能亲生眼识。至若能亲办自果者,如种灭芽生,则为异时因果。

对于《瑜伽论》的这段文字,慧景解释说,此乃"弥勒且顺经部宗义",以之来回应经部的责难。② 经部认为,依根生识既为因果关系,也必定是异时的。《瑜伽论》则随顺经部认为种灭芽生的"正生因"是异时因果的说法,而将依根生识的"建立因"从中区分出来,认定其为同时因果。窥基对此的解释是:"不言正生即异时,……其正生因即不定,种生种异时故。"③这是说,论文中并没有说,"正生因"一定是异时的,它既可以是异时的,如种生种,也可以是同时的,如种现相生。窥基的解读比较曲折,似乎难以从论文本身得出。至于是慧景所谓"随顺说",还是"如实说",这无非是解读者的"前理解"问题。事实上,这段文字最直接的意思,就是认为"正生因"是异时因果,难陀、胜军就是如此解读的。

由此可见,《瑜伽论》这段文字所揭示的问题本身还是颇具启发性的。

---

① 《瑜伽师地论》卷56,T30,pp.610c-611a;*rNal 'byor spyod pa'i sa rnam par gtan la dbab pa bsdu ba*,D4038,Zhi,p.81b。

② 《瑜伽论记》卷15下,T42,p.657c。

③ 《瑜伽师地论略纂》卷15,T43,p.207a。

基于佛家缘起论的基本预设,任何一法的生起均需依因待缘,这既可以是共时性的,也可以是历时性的。就共时的关系来说,它往往表现为空间上的共存互依,而并不具有发生学的意味。因此如说种现亦具有共时的特征,两者之间所谓“亲生自果”的因缘关联似乎就变得不可思议了。

问题是,“果俱有”乃“种子六义”之一,我们如何能将种现相生亦设定为异时呢?《百法论显幽抄》第六本曾总结唯识章疏中的各种说法,指出有两种关于“果俱有”的异说:

> 言果俱有者,此有二解:一云,因在(俱)[住]相,果在生相,虽生住异,俱同现在,故云俱有;二云,前念种子是有法,后念现行亦是有法,俱是有法,名果俱有也。即是前后俱,故名俱有也,即是二法俱有生灭,名果俱有也。非谓因果同时,名俱有也。(云云。)①

这里第一种即是《成唯识论》及《述记》广为论破的上座部(Sthaviravāda)的见解。他们认为,虽然过未无体,现在亦只有短暂的一刹那,但就是此一刹那,对心法来说还能区别出前后续起的生、灭二相。因为同一法体而有前生、后灭二时,所以《学记》概之为“同体异时门”。当前法在灭相时,即能为因引生现法在生相,此时在灭相之前因、在生相之现果俱时而有;而当现法转为灭相时,又能为因引生后法在生相,此时在灭相之现因、在生相之后果亦俱时而有。因为在灭相之因体与在生相之果体都是有体法,能俱时而有,所以《学记》概之为“异体同时门”。也就是说,现法虽能区别出前生、后灭二相,前生相为果,后灭相为因,“为果之时与前法俱,为因之时与后法并”,但唯是居有体之现在的一法,只是就现在之前后位别而说为二时。准此,虽然过未无体,但由“同体异时门”与“异体同时门”亦能使因果“连头”生起,相续不断。②

简言之,上座部的看法是于现在世中区分出前果、后因二相,以此来成立异时因果,所以《唯识论同学钞》称其为“同世异时”。③ 这里所谓“上座部”未详所指。就其坚持“过未无体”的立场来说,这应当是指上座系中除有部外的分别论者。而就其将“现在”予以二分来说,这似乎又与《婆沙》中

---

① 引自《成唯识论本文抄》卷10,T65,p.489c。《卍续藏》所收残本《显幽抄》无此卷。

② 参《成唯识论》卷3,T31,p.13a;《成唯识论述记》第三末,T43,p.340a-b;《成唯识论学记》卷2,X50,p.63b。按:据《成唯识论演秘》第三末,此所谓“灭相”是指“将灭名灭”,而非《瑜伽》所说的“已灭名灭”(T43,p.874c)。

③ 《唯识论同学钞》卷18(二之五),T66,p.170a。

曾论及的譬喻师说有近似之处:"或复有执,无正生时及正灭时,如譬喻者。彼说,时分但有二种,一者已生,二者未生。复有二种,一者已灭,二者未灭。除此更无正生、正灭。"①但如前所述,《婆沙》时代的譬喻师还是三世实有论者,因此这一说法的具体出处尚需进一步研究。上座部这种看似十分巧妙的论义其实是有很多问题的,除了《成唯识论》中具体的论破外,其根本性的症结还在于,对"现在"的二分恰恰是消解了"现在"本身。因为既然前分之果与"过去"俱,后分之因与"未来"俱,那么又如何能有与过、未均不相同的"现在"呢?(图 2)

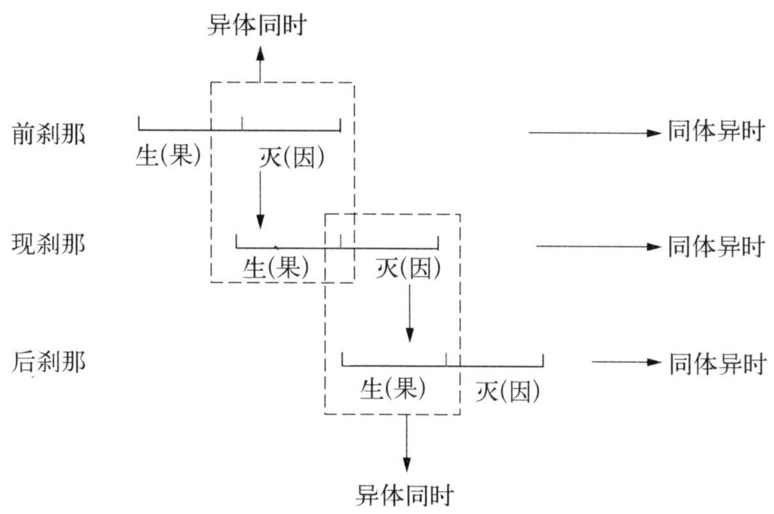

图 2 传为"上座部"的异时因果说

转向关于"异时因果"的第二种解说。这是难陀、胜军论师承继经部师说而来的见解。智周曾说:"据大小乘经论等藏,及古今德所有章纪,皆不说言经部现在许有二时。"②至于胜军,虽然传说曾借用上座部的说法,"立现在有二时用"③,但据窥基所说,"此即胜军假朋上座,非实用之","胜军论师虽有此义,云立亦得,然自不遵,亦无章疏现行于世"。④ 他们对异时因果的总体看法,是认为因灭与果生同时,也就是说,在三世的时间分位中,因存在于过去,而现在的刹那,因已灭,唯有果在,所以《同学钞》将其称为"异世异时"⑤。胜军宗难陀,其对异时因果的见解亦从难陀而来。按《成唯识论》及

---

① 《阿毗达磨大毗婆沙论》卷 27,T27,p.141b。又见该论卷 183,T27,p.919b。

② 《成唯识论演秘》第三末,T43,p.880c。

③ 《瑜伽论记》卷 15 下,T42,p.657c。

④ 《成唯识论述记》第三本,T43,p.309c;同论第三末,T43,p.340a。"朋",原作"明",据《大正藏》页下校勘注改。

⑤ 《唯识论同学钞》卷 18(二之五),T66,p.170a。

《述记》，难陀、最胜子（Jinaputra，辰那弗多罗）等即以为，“要种灭已，现果方生”，其经典依据，乃为《集论》所云之“无种已生”。①

“无种已生”（abīja-utpanna）是《集论》所说的“二十四种已生”之一，《杂集论》释云：“有种已生者（sabījotpannam），谓除阿罗汉最后蕴（arhataś caramān skandhān varjayitvā）；无种已生者（abījotpannam），谓最后蕴（caramāḥ skandhāḥ）。”②依难陀之见，是谓二乘无学临入无余涅槃之最后蕴，生此蕴种已灭入过去，故曰“无种”（abīja）；而由此种所生之果法即最后蕴尚处现在，故曰“已生”（utpanna）。既然因灭果在，故因果必为异时。护法一系则以为，“无种”是指现在之种不能再引生后念种，非谓引生最后蕴的现在种亦无。③ 按，“无种已生”相当于眼与眼界四句分别中的“有眼非眼界”，《集论》有谓：“或有眼非眼界，谓阿罗汉最后眼。”（syāc cakṣur nna cakṣurddhātur arhataś caramañ cakṣuḥ）《杂集论》对此解释说：“阿罗汉最后眼者，谓入涅槃时最后刹那（parinirvāṇakāle paścimam），尔时眼非眼界，非余眼因故（cakṣurantarasyāhetutvāt）。”④“眼界”，即眼根种子。可见，非眼界指谓的是最后刹那的“非余眼（cakṣurantarasya）因”，即其不再有引生后念现行眼根的种子义。这虽然与难陀的解释略有差异，但至少有一点是可以共通的，即，最后蕴唯现非种。一方面，引生现在蕴之种已灭入过去，是即难陀之解；另一方面，引生未来蕴之种不再存在，是即《杂集论》之解。相对说来，护法一系为协调同时因果说而作出的“现念有种，后念无种”的诠释，就不免显得曲折了。

那么，难陀、胜军等又是如何来解释《摄论》的“俱有”呢？如前引《显幽抄》所述，汉地相传，他们是将其解读为了“前后俱”，而非“同时俱”。这其实也是得之于经部，而非汉地学者向壁虚构。经部就认为，“俱”（saha）也可以是“无间”（samanantara）的意思，而未必是指同时。⑤ 事实上，有部也认可

---

① 《成唯识论述记》第四末，T43，p.380a；《成唯识论》卷 4，T31，p.19b。

② 《大乘阿毗达磨集论》卷 2，T31，p.668b；《大乘阿毗达磨杂集论》卷 3，T31，p.707c；早島理：《梵蔵漢対校「大乘阿毗达磨集論」·「大乘阿毗达磨雜集論」》，Volume I，p.166、169。

③ 参《成唯识论述记》第四末，T43，p.380a；《成唯识论演秘》第四本，T43，p.892a－b。

④ 《大乘阿毗达磨集论》卷 1，T31，p.666b；《大乘阿毗达磨杂集论》卷 2，T31，p.703c；Li Xuezhu（李学竹）：Diplomatic Transcription of the Sanskrit Manuscript of the *Abhidharmasamuccayavyākhyā*—Folios 23v4－29r6，《創価大学国際仏教学高等研究所年報（平成 29 年度）》，p.305。《摄决择分》中亦有类似的四句分别，见《瑜伽师地论》卷 56，T30，p.609b。

⑤ 《阿毗达磨俱舍论》卷 10：“又于无间亦有俱声。”（T29，p.53b）P. Pradhan：*Abhidharmakośabhāṣya of Vasubandhu*，p.146。《俱舍论疏》卷 10 释云：“俱有二种，有同时俱，有无间起，亦名为俱。”（T41，p.608c）

这一点，他们将“俱”分成了“有俱”与“并俱”两种。① 所谓“有俱”，是指有前因则必有后果，如仆人在后随从主人；所谓“并俱”，是指因果同时，如二人并行。从现有文献看，至少《伦记》中就已采用“有俱”与“并俱”的区分，来说明对《摄论》“俱有”的两种不同解释路径，而认为，在难陀一系看来，“《摄论》云种果俱者，此据有俱，非是并俱故”②。当然，以“无间”或“有俱”来解释《摄论》的“俱有”，恐怕未必切题，因为如前述，《摄论》明确说，种现之间是“同时（samakāla）更互为因”。但这反过来恰恰说明，如何在《摄论》的构架内来导入时间性的维度，从《杂集论》乃至难陀、胜军等，还曾发展出了另一种思路，而未必只有《成唯识论》所给出的一个答案。

据汉地所传，《杂集论》为安慧糅无著本论及觉师子之释论而成。觉师子或作师子觉（Buddhasiṃha，佛陀僧诃），相传为无著弟子，其余多不可详考。③ 而糅者传为安慧，这是值得注意的。《述记》有云，安慧“即糅《杂集》，救《俱舍论》，破正理师”④。据道邑、灵泰等的解释，所谓“救《俱舍论》，破正理师”，是指“救《俱舍》经部师义”，“破正理之《雹论》也”。“《雹论》”（*Karakā），即《顺正理论》。⑤ 这应该是指安慧所撰的《俱舍论实义疏》，此疏曾有汉译，残本存敦煌卷子中，⑥另有梵本及藏译本，梵本现已公布《界品》的部分。至于《杂集》之糅合，则如吕澂所谓：“《杂集》则似以经部、上座等义庄严《集论》。”⑦要之，安慧之学，原本就多得益于经部。唯其如此，他在《三十唯识释》中亦将所谓“识转变”（vijñāna-pariṇāma）设定为明确的异时因果：

---

① 《阿毗达磨大毗婆沙论》卷51：“俱有二种：一者，有俱；二者，并俱。”（T27，p.264a）《俱舍论记》卷17：“俱有二种：一是并俱，谓同刹那俱时并起。二是有俱，谓前后俱，由有彼前法故，此后法得有。”（T41，p.267a）

② 《瑜伽论记》卷15下，T42，p.651c。

③ 《杂集论述记》卷1：“觉师子，无著门人，函杖受益，善达宗义，妙释本文。”（X48，p.8c）

④ 《成唯识论述记》第一本，T43，p.231c。

⑤ 《成唯识论疏抄》卷1，X50，p.138a；《成唯识论义蕴》第一，X49，p.382b。据《大唐西域记》卷4（T51，pp.891c－892a）等所说，众贤作“《俱舍雹论》二万五千颂，凡八十万言”，破世亲《俱舍论》，众贤寂后，世亲将其改题为《顺正理论》。此说似有可疑处。今按《顺正理论》之略本《显宗论》起首即称：“已说论名《顺正理》，乐思择者所应学。……为撮广文令易了，故造略论名《显宗》。饰存彼颂以为归，删《顺理》中广决择，……”（T29，p.777a）可见，至少在众贤撰作《显宗论》时，就已有《顺正理论》之名。日人快道（1751—1810）已指出这一点，并谓《顺正理论》之名系众贤自题，《俱舍雹论》则为俗称。见《阿毗达磨俱舍论法义》卷1，T64，p.5b－c。

⑥ 《俱舍论实义疏》，大正藏本存五卷，收录于第29册，经号No.1561，似为节抄本，第三卷现另有全文整理本，收录于《藏外佛教文献（第一辑）》。

⑦ 吕澂：《阿毗达磨泛论》，《吕澂佛学论著选集（第四卷）》，页2366。

ko 'yaṃ pariṇāmo nāma | anyathātvam | kāraṇakṣaṇanirodhasamakālaḥ kāraṇakṣaṇavilakṣaṇaḥ kāryasyātmalābhaḥ pariṇāmaḥ |①
（何谓转变？即变异性。在因刹那灭的同时，与因刹那异相的果之生起，就是“转变”。）

这里清楚表明，因转变为果，正是通过因之灭来实现的，因的在场性恰恰不能导致果生，因为此一刹那因尚未发生转变。《瑜伽论》“因有七相”之第五相有谓：“然成变异（vikāra）方能为因，非未变异。”可见此说也未必一定就与《瑜伽》相违。

难陀、安慧向被视为唯识古学的代表，而护法门下，其实亦非全然划一。如上所述，《述记》谓最胜子即持异时因果说，藏地更传《杂集论》亦为胜子所作。蒙文通（1894—1968）早已指出，胜子之学，多存唯识古义。② 可见，异时因果之说，早时当盛行于西土。至于世亲本人，不仅在《俱舍论》中，以经部义折衷有部义，据传还曾据经部义以破数论外道，而有《胜义七十论》（*Paramārtha-saptatikā*）之作，③异时因果之说亦可谓传承有自。玄奘所传者，取义则多本后起之新说，以之为世亲“晚年定论”，故义理愈趋繁密，而某种强调精严性、确定性的倾向亦愈见突出。然而，世界真的是可以通过语言的二分构架而予以“确定”的分析与把握的吗？

让我们回到时间的问题上。如果说时间已经是令人茫然不解的难题，那么“现在”无疑就是这一难题的症结所在。“现在”不是常识所指谓的时刻，比如说“现在”是 2004 年 9 月 25 日 0 时 25 分，这只是计时器上的一种刻度或标识，一种外在化、显像化或者柏格森所谓空间化了的“现在”。那么，何谓“现在”？也许，这样的提问方式本身就是不正当的，“现在”恰恰不能对象性地予以把握和界说，因为对任何提问者和回答者来说，都只能是在“现在”中领会“现在”。

以在场性来界说“现在”正赋予了其一种类似于对象的确定特质，它实际上来自某种“空间隐喻”，即以“在场/不在场”的截然二分与等级次第来静态地分割时间。如此理解的时间必然是构造主义的，即以唯一在场的现

① Hartmut Buescher：*Sthiramati's Triṃśikāvijñaptibhāṣya*，p.40。关于这一问题，具体请参本书下篇第七章第四节。

② 参蒙文通：《唯识新罗学》，氏著：《蒙文通文集（第一卷）· 古学甄微》（成都：巴蜀书社，1987 年），页 403—405。

③ 见《成唯识论述记》第四末，T43，p.379b－c。《胜义七十论》，旧译作“《七十真实论》”（《婆薮槃豆法师传》，T50，p.190a）。

在为基点来构筑起不在场的过、未，从而形成连续的时间序列。因此它虽然表面上与有部的三世实有说扞格不容，其实却依然遵循着有部"假必依实"的基本理路，认为假者如无，而必得有一相对实在的某物作为假之为假的依止。区别只在于，有部的"假必依实"是在共时性的意义上，认为复合物依于单一性的法体；此处则是在历时性的意义上，认为过、未依于现在。这样的时间观从根本上遮蔽了作为时间本质的绵延性维度。时间的绵延性意味着，空间化的有无二分对时间来说基本是失效的，过去的消失并不意味着一无所有，现在的发生亦并不意味着在一无所有中别有一物生成；事实上，过去恰恰能以一种看似不在场的方式介入在场的现在。因而时间并不能被视同为空间式的构造，相反，它本质上乃是一种绵延性的"出离"(outside-of-itself)。

3.3 灭不是无

这里关键取决于我们对佛家所说的"生"、"灭"的领会。《中论》起首的"八不"归敬颂时下每每被论者引作中观大乘对生灭的基本理解，他们并望文生义地认为，小乘说生灭，大乘则否定生灭，这不啻是将中观学漫画成了否定一切的断灭外道。可以肯定，生灭缘起作为佛家的中心观念是如此重要，以至于我们可以将全部佛教理论的发展包括中观学在内都视之为是对缘起论的一系列注脚，正如怀特海(A. N. Whitehead，1861—1947)所谓，整个西方哲学不过是柏拉图思想的注脚。因此所谓"不生不灭"(anirodham anutpādam)，既不是指生灭根本就不存在的空无一物，如此便落入了"断见"，也不意味着其采纳的是类似"否定神学"(Negative Theology)的运思，以遮诠的方式来指谓一个不生不灭的所谓本体，如此便落入了"常见"，而是说，生灭本身乃是无自性的生灭，它所要消解的，正是阿毗达磨学统中实体主义的残余。

与所有实在论者一样，阿毗达磨认为，"合理的观念的对应物是实在于外界的"①，它们是构筑世界的基体，这在数论就是"谛"(tattva)，在胜论就是"句义"(padārtha)，而在阿毗达磨中就是"法"。比如，依有部所见，"生"与"灭"均为实有的法体，所谓法体，具有其相应的名言所意指的确定内涵，因此生灭是"自性生"与"自性灭"。正是在"生"法的作用下，其他法体才能起现而进入现在，与之同时，又有"灭"法的作用，故而该法当下即归于谢灭而落入过去。中观学所要否定的，就是这种"生"、"灭"的实有性，认为所谓

① 梶山雄一等著，李世杰译：《中观思想》(台北：华宇出版社，1985年)，页6。

生灭只是幻生幻灭。如《中论》中说:“如幻(māyā)亦如梦(svapna),如乾闼婆城(gandharva-nagara),所说生(utpāda)、住(sthāna)、灭(bhaṅga),其相亦如是。”①此即,“生”并非如该词所指谓的那样,是一法实在地从无至有,“灭”亦非如该词所指谓的那样,是一法实在地从有至无,世界生灭缘起的真相恰恰就是这种“生”、“灭”二分的语言构架所无法诠释和把握的。

生灭既非绝对的二分,它们必处于一种内在的关联之中。通常认为,凡有生者必有灭,这固然是不错的,但是问题的另一方面却往往被人忽略了,那就是,正是灭引起了生。因为既然灭只是幻灭,我们就不能在自性灭的意义上将其视之为纯粹只是无。“灭”虽然具有不在场性,然而正是不在场的“灭”才使在场的“生”成为可能。这种“生”与“灭”的动态关联赋予了每一刹那的存在以动力学的特征,使之成为纯粹效能的刹那。或者反过来说,其功用须以在场性来支撑的只是质料性的僵死之物,而每一刹那的存在既为纯粹效能,其效能恰恰是通过它的“灭”来实现的,如此它才有可能从自身走出自身,从现在超出现在。基于这样的认识,我们才能来领会“现在”。“现在”诚然有可见的果生的显现,然而这恰恰就是有赖于不可见的因灭的运作。如果说前者体现了“现在”这一时间点不同过、未的独特意义,那么正是后者表征了时间的绵延维度。所谓“现在”,就是这样一种逸出了语言之确定性的吊诡:它在又不在;它似乎仅仅只是一个无连续性的点,然而这种无连续性本身就是以时间的连续为存在方式的,或者说,它是以时间点的方式非现前化地意指了一个“时间场”。在诸如此类二歧式的内在张力中,以前者来化约后者从而将“现在”界定为纯粹的在场,无异于取消了生灭缘起的动力学本质,在场的事物由此而以一种静态的方式被把握为自在自为的实体,所谓缘起,亦仅仅成了实体之间的外在关系。阿毗达磨学统的总病根,即在于此。

即就业果关系来说,按照中观学的看法,“诸业本不生(karma notpadyate kasmāt,何故业不生),以无定性(niḥsvabhāva,无自性)故,诸业亦不灭(vipraṇaśyati,不失坏),以其不生故”②。业不失坏或不灭,这既不是指以一种遮诠的方式来表明它是常法,所谓“非以常故不灭”③;也不是如正量部所说,有“不失坏”一法来保存业力。而是说,业既然不是自性生,也就不是自性失坏,而自性失坏才全然是一无所有。

---

① 《中论》卷2,T30,p.12a;叶少勇:《中论颂:梵藏汉合校·导读·译注》,页128。

② 《中论》卷3,T30,pp.22c-23a;叶少勇:《中论颂:梵藏汉合校·导读·译注》,页280。

③ 《中论》卷3,T30,p.23a。

由此我们也可以对部派时代聚讼纷纭的一段经文作出另一种解释。佛陀曾批评了杖髻(laguḍa-śikhīyaka)外道的看法,而认为“业过去、尽、灭、变坏(atītaṃ kṣīṇaṃ niruddhaṃ vigataṃ vipariṇatam)而犹是有(asti)”①。对此,有部正可以将其作为“三世实有”的经证,即,说业“过去”乃至“变坏”等,是说其作用之无;说业“有”,是说其法体之有,所谓“由自体性有”(svena bhāvena vidyamānam)。经部则是从种子的角度来予以解释,说业“过去”乃至“变坏”等,是说其作为过去的现行已全然是无;说业“有”,是说由其所熏成的“与果功能”(phala-dāna-sāmarthya)即种子在现在有,因此与有部不同,这是在现在成立的“过去有”。虽有此不同,但这两种解释的前提其实都是生与灭、有与无的二分。而如果从中观学的角度,我们其实可以将其解释为,业虽然“过去”乃至“变坏”等,但它并不是自性无,因此这不是如经部所说的一无所有;就此而言,它是“有”,因此这也不是如有部所说的实体有。

也正是基于对业果的这一理解,后来中观应成派(Prāsaṅgika)的月称(Candrakīrti)明确提出了对阿赖耶识说的批判。在他看来,既然业灭并非是自性灭意义上的无,那么业之“灭”本身就能引生果报,而根本不需要别有一法如阿赖耶识或种子之类来保存业力。如月称《入中论》颂曰:“由业非以自性灭(svarūpeṇa...niruddham),故无赖耶亦能生,有业虽灭经久时,当知犹能生自果。”②宗喀巴释云:“业非以自性生(las rang gi bdag nyid kyis ma skyes pa)故,彼业亦非以自性灭(las de rang bzhin gyis te mi 'gag pa),从非以自性灭业引生自果(rang bzhin gyis ma 'gags pa las kyang 'bras bu 'byung ba),全不相违。故虽不许阿赖耶等,业亦能生果。”③

由此可见,难陀、安慧的异时因果说认为,在现在刹那是因灭与果生同

---

① 《阿毗达磨俱舍论》卷 20,T29,p.105b;P. Pradhan:*Abhidharmakośabhāṣya of Vasubandhu*,p.299。

② 月称颂,法尊译讲:《入中论讲记》,《大藏经补编(第 9 册)》,页 730。此系法尊法师据藏译本翻译,藏译本作:“gang phyir rang bzhin gyis de mi 'gag pa / de phyir kun gzhi med kyang 'di nus phyir / la lar las 'gags yun ring lon las kyang / 'bras bu yang dag 'byung bar rig par gyis /” *dBu ma la 'jug pa'i tshig le'ur byas pa*,D3861,'a,p.206a。梵本作:“yasmāt svarūpeṇa na tan niruddhaṃ ciraṃ niruddhād api karmaṇo 'taḥ | kvacid vinaivālayam asya śakteḥ phalaṃ samutpadyata ity avaihi ||”(由彼非以自性灭,纵使业灭已久远,应知虽无阿赖耶,业有能故果生起。)Li Xuezhu(李学竹):*Madhyamakāvatāra-kārikā* Chaper 6,*Journal of Indian Philosophy*,Vol.43,No.1,2015,p.9。

③ 宗喀巴造,法尊译:《入中论善显密意疏》卷 7,《大藏经补编(第 9 册)》,页 662;*Gsung 'bum Tsong kha pa* (*Zhol edition*),Vol.16,p.254。并参法尊:《中观宗关于“安立业果”与“名言中许有外境”的问题》一文,载于《法尊法师佛学论文集》(北京:中国佛教文化研究所,1990 年)。

时，这种时间观与中观学仍有共通之处，因为它还是认可了前一刹那的灭能引起后一刹那的生。而对唯识学来说，其可能引发的结论将是灾难性的。正如后来月称等的批判，这将从根本上冲击“过未无体”的时间预设，而正是基于这一预设，才发展出了维系唯识学命脉的全部种习理论。窥基他们可能就是意识到了异时因果说所潜存的危险性，所以也就更为积极自觉地向颇具实体主义色彩的同时因果说推进了。

第六章　本有与新熏

“本有”与“新熏”探讨的是种子的起源问题，因此这当然首先就与时间性相关。不过，考虑到佛家时间无始的基本看法，两者似乎就没有不可逾越的鸿沟，因为我们可以将“本有”视之为无始的“新熏”。如新熏论者就认为，因为熏习无始，“故诸种子无始成就”①。后来法宝更明确说：“久远先习种子，对其近修，亦可名为本有种子。”②或者毋宁说，既然时间无始，其实也就没有本、新可言，所谓“无始生死，何本何新”③。然而，某些关节性的问题恰恰逻辑地需要对本、新二者的分别。上面所说的异熟无记种的问题就是其中之一，而对以舍染取净的修证实践为理论导向的唯识学者来说，更为重要的还在于：如果说有情无始以来都是有漏流行，那么由有漏转向无漏的最初可能是如何发生的？是先天性地就有无漏的因子即所谓无漏种子，还是此无漏种子仅仅只是后天修证的结果？按玄奘门下所传，护月持前说，难陀持后说，护法则兼取二者，这就是所谓种子的本新之争。

第一节　种子本有说

“种子本有说”有两个基本要义：其一，除了种姓上的差异外，一切有情都先天性地具足其余全部种子，无论这些种子实际上是否曾经或将要起现；其二，种子本有说并不是否定熏习，只是认为，熏习的作用仅在于使本有种子有功能上的增长，而非引起种子体的新生，简言之，是“熏长”，而非“熏生”。

---

① 《成唯识论》卷2，T31，p.8b。

② 《一乘佛性究竟论》卷4，浅田正博：《法宝撰「一乗仏性究竟論」巻第4・巻第5の両巻について》，《龍谷大学佛教文化研究所紀要》25号，1986年，页128。

③ 《一乘要决》卷下，T74，p.362a。

1.1 法尔种姓的成立

虽然一般认为护月是种子本有说的代表，但正如《述记》所谓，“上古已来多说如此，今护法论师叙近者护月等义”①，可见此本为唯识旧说，而护月承之。今考《瑜伽论·本地分》，种子本有的意向是比较明确的，如《意地》中说：“复次，此一切种子识（sarva-bījakaṃ vijñānam），若般涅槃法者（parinirvāṇa-dharmaka），一切种子皆悉具足；不般涅槃法者（a-parinirvāṇa-dharmaka），便阙三种菩提种子（trividha-bodhi-bīja）。随所生处自体之中，余体种子皆悉随逐。……又种子体无始时来相续不绝，性虽无始有之（anādi-kālikatva），然由净不净业差别熏发，望数数取异熟果，说彼为新（nava）。”② 这是说，有种姓者（“般涅槃法者”）具足一切有漏、无漏种子，无种姓者（“不般涅槃法者”）则具足一切有漏种子。种子虽然全体具足，但由于不同的业力熏习，其成熟与感果也就有所不同。所谓“新”，只是就其成熟与感果而言，并非是种子本身可以新熏而成。

《本地分》之所以要强调种子的本有，其实质性意义还在于无漏种子即种姓的本有，亦即有所谓“法尔种姓”（* dharmatā-gotra）。一般认为，《本地分》十七地中，《声闻地》是最早集成者之一，这是罽宾一带早期的有部瑜伽师对其瑜伽修持实践的理论总结。该地以瑜伽行为中心，以“四瑜伽处”（yoga-sthāna）来系统组织声闻行者的境、行、果诸事相，而“种姓地”（gotra-bhūmi）作为全部瑜伽行的起点则被置于“初瑜伽处”之首，这充分说明了种姓对于瑜伽修持实践的奠基性意义。

所谓“种姓”，梵文为gotra，本来有族姓、种族的意思，如窥基说：“种姓名类义、族义”③。众所周知，佛教自创始之日起，就旗帜鲜明地反对古印度社会等级森严的种姓制度，并试图重新赋予种姓以后天实践性的而非先天决定性的意义。如《长阿含经·种德经》认为，成就婆罗门的两个必要条件是后天修证性的戒（sīla）、慧（paññā）具足，而并不在于出生（jāti）、容貌（vaṇṇa）等先天性的因素。④ 至于《增壹阿含经》中提到的“种性人”或“向种性人”（gotrabhū），⑤既然与“四向”、“四果”并列，被合称为“离于苦患”的

① 《成唯识论述记》第二末，T43，p.304b。

② 《瑜伽师地论》卷 2，T30，p. 284a – b；Vidhushekhara Bhattacharya：*The Yogācārabhūmi of Ācārya Asaṅga*，*part I*，pp.25 – 26。

③ 《成唯识论别抄》卷 1，X48，p.816b。

④ 参《长阿含经》卷 15，T1，p.96a – b；*Dīgha-nikāya Vol.I*，pp.123 – 124。

⑤ 《增壹阿含经》卷 40，T2，p.767a、767c；*Aṅguttara-nikāya Part IV*，p.373。

“九种之人”，可知其所指者应为“须陀洹向”（srota-āpatti-pratipannaka，即见道位）前的一位、阿毗达磨中称之为“世第一法”位（laukikāgra-dharma）的修行者。《舍利弗阿毗昙论》对所谓“性人”的解释，或许可以进一步印证上述推断。“性人”，应该就是“种性人”的异译。论云：“若人次第住凡夫胜法，若法即灭，上正决定，是名性人。”①“正决定”，即“正性决定”（samyaktva-niyāma），也就是见道。“若法即灭，上正决定”，即此人已成就入（“上”）见道前一刹那的“凡夫胜法”。可见，所谓“种性人”或“性人”是指，通过后天的修证实践，此人即将入于见道位，从而由凡初预圣者之族（ārya-gotra，圣种姓），这同样也不具有先天决定性的意义。

由于有情有各自不同的素质、能力和条件，在修学上也就形成了相应的族类，因此如有部就已经提到有声闻种性（śrāvaka-gotra）、独觉种性（pratyekabuddha-gotra）和佛种性（buddha-gotra）的差别，声闻种性具体又有退法、思法、护法、安住法、堪达法、不动法六种种性。简单说来，退法（parihāṇa-dharman）种性是指遇到少许退缘即退失所得者；思法（cetanā-dharman）种性是指因忧惧退失所获功德而时常试图自杀者；护法（anurakṣaṇā-dharman）种性是指能防护所得功德而使其不退失者；安住法（sthita-akampya）种性是指不退不进者，即此类种性如果没有殊胜的退缘，即便不防护也不会退失功德，而如果没有殊胜的加行，也不会增进；堪达法（prativedhanā-bhavya）种性是指能够修练根性而速达不动者；不动法（akopya-dharman）种性是指不退、不动所得者。这里所谓“退法”，是指具此种性者，他有退法的可能性，而未必一定退，其他“思法”乃至“堪达法”等也是如此。

不过，有部所谓的种性，还是着眼于通常所说的根器或根机的含义，而通过修行，根器可以从钝根向利根不断转进，此谓之“转根”或“练根”（indriya-saṃcāra）。所以有部虽然认为，种性既有先有（āditaḥ），又有后来练根所得（uttāpanāgatāḥ），②但这毋宁是说，所有先有的种性都可以通过练根而转变，它们并没有不可更易的决定性特征。具体说来，有部认为，见道位前的顺解脱分（mokṣa-bhāgīya）、顺决择分（nirvedha-bhāgīya），都可以由声闻种性而转成佛种性，如《婆沙》说：

> 顺解脱分亦有六种，谓退法种性乃至不动法种性。转退法种性顺

---

① 《舍利弗阿毗昙论》卷 8，T28，p.585a。

② 参《阿毗达磨俱舍论》卷 25，T29，p.129b；P. Pradhan：*Abhidharmakośabhāṣya of Vasubandhu*，p.373。

> 解脱分，起思法种性顺解脱分。乃至转堪达种性顺解脱分，起不动法种性顺解脱分。转声闻种性顺解脱分，起独觉及佛种性顺解脱分。转独觉种性顺解脱分，起声闻及佛种性顺解脱分。若起佛种性顺解脱分已，则不可转，极猛利故。①
>
> 暖、顶、忍、世第一法，各有六种种性差别，谓退法种性、思法、护法、住法、堪达、不动法种性。此中转退法种性暖，起思法种性暖。乃至转堪达种性暖，起不动法种性暖。转声闻种性暖，起独觉或佛种性暖。转独觉种性暖，起佛或声闻种性暖。佛种性暖定不可转。如说暖，说顶亦尔。转声闻种性忍，起独觉种性忍。非转声闻、独觉种性忍，能起佛种性忍，所以者何？忍违恶趣，菩萨发愿生恶趣故。亦非转独觉种性忍，能起声闻种性忍，所以者何？忍不退故。有说，转声闻种性暖、顶、忍，能起独觉种性暖、顶、忍，若起独觉种性暖、顶，亦不能起余乘暖、顶，所以者何？独觉善根，始从不净观，乃至无生智，一坐得故。评曰，彼不应作是说，所以者何？麟角喻独觉种性善根虽一坐得，部行独觉种性不定，如声闻说故。世第一法，六种种性及三乘种性皆不可转，一刹那故。②

这里顺决择分的忍（kṣānti）、世第一法两位有属于例外的情形。"忍"即忍可，有不可回转之义，声闻种性至忍位，不再退堕恶趣，一切恶趣得非择灭，所以不能再往恶趣拯拔有情，当然也就不能转为誓愿拯拔一切有情的佛种性。忍位的声闻种性能转成独觉种性，反之则不能，这也是因为忍位不能退转的缘故。至于世第一法只有一刹那，也没有种性转变的可能。③ 独觉中

---

① 《阿毗达磨大毗婆沙论》卷7，T27，p.35b。

② 《阿毗达磨大毗婆沙论》卷7，T27，p.33b。

③ 见道位不能转根，情况其实也与之类似。如《阿毗达磨大毗婆沙论》卷68："然见道位无转根者，所以者何？见道速疾，不起意乐，一起相续，要至修道方有更起余加行故。"（T27，p.351c）"一起相续"是说，入于见道则苦法智忍、苦法智等十五心相续不断，故无转根的可能性。关于苦法智忍、苦法智等，见下注。又，分别论者与大众部等则认为，世第一法有多刹那。见《阿毗达磨大毗婆沙论》卷5，T27，p.20b；《异部宗轮论述记》，X53，p.581b－c。《集论》卷6中说，"世第一法性唯一刹那（kṣaṇikaḥ），必不相续（aprābandhikaḥ），即此生时（tajjanmakālikaḥ），定入现观"（T31，p.689a），也是认为世第一法只有一刹那，当它生起时（"即此生时"）就入于见道（"现观"）。早島理：《梵蔵漢対校「大乗阿毗达磨集論」·「大乗阿毗达磨雑集論」》，Volume III，p.722。但窥基却从所谓"即此生时"中读出，"今大乘不然，义曰：世第一法亦多刹那"，因此世第一法位也能回心向大。至于认为世第一法只有一刹那，是"小乘义"。（《杂集论述记》卷10，X48，p.144a。）这似乎有些牵强，也没有足够的经论依据。

的麟角喻（khaḍga-viṣāṇa-kalpa）独觉①则是另一种例外，他们从观身不净的身念住（kāya-smṛty-upasthāna）开始，即入于第四禅，直至独觉菩提，不起于座，所以其暖（ūṣma-gata）、顶（mūrdhan）二位亦不能转。② 除此之外，在顺解脱分、顺决择分，都可以通过练根来转变种性，乃至最终转成佛种性。甚至到无学位，也可以从退法阿罗汉而渐次转为不动法阿罗汉。③

虽然有部认为种性可以转变，但的确也提到了有所谓"无般涅槃法"者。从现有文献看，这主要出现在对《品类足论》所说"心为因法"、"非心为因法"的解释中。《品类足论》有云："心为因法云何？谓除已入正性离生补特伽罗初无漏心，诸余心，及除诸余异生定当入正性离生者未来初无漏心，诸余心，及心为因十一处少分，是名心为因法。非心为因法云何？谓已入正性离生补特伽罗初无漏心，及诸余异生定当入正性离生者未来初无漏心，并心为因十一处少分，是名非心为因法。"④"正性离生"，即"正性决定"，也就是见道。⑤ 对这段文字有两种解释。第一种解释，是从同类因的角度来说的，见道位前的"世第一法"是有漏心，因此见道位的初念无漏心，即与"苦法智忍"（duḥkha-dharma-jñāna-kṣānti）相应的无漏心，⑥并没有心法为同类

① 独觉分"部行（varga-cārin）独觉"与"麟角喻独觉"两种。"部行独觉"者，有部众相随，故为部行，但独自证得了阿罗汉果，故为独觉。部行独觉原本也是声闻，证得了声闻的前三果，只有最后第四果是离教独证的。"麟角喻独觉"则是独居悟道者，如麟一角，不能并出于世。这里部行独觉的转根情形与声闻同。

② 对此《俱舍颂》总结为："转声闻种性，二成佛、三余，麟角、佛无转，一坐成觉故。"《阿毗达磨俱舍论》卷 23，T29，p.120c。

③ 见《阿毗达磨大毗婆沙论》卷 68，T27，p.351b。

④ 《阿毗达磨品类足论》卷 6，T26，p.714b。

⑤ 法光法师指出，"正性离生"的梵文为 samyaktva-nyāma，玄奘译为"正性离生"，"这很可能是跟从了《大毗婆沙论》对'决定'（niyāma——笔者注）一词之梵文变体 nyāma 所作的别出心裁的词源学解释，即 ni+āma（'离生'；藏文：skyon med pa——无过失）"。见氏著，高明元等译：《说一切有部阿毗达磨》，页 498。按《阿毗达磨大毗婆沙论》卷 3："复次，一切烦恼或诸贪爱，能令善根不得成熟，及令诸有润合起过，皆名为生。见道起已，摧彼势力，令不复为增上生过，由此见道独名离生。……复次，见所断惑，令诸有情堕诸恶趣，受诸剧苦，譬如生食久在身中，能作种种极苦恼事，是故此惑说名为生。见道能灭，故名离生。"（T27，p.13a）据此，所谓"正性离生"的"生"（āma），或是指生的食物，用来比喻见所断的烦恼，或是指善根未熟。"见位初越，故名离生。"（《阿毗达磨顺正理论》卷 62，T29，p.683b）这一解释，也能得到梵本如圣解脱军（Ārya-Vimuktiṣeṇa）《现观庄严论释》（*Abhisamayālaṃkāravṛtti*）的支持，于中他同样是将 nyāma 解作"离生"，"āmaḥ kleśa ity arthaḥ"（生是烦恼义）。宗玉媺：《空性与菩提道——圣解脱军〈现观庄严论释 · 第一现观〉》（台北：藏典出版社，2020 年），页 382。

⑥ 有部认为，行者从"世第一法"后次第起十六心，分别观三界的四谛境，其中前十五心为见道，因为至第十五心，行者已见全部四谛，而第十六心摄属于修道。十六心中，第一心观欲界的苦谛理而确信不疑，是为"苦法智忍"，"忍"即确信之义，由此能引生第二心"苦法智"（duḥkha-dharma-jñāna），而证得欲界的苦谛理。"苦法智忍"属于无间道（转下页）

因，[①]而称之为“非心为因法”；反之，其余有漏、无漏心都由与之相似的心法作为同类因引生，而称之为“心为因法”。第二种解释，则是认为这段文字说的不是同类因，而是指“有般涅槃法”与“无般涅槃法”两种有情：

> 有余师说，彼文不辩同类因义。何者？唯辩二种异生，谓有般涅槃法及无般涅槃法。文虽不举无涅槃法，义准理门显示知有。谓彼既说有余异生决定当入正性离生，由此义准，亦有异生决定不入正性离生，此则名为无涅槃法。即无涅槃法名非心为因。[②]

这是说，既然《品类足论》中说，“诸余异生定当入正性离生”，可见，也有有情“决定不入正性离生”，此即“无般涅槃法”者，而论中称之为“非心为因”。对此，普光进一步解释说，“有般涅槃法”者能生起见道位的初念无漏心，此初念无漏心是证得涅槃的了因，所以称之为“心为因法”；反之，“无般涅槃法”者“决定不入正性离生”，不能生起见道位的初念无漏心，亦即没有无漏心为证得涅槃的了因，所以称之为“非心为因法”。[③]

这里以“有涅槃法”、“无涅槃法”来解释《品类足论》的“心为因法”、“非心为因法”，是说有“有涅槃法”、“无涅槃法”两种有情。法宝虽然大致也认同这一解读，只是在配置方式上正好颠倒过来，即，在他看来，“心为因法”是指“无涅槃法”者，“非心为因法”是指“有涅槃法”者，[④]但他还认为，在《俱舍论》中，“有涅槃法”、“无涅槃法”也可以是指修行的阶段，所谓“种解脱分善名有涅槃法，未种者名无涅槃法”[⑤]。法宝是依据《俱舍论》关于顺

（接上页）（ānantarya-mārga），有断惑的作用；“苦法智”属于解脱道（vimukti-mārga），有证灭的作用，即证该品的择灭无为。严格说来，无间道是指，它能断与之俱起的“烦恼得”（kleśa-prāpti），因此没有下一刹那的“烦恼得”能为隔碍（“无间”）而使解脱道不生起（《俱舍论》之说），或者说，它能无间隔地（“无间”）引生解脱道（《顺正理论》之说）；解脱道是指，“烦恼得”既已解脱（vimukta），解脱道与“离系得”（visaṃyoga-prāpti）俱起，故证该品的择灭无为。这就比如，有贼来偷东西，我们先将贼赶跑，然后再关闭门窗。将贼赶跑就如无间道，关闭门窗就如解脱道。《阿毗达磨俱舍论》卷23，T29，p.122a；《阿毗达磨顺正理论》卷63，T29，p.690a；P. Pradhan：*Abhidharmakośabhāṣya of Vasubandhu*，p.352。

① 职是之故，“苦法智忍”被称作“一刹那”（kṣaṇika），《俱舍论颂疏》卷2：“谓见道初心苦法忍品，唯有此一刹那心，究竟不从同类因生，非等流故，名一刹那。余有为法，无非等流。”（T41，p.829c）

② 《阿毗达磨大毗婆沙论》卷17，T27，p.87a。亦见《阿毗达磨顺正理论》卷16，T29，p.423a－b。

③ 《俱舍论记》卷6，T41，p.120a。

④ 在法宝看来，因为“有涅槃法”者有见道位初念无漏心生起，而初念无漏心没有心法为同类因，所以是“非心为因法”。见《俱舍论疏》卷6，T41，p.563b－c。

⑤ 《俱舍论疏》卷18，T41，p.686b。

解脱分的下述一段文字而得出了这一结论：

yasminn utpanne niyataṃ parinirvāṇadharmā bhavati ǀ
（于此［顺解脱分］生后，决定有涅槃性。）
玄奘译：此善生已，令彼有情名为身中有涅槃法。
真谛译：若业已起，此人后时必定以涅槃为法。①

所谓“决定有涅槃性”，是将来必定能证得涅槃的意思，所以真谛译作：“此人后时必定以涅槃为法。”《顺正理论》对应的文字则作：“由此决定当般涅槃。”②这是说，顺解脱分随顺、趋向于终极的涅槃，因此当修行进入顺解脱分之后，行者将来必定能证得涅槃。严格说来，这里并没有提到“无涅槃法”，法宝的解释有发挥的成分。在他看来，既然顺解脱分之后决定能证得涅槃，是“有涅槃法”，那么相对于此，在顺解脱分之前，行者能否证得涅槃尚不决定，所以是“无涅槃法”。据此，任何有情都可以通过修行，从顺解脱分前进入顺解脱分乃至其后的阶段，即从“无涅槃法”进入“有涅槃法”。也就是说，“无涅槃法”也未必一定就是指决定不能证得涅槃的一类有情。当然，这是否就是有部“无涅槃法”的原意，尚需存疑。

在真谛所译、传为世亲所造的《佛性论》中，也提到了有部认为有“定无佛性”者：

若依毗昙萨婆多等诸部说者，则一切众生无有性得佛性，但有修得佛性。分别众生，凡有三种。一、定无佛性，永不得涅槃，是一阐提犯重禁者。二、不定有无，若修时即得，不修不得，是贤善共位以上人故。三、定有佛性，即三乘人：一、声闻从苦忍以上即得佛性；二、独觉从世法以上即得佛性；三者，菩萨十回向以上是不退位时得于佛性。③

这里有若干疑难之处。如前所述，《婆沙》认为，声闻、部行独觉只能在顺解脱分及顺决择分的暖、顶二位转成佛种性，麟角喻独觉甚至在暖、顶二位亦不能转。这里却说，声闻能在见道位的苦法智忍以上得佛性，独觉能在世第一法以上得佛性，显然与《婆沙》相违。比如，按照有部的看法，声闻既已入

① P. Pradhan：*Abhidharmakośabhāṣya of Vasubandhu*，p.274；《阿毗达磨俱舍论》卷18，T29，p.98a；《阿毗达磨俱舍释论》卷13，T29，p.252a。
② 《阿毗达磨顺正理论》卷44，T29，p.595b。
③ 《佛性论》卷1，T31，p.787c。

见道而观照三界的四谛理，又怎能再见真如佛性呢？况且，有部也没有十回向菩萨的说法。事实上，即便是后来对《佛性论》推崇备至、也为《俱舍论》作过注疏的法宝也清楚地意识到，“三乘实灭教，声闻忍位已上不许回心”①，所以他对上述疑难并没有作出具体的解释。而慧沼则干脆认为，《佛性论》所说的有部义，并非是《俱舍论》所述的有部正宗。②

值得注意的倒是三种有情的说法，这可能是从佛经中所说的三聚有情发展而来的。如《长阿含经》说，有三聚法，谓正定聚（sammatta-niyato rāsi，梵 samyaktva-niyato rāśiḥ）、邪定聚（micchatta-niyato rāsi，梵 mithyātva-niyato rāśiḥ）、不定聚（aniyato rāsi，梵 aniyato rāśiḥ）。③ 对此，《婆沙》解释说：“邪性定聚，谓成就五无间业。正性定聚，谓成就学、无学法。不定聚，谓唯成就余有漏法及无为。”④造五无间业者必堕地狱，所以为邪定聚；有情入见道后定能断尽烦恼，定能证得涅槃，所以为正定聚；其余则为不定聚，因为在不同的条件下，他们或可转为邪定聚，或可转为正定聚。事实上，不仅不定聚可转，也可以“从邪定聚入不定聚”⑤，乃至转为正定聚。所以在《婆沙》看来，邪定聚并不具有决定性的特征。

譬喻师却对此解释说：“从无间地狱乃至有顶，皆有三聚。彼说般涅槃法名正性定聚，不般涅槃法名邪性定聚，不决定者名不定聚。”⑥这似乎与《佛性论》所谓的有部说就比较接近了。如前所述，其后经量部建立种子说，就有无漏种子本有的说法，这就可以从本有无漏种子的角度来进一步说明何以有般涅槃法者，当然原理上也可以用来说明何以有不般涅槃法者，不知是否与这里所说早期譬喻师对三聚有情的解释有一定的关系。而对有部来说，所谓不般涅槃法者是否是决定的，恐怕难以作出明确的断言。

比如，真谛在《部执异论记》中，对一切有情有四句分别，有部与经部则

---

① 《一乘佛性究竟论》卷 1，浅田正博：《石山寺所蔵「一乗仏性究竟論」巻第 1・巻第 2の検出について》，《龍谷大學論集》429 号，1986 年，页 87。“三乘实灭教”，即各以自乘而般涅槃的三乘教法。

② 《能显中边慧日论》卷 3，T45，p.438b－c。对此，智俨（602—668）解释说：“此《佛性论》初约小乘及回心初教说。”（《华严五十要问答》后卷，T45，p.534b）“初教”即唯识学，但唯识学中并没有这种对于三乘回心的定位。后来日本华严宗的凝然（1240—1321）则说，忍位以上不能回心是“愚法二乘教”的说法，而《佛性论》则是“直明大乘声闻真实理门义”。见《五教章通路记》卷 38，T72，p.515b。但这一解释，似乎也不能解决问题。因为《佛性论》中明确说，这是“依毗昙萨婆多等诸部说”，而不是依大乘来解释的“声闻真实义”。

③ 《长阿含经》卷 8，T1，p.50b；*Dīgha-nikāya Vol.III*（London：Pali Text Society，1911），p.217。

④ 《阿毗达磨大毗婆沙论》卷 186，T27，p.930b。

⑤ 《阿毗达磨大毗婆沙论》卷 186，T27，p.931a。

⑥ 《阿毗达磨大毗婆沙论》卷 186，T27，p.930c。

被作了统一的处理，其所说的有般涅槃法者属于四句中的“无始有终”，而不般涅槃法者属于“无始无终”。所谓“有终”，是指能入无余涅槃，而“无终”也就是不能入无余涅槃，始终流转不息。① 也就是说，不般涅槃法者是决定不能入灭的。

颇有意味的是，在一性与五性的问题上广起诤端的法宝与慧沼，对此问题却有罕见的统一性意见，他们都认为，有部所谓的不般涅槃法者并非是决定的。慧沼的根据还是上述《佛性论》的那段文字，在他看来，既然有部说“一切众生无有性得佛性，但有修得佛性”，那么无佛性者也可以通过修行，而转成有佛性者，所谓“本来是无，后时方有”。② 法宝虽然在《涅槃经疏》中曾提及“萨婆多等执，一分众生决定不得解脱”③，但在《俱舍论疏》中则推断说，如果有部认为有毕竟无涅槃法者，永远不能断尽三界惑而得三乘圣道，那么有一类法就只有“得”而没有“非得”，如非想非非想地的烦恼，因为非想非非想地的烦恼不能通过世间道来断，而只能通过出世间道来断；④有一类法就只有“非得”而没有“得”，如三乘圣道。这与有部认为有“得”必有“非得”的说法相违。⑤ 因此有部所谓的无涅槃法者只是就其离入灭时间久远而言的，并非永远不能入灭。并且，法宝也认为，《佛性论》中有部所说的无佛性者是基于有情的分位而建立的，也就是说，只是有情现在的状态是无佛性，并不意味着他永远无佛性。⑥ 从真谛对一切有情的四句分别来看，慧沼、法宝有关《佛性论》的解读也许未必符合真谛的原意，但这反过来恰恰也说明了，至少现有文献并不足以证明有部所谓的不般涅槃法者具有决定性的特征，这种决定性特征更有可能是来自譬喻师或者部分经量部学者。

附带需要指出的是，按照法宝的解读，《异部宗轮论》说，有部“执有有情不得解脱”，也是指认了有无种性的有情，⑦这可能是一种误读。《宗轮论》中的这句话，应该与上一句结合起来理解，全句为：“佛慈悲等不缘有情，执有有情不得解脱。”⑧它是针对补特伽罗论者如犊子部来说的，亦即，有部

① 见《一乘佛性究竟论》卷1，浅田正博：《石山寺所蔵「一乘仏性究竟論」巻第1・巻第2の検出について》，《龍谷大學論集》429号，页91；《仁王经疏》卷中本，T33，p.401a。

② 《能显中边慧日论》卷3，T45，p.438b。

③ 《大般涅槃经疏》卷9，寿昌五年（1099）高丽刊本（1924年朝鲜总督府影印），页48。

④ 《阿毗达磨俱舍论》卷24：“唯无漏道（lokottara，出世）离有顶染，非有漏道（laukika，世间）。”（T29，p.127a）P. Pradhan：*Abhidharmakośabhāṣya of Vasubandhu*，p.366。

⑤ 《阿毗达磨俱舍论》卷4：“宗明得、非得相翻而立故，诸有得者，亦有非得。”（T29，p.22a）

⑥ 参《俱舍论疏》卷4，T41，p.539b。

⑦ 《俱舍论疏》卷1，T41，p.459a；《一乘佛性究竟论》卷1，浅田正博：《石山寺所蔵「一乘仏性究竟論」巻第1・巻第2の検出について》，《龍谷大學論集》429号，页91。

⑧ 《异部宗轮论》，T49，p.16b。

认为,佛陀的慈悲是缘于五蕴等实法,而非缘于五蕴和合的有情,执有实有的有情则不得解脱。如最早对补特伽罗论者予以评破的《识身足论》中就说:"补特伽罗论者问言:具寿,慈何所缘?答言:诸法性有等有,由想等想,假说有情,于此义中,慈缘执受诸蕴相续。"①事实上,在真谛旧译《部执异论》中,对这段文字的表述更为明确:"如来慈悲不取众生作境界,若人执众生相,解脱意不得成就。"②因此这与所谓种性的问题全然无关。

考虑到有部所谓的种性具有根器的意义,它的提出其实还有更为现实的基础,即有部禅修的教学实践。有部所传的"五门禅"(汉地多称"五停心观"③),即所谓不净观、慈悲观、缘起观、界分别观、数息观,本来就是一种对治性的禅法,因此禅师首先就需要考察来学者的具体情况,然后再授以与之相契应的禅法。如《坐禅三昧经》说,学者初来之时,禅师首先是要询问其持戒的情况,如学者过去曾毁犯重戒,此生即无缘学禅,禅师当告之曰:"如人被截耳鼻,不须照镜,汝且还去,精勤诵经,劝化作福,可种后世道法因缘,此生永弃。譬如枯树,虽加溉灌,不生华叶及其果实。"④如学者过去曾毁犯轻戒,禅师当教其如法忏悔。然后禅师或以天眼通、他心通,或未得通,则通过观察来学者的外在表现,而分别授之以相应的禅法,如贪欲多者授以不净观,瞋恚多者授以慈悲观,愚痴多者授以缘起观,等等。概言之,五门禅的授予是以来学者的根器为前提的,而如果来学者过去曾毁犯重戒,则"此生永弃",这可能就是有部提出种性差别乃至有所谓无种性者的现实依据。既然曾毁犯重戒者只是"此生永弃",但可以通过"诵经"、"作福"等"种后世道法因缘",那么将其理论化为无种性者,正如法宝所谓,是就有情现在的状态来说的,而不应该是决定性的。

有部瑜伽师是从有部中分化出来的,其瑜伽修持实践与有部的禅法有着密切的关联。⑤ 事实上,汉地早期所翻译的一批有部禅籍(准确地说,是编译,因为部分禅籍也融入了大乘的禅法如念佛禅等)⑥,多有"修行道

---

① 《阿毗达磨识身足论》卷 3,T26,p.543c。

② 《部执异论》,T49,p.21c。

③ 所谓"停心",据《大乘义章》卷 12 的解释,"停是息止、安住之义。息离贪等,制意住于不净等法,故曰停心"。(T44,p.697c)

④ 《坐禅三昧经》卷上,T15,p.271a。

⑤ 参见本书下篇第七章第一节。

⑥ 念佛在早期佛典中为"六念(anussati,梵 anusmṛti)"之一,如《长阿含经》卷 8:"复有六法,谓六思念:佛念、法念、僧念、戒念、施念、天念。"(T1,p.52a)南传《长部》:"Cha anussati-ṭṭhānāni. Buddhānussati, Dhammānussati, Saṃghānussati, sīlānussati, cāgānussati, devatānussati."(六念处:念佛、念法、念僧、念戒、念施、念天。)*Dīgha-nikāya Vol.III*, p.250。不过,这里的念佛是"念佛功德"的意思,即通过忆念佛陀十号的功德来增强信心(《杂阿含经》卷 20,T2,p.145b),而不是在禅定中观佛的相好,后者是在大乘《般舟三昧经》一类的经典中提出来的。

地”之名，其音译为“榆迦遮复弥”、“庾伽遮罗浮迷”等，①梵文应该都是yogācāra-bhūmi，新译即是“瑜伽行地”或“瑜伽师地”。可以想见，对有部瑜伽师来说，修学者的根器同样也是修学的前提。只不过，或许是因为受到了早期譬喻师或部分经部师的影响，有部未必具有决定性的种性差别，在有部瑜伽师那里被赋予了更为基础性和决定性的特征。因此《声闻地》在说到禅修的教学实践时，根器与种姓已被明确地区分开来，而在来学者的根器外，又提到了对其种姓的考察。

按《声闻地》所述，禅师在对来学者予以勉励、询问后，首先需要考察其“愿”、“种姓”、“根”、“行”四个方面的具体情况，只有对此有了确切的了解，才能予以进一步的禅修指导。所谓“愿”（praṇidhāna），是指来学者的意乐愿求；所谓“根”（indriya），是指来学者的根器，或为钝根，或为中根，或为利根；所谓“行”（carita），是指来学者的行为倾向，或为贪行，或为瞋行，或为痴行等，这大致也就相当于一般所谓的性情，其实也属于广义的根器。考察的方式亦有四种：一是“审问”（pṛcchā），也就是询问；二是“言论”（kathā），即禅师通过说一些教法，来观察来学者的反应；三是“所作”（ceṣṭā），即观察来学者的行为；四是“知他心差别智”（cetaḥ-paryāya-jñāna）。② 可见，《声闻地》的这一说法，基本就是从有部的禅修教学方法中脱胎而来的，而最大的差别在于，这里在根器外，又提出了对种姓的考察。这其实就是在认可有部所谓后天可转易的根器差别的前提下，进一步建立了一种更为基础性的先天不可转易的种姓差别。

正因为种姓具有先天决定的奠基性意义，也就是说，它先在地决定了修行的过程与结果，所以本有无漏种子是它最恰当的说明。如后来《庄严经论》说，“种姓”为“功德度（guṇa-uttāraṇatā）义”，“度者，出生功德义”，这是将 gotra 分解为 guṇa（德）、uttāraṇa（度）二义来予以解释，意即它是能生起（“度”）三乘出世功德的因性，其所指认者正是所谓本有无漏种子。正因为有情有此“性”（gotra）的不同，所以其“信”（adhimukti）、“行”（pratipatti）乃至“果”（phala）亦有了相应的差别。此所谓“果”者，即是“下、中、上”（hīna-madhya-viśiṣṭa）三乘菩提，“果”之差别基于“性”之差别，是因为“子果相似故”（bīja-anurūpatvāt phalasya）。③ 可见，《本地分》、《庄严经论》等之所以要成立本有无漏种子，其基本考虑就是要为有情未来获得解脱的不同可能性

---

① 《修行道地经》卷 1，T15，p.181c；《达摩多罗禅经》卷上，T15，p.301b。

② 参《瑜伽师地论》卷 30，T30，p.449a－c；Karuṇeśa Shukla：*Śrāvakabhūmi of Ācārya Asaṅga*，pp.353－357。

③ 《大乘庄严经论》卷 1，T31，p.594b－c；S. Lévi：*Mahāyāna-sūtrālaṃkāra*，pp.10－11。

确立其先天潜能上的依据，这种依据是决定性的，虽然它的实现尚需借助其他条件。

如《声闻地》起首即云：

> 云何种姓？谓住种姓补特伽罗，有种子法，由现有故，安住种姓补特伽罗，若遇胜缘，便有堪任，便有势力，于其涅槃能得、能证。问：此种姓名有何差别？答：或名种子（sa bon，* bīja），或名为界（khams，* dhātu），或名为性（rang bzhin，* prakṛti），是名差别。问：今此种姓以何为体？答：附在所依，有如是相，六处所摄（skye mched drug gis zin pa，* ṣaḍāyatana-saṃgṛhīta），从无始世展转传来（brgyud de 'ongs pa，* paraṃparā-āgata），法尔所得（chos nyid kyis thob pa，* dharmatā-pratilabdha）。①

简单说来，这里有这样几个要点。其一，种姓是“现有”而非“当有”，它是从“无始世展转传来，法尔所得”的。在这一意义上，它也就是“本性”，所以说，种姓又名“性”（rang bzhin，* prakṛti）。② 对此，后来《辩中边论》有进一步的解释：“种姓即是本性，自然得故。”（gotraṃ hi prakṛtiḥ svābhāvikatvāt③）不过，此时种姓尚未有果，亦即尚未证得涅槃，只是一种先天的潜在因性而已。用《庄严经论》的话来说，合而言之，此为“有非有”（sad-asat）④，亦即因是有，果是非有。

其二，与上一点相应，此种姓首先是“细”（phra ba，* sūkṣma）而非“粗”（rags pa，* audārika）。所谓的细粗是指，“种子未能与果、未习成果，故名为细；若已与果、已习成果，尔时种姓若种若果俱说名粗”⑤。也就是说，此种姓一开始尚未依托外缘增长而生起自果，体相隐微，故得细名。这种对细粗的区分可与论中稍后所说的“安住种姓补特伽罗”（gotrasthaḥ pudgalaḥ）结合起来予以说明。论云：“云何安住种姓补特伽罗？谓住种姓补特伽罗，或有唯住种姓（gotra eva sthitaḥ），而未趣入（avatīrṇa），亦未出离（niṣkrānta）；

---

① 《瑜伽师地论》卷 21，T30，p.395c；*rNal 'byor spyod pa'i sa las nyan thos kyi sa*，D4036，Dzi，pp.1b－2a。

② 并参《菩萨地》（T30，p.478c）：“又此种姓亦名种子（bīja），亦名为界（dhātu），亦名为性（prakṛti）。”Unrai Wogihara（荻原云来）：*Bodhisattvabhūmi*，*A Statement of Whole Course of the Bodhisattva*（*Being Fifteenth Section of Yogācārabhūmi*）（Tokyo：Sankibo Buddhist Book Store，1971），p.3。

③ Gadjin M. Nagao（长尾雅人）：*Madhyāntavibhāga-bhāṣya*，p.26。玄奘译《辩中边论》卷上作：“诸圣种姓自体本有，非习所成，说名本性。”（T31，p.466a）此当为意译。

④ 《大乘庄严经论》卷 1，T31，p.594c；S. Lévi：*Mahāyāna-sūtrālaṃkāra*，p.11。

⑤ 《瑜伽师地论》卷 21，T30，p.396a。

或有安住种姓，亦已趣入，而未出离；或有安住种姓，亦已趣入，及已出离。”①第一种情况，“谓如有一补特伽罗，成就出世圣法种子（lokottara-dharma-bīja），而未获得亲近善士听闻正法，未于如来正觉正说法毗奈耶获得正信，未受持净戒，未摄受多闻，未增长慧舍，未调柔诸见，如是名为唯住种姓而未趣入亦未出离补特伽罗”②。“出世圣法种子”，也就是种姓。简言之，此补特伽罗唯有种姓，而尚未闻法、持戒、修行，所以其种姓是“细”；而后两种补特伽罗，既已修行乃至出离，其种姓即是“粗”。

其三，种姓具有先天性与不可转易性，这与比如后天的“愿”（praṇidhāna）全然不同。所谓“愿”，就是发愿成就三乘菩提。如住声闻种姓者，亦可发愿成就独觉或无上正等菩提，但由于其声闻种姓的决定性，后时必舍彼愿，而唯能安住于声闻乘愿，其他如住独觉或大乘种姓者当知亦尔。是即所谓“此中所有补特伽罗愿可移转（saṃcāra）、愿可舍离（vyatikara），决定不可移转种姓、舍离种姓”③。

其四，与上一点相关，种姓具有决定性。有种姓者获得解脱只是一个迟速的问题，若无种姓者“住决定聚（nges pa'i tshogs，* niyato rāśiḥ）”，即便是听到有人称赞涅槃的殊胜功德，也不能生起丝毫的欣乐之心，自然更不会发心、信解，所以“遍一切种毕竟不能得般涅槃”④。“遍一切种”（rnam pa thams cad kyi thams cad du，* sarveṇa sarvam sarvathā），也就是在任何情况下都如此、毫无例外的意思。

从种姓的上述特征来看，《声闻地》种子本有的立场应该说是比较明确的。吕澂据《摄决择分》疏解《本地分》，故以“本有之说”为“后起之新说”，⑤如此《声闻地》的种姓义似乎就不易解释了。

1.2　本性住种姓与习所成种姓

种姓虽然是证得涅槃、获得清净解脱的必要条件，但却不是充分条件，也就是说，是有之不必然，无之必不然的。比如，《声闻地》就曾谈到，即便是

---

① 《瑜伽师地论》卷21，T30，p.398b；大正大学綜合仏教研究所 声聞地研究会：《瑜伽論 声聞地 第一瑜伽処—サンスクリット語テキストと和訳—》，p.28。

② 《瑜伽师地论》卷21，T30，p.398c。

③ 《瑜伽师地论》卷26，T30，p.426b；大正大学綜合仏教研究所 声聞地研究会：《瑜伽論 声聞地 第二瑜伽処 付非三摩呬多地・聞所成地・思所成地—サンスクリット語テキストと和訳—》（東京：山喜房佛書林，2007年），p.34。

④ 《瑜伽师地论》卷21，T30，p.396b；*rNal 'byor spyod pa'i sa las nyan thos kyi sa*，D4036，Dzi，p.3a。

⑤ 吕澂：《种姓义》，《吕澂佛学论著选集（第一卷）》，页431。

有种姓者,如果生于边国,没有贤良善士前来教化("生无暇",mi khom par skyes pa, * akṣaṇa-upapanna,意为生于无暇入道之地),或者享受种种欲乐,不知出离("放逸",bag med pa, * pramatta),或者起外道种种恶见,不能值遇诸佛及善友("邪解行",log par zhugs pa, * mithyā-pratipanna),或者生性愚钝,有生理障碍,不能解了法义,造作无间业等("有障",sgrib pa, * āvṛta),还是不能证得涅槃。当然,与无种姓者不同,"彼若值遇诸佛出世,听闻正法,获得随顺教授教诫,无彼因缘,尔时方能善根成熟,渐次乃至得般涅槃"①。所以无种姓者是"毕竟瑜伽坏"(ātyantiko yoga-bhraṃśaḥ),"由彼身中无能趣向涅槃法故,毕竟失坏出世瑜伽",有种姓者只是"暂时瑜伽坏"(tāvatkāliko yoga-bhraṃśaḥ),"虽阙外缘,时经久远,定当缘会修习瑜伽令其现起,善修习已,当般涅槃"。②

所谓"缘会"(pratyayān āsādayiṣyanti),也就是要值遇"涅槃法缘"。按论文所说,此"涅槃法缘"有胜、劣两种,这里值得注意的是所谓"胜缘"(rkyen gtso bo, * pradhāna-pratyaya)。"云何胜缘?谓正法增上他音(dam pa'i chos kyi dbang du byas pa'i gzhan gyi sgra, * saddharmādhipateyaḥ parato ghoṣaḥ),及内如理作意(nang gi tshul bzhin yid la byed pa, * adhyātmaṃ yoniśo manasikāraḥ)。"③也就是说,听闻他人宣说之正法,而内心如理思惟之,是为"胜缘"。所以神泰解释说:"闻思慧等名胜缘。"④《声闻地》此说,本承《阿含》而来。《阿含经》中常说,"二因二缘(dve paccayā,二缘)而生正见(sammādiṭṭhi)",一是"从他闻"(parato ghoso,他音),二是"内自思惟"(yoniso manasikāro,如理作意)。部派学者也多接受这一看法。⑤ 认为听闻佛法是"入海算沙",类似的反智主义倾向似乎并不见于印度佛教传统,恰恰相反,这正是有情由凡转圣的契机之所在。从此所谓"胜缘"出发,《摄决择分》进一步认为"诸出世间法从真如所缘缘种子生",而《摄大乘论》建立有"正闻熏习种子"(thos pa'i bag chags kyi sa bon, śruta-vāsanā-bīja),自然也就比较顺当了。

---

① 《瑜伽师地论》卷 21,T30,p.396b;*rNal 'byor spyod pa'i sa las nyan thos kyi sa*,D4036,Dzi,p.2b。

② 《瑜伽师地论》卷 28,T30,p.437b - c;Karuṇeśa Shukla:*Śrāvakabhūmi of Ācārya Asaṅga*,p.273。

③ 《瑜伽师地论》卷 21,T30,p.396b;*rNal 'byor spyod pa'i sa las nyan thos kyi sa*,D4036,Dzi,p.3b。

④ 《瑜伽论记》卷 6 上,T42,p.431b。

⑤ 《中阿含经》卷 58,T1,p.791a;《增壹阿含经》卷 7,T2,p.578a;*Majjhima-nikāya Vol.I*,p.294;*Aṅguttara-nikāya Part I*,p.87;《阿毗达磨大毗婆沙论》卷 1,T27,p.2b。

不过严格说来,“习所成种姓”的最早提出还是《菩萨地》:

云何种姓?谓略有二种:一、本性住种姓;二、习所成种姓。本性住种姓者,谓诸菩萨六处殊胜,有如是相,从无始世展转传来,法尔所得(bodhisattvānāṃ ṣaḍ-āyatana-viśeṣaḥ sa tādṛśaḥ paramparāgato 'nādikāliko dharmatā-pratilabdhaḥ),是名本性住种姓;习所成种姓者,谓先串习善根所得(pūrva-kuśala-mūlābhyāsāt pratilabdhaṃ),是名习所成种姓。①

这里所谓“六处殊胜”(ṣaḍ-āyatana-viśeṣa)是颇具争议的,如慧景曾传玄奘二解,圆测于玄奘二解外另有二解,合为四说,神泰更传“西方六说”,后来智周则将其总结为三说。② 综合诸家所述,后人普遍接受的还是玄奘的解释。玄奘认为,这里“六处”就是指作为菩萨身的眼等内六处,“殊胜”(viśeṣa)是指于内六处中最为殊胜的意处,即阿赖耶识,或者,“殊胜”即是指性种姓本身。也就是说,“六处殊胜”无非是指性种姓所依的阿赖耶识,或者就是指依于菩萨内六处的性种姓。考虑到“阿赖耶识”这一概念在《菩萨地》中并未出现,我们似乎还是取后解,即将“殊胜”落实在性种姓上更为稳妥。此性种姓本来是有,故曰“从无始世”(anādi-kālika);依于菩萨的内六处相续至今,体是有为,故曰“展转传来”(paraṃparā-āgata);不由熏习所成,故曰“法尔所得”(dharmatā-pratilabdha)。简言之,本性住种姓(prakṛti-sthaṃ gotram)乃是依于菩萨内六处、作为无上菩提之亲因的本有的无漏种子。这与《声闻地》对种姓的诠说是基本一致的,所以论中亦言:“如是菩萨虽有种姓,因缘阙故,不能速证无上菩提。若具因缘,便能速证。若无种姓补特伽罗,虽有一切一切一切种,当知决定不证菩提。”③这里用了三个“一切”(sarva),按照唐疏的解释,一是指值遇诸佛闻法,二是指无倒修行,三是指勇猛精进。这是说,无种姓者即便是值遇诸佛闻法,无倒修行,勇猛精进,但由于缺少第四个条件种姓,一定不能证得菩提。④

需要指出的是,这种界说本性住种姓的类似句式,其实亦出现在真谛所译的如来藏系经典《无上依经》中,其谓:“阿难,何者是如来界?云何如来

① 《瑜伽师地论》卷 35,T30,p.478c;Unrai Wogihara(荻原云来):*Bodhisattvabhūmi*,p.3。

② 分别见《瑜伽论记》卷 8 下,T42,p.487b－c;《成唯识论本文抄》卷 38,T65,p.723c;《法华经玄赞摄释》卷 1,X34,p.26b。

③ 《瑜伽师地论》卷 35,T30,p.480b。

④ 参《瑜伽论记》卷 8 下,T42,p.492a。

为界不可思议？阿难，一切众生有阴入界胜相种类，内外所现，无始时节相续流来，法尔所得至明妙善。”①《无上依经》没有梵文本，但《宝性论》中曾引用《六根聚经》说：“六根如是，从无始来毕竟究竟诸法体故。”②法藏曾指出，这与《无上依经》的上述文字是一致的。③ 梵本《宝性论》中没有提到《六根聚经》的名称，相应的文字则作：

ṣaḍ-āyatana-viśeṣaḥ sa tādṛśaḥ paraṃparāgato 'nādi-kāliko dharmatā-pratilabdha iti ǀ④

这或许就是《无上依经》上述文字的原语，而与梵本《菩萨地》对本性住种姓的界说全然相同，都是“六处殊胜，有如是相，从无始世展转传来，法尔所得”之义。不过，《无上依经》或《六根聚经》却是将“法尔所得”（dharmatā-pratilabdha）从“法性”（dharmatā）的角度来予以诠说，它就是真谛所谓“至明妙善”的如来界（tathāgata-dhātu），亦即如来藏。所以据《伦记》所说，“旧解”也是将《菩萨地》的本性住种姓解作“自性住佛性即如来藏”⑤，认为“性种无为，非修习法，……离名绝相，……非近情测”⑥，这应该就是基于《无上依经》等如来藏系的经典而来的解读。⑦

《伦记》的这一说法，我们至少可以在净影寺慧远的《大乘义章》中找到印证。在慧远看来，性种其实就是以“古今常湛、非隐非显、非因非果”的“平等如实法性”为体。虽然法性本来清净，但无始来为烦恼所遮蔽，行者通过修行对治烦恼，使法性开始显现，这一开始显现的法性是成佛时完全显现

---

① 《佛说无上依经》卷上，T16，p.469b。

② 《究竟一乘宝性论》卷3，T31，p.835c。

③ 《大乘法界无差别论疏》，T44，p.73b。按照印顺法师的研究，《无上依经》的成立，晚于《宝性论》，并且“是参考了《宝性论》‘释论’的”。见印顺：《如来藏之研究》，页155。高崎直道、中村瑞隆等日本学者也有类似看法，见中村瑞隆：《梵漢对照〈究竟一乘宝性論〉研究》，页71—78。

④ 中村瑞隆：《梵漢对照〈究竟一乘宝性論〉研究》，页109。

⑤ 《瑜伽论记》卷8下，T42，p.487b。“自性住佛性”一语出自《佛性论》，是指有情本具的如来藏。《佛性论》卷2：“三种佛性者，应得因中具有三性：一、住自性性，二、引出性，三、至得性。记曰：住自性者，谓道前凡夫位。……”（T31，p.794a）

⑥ 《瑜伽论记》卷8下，T42，p.488b。

⑦ 《宝性论》梵本在谈到如来藏三义中的“佛种姓”（buddha-gotra）义时说，佛种姓有两种，一是“无始的本性住（anādiprakṛtistham）”，二是“［达至］无上的习所成（samudānītam uttaram）”。见中村瑞隆：《梵漢对照〈究竟一乘宝性論〉研究》，页141。不过，汉译本中这段文字被译为“佛性有二种：……自性清净心，修行无上道”（《宝性论》卷4，T31，p.839a），似乎已很难见出性、习二种的含义。从现有文献看，汉地学者也没有引用《宝性论》的这段文字来作出性种是如来藏的解释。

的法性的因，所以称之为性种姓。概言之，虽然法性本身“非隐非显”，但在修行的过程中有隐显的不同状态，而初显的法性就是性种姓，此即所谓“显性以成种，故名为性种”①。

一直到玄奘之后的佛性论诤，持一性皆成说的法宝也是从这一角度来解释本性住种姓的。除了《无上依经》外，他还特别利用了《菩萨地》的旧译《地持经》、《善戒经》的资源。《地持经》相应的一段文字作：“性种性者，是菩萨六入殊胜，展转相续，无始法尔，是名性种性。”《善戒经》则将本性住种姓译作“本性”，习所成种姓译作“客性”：“言本性者，阴界六入次第相续，无始无终，法性自尔，是名本性。”②法宝据此解释说：《无上依经》所说的“一切众生”乃至“相续流来”，就是《善戒经》的“阴界六入次第相续”、《菩萨地》的“六处”“从无始世展转传来”；《无上依经》所说的“法尔所得至明妙善”，就是《善戒经》的“法性自尔”、《菩萨地》的“殊胜之相”。③ 法宝还以《大般若经·胜天王分》来证明这一点，经中说：“如来法性在有情类蕴、界、处中，从无始来展转相续，烦恼不染，本性清净。”④在他看来，此所谓“法性”，就是《善戒经》的“法性自尔”。简言之，法宝认为，《菩萨地》所说的“六处殊胜”，与《无上依经》、《胜天王分》相同，都是指在有为法的“六处”中“殊胜”的“法性”或如来藏。

对此，慧沼批评说，“法性自尔”即“法尔”之义，不是指真如佛性。如果这是指“真如佛性”，那么它至多只能是《善戒经》所谓的“无始无终”；而《善戒经》说“次第相续”，《地持经》说“展转相续”，《菩萨地》说“展转传来”，又怎么能用来指涉作为无为法的真如佛性呢？慧沼并坚持认为，即便是《无上依经》、《胜天王分》，既云“无始时节相续流来”、“从无始来展转相续”，也只能是指作为有为法的“无始法尔行性”，即本有无漏种子，而非真如佛性。⑤至于所谓“殊胜”，慧沼罕见地接受了圆测的解释，认为这并非是指菩萨相对于二乘为殊胜，而是指有种姓者具有出世的三乘无漏种子，相对于无种姓者

---

① 《大乘义章》卷 9，T44，pp.651c－652a。慧远的解释，其实是试图将《菩萨地》（旧译《菩萨地持经》）的性种姓与《菩萨璎珞本业经》“分位种姓”意义上的性种姓统一起来予以说明，所以他将通过修行（“习种姓”）而初显的法性称作“性种姓”，以符合《璎珞本业经》先习种后性种的说法。关于“分位种姓”，详下。

② 《菩萨地持经》卷 1，T30，p.888b；《菩萨善戒经》卷 1，T30，p.962c。

③ 《一乘佛性究竟论》卷 4，浅田正博：《法宝撰「一乘仏性究竟論」巻第 4・巻第 5の両巻について》，《龍谷大学佛教文化研究所紀要》25 号，页 124。

④ 《大般若波罗蜜多经》卷 569，T7，p.936c。异译本《胜天王般若波罗蜜经》卷 3 作：“在诸众生阴界入中无始相续，所不能染，法性体净。”（T8，p.700c）

⑤ 《能显中边慧日论》卷 1，T45，p.415a；同论卷 2，T45，p.426a－b；同论卷 4，T45，p.447b。

为殊胜。① 这是因为,如下述,“六处殊胜”一语也出现在汉译《声闻地》中,也可以是指声闻种姓,因此在圆测、慧沼等人看来,“殊胜”只是泛指三乘种姓,而非专指菩萨种姓。

“法性”与“法尔”,梵文都是 dharmatā,因此要确认其具体所指,还得将其置于相关文本的语境中来予以具体考察。事实上,慧沼矫枉过正的批驳也有其可议之处。比如,法宝在《究竟论》中曾明言,“展转传来”等等是指作为有为法的六处,并非是指真如佛性,只是在“展转传来”的六处中有真如佛性,所以是“举阴界六入,取法性也。如《涅槃经》举十二因缘,取佛性也”②。在《权实论》中,法宝还依据《楞伽经》,将六处称作“垢衣六处”,即是缠缚真如佛性的六处,所谓“染分六处”,认为“垢衣六处无始展转传来,有此殊[胜]性功德”,所以这是“六处之殊胜”。③ 后来日本天台宗的最澄(767—822)、源信(942—1017)因循法宝的思路,也都是这样来解释的,他们说:“阴界六入次第相续者,缘起有为也。无始无终,法性自尔者,不变法性。”④可见慧沼的批驳其实并不切题。至于《无上依经》、《胜天王分》,慧沼无视全经如来藏学说的主旨,也将“如来界”或“法性”落实在本有无漏种子上,就更难以让人信服了。比如,《无上依经》说如来界“是法无相,……是法非所作,无生无灭,无减无尽,是常是恒,是寂是住,本性清净,无所染著,远离无垢”,《胜天王分》说如来法性“不从十二缘起,说名无相,非所作法,无生无灭,无边无尽,自相常住”,烦恼依于法性,就如同四大依于虚空,⑤这显然都只能是指作为无为法的如来藏或法性。而慧沼为了将《胜天王分》所说的“法性”也解作本有无漏种子,甚至说“行性”(行佛性即本有无

① 见《成唯识论了义灯》第七本,T43,p.792a;《能显中边慧日论》卷 2,T45,p.425b。

② 《一乘佛性究竟论》卷 4,浅田正博:《法宝撰「一乘仏性究竟論」巻第 4・巻第 5の両巻について》,《龍谷大学佛教文化研究所紀要》25 号,页 124。

③ 《一乘佛性权实论》,久下陞:《一乘佛性權實論の研究(上)》(東京:隆文館,1985 年),页 395、410、699、703。“染分”,久下陞释读为“深分”,误,据页 699 图版改。括号内“胜”字据文意补。《楞伽阿跋多罗宝经》卷 2:“如来藏自性清净,转三十二相(dvātriṃśallakṣaṇadharaḥ,具有三十二相),入于一切众生身中。如大价宝,垢衣所缠(malinavastupariveṣṭitam,垢物所缠)。如来之藏常住不变,亦复如是,而阴界入垢衣所缠,贪欲恚痴不实妄想尘劳所污。”(T16,p.489a)P. L. Vaidya:*Saddharmalaṅkāvatārasūtram*,p.33。值得一提的是,同样是将性种性解释为真如佛性,净影寺慧远却对这里的“六处殊胜”作出了另一种解读。在他看来,这是指,在真如佛性中本具佛果位殊胜的六根。这可能是基于《如来藏经》所谓“一切众生贪欲恚痴诸烦恼中,有如来智、如来眼、如来身”(T16,p.457b–c)而来的解读,而与《菩萨地》的说法差距更大了。见《大乘义章》卷 19,T44,p.840b。

④ 《守护国界章》卷下上,T74,p.211a;《一乘要决》卷下,T74,p.363b。

⑤ 《佛说无上依经》卷上,T16,p.469b;《大般若波罗蜜多经》卷 569,T7,pp.936c–937a。

漏种子)也可以是"法性",因为"法言通故"。① 意思是说,"法性"的"法"可以包括一切法,也可以包括"行",所以法性并不局限于理性即真如佛性,也可以是指行性,这无疑是很牵强的。

当然,法宝以如来藏学说来诠解《菩萨地》的本性住种姓,也是不能成立的。法宝似乎回避了一个问题,也就是前面曾提及的,《菩萨地》对本性住种姓的诠说,与《声闻地》对种姓的诠说是基本一致的,而《声闻地》有谓:

> 问:如是种姓,当言堕一相续(rgyud gcig, * eka-santāna),堕多相续(rgyud du ma, * aneka-santāna)? 答:当言堕一相续。……如是种子非于六处有别异相(tha dad pa'i mtshan nyid, * pṛthak-lakṣaṇa),即于如是种类分位(gnas skabs, * avasthā),六处殊胜,从无始世展转传来(brgyud de 'ongs pa, * paraṃparā-āgata),法尔所得(chos nyid kyis thob pa, * dharmatā-pratilabdha),有如是想及以言说,谓为种姓(rigs, * gotra)、种子(sa bon, * bīja)、界(khams, * dhātu)、性(rang bzhin, * prakṛti)。是故当言,堕一相续。②

《声闻地》的这段文字,梵文本已佚,从其藏译本来看,除了没有出现"六处殊胜"的"殊胜"一语,与中译本大体相同。③ 这里明确说,种姓就是种子,它并非离内六处即有情身外别有其体,所以是在一有情身中,而不能同时在多个有情身,所谓"堕一相续",而非"堕多相续","相续"(rgyud, * santāna)就是有情身的意思。如果种姓是法宝所谓的真如佛性,它就既不是六处的"分位"(gnas skabs, * avasthā)假法,且应遍在于一切有情身。因此这里的 chos nyid/dharmatā,同样只能是指"法尔"而非真如佛性意义上的"法性",即种姓是"法尔所得"的六处的分位假法。至于所谓"六处殊胜",我们不清楚"殊胜"一语是否是汉译本添加的,但这正如神泰所谓,也无非是要强调,"即于如是一种类分位六处上,有生无漏殊胜功能"④。当然,说种子是假

---

① 《能显中边慧日论》卷 2,T45,p.426b。

② 《瑜伽师地论》卷 21,T30,p.396a;*rNal 'byor spyod pa'i sa las nyan thos kyi sa*,D4036,Dzi,p.2b。

③ 藏译本后半部分作:"sa bon de ni skye mched drug po de dag las logs shig na tha dad pa'i mtshan nyid med de thog ma med pa'i dus nas brgyud de 'ong pa dang / chos nyid kyis thob pa'i skye mched drug po de lta bur gyur pa'i gnas skabs de la rigs dang / sa bon dang / khams dang / rang bzhin zhes bya ba'i ming dang / tha snyad de dag btags par zad pas /"(此种子若离六处无别异相,于如是无始时展转传来、法尔所得之六处分位中,"种姓"、"种子"、"界"、"性"等名言被安立。)*rNal 'byor spyod pa'i sa las nyan thos kyi sa*,D4036,Dzi,p.2b。

④ 《瑜伽论记》卷 6 上,T42,p.431b。

法，如前所述，这与《摄论》相近，但并不为后来的《成唯识论》所接受，所以仅就此而言，神泰才说是“随转门”，而并非如法宝所说，《声闻地》说有无性有情，因而是“随转理门”。①

我们还可以从《菩萨地》所谓“十因”的角度来进一步说明这一点，论中说：

> 安住种姓补特伽罗，种姓具足能为上首，证有余依及无余依二涅槃界，彼望清净，为牵引因。亲近善士，听闻正法，如理作意，及先所作诸根成熟，名摄受因。种姓所摄一切无漏菩提分法所有种子，望彼一切菩提分法，为生起因。即自种子所生一切菩提分法，渐次能证若有余依、若无余依二涅槃界，名引发因。声闻种姓以声闻乘能般涅槃，独觉种姓以独觉乘能般涅槃，大乘种姓以无上乘能般涅槃，彼望清净，为定别因。……种姓不具足，不值佛出世，生诸无暇处，不亲近善士，不听闻正法，不如理作意，数习诸邪行，彼望清净，为相违因。此相违因若阙若离，是名清净不相违因。②

“十因”包括杂染十因与清净十因，杂染十因说明了何以流转，清净十因说明了何以还灭，所以“一切唯有如是十因，除此无有若过若增”。按照《菩萨地》同卷的解释，“牵引因”(ākṣepa-hetu)是指“一切种子望后自果”，“摄受因”(parigraha-hetu)是指“除种子外所余诸缘”，“生起因”(nirvṛtti-hetu)是指“即诸种子望初自果”，“引发因”(āvāhaka-hetu)是指“即初种子所生起果，望后种子所牵引果”，“定别因”(pratiniyama-hetu)是指“种种异类各别因缘”，“相违因”(virodha-hetu)是指“于所生法能障碍因”，“不相违因”(avirodha-hetu)是指“此障碍因若阙若离”。③ 因此就清净法的生起来说，“种姓具足”(gotra-saṃpad)远望能证得涅槃的三乘菩提来说是牵引因，此所谓“种姓具足”即相当于本性住种姓，而下述相违因中的“种姓不具足”(gotra-asaṃpannatā)即是无种姓者；其余值佛闻法、如理作意等诸缘是摄受因；在此摄受因的作用下，本具的种姓增长成熟，而生起最初的菩提分法(bodhi-pakṣya-dharma)，所以这种已经增长成熟的种姓是生起因，这相当于习所成种姓；由最初生起的菩提分法，而渐次引生能证得涅槃的三乘菩提，

---

① 《一乘佛性究竟论》卷4，浅田正博：《法宝撰「一乘仏性究竟論」巻第4・巻第5の両巻について》，《龍谷大学佛教文化研究所紀要》25号，页121。

② 《瑜伽师地论》卷38，T30，p.502a；Unrai Wogihara(荻原云来)：*Bodhisattvabhūmi*，pp.101－102。

③ 《瑜伽师地论》卷38，T30，p.501a；Unrai Wogihara(荻原云来)：*Bodhisattvabhūmi*，pp.97－98。

所以最初生起的菩提分法是引发因;三乘种姓不同,所得三乘菩提亦有不同,此为定别因;不具足上述牵引因与摄受因,即为相违因,反之则为不相违因。可见,《菩萨地》所说的作为牵引因的"种姓具足",即本性住种姓,只能是指本有无漏种子。从本有无漏种子来解释本性住种姓,并非如法宝所说,是出于《成唯识论》的错解。① 否则,如法宝将其解作如来藏或法性,它就无法在清净十因的框架内得到定位和诠释。

综上所述,对于"六处殊胜,有如是相,从无始世展转传来,法尔所得"的解释,慧沼与法宝都难免各执一偏,慧沼是试图以本有无漏种子来化约如来藏,法宝则是试图以如来藏来化约本有无漏种子。事实上,在不同文本的语境中,这句话本来就可以作出不同的解释,无论基于何种立场来作出的会通都有削足适履之嫌。所以后来法藏就说,"性种有二门",一是"有为无常门",如《瑜伽论》所说的本有无漏种子,二是"无为常住门",如《宝性论》所引《六根聚经》、《无上依经》所说的真如佛性。② 这应该是较为合理的解释。不过,慧沼与法宝的论诤也并非毫无价值,它恰恰表明,本性住种姓的提出事实上与如来藏义具有类似的问题意识与言说脉络,区别只在于有为与无为的不同。③ 关于这一问题,我们下面再来作进一步的探讨。

至于所谓"习所成种姓"(samudānītaṃ gotram),一般都将其诠释为新熏种,其依据当为《成唯识论》。该论有云:"种子各有二类:一者,本有,……此即名为本性住种;二者,始起,……此即名为习所成种。"④这样,两种种姓正契应于护法一系的本新并建说。但笔者以为,《菩萨地》本身是否就已有这样明确的认识恐怕是有疑问的。

按种姓"亦名种子(bīja),亦名为界(dhātu),亦名为性(prakṛti)"⑤,所以"习所成种姓"在《菩萨地》中亦被称为"先习起种子"(pūrvābhyāsa-samutthitaṃ bījam)⑥,而与"本性住种子"(prakṛti-sthaṃ bījam)相对。《摄

① 如法宝说,"《成唯识论》无文违教,……今破《成唯识论》法尔五性","《成唯识("识"原作"讲",据文意改。——笔者注)论》云,别有无漏种子,是有为法,名为本性。众生有无不同,分其五性,及有上、中、下异。违多理、教"。见《一乘佛性究竟论》卷4,浅田正博:《法宝撰「一乘仏性究竟論」巻第4・巻第5の両巻について》,《龍谷大学佛教文化研究所紀要》25号,页120—121,页126。

② 见《华严经探玄记》卷5,T35,p.197a;《大乘法界无差别论疏》,T44,p.73b。

③ 法藏虽然对性种作出了有为、无为的区分,认为前者是以《瑜伽论》为依据,后者是以《宝性论》所引《六根聚经》、《无上依经》为依据,但他或许没有意识到,这其实是同一句话出现在了不同的经论中。

④ 《成唯识论》卷2,T31,p.8b－c。

⑤ 《瑜伽师地论》卷35,T30,p.478c;Unrai Wogihara(荻原云来):*Bodhisattvabhūmi*,p.3。

⑥ 见《瑜伽师地论》卷50,T30,p.573b;Unrai Wogihara(荻原云来):*Bodhisattvabhūmi*,p.401。

事分》中则提到了"界"有两种，一是"住自性界"（rang bzhin gyis gnas pa，* prakṛti-stha），二是"习增长界"（goms pas yongs su brtas pa，* abhyāsa-paripuṣṭa），"习增长界者，谓则诸法或是其善，或是不善，于余生中先已数习，令彼现行故，于今时种子强盛，依附相续。由是为因，暂遇小缘便能现起，定不可转"①。对此"界增长"（dhātu-puṣṭi），《菩萨地》本身亦有明确的界定："界增长者，谓本性善法种子具足（prakṛtyā kuśala-dharma-bīja-saṃpadaṃ）为所依止，先来串习诸善法故，后后位中善法种子转增转胜（paripuṣṭatarā paripuṣṭatamā），生起坚住，是名界增长。"②可见，性种与习种的分野，乃在于其是否受熏，已受熏者功能增长，势力强盛，故易起现行，此为习种，反之则为性种，似乎并没有特别就种子体的新熏来说习种。

对此，我们还可以结合种姓的细粗来说明之。《菩萨地》有谓："又此种姓未习成果（a-samudāgata-phala），说名为细（sūkṣma），未有果故（vinā phalena）；已习成果，说名为粗（audārika），与果俱故（saha phalena）。"③如上述，《声闻地》所言之种姓亦有细粗之别，与这里所说的细粗基本一致。因此《菩萨地》提出性、习二种的区分，很有可能只是要以此来进一步指认种姓的细粗。如玄奘对"粗"的解释就是："发心已去，由习种姓故渐增转明，故名为粗"④，这正是以粗为习种。

《庄严经论》系据《菩萨地》而造，论中将性种与习种分别称作"所依自性"（āśraya-svabhāva）与"能依自性"（āśrita-svabhāva），⑤其实也说明了这一点。这无非是说，只有以性种为前提，才有习种。因此其最直接的含义是指，习种是在性种基础上的增长，而未必就是指涉新熏。事实上，梵本的这段文字，所谓"习种"，长行中作"samudānīta"（习所成），颂文中正是作"paripuṣṭa"（增长）。

概言之，性种、习种乃细粗之异，而非本新之别。也就是说，我们完全可依本有论者的立场，将习种界说为性种受熏而有功能上的增长乃至成熟（所谓"粗"），而并非是指新种的熏成。如后来《佛地经论》对性、习二种的界说就是如此："种子本有，无始法尔，不从熏生，名本性住种性。发心已后，外缘熏发，渐渐增长，名习所成种性。"⑥而如下述，即便是承认有新熏种的窥基一系，其实也是以是否受熏而非新熏来判别此两种种姓的。

---

① 《瑜伽师地论》卷96，T30，p.846c；*rNal 'byor spyod pa'i sa las gzhi bsdu ba*，D4039，Zi，p.288b。

② 《瑜伽师地论》卷37，T30，p.497a；Unrai Wogihara（荻原云来）：*Bodhisattvabhūmi*，p.80。

③ 《瑜伽师地论》卷35，T30，p.478c；Unrai Wogihara（荻原云来）：*Bodhisattvabhūmi*，p.3。

④ 《瑜伽论记》卷8下，T42，p.488b。

⑤ 《大乘庄严经论》卷1，T31，p.594c；S. Lévi：*Mahāyāna-sūtrālaṃkāra*，p.11。

⑥ 《佛地经论》卷3，T26，p.304b。

1.3　本有种子的缘起论分析

从作为种姓的无漏种子的本有，护月他们进一步得出了一切有漏、无漏种均为本有的结论。本有种子尤其是本有无漏种子的确立，后来成为初唐佛性论诤的焦点问题。如灵润以“十四门义”来区分新旧译之不同，第四条为“三乘种性是有为法，法尔本有，不从缘生”，正指此而言。第五条为“一切诸佛修成功德实有生灭”，第七条中说“正智唯是依他性摄”，亦与此相关。[①] 盖本有无漏种子是因，正智与诸佛修成功德是果，因果都是有为法，故有第五、第七二义。

对此本有无漏种子，法宝的批评除了引经据典外，主要有两点。其一，“大、小虽别，然皆不说见道已前成就有为真无漏也”[②]。“有为真无漏”，即无漏有为法，比如这里说的无漏种子。这是说，大小乘都认为，在见道前的凡夫位，是不能成就无漏有为法的，否则就不是凡夫，而是圣者了。所以如有部就认为，见道位的第一刹那即“苦法智忍”没有同类因，因为见道前的“世第一法”是有漏，有漏的世第一法不能作为同类因引生无漏的苦法智忍，苦法智忍是由世第一法作为等无间缘引生，等无间缘才可以由有漏引生无漏。法宝的这一批评可能是借鉴自《顺正理论》对经部种子说的驳难。作为《俱舍论》的注疏者，他对《顺正理论》还是比较熟悉的。而如前述，《顺正理论》在对经部种子说的第四点批驳中，就曾论及无漏种子“应异生类相续中无，或应异生毕竟非有，皆成有为无漏法故”[③]。此即，凡夫不可能有无漏种子，否则既已成就无漏有为法，也就不再是凡夫了。[④]

其二，如果说，要有本有无漏种，才有见道位初念无漏的生起，没有本有无漏种，则永远不能生起无漏法，这就和数论外道的说法相近了。数论也是认为，“有本定有，无本定无，无不可生，有不可灭”。简言之，两者都是因中有果论(hetu-phala-sad-vāda)。[⑤] 法宝的这一看法出自《佛性论》。《佛性论》中就说，认为有毕竟无佛性者，“失同外道，有本定有，无本定无，有不可

---

① 《法华秀句》卷中本，《日本大藏经》第 44 卷(东京：日本大藏经编纂会，1920 年)，页 554。

② 《一乘佛性究竟论》卷 4，浅田正博：《法宝撰「一乘仏性究竟論」巻第 4・巻第 5の両巻について》，《龍谷大学佛教文化研究所紀要》25 号，页 120。

③ 《阿毗达磨顺正理论》卷 68，T29，p.713a。

④ 参本书中篇第四章第三节。

⑤ 《一乘佛性究竟论》卷 4，浅田正博：《法宝撰「一乘仏性究竟論」巻第 4・巻第 5の両巻について》，《龍谷大学佛教文化研究所紀要》25 号，页 126。按：《金七十论》卷上：“无不可作故(asadakaraṇāt)……若物此中无，从此不得出。”(T54，pp.1246c－1247a)意谓，如果因中没有果，果就不能被造作出来。Har Dutt Sharma：*The Sāṁkhya-kārika Iśvara Kṛṣṇa's Memorable Verses on Sāṁkhya Philosophy with the Commentary of Gauḍapādācārya*，p.10。

灭,无不可生"[①]。因此在法宝看来,即便要说在凡夫位中有无漏法的种子,那它本身也应该是有漏性的,就像乳是酪的种子,而不是乳中先在地就有酪性,否则就与外道所谓树种中先在地就有五丈高的树性相同了。[②]

事实上,法宝是认为,无漏心的生起是以真如佛性与正闻熏习为因缘,真如佛性是本性即正因,正闻熏习是客性即缘因,因而无漏心是本无今有。就像黑暗的消失、光明的生起是由于虚空与火,并不是在黑暗中先在地就有光明性来作为光明生起的亲因。这里虚空是比喻真如佛性,火是比喻正闻熏习,黑暗与光明则是分别比喻有漏心与无漏心。

法宝的这一看法,应该是出自摄论师。据吉藏在《中观论疏》中所述,"至长安,见摄论师立二义。一、立闻熏习不灭,作报佛;二、立闻熏习灭,不作报佛"[③]。前者是认为,由闻熏习展转而得报佛,如下述,这比较接近《摄论》原本的看法。后者是认为,"一切诸功德并从真如体上生,闻熏习但为增上缘生,实不作报佛,是故灭"[④]。这是说,闻熏习只是作为增上缘而引发真如本具的诸功德,真如才是诸功德之因,就如炼金,人力只起到了增上缘的作用,而金本身则是出自金矿。这大约是已受到地论师影响的摄论师说。如果是前者,其前提自然是佛性当常,由闻熏习而展转证得佛性;如果是后者,其前提自然是佛性现常。所以吉藏在《百论序疏》中说:"北土略论当现二常,广论灭不灭等。略论二常者,一云定现常,一云定当常。广论灭不灭者,一云闻熏习灭,一云定不灭等。"[⑤]可见,所谓闻熏习灭不灭,其实就是当现二常问题的进一步展开("广论")。《慈恩传》在谈到玄奘西行求法的动机时,也有论及曾困惑玄奘的"百有余科"的问题中,包括"黎耶是报非报,……闻熏灭不灭等"[⑥]。"黎耶是报非报"无非是说,阿黎耶识是否就是

---

① 《佛性论》卷1,T31,p.788c。参见《俱舍论》卷20(T29,p.106a):"又应显成雨众外道所党邪论,彼作是说:有必常有,无必常无。无必不生,有必不灭。"(yadastyastyeva tat | yannāsti nāstyeva tat | asato nāsti saṃbhavaḥ | sato nāsti vināśaḥ)P. Pradhan:*Abhidharmakośabhāṣya of Vasubandhu*,p.301。"雨众外道"(Vārṣagaṇya),即数论。传说数论的创始者劫比罗(Kapila,意为"黄褐色")有上首弟子名伐里沙(Vārṣa),vārṣa是雨期的意思,他是在雨期所生,故得此名。由此,伐里沙的弟子们就被称为雨众外道。见《成唯识论述记》第一末,T43,p.252a－b。

② 法宝的这一说法出自《大般涅槃经》卷26:"善男子,如汝所说,若乳无酪性,不应出酪;尼拘陀子无五丈性,则不应有五丈之质。愚痴之人作如是说,智者终不发如是言。"(T12,p.519b)"尼拘陀"(nyagrodha)是树的一种,《一切经音义》卷26释云:"此云无节树,亦名纵广。《华严音》云:其叶如柿,其子如枇杷,耐老树中最高大也。"(T54,p.477b)

③ 《中观论疏》卷9本,T42,p.133b。

④ 同上引。

⑤ 《百论序疏》,T42,p.235a。

⑥ 《大唐大慈恩寺三藏法师传》卷10,T50,p.278c。

（或内摄）有情本具的真如佛性，如果是，它就不是果报。法宝的看法，与"略论"佛性（黎耶）现常、"广论"闻熏习灭者一脉相承。

以上法宝所提出的这两点批评，其实是互为关联的，其基本立足点还是佛法的缘起论。既然缘起是佛法不共外道的基本教说，类似数论的自性（prakṛti）转变为二十三谛的因中有果论显然就无法与之兼容。而在法宝看来，认为凡夫位能成就无漏有为法，即圣者果位的无漏法已以因的方式为凡夫所具有，就是这样的因中有果论。所以他说，大、小乘都没有这样的说法，因为它背离了佛法的缘起论。问题是，虽然有部认为见道位的初念无漏没有同类因，经部中，如前所述，种子新熏论者也正如法宝所谓，认为能生起见道位初念无漏的种子本身是有漏性的，但《异部宗轮论》中曾提到，经部中还有"异生位中亦有圣法"的论义。即便我们不是像窥基那样将其解作"法尔成就"的无漏种，①至少可以说，法宝有关大、小乘的上述说法其实是很容易被证伪的。

如上所述，法宝的这一批评可能是借鉴自有部对经部种子说的驳难。对于有部来说，顺决择分的忍位之前，行者才能通过练根，由二乘种性而转为佛种性，忍位之后即不可转。但对于大乘来说，在有学、无学位的二乘圣者也可以回小向大。只不过，唯识学中说，能回心的只是具有不定种姓（aniyata-gotra）的二乘圣者，而法宝则接受了如来藏系的看法，认为一切二乘圣者都能回心。② 事实上，这也是法宝与慧沼论诤的一个焦点问题，在他看来，"由迷人空，受分段生死；由迷法空，受变易生死。悟人空故，得二乘涅槃；悟法空故，得大般涅槃。……二乘唯断人执，不可令法执亦断；唯尽分段之因，不可令变易果尽"③。这是说，二乘无学只是断除人我执而舍离了分段生死，但由于法我执未断，还得受变易生死，而非实入涅槃，身智俱尽，所以他能够发菩提心，回小向大。④ 法宝似乎没有注意到，关于二乘圣者回心

---

① 《异部宗轮论》，T49，p.17b；《异部宗轮论述记》，X53，p.590a。关于这一问题，具体请参本书中篇第四章第三节。

② 如后来法藏曾总结说，如来藏系（终教）认为一切二乘皆能回心有四个理由："以悉有佛性力为内熏因故，如来大悲力外缘不舍故，根本无明犹未尽故，小乘涅槃不究竟故，是故一切无不回心向大菩提也。"（《华严一乘教义分齐章》卷3，T45，p.496a。）

③ 《一乘佛性究竟论》卷5，浅田正博：《法宝撰「一乘仏性究竟論」巻第4・巻第5の両巻について》，《龍谷大学佛教文化研究所紀要》25号，页132—133。

④ 按照《成唯识论》等的看法，所谓变易生死是指："无漏定愿资有漏业，令所得果相续长时，展转增胜。"（《成唯识论》卷8，T31，p.45b。）也就是说，这并非是指舍离分段生死而另获得变易生死，而是指具有不定种姓的二乘圣者，以无漏的定力与愿力，资助那些感得现有分段身的有漏业，从而使此根身能够长时相续，并逐渐变得精妙殊胜，如《瑜伽论》所谓的"增寿行"之类。法宝则以《胜鬘经》、《佛性论》等为据，认为变易生死是指舍离分段（转下页）

的说法与他这里的批评是自相矛盾的，正如慧沼所指出的：“岂可不许二乘圣者回心向大，执见道前定不成(熟)[就]有为无漏？”①即就二乘无学回心来说，既然已断除人我执，以变易生死回心而入大乘见道，那么见道前不也成就了生空智这一无漏有为法吗？

不仅如此，问题的更为窘迫之处还在于，如果说凡夫位中本有无漏有为法是因中有果，那么，如法宝所说的，凡夫位中本有真如佛性，为什么就不是因中有果呢？慧沼就对此批评说：“欲明五性唯新熏，云有本性者即外道义；欲证一切有佛性，若说无者是小乘义，故成相反。”②这是说，法宝以新熏来说明种姓的差别，认为本有无漏种是因中有果的外道说，而又要成立一切有情本有佛性，认为有无佛性者是小乘的方便说，他以新熏来反对本有，又以本有来反对无性，这是自相矛盾的。

对慧沼的这一批评，法宝其实也有过解释。在回应“若许无为为本性生无漏者，即同外道常法为因”的疑难时，他引用《楞伽经》说，世尊说的如来藏是法空性，不同外道所说的我。③ 外道所说的我以及数论所说的自性等是遍计所执性，而法空性是圆成实性(pariniṣpanna-svabhāva)。为此，法宝举例说：“如老子说‘道生万物’，岂可即说与数论同？”④这似乎是认为，如来藏作为法空性而生起无漏法，就如同道家的从无生有，所以这与数论所谓自性转变的因中有果论是异质性的。况且，在法宝看来，说有情本有如来藏，以如来藏为因生无漏法，其实还是需要通过正闻熏习来引生，因此在这一意义上，无漏法还是本无今有的。

不过，法宝的这一解释可能并不具有信服力，因为这里他有意无意地回避了如来藏学说得以提出的问题意识。如来藏的梵文为 tathāgata-garbha，

(接上页)生死，以所知障为缘，而另发无漏业所感得的界外生死，《成唯识论》等所说的只是“增寿行”，而不具有变易生死的含义。这是双方论诤的焦点所在。参《能显中边慧日论》卷 3，T45，pp.433c－434b；《一乘佛性究竟论》卷 5，浅田正博：《法宝撰「一乘仏性究竟論」巻第4・巻第 5の両巻について》，《龍谷大学佛教文化研究所紀要》25 号，页 132—137。在灵润所说新旧译“十四门义”之不同中，此即第三条：新译认为，“不定性声闻向大乘者，延分段生，行菩萨道”；旧译则认为，这是舍离分段生死，而另感得变易生死。见《法华秀句》卷中本，《日本大藏经》第 44 卷，页 554。

① 《能显中边慧日论》卷 2，T45，p.422b。

② 《能显中边慧日论》卷 2，T45，p.428c。

③ 《楞伽阿跋多罗宝经》卷 2：“佛告大慧：我说如来藏，不同外道所说之我(tīrthakara-ātma-vāda)。……如来亦复如是，于法无我、离一切妄想相(dharmanairātmyaṃ sarvavikalpalakṣaṇavinivṛttam)，以种种智慧善巧方便，或说如来藏(garbha)，或说无我(nairātmya)。以是因缘故，说如来藏，不同外道所说之我。”(T16，p.489b) P. L. Vaidya：*Saddharmalaṅkāvatārasūtram*，p.33。

④ 《一乘佛性究竟论》卷 4，浅田正博：《法宝撰「一乘仏性究竟論」巻第 4・巻第 5の両巻について》，《龍谷大学佛教文化研究所紀要》25 号，页 127。“老子”原作“孝子”，据文意改。

garbha（“藏”）是胎藏或胎儿的意思，①因此如来藏也就是处于胎藏中、作为胎儿的如来。这是说，众生就是尚未诞生的如来，本具如来的本性，只是这种如来的本性为各种烦恼所遮蔽，所以不能显明自身，因此修行的目的就是要去除遮蔽它的烦恼，将本具的如来本性彰显出来。如最早成立的《如来藏经》中说：“如是，善男子，我以佛眼观一切众生，贪欲恚痴诸烦恼中，有如来智、如来眼、如来身，结加趺坐，俨然不动。善男子，一切众生虽在诸趣，烦恼身中有如来藏，常无染污，德相备足，如我无异。”②可见，如来藏说的基本特点是强调“生佛不二”，即众生与佛陀具有共同的清净本性，区别只在于这一清净本性的隐与显而已。所以如来藏并不仅仅只是法空性，它“德相备足”，具有佛果位的一切功德。用《胜鬘经》的话来说，如来藏除空义外，还有不空义，“空如来藏，若离、若脱、若异一切烦恼藏”，“不空如来藏，过于恒沙不离、不脱、不异、不思议佛法”。③法宝一再引用的《佛性论》中也明确说：“以性得般若、大悲、禅定，法身并本有故，故言无初。”④此即，法身本来就已具足般若、大悲、禅定等无漏善法，所以它们是无始来为有情所“性得”，“性得”故“无初”，也就是法尔本有。

事实上，如果如来藏仅仅只是法空性，唯识学者也是可以承许的，如《大乘庄严经论》说：“一切无别（sarveṣām aviśiṣṭā）故，得如清净故，故说诸众生，名为如来藏。”⑤世亲在《摄论释》中也说：“一切法有如来藏。”⑥此所谓

---

① D. Seyfort Ruegg（1931—2021）反对将 garbha 解释为胎藏，他认为，无论是梵文 garbha 还是与之对应的藏文 de bzhin gshegs pa'i snying po（如来藏）之 snying po，都不具有“子宫”（womb）的含义。见 D. Seyfort Ruegg：“Some Reflections on the Place of Philosophy in the Study of Buddhism”，*Journal of the International Association of Buddhist Studies*，Vol.18.2，1995，p.170。笔者认为，在《吠陀》中，garbha 应该就有胎藏的意思，如《梨俱吠陀》中的“金胎”（garbha），在《唱赞奥义书》中就被发展为了“金卵”（aṇḍa）。此外，在比如梵本《俱舍论》中，有十来处 garbha 的用例，也都是胎藏之义，如说：中有起颠倒心，当不净之物流至胎处（garbha-sthāna），即便欣喜而托生；卵生何以也可以称为入胎（garbhaṃ praviśati）等。见 P. Pradhan：*Abhidharmakośabhāṣya of Vasubandhu*，p.126、128。但考虑到如来藏对应的藏文中 snying po 意为“精华、精要”，或许可以将如来藏解释为如来的胎儿。就像胎儿已经具有了成人的本性（snying po），众生也已经具有了如来的本性，故名如来藏。

② 《大方等如来藏经》，T16，p.457b－c。

③ 《胜鬘师子吼一乘大方便方广经》，T12，p.221c。其对应的梵文见《宝性论》所引：“śūnyas tathāgata-garbho vinirbhāgair mukta-jñaiḥ sarva-kleśa-kośaiḥ ｜ aśūnyo gaṅgānadī-vālikā-vyativṛttair avinirbhāgair amukta-jñair acintyair buddha-dharmair iti ｜”（空如来藏由相离的、有脱离智的一切烦恼藏［而成立］，不空［如来藏］由过于恒沙的、不相离的、有不脱离智的不可思议的佛法［而成立］。）中村瑞隆：《梵漢対照〈究竟一乗宝性論〉研究》，页 149。

④ 《佛性论》卷 4，T31，p.811c。

⑤ 《大乘庄严经论》卷 3，T31，p.604c；S. Lévi：*Mahāyāna-sūtrālaṃkāra*，p.40。从梵本来看，这一颂文大意是说，一切有情无差别性的真如，而获得这一真如的清净就是如来的本性（tathāgatatva，如来性），所以一切有情（dehinaḥ，有身）是如来的胎藏。

⑥ 世亲：《摄大乘论释》卷 5，T31，p.344a。

如来藏就是在“一切无差别”、作为“一切有情平等共相”的空性的意义上来说的。对此，后来的《佛地经论》有更明确的解释：“又净法界若无差别一切种净，……由此法界，一切有情心相续中平等有故，说如是言，一切有情是如来藏，一切有情皆有佛性。”①如前述，《佛地经论》已明确地将“清净法界”（chos kyi dbyings rnam par dag pa, * dharmadhātu-viśuddhi）和大圆镜智等四智区分开来，所以这里的“清净法界”也就是空性真如，而并不内摄有佛智等佛果位的一切功德。所谓“无差别一切种净”，则是说，无论在凡在圣，空性真如都是清净不二的。就有情也平等无差别地有此空性真如言，它被称作如来藏。这其实也就是后来窥基一系所说的理佛性。甚至是中观学者，也能接受这种空性意义上的如来藏。如清辨（Bhāviveka）就说：“所谓有如来藏者，即因空性、无相、无愿等存在于一切有情相续中，而并非如恒常、周遍一切的内在作者士夫。”（de bzhin gshegs pa'i snying po can zhes bya ba yang stong pa nyid dang / mtshan ma med pa dang / smon pa med pa la sogs pa rnams sems can thams cad kyi rgyud la yod pa'i phyir yin gyi / nang gi byed pa'i skyes bu rtag pa thams cad du khyab pa lta bu ni ma yin te /）②

而如来藏系的如来藏，正如《宝性论》的经典界定，必须具备三个含义，除了无差别（a-vyatibheda）的如来真如（tathāgata-tathatā）即空性外，它还是遍在（parispharaṇa）一切有情的如来法身（tathāgata-dharma-kāya）、为一切有情所具有（saṃbhava）的如来种姓（tathāgata-gotra）。③《佛性论》则说，如来藏有“所摄藏”、“隐覆藏”、“能摄藏”三义。其中“所摄藏”是指，“一切众生悉在如来智内，……以如如智称如如境故，一切众生决无有出如如境者，并为如来之所摄持”，这大致就相当于《宝性论》所说的“如来法身”；“能摄藏”是指，“果地一切过恒沙数功德，住如来应得性时，摄之已尽故”，④这大致就相当于《宝性论》所说的“如来种姓”。简言之，前者是以如来摄众生，后者是以众生摄如来，由此而彰显了如来藏说“生佛不二”的理论特质。所以作为法宝先行者的灵润在批评窥基一系的理佛性时，就明确指出：“众生心中具足智慧，名为佛性，岂唯理乎？”⑤而法宝其实也承认，“理有恒沙性功德”，

---

① 《佛地经论》卷 3，T26，p.305c。

② *dBu ma'i snying po'i 'grel pa rtog ge 'bar ba*，D3856，Dza，p.169a。

③ 《究竟一乘宝性论》卷 3，T31，p.828a－b；中村瑞隆：《梵漢対照〈究竟一乘宝性論〉研究》，页 49。

④ 《佛性论》卷 2，T31，p.796a。

⑤ 《法华秀句》卷中本，《日本大藏经》第 44 卷，页 559。

如《华严经》所谓,“无相智、无碍智具足在于众生身中”。[①] 在《权实论》中,他更明确说:“第一义空,佛性体也。名为智慧,是性功德,佛性相也。”[②]既然在佛性中空性与智慧是体与相的关系,就不能说,仅是由法空性来生起无漏法。

由此可见,无论是本有无漏种还是如来藏,其实都是先在地具有果位的功德,只不过,一是将果位的功德视作有为法,有所谓“有为功德”,[③]所以在凡夫位成就的是无漏有为法,一是将果位的功德视作无为法,所以在凡夫位成就的是无漏无为法。如果说本有无漏种是因中有果,那么如来藏其实也难以完全摆脱因中有果的嫌疑。即便如法宝所说,无漏法的生起还需要正闻熏习,所以是本无今有,但就如来藏或佛性来说,无漏法却是本具的。可见,法宝虽然看到了本有无漏种有因中有果的问题,但其批评却未必能自圆其说。

初唐的佛性论诤有两期,法宝与慧沼之诤属于第二期。第一期,“灵润师明付真谛,立悉有佛性。神泰师依玄奘,立一分无性宗。后义荣破神泰义,叙灵润义。东土沙门得一破义荣义,述神泰师义”[④]。义荣,《法华秀句》作“外国义荣法师”[⑤]。据《东域传灯目录》,“百济义荣”撰有《药师本愿经疏》一卷、《瑜伽论义林》五卷,[⑥]或即此人。他支持灵润而反对神泰,却又遭到了支持神泰的得一的破斥。得一,《一乘佛性慧日抄》有载:“弘仁年(810—824)中,德一法师自居东夷边卑之地,世亲菩萨《佛性论》中说一阐提有佛性文,是三藏谬。具如彼师《中边义镜章》。”[⑦]由此可知,义荣与得一或许都是八、九世纪的人,与最澄差不多同时代。他们虽然晚于法宝与慧沼,却在日韩等地直接延续了第一期灵润与神泰之诤。这里义荣对本有无漏种子的破斥是值得注意的:

---

① 《一乘佛性究竟论》卷4,浅田正博:《法宝撰「一乘仏性究竟論」巻第4・巻第5の両巻について》,《龍谷大学佛教文化研究所紀要》25号,页121;《一乘佛性究竟论》卷3,X55,p.494a。按晋译《大方广佛华严经》卷35:“佛子,如来智慧,无相智慧,无碍智慧,具足在于众生身中,但愚痴众生颠倒想覆,不知不见,不生信心。”(T9,p.624a)梵本《宝性论》引作“tathāgata-jñāna”(如来智)、“apramāṇa-jñāna”(无量智)、“sarva-sattva-upajīvya-jñāna”(饶益一切有情智)。见中村瑞隆:《梵漢対照〈究竟一乗宝性論〉研究》,页43。

② 《一乘佛性权实论》,久下陞:《一乘佛性權實論の研究(上)》,页264,页666。

③ 当然也有无为功德,即不从因生的法身功德。如《成唯识论》卷10:“谓自性身唯有真实常乐我净、离诸杂染、众善所依无为功德。”(T31,p.58b)“自性身”即法身。

④ 《一乘要决》卷下,T74,p.364a。

⑤ 《法华秀句》卷中末,《日本大藏经》第44卷,页568。

⑥ 《东域传灯目录》,T55,p.1152b、1156c。

⑦ 《一乘佛性慧日抄》,T70,p.186c。

> 于中所言本识中大乘种子名行佛性者,将非法尔种子? 然此种子人所不许。果言行者,云何法尔? 果言法尔,云何是行?①

窥基一系将本有无漏种子称为行佛性,行佛性是与理佛性相对的,理佛性是无为法,行佛性则是有为法。这里义荣提出了一个尖锐的问题：如果说无漏种子是行佛性,它就是有为法,又如何能法尔本有呢? 如果说无漏种子法尔本有,它又如何能是作为有为法的行佛性呢?

事实上,比义荣更早的智俨(602—668),也曾批评过所谓本有的性种性,不知义荣是否是受其启发。智俨说:

> 亦有解者,性种性者,是本有性,习种性者,是修生性。此非佛法所乐。何以故? 夫论种性者,顺因缘门说,岂容不对因缘而说种性? 故今性种性不得为本有。②

智俨认为,种性既然是在因缘的意义上说的,它同样也应该有自己的因缘,"岂容不对因缘而说种性",所以不能有本有的性种性。

在梵藏《现观庄严论》(*Abhisamayālaṃkāra*)及其注释传统中,我们同样可以发现类似的批评。如圣解脱军就曾追问说：所谓本性住种姓的"本性"(prakṛti)究竟是什么意思呢? "如果[本性]是表述因缘,它也是由缘而习所成,[两种种姓]有什么含义的差别呢? 而当[本性]是表述法性时,没有这种过失。"(kāraṇaparyāyaś cet tad api pratyayasamudānītam iti ko 'rthaviśeṣaḥ | dharmatāparyāye punar eṣa doṣo nāsti |③)圣解脱军的意思是,如果本性住种姓是指能生起圣法的亲生因,那么作为有为法,它应该也是由缘所生,这就和习所成种姓没有区别了。所以本性住种姓其实是指无差别(asambheda)的法性、法界。但这并非如法宝所认同的如来藏说所认为的,是指法界能作为亲生因而生起圣法。圣解脱军说:"正如[法界]被缘时是圣法之因,如此[法界]被称为种姓。"(yathā cālambyamāna āryadhāmāṇāṃ hetur bhavati tathā gotram ucyata iti④)与唯识一样,法界只能在所缘的意义上成为圣法生起的因。事实上,中观所说的法性、法界也只是指空性,它不具有如来藏作为成佛动因的意涵。而另一方面,虽然所缘的法界是平等无差别的,但由于

---

① 《法华秀句》卷中末,《日本大藏经》第 44 卷,页 579。

② 《华严经内章门等杂孔目章》卷 2,T45,pp.549c - 550a。

③ 宗玉媺:《空性与菩提道——圣解脱军〈现观庄严论释·第一现观〉》,页 469—470。

④ 宗玉媺:《空性与菩提道——圣解脱军〈现观庄严论释·第一现观〉》,页 470。

有情有种种的差别(ādheya-dharma-bheda,能依法的差别),以法界为所缘而生起的功德也就有了三乘的不同,就此也可以安立种姓的差别,此即"功德度义"(guṇa-uttāraṇa-artha)的种姓。与《大乘庄严经论》不同的是,由此安立的种姓既然不是本有的,也就没有不可转易的、决定性的特征。

相对于法宝难以自圆其说的因中有果的批评,上述责难其实是更为有力的,它从根本上揭橥出了本有无漏种子的症结所在。佛家说缘起,说有为,是说任何一法都是在缘起因果的关系之中,也就是说,任何一法既是因,又是果,"定无无因起法(nirhetukaḥ prādurbhāvaḥ)"①。而法尔本有其实就是无因而有,如慧沼就将真谛译《十八空论》中的"佛性"解释为"行性"即本有无漏种子,而以论中所谓"无始"、"无因"两个含义来予以说明,②所以从其来源的角度来说,它是因而不是果,这恰恰是不能成为缘起有为法的。有趣的是,窥基在批评见道位初念无漏可以没有亲因缘的说法时说:"佛说无一法非因缘生故,若无因生,便非释种。"③那么,本有无漏种子就其来源来说,为什么可以没有亲因缘呢?

法宝其实也曾谈到过类似的问题,他说:"法尔种子亦不是与能熏相应熏成,何得名种?"④这是从本有种子不是由现行熏习而成,不能满足"所熏四义"的角度来说的。不过,法宝的这一批评并没有完全切中问题的要害。正如慧沼所指出的,其一,是否是种子取决于它能否满足"种子六义",而能、所熏四义是说熏习需要满足的条件,并非是指种子;其二,成立本有种并不因此就否定熏习,通过熏习也能使本有种有功能上的增长,也就是说,本有种并非不能受熏而为果。⑤ 所以这里关键并不在于本有种能否受熏、是否是种子,而是在于,从其来源上来说,它不由熏习所生,无因而有,是否还是有为法。

问题迫使我们再次回到原点:为什么要有本有无漏种子?这符合佛家缘起论的基本立场吗?

原始佛典对"缘起"(pratītya-samutpāda,巴 paṭicca-samuppāda)与"缘生

① 《阿毗达磨俱舍论》卷 9,T29,p.48a;P. Pradhan:*Abhidharmakośabhāṣya of Vasubandhu*,p.130。

② 《金光明最胜王经疏》第四末,T39,p. 275a-b。《十八空论》:"佛性者,即是诸法自性。何以故?自然有故。但自性有两义:一、无始,二、[无]因。"(T31,p.862a)从《十八空论》的上下文来看,其所谓"佛性"是指作为"真实性"(圆成实性)的真如空性("佛性即是空也"),而非作为依他性的本有无漏种子。

③ 《成唯识论述记》第二末,T43,p.307a。

④ 《一乘佛性究竟论》卷 4,浅田正博:《法宝撰「一乗仏性究竟論」巻第 4・巻第 5の両巻について》,《龍谷大学佛教文化研究所紀要》25 号,页 129。

⑤ 参《能显中边慧日论》卷 2,T45,p.429b。

法”(pratītya-samutpannā dharmāḥ,巴 paṭicca-samuppannā dhammā)曾有过明确的区分,如南传《相应部》中说:

> Katamo ca bhikkhave paṭicca-samuppādo | Jātipaccayā bhikkhave jarāmaraṇam uppādā vā Tathāgatānam anuppādā vā Tathāgatānaṃ | ṭhitā va sā dhātu dhammaṭṭhitatā dhammaniyāmatā idappaccayatā || … Avijjāpaccayā bhikkhave saṅkhārā | Iti kho bhikkhave yā tatra tathatā avitathatā anaññathatā idappaccayatā | ayaṃ vuccati bhikkhave paṭiccasamuppādo || Katame ca bhikkhave paṭiccasamuppannā dhammā || Jarāmaraṇaṃ bhikkhave aniccaṃ saṅkhataṃ paṭiccasamuppannaṃ khayadhammaṃ vayadhammaṃ virāgadhammaṃ nirodhadhammaṃ ||… Avijjā bhikkhave aniccā saṅkhatā paṭiccasamuppannā khayadhammā vayadhammā virāgadhammā nirodhadhammā | ime vuccanti bhikkhave paṭiccasamuppannā dhammā || ①
>
> (比丘们!何为缘起?比丘们!缘生而有老死,若如来出世,若如来不出世,此界住、法住性、法决定性、②此缘性。……比丘们!缘无明而有行。比丘们!于此凡如性、非不如性、③不变异性、此缘性者,比丘们!这称为缘起。比丘们!何为缘生法?比丘们!老死是无常、有为、缘生、灭尽之法,败坏法,离欲法,灭尽法。……比丘们!无明是无常、有为、缘生、灭尽之法,败坏法,离欲法,灭尽法。比丘们!这些称为缘生法。)

汉译《杂阿含经》卷 12 之 296 经其实亦有与之相当的内容,这里我们之所以没有引用,是因为汉译本似乎有错简,即将“若佛出世,若未出世,此法常住、法住、法界”一段放在了解释“缘生法”下面,而不是用来说明“缘起”,以至于这段经文逻辑上有些混乱。④ 事实上,按照《瑜伽师地论 · 摄事分》所收

---

① *Saṃyutta-nikāya Part II*,pp.25 - 26。

② “dhammaniyāmatā”(梵 dharmaniyamatā),古译作“法定”,今为明了起见,译作“法决定性”。

③ “avitathatā”(梵、巴同)意为不虚妄性、真实性,今据古译,译作“非不如性”。

④ 见《杂阿含经》卷 12,T2,p.84b。本书初稿完成后,笔者找到了梵本《杂阿含经》残简中的对应段落,现将差异较大的文字比勘如下:“云何为因缘法?(pratītyasamutpādaḥ katamaḥ? 云何为缘起?)谓此有故彼有,谓缘无明行,缘行识,乃至如是如是纯大苦聚集。云何缘生法?谓无明、行。(avidyāpratyayā saṃskārā iti,谓缘无明行。——此处梵本无“云何缘生法”一句;“无明、行”,梵本作“缘无明行”。)若佛出世,若未出世,此法常住、法住、法界,彼如来自所觉知,成等正觉,为人演说、开示、显发,谓缘无明有行,乃至缘生有老死。若佛出世,若未出世,此法常住、法住、法界,彼如来自觉知,成等正觉,为人演说、开示、(转下页)

录的《杂阿含经》之本母，我们也可以发现《杂阿含经》的这一问题。该论中有云：

> 复次，由二因缘，于诸缘起及缘生法，建立二分差别道理：谓如所流转故，及诸所流转故。当知此中有十二支差别流转，彼复如其所应，称理因果次第流转。①

由此可见，“缘起”即“如所流转”，着眼于在十二支流转中因果次第关联的必然性，如由“无明”必生“行”，“行”则必由“无明”所生，因此它指涉的是支与支之间的关系，这也就是《相应部》中所说的“此缘性”（idappaccayatā）。② “此缘”（idappaccaya），应作“有财释”，即“有此缘的”，如“行”是有此（ida）“无明”缘（paccaya）的，“识”是有此“行”缘的，“此”指认了在十二支的流转中，后一支都依赖于前一支这一特定的缘，因此“此缘性”可意译为“条件性”、“相关性”（conditionality 或 relativity）。“缘生法”即“诸所流转”，是指由缘所生之法，如“无明”、“行”，因此它指涉的是缘起支本身。如此看来，“缘起”在某种意义上也可以说是一种决定论，然而这是关系的决定论，是指关系本身而非关系物，或曰“此缘性”而非“缘生法”，有其必然的、不可改易的理则性。职是之故，《相应部》中才将其称为“此界住（ṭhita）、法住性（dhammaṭṭhitatā）、法决定性（dhammaniyāmatā）”，乃至“如性（tathatā）、非不如性（avitathatā）、不变异性（anaññathatā）”等。“住”（ṭhita，梵 sthita）这里也是确定不变的意思。汉译则通常作“安住法性（dharmatā）、法住（dharma-sthiti）、法界（dharma-dhātu）”③。后来的阿毗达磨其实也认同这一解释，认为所谓“法住”、“法性”等是“因果决定义”，“谓佛出世，若不出世，无明决定

（接上页）显发，谓缘生故，有老病死忧悲恼苦。此等诸法，法住、法空（dharmaniyāmatā，法定）、法如、法尔，法不离如、法不异如，审谛、真实、不颠倒，如是随顺缘起，是名缘生法。（ayam ucyate pratītyasamutpādaḥ.pratītyasamutpannā dharmāḥ katame？是名缘起。云何缘生法？——此处梵本有两句，“是名缘起”结上，“云何缘生法”起下。）谓无明、行、识、名色、六入处、触、受、爱、取、有、生、老病死忧悲恼苦，是名缘生法。”Jin-il Chung & Takamichi Fukita：*A New Edition of the First 25 Sūtras of the Nidānasaṃyukta*（東京：山喜房仏書林，2020 年），pp.147－149。此外，《阿毗达磨法蕴足论》卷 11（T26，p.505a）也曾引用了这段经文，虽文字略有出入，但其对“缘起”与“缘生法”的区分，也是与南传《相应部》、梵本《杂阿含经》一致的。

① 《瑜伽师地论》卷 93，T30，p.833a。

② 事实上，梵本《阿含》中此处也有“此缘性”（idaṃpratyayatā）一语，然汉译本缺。见 Jin-il Chung & Takamichi Fukita：*A New Edition of the First 25 Sūtras of the Nidānasaṃyukta*，p.148。

③ 《瑜伽师地论》卷 10，T30，p.327c；Vidhushekhara Bhattacharya：*The Yogācārabhūmi of Ācārya Asaṅga，part I*，p.229。

是诸行因，诸行决定是无明果，如是乃至生决定是老死因，老死决定是生果”。[①] 显然，这里不存在任何所谓“本体论”诠释的空间。

松本史朗坚持认为，“缘起”只是指时间性的缘起之事，而反对《相应部》将其作“理法”的解释，在他看来，这有“堕入实在论的危险”[②]。这未免是将“缘起”理解得过于狭隘了。更为重要的是，他没能区分出关系决定论与实体决定论的不同，“缘起”作为“理法”只是指关系决定论，它并非就是实在论的。不过，后来的分别说系倒的确有这样的倾向，他们将这种关系决定论意义上的“缘起”转换成了实在论意义上的无为法。如《婆沙》中说：“或复有执，缘起是无为，如分别论者。问：彼因何故作如是执？答：彼因经故。谓契经说，如来出世，若不出世，法住、法性，佛自等觉，为他开示，乃至广说。故知缘起是无为法。”[③]据《异部宗轮论》，大众部也有这样的看法。[④] 考虑到分别说系与大众部都是“心性本净”论者，这一转换与如来藏说的关联是值得注意的。

事实上，《俱舍论》在批评分别说系与大众部“缘起是无为法”（asaṃskṛtaḥ pratītyasamutpādaḥ）的论义时，就已经对这一论义与关系决定论意义上“理则”或“理法”的解释作出了明确的区分，松本史朗似乎有意无意地忽略了这一点：

> 谓若意说，如来出世，若不出世，行等常缘无明等起（nityam avidyādīn pratītya saṃskārādīnām anutpādo[⑤]），非缘余法或复无缘（na kadā-cid apratītyānyad vā pratītya），故言常住（nitya）。如是意说，理则可然。若谓意说，有别法体（bhāvāntara）名为缘起，湛然常住（nityam asti）。此别意说，理则不然。[⑥]

所谓“非缘余法或复无缘”，可直译为：非有时不缘或缘其他。真谛译作“无时不缘，无缘余法”[⑦]，似乎表述得更为明确一些。因此，《俱舍论》所认同的

---

① 《阿毗达磨大毗婆沙论》卷23，T27，p.116c。

② 松本史朗著，肖平等译：《缘起与空——如来藏思想批判》（北京：中国人民大学出版社，2006年），页40。

③ 《阿毗达磨大毗婆沙论》卷23，T27，p.116c。

④ 见《异部宗轮论》，T49，p.15c。

⑤ “anutpādo”（anutpādaḥ，不起）疑为“utpādo”（utpādaḥ，起）之误，藏译本作“kun tu 'byung”，亦对应于 utpādaḥ。

⑥ 《阿毗达磨俱舍论》卷9，T29，p.50b；P. Pradhan：*Abhidharmakośabhāṣya of Vasubandhu*，p.137。

⑦ 《阿毗达磨俱舍释论》卷7，T29，p.207a－b。

缘起之“常”(nitya)是指,缘无明等总是生行等,行等的生起既非时或不以无明等为缘,①亦非可以他者为缘。这正是上述关系决定论意义上的“常”。而分别说系与大众部则认为,缘起是另有(antara)常住(nityam asti,常有)的一法,这才是松本史朗所谓“实在论”的。

如此看来,所有的本有说,无论是种姓本有说还是佛性本有说,其目的都是要为有情未来获得解脱的可能性予以先天潜能上的奠基。两者的区别仅在于,这种可能性是一还是多,是无为还是有为。而究其实质,它们都是将“缘起”的关系决定论转换成了“缘生法”的实体决定论,具体地说,就是将“有因必有果”中“有……必有……”的决定性转换成了“因”对于“果”的决定性,这就不得不设定因性乃是果性具体而微的存在,果性本质上只是因性的显现,这种对因果关系的理解无疑是基础主义(Foundationalism)与实体主义的。②

第二节 种子新熏说

如前所述,虽然《菩萨地》也曾提到有习所成种姓,但这未必是指新熏种。总体上说,《本地分》还是以本有无漏种子为三乘菩提的亲因缘。而《摄决择分》却提出了一个与之迥异的看法,认为“诸出世间法从真如所缘缘种子生”。虽然后来对“真如所缘缘种子”(de bzhin nyid la dmigs pa'i rkyen gyi sa bon, * tathatā-ālambana-pratyaya-bīja)有不同的理解,所谓“西天论师,各储异论;震旦人师,互致枠楯。弘经异义依此起,自他宗诤由之生”③,但就《摄决择分》本身来看,这倒未必一定有如此复杂的意涵,而无非是说,听闻并理解佛菩萨由证悟真如而来的教法,即以此教法为所缘缘,是生起出世间法的因性。《摄大乘论》则进一步将其发展为“正闻熏习种子”。

---

① 普光将“或复无缘”解释为“若无明断,行即无缘”(《俱舍论记》卷9,T41,p.169c),较为曲折。

② 印顺法师曾指出:“善性、恶性,无不从积久成性中来,无天生的弥勒,也没有自然的释迦。性,不过是缘起法中由于久久积习,渐成为强有力的作用,而有非此不可之势。常人不知缘起,偏执自性有,所以将积渐成性为本性,或习性以外另立本性。性虽有自尔的、不变的意思,但不过是相对的,能在未遇特殊情况及未有另一积习成性时,可以维持此必然的性质及其倾向。”氏著:《中观今论》(台北:正闻出版社,1992年),页150。印顺法师以“积久成性”释性,或许是采纳了中土《仁王》等经所谓“性种性”的解释(关于这一问题,参本章第三节),但其基本看法与笔者大同。

③ 《唯识论同学钞》卷17(二之四),T66,p.158b。“震”,原作“辰”,据《大正藏》页下校勘注改。

既然对经教的闻熏总是后天性的,因此在《摄决择分》、《摄大乘论》中,种子已经具备了新熏的内涵。难陀、胜军等应该就是继承并发展了这一思想,所以《成唯识论述记》把他们视作种子新熏说的代表。

2.1 《摄决择分》的真如所缘缘种子

《摄决择分》之所以要提出"真如所缘缘种子",也还是基于这样的问题意识:有情无始以来都是有漏流行,阿赖耶识中摄藏的都是"遍计自性妄执习气",即有漏种子,那么,"诸出世间法从何种子生?若言粗重自性(gnas ngan len gyi rang bzhin, * dauṣṭhulya-svabhāva)种子为种子生,不应道理",因为从有漏的"粗重自性种子"不能生起无漏的"出世间法"。论中于是回答说:"诸出世间法从真如所缘缘种子生,非彼习气积集种子(bag chags bsags pa'i sa bon, * vāsanā-upacaya-bīja)所生。"

问题是,"一切皆有真如所缘缘",即,无论是凡夫还是圣者,都可以真如为所缘缘,那为什么还有三乘种性及无种性的差别呢?对此,《摄决择分》是以有无毕竟不可断的烦恼、所知二障种子来予以说明的:"若于通达真如所缘缘(de bzhin nyid la dmigs pa'i rkyen, * tathatā-ālambana-pratyaya)中,有毕竟障种子(gtan du 'grib pa'i sa bon, * atyanta-āvaraṇa-bīja)者,建立为不般涅槃法种性补特伽罗。若不尔者,建立为般涅槃法种性补特伽罗。若有毕竟所知障种子布在所依,非烦恼障种子者,于彼一分建立声闻种性补特伽罗,一分建立独觉种性补特伽罗。若不尔者,建立如来种性补特伽罗。"①此即,如果二障种毕竟不可断,即为无种性者;反之,如果二障种均可断,即为如来种性者;如果只有烦恼障种可断,而所知障种毕竟不可断,则为声闻种性者与独觉种性者。

对于所谓"真如所缘缘种子",从唯识学的角度来说,其实只有二解,或是基于种子新熏的立场,或是基于种子本有的立场。由于见道位是由凡入圣的转折点,所以以见道位为界,每一种解释具体又可分为两个阶段来予以说明。

先来看种子新熏论者如难陀、胜军等的解释。其一,在见道位前的顺解脱分、顺决择分,行者因听闻佛菩萨所宣说的经教,而新熏成了有漏的正闻熏习种子。经教是佛菩萨因证悟真如而展转流出的,所以听闻经教,直接地是以经教的当体声、名、句、文为所缘缘,间接地就是以真如为所缘缘。借用后来亲、疏所缘缘的区分,这里声、名、句、文是亲所缘缘,真如则是疏所缘缘。也就是说,见道位前的正闻熏习种子,是以真如为疏所缘缘而新熏成的

---

① 《瑜伽师地论》卷 52,T30,p.589a;*rNal 'byor spyod pa'i sa rnam par gtan la dbab pa bsdu ba*, D4038,Zhi,pp.27b－28a。

有漏种子，故谓之“真如所缘缘种子”。顺解脱分、顺决择分善根就是由此正闻熏习种子所生，故谓之“从真如所缘缘种子生”。

其二，见道位生起根本无分别智亲证真如，而在此之前，从来就没有过无漏法的现行，也就从来就没有过无漏种的熏成，所以此初念无分别智没有无漏种作为自己的亲因缘，它是以前一刹那的世第一法作为等无间缘，以同时的心、心所法作为增上缘，以真如作为亲所缘缘而生起。也就是说，作为亲所缘缘的真如，是能亲证它的见道位初念无分别智得以生起之因，故谓之“真如所缘缘种子”，这里“种子”是泛指因的意思。或者也可以解释为，见道前的世第一法缘于佛菩萨所说的经教，因此是以真如为疏所缘缘。由世第一法为因缘，则能引生见道位的初念无分别智。也就是说，以真如为疏所缘缘的世第一法，是见道位初念无分别智得以生起之因，故谓之“真如所缘缘种子”，这里“种子”也是泛指因的意思。

再来看种子本有论者如护月等的解释。护法一系虽然是种子“本新并建”论者，但既然他们认为见道位前没有无漏法的现行，无漏种的新熏是在见道位之后，所以这里可以合并起来予以说明。其一，在见道位前的顺解脱分、顺决择分，行者因听闻佛菩萨所宣说的经教的熏习，而使本有无漏种有功能上的增长，所以这种以真如为疏所缘缘而得到增长的本有无漏种，就是“真如所缘缘种子”。顺解脱分、顺决择分善根虽然也有自己的种子为亲因缘，但它同时还是以此“真如所缘缘种子”为增上缘，以真如为疏所缘缘而生起，故谓之“从真如所缘缘种子生”。

其二，见道位生起根本无分别智亲证真如，此初念无分别智是以在顺解脱分、顺决择分得到增长的本有无漏种为亲因缘，而以顺解脱分、顺决择分善根为增上缘，以前一刹那的世第一法为等无间缘，以真如为亲所缘缘，四缘具足而生起。也就是说，本有无漏种之所以能生起初念无分别智的现行，除了自身功能的成熟外，还由于初念无分别智能亲证真如，即有真如为其亲所缘缘之故。所以本有无漏种即是以真如为亲所缘缘的初念无分别智的种子，而谓之“真如所缘缘种子”。概言之，“真如所缘缘种子”即本有无漏种，它在见道位前能作为增上缘生起顺解脱分、顺决择分善根，在见道位则能作为亲因缘生起亲证真如的初念根本无分别智。

不仅如此，按照护月、护法等的看法，《摄决择分》说依二障种子的可断与不可断来安立种性的差别，其实也是落实在本有无漏种子的有无上。如《成唯识论》对此解释说：

> 依障建立种姓别者，意显无漏种子有无。谓若全无无漏种者，彼二

> 障种永不可害,即立彼为非涅槃法。若唯有二乘无漏种者,彼所知障种永不可害,一分立为声闻种姓,一分立为独觉种姓。若亦有佛无漏种者,彼二障种俱可永害,即立彼为如来种姓。故由无漏种子有无,障有可断不可断义。然无漏种微隐难知,故约彼障显性差别。不尔,彼障有何别因,而有可害不可害者?若谓法尔有此障别,无漏法种宁不许然?若本全无无漏法种,则诸圣道永不得生,谁当能害二障种子,而说依障立种姓别?①

这是说,因为本有无漏种隐微难知,所以《摄决择分》才以二障种子的可断与不可断来说明种姓的差别。事实上,正是因为没有本有无漏种,所以二障种才毕竟不可断,而为无种姓者;正是因为只有二乘的本有无漏种,所以只有烦恼障种可断,所知障种则毕竟不可断,而为声闻种姓者与独觉种姓者;也正因为有如来的本有无漏种,所以二障种均可断,而为如来种姓者。《成唯识论》由此责难新熏论者说,如果没有本有无漏种,就不能生起无漏圣道,又如何能断除二障种子呢?如果说,二障种可断与不可断的差别是法尔本有的,那么,为什么就不能有法尔本有的无漏种子呢?

以上对"真如所缘缘种子"的两种解释,主要出自玄奘门下如慧景、文备、神泰、窥基等人,②因此这在双重意义上都具有解释学"效果历史"的意义,一是种子新熏论者与本有论者对于《摄决择分》的解读,二是唐疏对于种子新熏论者与本有论者的解读。无论这些解读在细节上是否可靠,大致说来,种子本有论者必然会立足于本有无漏种子来解释出世法的生起与种姓的差别。但从《摄决择分》的语境来看,这一点却是很难见出的。事实上,《摄决择分》恰恰是说,"由听闻正法,如理作意,正智得生"③。至于他们在安立种姓差别问题上对新熏论者的责难,也并非全然没有可议之处。因为按照新熏论者的看法,由正闻熏习就能生起无漏圣道来断除二障种子,而并不需要有本有无漏种子为因。当然,这里存在"有漏生无漏"的问题,且留待下文再作考察。再就所谓"若谓法尔有此障别,无漏法种宁不许然"的责难来说,这其实是个似是而非的假问题。从新熏论的角度来说,有情无始以来都是有漏流行,正是由于无始以来有漏熏习的不同,有情便有了二障种可断与不可断的差别,这种差别是无始以来的熏习造成的,并非法尔本有,但有

---

① 《成唯识论》卷 2,T31,p.9a-b。

② 参《瑜伽师地论略纂》卷 13,T43,pp.184b-185a;《瑜伽论记》卷 13 下,T42,pp.614c-615a。

③ 《瑜伽师地论》卷 72,T30,p.696c。

情从来就没有过无漏法的现行，也就从来就没有过无漏种的熏成，所以不能以有漏种来类推无漏种，无漏种既不能无始成就，也不需要法尔本有。

不过，这里虽然有种子本有论者与新熏论者的两种解释，但都是唯识学的解释，也还是有一些共通点。其一，"一切皆有真如所缘缘"，无论是凡夫还是圣者，都可以真如为所缘缘。其二，真如是作为所缘缘而非亲因缘，具体说来，在凡夫位听闻经教，真如是作为疏所缘缘；在圣者，比如见道位能亲证真如，真如是作为亲所缘缘。其三，种子是就"能"边而非"所"边来说，如后来《义蕴》就说："以真如是所缘缘故，即从所缘真如说能缘之智种子生无漏也。"①因为"所"边的真如是无为法，既非由种子所生，亦不能熏成种子，只有"能"边的顺解脱分、顺决择分善根，或见道位根本无分别智等，才是由种子所生的有为法。即便要将真如说为种子，那也是在所缘缘的意义上假说为种子，而不是指作为出世间法亲因缘的与现行相对的种子。慧沼就曾明确指出："真如所缘缘种子生者，假说所缘缘为种子，真如实非有为法种。……四智心品缘彼如生，假说真如名为种子。"②这是说，四智相应心品是以真如为所缘缘而生起，所以假说真如为种子，而并不是说，真如就是作为有为法的四智相应心品的种子。

法宝一系对此的解释却别出心裁，他们认为，"真如所缘缘"就是能亲生出世间法的"种子"，故谓之"真如所缘缘种子"，如《涅槃经》就以"第一义空"为种子。③ 所以《义蕴》说，这是以"真如即所缘缘，所缘缘即种子也"④。参照后来日本天台宗最澄、源信等的解释，这具体包括以下三个要点。

其一，据法宝一系的看法，《摄决择分》其实是说，一切有情都有"真如所缘缘种子"，所谓"真如所缘缘种，一切众生平等有"⑤，而并不仅仅是说，一切有情都能以真如为所缘缘。因为如果说一切有情都能以真如为所缘缘，那么能通达真如的正智也应该为一切有情平等具有。如最澄说："若无能缘智，何名所缘缘？能缘、所缘，一切有情各各可具故。"⑥这种本具的正智，即是未来得以显现的正智的因性，故可谓之智种。所以种子本有论者以

---

① 《成唯识论义蕴》第二本，X49，p.411a。

② 《能显中边慧日论》卷4，T45，p.448b。"假说"原作"似说"，"有为法"原作"所为法"，均据《大正藏》页下校勘注改。

③ 《一乘佛性究竟论》卷4，浅田正博：《法宝撰「一乘仏性究竟論」巻第4・巻第5の両巻について》，《龍谷大学佛教文化研究所紀要》25号，页129。按《大般涅槃经》卷27："佛性者，名第一义空。……佛性者，即是一切诸佛阿耨多罗三藐三菩提中道种子。"（T12，p.523b－c）

④ 《成唯识论义蕴》第二本，X49，p.411a。

⑤ 《俱舍论疏》卷1，T41，p.459b。

⑥ 《法华秀句》卷上末，《日本大藏经》第44卷，页530。

本有智种来说明种姓的差别是不能成立的，因为智种也是平等无差别的。这里关键之处在于，虽说真如是所缘，正智是能缘，但当说到所缘的真如时，其实也指认了能缘的正智，而这种真如和正智的统一，无非就是一切有情本具的如来藏，或者用法宝一再引用的《佛性论》来说，就是"应得因"①。至于所谓真如能作为种子生出世间法，其实无非就是指，如来藏本具的出世间法能由因而果、由隐而显地生起。所以法宝说，真如所缘缘种子"此当本性"，与"《胜鬘》、《楞伽经》等如来藏"、"《佛性论》应得因"等，"名虽有异，义无别也"。②

其二，既然真如就是种子，那《摄决择分》为什么不直接说"真如种子"，而要说"真如所缘缘种子"呢？如慧沼就曾破斥说："若即真如为种能生，应但云从真如种子生出世法，何须云真如所缘缘种子生？"③对此，法宝其实预先有过解释，他说："所缘缘中有两类，一是真如，二非真如。以真如所缘缘，简非真如所缘缘也。"④后来最澄、源信等可能就是以此为依据，明确地回应了慧沼的责难。最澄说："真如即所缘缘，待闻熏等，出世法生，谓不真如不待缘出世法生。"源信则说："非独真如生出世法，智观彼时生，故言所缘缘。"⑤这是说，真如要作为种子生起出世间法，还需要闻熏等诸缘，由此才能生起见道位的根本无分别智而亲证真如，并展转生起见道位后的出世间法。当然，见道位的根本无分别智其实也是从真如生起的，可以说，这是最初从真如生起的出世间法。因此，更明确的表述或许是，通过闻熏等诸缘，从真如生起了最初的出世间法，即见道位的根本无分别智，由于它能亲证真如，即以真如为所缘缘，所以真如才能展转生起其后的出世间法。如此，用《佛性论》的话来说，真如是"应得因"，闻熏等则是"圆满因"。也就是说，虽然一切出世间法包括正智都为真如所本具，但对凡夫来说，它们都处于潜在

① 《佛性论》卷2："三因者，一、应得因，二、加行因，三、圆满因。应得因者，二空所现真如，由此空故，应得菩提心及加行等，乃至道后法身，故称应得。加行因者，谓菩提心，由此心故，能得三十七品、十地十波罗蜜助道之法，乃至道后法身，是名加行因。圆满因者，即是加行，由加行故，得因圆满及果圆满。因圆满者，谓福慧行。果圆满者，谓智、断、恩德。此三因，前一则以无为如理为体，后二则以有为愿行为体。"（T31，p.794a）

② 《一乘佛性权实论》，久下陞：《一乘佛性權實論の研究（上）》，页424、707、270—273、667—668。

③ 《能显中边慧日论》卷2，T45，p.429a。

④ 《一乘佛性究竟论》卷4，浅田正博：《法宝撰「一乘仏性究竟論」卷第4・卷第5の両卷について》，《龍谷大学佛教文化研究所紀要》25号，页129。"二非真如"、"以真如所缘缘"中"真如"二字，原作"如真"，据文意乙正。

⑤ 《守护国界章》卷下中，T74，p.226a；《一乘要决》卷下，T74，p.365c。所谓"不真如不待缘出世法生"，即"非真如不待缘而生出世法"之义。

的状态，仅是“应得因”；行者只有通过发菩提心的“加行因”，以及闻熏等的“圆满因”，即在发菩提心的基础上，通过以真如为疏所缘缘的闻熏等，而在见道位，从真如生起以真如为亲所缘缘的根本无分别智，为真如所本具的出世间法才能渐次显现乃至最终圆满。那些尚未听闻教法的凡夫，虽然也本具出世间法，但由于其未能以真如为所缘缘，特别是未能亲证真如而以真如为亲所缘缘，所以出世间法也就不能生起。法宝所谓“以真如所缘缘，简非真如所缘缘”，殆即此意。简言之，真如只有在成为所缘缘之后，才能作为种子生出世间法，故谓之“真如所缘缘种子”。

事实上，《摄决择分》中也有“真如种子”的提法，法宝与慧沼似乎都没有注意到这一点。在论及阿罗汉的转依时，论中说：“由此转依，真如清净所显，真如种性（de bzhin nyid kyi rigs can，* tathatā-gotraka），真如种子（de bzhin nyid kyi sa bon can，* tathatā-bījaka），真如集成（de bzhin nyid las yang dag par grub pa，* tathatā-samudāgata），而彼真如与其六处，异不异性俱不可说。”①不过，按唐疏的解释，这是说，“由此转依，出缠真如之所显故。真如种姓者，以真如为体故。真如种子者，谓缘真如为境，而熏成种子故。真如集成者，谓依真如集成万德故。而彼真如与其六处异不异性等者，谓真如与六处为体故，不可说异，与六处非是一法故，不可说不异”②。此即，转依以出缠真如为体，与作为有情自体的内六处非异非不异。而所谓“真如种子”，也还是指以真如为所缘缘而熏成的种子，并非是说真如本身能作为种子。

在真伪存疑的《金刚三昧经》中，也提到了“真如种子”。经云：“信此身中真如种子为妄所翳，舍离妄心，净心清白，知诸境界意言分别。”③这里所谓的“真如种子”，倒与法宝的理解比较接近了，指的是众生本具的真如佛性是出世间法生起的因性。如后来元晓就对此解释说：“信住自性佛性真如，正是第一义空种子，即是阿耨菩提中道种子。自性净心本来法然，故名真如。与三身果而作正因，故名种子。未发心住，名住自性。未出诸障，为妄所翳也。”④法宝虽然广引诸经，却唯独没有引用对其论证最为有利的《金刚三昧经》，而后来最澄、源信等恰恰就是以《金刚三昧经》来作为“真如种子”

---

① 《瑜伽师地论》卷 80，T30，p.747c；*rNal 'byor spyod pa'i sa rnam par gtan la dbab pa bsdu ba*，D4038，Zi，p.122a－b。

② 《瑜伽师地论义演》卷 33，《宋藏遗珍（第 84 册）》，页 25。又见《瑜伽论记》卷 21 下，T42，p.800a－b。

③ 《金刚三昧经》，T9，p.371a。

④ 《金刚三昧经论》卷下，T34，p.993b。

的首要经证的。[①] 今本《金刚三昧经》来源不明，或与元晓有关，[②]考虑到元晓也是奘传唯识学的激烈反对者，"构成元晓思想主体的是《起信论》的如来藏思想"[③]，《金刚三昧经》中"真如种子"的提法耐人寻味。

其三，既然所缘真如、能缘正智或者说智种，一切有情平等具有，那么种姓的差别正如《摄决择分》所说，是以有无二障种子来安立的。也就是说，能通达真如所缘缘的正智是所障，二障种子是能障，所障的正智虽然一切有情平等具有，但能障的二障种子则有可断、不可断的差别，由此所障的正智亦有隐显的不同。[④] 正因为即便是无种姓者亦有智种，所以谓其二障种子不可断，也仅是在时间久远的意义上来说的，"远皆可转及力有尽"。如《涅槃经》所谓："障未来故，名为无性；必当得故，名为有性。"[⑤]而并非如种子本有论者所说，种姓的差别是由于本有智种即本有无漏种子的有无，如此无种姓者因为没有智种，也就永远没有解脱的可能。由此可见，按照法宝一系的这一解读，二障种子已大致相当于客尘烦恼，也就是说，这实际上就是借助《摄决择分》的文本而重申了"心性本净，客尘所染"的如来藏立场。

对于法宝的解读，慧沼提出了四点批评。其一，"前后相违过"，法宝一开始说，由正闻熏习生无漏法，现在又说由真如生，前后自相矛盾。慧沼的这一批评其实并不能成立，因为如前所述，法宝认为，无漏法的生起是以真如为本性即正因，以正闻熏习为客性即缘因，而并非仅仅是由一因所生。

其二，"圣教相违过"，即，以作为无为法的真如为种子，违背了《瑜伽》、《摄论》所说"种子六义"中的"刹那灭"。慧沼的这一批评是基于唯识的论

---

① 见《守护国界章》卷下中，T74，p.225c；《一乘要决》卷下，T74，p.365c。

② 今本《金刚三昧经》题曰"北凉失译"，而清人寂震则考订说，"北凉"应为"前凉"之误，该经实为道安所译。见《金刚三昧经通宗记 · 悬谈》，X35，pp.258c－259a。但据《宋高僧传 · 元晓传》，该经系新罗国王得之于龙宫，而由元晓造疏诠释（T50，p.730a－b）。据此，该经是在北凉时、或前凉时由道安译出，而后在中土失传，两三百年后又因为某种特殊的机缘在新罗被发现，诡谲怪诞，显然不足采信。从该经的内容来看，所谓"守一者，守一心如"，"无名之名，不无于名；无义之义，不无于义"，诸如此类，明显地透露出道家道教的影响，尤其是所谓"一切众生本觉"的表述，更是始自《起信论》的用语。水野弘元就明确指出，《金刚三昧经》"不是翻译的经典而是在中国制作的伪经"，"本经是在公元 648～666 的十数年间的某个时期成立的"。水野弘元：《研究的回顾》，氏著，许洋主译：《佛教文献研究》（台北：法鼓文化事业股份有限公司，2003 年），页 64。

③ 东国大学校佛教文化研究院编：《韩国佛教思想史概观》（汉城：东国大学校佛教文化研究院，1995 年），页 62。

④ 参《守护国界章》卷下中，T74，p.225a；《法华秀句》卷上末，《日本大藏经》第 44 卷，页 530。

⑤ 《一乘佛性究竟论》卷 4，浅田正博：《法宝撰「一乘仏性究竟論」卷第 4 · 卷第 5の両巻について》，《龍谷大学佛教文化研究所紀要》25 号，页 130。《涅槃经》此语出该经卷 35，T12，p.571b。

书,而以之为“圣教”。不过,如前所述,历史地看,《本地分》仅论及“因有七相”,《摄论》才将其发展为“种子六义”,而《摄决择分》其实并没有明文说,种子必须是刹那灭的有为法。更何况,“圣教”也不限于唯识论书,法宝一系很容易用诸如《涅槃经》中佛性、第一义空为“中道种子”的说法来予以反驳。特别是《金刚三昧经》中的“真如种子”,更为后人提供了有力的经证。

其三,“自宗相违过”,即,违背了法宝一再引证的《佛性论》的说法。《佛性论》在讨论三性的关系时说:

> 问曰:此几性有体能生有体?答曰:唯是依他一性,有不实体,还能生依他体,犹如无明生诸行等。问曰:此三性几性有体能生无体?答曰:真实一性,能灭依他令其无体故。①

这是说,三性中,只有依他性才是有体法而能生有体法,真实性(新译“圆成实性”)则是有体法而能生无体法,因为证得了真实性,即能断除依他性而使之无体。② 慧沼据此批评说,如果真如能生出世间法,而真如即真实性,那么,真实性也是有体法而能生有体法,再加上依他性,就是三性中有两种“有体能生有体”,这与论中所说“唯是依他一性”“有体能生有体”相违。

这里慧沼的确发现了问题,不过,这与其说是法宝的问题,毋宁说是《佛性论》本身的问题。真谛翻译的一个基本特点,就是“多有加增”③,将自己对原典的理解发挥都整合进了译文之中,具有明显的编译性质。《佛性论》虽然现在仅存汉译本,但从其内容上来分析,我们大致还是可以发现那些“互文性”(Intertextuality)的踪迹。比如这里有关三性关系的说明,也许是来源于真谛对无相唯识学的基本理解。简单说来,按照真谛的看法,三性、三无性是定位在境与识的关系上,“能分别即是识,所分别即是境,能即依他性,所即分别性”,当观行者一旦认知到所分别的境是无体的分别性(新译“遍计所执性”),能分别的依他性的识也就不再生起,所谓境无故识无,“此

---

① 《佛性论》卷2,T31,p.795c。

② 试比较《摄决择分》:“问:此三自性,几是无体,能转有体?答:一。问:几是有体,能转有体、无体?答:一。问:几是有体,而非能转?答:一。问:此三自性,几是不生,能生于生?答:一。问:几是生,能生生、不生?答:一。问:几是非生,不能生生及不生?答:一。”(《瑜伽师地论》卷74,T30,p.705c)据此,依他起性是有体法,能生有体法(依他起性)及无体法(遍计所执性,即由依他起性生起遍计所执性的人法二执),而圆成实性作为有体法,则既不能生有体法(依他起性),也不能生无体法(遍计所执性),因为圆成实性是“非生”的无为法。

③ 《一乘要决》卷中,T74,p.345c。

境识俱泯即是实性,实性即是阿摩罗识"。① 也就是说,在真谛所理解的无相唯识学中,真实性,即真谛所谓的阿摩罗识(amala-vijñāna),是指境识双泯的转依境界,②而非有情本具的如来藏,所以证得了境识双泯的真实性,也就断除了识即依他性。③ 由此可见,这里慧沼所揭橥出的,其实是无相唯识学与如来藏说的差异,而这两种不同的学说恰恰共存于真谛所译的《佛性论》中。

其四,"进退相违过",即,如果法宝退而以闻熏为因生出世间法,则是以有漏生无漏,而违背了《摄决择分》认为不能从"粗重自性种子"生出世间法的说法。④ 这还是涉及有漏生无漏的问题,且留待下述。

事实上,慧沼虽然列出了四点批评,但最根本的还不在于此,而是他在《慧日论》中随处谈到的,以真如为出世间法的亲生因,有"不平等因"的嫌疑。有趣的是,如前所述,法宝批评本有无漏种是"有本定有,无本定无",同于数论外道的因中有果论;慧沼反过来也批评说,法宝认为"一如生万德","同数论等从一因起情、非情等,体是常住,大等无常"。⑤ 此即,如果以常住的真如为出世间法生起的唯一因,这与数论认为由常住的"自性"为因,能转变生起无常的"大"(mahat,即 buddhi,"觉")等二十三谛,也就没有什么区别了。

不过,慧沼似乎没有注意到,法宝一系以真如为出世间法的亲因缘,首先是违背了《摄决择分》本身的论义。在探讨相(nimitta)、名(nāman)、分别(vikalpa)、真如(tathatā)、正智(samyag-jñāna)五法的关系时,论云:

> 问:如是五事,几因缘所摄?几等无间缘,几所缘缘,几增上缘所摄?答:相,一切缘所摄;名,等无间缘所不摄;分别、正智,四缘所摄;真如,唯所缘缘摄(dmigs pa'i rkyen gyis bsdus pa kho na,* ālambana-pratyaya-saṃgṛhītaiva)。……问:如是五事,几因,几非因?答:四是因,真如非因。如因、非因,果、非果,有因、非有因,有果、非有果,当知亦尔。⑥

---

① 《转识论》,T31,p.62c。

② 如真谛译《决定藏论》卷上中的"阿摩罗识"(T30,p.1020b),在与之对应的玄奘译《瑜伽师地论》卷51(T30,p.581c)及藏译本中均作"转依"(gnas gyur pa,* āśraya-parāvṛtti)。*rNal 'byor spyod pa'i sa rnam par gtan la dbab pa bsdu ba*,D4038,Zhi,p.8a。

③ 关于这一问题,具体请参本书下篇第七章第三节。

④ 《能显中边慧日论》卷2,T45,p.429a－b。

⑤ 《能显中边慧日论》卷2,T45, p.426c。

⑥ 《瑜伽师地论》卷72,T30,pp.697c－698b;*rNal 'byor spyod pa'i sa rnam par gtan la dbab pa bsdu ba*,D4038,Zi,pp.5a－6b。

这里之所以说“相”为“一切缘所摄”,是因为五法都有自己的“相”,所谓“相相”、“名相”、“分别相”、“真如相”、“正智相”,①所以就“分别相”、“正智相”来说可以摄等无间缘。“名”不是心、心所法,所以不能摄等无间缘。而真如,这里明确说,于四缘中只能为所缘缘摄,而不能作因缘。正是在这一意义上,真如既不是因,也不是果。不是因,所以不能“有果”('bras bu dang bcas pa, * sa-phalaka);不是果,所以不能“有因”(rgyu dang bcas pa, * sa-hetuka)。

由此可见,法宝一系将“真如所缘缘种子”解读为,真如能作为因缘亲生出世间法,在《摄决择分》的语境中是不能成立的。至于本有论者的解读,如上所述,也难以由《摄决择分》的文本见出。从所谓“由听闻正法,如理作意,正智得生”②来看,对“真如所缘缘种子”最切题的解释,是指通过听闻正法,即以真如为疏所缘缘,而新熏成了能生起见道位初念无分别智的种子。也就是说,这是唯识学中种子新熏说的最初提出。

2.2 《摄大乘论》的正闻熏习种子

对此“正闻熏习”(thos pa'i bag chags, śruta-vāsanā),《摄大乘论》中有进一步的展开,论云:

> 复次,云何一切种子异熟果识为杂染因,复为出世能对治彼净心种子?又出世心昔未曾习故,彼熏习决定应无,既无熏习,从何种生?是故应答:从最清净法界等流正闻熏习种子(chos kyi dbyings shin tu rnam par dag pa'i rgyu mthun pa thos pa'i bag chags kyi sa bon, suviśuddha-dharma-dhātu-niṣyanda-śruta-vāsanā-bīja)所生。此闻熏习,为是阿赖耶识自性(kun gzhi rnam par shes pa'i ngo bo nyid, ālayavijñānasvabhāva),为非阿赖耶识自性?若是阿赖耶识自性,云何是彼对治种子(de'i gnyen po'i sa bon, tatpratipakṣasya bījam)?若非阿赖耶识自性,此闻熏习种子所依云何可见?乃至证得诸佛菩提,此闻熏习随在一种所依转处,寄在异熟识中,与彼和合俱转,犹如水乳。然非阿赖耶识(de ni kun gzhi rnam par shes pa ma yin, na tu sā ālayavijñānam),是彼对治种子性故。……又此正闻熏习种子下中上品,应知亦是法身种子(chos kyi sku'i sa bon, dharmakāya-bīja),与阿赖耶识相违(kun gzhi rnam par shes

---

① 《瑜伽师地论》卷72,T30,p.697b。

② 《瑜伽师地论》卷72,T30,p.696c。

> pa'i gnyen po, ālayavijñāna-prātipakṣikatva), 非阿赖耶识所摄(kun gzhi rnam par shes pa'i ngo bo nyid ma yin pa, nālayavijñāna-saṃgṛhītam)。是出世间最净法界等流性故, 虽是世间('jig rten pa, laukika), 而是出世心种子性('jig rten las 'das pa'i sems kyi sa bon, lokottaracittasya bījam)。……虽是世间, 应知初修业菩萨(byang chub sems dpa' las dang po pa, ādikarmika-bodhisattva)所得, 亦法身摄; 声闻、独觉所得, 唯解脱身(rnam par grol ba'i lus, vimuktikāya)摄。又此熏习非阿赖耶识, 是法身、解脱身摄。如如熏习, 下中上品次第渐增, 如是如是, 异熟果识次第渐减, 即转所依(gnas…'gyur, āśrayaś...parāvṛttaḥ)。既一切种所依转已, 即异熟果识及一切种子, 无种子(sa bon med pa, abīja)而转, 一切种永断。复次, 云何犹如水乳? 非阿赖耶识(kun gzhi rnam par shes pa ma yin pa, anālayavijñāna)与阿赖耶识同处俱转(lhan cig gnas pa, sahacārin), 而阿赖耶识一切种尽, 非阿赖耶识一切种增。譬如于水, 鹅所饮乳。又如世间得离欲时, 非等引地熏习渐减, 其等引地熏习渐增而得转依。①

如前所述,《摄大乘论》宗依《阿毗达磨大乘经》, 以阿赖耶识为枢纽来成立流转与还灭, 所谓"由此有诸趣, 及涅槃证得"②。既然阿赖耶识是杂染的, 其有流转的取向自然是毋庸置疑的, 但要成立清净的还灭, 仅就无始杂染流转的阿赖耶识而言则并无此种可能。如无性曾比喻说, 阿赖耶识犹如毒药, 出世心犹如甘露, 从毒药不能产生甘露, 从阿赖耶识也不能生起出世心。③由染向净的契机因此在于"法界等流"的"正闻熏习"。所以《摄论 · 入所知相分》起首即云:"入所知相云何应见? 多闻熏习所依, 非阿赖耶识所摄, 如阿赖耶识成种子。""所知相"(shes bya'i mtshan nyid, jñeya-lakṣaṇa)即三性, 要悟入('jug pa, praveśa)三性, 唯有依于多闻熏习(mang du thos pas bsgos pa, bahu-śruta-paribhāvita)。就如同阿赖耶识是一切杂染法生起的因性, 多闻熏习能对治阿赖耶识, 是一切清净法生起的因性。④

所谓"法界等流"(chos kyi dbyings kyi rgyu mthun pa, dharma-dhātu-

---

① 《摄大乘论本》卷上, T31, pp.136b－137a; 長尾雅人:《摂大乗論: 和訳と注解(上)》, 附录页 44—48。

② 参本书上篇第二章第二节。

③ 无性:《摄大乘论释》卷 3, T31, p.394b。

④ 《摄大乘论本》卷中, T31, p.142b; 長尾雅人:《摂大乗論: 和訳と注解(下)》, 页 4, 附录页 59。世亲《摄大乘论释》卷 6:"如阿赖耶识成种子者, 谓如阿赖耶识为一切杂染法因, 此为一切清净法因亦尔。"(T31, p.349b) niṣyanda）云者，“法界”（chos kyi dbyings，dharma-dhātu）为佛陀所亲证，“等者，相似义；流者，出义”①。按照窥基的解释，这具体是指，佛陀以根本智证得清净法界，后得智由大悲故，起化身而为有情说法，故此从本而论，佛陀的教法乃自法界平等流出，是为“法界等流”。有情以世间之耳、意二识，听闻此经教，内心如理思惟，由此所起之熏习，是为“正闻熏习”。

由此可见，法界等流——正闻熏习，也是将有情置于与佛陀的关联之中来说明其解脱的可能。不过，与如来藏学说不同，这不是以某种一体化的方式认为，有情本来就具有佛陀的本性；而是说，两者之间存在着一种交互性的关联，如《唯识二十论》所谓“展转增上力（anyonya-adhipati），二识成决定”②。此即，一方面，由于有情愿闻佛法的增上力，感得佛陀的心识上有能诠的名句文相及其所诠义相的生起，而为有情说法，此即法界等流；另一方面，由于佛陀慈悲说法的增上力，使得有情的心识上亦有能诠的名句文相及其所诠义相的生起，而能闻法思惟，此即正闻熏习。正是这种生佛之间的交互关联，使得“二识成决定”，即互相决定（niyamo mithaḥ）：“如来成悲决定，众生成智决定。由成悲故，为众生说；由成智故，解佛言教。又，如来成决定说，众生成决定闻。又，如来所说决定善，正依修之者亦决定善也。”③

不过，佛经特别是般若类经典中也有说到，佛陀其实并没有说法，所谓“我曾于此甚深般若波罗蜜多相应义中不说一字，汝亦不闻”④。汉传佛教更喜欢引用《楞枷经》的概括性表述：“不说是佛说。”（avacanaṃ buddhavacanam）⑤所以《佛地经论》中说，对于听闻佛法，有两种解释：

> 有义：如来慈悲本愿增上缘力，闻者识上文义相生。此文义相虽亲依自善根力起，而就强缘，名为佛说。由耳根力自心变现，故名我闻。有义：闻者善根本愿增上缘力，如来识上文义相生。此文义相是佛利他善根所起，名为佛说。闻者识心虽不取得，然似彼相分明显现，故名我闻。⑥

第二种解释，也就是上面所说的，由有情愿闻佛法的善根增上力，而感得佛陀的心识上有文义相生起，为有情说法；由佛陀慈悲说法的增上力，使

---

① 《成唯识论述记》第九末，T43，p.556a。

② 《唯识二十论》，T31，p.76c；Jonathan A. Silk：*Materials Toward the Study of Vasubandhu's Viṃśikā I*，p.127。

③ 《成唯识论义蕴》第一，X49，p.381c。

④ 《大般若波罗蜜多经》卷 425，T7，p.138c。

⑤ 《楞伽阿跋多罗宝经》卷 3，T16，p.498c；P. L. Vaidya：*Saddharmalaṅkāvatārasūtram*，p.58。

⑥ 《佛地经论》卷 1，T26，pp.291c－292a。

得有情能在自身的心识上生起相似的文义相而闻法。这里所谓佛陀慈悲说法的增上力,不仅是指增上缘,而且还是指所缘缘。具体说来,以佛陀的说法为疏所缘缘,才能在闻法者的心识上生起相似的教法为亲所缘缘。[①] 所以圆测称其为“本影俱有”,法藏称其为“亦本亦影”,“本”即作为疏所缘缘的本质教法,“影”即作为亲所缘缘的影像教法。据窥基说,这一解释,出自护法、最胜子、亲光等人,[②]亲光即《佛地经论》之撰者。事实上,即便是无相唯识学者如安慧,也有类似的看法。他说,“论”(śāstra)就是“显现为名、句、文身的诸识”(nāma-pada-vyañjana-kāya-prabhāsā vijñaptayaḥ),它从“造者和说者的识生起”(praṇetṛ-vaktṛ-vijñapti-prabhava)。[③] 与有相唯识不同的是,这不是从作为相分的名、句、文身来说,而是从显现为名、句、文身的识(vijñapti)来说,其余都是与之一致的。关于识(vijñapti)的问题,我们留待下章再作探讨。[④]

第一种解释则是认为,佛陀唯有无漏大定、大智、大悲,没有色、声等,远离戏论,实不说法,但由于佛陀慈悲本愿的增上力,应闻法者的心识上会有文义相生起,而谓是佛陀说法。所谓慈悲本愿是指,佛陀往昔行菩萨道时曾发愿:我成佛后,如有有情见到我,我虽不为他说法,愿其心识上也会有文义相生起而闻法。因此这里佛陀慈悲本愿的增上力只是“无说增上”,相对于此,前者则是“有说增上”。[⑤] 窥基曾用中土曾参“啮指心痛”的传说来形象地说明了这一点。曾参的母亲因为思念儿子而咬了一下手指,远在外地的曾参就感应到了,顿时一阵心痛,知道母亲是在召唤自己,于是便赶回了家。曾参的母亲其实并没有发语召唤,但由于母亲思子的感应力,在曾参的心识上却出现了母亲召唤之相。同样的,佛陀并没有说法,但由于佛陀慈悲本愿的增上力,却在闻法者的心识上出现了教法之相。[⑥] 既然这里佛陀的

---

① 敦煌本《法华经玄赞释》:“此中不但是增上缘,望彼质教,亦有所缘。”(X34,p.954c)

② 《杂集论述记》卷1,X48,p.3a。

③ S. Yamaguchi(山口益):*Madhyāntavibhāgaṭīkā de Sthiramati*,p.2。胜庄在论及“教体”时说:“安慧论师云:如来慈悲本愿力故,如来识上文义相显。若依此说,但说者识以为经体。一切有情有漏识上所有见相,皆是遍计所执性故,非是经体。”(《梵网经菩萨戒本述记》卷上,X38,p.393a)虽不知其所据为何,但认为安慧也认同“本影俱有”,大体无误。只是胜庄进而指出,由于安慧认为闻法者的心识上显现的教法是遍计所执性,所以教体被落实在说法者即佛陀的心识所显现的教法上,这或许仅是推测之辞。

④ 参本书下篇第七章第二节。

⑤ 《法华经玄赞释》,X34,p.955c。

⑥ 《大般若波罗蜜多经般若理趣分述赞》卷1,T33,p.28c。干宝《搜神记》卷11:“曾子从仲尼在楚而心动,辞归问母。母曰:‘思尔啮指。’”汪绍楹校注:《搜神记》(北京:中华书局,1979年),页133。

慈悲本愿仅起到了增上缘的作用，而并不具有疏所缘缘的意义，所以圆测称其为"有影无本"，法藏称其为"唯影无本"，即没有本质教法，唯有影像教法。① 据窥基说，这一解释是"龙军论师、无性菩萨及《佛地论》一师所说"，圆测并谓"坚慧论师及金刚军皆同此释"。②

龙军（Nāgasena，那伽犀那），传说曾造有《三身论》，认为"佛果唯有真如及真如智，无色、声等粗相功德"③。这应该不是指著名的南传《弥兰王问经》（*Milindapañha*，对应的汉译有《那先比丘经》）中，与弥兰王（Milinda，奘译作"毕邻陀王"④，即希腊—印度王国的米南德一世，约前155—前130在位）问答教义的尊者龙军（早期音译作"那先"），因为佛果三身是大乘佛教特有的论义。坚慧（Sāramati），据汉地所传，是《宝性论》与《法界无差别论》的撰者，在如来藏学统中具有重要地位。金刚军（Vajrasena），据法藏的《华严经传记》，"造《十地释论》，有一万二千颂，翻可成三十余卷。……于阗国见有其本"⑤。而按照印顺法师的研究，金刚军就是金刚仙，因为"仙是斯那的简译，意义为军"⑥。这一说法或许能够成立，比如，《增壹阿含经》中曾提及佛陀的弟子"婆陀先"，据《翻梵语》，"应云跋陀斯那（Bhadrasena，巴Bhaddasena），译曰贤军"⑦。此外，如上述，龙军，早期音译即作"那（nāga）先（sena）"。而罽宾的有部禅师佛陀斯那（Buddhasena，觉军或觉将），更是以其早期音译"佛大先"或"佛驮先"知名。金刚仙传说是世亲的弟子，其对世亲《金刚经论》的注释后展转传于菩提留支，而成《金刚仙论》十卷。⑧ 总体看来，"有影无本"的解释，与如来藏学说较具亲缘性。事实上，后来法藏就是将"唯影无本"说判为大乘终教，而"亦本亦影"说则为大乘始教。⑨ 大

---

① 《解深密经疏》卷1，X21，p.173c；《华严经探玄记》卷1，T35，p.118b。

② 《大乘法苑义林章》卷1，T45，p.252a；《解深密经疏》卷1，X21，p.173c。

③ 《解深密经疏》卷1，X21，p.173c。

④ 《阿毗达磨俱舍论》卷30："昔有大德，名曰龙军，三明六通，具八解脱。于时有一毕邻陀王，至大德所，作如是说……"（T29，p.155c）

⑤ 《华严经传记》卷1，T51，p.156c。

⑥ 印顺：《中国佛教与印度佛教之关系》，氏著：《以佛法研究佛法》（台北：正闻出版社，1992年），页248。

⑦ 《增壹阿含经》卷3，T2，p.558a；《翻梵语》卷2，T54，p.994c。

⑧ 《金刚仙论》卷10："弥勒世尊愍此阎浮提人，作《金刚般若经义释》并《地持论》，赍付无障碍比丘，令其流通。然弥勒世尊但作长行释，论主天亲既从无障碍比丘边学得，复寻此经论之意，更作偈论，广兴疑问，以释此经，凡有八十偈，及作长行论释，复以此论转教金刚仙论师等。此金刚仙转教无尽意，无尽意复转教圣济，圣济转教菩提留支，迭相传授，以至于今始二百年许，未曾断绝。"（T25，p.874c）"无障碍比丘"应是指无著，其余"无尽意"、"圣济"等人未详。不过，署名窥基作的《金刚般若经赞述》则称，《金刚仙论》是"南地吴人"所作，"但是此方凡情浪作图度"，"非真圣教也"（T33，p.125c、p.128a）。

⑨ 见《华严经探玄记》卷1，T35，p.118b。

乘始教即中观与唯识,大乘终教即如来藏学说。那么,作为《摄大乘论》注疏者的无性为什么也有这样的看法呢?这将从根本上涉及对《摄大乘论》所说正闻熏习的定位和理解。

认为无性也持“有影无本”说的主要依据,是其《摄大乘论释》起首论及“经体”时,有云:

> 贯穿缝缀,故名为经。此中即是随堕八时,闻者识上直非直说聚集显现,以为体性。若尔,云何菩萨能说,非闻者识?彼能说故。彼增上生,故作是说。譬如天等增上力故,令于梦中得论咒等。①

这段文字较为晦涩,特别是“随堕八时”、“直非直说”二语,向有多解。比如对于“八时”,或谓是指世俗所说昼夜各四时,合为八时;或谓是指说《华严经》的七处八会时;或谓是指以八转声(aṣṭa vibhaktayaḥ)说法时,八转声即梵文中的八格。② 这些解释似乎都比较牵强。对此,智周倒是提供了一则材料,他说:“荐福三藏和上释云:随堕乐欲时。何所以者?解云:梵云一瑟咤,此云乐欲。言頞瑟咤,此云八时。《摄论》梵本云一瑟咤,明是乐欲。”③“荐福三藏和上”,即义净。这是说,义净三藏检梵本,此处应是“一瑟咤”(iṣṭa,乐欲),而非“頞瑟咤”(aṣṭa,八)。若如此,那么“时”字也是翻译时添加的,如后来慧苑就说“虚加时字”④。义净此说,能得到藏译本的支持,藏译本此处即作“'dod pa”(*iṣṭa),意为“乐欲”。⑤ 不过,智周还是为玄奘的翻译辩护说,这是梵本前后有变动的缘故;道邑则明确指出:“古德错翻名八时,应云乐欲。此解为正。”⑥至于“直非直说”,藏译本作“tshig”(*vacana),也只有“说”的意思,所谓“直非直”原语不明。而汉传对此亦有三解。或谓长行是直说,偈颂是非直说;或谓十二分教中,最初的“契经”(sūtra)是直说,其余“应颂”(geya)等十一部经是非直说;或谓名诠自性是直说,句诠差别是非直说。⑦ 相较而言,或许还是第一解比较可取。简言之,所谓“直非直

① 无性:《摄大乘论释》卷1,T31,p.380b。

② 参《大乘法苑义林章》卷1,T45,p.252a;《解深密经疏》卷1,X21,p.175b–c。

③ 《成唯识论演秘》第一本,T43,p.811c。

④ 《续华严经略疏刊定记》卷1,X3,p.586b。“加”,原作“如”,据《新纂卍续藏》页下校勘注改。

⑤ *Theg pa chen po bsdus pa'i bshad sbyar*,D4051,Ri,p.191b。

⑥ 《成唯识论义蕴》第一,X49,p.382a。

⑦ 《大乘法苑义林章决择记》卷上本,X55,p.176c;《解深密经疏》卷1,X21,p.175c。据后来慧苑的总结,“随堕八时”共有四说,“直非直说”共有五说,恐繁不述。参《续华严经略疏刊定记》卷1,X3,p.586b。

说”,无非就是指说十二分教的声、名、句、文等。

因此前引无性的这段文字是说,经教是以随闻法者的乐欲而在其心识上聚集显现的声、名、句、文等为体。只不过,闻法者的心识上之所以有经教文义相的聚集显现,是由于佛菩萨的增上力,故此而谓能说法者是佛菩萨。就如同有人向天求咒语,天只是起到了增上缘的作用,其实是此人梦中自己得到了咒语。

那么,无性是否认为佛菩萨全然不说法呢?署名窥基撰的《成唯识论料简》就提出了不同的看法,认为“无性且约亲缘,说自心现以为教体,非无佛等所说本教”①。《料简》引证说,如无性《摄论释》卷四云:“《十地经》者,于彼《经》中宣说菩萨十种地义,此即安立十地行相名、句、文身,识所变现,聚集为体。谓彼圣者金刚藏识所变影像为增上缘,闻者身中识上影现似彼法门,如是展转传来于今,说名为教。”②这里虽然说,《十地经》是以闻法者心识上所变现的聚集显现的名、句、文身为体,但这是以说法者金刚藏(Vajragarbha)菩萨心识上所变现的教法为增上缘。也就是说,说法者的增上缘不仅是指其慈悲本愿力,还包括其所说的本质教法,因此这恰恰是“本影俱有”,而非“有影无本”。更何况,无性既然承许《摄论》所说的“法界等流”,认为“言等流者,谓从法界所起教法。无倒听闻如是教法,故名正闻”③,那么,正如《料简》所说:“若非佛说,如何等流?”④

有类似看法的还有灵泰,在他看来,认为佛不说法的是龙军,而非无性。

---

① 《成唯识论料简》卷下,X48,p.377b。按:《料简》又名《开发》,日本法相宗学人早已指出,此书非窥基所撰。如《唯识论同学钞》卷5(一之五):“凡《开发》虽题下注大乘基撰,更非大师制作。”《同学钞》并提到了玄应所撰《唯识料简》,谓玄应《料简》以“法界等流”来证成“如来说法之义”(T66,p.46c),与今本《料简》大同,则今本《料简》或出于玄应。据《注进法相宗章疏》(T55,p.1142b)、《东域传灯目录》(T55,p.1157c),醴泉寺沙门玄应撰有《成唯识论开发》一卷。

② 无性:《摄大乘论释》卷4,T31,p.400b。

③ 无性:《摄大乘论释》卷3,T31,p.394c。

④ 《成唯识论料简》卷下,X48,p.377b。日本法相宗的基辨(1718—1791)曾辩护说,无性《摄论释》中说到的“金刚藏识所变影像”,并不是指说法者的本质教法,而是指闻法者的影像教法,因此这恰是“有影无本”。具体说来,《十地经》是金刚藏菩萨说的,但他以前是从佛陀那里听闻了这一教法,如今转为他人说,所以《摄论释》中说“展转传来于今”。如此,所谓“金刚藏识所变影像”,并不是指他作为现在的说法者而在其心识上所变现的教法,而是指他作为过去的闻法者而在其心识上所变现的教法,以此作为增上缘,如今转为他人说。至于过去的说法者佛陀实则是全然不说法的,亦即没有本质教法。基辨的这一辩护,似乎有些牵强了。见《大乘法苑义林章师子吼钞》卷4,T71,p.542b。倒是藏译本无性《摄论释》此处作“'phags pa rdo rje'i snying po'i dbang gis”(由圣金刚藏之力),而没有提到其“所变影像”,因此这容或可作“有影无本”的解释,而汉译本并不存在这种解释的可能。*Theg pa chen po bsdus pa'i bshad sbyar*,D4051,Ri,p. 221a。

无性只是在论及教体时，才将其定位在了闻法者心识所变现的影像教法上，这一点不同于窥基、圆测。窥基是以说法者的本质教法为教体，圆测是双取说法者的本质教法与闻法者的影像教法为教体。但无性并没有因此而否定本质教法的存在，比如他所说的闻法时佛菩萨的增上力，就是指在佛菩萨的心识上所变现的声、名、句、文等，即本质教法。①

圆测、善珠则从另一个角度检讨了这一问题。圆测曾提到过一种看法，认为“彼无性意，许有三身色声等德，亦能说法。故彼《论》云：受用、变化，即是后得智之差别”②。善珠也认同这一看法。③ 这是说，《摄论·彼果智分》说佛果三身，其中受用身、变化身（nirmāṇa-kāya）都具有色、声等功德法，因此与龙军不同，此二身能够说法。如无性《摄论》中说，佛陀的变化身是“后得智之差别”④，亦即，变化身是就佛陀一方来说的，所以是本质，并不仅仅只是在有情心识上所变现的影像。而变化身显然就具有“转大法轮”等无边妙用，如此无性怎么会认为佛不说法呢？

综上所述，包括无性在内的唯识学者，其实都是承许作为法界等流的佛菩萨说法，而以之为有情由凡转圣的契机，虽然在具体的解释上，彼此之间确实还有比较大的差别。至于佛经中所谓的佛不说法，在唯识学者看来，是因为有其他的意趣。如世亲说，“无有一法唯独如来说，余佛不说故”，“所说法离于真法界不可得自相见故”，⑤即，诸佛所说无有差异，且其所说法离真如外无别体故，而谓之佛不说法。⑥ 就此而言，法藏将“亦本亦影”说判为大乘始教，大致是能成立的。不过，在法藏的判教体系中，它的积极意义却在一定程度上被遮蔽了。“二识成决定”，彰显的正是佛菩萨与有情的动态关联，由此我们才能在缘起论而非实体论的意义上来说明还灭的可能。关于这一问题，且留待下述。

通过法界等流的正闻熏习，有情新熏成了正闻熏习的种子。以此闻熏种为因，将来即能生起无漏的出世心，所以它是法身、解脱身的种子。于未转依位，此闻熏种亦非另有所依，它寄附在阿赖耶识中而与之随转，就犹如水与乳一般和合一味。不过，闻熏种毕竟是对治阿赖耶识的，它“与阿赖耶识相违，非阿赖耶识所摄”，故随其逐渐增强而阿赖耶识却逐渐减弱，直至断

---

① 参《成唯识论疏抄》卷1，X50，p.134a－b。

② 《解深密经疏》卷1，X21，p.174b。

③ 《唯识义灯增明记》卷1，T65，p.344b－c。

④ 无性：《摄大乘论释》卷1，T31，p.381c。

⑤ 《金刚般若波罗蜜经论》卷中，T25，p.787a；同论卷下，T25，p.793b。

⑥ 《成唯识论料简》卷下（X48，p.376b）总结为八种意趣，可参。

除一切杂染种而终得转依。这就比如水与乳虽和合一味,但鹅只饮其中的乳而不饮水,因此最后乳尽而水在。①

需要指出的是,论者或有以《摄论》所谓"非阿赖耶识(kun gzhi rnam par shes pa ma yin pa,an-ālaya-vijñāna)与阿赖耶识同处俱转"为据,而认为有"非阿赖耶识"一法,它无始来与阿赖耶识共存,这其实就是暗示了有情本具的如来藏。这是以一种类似于诺斯替主义(Gnosticism)的方式,将《摄论》解读成了善恶二元的体系,善与恶争斗的结果,是善最终战胜了恶。前面我们之所以几乎完整引用了《摄论》的相关文字,就是为了要在文本的整体脉络下,来给出"非阿赖耶识"的定位。

在上述《摄论》的这段引文中,"非阿赖耶识"一语曾多次出现,如说:

> 藏译本:de ni kun gzhi rnam par shes pa ma yin te | de'i gnyen po'i sa bon nyid yin pa'i phyir ro |
>
> 长尾雅人还原:na tu sā ālayavijñānaṃ tatpratipakṣasya bījatvāt |
>
> 真谛译:此闻熏习即非本识,已成此识对治种子故。
>
> 玄奘译:然非阿赖耶识,是彼对治种子性故。②

诸本的意思一致而明确,都是说,这(de,sā)闻熏习不是(ma yin,na)阿赖耶识(kun gzhi rnam par shes pa,ālaya-vijñāna),因为它是阿赖耶识对治(gnyen po,pratipakṣa)的种子。这里有两个要点:其一,藏、梵二本的主语"这"(de,sā)是指闻熏习(thos pa'i bag chags,śruta-vāsanā),所以真谛译为"此闻熏习";其二,闻熏习与阿赖耶识的性质不同,因为它是对治阿赖耶识的种子,所以说,它不是阿赖耶识。可见,这里所谓"非"(ma yin,na)就是一个普通的否定词而已。世亲的解释亦是如此,他说:"此闻熏习与异熟识虽不同性,而寄识中,……虽复和合似一性转,然非即是阿赖耶识(kun gzhi rnam par shes pa ma yin no),是能对治阿赖耶识种子性故。"③

正因为论文中已多次提到闻熏习不是阿赖耶识,所以接下来才会有

---

① 水乳之喻应出于譬喻类经典,如《大庄严论经》卷11:"我今应当学,如鹅饮水乳,能使其乳尽,唯独留其水,我今亦当尔,去恶而取善。"(T4,p.319b)

② 長尾雅人:《摂大乗論:和訳と注解(上)》,附录页45—46;《摄大乘论》卷上,T31,p.117a;《摄大乘论本》卷上,T31,p.136c。

③ 世亲:《摄大乘论释》卷3,T31,p.334a;*Theg pa chen po bsdus pa'i 'grel pa*,D4050,Ri,p.138a。

“非阿赖耶识与阿赖耶识同处俱转”的表述。这个“非阿赖耶识”(kun gzhi rnam par shes pa ma yin pa, an-ālaya-vijñāna),就是指闻熏习。而所谓“同处俱转”(lhan cig gnas pa, sahacārin),也就是闻熏习伴随阿赖耶识,与阿赖耶识不相离的意思。此即,闻熏习其实还是以阿赖耶识为所依(gnas, āśraya),寄托依附于阿赖耶识中,而并不是存在于另一个本具的如来藏中。至于说闻熏习为法身、解脱身摄,是因为它是法身、解脱身的种子。如世亲说:“亦是法身种子,故说亦法身摄。”①即以闻熏种为因,能展转而得如如智证的法身,故谓之法身摄。这也不是说,它是为有情本具的如来藏所摄。可见,所谓“非阿赖耶识”,全然没有作如来藏解读的任何可能。

2.3 正闻熏习何以成为出世心种子:四善根的意义

对于有情来说,正闻熏习始于见道位前的顺解脱分、顺决择分,由此而逆转流转的方向,开始趋向于还灭之途,故谓之“初修业菩萨”(byang chub sems dpa' las dang po pa, ādikarmika-bodhisattva)。既然尚未入于见道位,还是凡夫,所以也被称为“异生菩萨”(*pṛthagjana-bodhisattva)②。

“顺”者,不违、趋向之义;“分”者,因义、支义。“解脱”(mokṣa)是指最终的涅槃。行者从初发大菩提心开始,修集种种福德和智慧,以随顺、趋向于终极的涅槃,故名“顺解脱分”(mokṣa-bhāgīya)。在后来唯识五位的修证体系中,此即资粮位(saṃbhāra-avasthā)。资粮(saṃbhāra),意即资益己身之粮食。如人远行,需要准备充分的粮食,要远求涅槃,同样需要修集种种福德和智慧的助道资粮。

“决择”(nirvedha)者,决断(niścita)、简择(vedha)之谓,③旧译或作“通达”。按《俱舍论》的解释,“决择”是指一切圣道(ārya-mārga),包括见道、修道与无学道。因为一切圣道都能断(prahāṇa)疑,而有决断之义,都能分别(vibhajana)四圣谛,而有简择之义,所以圣道被称为“决择”。见道既为圣道之一分,故谓之“决择分”,这是作“决择之分”的依主释。④ 窥基则对其作“决择即分”的持业释,认为“决择”是指“择法觉支”(dharma-pravicaya-saṃbodhy-aṅga),“择法觉支”为见道“七觉支”之一分,“决择”即“分”,故

---

① 世亲:《摄大乘论释》卷3, T31, p.334b。

② 同上引。

③ 《阿毗达磨俱舍论》卷23:“决谓决断,择谓简择。”(T29, p.120a) P. Pradhan: *Abhidharmakośabhāṣya of Vasubandhu*, p.346。

④ 《阿毗达磨俱舍论》卷23, T29, p.120a。

谓之“决择分”。① 概言之,“决择分”是指能亲证真如的见道位。行者在经过一大阿僧祇劫,修集福智二种资粮圆满之后,复修暖、顶、忍、世第一法四善根之加行,以随顺、趋向于临近的见道,故名“顺决择分”(nirvedha-bhāgīya),此即后来唯识五位中的加行位(prayoga-avasthā)。这里所谓“暖”(ūṣma-gata)是比喻的说法,圣道如火,能烧烦恼之薪,此位虽未有圣道火,但已有火前的暖相。“顶”(mūrdhan)也是比喻的说法,暖位修行圆满,便至顶位,如在山顶,可进可退,进则更往他山,退则从山顶退下,顶位亦复如是,进则至忍位,退则至暖位。② “忍”(kṣānti)是忍可、不可退转之义。“世第一法”(laukikāgra-dharma)为见道前的一刹那,于世间法中最高最胜,故得此名。③

正因为有情的正闻熏习是从见道位前的顺解脱分、顺决择分开始的,所以《摄论》说,它是“世间”('jig rten pa, laukika)的,按无性所解,意为“依世间生”④,那么,这种“世间”的正闻熏习又如何能成为“出世心种子性”('jig rten las 'das pa'i sems kyi sa bon, lokottaracittasya bījam)呢?对此,《摄论·入所知相分》作出了具体的阐明,该分起首即云:

> 入('jug pa, praveśa)所知相云何应见?多闻熏习(mang du thos pas bsgos pa, bahu-śruta-paribhāvita)所依,非阿赖耶识所摄,如阿赖耶识成

---

① 《成唯识论述记》第九末,T43,p.559a。按唯识学者对三十七道品的配置,七觉支在见道位,能断见所断的烦恼,八正道则在修道位。如《辩中边论》卷中:“此支助觉,故名觉支,由此觉支位在见道……于修道位建立道支。”(T31,p.472a－b)《大乘阿毗达磨杂集论》卷10:“觉支修果者,谓见道所断烦恼永断,由七觉支是见道自体故。”(T31,p.740c)有部对此则有二说。正统的毗婆沙师认为,见道位以八正道为主,修道位以七觉支为主,正与唯识学相反。另一种看法(“有余”),七觉支在见道位,八正道则通于见道、修道二位,唯识学的看法或许就是从此发展而来。参《阿毗达磨俱舍论》卷25,T29,pp.132c－133a。

② 《阿毗达磨大毗婆沙论》卷6:“问:何故名顶?答:如山顶故。谓如山顶,人不久住。若无诸难,便过此山,更至余山。若有诸难,即还退下。如是行者至顶位中,必不久住。若无诸难,便进至忍。若有诸难,还退住暖。”(T27,p.25c)按有部所解,“顶”其实还有另一个含义。在四善根中,暖、顶有退,被称为“动善根”,忍、世第一法不退,被称为“不动善根”,“顶”于“动善根”中最为殊胜,如人头顶,故得此名。见《阿毗达磨俱舍论》卷23,T29,p.119b。

③ 唯识学者对于顺决择分四位的界说是承续自有部,其他部派则所说不一。如从有部分化出来的犊子部虽然也认为有四位,但分别称之为“忍”(* kṣānti)、“名”(* nāman)、“相”(* nimitta)、“世第一法”。据窥基的解释,忍位总观四谛而予以忍可,名位观四谛之名,相位观四谛所诠之体。此与有部、唯识全然不同。见《异部宗轮论述记》,X53,p.587a。但据《四谛论》卷4:“四正勤名忍位,四如意足是名位,五根名相位,五力名第一法位,此四通名决了位。”(T32,p.399b)这里“决了位”(顺决择分)四位用了“忍”、“名”、“相”、“第一法”的名称,似乎应为犊子部之说,而其与三十七道品的配属,则又与有部一致。

④ 无性:《摄大乘论释》卷3,T31,p.395a。

种子。如理作意所摄(tshul bzhin yid la byed pas dsdus pa, yoniśo-manaskāra-saṃgṛhīta),似(snang ba, pratibhāsa)法似义而生,似所取事(gzung ba'i dngos po'i gnas lta bu, grāhya-vastu-sthānīya),有见(lta ba dang bcas pa, sa-dṛṣṭi)意言(yid kyi brjod pa, manojalpa)。①

这段文字较为晦涩。前半部分前面已有解释,这是说,正如阿赖耶识是一切杂染法得以生起的因性,多闻熏习能对治阿赖耶识,"非阿赖耶识所摄",是一切清净法得以生起的因性。后半部分则是说明了,如何能由多闻熏习而悟入作为所知相(shes bya'i mtshan nyid, jñeya-lakṣaṇa)的三性。这里奘译有三个"似"字,对应于两个不同的梵、藏文。"似法似义"的"似"(snang ba, pratibhāsa),意为"显现";"似所取事"的"似"(gnas lta bu, sthānīya),意为"相似、犹如"。"法"是指所听闻的能诠的佛法,"义"是指佛法所诠的义理。"意言",世亲解为"意地寻思"(yid kyi rnam par rtog pa, * mano-vikalpa,意之分别)②,因此"有见意言"也就是有名言分别作用的意识。这是说,由多闻熏习为因而引生的如理作意的闻思慧,能在意识上显现为能诠的佛法与所诠的义理而予以寻思分别,就如同在通常情形下,我们能在意识上显现为色法等所取而予以能取的分别一样,不过,由于这种如理作意的闻思慧导源于佛法,是所谓"大乘法相等所生起"③,所以它对法、义的寻思分别与通常能所二取的分别不同,恰恰能够引生见道位的根本无分别智,以亲证能所二空的真如。职是之故,《摄论》将佛法称为"生此境清净"(de bskyed pa'i phyir dmigs pa rnam par byang ba, tad-utpādaka-ālambana-vyavadāna)④,意即法界等流的十二分教是能证真如的菩提分法得以生起的所缘缘,这其实也就是《摄决择分》所谓的"真如所缘缘",它是清净的圆成实性。从安慧的《中边释》来看,这其实是出自《阿毗达磨大乘经》的看法。⑤

既然顺决择分是随顺、趋向于见道的,也就是说,它直接引生了见道位

---

① 《摄大乘论本》卷中,T31,p.142b;長尾雅人:《摂大乘論:和訳と注解(下)》,页4,附录页59。

② 世亲:《摄大乘论释》卷6,T31,p.349c;*Theg pa chen po bsdus pa'i 'grel pa*,D4050,Ri,p.160a。

③ 《摄大乘论本》卷中,T31,p.142b。

④ 《摄大乘论本》卷中,T31,p.140b;長尾雅人:《摂大乘論:和訳と注解(上)》,附录页86—87。

⑤ 《摄论》谓"自性清净"、"离垢清净"、"得此道清净"、"生此境清净"四种清净为圆成实性,并有颂云:"幻等说于生(bhūta),说无(nāsti)计所执,若说四清净(catur-vidha-viśuddhi),是谓圆成实。自性(prakṛti)与离垢(vaimalya),清净道(mārgatā)、所缘(ālambana),一切清净法,皆四相所摄。"(《摄大乘论本》卷中,T31,p.140b)安慧在《中边释》中也引用了此二颂,并谓其出自《阿毗达磨经》(*Abhidharma-sūtra*)。S. Yamaguchi(山口益):*Madhyāntavibhāgaṭīkā de Sthiramati*,p.112。

初念无漏的生起，所以这一阶段尤为重要，一言以蔽之，它的所观基本决定了见道位的所证。比如，对于有部来说，顺决择分是观照四谛。具体说来，行者于暖、顶、下品忍位（mṛdvī kṣāntiḥ）观照全部四谛，修十六行相，于中品忍位（madhyā kṣāntiḥ）"减缘、减行"（ākāra-ālambana-apahrāsa），即逐渐收缩所缘四谛观境（"缘"）与能缘行相（"行"），乃至于各唯一刹那的上品忍位（adhimātrā kṣāntiḥ）、世第一法位，以一行相观欲界苦谛（所谓"一行一刹那"①）；由此行者才能入于见道位，生起苦法智忍（duḥkha-dharma-jñāna-kṣānti）、苦法智（duḥkha-dharma-jñāna），以现证欲界苦谛，并次第生起苦类智忍（duḥkha-anvaya-jñāna-kṣānti）、苦类智（duḥkha-anvaya-jñāna）等十四心，共为十六心，来现证欲界和上界（色界、无色界）四谛。② 也就是说，正因为顺决择分是观四谛，所以见道位是证四谛。而对唯识大乘来说，见道位是

---

① 《阿毗达磨俱舍论》卷 23，T29，p.119b。具体说来，所谓"一行相"有四种情况。利根者（"见行者"，即凭自己对佛法的理解而修行者）有两种，执著我见者留欲界苦谛下的"非我"行相，执著我所见者留"空"行相；钝根者（"爱行者"，即因信服他人的言教而修行者）有两种，我慢重者留"无常"行相，懈怠重者留"苦"行相。见《俱舍论记》卷 23，T41，p.345c；《阿毗达磨大毗婆沙论》卷 109，T27，pp.563c－564a。

② 有部认为，现证四谛有十六心，其中前十五心为见道，第十六心道类智（mārga-anvaya-jñāna）摄属于修道。前者为须陀洹向，后者为须陀洹果。其他部派则所说不一。如从有部分出的犊子部立十三心。其中观苦谛有三心：一、苦法忍（或作"苦法智"），观欲界苦谛，断欲界苦谛下惑。二、苦法见（或作"苦法忍"），重观欲界苦谛，审查欲界苦谛下惑是否已完全断除，因为还需断除上二界苦谛下惑，所以需要先行审查欲界苦谛下惑的断除情形。三、苦类智，观上二界苦谛，断上二界苦谛下惑，因为至此所有苦谛下惑都已断除，所以不需要再重观审查。苦法忍与苦类智均具有断惑的功能，苦法见虽不直接断惑，但是苦类智断上二界惑的前提，所以此三者都属于具有断惑功能的尽智。如此观四谛就有十二心，此十二心皆为尽智。第十三心则有二说：一说认为，此即第十二心道类智之相续；另一说认为，第十三心总观三界四谛。此第十三心为无生智。（此与有部不同，有部尽智、无生智唯在无学果位。）十三心中，前十二心为须陀洹向，第十三心为须陀洹果。参《大乘法苑义林章》卷 2，T45，p.284b；《异部宗轮论述记》，X53，p.587a；《随相论》，T32，p.160b－c。经部如"上座"室利逻多的看法又与之不同，与有部相较，其主要的特点是：一、先"忍"后"智"，而非"忍"与"智"间杂生起；二、"智"位断惑，而非"忍"位断惑；三、"法智"与"类智"的差别并不以三界区分。具体说来，行者由"世第一法"入圣位，先起"圣定忍"，此时"智"未圆满，虽能观照四谛，（就此而言，也可以称为"见谛"。）却不能现证四谛，也不能断惑。故此位虽与前"世第一法"不同，已入出世间的圣位（故名"入正性决定"），却不是圣道。由圣定忍先后引生苦法智、苦类智等八智。苦法智生起时，行者能见证三界的苦谛总相，顿断三结（见结、戒取结、疑结）"随界"（即种子），而得须陀洹果。（由此似乎可推知，圣定忍为须陀洹向。）因为苦法智是随四念住的势力而生起的，所以它对苦谛的证知也是随四念住而来，继之而起的苦类智则进一步证知与之相似的其余苦相，这就是"法智"与"类智"的差别。如此，现观四谛只有八智，亦即八心，而非有部说的十六心。参《阿毗达磨顺正理论》卷 62，T29，pp.684a－685c。印顺法师对此的解读有可商榷处，如认为"世第一法"即"正性决定"，"类智，是比知过去未来的不现见法"（这是《成实论》的见解）等，限于篇幅，兹姑不述。见氏著：《说一切有部为主的论书与论师之研究》，页 568—569。

现证能所二空的真如，所以行者在顺决择分需要修四寻思（catasraḥ paryeṣaṇāḥ）、四如实智（catvāri yathā-bhūta-parijñānāni）的加行，通过对名、义、自性、差别的观照，来逐步了知能所二空。

这里所谓"四寻思"，一是名寻思（nāma-paryeṣaṇā），观察意识上所显现的佛法及其所诠义，认知到能诠的名言仅是意识假立的，并无自体可得；二是义寻思（artha-paryeṣaṇā），依于名言才能诠表义理，所以所诠的义理也唯假非实。事实上，正如《摄论》引《庄严经论》颂文所说，"名事互为客"[①]，"事"（vastu）即"名"（nāman）下所诠之义，而"客"（āgantukatva）则是说两者之间并没有必然的关联，"名"未必对应于确定的"义"，"义"也未必对应于确定的"名"，"非如一类，谓声与义相称而生，互相系属"[②]，而凡夫却对此予以循名责实的分别执著。具体说来，这种名与义的不相称性，体现为三个方面：

> 由名前觉无（ming gi snga rol na blo med pas, nāmnaḥ pūrvaṃ buddher abhāvāt），称体相违（de'i bdag nyid du 'gal ba, tad-ātmatva-virodha）故；由名有众多，多体相违（bdag mang por 'gal ba, bahv-ātmatva-virodha）故；由名不决定，杂体相违（bdag 'dres par 'gal ba, saṃbhinna-ātmatva-virodha）故。[③]

"名前觉无"是说，在没有名之前，我们不会有对义的觉知，如果有与名相称的义，那么即便没有名，我们也应该可以有对义的觉知，是即"称体相违"。我们可以用多种名来称呼同一义，如果名与义是一致的，那么名有多种，义随名也应该有多体，这就成了一义而多体，是即"多体相违"。反之，我们也可以用同一名来称呼不同的义，如果名与义是一致的，那么名是一种，义随名也应该是一体，也就是说，这些不同的义可以混杂于一体之中了，是即"杂体相违"。由此可见，名与义的相称性只是凡夫的虚妄执著而已。

三是自性假立寻思（svabhāva-prajñapti-paryeṣaṇā），四是差别假立寻思（viśeṣa-prajñapti-paryeṣaṇā），"自性"与"差别"是将名与义合起来说，"自性"是指作为诸法自体的名与义，如"色"等名、义，"差别"是指作为诸法差

---

① 《摄大乘论本》卷中，T31，p. 143c。梵本《庄严经论》："āgantukatvaparyeṣā anyonyaṃ nāmavastunoḥ"（名事间交互，寻思为客性。）波颇译："名物互为客……求。"S. Lévi：*Mahāyāna-sūtrālaṃkāra*，p.168；《大乘庄严经论》卷12，T31，p.653c。

② 无性：《摄大乘论释》卷6，T31，p.417c。

③ 《摄大乘论本》卷中，T31，p.140a；長尾雅人：《摂大乗論：和訳と注解（上）》，附录页84。

别属性的名与义，如“无常”等名、义，它们既然不离名与义，其实也还是意识假立的名言。

名、义、自性、差别总括了一切所取，通过四寻思，行者认知到了一切所取其实都是意识假名安立的，“唯是意言”（yid kyi brjod pa tsam du zad pa，manojalpa-mātra）①，由此而予以进一步的确证，即是四如实智。

在《摄论》中，四寻思、四如实智的修行被明确地落实在了顺决择分上。具体说来，行者在暖位起“明得三摩地”（snang ba thob pa'i ting nge 'dzin，āloka-labdha-samādhi），以四寻思观所取的名、义、自性、差别唯是假名安立，并无自体可得。这里所谓“明”（snang ba，āloka）是指了知所取无的智慧，依“明得三摩地”而初获这一智慧，故定名“明得”。在顶位，行者复起“明增三摩地”（snang ba mched pa'i ting nge 'dzin，vṛddha-āloka-samādhi），进一步以四寻思观所取唯是假名安立，并无自体可得。由“明增三摩地”，了知所取无的智慧得以增长，故定名“明增”。在忍位，行者起“入真义一分三摩地”（de kho na'i don gyi phyogs gcig la zhugs pa'i ting nge 'dzin，tattva-artha-eka-deśa-praviṣṭa-samādhi），在四寻思的基础上，进而以四如实智来确证所取无体。“入真义一分三摩地者，唯能通达所取无故，名入一分”②，也就是说，就悟入作为“所知相”的三性言，至此已悟入遍计所执性的所取的境是无体的，故名“入一分”（phyogs gcig la zhugs pa，eka-deśa-praviṣṭa）。③ 遍计所执性的所取的境之所以无体不可得，乃是因为它们“唯意言”，是以具有名言分别作用的意识为体，由此也就悟入了依他起性的识。在世第一法位，行者起“无间三摩地”（de ma thag pa'i ting nge 'dzin，ānantarya-samādhi），进而认识到，既然所取是无，依他起性的能取的识亦不可得。所谓“无间”，是指世第一法位只有一刹那，次刹那即是凡圣分野的见道位。世第一法位既已观能所取二空，所以次刹那的见道位即能生起初念无漏智，以现证能所二空的真

---

① 《摄大乘论本》卷中，T31，p.142c；長尾雅人：《摂大乗論：和訳と注解（下）》，页34，附录页62。

② 无性：《摄大乘论释》卷6，T31，p.417a。

③ 按《成唯识论》及窥基的解释，忍位所起为“印顺定”，它又分为下、中、上三位。“下忍”确证（所谓“印忍”）所取空，“中忍”观修（所谓“乐顺”）能取空，“上忍”确证（所谓“印顺”）能取空，由此而在世第一法位确证能所取二空。如《成唯识论述记》第九末：“下品忍名印忍，印所取无故。中品忍名乐顺，乐无能取，顺修彼故。上忍起时，但名印顺，印能取无，顺观彼故。”（T43，p.566b）《摄论》仅是将“忍”定位在确证所取空上。而《杂集论》卷8已经提到，忍位有“一分已入”（eka-deśa-praviṣṭa）、“一分随顺”（eka-deśa-anusṛta）三摩地：“一分已入者，于无所取一向忍解故。一分随顺者，于无能取随顺通达所依处故。”（T31，p.734c）早島理：《梵蔵漢対校「大乗阿毗达磨集論」·「大乘阿毗达磨雑集論」》，Volume II，p.507。《成唯识论》的说法应该就是由此发展而来的。

如,由此而悟入了圆成实性。①

四寻思、四如实智是由《菩萨地·真实义品》首先提出来的。② 而在“弥勒论”如《大乘庄严经论》、《辩中边论》等所架构的菩萨道修行体系中,顺决择分(旧译“通达分”)已被明确地定位在对意言的观照上。如《大乘庄严经论》说,菩萨于暖位“不见自相、总相一切诸义,唯见意言(mano-jalpa-mātram eva khyāti,唯意言显现)”,于顶位“通达唯心住(cittamātre 'vatiṣṭhate,住于唯心)”,于忍位“所执乱(grāhya-vikṣepa)灭”,于世第一法位“断能执乱(grāhaka-vikṣepa)”;③除了未与四寻思、四如实智④相配合外,这与《摄论》的说法基本是一致的。《辩中边论》则在“入无相方便相”(asal-lakṣaṇa-anupraveśa-upāya-lakṣaṇa)的名义下论及了这一修行过程,所谓“依识有所得(upalabdhi),境无所得(na-upalabdhi)生,依境无所得,识无所得生”⑤,由此才能悟入能所二取“无相”(asal-lakṣaṇa)的真如,故谓之“方便相”(upāya-lakṣaṇa)。⑥《摄论》所引的《分别瑜伽论》(*Yoga-vibhāga*)的颂文也说:“菩萨于定位,观影唯是心(pratibimbaṃ manaḥ paśyan),义想(viṣaye saṃjñā)既灭除,审观唯自想(sva-saṃjñā)。如是住内心,知所取非有(grāhya-abhāva),次能取亦无(grāhaka-abhāva),后触无所得(na-upalambha)。”该颂亦为《集论》所引用,谓其由“佛薄伽梵妙善宣说”,则此颂或源出佛经。⑦ 这是说,行者在顺决择分观照名义等影像只是意识的显现,并无离识的自体可得,将认识从境转归心,如此所取无故,并进而认识到能取无,由此见道位才能“触无所得”,即亲证真如。

---

① 参《摄大乘论本》卷中,T31,p.143b;長尾雅人:《摂大乗論:和訳と注解(下)》,页69,附录页65—66。按照窥基的解释,《摄论》此处所说悟入三性的位次是:“暖、顶二位悟入所执,忍、第一法悟入依他,初地初心入圆成实。”(《成唯识论掌中枢要》卷下末,T43,pp.652c-653a;《大乘法苑义林章》卷1,T45,p.262c。)或不必然。如上述,暖、顶二位仅是以四寻思观所取无,忍位才能以四如实智确证所取无,故忍位被称为“入真义一分”,即悟入了遍计所执性的境是无。至于悟入依他起性,按照世亲的解释,是指悟入“一切唯意言性”,即一切唯识。(《摄大乘论释》卷6,T31,p.351c。)因此忍位悟入遍计所执性的境是无,也就悟入了唯识即依他起性。

② 见《瑜伽师地论》卷36,T30,p.490b-c。

③ 《大乘庄严经论》卷7,T31,p.625a;S. Lévi:*Mahāyāna-sūtrālaṃkāra*,p.93。

④ 《大乘庄严经论》译作“四求”、“四如实知”,见该论卷12,T31,p.653c。

⑤ 《辩中边论》卷上,T31,p.465a;Gadjin M. Nagao(长尾雅人):*Madhyāntavibhāga-bhāṣya*,pp.19-20。

⑥ 安慧《中边分别论释》:“tatrānupraveśas tadavabodhaḥ | tasyopāyo yatas tadasallakṣaṇam anupraviśati |”(于中随入即了悟彼,彼[了悟]之方便,由此[方便]随入彼无相。)S. Yamaguchi(山口益):*Madhyāntavibhāgaṭīkā de Sthiramati*,p.24。

⑦ 《摄大乘论本》卷中,T31,p.143c;《大乘阿毗达磨集论》卷6,T31,p.687b;早島理:《梵蔵漢対校「大乘阿毗达磨集論」·「大乘阿毗达磨雑集論」》,Volume III,p.630。

这样看来,《摄论》似乎仅是对此前有关菩萨道的修证体系作了一个系统性的总结,但回到《入所知相分》的开头,我们可以发现,《摄论》其实是通过这一总结,而回应了如何由多闻熏习生起出世心的问题,亦即无始流转的有情何以能趋于还灭的问题。概言之,一方面,顺解脱分、顺决择分的多闻熏习、如理作意,固然是"世间"的,所以仅能以四寻思、四如实智观照能所二空,而不能现证能所二空的真如。但另一方面,多闻熏习又导源于佛法,所以这种由多闻熏习所引生的对能所二空的观照与流转的方向相反,而相似、随顺于见道位对能所二空的真如的证入,职是之故,法界等流的正闻熏习即是见道位出世心生起之因。所以《摄论·增上慧学分》中说:"诸菩萨因缘,有言闻熏习,是无分别智,及如理作意。""有言"(brjod bcas pa,sa-jalpa),就是"有他言音"的意思。① 此即,对他者所说正法的闻熏与内心的如理作意,是无分别智生起的因缘。这里"因缘"的藏文是 gzhi,长尾雅人将其还原为 nidāna,意为"根本原因"。所以颂文中虽然没有直接用 rgyu'i rkyen/hetu-pratyaya 一词,但意思还是相通的。如真谛就认为,这是指"四缘中除三缘,但取因缘"②。考虑到《增上慧学分》接下来的一颂是说无分别智的所缘(dmigs pa,ālambana),真谛的解读未必无据。

事实上,《摄决择分》中早已指出:"阿赖耶识所摄持顺解脱分及顺决择分等善法种子,此非集谛因。由顺解脱分等善根与流转相违故。"③《杂集论》则对其作出了有漏、无漏的双重界说。一方面,"随顺决择分善"属"修所断"(bhāvanā-prahātavya),以其为"粗重所随(dauṣṭhulya-anubandha)故"。④ 就此而言,它是有漏性的,将在修道位中渐次除灭。另一方面,顺决择分又属于"漏随顺"(āsrava-ānukūlya):"虽为烦恼粗重所随(kleśa-dauṣṭhulya-anugata),然得建立为无漏性(anāsravatva),以背一切有(sarva-bhava-vaimukhya),顺彼对治(tat-pratipakṣa)故。"⑤ 此即,顺决择分有"随"(anugata)、"顺"(ānukūlya)二义,为烦恼"随",又"顺"于烦恼的对治。就其能对治烦恼,与流转相违而言,也可以说是无漏性的。在窥基看来,这里说

---

① 《摄大乘论本》卷下,T31,p.147c;長尾雅人:《摂大乗論:和訳と注解(下)》,页 250,附录页 93。无性:《摄大乘论释》卷 8:"谓有于他大乘言音,故名有言。"(T31,p.430a)

② 陈译:《摄大乘论释》卷 12,T31,p.240a。

③ 《瑜伽师地论》卷 51,T30,p.581b。

④ 《大乘阿毗达磨杂集论》卷 4,T31,p.711a;早島理:《梵蔵漢対校「大乘阿毗达磨集論」·「大乘阿毗达磨雑集論」》,Volume I,p.217。

⑤ 《大乘阿毗达磨杂集论》卷 3,T31,p.706c;早島理:《梵蔵漢対校「大乘阿毗达磨集論」·「大乘阿毗达磨雑集論」》,Volume I,p.155。

的无漏性，是就顺决择分中的本有无漏种子而言，①这恐怕并不能从论文本身见出。毋宁说，论文就是直接认为，正是由于地前的多闻熏习所具有的有漏、无漏的双重性质，使之成为由有漏转向无漏的中介。所以《杂集论》中说：

> 因缘（hetu-pratyaya）者，谓阿赖耶识及善习气（kuśala-vāsanā），与有漏、无漏诸法，如其次第为因缘故。……善习气者，谓顺解脱分习气（mokṣa-bhāgīyānāṃ vāsanā），由此习气用出世间证等流法（lokottara-adhigama-niṣyanda-dharma）为缘生故，能与出世法作因缘（lokottara-dharma-hetu）。②

这里已明确说，阿赖耶识是有漏法的因缘，而善习气即顺解脱分习气则是无漏法的因缘。此即，后者也是就四缘中的因缘来说的，而并非是后来《成唯识论》所说的增上缘。可见，虽然地前的正闻熏习并非究竟的无漏种子，但由于其导源于清净的出世间法，故而以此为因缘，即能引生见道位无漏的无分别智。其后因有无漏现行故，还能新熏成无漏种，乃至展转而得如如智证的法身。《摄大乘论》谓闻熏种为“法身种子”，由大乘之法身或小乘之解脱身摄，应该就是在这一意义上来说的。

基于对闻熏种的理解，《摄大乘论》进一步认为，“外或无熏习，非内种应知”③。这是说，如自然界中的谷、麦等外种（phyi rol gyi sa bon，bāhyaṃ bījam）容或可无熏习，但外种只是假立的，它们其实也是现行。因此所谓由谷、麦等外种生起谷、麦等，只是增上缘的关系，而两者都是以阿赖耶识为亲因缘。阿赖耶识才是真正的种子，即内种（nang gi rnams kyi sa bon，ādhyātmikaṃ bījam），内种必因熏习而有。这样，《摄论》事实上已达到了一切有漏、无漏种均为新熏的结论。

《摄决择分》的成立至少要晚于《解深密经》，《摄大乘论》为无著、世亲时代的作品，《杂集论》汉传为安慧所糅，而难陀、胜军一系又被窥基他们视作种子新熏说的代表。可见，种子之为新熏，当极唱于“唯识古学”，相对于《本地分》时代的早期瑜伽师，乃为一新说。后起之护月、护法、亲光等均立本有种，虽名曰“唯识今学”，实则多回复到《本地分》的立场而发明之，可谓“以复古为创新”者也。

---

① 《大乘法苑义林章》卷7，T45，p.363b。

② 《大乘阿毗达磨杂集论》卷4，T31，p.713a；早島理：《梵蔵漢对校「大乘阿毗达磨集論」·「大乘阿毗达磨雜集論」》，Volume I，p.243。

③ 《摄大乘论本》卷上，T31，p.135b；長尾雅人：《摂大乗論：和訳と注解（上）》，附录页30。

2.4　新熏种子的缘起论分析

《成唯识论》对种子新熏说的批评，主要集中在无漏无因的难题上，即见道位最初一念无漏如何可能由有漏闻熏生起？"有漏不应为无漏种，勿无漏种生有漏故"①。如前所述，这其实是出自有部对经部种子说的批评，而其基本立足点，乃是有部的"自性见"。② 在窥基他们看来，顺解脱分、顺决择分之有漏闻熏，其功能仅在于作为增上缘令本有无漏种子展转增胜，见道位之初念无漏，即以此所增本有无漏种为因缘而生起，从此已去，则因有无漏现行，故更有新熏无漏种。"本有家"所说大致相同，只是不许另有无漏种之新熏而已。

另一方面，新儒家流如熊十力亦对新熏说提出了强烈的批评，他们将其与孟子所谓的"外铄"联系起来，认为首先"要须识得自家宝藏，然后一切闻见，皆此心之发用。若于自家宝藏信不及，专靠外来闻见熏生，此孟子所谓舍其田而芸人之田也"③。

这两类批评看似毫无瓜葛，甚而截然相反，因为本有种的确立，必然逻辑地导出"五姓各别"的独特立场，而新儒家阳明心学式的路数，恰恰与中土真常佛性论的"一性皆成"互为表里。颇有意味的是，两者在基本理路上其实是共通的，那就是前面所说的，认为果取决于因的实体决定论立场。也就是说，果性的生起正由一个具体而微的因性作为其依据，具体到修行上，就是有本有的种姓或佛性作为成就三乘圣果的内在保证，否则成佛作圣就不再有必然性。如牟宗三（1909—1995）就批评新熏论说：

> 无漏种既是由后天正闻熏习而成，则众生赖以成佛的根据亦必落入后天的、经验的，既是后天经验的，则此成佛的根据无必然的保障。因为众生所以能成佛，不仅要靠后天熏习，而且要碰机会，那么何时能证道成佛，根本无法肯定。……如果必须完全靠后天经验的熏习，则遇见佛时，可能成佛，若未遇见佛，岂非永无证道成佛之日？④

牟宗三这一貌似言之凿凿的批评其实是不得要领的。其一，佛陀虽然有普

---

① 《成唯识论》卷 2，T31，p.8c。

② 请参本书中篇第四章第三节。

③ 吕澂、熊十力：《辩佛学根本问题》，《中国哲学（第十一辑）》，页 182。《孟子·尽心下》："人病舍其田，而芸人之田。所求于人者重，而所以自任者轻。"《十三经注疏》（北京：中华书局，1980 年），页 2778 下。

④ 牟宗三：《中国哲学十九讲》（台北：学生书局，1983 年），页 285。

度众生的悲愿，却并没有允诺一切众生决定性地可以成佛，当然，佛陀也没有决定性地弃绝一类众生，认为他们永不能成佛。其二，正闻熏习并不仅仅只是“碰机会”、碰运气来“遇见佛”，它同时还有赖于众生的发心修行，这是一个交互的过程。更何况，正因为时间无始、缘起无尽，解脱的可能性总是向未来开放的，只要众生发心修行，总有闻法乃至解脱的可能，而这不是由先天决定的。

概言之，所谓缘起，如前所述，认可的是关系的必然性，因中却不必有果，因此所谓无漏必由无漏种生，诸如此类基础主义的设定并不是缘起所内在要求的。如《大智度论》就曾指出：“圣人有为无漏法，从有漏法缘生。”①而《摄决择分》对此也有明确的认识：

> 问：若先无有知无相智，由无有故，亦无数习无相智（mtshan ma med pa'i shes pa，* animitta-jñāna）义，无数习故，知无相智既无其因，应不得生？答：有相（mtshan ma dang bcas pa，* sa-nimitta）亦得为无相（mtshan ma med pa，* animitta）因，随顺（mthun pa，* ānukūlya）彼故。如世间智为缘生出世智，有漏智为缘生无漏智，有心定为缘生无心定，此亦如是。②

如前所述，顺决择分观能所取二空即是有相观，但它能随顺证入能所取“无相”的真如，所以可以成为“知无相智”之因。对此，后来法宝进一步解释说：“由前佛无漏教力生多闻熏习，思、修慧等所起行相似于见道，四善根等随顺见道，亦名无漏，从此无漏生真无漏，非有漏中先有无漏。”“若无带迷之闻教，何得有离教之悟生？若不无执，离鱼、兔之筌、蹄，何能得舍筌、蹄之鱼、兔？”③有捕捉鱼、兔的筌、蹄，才有鱼、兔之可得，“闻教”犹如筌、蹄，虽“带迷”、“不无执”，但只有通过它，才能获得鱼、兔，证悟“离教”之真如。法宝的这一解释，应该是符合《摄决择分》、《摄大乘论》之义的。

有趣的是，法宝作出这一解释的一个重要依据，是如来藏系的经典《大般涅槃经》。如所周知，《大般涅槃经》的前分（前十卷）与后分（后三十卷）有比较大的差异。按照笔者的看法，该经的前分是说，一切众生包括一阐提

---

① 《大智度论》卷 31，T25，p.290c。

② 《瑜伽师地论》卷 73，T30，p.701b；*rNal 'byor spyod pa'i sa rnam par gtan la dbab pa bsdu ba*，D4038，Zi，p.14a。

③ 《一乘佛性究竟论》卷 4，浅田正博：《法宝撰「一乘仏性究竟論」卷第 4・卷第 5の両巻について》，《龍谷大学佛教文化研究所紀要》25 号，页 126、132。“兔”原作“鬼”，据文意改。

(icchantika)本有佛性,但"一阐提虽有佛性,而为无量罪垢所缠,不能得出,……不能生于菩提妙因",不能成佛;①该经的后分则导入了般若中观之学,以"第一义空"、"中道"解佛性,在佛性与一阐提的问题上,后分的说法虽然并不完全一致,但总体上说,是在"佛性当有"的意义上认可了包括一阐提在内的一切众生皆有佛性且均能成佛,如说:"一切众生定得阿耨多罗三藐三菩提故,是故我说一切众生悉有佛性。……一切众生未来之世当有阿耨多罗三藐三菩提,是名佛性。一切众生现在悉有烦恼诸结,是故现在无有三十二相、八十种好。……乃至一阐提等亦有佛性。一阐提等无有善法,佛性亦善,以未来有故,一阐提等悉有佛性。何以故?一阐提等定当得成阿耨多罗三藐三菩提故。"②概言之,"以当有故,决定得故,定当见故,是故名为一切众生悉有佛性"③。所以后分中曾比喻说,就像由乳生酪,乳中并没有酪性,只是借助于众缘力,比如我们投入一滴颇求树汁,乳才成了酪。众生佛性也是如此,众生并非本具佛性,只是借助于众缘力,比如当下的修行,才能在未来见证佛性而成佛。后分的这一思想,在相当程度上消解了该经前分乃至早期如来藏系经典的基础主义设定,即,众生最终之所以能成佛并见证佛性,并不在于佛性原本就已具体而微地存在于每一众生之中以为其先天的依据,一切都只能在缘起的意义上,通过修行的过程来予以说明。所以没有先在决定的有佛性者,也没有先在决定的无佛性者,"一切众生定有佛性,是名为著;若无佛性,是名虚妄"④。

从现有文献看,竺道生(355?—434)应该是佛性本有论者。比如,在对《涅槃经》的解题中,道生明确说,真理湛然长存,所谓成佛无非就是返迷归本,因此他批评佛性始有说,认为"始则必终,常以之昧"⑤,此即,如果佛性始有,它就成了生灭变化之物,而不再是常住不变的真理。但佛性始有其实并不是指,佛性由众生位的无而生成为佛果位的有,如此它才成了本无今有、有已还无的生灭法,而是说,在众生位佛性不可见,要到佛果位方能见证("定当见故"),也就是道生所谓"我始会之"意义上的"始"("会"是会遇、证悟的意思)。概言之,这并非是在因缘的意义上说佛性于将来生成,而是在所缘缘的意义上说佛性于将来见证。

---

① 《大般涅槃经》卷9,T12,p.419b。

② 《大般涅槃经》卷27,T12,p.524b-c。

③ 《大般涅槃经》卷32,T12,p.556a。

④ 《大般涅槃经》卷35,T12,p.572c。关于这一问题,请参傅新毅:《竺道生"阐提成佛"说新论》,《哲学研究》2014年第6期,页107—109。

⑤ 《大般涅槃经集解》卷1,T37,p.377b。

在东亚佛教史上，曹洞宗的日本传人道元禅师（1200—1253）或许是难得对这一问题有深刻领会的一人。在《正法眼藏》中，他强调指出：

> 佛性之道理者，非谓佛性于成佛之前具足，乃谓于成佛之后具足也。佛性必与成佛同参。此道理，须当功夫参究。……参学其为成佛以来所具足之法者，正鹄也。不恁么参学者，非佛法也。不如是参学，则佛法不应传至今日。若此道理不明，则不明成佛，不能见闻（佛法）也。①

道元坚持修证不二，所以在他看来，正是在切实修行的每一个时节因缘，才有佛性的当下现成。如果说众生已先在地具足佛性，这就将证悟（佛性）与修行割裂了开来。可见，道元至少已自觉地意识到，离开了修行的过程，也就没有佛性可言。

回到《涅槃经》的后分，这里需要注意的是乳酪的比喻。一方面，乳是酪因，酪是乳果，有乳才能有酪；另一方面，乳和酪“色味各异，服用不同，热病服乳，冷病服酪，乳生冷病，酪生热病”②，所以乳中并没有酪性。法宝即以此比喻来回应所谓“有漏不应为无漏种，勿无漏种生有漏故”的责难。乳无酪性，由乳则能生酪，但我们不能反过来以酪不能生乳来予以责难，酪不能生乳并不能否定乳可以生酪。这里乳是比喻有漏法，酪是比喻无漏法：“岂得以酪不生乳，即不许乳无酪性而生酪邪？圣无作凡之理，即不许凡无圣性而作圣邪？”③事实上，用前面我们所作出的两种决定论的区分来说，乳可以生酪，酪不能生乳，凡可以成圣，圣不能成凡，指认的正是因果之间的关系决定论，但这并不需要以乳中先在地具有酪性、凡中先在地具有圣性这种实体决定论来予以说明。当然，法宝虽然强调闻熏，但他认为，无漏心的生起是以真如佛性为正因，正闻熏习为缘因，所以他也批评新熏论者“违本性正因法尔而有”④。也就是说，他并没有充分认识到《涅槃经》后分“佛性当有”的意义。这一问题已如前述，这里不再赘述。

既然因性并没有先在地决定果性，因此按照缘起的基本语义，我们必须在一种动态的关系与过程中来理解解脱的可能。一方面，对每一有情来说，

---

① 《正法眼藏》卷3，《道元禅师全集（上卷）》（东京：筑摩书房，1969年），页20。译文据何燕生译注：《正法眼藏》（北京：宗教文化出版社，2003年），页36。

② 《大般涅槃经》卷35，T12，p.572c。

③ 《一乘佛性究竟论》卷4，浅田正博：《法宝撰「一乘仏性究竟論」巻第4・巻第5の両巻について》，《龍谷大学佛教文化研究所紀要》25号，页127。

④ 《一乘佛性权实论》，久下陞：《一乘佛性權實論の研究（上）》，页347、687。

其成佛作圣固然没有先天性的依据，不能如新儒家般单方面地通过“道德良知”的廓然呈现来达成，焉知这种纯属私人话语的所谓发明本心是否仅仅只是无明习气的流行？另一方面，佛陀也不是基督宗教中万能的上帝，不像基督教那样只要诉诸信仰、单方面地仰仗上帝就能得到决定性的拯救。佛家开启的乃是“内在超越”与“外在超越”之外的第三条道路：解脱的可能性存在于求解脱者与已解脱者的动态的关联之中，而这种关联的契机即是对经教的听闻与理解，依之才能次第展开出确当而非盲目、切实而非蹈空的修证实践。

事实上，如前所述，早在原始佛典中就已明确指出，“二因二缘而生正见”，一是外闻佛法，二是内自思惟。具体说来，则有四种“入流分”(sotāpattiyaṅga)，所谓“亲近善男子(sappurisa-saṃseva)，听正法(saddhamma-savana)，内正思惟(yoniso-manasikāra，如理作意)，法次法向(dhamma-anu-dhamma-paṭipatti)”①。“法次法向”，即“法随法行”(梵 dharma-anu-dharma-pratipatti)之旧译。按照阿毗达磨的传统解释，“谓涅槃名法(dharma)，八支圣道名随法(anu-dharma)。佛弟子众于此中行(pratipatti)，名法随法行”②。概言之，这也就是如法修行之义，世亲所谓“如教行故”③。“流”(sota，梵 srotas)者，圣道(mārga)之谓。如《俱舍论》说：“诸无漏道总名为流，由此为因趣涅槃故。”“入流”(sotāpatti，梵 srotāpatti)，新译作“预流”，意为获得圣道，已得圣道者即被称为预流果即初果(sotāpanna，梵 srotāpanna，须陀洹)。④ 所以“入流分”也被称为“须陀洹道分”。⑤ 这是说，要获得初果，需

---

① 《杂阿含经》卷30，T2，p.215b；*Saṃyutta-nikāya Part V*，p.347。

② 《阿毗达磨法蕴足论》卷2，T26，p.463b。

③ 世亲：《摄大乘论释》卷2，T31，p.327a。

④ 《阿毗达磨俱舍论》卷23，T29，p.123a。此句梵本作：“nirvāṇasroto hi mārgastena tatra gamanāt”(道即是[趣]涅槃流，由此、于此趣[涅槃]故。)真谛译为“道者谓向涅槃流，由此道行至涅槃故”，基本上是直译。玄奘则有意译的成分。P. Pradhan：*Abhidharmakośabhāṣya of Vasubandhu*，p.356；《阿毗达磨俱舍释论》卷17，T29，p.275b。关于“预流”，如南传《增支部注释书》：“Sotāpannā ti ariyamaggasotaṃ āpannā.”(预流者，即已入于圣道之流。)《大智度论》：“须陀洹(srotas，‘洹’字衍)名流，即是八圣道分，般那(严格说来，拆分后应为‘阿般那’，梵 āpanna)名入。入是八圣道分，流入涅槃。”窥基的解释，“预(āpanna)者言入，流(srotas)谓流类。入圣之类，故名预流”，大体也与之类似。*Manoratha-pūraṇī Vol. V* (London：Pali Text Society，1956)，p.44；《大智度论》卷32，T25，pp.300c－301a；《成唯识论述记》第一本，T43，p.240a。汉地早期则多将“流”解为“生死流”，而“须陀洹”意为“逆流”，即逆生死流。如《大乘义章》卷17本：“随义傍翻，名为逆流。逆生死流，三途生死永不受故。”(T44，p.790c)这或许是依据《大般涅槃经》卷36：“流有二种：一者顺流，二者逆流。以逆流故名须陀洹。”(T12，p.577c)即将 āpanna 解作“违犯”，由此“流”也就相应地成了“生死流”。关于“流”，《阿毗达磨大毗婆沙论》卷176也有类似的说法：“流有多种，或说圣道名流，或说业名流，或说爱名流，或说生死名流。”(T27，p.884c)

⑤ 《杂阿含经》卷41，T2，p.298c。

要具备四个条件，亲近善友（包括佛菩萨），听闻正法，如理思惟，如法修行，这也就是通常所说的闻、思、修。

无论是部派还是大乘，基本都是承许这一传统。如《法蕴足论》就曾特别谈到了四者之间的次第关联："所以得入正性离生，由精进修法随法行。所以能修法随法行，由如理观甚深妙义。所以能观甚深妙义，由能恭敬听闻正法。所以复能听闻正法，由能亲近供养善士。若能亲近供养善士，便闻正法。闻正法已，便能如理观深妙义。如理观察深妙义已，便能进修法随法行。既精进修法随法行，便得趣入正性离生。"①而《摄论·入所知相分》也说，要悟入三性，同样需要具备四个条件：一是"因力"（rgyu'i stobs，* hetu-bala），所谓"大乘多闻熏习相续"，此即听闻正法；二是"善友力"（dge ba'i bshes gnyen gyi stobs，* kalyāṇamitra-bala），所谓"已得逢事无量诸佛出现于世"，此即亲近善友；三是"作意力"（yid la byed pa'i stobs，* manasikāra-bala），所谓"已得一向决定胜解"，对所闻佛法有了决定性的了解，此即如理思惟；四是"任持力"（nye bar rton pa'i stobs，* upastambha-bala），所谓"已善积集诸善根"，此即法随法行。②

在此四个条件中，或者笼统地说，在闻、思、修中，闻是起点和前提。无性在《摄论释》中曾引用《教授尊者罗怙罗经》说：

> 如《薄伽梵教授尊者罗怙罗经》说如是言：唯愿世尊教我现观。世尊告曰：汝已受持正法藏耶？罗怙罗言：不也，世尊。世尊告曰：汝今且应受持法藏。③

"罗怙罗"即"罗睺罗"（Rāhula）。可见，没有对正法的闻熏而确立正见，所有的修行都是无根的。所以世亲在《金刚经论》中说："以远离所说法不能得大菩提，以是义故，此法能为菩提因。"④

---

① 《阿毗达磨法蕴足论》卷2，T26，p.459c。

② 《摄大乘论本》卷中，T31，p.142b；世亲：《摄大乘论释》卷6，T31，p.349b－c；*Theg pa chen po bsdus pa'i 'grel pa*，D4050，Ri，p.157b。"nye bar rton pa"，德格版作"nye bar ston pa"，据北京版改。窥基在解释《摄论》的这段文字时，将"大乘多闻熏习相续"一分为二，认为"大乘"等是指本性住种姓，"多闻熏习"等是指习所成种姓，具本、习二性为"因力"（《成唯识论述记》第九末，T43，p.556b）。这显然是从本新并建的立场来作出的解释，并不符合《摄论》及其世亲、无性释。

③ 无性：《摄大乘论释》卷6，T31，p.413b。按：《开元录》曾著录有《教诫罗怙罗经》一卷，谓其系义净三藏从《根本说一切有部毗柰耶》卷25钞出（《开元释教录》卷17、卷20，T55，p.663b、p.699b）。今检《根本说一切有部毗柰耶》卷25，无上引内容，疑非同一经。

④ 《金刚般若波罗蜜经论》卷下，T25，p.794a。

汉传佛教其实也并非一开始就排斥对经教的闻熏,如隋代的慧均曾告诫说:“吴鲁两国大德常云:有二种破佛之正法。一、藉聪明,不就学广问大小经论,漫融通用,故失经论旨趣,故名为破法人也。二、虽熟听闻一部论旨,而不广习余论故,一论意致通释诸论意,复是灭佛法人也。后学诸人,故须慎之慎之也。”①但特别是在禅宗兴盛后,学人每每强调内心的神秘体验,轻视甚至蔑弃对经教的闻熏,“阔谈圆妙,流于玄虚”②。有人甚而将所知障作“所知即障”的持业释,认为知识本身就是对解脱的障碍,是所谓“露布、葛藤”。如说:“流入知解罗网中,不得出头,惟益多闻,乃所知障。”③其流弊所致,乃成“束书不观、游谈无根”的晚明陋习。

事实上,《菩萨地》中就曾明确说,菩萨的“自性慧”(prajñā-svabhāva)是“能悟入一切所知(sarva-jñeya-praveśāya)及已悟入一切所知(sarva-jñeyānupraviṣṭaḥ)”,这具体是指对“一切五明处(paṃca-vidyā-sthānāni)”的“简择”(pravicaya),而“菩萨于此五种明处若正勤求,则名勤求一切明处(sarva-vidyā-sthānāni)”。④《庄严经论》并强调指出:“若不勤习五明,不得一切种智故。”⑤因此安慧在《中边释》中解释说,所知障的“所知”(jñeya),就是指“全体”(sarvātmanā)五明处,“于此作为智[生起]之障碍的不染无知,即是所知障”(tatra jñānavibandhabhūtam akliṣṭam ajñānaṃ jñeyāvaraṇam⑥)。清辨也说,对于以四明(清辨这里没有提到“工业明”)为内容的闻所成慧应当精进修行,因为这是进而由思慧、修慧生起无上智(bla na med pa'i shes pa, * anuttara-jñāna)之因(rgyu, * hetu)。⑦ 可见,菩萨道的修行,恰恰是要求行者广泛地学习世间、出世间的各种知识和学问,即所谓“内明”(ādhyātmika-vidyā)、“因明”(hetu-vidyā)、“声明”(śabda-vidyā)、“医方明”(vyādhi-cikitsā-vidyā)、“工业明”(śilpa-karma-vidyā)这五明,“明”(vidyā)就是知识、学问的意思。认为知识反倒是对解脱的障碍,这其实是来源于道家“为学日益,为道日损”的反智主义传统,与佛法无涉。熊氏所谓的“外铄”之讥亦同出一辙。在今天,佛教如果要走出笼统颟顸的中古形态以回应现代性的挑战,那么重新彰显闻熏的价值并以此来导入知性的维

---

① 《大乘四论玄义》卷8,X46,p.623a－b。

② 《太虚大师全书(第9册)》,页1249。

③ 《天目明本禅师杂录》卷2,X70,p.732a。

④ 《瑜伽师地论》卷43、38,T30,p.528c、500c;Unrai Wogihara(荻原云来):*Bodhisattvabhūmi*,p.212、96。

⑤ 《大乘庄严经论》卷5,T31,p.616a。

⑥ S. Yamaguchi(山口益):*Madhyāntavibhāgaṭīkā de Sthiramati*,p.130。

⑦ *dBu ma'i snying po'i 'grel pa rtog ge 'bar ba*,D3856,Dza,p.57a。

度，作为对传统中私人话语无限通胀的有力纠偏，无疑更具有我们远未充分认识的现实意义。

第三节　本新并建说

在《成唯识论》看来，唯新熏说固然会发生无漏无因的难题，唯本有说的困难则在于，既然前七转识不能熏生新种，而只能熏长旧种，两者之间的互为因缘性即无法成立，而如上篇所述，这是《阿毗达磨大乘经》及依之所造的《摄大乘论》的基本主题。因此应当综合本有、新熏二说，承认“种子各有二类：一者，本有，谓无始来异熟识中法尔而有、生蕴处界功能差别，……此即名为本性住种；二者，始起，谓无始来数数现行熏习而有，……此即名为习所成种”①。这就是为玄奘一系所接受的“本新并建说”。

3.1　性种与习种的定位

在《成唯识论》本新并建的基本语义下，《菩萨地》所提出的性、习二种亦有了相应的调整与更为明晰的界说。性种是指“无始来依附本识，法尔所得无漏法因”，它是本有的无漏种子；习种则是指“闻法界等流法已，闻所成等熏习所成”，②这显然是整合了《摄决择分》、《摄大乘论》有关正闻熏习的论义，这样所谓习种也就有了明确的新熏的内涵。

既然习种即闻熏种，它是“始起”，而正闻熏习是在地前的顺解脱分、顺决择分发生的，那么这是否意味着在地前就能新熏成无漏种呢？据玄奘门下如文备、慧景、神泰等人相传，护法与护月的不同，正在于护月唯主本有，故地前闻熏只是资发本有无漏种子增长；护法则认为，以有地前闻熏故，“解脱分位，更生无漏种子”③。具体说来，地前有漏闻熏作为增上缘，一方面能熏习本有无漏种令其增长，另一方面能在世第一法位，令此本有无漏种于后念转生一新生无漏种。该新生种虽是由本有种转生，但就其导源于闻熏言，亦可称之为新熏种。见道位之初念无漏，即由此本、新二无漏种共生。④ 持此“转生种”义者，按灵泰所说，为“未有《唯识论》已前，即

---

① 《成唯识论》卷 2，T31，p.8b－c。

② 《成唯识论》卷 9，T31，p.48b。

③ 《瑜伽师地论略纂》卷 13，T43，p.184c；《成唯识论述记》第二末，T43，p.309b。

④ 参《成唯识论述记》第三本，T43，p.310b；《成唯识论疏义演》第三本，X49，p.542b；《成唯识论疏抄》卷 5，X50，pp.211c－212a。

上古已来诸法师"①，亦未详具体所指。日本法相宗则相传说，这是最胜子的论义。② 若如此，这或许是为最胜子所传承的护法旧说。

《成唯识论》则不取此说，其谓："有诸有情无始时来有无漏种，不由熏习，法尔成就，后胜进位熏令增长。无漏法起，以此为因。无漏起时，复熏成种。"③窥基进一步解释说，"转生种"义必然会导出于同一刹那有四法俱时共存，一是已增长之本有种，二是由本有种所转生种，三是由本有种与转生种所生之现行，四是由此现行所新熏种，这就违背了一刹那唯二种一现三法展转之义。④ 所以地前之闻熏，仅是作为增上缘而增长本有无漏种，见道位之初念无漏，即以此已增长之本有无漏种为因缘，这一点同于护月，只是在入地之后，因有无漏现行故，更有新熏无漏种，此与护月有别。据日本法相宗相传，这正是为戒贤（Śīlabhadra，尸罗跋陀罗）所传承的护法新说。⑤ 据此，无漏种之新熏当以见道位为起点，而并非在地前的顺解脱分、顺决择分。至于有漏闻熏种之新熏，当然在地前就已存在，自不待言。

仔细推敲起来，这里还是有两个问题。其一，既然无漏种之新熏是起于见道位，那么地前由闻熏所增长之本有无漏种，究竟是习种呢，还是性种？换言之，对于无漏种来说，性种与习种的分界究竟何在呢？如果说习种是"闻法界等流法已，闻所成等熏习所成"，那么地前由闻熏所增长之本有无漏种就已是习种，性种则唯是指闻法之前无始法尔的本有无漏种，但若说习种为"始起"，则入地之后的新熏无漏种才能称习种，地前由闻熏所增长之本有无漏种还是性种。其二，虽然在地前没有新熏无漏种，但有新熏的有漏闻熏种，这种新熏的有漏闻熏种既是"闻法界等流法已，闻所成等熏习所成"，又是"始起"，那它是否也是习种呢？

按照窥基的见解，性、习二种似乎仅是就无漏种来说的，如说："未闻正法，但无漏种无始自成，不曾熏习令其增长，名本种姓。……此闻正法以去，

---

① 《成唯识论疏抄》卷4，X50，p.210a。

② 《唯识论同学钞》卷22（三之二）："新、旧种俱为因缘，于一切时，新、古合生。见道初念，（抟）［转］生新种与本有种合生初无漏心。（最胜子义。）"（T66，p.207c）日本法相宗的这一传说，可能是从《学记》推导出来的。《学记》卷6中说，关于本新二种生果的问题，护法门下有二释：调伏光认为，"新旧二种，一正生时，余唯助力"；而最胜子则认为，"势力齐者，共生一果"（X50，pp.105c－106a）。或许正是因为最胜子提出了本新二种共生一果的看法，所以日本法相宗将"转生种"义归诸最胜子。

③ 《成唯识论》卷2，T31，p.9a。

④ 参《成唯识论述记》第三本，T43，p.310b。

⑤ 《唯识论同学钞》卷22（三之二）："新、旧俱为因缘。见道初无漏唯本有生也。（戒贤义。）"（T66，p.207c）

令无漏旧种增长，名习种姓。……非必新生方名为成，令种增长亦名成故。"①此即，性种只是指闻法之前无始法尔的本有无漏种，闻法后被熏长的本有无漏种就已是习种。既然地前就已有无漏习种，似乎也就没有必要再将地前新熏的有漏闻熏种也称为习种。

圆测的看法则有所不同，高丽华严学者均如（923—973）在其《释华严教分记圆通钞》中曾引用圆测的《成唯识论疏》说：

> 如是二种性，诸说不同。若依难陀、胜军等，十信已前无法尔种，依当可生故，《菩萨地》为性种性；习种性者，十信已上闻思等惠所熏成性，是道分故，名为习种。月藏菩萨释云，唯有法尔无漏种子，十信已前未熏发故，名性种性；十信已上，由闻熏等熏发力故，其用转增，即说性种转名习种，而无别体。护法宗具新旧二种，本有种子名性种性，新熏种子名习种性。约位分别，十信已前名性种性，十信已后名习种性。由前道理，性种在前，习种在后。②

《学记》也摘引圆测《唯识疏》说："法尔名本性住，新熏种子名习所成。信前名性种，信后名习种。"《学记》并自注云，后解"并取有漏种子"。③ 可见，圆测所说的性、习二种是包括有漏闻熏种的，因此综合有漏、无漏种来说，在十信位前（包括十信位）是性种，在十信位后是习种。

《了义灯》的记载则略有不同："西明释云：十信已前名性种姓，十行已上名习种姓。"中间似乎缺了对十住的定位。所以慧沼破斥说："初判十行已上方名习性，十住菩萨岂非习收？"④但从其他文献的引述来看，圆测应该是说，十信以上包括十住在内都是习种，未知慧沼所见本是否是将"信"字误作了"行"字。

我们先来看无漏习种。既然无漏种之新熏是起于见道位，那么，按照圆测所谓"本有种子名性种性，新熏种子名习种性"的判别原则，只有在入地之后，才有无漏现行，而新熏成无漏习种，在地前的本有无漏种即便由有漏闻熏而增长，但因为它不是新熏无漏种，所以还是性种。这与《伦记》中所记载的慧景的看法是一致的，慧景也说："在地前时，虽为有漏闻熏资发本种功能增长，犹是本有种类，是故判入姓种所收。以经地前未有现行无漏别熏成种

---

① 《成唯识论述记》第九末，T43，p.556a。并参《成唯识论了义灯》第七本，T43，p.792b。

② 《释华严教分记圆通钞》卷3，《均如大师华严学全书（下卷）》，页173。

③ 《成唯识论学记》卷7，X50，p.114b。

④ 《成唯识论了义灯》第七本，T43，p.792b－c。

故，无无漏习种姓。……入地已去，无漏现行，熏成种子，即有无漏习姓体。”①事实上，《伦记》本身对所谓护法说的解释也大致相同。②

地前虽然没有无漏习种，但有由有漏闻熏而新熏成的有漏习种。对于有漏习种来说，圆测具体是将其落实在了十信位以上，而不包括十信位，所谓“信前名性种，信后名习种”。这是一个比较独特的看法，因为在汉传唯识学中，一般认为有漏闻熏始于十信位。包括真谛也是认为，闻熏始于十信乃至十信之前。③ 圆测此解，并非来源于唯识论书，而是以真伪存疑的《仁王般若经》、《菩萨璎珞本业经》为依据的。

《仁王》、《璎珞》二经都有种性之说，然其所谓种性乃是就菩萨修行之阶位而言。如果我们将上述建立在本有无漏种基础上的种姓称作“法尔种姓”，那么这种就菩萨修行阶位而成立的种姓则可称之为“分位种姓”。具体说来，在《仁王经·菩萨教化品》中，菩萨的修行次第被分为“伏忍”、“信忍”、“顺忍”、“无生忍”、“寂灭忍”等五忍，其中前四忍位又各分为上、中、下三忍，第五忍位则分为上、下二忍，合为十四忍。为避繁琐，我们这里仅来考察所谓的“伏忍”位。“伏”即损伏之义，于此位中仅能损伏烦恼，而不能完全断除之，故谓之“伏”；“忍”即忍可之义，指一种确定无疑的智慧。“伏忍”又有下、中、上三位：下伏忍名为“信忍”，住此位者为习种性菩萨；中伏忍名为“止忍”，住此位者为性种性菩萨；上伏忍名为“坚忍”，住此位者为道种性菩萨。④《菩萨璎珞本业经·贤圣学观品》则提到了有“习种性”、“性种性”、“道种性”、“圣种性”、“等觉性”、“妙觉性”等六性。其中“习种性”对

---

① 《瑜伽论记》卷8下，T42，p.487a。

② 参《瑜伽论记》卷8下，T42，pp.486c－487a。

③ 真谛其实也有一个独特的看法，他认为，十住位（真谛译为“十解”）能断除人我执，初地则能断除法我执，所以从十住开始就已是圣位，而既然《摄论》说，闻熏是世间的，所以它始于“从初发心讫十信以还”的凡位。参陈译：《摄大乘论释》卷7、3，T31，p.202a、174c。真谛的十住断除人我执之说，或许是得之于《仁王经》，该经有谓：“习忍……入生空位，圣人性故。”（《佛说仁王般若波罗蜜经》卷下，T8，p.831b。值得注意的是，这句话在唐译本中已被改为：“知我法相悉皆空故，住解脱位。”《仁王护国般若波罗蜜多经》卷下，T8，p.841b。）因此如果“习忍”即习种性位对应于十住位，就可以导出十住断除人我执之说。但如下述，真谛似乎又认为，《仁王经》的习种性位是指十信位，故而此说仍有不可解处。无论如何，此说为后来的汉地学者所广泛接受。如智顗就说：“正位二义：一、人空，别教十解……得；二、法空，别教初地……得。”（《仁王护国般若经疏》卷5，T33，p.276b）吉藏也说：“所言正位者，有二义：一、人空正位，十解已上得人空；二、法空正位，初地已上得无生正位。”（《仁王般若经疏》卷中，T33，p.335c）而玄奘新译则明确反对这一说法，如窥基说：“旧来真谛等，十解已上断于人执，名为圣人。此义不尔，依此《论》（指《瑜伽论》——笔者注）等，名为异生，亦未断惑。”（《瑜伽论记》卷21上，T42，p.791a）

④ 具体请参《佛说仁王般若波罗蜜经》卷上，T8，p.826b－c、828b。

应于闻慧，而配以“十住”位；“性种性”对应于思慧，而配以“十行”位；“道种性”对应于修慧，而配以“十回向”位。①

需要指出的是，《仁王》、《璎珞》二经所提出的“分位种姓”，是以习种性在前，性种性在后。也就是说，性种性的“性”，并非是指有情先天具有的本性，而是指有情通过“习”即修习所培植起来并得以内化的一种稳定的趋向和习性。如地论师就对此解释说：“习种转强，内故难改，故名为性。即此性心与菩提作种，名为种。然此性心与菩提作种，不可改丧，复称为性。故名性种性。”②慧均在《四论玄义》中也说：“性不改故，名为性。习解已成，不改为恶，名为性种性也。”③既然这种“分位种姓”意义上的性种性指谓的是习种性的增强，它实际上也还是习种性，如后来智周就说：“《仁王经》中，不约本种，但据新熏。逢缘修行，初学名习。习已渐增，位复不退，名性种姓。如世说言，习以成姓。道种姓等，亦望渐增。”④唐代不详撰者的无性《摄大乘论释》的注释书中更明确说：“若《仁王经》及《璎珞经》，唯就《瑜伽论》等习种姓中，初修习者，名习种姓，因习成性、后修者，名性种姓、道种姓。”⑤如此，《仁王经》等成立这种“分位种姓”意义上的性种性，恰恰是取消了“法尔种姓”意义上的性种性的存在。⑥

《仁王》、《璎珞》二经向被学者视作伪经，也就是说，“分位种姓”的诠释很有可能只是中土的创构，并且两经之间或许还有一定的继承关系。事实上，中土诸师也每每以此二经来互为配释，如此《仁王经》中“伏忍位”的习种性、性种性、道种性菩萨，即对应于《璎珞本业经》中的十住、十行、十回向之三贤位菩萨，而分别以闻、思、修三慧的修行为特征。从现有文献看，这种配释或许始自地论师。如敦煌本 P2908（约北魏）中说：“若依《仁王波若》、《璎珞经》解，凡有五忍。……何等为伏忍？住前三十心，名伏忍。……就伏忍中，分为三品。伏忍下品，名为习种性。”“始从发心住，终至灌顶住，此十心仰习檀等六度万行功德，故名习。以习为菩提因，故名习种性。”⑦这明确

---

① 具体请参《菩萨璎珞本业经》卷上，T24，p.1012b－c。

② 青木隆等：《藏外地论宗文献集成》（首尔：图书出版 CIR，2012 年），页 159。

③ 《大乘四论玄义》卷 2，X46，p.561a。

④ 《法华经玄赞摄释》卷 2，X34，p.45a－b。《法华经玄赞要集》卷 11（X34，p.440b）其意大同。

⑤ 佐藤厚著，杨玉飞译：《撰者不详“无性〈摄大乘论释〉的注释书”之断简——养鸬彻定旧藏〈华严经疏〉的实态》，《佛教文化研究（第七辑）》（南京：南京大学出版社，2021 年），页 184。

⑥ 如本章第一节所述，净影寺慧远将《璎珞本业经》的“性种性”定位到法性上，是因为他试图将其与《地持经》（《菩萨地》旧译）的“性种性”统一起来，但这未必是《璎珞经》的本意，也未必为其他的诠释者包括其他的地论师所接受。

⑦ 青木隆等：《藏外地论宗文献集成》，页 158—159、129。据整理者池田将则的研究，P2908 系“北魏洛阳时期佛教教理学的实录”。见该书页 110。

地是以下伏忍对应于十住,而为习种性。后来智顗在《仁王经疏》中也是这样来配释的。[①] 而圆测也认同这一看法,他说:

> 然此所说三伏忍位,略有三释。一、《本记》云:十信为习种性,十解为性种性,十行为道种性,十回向已上,即属见道。《经》说信等为其性故。又下《经》云,十信、十止、十坚心,故知十信为习种性。一云:此《经》十信为习,十解、十行为性,十回向为道种性。……一云:此《经》三品伏忍,如《璎珞经》三种伏忍。虽有三说,后说为正。[②]

所云"《本记》",或许是指真谛的《仁王般若经疏》,共六卷。[③] "十解"亦系真谛译语,即"十住"。因此第一说可能就是真谛的见解。其第一、第二说,都是以十信位来配释习种性。在圆测看来,这违背了《仁王经》"伏忍圣胎三十人"[④]的说法。此即,如果伏忍位包括十信,那么再加上十住、十行、十回向,合起来就有四十位了,而不再是《仁王经》所说的"三十人"。因此应以十住来配释习种性,而十信不属于习种性。

问题是,《仁王经》说"伏忍圣胎三十人",指的是"十信、十止、十坚心",[⑤]因此如第一、二说,以下伏忍的习种性位对应于十信,似乎是更为合理的配释。对此,圆测回应说:

> 《仁王》第一,十住、十行、十回向,如其次第,习、性及道。《菩萨本业经》亦同,不说十信为习种姓。而《仁王》言伏忍圣胎三十人者,且举方便说十信,非即十信为习种姓。又信有二种:一、位地十信,即在十住前。故《本业经》云:未上十住前,有十(住)[位]名字菩萨,常行信等十心。二、行解十信,通十住已上。即十住、十行、十回,如次配属习、性、道种三位菩萨说,位地信非名(种习)[习种]。[⑥]

---

① 参《仁王护国般若经疏》卷3,T33,pp.269b－270a。

② 《仁王经疏》卷中本,T33,pp.386c－387a。

③ 据《东域传灯目录》:"《仁王般若疏》,六卷(真谛三藏撰,不见行,诸疏云《本记》)。"(T55,p.1148b)但圆测《仁王经疏》一开始就说:"梁时承圣三年(554),西天竺优禅(差)[尼]国三藏法师波罗末陀,梁云真谛,于豫章宝田寺翻出一卷,名《仁王般若经》。疏有六卷。……真谛一本隐而不行。"(T33,p.361c)如此,圆测似乎是能看到真谛的《仁王般若疏》,而看不到其所译的《仁王经》本身。易言之,真谛是否有过独立的《仁王经》翻译或可存疑。

④ 《佛说仁王般若波罗蜜经》卷上,T8,p.827b。

⑤ 同上引。

⑥ 《成唯识论了义灯》第七本,T43,p.792b－c。

这里圆测以《璎珞本业经》所谓十住之初的“发心住”前有十位名字菩萨的说法为依据,①提出了两种十信的区分。《本业经》说的十位名字菩萨是指“位地十信”,即就修行位次而言的十信,它位于十住之前,是修行十住前的方便。所以《仁王经》中说,“伏忍圣胎三十人,十信、十止、十坚心”,此“十信”其实是指十住,只是以十住的前方便十信而名之。② 如此下伏忍的习种性位就对应于十住,而不包括位地十信。至于另一种“行解十信”,即就修行过程中有十信而言,则可通于十住以上。

据此,《仁王经》与《璎珞本业经》的说法是一致的,两者可以互诠。而在《璎珞本业经》中,十住的习种性菩萨是与闻慧相对应的,用唯识学的话来说,多闻熏习是在十住位。圆测将这一说法导入唯识学中,并按照以新熏来判别性、习二种的原则,而得出了“信前名性种,信后名习种”的结论。即,十住及以上才有由有漏闻熏而新熏成的有漏习种,而在十住之前的十信位等既然尚未闻熏,所以只是性种。由此可见,圆测通过对《仁王经》等的解读,恰恰是为有漏闻熏亦是习种找到了经典的依据。也就是说,他是试图以《仁王经》等的“分位种姓”来补充唯识学中的“法尔种姓”。虽然圆测也认识到,两者是有区别的,特别是《仁王经》等在菩萨修行阶位的意义上说种性,是习种性在前,性种性在后,由习而成性,这与唯识学先性后习的说法全然不同,但至少就十信位以上的有漏闻熏是习种这一点来说,在唯识学中也是能成立的。

对于圆测有关性、习二种的上述解释,窥基都提出了批评,他在《瑜伽论略纂》中说:

> 有人云,护法菩萨取地上名习,不取地前、十信。不生无漏种故,生彼种时名习种姓。随增、随生,护月、护法义别。唯胜军师,本种姓于所知障可断义用立之,习种姓即十信时取有漏闻思等种是。……有人云,护法入十信时未别生种者,不然。广如别辩。如《仁王经》说有差。地前有三心,一、信心,二、住心,三、坚心。信位中名习种姓;住者,即十住、十行廿心,合为住心;坚心即十回向。西方寻访彼《经》,未闻有本。虽尔,今且会之。如彼《经》意,总说习种姓为众多姓。即彼《经》云,习

① 《菩萨璎珞本业经》卷下:“是人尔时住(指发心住——笔者注)前,名信想菩萨,亦名假名菩萨,亦名名字菩萨。其人略行十心,所谓信心、进心、念心、慧心、定心、戒心、回向心、护法心、舍心、愿心。”(T24,p.1017a)

② 如前述,智顗也认同这一始自地论师的配释,他甚至认为,经文此处的“十信”乃是“十住”之讹。见《仁王护国般若经疏》卷4,T33,pp.273c－274a。

种姓者，谓在信心，即十信位也。姓种姓者，谓在住心。住心，彼《经》即十住、十行，名姓种姓。①

如果我们将这里的“有人云”和前引圆测《成唯识论疏》作一比对，大致可以推定，这里的“有人云”应该就是指圆测。在圆测看来，护月与护法，即本有说与本新并建说的根本区别之一，就在于是以“随增”还是“随生”来界定习种。本有说认为，本有的性种受熏而增长，即是习种，所以在性种外没有别体的习种。本新并建说则是以新熏而生者为习种。职是之故，“地前、十信”无习种，即，“地前”没有无漏习种，“十信”没有有漏习种。

针对圆测认为十信位无习种的看法，窥基通过对《仁王经》的重新解读，而予以了反驳。窥基认为，《仁王经》所说的伏忍三位，下伏忍（“信心”）的习种性位是对应于十信，中伏忍（“住心”，《仁王经》作“止忍”）的性种性位是对应于十住、十行，上伏忍（“坚心”）的道种性位是对应于十回向。可见，窥基的这一解释，正是上述圆测在《仁王经疏》中所批评的第二释。从解经学的角度来说，这是将《仁王经》与《璎珞本业经》作分别的解释。如吉藏就曾有过类似的说法，他在《仁王般若经疏》中说：“此《经》性种性在十解、十行。依《华严》，十住为习种，十行为性种。依《华严》，十解为十住。”②这里所谓“《华严》”，很可能就是指《璎珞本业经》，因为《华严经》中并没有习种、性种的提法。据此，《仁王》、《璎珞》二经的法义并不相同，《璎珞》是以十住为习种，而《仁王》是以十住、十行为性种，易言之，习种就应该是十信位。③ 窥基的解释与之一脉相承。

从上述《瑜伽论略纂》的引文来看，窥基对《仁王经》其实并不是非常信用的，他说“西方寻访彼《经》，未闻有本”，对该经的来源与合法性都有所怀疑。在《金刚般若论会释》中，窥基更明确说：“依此《经》，准题目下自注之云，鸠摩罗什集出佛语。不可和会，令与诸经论同。”④也就是说，他看到的《仁王经》标注为“鸠摩罗什集”，并非是现行本的“鸠摩罗什译”，（这与隋代《法经录》的记载一致。⑤）该经有关菩萨行位的说法与其他经论不同，无法

---

① 《瑜伽师地论略纂》卷 10，《宋藏遗珍（第 64 册）》，页 3—4。此段文字通行《大正藏》本（T43，p.129b－c）讹误较多，故不取。

② 《仁王般若经疏》卷中，T33，p.329b。

③ 但吉藏在具体解释《仁王经》时，还是认为：“习忍者，即习种性。……初习忍，十住也。”如此，习种性是在十住位。《仁王般若经疏》卷下，T33，p.348b。

④ 《金刚般若论会释》卷中，T40，p.761b。

⑤ 法经《众经目录》卷 2（T55，p.126b）：“《仁王经》二卷（……经首又题云，是罗什撰集佛语。……）”

会通。而在《略纂》中，他之所以随顺吉藏而非智顗的解释，是因为在他看来，地前的十信位就能闻法熏长本有无漏种，而为习种，应该并没有涉及有漏闻熏种的问题。

慧沼追随窥基，同样认为，“性种姓者，据未发心本无漏种。习种姓者，据发心已所熏成种”①，所以他也批评了圆测的看法。但慧沼对《仁王经》的解读却与窥基不同。在他看来，十信既然是十住的前方便，“定是十住所摄”②。因此《仁王经》所说的习种性，其实是指摄入了十信的十住位。由此可推知，慧沼或许是将所谓“伏忍圣胎三十人，十信、十止、十坚心”解读为，“十信”是指摄入了十信的十住位，“十止”、“十坚心”则分别对应于十行、十回向位。也就是说，虽然慧沼也认为经文此处的“十信”是指十住，但与圆测排除了十信的十住不同，这是摄入了十信的十住。而既然这就是下伏忍的习种性，因此闻熏就可以通于十信位。

有意思的是，在后来传为不空（Amoghavajra，705—774）所译的新译《仁王经》中，就明确说，“初伏忍位，起习种性，修十住行”，而将十信摄入十住之初的发心住。伏忍三位则分别被称为“住忍”、“行忍”、“回向忍”，而谓“伏忍圣胎三十人，十住、十行、十回向”。③ 据良贲《仁王经疏》的记载，不空新译本译于代宗永泰元年（765），④如此说来，在有新译本之前至少五十年（慧沼卒于714年），慧沼就已得出了与之基本一致的看法。这虽然并非没有可能，但更有可能的是，新译的这一提法其实是在参考前人注疏的基础上改订而成的。

圆测所谓十住闻熏的说法，不仅为窥基一系所反对，其实也没有得到其后学的支持，如他的弟子胜庄说：

> 习种性者，经论不同。依《瑜伽》说，发心已前名性种姓，发心已去名习种姓。故彼《论》三十五云：云何种姓？略有二种：一、本姓住种姓者，从无始世展转传来，法尔所得，是名本性住种姓。二、习所成种姓者，谓先串习善根所得，是名习所成种姓。此中意说，闻(勳)[熏]所成名习种性。依《本业经》，习种姓者，位在十解。故彼《经》云：习种性中有十人，其名发心住菩萨、治地住菩萨乃至第十灌顶菩萨。或有人言，《瑜伽论》说习种姓者亦在十解，闻慧唯在十解上故。如《本业经》

① 《成唯识论了义灯》第七本，T43，p.792b。

② 《成唯识论了义灯》第七本，T43，p.792c。

③ 《仁王护国般若波罗蜜多经》卷上，T8，p.836b、838b、837b。

④ 《仁王护国般若波罗蜜多经疏》卷上，T33，p.430b。

云：六种姓亦名六慧，闻慧、思慧、修慧、无相慧、照寂慧、寂照慧。（当慧）闻（当）慧既是十解中摄，故知[习]种在十解。已上虽有两释，初说为胜。《本业经》中但说十解是闻（思）慧，不说闻（勳）[熏]唯在十解，不通上下，故不相违。①

在胜庄看来，虽然《璎珞本业经》的习种性对应于闻慧，在十住（十解）位，但不能以此来解释《瑜伽论》的习种。从《瑜伽论·菩萨地》的定义来看，发心以后就有闻熏，就是习种。也就是说，《瑜伽论》所说的闻熏并不仅限于《璎珞本业经》所说的十住位的闻慧，否则闻熏"不通上下"，在十住位的前后就没有闻熏了。胜庄认为闻熏不同于闻慧，撇开具体的经论，笼统说来是比较牵强的，但这里关键并不在此，他是反对如圆测将《璎珞本业经》等导入《瑜伽论》的解经思路，从而在一定意义上回复到了窥基一系的立场。

综上所述，窥基是以无漏种的受熏而非新熏来判别性、习二种的，凡受熏者，无论是已熏长的本有无漏种还是所熏生的新熏无漏种，都是习种。因此自十信位起，因有漏闻熏能熏长本有无漏种，就已有无漏习种。这与种子本有论者的说法基本是一致的。如前所述，以受熏来分判性、习二种，正是肇端于《瑜伽论·菩萨地》的本有论者的诠说，所谓"本有未熏增，名本性住种；后熏增已，名习所成"，"据本有义边名姓种姓，由修增长名习种姓"，②只是本有论者不承认还有新熏无漏种而已。窥基倾向于本有论者之说，其目的正在于通过性种的纯粹化来彰显性种对习种的先在性与决定性，据此，"五姓各别"的立场必然是确乎不可动摇的。

圆测则是以新熏来作为性、习二种的分界点，因为无漏种的新熏是在见道位后，所以在地上才有无漏习种，地前因有漏闻熏而熏长的本有无漏种还是性种。地前虽然没有无漏习种，但自十住位起，因有漏闻熏而能新熏成有漏习种。显然，这与种子新熏论者的立场更为接近。比如，前引圆测《成唯识论疏》中就曾提到，按照新熏论者难陀、胜军的看法，没有本有无漏种作为性种，《菩萨地》只是就将来能生起无漏法而言，在十信位前假安立了性种，而习种则是指地前十信位以上的有漏闻熏种。如果这一说法可信，那么以有漏闻熏种为习种的说法可能就是出自新熏论者。有趣的是，对于新熏论者的习种，圆测在《成唯识论疏》中是说"十信已上"，窥基在《瑜伽论略纂》中是说"十信时"，这一微细的差别已如上述，是因为圆测以《仁王经》等为

---

① 《梵网经菩萨戒本述记》卷下，X38，p.436b。

② 分别见《成唯识论述记》第二末，T43，p.305a；《瑜伽论记》卷8下，T42，p.486c。

依据,将闻熏的起点定位在了十住而非十信上。

除了圆测十住闻熏这一特别的说法之外,大体而言,虽然后来的唯识学者对性、习二种还有不同的定位和解释,但都没有超出基、测二师的范围。如新罗璟兴(或作"憬兴")在解释声闻种姓时说:

> 性种姓有二:一是有漏,以此为因,能生见道前七方便行;二是无漏,能生见道已去无漏。……习种姓体亦有二种:一是性种中有漏种子遇缘引发增长已去,即名习种,从此习种生起见道已前七方便行,还即熏种,亦名习种;二是无漏,是性种遇缘引发增长已去,即名习种,此从习种生起见道已去无漏,还即熏种,并名习种。①

"见道前七方便行"即有部所谓三贤、四善根之七贤位,三贤位是指顺解脱分的五停心观、别相念住、总相念住三位,再加上顺决择分的四善根位,即为见道前的七方便位。这里璟兴的说法可能就是综合基、测二师而来的:就其以受熏而非新熏来判别性、习二种而言,这一点同于窥基;就其认为性、习二种不仅有无漏,还有有漏而言,这应该就是接受了圆测的看法。

需要指出的是,虽然与窥基相较,圆测更为倾向于新熏论者,甚至还接受了《仁王经》等的一些说法,但他既然是以护法的本新并建说为前提的,也就是说,圆测还是坚持性种相对于习种的先在性与决定性,也就不可能完全放弃"五姓各别"的立场,这是他与法宝等人的根本区别。

法宝论证"一性皆成"的一个重要理据,就是《仁王经》等的"分位种姓"说,并以此来诠解唯识学中的"法尔种姓"。也就是说,他是将唯识学中以本有无漏种子为实质内涵的性种差别转换为了习种的差别,从而也就消解了种姓的先天决定性特征。比如,法宝曾对《菩萨地》中"住无种姓补特伽罗(gang zag rigs la gnas pa ma yin pa, * agotrasthaḥ pudgalaḥ),无种姓故,虽有发心(sems bskyed, * cittotpāda)及行加行('bad pa, * yatna)为所依止,定不堪任圆满无上正等菩提"②一段文字作了重新解读。如前所述,这段文字原本是说,无种姓者因为没有本有无漏种子,即便发心、修行,也不能成佛。法宝采用旧译《菩萨善戒经》中的相应文字来予以解释。《善戒经》中此段作:

---

① 《五教章通路记》卷 34,T72,p.508b。憬兴,俗姓水,熊川州(今韩国忠清南道公州市)人,他曾在新罗神文王(金政明)元年(681)被封为国老,住三郎寺,由此可以大概知道其活动年代。见《三国遗事》卷 5,T49,pp.1012c-1013a。

② 《瑜伽师地论》卷 35,T30,p.478c;*rNal 'byor spyod pa'i sa las byang chub sems d pa'i sa*, D4037,Wi,p.2a-b。

“若无菩萨性者，虽复发心、勤修精进，终不能得阿耨多罗三藐三菩提。”[①]法宝解释说，所谓“菩萨性”，按照《善戒经》前文的界定，是指“初发心及三十七品”[②]，亦即，它是以“初发心”及三十七道品为体，这首先就是消解了“菩萨性”（菩萨种性）所具有的本有无漏种子的含义。然后法宝又以《仁王经》等的“分位种姓”来解释这段文字。在他看来，“菩萨性”中的“初发心”，是指“种性发心”，即行者已入于《仁王经》所说的习种性位。如《仁王经》说：“发三菩提心，乃当入习忍位（即习种性位——笔者注）。”[③]行者由此发心为因，必得菩提，所以《仁王经》称之为“定人”。[④] 而“虽复发心”的“发心”，是指习种性位之前的“轻假发心”。如《仁王经》说：“习忍以前行十善菩萨，有退有进，譬如轻毛，随风东西。”[⑤]“轻假发心”阶段的行者还不能决定得菩提，所以《仁王经》称之为“不定人”。这就像坏瓶虽然也是瓶，但并不牢靠，未必能装东西；“轻假发心”虽然也是发心，却未必能得菩提。这样，《善戒经》中这段文字的意思就是，行者在入于习种性位前（“若无菩萨性”），即便有“轻假发心”、修行（“虽复发心、勤修精进”），也不能决定得菩提。而一旦行者入于习种性位，发大菩提心，则必得菩提。由此法宝认为，《瑜伽》、《善戒》“与《璎珞经》、《仁王经》等文意同也”[⑥]。

---

① 《菩萨善戒经》卷1，T30，p.962c。

② 《菩萨善戒经》卷1，T30，p.962b。

③ 《佛说仁王般若波罗蜜经》卷下，T8，p.831b。

④ 法宝也以此来解释《大般涅槃经》卷18所说的“决定法者，即是阿耨多罗三藐三菩提”（T12，p.471a），而认为，此即“《瑜伽论》‘堪任持’、《善戒经》‘必定持’、《地持论》‘决定必得菩提’也”（《大般涅槃经疏》卷9，页44）。

⑤ 《佛说仁王般若波罗蜜经》卷下，T8，p.831b。

⑥ 参《一乘佛性究竟论》卷2，浅田正博：《石山寺所蔵「一乗仏性究竟論」巻第1・巻第2の検出について》，《龍谷大學論集》429号，页92—93。又，《能显中边慧日论》卷1（T45，p.414b）曾略引此说而予以破斥。但据《金刚仙论》卷1：“根未熟者，习种性中。然此习种性人亦有二种：一者，一往决定；二者，不定。不定者，虽习世间闻思修等功德智惠诸波罗蜜行，未能决定入于性地乃至初地，容有进退故，名此退人为根未熟也。”（T25，p.803b）性地，即种性地，对应于性种性。因此这是说，习种性中根未熟者还会有退转。《金刚仙论》的说法，或许是依据《菩萨璎珞本业经》，如上述，该经以习种性为十住位，而认为只有入于第七住不退住，才能不再退转，“自此七住以前名为退分”（《菩萨璎珞本业经》卷上，T24，p.1014c）。对此，《起信论》有一个会通，论中提到了三种发心，其中第一种发心“信成就发心”，就对应于十住的初住发心住，论中说，由此发心，就不会再退转，“如修多罗中或说有退堕恶趣者，非其实退，但为初学菩萨未入正位而懈怠者，恐怖令使勇猛故”（《大乘起信论》，T32，p.581a）。“修多罗”，应该就是指《璎珞本业经》。也就是说，“信成就发心”后的退转，仅是示现退转，而非实际退转。不过，从《璎珞本业经》等经论的字面上是很难读出这层意思的。如《金刚仙论》就明确说，习种性中，因为根未熟，才会有退转，“若不遇善知识，退菩提心，转入外凡二乘之地”（《金刚仙论》卷1，T25，p.803b）。而不是说，其实根已熟故不退转，只是示现为根未熟而退转。

慧沼敏锐地意识到，法宝的解释是“约位分云无种性”[①]。既然种姓是就修行的过程而言的，只是因为行者处在不同的修行阶段（“位分”），所以才被称为不同的种姓，因此随着修行的转进，种姓也就可以不断转变，乃至最终成就佛果。如法宝说：“诸经论明五性中，皆定性（三）[二]乘不（则）[能]发心，无涅槃法不发三乘心。若（则）[能]发心，即是不定。”[②]此即，行者在发三乘心前是无种姓，在发大菩提心前是定性二乘，而一旦发心，也就不再是无种姓与定性二乘。

在初唐佛性论诤的背景下，法宝对这种“分位种姓”意义上种姓的不决定性是非常敏感的。比如对于一阐提，他就明确指出：“断善根者名一阐提，续善根已，非一阐提。一阐提时，名不可治；续善根已，还可治也。”[③]对此，我们还可以在其所撰的《涅槃经疏》中发现一个有趣的例子。《大般涅槃经·梵行品》有云：“一阐提者复有二种：一者利根，二者中根。利根之人于现在世能得善根，中根之人后世则得，诸佛世尊不空说法。”[④]这里提到，世尊为利根、中根两种一阐提说法，使其现世或后世受益。对此，早期的注释者如净影寺慧远、昙延（516—588）等认为，经文中之所以没有说到一阐提的下根，是因为下根者不信乃至毁谤佛法，为之说法无益，故世尊不为其说法。[⑤] 慧远、昙延等都是坚定的一性皆成论者，但他们这种望文生义的解释，恰恰留下了理论漏洞。因为既然下根者不信乃至毁谤佛法，世尊也不为其说法，那么他们无论现世还是后世都不能重新生起善根，不就成了永不得解脱的决定一阐提了吗？法宝敏锐地意识到了这一问题，他对经文的解释是，根本就不存在下根的一阐提，因为下根者不能断善根，亦即不能成为一阐提。如《涅槃经》中说：“若有聪明黠慧利根，能善分别，远离善友，不听正法，不善思惟，不如法住，如是之人，能断善根。”“断善根者，非是下劣愚钝之人。”[⑥]法宝还用

---

① 《能显中边慧日论》卷1，T45，p.414c。

② 《一乘佛性究竟论》卷2，浅田正博：《石山寺所蔵「一乗仏性究竟論」巻第1・巻第2の検出について》，《龍谷大學論集》429号，页93。

③ 《一乘佛性究竟论》卷2，浅田正博：《石山寺所蔵「一乗仏性究竟論」巻第1・巻第2の検出について》，《龍谷大學論集》429号，页95。

④ 《大般涅槃经》卷20，T12，p.482b。

⑤ 法宝《大般涅槃经疏》卷10：“远云：泛论阐提有三种。一者上品，闻经微能生信。二者中品，闻经不信不谤，远能发生未来善根。三者下品，不信生谤，佛不为说，故略不举。延云：一者现在得益，二者来世得益，三者毕竟无益。前之二种，如来为说；后之一种，不可为说。《经》言未合药，似是下根，不为说也。”（页10）这里“远”是指净影寺慧远，此引文可见之于其所撰《大般涅槃经义记》卷6（T37，p.777b）。“延”是指昙延，撰有《涅槃义疏》十五卷。时称：“用比远公所制，远乃文句惬当，世实罕加；而标举宏纲，通镜长骛，则延过之久矣。”（《续高僧传》卷8，T50，p.489c、488b）昙延《义疏》今已佚。

⑥ 《大般涅槃经》卷35，T12，p.569c、570c。

他熟悉的《俱舍论》来说明这一点，按照有部的看法，只有利根的“见行人”（dṛṣṭi-carita）固持己见，才能断善根，而钝根的“爱行人”（tṛṣṇā-carita）较易随信他人，意乐极为躁动，恰恰不能断善根。① 按照这一解释，法宝杜绝了任何有可能导致决定一阐提的解释倾向。

这种“分位种姓”的解释，也为后来的法藏所继承：

> 谓修六度串习行已，位到堪任，成菩萨种性。若习小行，到于忍位，成声闻性。……独觉准知。由此即立三乘种性。若于三行随一修行，未至本位，尔时立为不定种性。若于三行全未修行，尔时立为无有种性。由此当知，诸乘种性皆就习说。……以分位差别故。②

这是说，行者在没有开始三乘的修行前，就是无种姓；从事菩萨道的修行而至于堪任位，即十信满心（相当于习种性位），或从事二乘解脱道的修行而至于顺决择分的忍位，就是三乘种姓；而在这两个阶段之间，即，行者虽已开始三乘的修行，但尚未达至十信满心或忍位，就是不定种姓。因此法藏也强调指出，这种种姓的差别是就习种来说的，而并不涉及性种，不是先天决定的差别。由此可见，由真伪存疑的《仁王经》、《璎珞本业经》所提出的“分位种姓”，恰恰是为中土“一性皆成”的思路提供了一个充分的诠释空间。

但是，这不是圆测的构想。在论及性、习二种的关系时，他说：

> 一者，本末为论，性种姓为前，习种为后。第二，资成分别，更互相资，故前后不定，谓由法尔故有习姓，由习姓故得增长。第三，克实为论，无前后，谓十信已上乃至金刚，齐有二姓故。③

这里圆测虽然说性、习二种“更互相资”，并且从十信位以上乃至金刚无间道，都同时有性、习二种，但前提还是性种姓为本、为前，习种姓为末、为后，也就是说，性种姓相对于习种姓具有先在性与决定性。这种先在性既是逻辑上的，也是时间上的。从逻辑上来说，性种是根本，在性种的基础上才有习种。从时间上来说，虽然圆测说，从十信位以上乃至金刚无间道，都同时有性、习二种，如前所述，这是指，从地前的十住位起有有漏闻熏种为习种，

---

① 《阿毗达磨俱舍论》卷 17：“为何行者能断善根？唯见行人，非爱行者。诸爱行者恶阿世耶（āśaya，意乐）极躁动故，诸见行者恶阿世耶极坚深故。”（T29，p.89b）

② 《华严一乘教义分齐章》卷 2，T45，p.486b。

③ 《瑜伽论记》卷 8 下，T42，p.487a。

在入地之后有无漏新熏种为习种，但在尚未闻法的十信位及以前，就只有性种。而强调性种的基础性地位，正是护法一系“本新并建”说的基本语义。如此由性种即本有无漏种子的差别，有情获得解脱的可能性亦有决定性的差别，这种“五姓各别”的立场在圆测那里并没有改变。

比如，在《解深密经疏》中，圆测将该经判为“了义教”，认为其演说的对象（“所被机”）则是五种性中的菩萨种性与不定种性。[1] 他并依经文解释说：“于一切有情数中，非无五种种性差别。言五姓者，所谓三乘、不定、无性。”[2]在论及一乘与三乘的问题时，他又说：“谓如来说三乘教门，如文执义，闻说三乘，定执（义）三乘一向各异，说名增益，不许不定（佛成）［成佛］义故。或闻一乘，总皆成佛，定唯一乘，名为损减，损减寂静不成佛故。”[3]听闻如来的三乘教法，遂认为三乘各异，这是增益执，因为这否定了不定种性可以由二乘转为菩萨乘而成佛；反之，听闻如来的一乘教法，遂认为一乘究竟，一切众生皆能成佛，这是损减执，因为这否定了定性二乘（“寂静”）等决定不能成佛。据《伦记》，圆测还曾广引旧译，来证明“有人依《涅槃经》说‘一切众生皆有佛性’等文证，谤新翻经论非是正说，此即不可”[4]。圆测弟子胜庄在解释《梵网经》所谓“一切众生皆有佛性”时，也说：“今依弥勒及护法等，不依凡夫涅槃师等。此言一切皆有佛性者，此据少分一切而说，或就理佛性而作是说。”[5]胜庄将取“一性皆成”说的涅槃师称作“凡夫涅槃师”，而认为，即便要说一切有性，那也是在理佛性或除无种姓者、定性二乘外的部分行佛性（“少分一切”）的意义上说的，这依然是秉承了玄奘唯识学的家法。[6] 因此论者或谓，圆测已改取“一性皆成”说，大概只是一厢情愿的看法，并没有可靠的依据。

3.2　本新并建语义下的行佛性

如上所述，由本新并建的基本语义，必然会导出“五姓各别”的立场，这是奘传唯识学不同于汉地诸宗的理论特色。而通过对“理佛性”与“行佛性”的分疏，奘传唯识学者给出了这一理论的中国化诠释。

---

① 《解深密经疏》卷1，X21，pp.178c－179a。

② 《解深密经疏》卷4，X21，p.273a。

③ 《解深密经疏》卷9，X21，p.399b。

④ 《瑜伽论记》卷9下，T42，p.520c。

⑤ 《梵网经菩萨戒本述记》卷上，X38，p.399c。

⑥ 此说出《佛地经论》卷2：“虽余经中宣说，一切有情之类皆有佛性、皆当作佛，然就真如法身佛性，或就少分一切有情方便而说，为令不定种性有情决定速趣无上正等菩提果故。”（T26，p.298a）

从现有文献看，理佛性与行佛性的区分应该是出自地论师。如吉藏在《大乘玄论》中说：

> 但地论师云：佛性有二种，一是理性，二是行性。理非物造，故言本有。行藉修成，故言始有。①

地论师提出理佛性与行佛性，是为了解决南北朝时代佛性本有、始有的问题。如上所述，《涅槃经》前、后分在此问题上就不统一，前分说佛性本有，后分说佛性始有。所以地论师提出，《涅槃经》前分是说理佛性，故曰本有，后分是说行佛性，故曰始有，两者并不冲突。

在汉语语境中，"理"原本是条理、规律的意思，然若将其从具体事物中抽象、剥离出来，并进而认为它能通贯万物，是万物背后的所以然，这就有了终极依据乃至终极本源的含义，简言之，即从理则成了理体。在魏晋玄学如郭象（252—312）的《庄子注》特别是张湛的《列子注》中，就已大量使用"理"这一范畴，其基本内涵正是在从理则到理体的过渡中。事实上，竺道生之所以能"孤明先发"，提出阐提成佛说，正是创造性地用魏晋玄学的"理"来诠释罗什所谓"诸法实相"（通常为 dharmatā 之对译）的结果。② 因此竺道生所谓的佛性实质上就是"理佛性"，它具有真常性、遍在性、唯一性三个基本特征。就理的遍在性而言，这是属于已然状态，而非有待实现，凡夫与佛的差别并不在于理的有无，只是凡夫未悟其本具之理而已，所以这一意义上的理佛性是本有的。③ 至于行佛性的"行"，如下所述，可能是从《宝性论》所谓如来藏十义中的"行"义而来的。④ "行"（vṛtti）即修行的过程，行佛性也就

---

① 《大乘玄论》卷 3，T45，p.39b。

② 罗什译本中的"诸法实相"对应于多种梵文原语，有时甚至只是为了补足文意而作的增添，但以对译 dharmatā 的情况居多。事实上，《大智度论》就明确说"法性者，诸法实相"（T25，p.334a）；"一切法实相，名为法性"（T25，p.692a）。当然，罗什所谓的"诸法实相"只具有否定性的空的意涵，如《大智度论》卷 20 说："问曰：何等是诸法实相？答曰：诸法诸法自性空。"（T25，p.213b）又，该论卷 69 说："须菩提问：何等是诸法实相？答曰：所谓毕竟空。是毕竟空，毕竟空性亦不可得。"（T25，p.544b）而以"理"来诠释"诸法实相"，则赋予了其以肯定性的以空理为实性的意涵，这在其后佛教中国化的进程中产生了深远的影响。如《大乘义章》卷 4 就说："何者实相？诸法之实，所谓空理。空是一切诸法之实，实之体状，故名实相。"（T44，p.554a）

③ 参傅新毅：《竺道生"阐提成佛"说新论》，《哲学研究》2014 年第 6 期，页 107—113。

④ 《宝性论》所说的如来藏十义是指：一、体（svabhāva）；二、因（hetu）；三、果（phala）；四、业（karman）；五、相应（yoga）；六、行（vṛtti）；七、时差别（avasthā-prabheda，位差别）；八、遍处（sarvatraga）；九、不变（avikāra）；十、无差别（abheda）。如该论颂云："体及因、果、业，相应及以行，时差别、遍处，不变、无差别。"（《究竟一乘宝性论》卷 1，（转下页）

是在修行的过程中所见出的佛性，所以说“行藉修成”，它是始有的。通过理性、行性的区分，地论师对《涅槃经》前、后分的本、始二说作了会通。

汉传唯识学者采用地论师这一区分，则是为了解决经论中一性与五姓的矛盾问题。窥基首先提出了这一区分，他在《法华玄赞》中说：

> 然性有二：一、理性，《胜鬘》所说如来藏是；二、行性，《楞伽》所说如来藏是。前皆有之，后性或无。谈有藏无，说皆作佛。①

理性为一切有情平等具有，行性则有无不定。所以《涅槃经》说，一切众生皆有佛性，是“谈有藏无”，即，只是论及在行性的意义上有佛性者（菩萨种姓、不定种姓），或者只是就理性来说，而没有论及那些在行性的意义上无佛性者（定性二乘、无种姓）。这也就是窥基在《枢要》中所说的，“《涅槃》据理性及行性中少分一切，唯说有一”②。至于何为理性，何为行性，这里只是谈到，它们分别是《胜鬘经》和《楞伽经》中所说的如来藏，而没有明确的说明。

在接下来解释《法华经》的“开佛知见”时，窥基又再次论及了二经所说的如来藏，所谓“空如来藏”与“不空如来藏”：

> 然此菩提体是有为，本有种子，多闻熏习，因修生长，体即四智。《楞伽经》云：阿梨耶识名空如来藏，具足熏习无漏法故，名不空如来藏。藏识有漏，虚妄不实，故名为空；能含一切无漏种，故名如来藏。四智种子体是无漏，非虚妄法，由近善友，多闻熏习，渐次生长，当成四智。四智之因，名不空如来藏。藏是含藏因性义故，犹如种树生长圆满。其涅槃性体是无为，本来而有，自性清净，后逢善友，断障所显。虽一真如，逢缘证别，名四涅槃。《胜鬘经》云：有二种如来藏空智，谓若离、若脱、若断、若异一切烦恼藏；不离、不脱、不断、不异、不思议如来藏。烦恼有漏，虚妄不实，能覆真如，名空如来藏。涅槃无漏，体是无为，非虚妄法，由近善缘，断诸烦恼，渐次智起，方便显证，名为涅槃。体性非空，因空所显，空之性故，烦恼覆位，名不空如来藏。藏是覆隐因性义故，故

（接上页）T31，p.814a）中村瑞隆：《梵漢対照〈究竟一乘宝性論〉研究》，页 49—51。此如来藏十义也就是《佛性论》中所说的佛性十相：“一、自体相；二、因相；三、果相；四、事能相；五、总摄相；六、分别相；七、阶位相；八、遍满相；九、无变异相；十、无差别相。”（T31，p.796b）《佛性论》的主体部分“辩相分”就是对此十相的分别解说，因此该论或许是出自某部《宝性论》的注释书，而真谛在翻译时又添加了自己的理解。

① 《妙法莲华经玄赞》第一本，T34，p.656a。

② 《成唯识论掌中枢要》卷上本，T43，p.611a。

在烦恼缠裹之位名如来藏，出烦恼时名为法身。……即前菩提名为报身，报身修生，法身修显，法身证因证故，报身生因生故。前藏有四：一能含藏藏，谓阿赖耶识，如库藏等；二能生德藏，谓报身种子，如谷种等；三能覆藏藏，谓烦恼等，如土覆物；四能显德藏，谓法身佛性，如金性等。大位而言，所知障断，证佛报身，菩提圆满；烦恼障断，证佛法身，涅槃圆满。①

此外，在《大乘法苑义林章》、《说无垢称经疏》、《弥勒上生经赞》、《胜鬘经述记》等多种著述中，窥基也都提到了《楞伽》、《胜鬘》二经所说的如来藏，其中《胜鬘经述记》的说法较为简明，今一并引之如下：

然如来藏有四种。依《楞伽经》有二，谓阿梨耶识名空如来藏，具足无漏熏习名不空如来藏也。依此《经》有二，谓诸烦恼覆真如性，二、真如理性。若本识含无漏种子，后时生报身佛。若烦恼所覆真理当显，得法身也。本识藏，故所含也；烦恼藏，故所出也；闻熏藏，故所生；真如藏，故所显也。②

这里将这些说法结合起来作一简要的分析。

魏译《楞伽》中说："阿梨耶识名如来藏，无共意、转识熏习故，名为空；具足无漏熏习法故，名为不空。"《胜鬘经》中说："有二种如来藏空智。……空如来藏，若离、若脱、若异一切烦恼藏。……不空如来藏，过于恒沙不离、不脱、不异、不思议佛法。"③按照窥基的解释，这里有四种如来藏。一、"能含藏藏"或曰"本识藏"，即《楞伽经》所说的空如来藏，它是指阿赖耶识（阿梨耶识）。以其如库藏，能含藏无漏种子，故为如来藏；以其是虚妄不实的有

① 《妙法莲华经玄赞》第三末，T34，p.710b－c。

② 《胜鬘经述记》卷下，X19，p.918b。《胜鬘经述记》是窥基弟子义令于咸亨年间（670—674）的听讲记录，后于仪凤二年（677）整理完成。见该书卷末记文（X19，pp.638b－639a）。"咸亨"，原书误作"感亨"。至于《大乘法苑义林章》卷7（T45，pp.365c－366a）、《说无垢称经疏》第五末（T38，p.1088a）、《观弥勒上生兜率天经赞》卷上（T38，p.273a－b）等处的相关论述，这里不再繁引。

③ 《入楞伽经》卷8，T16，p.559c；《胜鬘师子吼一乘大方便方广经》，T12，p.221c。按：检《楞伽》梵、刘宋、唐诸本，这里都是说"刹那"（kṣaṇika）与"非刹那"（akṣaṇika），而非"空"与"不空"。其大意为，阿赖耶识名为如来藏（ālayavijñānaṃ tathāgatagarbha-saṃśabditam），与意俱起，作为转识习气（pravṛtti-vijñāna-vāsanā）是"刹那"，作为无漏习气（anāsrava-vāsanā）则是"非刹那"。魏译或有误。P. L. Vaidya：*Saddharmalaṅkāvatārasūtram*，p.95；《楞伽阿跋多罗宝经》卷4，T16，p.512b；《大乘入楞伽经》卷5，T16，p.621c。

漏法,需要断舍之,而为"所舍",故是空。二、"能生德藏"或曰"闻熏藏",即《楞伽经》所说的不空如来藏,它是指具足于阿赖耶识中的无漏种子。无漏种子如谷种,因多闻熏习而增长,乃至最终能生起作为菩提的四智,而为报身,故是"所生"。以其是报身之因,故为如来藏;以其是真实而始终不断的无漏法,故是不空。因此《楞伽经》所说的这两种如来藏,是就"含藏因性义"说的,阿赖耶识是能含藏,无漏种子则是所含藏的四智菩提之因性。三、"能覆藏藏"或曰"烦恼藏",即《胜鬘经》所说的空如来藏,它是指能覆蔽真如的烦恼,犹如泥土能覆蔽宝藏。以其能覆蔽真如,故为如来藏;以其是虚妄不实的有漏法,需要出离之,而为"所出",故是空。四、"能显德藏"或曰"真如藏",即《胜鬘经》所说的不空如来藏,它是指为烦恼所覆蔽的真如,犹如为泥土所覆蔽的宝藏。出离烦恼即是涅槃,而真如显现为法身,故是"所显"。以其是法身显现之因,或者更准确地说,它就是凡夫因位被覆蔽的法身,故为如来藏;以其是由空所显的诸法实性,故是不空。因此《胜鬘经》所说的这两种如来藏,是就"覆隐因性义"说的,烦恼是能覆隐,真如则是所覆隐的法身显现即涅槃之因性。

概言之,《楞伽经》中的如来藏是指阿赖耶识中所具足的无漏种子,由此能生起四智菩提,而为报身,这里阿赖耶识是空,无漏种子是不空;《胜鬘经》中的如来藏是指为烦恼所覆蔽的真如,由此能显现为法身,这里烦恼是空,真如是不空。前者是就无漏有为法说的"报身如来藏",后者是就无为法说的"法身如来藏"。所以前者是通过修行,由因而果地生起,所谓"修生";后者是通过修行,由隐而显地显现,所谓"修显"。①

窥基对如来藏的这一解释,其依据其实是《成唯识论》的转依理论。《成唯识论》以"能转道"、"所转依"、"所转舍"、"所转得"四义解转依。其中"所转依"有两种,一是作为持种依的阿赖耶识,二是作为迷悟依的真如。"所转得"亦有两种,一是所显得的大涅槃,二是所生得的大菩提。②

阿赖耶识能摄持一切染净法的种子,故为持种依。杂染的有漏种子现行,而有有情的流转,清净的无漏种子则能生起圣道而对治流转,使有情趋

① 对于《楞伽经》中的如来藏,后来慧沼也有过类似的解释,他说:"有漏第八虚妄故名空,识中无漏诸种子体云不空如来藏,离虚妄故。"(《金光明最胜王经疏》第三本,T39,p.223a)不过,慧沼似乎并不同意将《胜鬘经》中的空与不空两种如来藏从真如的角度来作解释,而认为这与《楞伽经》相同,也是指阿赖耶识中所具足的无漏种子(《能显中边慧日论》卷4,T45,p.439c)。对此,日本法相宗的学者会通说:"二经同以理事说空、不空,其中《胜鬘》多依理,《楞伽》多取事也。《惠日论》以下如是会也。"《大乘法相宗名目》卷6上,《大日本佛教全书》第82卷(东京:佛书刊行会,1914年),页397。

② 参《成唯识论》卷10,T31,pp.54c－55b。

于还灭。佛果位的一切有为功德，即四智相应心品，都是由阿赖耶识中所摄藏的无漏种子为因而生起，故谓之“菩提所生得”。就佛果三身来说，四智相应心品属于报身（自受用身），①也就是说，因位的无漏种子是果位报身的生起因，所以窥基将因位的无漏种子称为如来藏，即所谓《楞伽经》中的如来藏。

真如是有情迷悟的根本，迷之则为凡，悟之则为圣，故为迷悟依。真如本身是无为法，不在因果缘起的关联之中，但有隐显之异。在因位时，真如处于被烦恼覆蔽的状态，是即“在缠真如”；当佛果位由无漏种子生起四智相应心品，证得真如时，真如则出离烦恼而处于显现的状态，是即“出缠真如”，或曰清净法界。真如出缠，亦即涅槃，故谓之“涅槃所显得”。就佛果三身来说，清净法界属于法身（自性身），也就是说，果位的法身是因位在缠真如的显现，所以窥基将因位的在缠真如也称为如来藏，即所谓《胜鬘经》中的如来藏。

回到《法华玄赞》。如果说理佛性是《胜鬘经》中的如来藏，行佛性是《楞伽经》中的如来藏，那么，这无非是说，理佛性是被烦恼所覆蔽的真如，即在缠真如，行佛性是阿赖耶识中所具足的无漏种子。后来《法华玄赞》的注疏就指明了这一点，如栖復说：“理性者，即是在缠真如名理性。行性者，与十地无漏行为性，名行性。”②“与十地无漏行为性”，也就是作为十地无漏行之因的无漏种子。

在窥基区分理、行二性的基础上，慧沼提出了三种佛性的学说，而对此作出了进一步的解释和发挥。他在《慧日论》卷四系统阐述自己的主张时，开宗明义地说：“依诸经论，所明佛性不过三种，一、理性，二、行性，三、隐密性。”③

所谓“理性”，慧沼引用真谛的《佛性论》说，即是人、法二空所显真如。理性本身是无为法，非因非果，但有因位与果位的隐显差别，“未显名因，显

---

① 关于以五法（四智相应心品与清净法界）摄三身，多有异说，如《成唯识论》卷10（T31，p.58a－b）有二说，《大乘法苑义林章》卷7（T45，pp.359b－360c）更有六说。论者或取《成唯识论》初说，此于《义林章》中即为第三说，是被明确否定的。因此汉传唯识学视为正义者，应为《成唯识论》后说，即《义林章》之第四说（通于《义林章》之第六说）。概言之，自性身由清净法界摄，自受用身由大圆镜智相应心品所起之常遍色身摄，此外，由于自受用身总摄佛果一切不共有为实德，故四智相应心品本身亦属自受用，也就是说，自受用身包括四智相应心品、大圆镜智相应心品所起之常遍色身，他受用身由平等性智相应心品所示现之佛身摄，变化身由成所作智相应心品所随宜示现之种种身相摄。因他受用身及变化身为随宜示现，故皆无实色实心。于他受用、变化二土现通说法，则由妙观察智相应心品，故该心品可分别摄于他受用、变化二身中。智周在《大乘入道次第》（T45，p.467b）中即取此说。

② 《法华经玄赞要集》卷18，X34，p.593c。

③ 《能显中边慧日论》卷4，T45，p.439a。

名法身故”。理性周遍万有,就此而言,一切有情包括无性阐提悉有佛性。但能否成佛并不取决于理性,因为“真如因果体无别故,自不能显自。若能自显,非烦恼覆”。此即,理性只是将果位的法身置于因位而言,因位、果位同为一体,因此它不能自己显现,否则也就不会被烦恼覆蔽了。唯有通过修因以克果的行性,才能使真如出离烦恼而显现,而无性阐提正是缺少这样的行性。①

所谓“行性”,“通有漏、无漏一切万行”②,包括一切无漏和有漏善法的种子和现行。无漏种子对于佛果三身来说是正因,“若望三身,无漏为正生、了”③。严格说来,无漏种子对于法身即自性身(svabhāva-kāya)来说是了因,即能显了作为无为法的法身,对于自受用身(sva-saṃbhoga-kāya)来说是生因,至于他受用身(para-saṃbhoga-kāya)及变化身(nirmāṇa-kāya),则分别是由平等性智、成所作智相应心品所示现,非实色实心,故不由种子生。有漏善种对于佛果三身来说是缘因,仅起到了增上缘的作用,非正佛性。一切有情都有有漏善种,它们或现行,或不现行。至于无漏种,凡夫位一定不能现行,种子则或有或无,即,只有菩萨种姓及不定种姓者才有成就佛果三身的无漏种,其他定性二乘、毕竟无性等皆无之。这里与窥基的区别在于,窥基仅是以无漏种为行性,慧沼则进一步将其扩展到了有漏善种。

所谓“隐密性”,是用来解释佛经中经常提到的烦恼即菩提一类的说法,④即所谓的秘密说、密意说。⑤ 慧沼以《大乘庄严经论》为依据,认为隐

---

① 《能显中边慧日论》卷 4,T45,p.440b。

② 《能显中边慧日论》卷 4,T45,p.439a。

③ 同上引。

④ 汉译佛典中提及“烦恼即菩提”者主要有两处,一是隋译《摄大乘论释论》卷 10(T31,p.316a)的一段颂文,《佛性论》卷 2(T31,p.799c)也引用了这一颂文,谓其出自《不可思量经》,该经具体不详。安慧《中边释》则引用这一颂文作“kleśo bodhyaṅga āpanno…”,可知这是“烦恼达至(āpanna)菩提分”之意。S. Yamaguchi(山口益):*Madhyāntavibhāgaṭīkā de Sthiramati*,p.98。真谛译《摄论》卷下作“诸惑成觉分”(T31,p.131b),玄奘译《摄论》卷下作“烦恼成觉分”(T31,p.150c),世亲《摄论释》卷 10 对此解释说,“烦恼集谛转成觉分”(T31,p.376a),皆同此意。这具体是指,菩萨留惑润生,在十地的修行中,俱生烦恼障故留不断,所以不像二乘速趣涅槃,直至金刚无间道,菩萨才顿断全部俱生烦恼障,而在下一刹那成就佛果,由此烦恼也就转成了菩提。可见,严格说来,这并不是说烦恼就是菩提。二是波颇译《大乘庄严经论》卷 6(T31,p.622b)的一段颂文,长行并谓:“如经中说,无明与菩提同一。”梵本颂文无此句,长行作“yad uktaṃ | avidyā ca bodhiś caikam iti |”,意同。S. Lévi:*Mahāyāna-sūtrālaṃkāra*,p.87。

⑤ 《大乘阿毗达磨集论》卷 7(T31,p.694a):“何等秘密决择(abhisandhi-viniścaya)? 谓说余义(anyo ' rthaḥ),名句文身隐密(channasyābhisandheḥ)转变(vipariṇāmaḥ),更显余义(anyārthābhivyañjane)。”早島理:《梵蔵漢対校「大乘阿毗达磨集論」·「大乘阿毗达磨雑集論」》,Volume III,p.940。

密性有两个含义。一是从染净不二的角度来说，烦恼离法性外无别体，故谓之烦恼即菩提。二是从以贪出贪的角度来说，只有通过对烦恼的观照，才能从烦恼出离，借用后来日本法相宗真兴、基辨（1718—1791）等的话来说，正如从粪而能生火，从所断法才能生能断智，故谓之烦恼即菩提。① 这里第一个含义，其实就是在理性的意义上来说的；而第二个含义，对烦恼的观照，无论是有漏观还是无漏观，其实也都是行性。所以所谓隐密性，并非是在理性、行性外一种独立的佛性。

事实上，慧沼对三种佛性的区分，也是从窥基的说法中发展出来的。如上述，窥基的基本看法，是以真如为理性，无漏种子为行性，它们分别是《胜鬘》、《楞伽》二经所说的如来藏。但在具体分析时，窥基还提到，阿赖耶识是“能含藏藏”，烦恼是“能覆藏藏”，它们也是如来藏。此即，不仅善法，甚至无记法与不善法也都是如来藏。因为其他的经典，比如《大般涅槃经》中曾说：“未得阿耨多罗三藐三菩提时，一切善、不善、无记，尽名佛性。”《说无垢称经》更是强调：“一切生死烦恼种性是如来种性。”（yathā sarvakleśās tathā tathāgatānāṃ gotram）②因此在《说无垢称经疏》中，窥基进一步对所有经典中的佛性作出了分判，认为这有无漏、有漏两种。无漏又分无为、有为两种，它们分别就是《胜鬘》、《楞伽》二经所说的如来藏。有漏也分有漏善、不善两种，有漏善者能随顺增长无漏法，是无漏法的增上缘；其余不善法则能违背障碍无漏法，也是无漏法的增上缘，而只有断除了不善法，才能生起菩提，证得涅槃，所以不善法也是如来藏。③ 由此可见，慧沼所说的三种佛性，无非就是将这里窥基提到的有漏善者摄入了行性，而将不善法另立为隐密性而已。

无论对佛性作出怎样的分判，成佛的关键还在于行性。而无种姓者“身中无有三乘种子，唯有有漏善等法种”，在行性中缺少了根本性的本有无漏种子，所以只能“于善恶轮趣受生”，而没有解脱的可能。④

当然，无种姓者也可以有具体的区分。窥基、慧沼都曾提到，从梵文原

---

① 《大乘庄严经论》卷6：“远离于法界，无别有贪法，是故诸佛说，贪出贪余尔。……由离法性外，无别有诸法，是故如是说，烦恼即菩提。……于贪起正思，于贪得解脱，故说贪出贪，瞋痴出亦尔。”（T31，p.622b）又，《唯识义私记》第四本，T71，p.352c；《大乘一切法相玄论》卷下，T71，p.163b。

② 《大般涅槃经》卷36，T12，p.580c；《说无垢称经》卷4，T14，p.575c；大正大学綜合佛教研究所　梵語佛典研究会：《梵文維摩経：ポタラ宮所蔵写本に基づく校訂》（東京：大正大学出版会，2006年），p.78。

③ 《说无垢称经疏》第五末，T38，p.1088a。

④ 《成唯识论别抄》卷1，X48，p.816b－c。

语来看，无种姓者有三种：一是“一阐底迦”（icchantika），意为“乐欲者”，即乐欲生死者；二是“阿阐底迦”（ācchantika），意为“不乐欲者”，即不乐欲涅槃者；三是“阿颠底迦”（ātyantika），意为“毕竟”，即毕竟无涅槃性者。前两种无种姓都只是暂时的，《大乘庄严经论》称之为“时边般涅槃法”（tatkāla-a-parinirvāṇa-dharman）。从梵文原语来看，“时边”是当时、同时的意思，中译本很可能是在“时边”后缺了一个“无”字。① 也就是说，这是指当时没有涅槃法，而非永远没有。在窥基一系看来，《楞伽经》所说五种种姓中的无种姓者，就是这种暂时无涅槃法者，这包括断善阐提及大悲阐提两种。② 相较而言，《庄严经论》所谓的“时边般涅槃法”只是涉及断善阐提，而没有论及大悲阐提。断善阐提虽然现在断尽一切善根，但如果值遇如来威力，善根可以断已还续，因而是果成因不成。大悲阐提是誓愿度尽一切众生的大悲菩萨，以众生无尽故，成佛无期，因而是因成果不成。虽然“断善无现因，大悲无当果”，而将两者称为无种姓，但他们并不是没有无漏种子，久之则必当成佛。③ 除了断善阐提及大悲阐提外，还有“阿颠底迦”这种毕竟无性者，即无

---

① 《大乘庄严经论》卷1：“无般涅槃法者，是无性位。此略有二种：一者，时边般涅槃法；二者，毕竟无涅槃法。”（T31，p.595a）S. Lévi：*Mahāyāna-sūtrālaṃkāra*，p.12。按：窥基说，“时边般涅槃法”的梵文为“涅迦罗阿波利昵缚喃达磨”（《成唯识论掌中枢要》卷上本，T43，p.610c）。据最澄《法华秀句》，“涅”字应系“怛”字之误（《法华秀句》卷中末，《日本大藏经》第44卷，页567，页585）。所以其中文音译应作“怛迦罗（tatkāla，时边）阿（a-，无）波利昵缚喃（parinirvāṇa，般涅槃）达磨（dharman，法）”，正与今梵本同。由此可知，中译本很可能是在“时边”后缺了一个“无”字，即，应译作“时边无般涅槃法”。事实上，如法宝《俱舍论疏》卷1（T41，p.456c）、慧沼《能显中边慧日论》卷3（T45，p.435c）、圆测《解深密经疏》卷4（X21，p.270b）等，也都引作“时边无性”或“时边无般涅槃法”。

② 《入楞伽经》卷2：“一阐提者，有二种。何等为二？一者，焚烧一切善根（sarva-kuśala-mūla-utsarga，舍弃一切善根）；二者，怜愍一切众生，作尽一切众生界愿（sattva-anādi-kāla-praṇidhāna，为众生发无始愿）。”（T16，p.527b；P. L. Vaidya：*Saddharmalaṅkāvatārasūtram*，p.28）前者即断善阐提，后者即大悲阐提。

③ 《能显中边慧日论》卷4，T45，p.441b。对于大悲阐提能否成佛，其实是有争议的。神昉在《种姓差别集》中曾提到了两种说法。一是认为，大悲阐提“永不成佛”，其理由除了《楞伽经》中说“菩萨一阐提（bodhisattva-icchantika）常不入涅槃”外，《大智度论》中也说，文殊菩萨等“为众生故，久住生死，不取阿耨多罗三藐三菩提，而广度众生”（《大智度论》卷30，T25，p.283c）。二是认为，大悲阐提“亦得成佛”。窥基一系其实是倾向于第一种说法。对此，得一（或作“德一”）在《法相了义灯》中曾引用神泰的解释说，菩萨有两种：一是“智增上”者，如释迦菩萨等，他们是先证菩提，后度众生；另一种是“悲增上”者，如观音菩萨等，他们是先度众生，后证菩提，因为众生无尽，所以他们终究不证无上菩提。见《成唯识论本文抄》卷2，T65，pp.415c－416a。据《注进法相宗章疏》（T55，p.1144b）、《东域传灯目录》（T55，pp.1162c－1163a）等，神昉撰有《种性差别集》三卷，得一撰有《法相了义灯》十一卷，今均已佚。神泰关于两种菩萨的区分，应该是对窥基之说的发挥。窥基在《掌中枢要》卷上本中就曾提到，“大悲阐提”是“因成果不成”，即他们虽有菩萨种姓，却不能成就佛果，而“大智增上”者则“因果俱成”。（T43，p.611a）据《瑜伽论记》卷9下，圆测的看法也是如此，他在提到《楞伽经》的两种阐提时说：“但《楞伽》说，阐提有二：一者断善，（转下页）

性阐提,如《庄严经论》中所说的"毕竟无涅槃法"(atyanta-a-parinirvāṇa-dharman)、《瑜伽论》所说五种种姓中的无种姓者。只有这种无性阐提才因为没有无漏种子,《庄严经论》所谓"无因"(hetu-hīna),①而因果俱不成,永无出离三界之可能。通过对断善阐提、大悲阐提和无性阐提的区分,窥基一系由此对各种经论中所说的无种姓者予以了会通。②

3.3　成佛的动力因:理性还是行性?

理、行二性也是初唐佛性论诤的焦点问题。在灵润、法宝等人看来,理、行二性是密切相关的,有理性必有行性,而不存在唯识学中所谓有理性而无行性的情形。亦即,如果说,一切有情都有理性,那么,一切有情也都必有行性。如灵润说:"理、行二性虽复义别,不得定异,但理性即有行性。是故定执无行性者,即是邪执,非正义也。"③法宝也说:"一切众生悉有理、行二性。"④这一分歧,从根本上涉及论诤双方对理、行二性的不同定位和理解。

如上所述,理、行二性的区分是由地论师首先提出来的。地论师所谓的理佛性,原本就有如来藏的含义,而不仅仅只是唯识学者所说的空性。如净

(接上页)二者菩萨。断善阐提值善知识,即得成佛,菩萨阐提毕竟不取无上菩提。西方解云:欲显菩萨毕竟不入大涅槃果,希前相故,且举断善阐提影略,而不说无涅槃补特伽罗。"(T42,p.521a)此即,按照"西方"的解释,因为大悲阐提毕竟不入涅槃,为了凸显这是非常希奇的事情("希前相"),所以《楞伽经》没有说另一种毕竟不入涅槃的无涅槃法补特伽罗,而只提到了最终能入涅槃的断善阐提。从《瑜伽论记》卷13下的相关记载来看,圆测的看法可能是出自玄奘:"三藏云:……西方大德许此义云:《楞伽》不说第五无性有情,但说有佛种中二种阐提:一是断善根,遇缘还续,究竟作佛,二是菩萨大悲,(纯)[能]为众生故,不取正觉,显此希奇,故偏别说。即《大集经》云:菩萨发心誓度众生,众生未尽,我(法)[决]不作佛,众生若尽,我用方息,须入涅槃。又《智论》云:有诸菩萨因圆满不取正觉,如文殊等。"(T42,p.615a)所谓"众生若尽,我用方息,须入涅槃",其实只是一种虚拟陈述,因为众生不可能有尽。而法宝乃至如来藏一系则都是取第二种说法,即大悲阐提只是久远不能成佛,而非永远不能成佛。如法宝说:"无量时故,名毕竟,后定成故,当得菩提。"他以《法华论》为据来说明这一点。《法华论》中说:"'我本行菩萨道,今犹未满'者,以本愿故,众生界未尽,愿非究竟故,言未满。非谓菩提不满足也。"(《妙法莲华经忧波提舍》卷下,T26,p.9b－c)在法宝看来,既然论中说,虽然菩萨度尽一切众生的本愿不能满足,但菩提依然可以满足,这就意味着,他们还是可以成佛,因为菩提满足就是成佛。见《一乘佛性究竟论》卷5,浅田正博:《法宝撰「一乘仏性究竟論」巻第4·巻第5の両巻について》,《龍谷大学佛教文化研究所紀要》25号,页141。

① 《大乘庄严经论》卷1,T31,p.595a;S. Lévi:*Mahāyāna-sūtrālaṃkāra*,p.13。

② 参《成唯识论掌中枢要》卷上本,T43,pp.610c－611b;《能显中边慧日论》卷4,T45,p.441b。

③ 《法华秀句》卷中本,《日本大藏经》第44卷,页560。

④ 《一乘佛性究竟论》卷2,浅田正博:《石山寺所蔵「一乘仏性究竟論」巻第1·巻第2の検出について》,《龍谷大學論集》429号,页96。

影寺慧远在《大乘义章》中曾专设“佛性义”一门，对佛性作出了具体的分疏，于中先后论及了理性、行性等名义。慧远所说的佛性，是指“佛因佛果，同一觉性”的本觉真心，就其“废缘谈实，……真体一味，非因非果”的角度来说，则被称为“理性”。① 所谓“废缘谈实”，也就是不论本觉真心随缘染净的作用，而就其体性来说。可见，“理性”云者，无非就是指如来藏平等无差别的体性。接下来，慧远根据《宝性论》所谓如来藏十义，而将佛性作十性的分疏。其中，“行性（vṛtti）”乃是“就行辨性，故云行性”②，即，这是指在修行过程中所见出的佛性。在此过程中，有凡夫（pṛthag-jana）、圣人（ārya，指菩萨）、如来（saṃbuddha）的不同。凡夫起颠倒见，不见佛性；圣人离妄想心，能见佛性；如来无诸戏论，见佛性而究竟。由此“行”的差别，故有“位”的差别，是为“时差别性（avasthā-prabheda，位差别）”，即从时间分位的角度，区分出凡夫、圣人、如来三时三位。虽然有此三行、三位的不同，但佛性周遍于三行、三位而不变，是即“遍处性（sarvatraga）”、“不变性（avikāra）”。③ 概言之，在地论师那里，理性是指常住不变、平等无差别的真如佛性的当体，行性是指在修行过程中真如佛性隐显不同的分位差别。如慧远在《涅槃经义记》中就说：“理性一味，上下义齐。行性差殊，前后不等。”④在“理性一味”的意义上，佛性是本有的；而在“行性差殊”的意义上，只有到佛果位才能完全见证佛性而使佛性显现，所以佛性又是始有的。如此，地论师不仅对《涅槃经》的前、后分作了会通，也为南北朝时代的佛性本、始之诤提供了一个解决方案。

虽然灵润、法宝等也是佛性论者，但他们对于行佛性的定位与解释，其实与地论师并不相同。因为他们的问题意识已经改变，不是为了要解决佛性本、始的问题，而是要对唯识学者以本有无漏种子为行佛性而导致的“五姓各别”的立场作出回应。

---

① 《大乘义章》卷 1，T44，p.472a、473b。

② 《大乘义章》卷 1，T44，p.475b。

③ 参《大乘义章》卷 1，T44，p.475b－c。如果将此三行、三位区分开来，凡夫位虽不见佛性，而佛性常住不变，因此也可以用来指理性，相对于此，圣人（菩萨）位、如来位则是指行性，如此，就有了《大乘四论玄义》卷 7 所说地论师的三种佛性：“一是理性，二是体性，三是缘起性。隐时为理性，显时为体性，用时为缘起性也。”（X46，p.602a）这应该是在真谛译出《佛性论》后，从《佛性论》卷 2（T31，p.794a）所说的三种佛性发展而来的晚期地论师的说法。其中，“理性”相当于《佛性论》的“住自性性”，“体性”相当于“至得性”，“缘起性”是指“十二因缘所生（法）观知了因性”，即观照十二因缘（《大般涅槃经》中曾将十二因缘称作佛性）的作为了因的观智，相当于“引出性”。据此，在晚期地论师那里，行性又被区分成了两种：“缘起性”即圣人（菩萨）位，能见佛性；“体性”即如来位，见佛性而究竟。

④ 《大般涅槃经义记》卷 9，T37，p.869a。

如上所述,在唯识学者看来,虽然修行的目的是使真如出缠,证得涅槃而成佛,在这一意义上,我们可以将理性称为成佛的目的因,但成佛的动力因则在于行性。在本新并建的语义下,这具体是指,以本有无漏种子为因缘,以闻熏习为增上缘,而生起能证得涅槃的菩提之智。也就是说,虽然作为目的因的理性为一切有情平等具有,但如果缺少行性的动力因,还是无法达成克证涅槃的目的。对此,灵泰有个形象的比喻,他说,就如山中虽然有珍宝,但并不属我所有,我只有入山探寻,才能获得山中的珍宝;同样的,虽然一切有情都有理性,但凡夫并不能证得它,只有通过行性,才能证得涅槃。①

针对唯识学者以行性为动力因从而有缺少行性的无种姓者的看法,作为佛性论者的灵润、法宝等坚持认为,如来藏本身就是动力因,而不需要以如来藏之外的本有无漏种子来作动力因。易言之,理性既是目的因,又是动力因。所谓目的因是指,修行的目的是使如来藏出离烦恼的缠缚,用《宝性论》的话来说,即由众生位的"有垢真如"(samalā tathatā)而显现为佛果位的"无垢真如"(nirmalā tathatā);所谓动力因是指,如来藏本身又是驱使有情修行的动因所在。所以如果一定要将动力因落实在行性上,那么这种作为动力因的行性也是理性的作用,故而有理性也就必然有行性。② 如此,与地论师不同,行性的定位已不再是佛性显现的分位,而是佛性的作用。用《宝性论》的如来藏十义来说,其侧重点已经从如来藏的"行"义转向了"业"(karman)义。

《宝性论》所谓的业义,是指如来藏有两种作用,一是厌离世间苦果,二是欣求涅槃乐果。这一说法出自《胜鬘经》,该经中说:"若无如来藏者,不得厌苦、乐求涅槃。"③也就是说,正是以如来藏为依,有情才能生起厌离世间、欣求涅槃之心,从而"于悕求法中不怯弱故,……于所求法中方便追求故,及咨问故,……所期法中,所期法者,心心相行(cetanā-citta-abhisaṃskāra)"④,即志愿于涅槃而精进修行。

---

① 灵泰是在论及四种涅槃中的本来自性清净涅槃时,用了这一比喻,意思是一样的。见《成唯识论疏抄》卷18,X50,p.483b。

② 事实上,后来湛然也是从这个角度来批评唯识学者对于理、行二性的区分,他说:"理必行在于当,行必理在于昔,岂有前皆具有,令后或有或无?"(《法华五百问论》卷上,X56,p.603c)意思就是,有理性则必在未来有行性,有行性则必在过去有理性,怎么可能一切有情都有理性,而在后来却有行性或有或无的不同呢?

③ 《胜鬘师子吼一乘大方便方广经》,T12,p.222b。《宝性论》卷3(T31,p.831a)引作:"若无如来藏者,不得厌苦(duḥkhe...nirvid)、乐求涅槃(nirvāṇa-icchā),亦无欲(prārthanā)涅槃,亦不愿求(praṇidhi)。" 中村瑞隆:《梵漢対照〈究竟一乘宝性論〉研究》,页69。

④ 《究竟一乘宝性论》卷3,T31,p.831a;中村瑞隆:《梵漢対照〈究竟一乘宝性論〉研究》,页69。

从现有文献看,灵润就已开始用《宝性论》的业义来界说行性。他明确说,“夫行性者,是理性业。理性者,是如来藏,十种佛性中是体性也。夫行性者,十种佛性中是业性也”,所以“但有理性,则有行性”。① 法宝虽然很少使用行性这一概念,但也谈到了类似的见解:

> 问:理有何力能,有者定当成佛?答:《佛性论》第二云:“此清净事能有二:一、于生死苦中,能生厌离;二、于涅槃欲求愿乐。若无清净之性,如是二事即不得成。……其理佛性,如水清珠,能清浊水。水若常动,虽珠有力,水不得清。众生亦尔,虽有理性,能生善法,妄心常动,无漏不生。若制之一处,无事不(辨)[辦]。又水性清,动即常浊,止即自清。众生亦尔,本性清净,若妄心恒动,即生死轮回,若妄心不动,即寂灭涅槃。准此教理,若有理性,定当成佛。既信一切众生平等悉有理性,岂得执一分众生不成佛邪?②

这是说,理性就像水清珠能清浊水一样,具有驱使有情厌离生死、欣求涅槃的力能。之所以有情还在生死轮回之中,并不是因为理性没有发挥这种力能,而是因为妄心的扰动,以至于这种力能未能充分体现出来。而有情的本性就是清净的,所以理性的这种力能必定能断除生死烦恼,而使有情复归于清净的本性。既然一切有情都有理性,也就都有这种舍染还净的力能,所以不存在不能解脱生死的无种姓者。

如前所述,法宝对于佛性的界说,是以真如佛性为正因(本性),正闻熏习为缘因(客性)。具体说来,正因是他所谓的“理心”,或曰“真如本识”。“理”即真如,“心”即真如随缘染净而成的阿赖耶识(本识)。两者是“真体”与“俗相”的关系,法宝用《密严经》中的譬喻说,这就像金子与由金子所制成的指环,金子是指环之体,指环是金子之相。③ 从相即阿赖耶识的角度来说,每一有情都有各自的阿赖耶识;从体即真如的角度来说,则真如为一切有情平等共有。所以一切有情都有成佛的正因。如他在《权实论》中说:“本性正因者,一切六趣、三乘身土,皆以真如本识为本性正因也。于中有别、有共。别者,谓第八识,一一众生各各别有。共者,谓如来藏性,一切众生平等共有。”④由此可见,法宝所说的“理心”,其实就是《起信论》中真妄

---

① 《法华秀句》卷中本,《日本大藏经》第 44 卷,页 559。

② 《一乘佛性究竟论》卷 3,X55,p.495c。

③ 《大乘密严经》卷下:“如来清净藏,世间阿赖耶,如金与指环,展转无差别。”(T16,p.747a)

④ 《一乘佛性权实论》,久下陞:《一乘佛性權實論の研究(上)》,页 356,页 689。

和合的阿赖耶识,如论中说:"依如来藏故有生灭心,所谓不生不灭与生灭和合,非一非异,名为阿梨耶识。"①而法宝所说的理性自身的力能,其实就是《起信论》所说两种"真如熏习"中的"自体相熏习",作为缘因的正闻熏习也无非就是两种"真如熏习"中的"用熏习"。

《起信论》的基本构架,是以无明与真如的互熏来说明有情的流转与还灭,所谓"真如净法实无于染,但以无明而熏习故,则有染相;无明染法实无净业,但以真如而熏习故,则有净用"②。无始流转的有情之所以能舍染还净,正是由于真如的熏习作用。这种熏习作用有两个方面:其一,本具如来藏的内熏作用,此即法宝所谓理性自身的力能,《起信论》称之为"自体相熏习";其二,佛菩萨的外熏作用,即佛菩萨能以各种方便来教化、拯拔有情,这是真如的妙用,所以《起信论》称之为"用熏习"。虽然一切有情都本具如来藏而为正因,因此都有"自体相熏习",但由于外缘即"用熏习"的不同,所以有情有各种差别。而如果正因、缘因具足,"依此二义恒常熏习,以有力故,能令众生厌生死苦、乐求涅槃,自信己身有真如法,发心修行"③。由此可见,法宝的学说总体上并没有超出《起信论》的框架。

灵润、法宝等佛性论者与唯识学者关于理、行二性的分歧,其关节点还在于对理性的定位与理解不同。对此,我们可以用《宝性论》的如来藏三义来予以分析。如前所述,《宝性论》所谓的如来藏三义是说,如来藏是遍在一切有情的如来法身(tathāgata-dharma-kāya)、无差别的如来真如(tathāgata-tathatā)、为一切有情所具有的如来种姓(tathāgata-gotra)。这是如来藏系的如来藏的最基本特征。这里之所以要说如来藏系的如来藏,是因为如来藏这个概念本身可以为各家所使用,其含义也不尽相同,但只有具备这三个含义,它才是如来藏一系所说的如来藏。

三义中的法身,并不是唯识学者所说的人法二空所显真如,而是指佛智(buddha-jñāna)或如来智(tathāgata-jñāna)。佛智周遍于一切众生,一切众生都被包含于佛智之中,故谓之"佛法身遍满"(saṃbuddha-kāya-spharaṇāt)。所

---

① 《大乘起信论》,T32,p.576b。按:据《楞伽师资记》,刘宋时的求那跋陀罗就曾有过"理心"的提法,他说:"理心,谓非理外(理)[心],非心外(心)[理],理即是心。心能平等,名之为理;理照能明,名之为心。心理平等,名之为佛。"(S2054;T85,p.1284b)可见,求那跋陀罗所谓的"理心",无非是说,如来藏即寂即照,是空性与觉性的统一。如果借用六合释来说,这是作"理即心"的持业释。而法宝所谓"理心"的"心",是指"理"即真如随缘染净而成的阿赖耶识,而并非是指如来藏本具的觉性。如果借用六合释来说,这只能作"具有理之心"的有财释。两者内涵并不完全相同。由此亦可见出,《起信论》的出现,对中国佛性学说的决定性影响。

② 《大乘起信论》,T32,p.578a。

③ 《大乘起信论》,T32,p.578b。

以论中对此解释说:“一切众生界,不离诸佛智。”(buddha-jñānāntargamāt sattva-rāśeḥ,有情聚,佛智普入故)①“于众生界中,无有一众生离如来法身、在于法身外,离于如来智、在如来智外,如种种色像不离虚空中。”②梵本中后句作“na hi sa kaś-cit sattvaḥ sattva-dhātau saṃvidyate yas tathāgata-dharma-kāyād bahir ākāśa-dhātor iva rūpam”③(因为有情界中,无一有情在于如来法身之外,如色之于虚空界),并没有提到“如来智”。不过,《宝性论》的这句话,可能是从《华严经》演化而来的,如论中引《华严经》说:“如来智慧无处不至。何以故?以于一切众生界中,终无有一众生身中而不具足如来功德及智慧者。”④梵本《宝性论》引作“na sa kaś-cit sattvaḥ sattva-nikāye saṃvidyate yatra tathāgata-jñānaṃ na sakalam anupraviṣṭam”⑤(有情众中,无一有情,一切如来智不随入其中)。可见,汉译将“如来法身”(tathāgata-dharma-kāya)理解为“如来智”(tathāgata-jñāna),并将后者加入译文中,应该是符合《宝性论》原意的。也就是说,众生原本就具足如来智,具足佛果位的一切功德。

由此可见,吕澂以“性觉”与“性寂”作为中印佛学区分的标识,其实并不能完全成立。因为印度的如来藏说也有“自性菩提”的看法,即认为有情本具菩提之智,其本性就是觉悟的。所以与其说“性觉”与“性寂”是中印佛学的差异,还不如说,这是如来藏说与中观、唯识的差异。不过,印度的如来藏说仅认为,如来藏“是依(niśraya)、是持(ādhāra)、是建立(pratiṣṭhā)”⑥,即它是一切染净诸法的依止,而并不是说,如来藏能作为亲生因生起一切染净诸法。这就比如,一切万物都依于虚空,但虚空并不能生起一切万物。《起信论》以及法宝等所谓“生”的定位应该是中土如来藏说的特色。正如笔者所曾指出的,这种“生”的意涵来源于经魏晋玄学改造后的老子“道论”,而并非佛法所固有。⑦

---

① 《究竟一乘宝性论》卷3,T31,p.828b;中村瑞隆:《梵漢対照〈究竟一乘宝性論〉研究》,页49。

② 《究竟一乘宝性论》卷4,T31,p.838c。

③ 中村瑞隆:《梵漢対照〈究竟一乘宝性論〉研究》,页139。

④ 《究竟一乘宝性论》卷2,T31,p.827a。所引《华严经》原文见晋译本卷35,T9,p.623c。

⑤ 中村瑞隆:《梵漢対照〈究竟一乘宝性論〉研究》,页41。

⑥ 《胜鬘师子吼一乘大方便方广经》:“是故,如来藏是依、是持、是建立,世尊,不离、不断、不脱、不异、不思议佛法;世尊,断、脱、异、外有为法,依、持、建立者,是如来藏。”(T12,p.222b)梵本《宝性论》引作:“tasmād bhagavaṃs tathāgata-garbho niśraya ādhāraḥ pratiṣṭhā saṃbaddhānām avinirbhāgānām amukta-jñānānām asaṃskṛtānāṃ dharmāṇām | asaṃbaddhānām api bhagavan vinirbhāga-dharmāṇāṃ mukta-jñānānāṃ saṃskṛtānāṃ dharmāṇāṃ niśraya ādhāraḥ pratiṣṭhā tathāgata-garbha iti |”(是故,世尊,如来藏是相系属的、不相离的、有不脱离诸智的无为诸法的依、持、建立;世尊,不相系属的、相离的、有脱离诸智的有为诸法的依、持、建立,亦是如来藏。)中村瑞隆:《梵漢対照〈究竟一乘宝性論〉研究》,页141—143。

⑦ 傅新毅:《佛法是一种本体论吗?》,《南京大学学报》2002年第6期,页22。

法身也就是佛果位的无垢真如。法身周遍于一切众生，而在众生因位时，它处于被烦恼覆蔽的状态，是为有垢真如，亦即如来藏。一切众生都本具如来藏这种成佛的因性，故谓之"皆实有佛性"（gotrataś ca，及种姓故）。这里"佛性"是"佛种姓"（buddha-gotra）的意思，而不是指佛的体性。具体说来，佛种姓有两种，一是"自性清净心"，梵本作"anādiprakṛtistham"（无始的本性住），二是"修行无上道"，梵本作"samudānītam uttaram"（［达至］无上的习所成）。① "无始的本性住"是指众生无始来为烦恼所覆蔽的如来藏，所以汉译为"自性清净心"。它犹如"地藏"（nidhāna），即隐匿于地下的宝藏。"［达至］无上的习所成"是指通过修行而逐渐显出的如来藏，由此而能达至无上佛果，所以汉译为"修行无上道"。它犹如"树果"（phala-vṛkṣa）或"果芽"（bīja-aṅkura），即果种中长出的幼芽。如来藏破烦恼而出，最终能成就佛果，犹如幼芽破果皮而出，最终能长成大树。

如果我们将上述法身、种姓二义结合起来，那么，这其实就对应于《宝性论》如来藏十义中"行"义的三行、"时差别"义的三位。即，本性住对应于凡夫位，习所成对应于圣人（菩萨）位，法身对应于如来位。如果再将其结合到《佛性论》上来说，那么，这也就是《佛性论》所谓的"三种佛性"，即"应得因"的三性。如论中说："三种佛性者，应得因中具有三性：一、住自性性，二、引出性，三、至得性。记曰：住自性者，谓道前凡夫位。引出性者，从发心以上，穷有学圣位。至得性者，无学圣位。"②事实上，《佛性论》在另一处曾谈到除至得性外的二种佛性："一者，住自性性，二者，引出性。诸佛三身，因此二性故得成就。为显住自性故，说地中宝藏譬。……说引出佛性，如庵罗树芽能生大树王故。"③与《宝性论》稍作比较，我们就可以发现，住自性性与引出性，很有可能就是 anādiprakṛtistham 与 samudānītam uttaram 的对译。

虽然如来藏有凡圣隐显的不同，亦即有"有垢真如"与"无垢真如"的不同状态，但其自性清净、常住不变，故谓之"真如无差别"（tathatāvyatibhedataḥ）。

因此，灵润、法宝等从如来藏的角度来界说理性，则所谓理性必然具有上述三义。所以如前所述，灵润就反对窥基一系以空性为理性的看法，而认为"众生心中具足智慧，名为佛性"④。法宝也说，佛性是以空性为体，智慧等性功德为相，"理有恒沙性功德"，如《华严经》所谓"无相智、无碍智具足

---

① 《究竟一乘宝性论》卷 4，T31，p.839a；中村瑞隆：《梵漢对照〈究竟一乘宝性論〉研究》，页 141。

② 《佛性论》卷 2，T31，p.794a。

③ 《佛性论》卷 4，T31，p.808b－c。

④ 《法华秀句》卷中本，《日本大藏经》第 44 卷，页 559。

在于众生身中”。[①] 正因为理性具足佛智及佛果位的一切功德，所以它不仅是目的因，在凡夫位时，它还具有驱使有情舍染还净的力能，而为成佛的动力因。

如果以此三义来衡诸唯识学，那么，唯识学中所谓理性，其实只有“真如无差别”一义，这也就是《成唯识论》中所说的“本来自性清净涅槃”。如论中说：“本来自性清净涅槃，谓一切法相真如理，虽有客染，而本性净，具无数量微妙功德，无生无灭，湛若虚空，一切有情平等共有，与一切法不一不异，离一切相、一切分别，寻思路绝，名言道断，唯真圣者自内所证，其性本寂，故名涅槃。”[②]简言之，这是指真如空理。至于所谓“具无数量微妙功德”，按照窥基的解释，是说，只有证得真如，才能生起功德，或者说，真如是功德之体性，[③]而并不是说，真如中就内摄有佛智等功德。因为佛智即四智相应心品“总摄佛地一切有为功德”[④]，它们是由因所生的有为法。而其因即是本有无漏种子，是为种姓。概言之，在此三义中，佛智是果，种姓是因，这是由因生果的有为法，而只有真如才是由隐而显的无为法。或者用见登的说法，唯识学者仅认可“本有之理”，而不承认佛性论者所说的“本觉之智”，佛智是由“无始法尔有为无漏种子之因，及十地万行之缘”所生起的，“有始而无终”，故是“修生”，是“始有”。[⑤] 因而以此真如空理来界说理性，理性就只能是目的因，而成佛的动力因则必得落实在本有无漏种子上，此即汉传唯识学所谓的行性。

综上所述，关于成佛的动力因，佛性论者是落实在理性上，因为作为理性的如来藏本身就具有舍染还净的力能。按照《起信论》的体系，则是以本具如来藏的内熏为正因，佛菩萨的外熏包括闻熏为缘因，这基本就是法宝的体系定位。唯识学者则是将成佛的动力因落实在作为有为法的行性上，理性只是目的因。而这又可以有两种看法。种子本有论者与本新并建论者是以本有无漏种子为正因，闻熏等为缘因；种子新熏论者不承认有本有无漏种子，所以仅是以正闻熏习、如理作意等为动因。从“二因二缘而生正见”来看，新熏论者的看法应该是更为符合佛陀缘起论之教说的。

---

① 《一乘佛性权实论》，久下陞：《一乘佛性權實論の研究（上）》，页 264、666；《一乘佛性究竟论》卷 4，浅田正博：《法宝撰「一乘仏性究竟論」巻第 4・巻第 5の両巻について》，《龍谷大学佛教文化研究所紀要》25 号，页 121；《一乘佛性究竟论》卷 3，X55，p.494a。

② 《成唯识论》卷 10，T31，p.55b。

③ 《成唯识论述记》第十末：“具功德者，以能顺生诸功德故，功德性故，名为具德。”（T43，p.596b）

④ 《成唯识论》卷 10，T31，p.56b。

⑤ 《大乘起信论同异略集》本，X45，p.259c。